麻布中学校

〈収録内容〉

便利な DL コンテンツは右の QR コードから

解答用紙　過去年度　国語の問題は紙面に掲載　解説+α　⇒

※データのダウンロードは 2025 年 3 月末日まで。
※データへのアクセスには、右記のパスワードの入力が必要となります。 ⇒ 941341

〈合格最低点〉

2024年度	105点	2019年度	100点
2023年度	105点	2018年度	115点
2022年度	113点	2017年度	106点
2021年度	113点	2016年度	103点
2020年度	110点	2015年度	118点

本書の特長

実戦力がつく入試過去問題集

- ▶ 問題 …………… 実際の入試問題を見やすく再編集。
- ▶ 解答用紙 …… 実戦対応仕様で収録。
- ▶ 解答解説 …… 詳しくわかりやすい解説には、難易度の目安がわかる「基本・重要・やや難」の分類マークつき（下記参照）。各科末尾には合格へと導く「ワンポイントアドバイス」を配置。採点に便利な配点つき。

入試に役立つ分類マーク

基本 確実な得点源！
受験生の 90％以上が正解できるような基礎的、かつ平易な問題。
何度もくり返して学習し、ケアレスミスも防げるようにしておこう。

重要 受験生なら何としても正解したい！
入試では典型的な問題で、長年にわたり、多くの学校でよく出題される問題。
各単元の内容理解を深めるのにも役立てよう。

やや難 これが解ければ合格に近づく！
受験生にとっては、かなり手ごたえのある問題。
合格者の正解率が低い場合もあるので、あきらめずにじっくりと取り組んでみよう。

合格への対策、実力錬成のための内容が充実

- ▶ 各科目の出題傾向の分析、合否を分けた問題（過去３年分）の確認で、入試対策を強化！
- ▶ その他、学校紹介、過去問の効果的な使い方など、学習意欲を高める要素が満載！

解答用紙 ダウンロード	解答用紙はプリントアウトしてご利用いただけます。弊社ＨＰの商品詳細ページよりダウンロードしてください。トビラのＱＲコードからアクセス可。
＋α ダウンロード	2019年度以降の算数の解説に ＋α が付いています。弊社ＨＰの商品詳細ページよりダウンロードしてください。トビラのＱＲコードからアクセス可。
UD FONT	見やすく読みまちがえにくいユニバーサルデザインフォントを採用しています。

麻布中学校

生徒数　916名
〒106-0046
東京都港区元麻布2-3-29
☎03-3446-6541
日比谷線広尾駅　徒歩10分
都営大江戸線・南北線麻布十番駅
徒歩15分
千代田線乃木坂駅　徒歩20分

男子御三家のひとつ 完全中高一貫教育と 自由な校風に人気集中

URL	https://www.azabu-jh.ed.jp

校章が印象的な白い校舎

プロフィール

自由な校風のもと 豊かな人間を形成

江原素六により、1895（明治28）年に創立された。以来、自主自立の江原精神を受け継いで発展を続け、自由闊達な校風が伝統となっている。

何よりもまず、豊かな人間形成を教育の主眼としており、生徒の学習意欲を引き出し、思考力・創造力・感受性を育むことに努めている。また、6年一貫教育ならではの独自のカリキュラムが特徴で、充実の教諭陣が、学習面、生活面の指導に当たっている。

環境

学習に集中できる ゆとりの施設設備

都内屈指のアカデミックなエリア、広尾に位置する。四季の自然を肌で感じられる有栖川公園や、膨大な蔵書を誇る都立中央図書館などが通学路にあり、恵まれた学習環境といえる。

普通教室棟の他に、講堂、芸術・技術棟、理科棟、体育館などが機能的に配置されており､いずれも地上4階・地下1階の構造となっている。また、100周年記念館には、地下に部室、1階に分割授業やゼミナール用の小教室と自習室、2・3階には図書館が配置され、コンピュータスペースやAVブースもある。2015年には創立120周年記念体育館が完成。

蔵書８万１千余冊の図書館

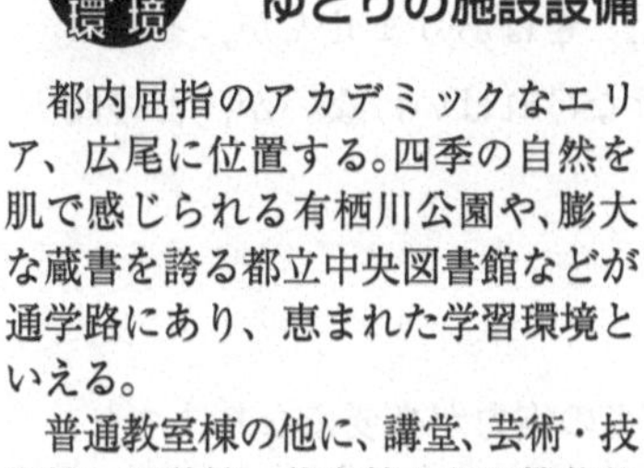

カリキュラム

一貫教育の利点を 生かした学習課程

どの教科も6年間の連続性を考えて独自のカリキュラムを編成している。

国語科では、各学年の発達段階に応じ、確実な読解力・表現力を養成する。中3で卒業共同論文を作成する。古文では中2から文語文法を学び、高校では中学の基礎をもとに、最終的には源氏物語などの優れた古典を味読できることを目標とするまた、漢文は中3から高2まで必修となっている。

社会科は、中1・2で地理的分野と歴史的分野を履修し、中3から公民的分野と近現代史を、高1での現代社会と連続総合させて学習する。なお、高1では各自自由にテーマを一つ選んで研究し、基礎課程修了論文としてまとめる。高2からは日本史・世界史・地理は継続履修、倫理・政治経済・哲学は単年度履修としている。

数学科では、6年一貫教育の利点を生かし、内容に継続性を持たせ、無理なく学べるシステムを確立している。高2・3では選択科目を設定し、演習に重点を置く。

理科は、中1から高1まで必修で、高2は2科目選択必修制、高3では自由選択制となる。実験室やAV教材を有効に活用した授業が特徴である。

英語科は、中学では基礎力を徹底して養い、生徒の持つ能力を引き出すために、質・量ともにかなりの努力を要する内容になっている。高校では総合的な力が身につくように、独自のカリキュラムに沿って指導している。

芸術の授業もハイレベルで、日本画・油画・彫刻・工芸・声楽・器楽・作曲・書道を、専門の教諭から学べる。

また、保健体育科では中1から高2まで柔道・剣道を選択必修とし、精神面も重視して全体的な調和発達を図っている。中2では、週1日午後多摩川グラウンドで球技等を実施している。

学校生活

選択に迷うほど 多彩な45ものクラブ

活発多彩な自主活動の要として、文化部・運動部合わせて45のクラブや同好会がある。それぞれ顧問の教諭のもとに、心身を鍛え、また自由な研究にいそしんでいる。全国大会などで優勝をとげたクラブも多く、学園全体に活気がみなぎっている。鉄道、チェス、アメリカンフットボールなど、個性豊かなクラブがあるのも魅力だ。

進路

学校別東大合格者数 は全国でも上位

大学進学に関しては、その名を知らない人はいないほど、全国的規模での有名校である。ほとんどの生徒が超難関大学を受験するため、浪人の数も多いが、実績の確かさは東大合格者数が示す通りで、毎年90名前後が合格している。学校別でも常に上位校に名を連ねており、超難関大学に多数の生徒が合格している。

2024年度入試要項

試験日　2/1
試験科目　国・算・理・社

募集定員	受験者数	合格者数	競争率
300	796	352	2.3

過去問の効果的な使い方

① **はじめに**　ここでは，受験生のみなさんが，ご家庭で過去問を利用される場合の，一般的な活用法を説明していきます。もし，塾に通われていたり，家庭教師の指導のもとで学習されていたりする場合は，その先生方の指示にしたがって，過去問を活用してください。その理由は，通常，塾のカリキュラムや家庭教師の指導計画の中に過去問学習が含まれており，どの時期から，どのように過去問を活用するのか，という具体的な方法がそれぞれの場合で異なるからです。

② **目的**　言うまでもなく，志望校の入学試験に合格することが，過去問学習の第一の目的です。そのためには，それぞれの志望校の入試問題について，どのようなレベルのどのような分野の問題が何問，出題されているのかを確認し，近年の出題傾向を探り，合格点を得るための試行錯誤をして，各校の入学試験について自分なりの感触を得ることが必要になります。過去問学習は，このための重要な過程であり，合格に向けて，新たに実力を養成していく機会なのです。

③ **開始時期**　過去問との取り組みは，通常，全分野の学習が一通り終了した時期，すなわち6年生の7月から8月にかけて始まります。しかし，各分野の基本が身についていない場合や，反対に短期間で過去問学習をこなせるだけの実力がある場合は，9月以降が過去問学習の開始時期になります。

④ **活用法**　各年度の入試問題を全問マスターしよう，と思う必要はありません。完璧を目標にすると挫折しやすいものです。できるかぎり多くの問題を解けるにこしたことはありませんが，それよりも重要なのは，現実に各志望校に合格するために，どの問題が解けなければいけないか，どの問題は解けなくてもよいか，という眼力を養うことです。

算数

どの問題を解き，どの問題は解けなくてもよいのかを見極めるには相当の実力が必要になりますし，この段階にいきなり到達するのは容易ではないので，この前段階の一般的な過去問学習法，活用法を2つの場合に分けて説明します。

☆偏差値がほぼ55以上ある場合

掲載順の通り，新しい年度から順に年度ごとに3年度分以上，解いていきます。

ポイント1…問題集に直接書き込んで解くのではなく，各問題の計算法や解き方を，明快にわかるように意識してノートに書き記す。

ポイント2…答えの正誤を点検し，解けなかった問題に印をつける。特に，解説の 基本 重要 がついている問題で解けなかった問題をよく復習する。

ポイント3…1回目にできなかった問題を解き直す。同様に，2回目，3回目，…と解けなければいけない問題を解き直す。

ポイント4…難問を解く必要はなく，基本をおろそかにしないこと。

☆偏差値が50前後かそれ以下の場合

ポイント1～4以外に，志望校の出題内容で「計算問題・一行問題」の比重が大きい場合，これらの問題をまず優先してマスターするとか，例えば，大問2までをマスターしてしまうとよいでしょう。

理科

理科は1から順番に解くことにほとんど意味はありません。理科は，性格の違う4つの分野が合わさった科目です。また，同じ分野でも単なる知識問題なのか，あるいは実験や観察の考察問題なのかによってもかかる時間がずいぶんちがいます。記述，計算，描図など，出題形式もさまざまです。ですから，解く順番の上手，下手で，10点以上の差がつくこともあります。

過去問を解き始める時も，はじめに1回分の試験問題の全体を見通して，解く順番を決めましょう。得意分野から解くのもよいでしょう。短時間で解けそうな問題を見つけて手をつけるのも効果的です。くれぐれも，難問に時間を取られすぎないように，わからない問題はスキップして，早めに全体を解き終えることを意識しましょう。

社会

社会は1から順番に解いていってかまいません。ただし，時間のかかりそうな，「地形図の読み取り」，「統計の読み取り」，「計算が必要な問題」，「字数の多い論述問題」などは後回しにするのが賢明です。また，3分野（地理・歴史・政治）の中で極端に得意，不得意がある受験生は，得意分野から手をつけるべきです。

過去問を解くときは，試験時間を有効に活用できるよう，時間は常に意識しなければなりません。ただし，時間に追われて雑にならないようにする注意が必要です。“誤っているもの”を選ぶ設問なのに“正しいもの”を選んでしまった，“すべて選びなさい”という設問なのに一つしか選ばなかったなどが致命的なミスになってしまいます。問題文の“正しいもの”，“誤っているもの”，“一つ選び”，“すべて選び”などに下線を引いて，一つ一つ確認しながら問題を解くとよいでしょう。

過去問を解き終わったら，自己採点し，受験生自身でふり返りをしましょう。できなかった問題については，なぜできなかったのかについての分析が必要です。例えば，「知識が必要な問題」ができなかったのか，「問題文や資料から判断する問題」ができなかったのかで，これから取り組むべきことも大きく異なってくるはずです。また，正解できた問題も，「勘で解いた」，「確信が持てない」といったときはふり返りが必要です。問題集の解説を読んでも納得がいかないときは，塾の先生などに質問をして，理解するようにしましょう。

国語

過去問に取り組む一番の目的は，志望校の傾向をつかみ，本番でどのように入試問題と向かい合うべきか考えることです。素材文の傾向，設問の傾向，問題数の傾向など，十分に研究していきましょう。

取り組む際は，まず解答用紙を確認しましょう。漢字や語句問題の量，記述問題の種類や量などが，解答用紙を見て，わかります。次に，ページをめくり，問題用紙全体を確認しましょう。どのような問題配列になっているのか，問題の難度はどの程度か，などを確認して，どの問題から取り組むべきかを判断するとよいでしょう。

一般的に「漢字」→「語句問題」→「読解問題」という形で取り組むと，効率よく時間を使うことができます。

また，解答用紙は，必ず，実際の大きさのものを使用しましょう。字数指定のない記述問題などは，解答欄の大きさから，書く量を考えていきましょう。

麻布の算数

――出題傾向と対策
合否を分けた問題の徹底分析――

出題傾向と内容

出題分野1 〈数と計算〉

「数の性質」の問題が，「数列」の問題の中で記述問題として出題されたり，「余り」に関する「場合の数」の問題として出題されたり，「最大公約数」に関する「演算記号」の問題として出題されたりする。「四則計算」は，出題される年と出題されない年がある。

2 〈図形〉

「平面図形」の問題は毎年，出題されており，「相似な図形」を利用して解く求積問題や面積比の問題として出題されることが多く，「図形や点の移動」と関連させて出題されることもある。また，作図の問題が含まれることが多く，対角線の本数を求める基本的な問題が出題されることもある。

一方，「立体図形」の問題では，中をくりぬいた立体や切断した立体について，体積や表面積を求める問題が出題されたり，「図形の移動」と組み合わされて出題されたりする。

3 〈速さ〉

「速さ」の問題もほぼ毎年，出題されている。「割合」の問題と組み合わされた応用問題として出題されることが多く，「旅人算」が含まれるほか，「時計算」・「通過算」・「流水算」が出題されることもあり，「鶴カメ算」と組み合わされることもある。

4 〈割合〉

「旅人算」「通過算」における「速さの比」「列車の長さの比」，「平面図形」における「面積比」として出題されているほか，「水量の比」「濃度」が出題されることもある。

5 〈推理〉

「数列・規則性」の問題が出題されているほか，「平面図形」・「数の性質」・「四則計算」と組み合わされた「場合の数」の問題が出題されている。

6 〈その他〉

「速さ」や「図形」の問題と組み合わされた「鶴カメ算」・「消去算」・「植木算」以外は，近年，出題されていない。「消去算」を利用すると解きやすい問題が出されることがある。

出題率の高い分野

❶平面図形・面積　❷数の性質　❸数列・規則性　❹速さの三公式と比

来年度の予想と対策

出題分野1 〈数と計算〉…奇数・偶数，約数・倍数，商・余りに関する「数の性質」が出題される。

2 〈図形〉…「平面」「立体」「相似」「移動」の応用問題，融合問題を徹底して練習しよう。

3 〈速さ〉…比を使う「旅人算」の解き方を練習しよう。「流水算」の練習も必要である。

4 〈割合〉…「速さの比」「面積比」「比の文章題」の応用問題を練習しよう。

5 〈推理〉…「場合の数」「数列・規則性」「推理」，その他の応用問題を練習しよう。

6 〈その他〉…「差集め算」「鶴カメ算」，その他の応用問題を練習しよう。

学習のポイント

●大問数6題　小問数13～25題前後　●試験時間60分　満点60点

●「図形」，「速さ」の比を利用して解く問題，「数の性質」の問題がポイントになる。

年度別出題内容の分析表　算数

（よく出ている順に，☆◎○の3段階で示してあります。）

出題内容		27年	28年	29年	30年	2019年	2020年	2021年	2022年	2023年	2024年
数と計算	四則計算	○		○	○		○				○
	単位の換算	○	○			○		○	◎	○	○
	演算記号・文字と式			☆	☆					☆	
	数の性質	☆	☆	☆	☆	☆	☆	☆	☆	☆	☆
	概　数										
図形	平面図形・面積	☆	☆	☆	☆	☆	☆	☆	☆	☆	☆
	立体図形・体積と容積	☆	○		○	○				☆	
	相似（縮図と拡大図）			○		○	○	○	◎		
	図形や点の移動・対称な図形				☆	☆	☆	○		◎	
	グラフ										
速さ	速さの三公式と比	☆	☆	☆	○	○	◎	☆	☆		☆
	旅人算	☆	○								○
	時計算			☆					◎		
	通過算										
	流水算										◎
割合	割合と比	○	◎	☆	○	◎	☆			☆	☆
	濃　度			☆			○			☆	
	売買算										
	相当算										
	倍数算・分配算										
	仕事算・ニュートン算										
	比例と反比例・2量の関係									○	
推理	場合の数・確からしさ	☆		○	☆		◎	○	☆		
	論理・推理・集合							◎			
	数列・規則性・N 進法		☆		☆	☆		☆	☆	☆	☆
	統計と表									☆	
その他	和差算・過不足算・差集め算										
	鶴カメ算		○		○					○	○
	平均算										
	年令算										
	植木算・方陣算										○
	消去算			○			○		○	◎	

麻布中学校

2024年度 麻布中学校 合否を分けた問題 算数

3　(1)〈流水算〉

「流水算」の基本がわかっていれば解ける問題である。「静水時の速さ」＝「船自体の速さ」の比を求める場合，「上り＋下りの速さ」でよく÷2は不要。

【問題】

船着き場Aから7200m下流の地点に船着き場Bがあり，船アがAを出発してBへ向かい，同時に船イがBを出発してAへ向かうと，これらの船がAから4500m下流の地点ですれ違う。

また，船イがAを出発してBへ向かい，同時に船アがBを出発してAへ向かうと，これらの船がAから3750m下流の地点ですれ違う。

(1)　静水時の船アとイの速さの比を求めなさい。

【考え方】

アの下りの速さ：イの上りの速さ…4500：2700＝5：3(和8)→30：18(和48)

アの上りの速さ：イの下りの速さ…3450：3750＝23：25(和48)

したがって，アとイの船自体の速さの比は

(30＋23)：(18＋25)　←――――　÷2は不要

＝53：43

受験生に贈る「数の言葉」――――――――――「ガリヴァ旅行記のなかの数と図形」

作者　ジョナサン・スウィフト(1667～1745)

…アイルランド　ダブリン生まれの司祭

リリパット国…1699年11月，漂流の後に船医ガリヴァが流れ着いた南インド洋の島国

①人間の身長…約15cm未満　②タワーの高さ…約1.5m

③ガリヴァがつながれた足の鎖の長さ…約1.8m　④高木の高さ…約2.1m

⑤ガリヴァとリリパット国民の身長比…12：1　⑥ガリヴァとかれらの体積比…1728：1

ブロブディンナグ国…1703年6月，ガリヴァの船が行き着いた北米の国

①草丈…6m以上　②麦の高さ…約12m　③柵(さく)の高さ…36m以上

④ベッドの高さ…7.2m　⑤ネズミの尻尾(しっぽ)…約1.77m

北太平洋の島国…1707年，北緯46度西経177度に近い国

王宮内コース料理　①羊の肩肉…正三角形　②牛肉…菱形　③プディング…サイクロイド形

④パン…円錐形(コーン)・円柱形(シリンダ)・平行四辺形・その他

2023年度 麻布中学校 合否を分けた問題 算数

2 (1) 〈平面図形，割合と比〉

一見すると，面積が求められるのか？と不安がよぎるが，正八角形をどう区切ってみようかという気になれば，正解までの道筋が見えてくる。

【問題】

(1) 面積が30cm^{2}の正八角形があり，右図のように点Pが正八角形のなかにあるとき，三角形PABと三角形PEFの面積の和は何cm^{2}か。

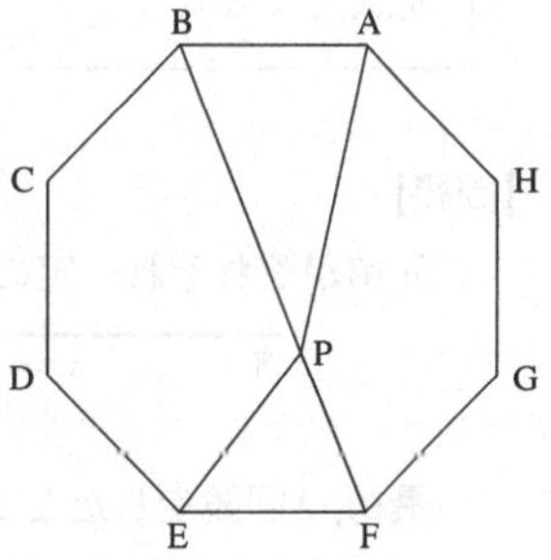

【考え方】

図ア…長方形ABEFは30÷8×4＝15(cm^2)

この図がポイント →

したがって，三角形PABとPEFの面積の和は15÷2＝7.5(cm^2) ← ここは基本

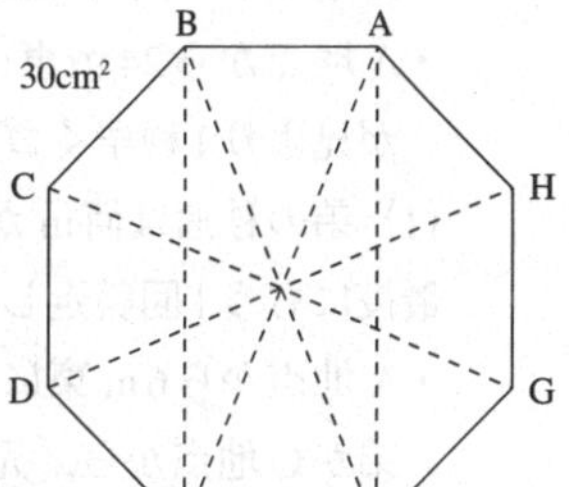

図ア

受験生に贈る「数の言葉」

バートランド・ラッセル(1872～1970)が語るピュタゴラス(前582～496)とそのひとたちのようす(西洋哲学史)

①ピュタゴラス学派のひとたちは，地球が球状であることを発見した。

②ピュタゴラスが創った学会には，男性も女性も平等に入会を許された。

財産は共有され，生活は共同で行われた。科学や数学の発見も共同のものとみなされ，ピュタゴラスの死後でさえ，かれのために秘事とされた。

③だれでも知っているようにピュタゴラスは，すべては数である，といった。

かれは，音楽における数の重要性を発見し，設定した音楽と数学との間の関連が，数学用語である「調和平均」,「調和級数」のなかに生きている。

④五角星は，魔術で常に際立って用いられ，この配置は明らかにピュタゴラス学派のひとたちにもとづいており，かれらは，これを安寧とよび，学会員であることを知る象徴として，これを利用した。

⑤その筋の大家たちは以下の内容を信じ，かれの名前がついている定理をかれが発見した可能性が高いと考えており，それは，直角三角形において，直角に対する辺についての正方形の面積が，他の2辺についての正方形の面積の和に等しい，という内容である。

とにかく，きわめて早い年代に，この定理がピュタゴラス学派のひとたちに知られていた。かれらはまた，三角形の角の和が2直角であることも知っていた。

2022年度 麻布中学校 合否を分けた問題 算数

4 〈速さの三公式と比〉

この「兄弟の秒速」を求める問題は簡単ではないが，グラフを描くことに気づくとヒントが見つかりやすい。
(2)「兄の秒速」の問題では，(1) の$4.6+1=5.6$(秒)という条件に注意すると，解ける糸口が見えてくる。

【問題】

兄弟がそれぞれ一定の速さで，下図のような道路で自転車に乗って競走する。

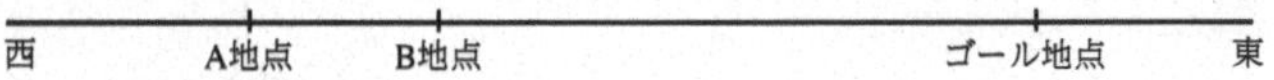

最初, 2回競走したところ，次のような結果になった。

・A 地点から同時に出発すると，兄が弟より4.6秒早くゴールした。

・A 地点から24 m東にB 地点があり，弟がB 地点から，兄がA 地点から同時に出発すると，弟が兄より1秒早くゴールした。

(1) 弟の秒速は何 m か。

最後にもう1回競走したところ，次のような結果になった。

・A 地点から6 m 東にC 地点があり, A 地点から24 m 西にD 地点がある。
弟がC 地点から，兄がD 地点から同時に出発すると2人は同時にゴールした。

(2) 兄の秒速は何 m か。

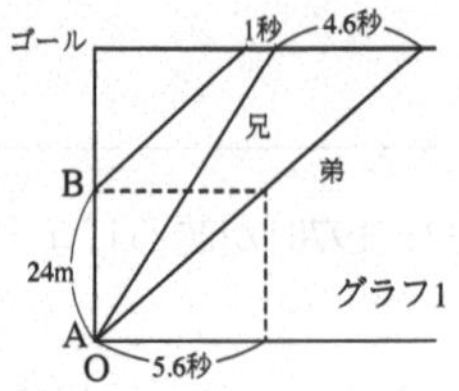

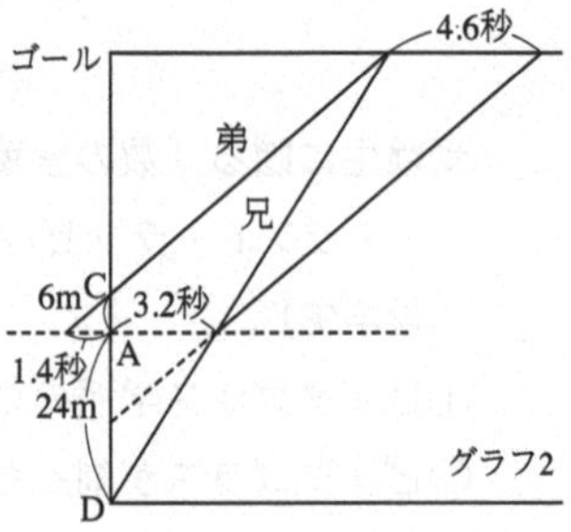

【考え方】

(1) グラフ1より，弟の秒速は
$24\div(1+4.6)=\dfrac{30}{7}$(m)

(2) グラフ2において，(1) より，
兄が24 m進む時間は$4.6-6\div\dfrac{30}{7}=3.2$(秒)
したがって，兄の秒速は$24\div(4.6-1.4)=7.5$(m)

受験生に贈る「数の言葉」

数学者の回想　　高木貞治1875～1960

数学は長い論理の連鎖だけに，それを丹念にたどってゆくことにすぐ飽いてしまう。論理はきびしいものである。例えば，１つの有機的な体系というか，それぞれみな連関して円満に各部が均衡を保って進んでゆかぬかぎり，完全なものにはならない。

ある１つの主題に取り組み，どこか間違っているらしいが，それがはっきり判明せず，もっぱらそればかりを探す。神経衰弱になりかかるぐらいまで検討するが，わからぬことも多い。夢で疑問が解けたと思って起きてやってみても，全然違っている。そうやって長く間違いばかりを探し続けると，その後，理論が出来ても全く自信がない。そんなことを多々経験するのである。(中略)

技術にせよ学問にせよ, その必要な部分だけがあればよいという制ちゅう (限定) を加えられては, 絶対に進展ということはあり得ない。「必要」という考え方に，その必要な１部分ですらが他の多くの部分なくして成り立たぬことを理解しようとしないことがあれば，それは全く危険である。

麻布の理科

――出題傾向と対策
合否を分けた問題の徹底分析――

出題傾向と内容

例年，大問数は4問，小問数は40問程度である。物理，化学，生物，地学の4領域から1大問ずつ，ほぼ均等に出題される。1つの現象や素材を取り上げ，問題文で与えられる知識を活用して考える大問が多い。問題の一部にカラー写真が用いられる年度もある。解答形式は，記号選択が多いが，数値計算，文記述も多く出題されており，グラフや模式図など描図を含む年度も多い。試験時間に対する設問数がやや多い年度もあり，問題文は長めだから，てきぱきと解くのが望ましい。

生物的領域　生物全般から幅広く出題されているが，テーマは植物よりも動物に関する年度が多い。テーマに関する長めの問題文を読み取って新たな知識を吸収し，その場で応用していくタイプの問題である。基礎的な知識は必須であるが，重箱の隅の暗記は必要ない。無味な用語の寄せ集めではなく，体系的に理解し，使える形の知識が必要である。

地学的領域　天文の出題が多く，気候や地球科学からも幅広く出題される。特に，近年の出来事から展開する問題が多く，身のまわりや地球上の理科的事象に充分な関心を持っていることが有利にはたらきやすい。計算問題も出題されるが，典型パターンの問題というより，問題文や図表を解読し理解して立式する計算が多い。

化学的領域　身のまわりの物質を題材に，広く思考力を問う問題が多い。密度や水溶液など，基本的な手法を自在に使いこなす実力を身につけることは必須だが，身近な物質を意識して見たり触ったり使ったりした経験も必要である。過去には，中学で学ぶ原子の基本的な考え方が素材にとられたこともあり，その手の読み物を見ておくのも効果がある。

物理的領域　力学，電気，音，光，熱など，物理の各単元の素材が広く扱われており，内容は多岐に渡っている。いずれも，典型パターンの計算だけではなく，問題文や図表の把握力と解析力が必要である。充分な基本を身につけたうえで，良問を数多く解き上げ，柔軟で高度な思考力を鍛えておく必要がある。

学習のポイント

●長めの問題文を含む良問をじっくり解く学習を，数多くこなそう。

来年度の予想と対策

習得した知識や経験などをもとに，発展的な思考力を要求する問題が数多く出題されている。身近にあるものや，近年の科学の話題を題材にした問題が多く，カラー写真の出題も行われた。周囲の自然や道具，素材，ニュース映像をよく見聞きしておくと，かなり有利である。

もちろん，基礎は確実に身につけ，標準的な典型題はすべて解けるようにしておく必要がある。しかし，試験前に詰め込んだ知識を吐き出すという意識では高得点は取れない。問題文から新しい知識を吸収したり，図表から「どのような原理か」「なぜそのようになるか」と考えたりする学力が必要である。すなわち，解法を記憶する能力ではなく，学習能力そのものが問われている。

文記述や描図の問題も多い。深い洞察力をもとに，日頃から書くという作業に慣れておくことも重要である。

年度別出題内容の分析表　理科

（よく出ている順に，☆◎○の3段階で示してあります。）

	出題内容	27年	28年	29年	30年	2019年	2020年	2021年	2022年	2023年	2024年
生物的領域	植物のなかま			○				○			
	植物のはたらき	◎		☆		○		☆			
	昆虫・動物	○		☆	☆	☆	☆				☆
	人　体		☆	○					☆	☆	
	生態系	◎			○	○	○	○			○
地学的領域	星と星座									☆	
	太陽と月		○		◎	☆	◎		☆		
	気　象				◎			○			○
	地層と岩石	◎			○		◎	○			☆
	大地の活動	◎	☆	○			○	☆			
化学的領域	物質の性質	○		◎	☆		☆		◎	◎	☆
	状態変化						○	◎		○	○
	ものの溶け方		○		○	☆		◎			
	水溶液の性質	○	◎			◎					
	気体の性質						○		○		
	燃　焼		○						○	○	
物理的領域	熱の性質				☆	☆	○			○	○
	光や音の性質	☆					☆			◎	
	物体の運動		☆	☆					◎	○	
	力のはたらき			○					◎		
	電流と回路					☆		☆		○	☆
	電気と磁石	☆						○		◎	○
その他	実験と観察	◎	◎	◎	◎	◎	◎	◎	◎	◎	◎
	器具の使用法	○			○	○					◎
	環　境	○		○	◎		○	○			
	時　事		○	◎	◎		○		◎	○	
	その他	○		○							

麻布中学校

2024年度 麻布中学校 合否を分けた問題 理科

●この大問で，これだけ取ろう！

[1]	バイオロギング	標準	鳥類と魚類の特徴のほかは，問題文にすべての知識が書かれているので，ていねいに読むこと。失点は2つまで。
[2]	核磁気共鳴分光法	やや難	最初のルールをしっかり理解して，手を動かしてあれこれと試行錯誤してみよう。失点は2つまで。
[3]	電流の測定	やや難	問4と問5は，並列の場合に長さと電流が逆比になることに早く気づきたい。失点は2つまで。
[4]	地層や岩石の観察	標準	問題文の知識に沿って，思考力と想像力をはたらかせて解き進めたい。失点は2つまで。

●鍵になる問題は[2]だ！

例年と同様に，問題文や図表で知識が与えられ，それを理解し活用して解くタイプの大問が4つ並んだ。良問ぞろいである。[1]や[4]は，勝手な先入観で答えるのではなく，日常の経験を活かしながら，問題文に書かれた知識を根拠にして，筋道を立てて考えを進めて答えたい。[3]は，問題文や図表から，比例や反比例といった量的関係を早くつかむことで正解が得られる。

[2]を取り上げる。問題の素材は核磁気共鳴分光法で，有機物質の構造の分析に使われている。

最初に，●や○などそれぞれの粒が結びつく相手の数が決まっていることを把握する必要がある。この考え方は，過去にいくつかの中学入試でも出題された例がある。

次に問3の前に書かれている説明文を理解する必要がある。同じように●に結びついている○でも，その●の立場が変われば，○は区別されるということである。例えば図5の場合，❶と❹は○○⊗●と結びついているが，❷と❸は○○●●と結びついている。だから，❶と❹に結びついている○と，❷と❸に結びついている○は，別の立場のものとして区別しなければならない。

問5，問6は，試行錯誤して条件に合うものを探し出す必要がある。

問5では，○と⊗はどちらも●と結びつくしかない。まず●を3つ鎖状に並べ，次に○を2個ずつ付けようとすると，両端と中央で立場が異なってしまう。そこで，両端の●に○を3個ずつ付けることで解決する。

問6では，●と○の比が1：2ということで，●を鎖状に並べても条件を満たすものは作れない。ここで発想を豊かにして●を環状に並べると，条件に合うものをいくつもつくることができる。

ちなみに，本問のモデルとなった現実の物質では，●は炭素原子，○は水素原子，◎は酸素原子，⊗は塩素原子や臭素原子などに該当し，図や選択肢の物質はすべて実在する。問6の●と○の数が1：2の物質としては，本問では結びつきを二重にする条件がないので正解には含められないが，現実には右図のような物質(エチレン)も存在する。

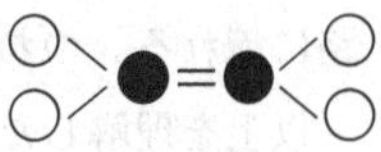

2023年度 麻布中学校 合否を分けた問題 理科

●この大問で，これだけ取ろう！

[1]	温度を感知する神経	標準	設問に出てくる神経のはたらきをよく把握すること。身近な経験を思い出せば有利。失点は1つまで。
[2]	ブラックホールのジェットの速さ	やや難	問4は計算や数字の意味を意識しながら解くことで，問5，問6にもつながる。失点は2つまで。
[3]	2種類のマイクのしくみ	標準	各部品の動作はすべて問題文に書かれているので，見落としがないようにしたい。失点は2つまで。
[4]	栄養分とエネルギー	標準	難しくはないが，細かな計算が多いため，試験時間を消費しそう。手早く解き上げて，失点は3つまで。

●鍵になる問題は[3]だ！

例年通り，興味深い4つの素材に関する大問が並んだ。問題文や図表の把握と理解を通して，知識だけでなく学習能力を試す試験である。[1]は日常の経験を思い出しながら，問題文の要点を早くつかんで答えたい。[2]と[4]は，問題文に沿って計算を進めればよいが，手間がかかる設問も多いため，試験時間に余裕がない。短時間で得点できる設問を見逃さないようにしたい。

[3]を取り上げる。音声を電気信号に変える装置がマイクである。本問は，代表的な2種類のマイクを取り上げた，音と電気の総合問題である。

手に持って動きながら使う場合は，ダイナミックマイクが多い。耐久性があり比較的安価で，広く使用される。一方，レコーディングや放送など固定して使う場合は，コンデンサーマイクが多い。感度がよく繊細で，高価で壊れやすい。問題文にある知識から，なるほどと思えるだろう。

ダイナミックマイクに関する問1～問3は難しくなく，音が振動であるという基本を忘れなければ正解できるだろう。ただし，ここで得た知識はあとの問7，問8で活きてくる。ダイナミックマイクでは，「膜の振動→磁石の振動→コイルに電流が発生」というしくみで，細かく変化する電流が回路に流れる。磁石が動くことで電気を生み出すしくみは電磁誘導とよばれ，発電と共通である。図3に電池がないことにも注目しておきたい。原理だけならば電源は不要である。

コンデンサーマイクに関する問4～問6は，初見の受験生も多かっただろうが，知識はすべて与えてあるので，誘導に上手に乗ることである。小学校の実験で使うコンデンサーは図4の形が多いと思われるが，そこから図5のような平行板コンデンサーを思い浮かべ理解するのは，やや難しかったかもしれない。しかし，要点は，金属板の間隔が狭いほど電気をためる量(静電容量)が大きいという一点である。つまり，「金属板の振動→容量の変化→電気の出入り」というしくみで，細かく変化する電流が回路に流れる。つねに充電と放電を繰り返すため，充電のための電源が必要である。

以上を理解したうえで，問7，問8に取り組みたい。

2022年度 麻布中学校 合否を分けた問題 理科

●この大問で，これだけ取ろう！

[1]	揚力の仕組み	やや難	問1が理解できたかどうかで，以降に大きく差がつく。上手に類推したい。失点は2つまで。
[2]	栄養分と味覚	標準	問1～問4は問題文にある情報から答えられる。問5～問7は，原子の数と分子の数を間違わないこと。失点は2つまで。
[3]	月や惑星の見え方	標準	問4に思考力が必要だが，他は問題文の意味をていねいに把握すれば難しくない。失点は1つまで。
[4]	細胞と感染症	標準	日ごろの関心も重要だが，先入観に惑わされず，問題文に沿っていねいに考えたい。失点は2つまで。

●鍵になる問題は[1]だ！

本校らしく，各大問でテーマに沿った問題文や図を読み，理解しながら解き進める形式である。計算問題は少ないが，全体の文章量と設問数は多いので，問題文を速く正確に理解し吸収する必要がある。[2]や[4]は興味深い内容であり，問題文に沿って考えていけばよい。[3]は類題を解いたことのある受験生も多かったであろうが，これも問題文の順にしたがって考えればよい。

[1]を取り上げる。オリンピックの翌年の入試だけに，テレビでヨット競技を見た受験生は，考えやすかったかもしれない。ボールを使うスポーツで，ボールの回転によって進路が変わること(例えば野球のピッチャーが投げる変化球)を体感している受験生は，経験から考えることもできる。また，飛行機が飛ぶ原理は，子ども向けの科学の本にもよく紹介されているので，興味を持って読んだり実験工作したりの実績のある受験生は有利だっただろう。
テーマは，揚力(ようりょく)の考えである。本問では，旗，傘，飛行機，ヨットと，4つの例が順に出てくる。問1の旗の例で，まず本問を貫くルールが示され，以降の設問で同じルールが繰り返し使われる。問1を安易に済まさず大事にして，問2以降でも問1のルールに戻ってていねいに解き進めた受験生は高得点が取れたであろう。一方，問1が理解できなかった場合，以降の設問は総崩れになるため，得点差がつきやすい問題だったといえる。

旗，傘，飛行機，ヨットいずれも空気の流れの中に平行に，厚みの小さい物体があって，その物体の両側で空気の流れの速さが異なる。このとき，流れの遅い側から流れの速い側へ力がはたらくというのが揚力のしくみである。

この力により，旗はふくらむ側がひんぱんに入れ替わる。傘は内から外へ裏返る。飛行機では，翼の下側の流れが遅くなるような形にすれば，上向きに力がはたらいて浮き上がる。

ヨットでは，図8の左側の空気の流れが遅いため，左から右に力がはたらく。しかし，それだけではヨットは右に進んでしまう。そこで，船底にキールなどとよばれる部品(図8のJ)を設置し，水の力でキールを押し戻して，ヨットが右に横すべりしないようにしている。力の向きとキールの向きが斜めだから，ヨットは右前方に進むことができる。

麻布の社会 ——出題傾向と対策 合否を分けた問題の徹底分析

出題傾向と内容

長文を1つ読ませ，その文章のテーマの歴史的・現代的意義を考えさせるという本校独特の出題傾向は，もはや揺るぎない伝統となっている。

知っているか，いないかというだけの知識問題は少なく，全体的に歴史的事件や地域の調査に関し，原因や結果まで記述させるものや，その出来事と現代の問題との関連や地域の問題の解決策について，受験生自身の考えを展開させる問題が多くなっている。そこでは，教科書や参考書から仕入れただけの自分自身で消化しきれていない知識はけっして役に立たない。

解答形式は，選択式，用語記入，論述式と多様であるが，論述問題の比重が最も高く，配点もこれが大きいと考えられる。過去には400字程度の論述が出題されたこともあり，自分の考え方をいかにまとめて，相手にわかりやすく表現できるかが合否を分けるポイントであろう。いわゆる，難問や奇問はほとんどみられない。

分野別では，歴史の比重がやや高いが，地理，政治にかかわる問題，複数の分野にまたがる問題，一般常識の有無を問う問題などの出題もみられる。時事問題そのものがダイレクトに問われることはほとんどない。

本年度の出題項目は以下の通りである。

総合－「公共」をテーマにした日本の歴史，政治など

歴史的事項に関する穴埋め問題	5題
記号選択問題	5題
1行～2行の論述問題	7題
100字以上，120字以内の論述問題	1題

学習のポイント

- ●知識問題は基礎的・基本的問題が中心。正確に覚え，確実に得点しよう。
- ●論述問題は新聞を活用して，複眼的なものの見方ができるようにしよう。

来年度の予想と対策

基本的事項は知っていることを前提として，そこからどんな問題点があったかを正確に読み取り，それについて自分自身がどう考えたのか，また，他にどのような考え方があるかなどを短時間で頭の中で整理して文章にするように心がけなければならない。それには知識を単独で覚えるのではなく，全体的なつながりとして整理しておくことが大切である。そのためには，新聞を活用するのが有効である。まず，新聞のコラム(新聞の1面の下にある短めの文章)をノートに書き写し，これを要約する作業は，文章力がつくだけでなく，社会科的なものの考え方を身につけることにもつながる。もちろん，新聞の記事自体にも目を通し，これはという記事があったら切り抜いてスクラップにしておくとよい。

年度別出題内容の分析表　社会

（よく出ている順に，☆◎○の３段階で示してあります。）

出題内容				27年	28年	29年	30年	2019年	2020年	2021年	2022年	2023年	2024年
地理	日本の地理	テーマ別	地形図の見方		○	○	○						
			日本の国土と自然		◎		○					○	
			人口・都市			◎	○			○	○	○	
			農林水産業							☆	○		
			工業	☆				◎	◎		○		
			交通・通信				○						
			資源・エネルギー問題			○							
			貿易										
		地方別	九州地方										
			中国・四国地方										
			近畿地方										
			中部地方										
			関東地方										
			東北地方										
			北海道地方										
	公害・環境問題			○						○			
	世界地理			○				○	◎		○		
日本の歴史	時代別		旧石器時代から弥生時代	◎						○			
			古墳時代から平安時代	○	○	◎	◎						
			鎌倉・室町時代	○	○		○	○		○			○
			安土桃山・江戸時代	☆	◎	○	○		○	◎	○	○	☆
			明治時代から現代	○	◎	○	○	◎	☆		☆	○	◎
	テーマ別		政治・法律	○	◎		◎	◎	○		◎	○	○
			経済・社会・技術	☆◎	◎	○	○	○	○	◎	◎	◎	○
			文化・宗教・教育	◎		◎	◎		○				☆
			外交		○				○		○	○	
政治	憲法の原理・基本的人権			○							◎		○
	国の政治のしくみと働き							○					
	地方自治												
	国民生活と社会保障			◎									
	財政・消費生活・経済一般			☆						○		◎	
	国際社会と平和			○					○				
時事問題													
その他				◎	◎	◎	◎	◎	☆	☆	☆	☆	◎

麻布中学校

2024年度 麻布中学校 合否を分けた問題 社会

問13

「学校教育は人びとの価値観や考え方に影響をあたえることで，どのような社会をつくってきましたか。そして，そのような人びとによってつくられた社会にはどのような問題がありますか。」という論述問題。字数が100字～120字とかなり多く，得点に差がついたと思われる。

ここでは，解答例以外に考えられる論述を二つ挙げておきたい。

これまで学校教育は，その時々の国が考える理想とする社会をつくってきた。そして，教育の力で，子どもたちをこのような社会に適応させてきた。このことは，子どもたちが幅広くさまざまな考え方を学び，国や社会を批判する力を育てることを阻害してきたといえる。
（120字）

これまで学校教育は，国や社会の要請に応えることを重視してきた。現在の学校教育は，子どもたちに一斉に知識や技術を伝達することが中心で，効率性には優れている。一方，子どもが自ら学んだり，自分で自分を育てたりする力を引き出す教育とはなっていない。
（120字）

2023年度 麻布中学校 合否を分けた問題 社会

問11

「個人で抱えているようにみえる問題でも，『みんな』で支えることで解決するものもある。そのような問題を一つ挙げ，それを解決できるような『みんな』で支える仕組みを考え，説明しなさい」という論述問題。字数が100字～120字とかなり多く，得点に差がついたと思われる。　ここでは，解答例以外に考えられる論述をいくつか挙げておきたい。

テーマ「子育て」

子育てにおいて，保護者が社会から孤立しないよう社会全体で支える仕組みが必要である。保育園などの施設を増やして，働きながら子育てしやすい環境を整えたり，子どもが豊かに育っていけるよう，職員1人が担当する子どもの数を減らすなどの対策が有効だ。（119字）

テーマ「教育の格差」

生まれ育った家庭の環境により，十分な教育を受けることができない人が存在する。まず，返済する義務のない奨学金の制度を充実させる必要がある。また，教育機関への財政的な支援を拡充するとともに，教育機関へ寄付しやすい仕組みをつくることも有効だろう。（120字）

テーマ「高齢者の孤立」

高齢化の進展によって，社会の中で孤立するお年寄りが増えている。老人ホームなどの施設も大切だが，お弁当を宅配しつつ，お年寄りと世間話をするような仕組みが有効だろう。また，「子ども食堂」のようにお年寄りが気軽に利用できる場所があるとよいと思う。（120字）

2022年度 麻布中学校 合否を分けた問題 社会

問10

下の図中の①，②にあてはまる都県名を答える問題である。①～③が愛知県，高知県，東京都のいずれかであることは問題文中に示されているので，それぞれの都県の産業上の特色が理解できているかどうかがポイントである。ここでは，解説で触れることができなかった内容を述べておきたい。

愛知県は，豊田市を中心に自動車工業が発達しており，47都道府県中，製造品出荷額は突出して多い。2018年現在，愛知県は約49兆円で，第2位の神奈川県の約19兆円との間には大きな差がある。また，工業が発達していることから，就業者に占める第2次産業就業者の割合は32.7%(2017年)と47都道府県でもトップクラスである(最も高いのは富山県で33.9%)。このため，外国人も工場，特に自動車工場で働く割合が高く，先に述べた豊田市ではブラジル人など多くの外国人労働者の姿をみることができる。よって，①～③の中で，製造業の割合が突出して高い①が愛知県と判定できる。

高知県は，高知平野を中心に野菜の促成栽培が盛んで，なすの生産では日本1，ピーマンの生産では，茨城県，宮崎県に次いで第3位である(いずれも2019年)。また，高知県は，林野率(総土地面積に占める林野面積の割合)が83.6%(2015年)と，47都道府県中で最も高い。このため，林業に従事している人も比較的多い。このため，就業者に占める第1次産業就業者の割合は10.2%(2017年)と47都道府県でもトップクラスである(最も高いのは青森県で12.0%)。このため，外国人も農林漁業に従事する人が多い。よって，①～③の中で，農林漁業の割合が突出して高い③が高知県と判定できる。

東京都は，47都道府県中で最大の1,300万人を超える人口が集中している。このため，デパート，スーパー，コンビニなどの小売店，食堂やレストランなどの飲食店，旅館やホテルなどの宿泊施設が数多く存在する。これらの仕事は多くの人手を必要とするため，慢性的な労働力不足に悩まされている。このため，多くの外国人が仕事に従事し，小売店，飲食店，宿泊施設などで働いている外国人の姿を見ない日はないという状況になっている。よって，①～③の中で，小売・卸売業，宿泊・飲食サービス業の割合が突出して高い②が東京都と判定できる。なお，東京都は，第3次産業就業者の割合が83.7%と47都道府県で最も高いが，これは上記の産業が盛んなほか，大学などの教育機関が多いこと，官庁が集中し，公務員が多いことなどが要因である。

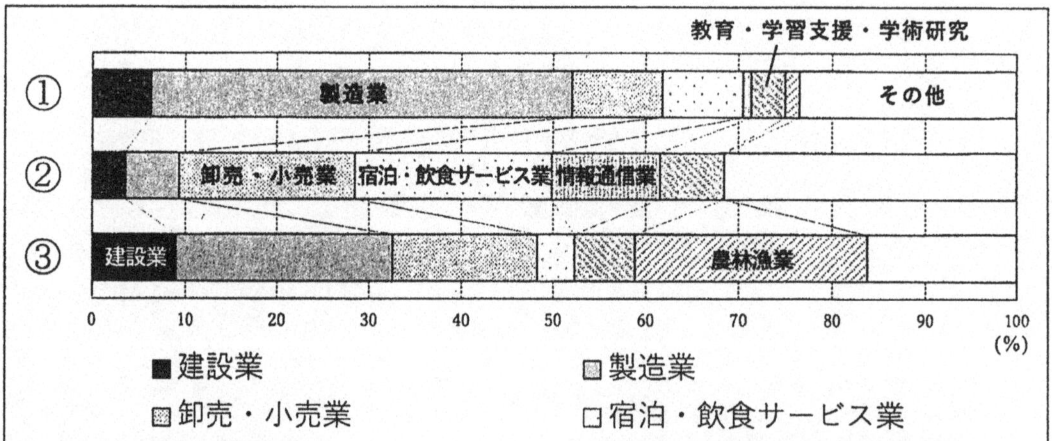

図3　産業別外国人労働者の割合(「外国人労働者アクセス」ホームページより作成)

麻布の国語

——出題傾向と対策
合否を分けた問題の徹底分析——

出題傾向と内容

素材文の傾向：物語文の一題構成。素材文の総字数は6000字を超えることもある。文章量は，かなり多い。「友情」「親子・家族」「生命・死」「成長・自立」などが，物語の主題となる。設問はそれぞれが結び合っていて，解き進める中で，物語の主題が浮き彫りになるような構成になっていることが多い。

記述形式：記述問題が中心である。記述の総字数は，800字程度求められるような年度もある。字数にして30字から120字程度の記述が目立つ。また例年，最後の方の設問として，100字を超える大型の記述問題が出題される。記述内容は，心情が多いが，比喩表現，情景描写，主題を問うものもあり，多彩である。幅広い記述対策を行いたい。

漢字・語句：基本～標準レベルの漢字問題が，毎年，出題される。

解き方の工夫：本校の入試問題は，それぞれの設問のつながりに特徴がある。設問はそれぞれつながりを持ち，前の設問を解くことが次の設問を解くカギになることが多い。また，各設問を解き進める中で，物語の主題が明らかになり，最後の方に設けられた，主題の大型記述が解けるようになることも多い。このような設問構成を意識して取り組みたい。

出題頻度の高い分野

❶物語文　❷心情記述　❸主題の記述　❹「成長」を主題とした作品　❺比喩表現の記述

来年度の予想と対策

出題分野　物語文の一題構成。

1　80～120字程度の大型記述問題。

2　主題に関係する記述。文章全体から書く内容を類推するもの。

3　心情記述。文章中の表現から，言葉を類推する必要があるもの。

4「成長・自立」を主題とした，物語文。

学習のポイント

●本校に特徴的な設問構成をおさえる。●試験時間60分　満点60点

●過去問対策を通して，さまざまな記述問題に取り組む体験を積む。

●細部読解で解決する心情記述などは，手堅く得点する。

年度別出題内容の分析表　国語

（よく出ている順に，☆◎○の３段階で示してあります。）

出題内容			27年	28年	29年	30年	2019年	2020年	2021年	2022年	2023年	2024年
設問の種類		主題の読み取り	○	○	○	○	○	○	○	○	○	◎
		要旨の読み取り										
		心情の読み取り	☆	☆	☆	☆	☆	☆	☆	☆	☆	☆
		理由・根拠の読み取り										
		場面・登場人物の読み取り	○	○	○	○	○	○	◎	◎	◎	◎
		論理展開・段落構成の読み取り					○	○	○			
		文章の細部表現の読み取り	☆	☆	☆	☆	☆	☆	☆	☆	☆	☆
		指示語										
		接続語										
		空欄補充										
		内容真偽										
	根拠	文章の細部からの読み取り	☆	☆	☆	☆	☆	☆	☆	☆	☆	☆
		文章全体の流れからの読み取り	☆	☆	◎	◎	◎	◎	◎	◎	◎	◎
設問形式		選択肢	○	○	○	○	○	○	○	○	○	○
		ぬき出し	○		○	○			○		○	○
		記　述	☆	☆	☆	☆	☆	☆	☆	☆	☆	☆
記述の種類		本文の言葉を中心にまとめる	◎	◎	◎	◎	◎	◎	◎	◎	◎	◎
		自分の言葉を中心にまとめる	◎	◎	◎	◎	◎	◎	◎	◎	◎	◎
		字数が50字以内	◎	○	○	○	○	○	○	○	○	○
		字数が51字以上	☆	☆	☆	☆	☆	☆	☆	☆	☆	☆
		意見・創作系の作文										
		短文作成										
語句・知識		ことばの意味										
		同類語・反対語										
		ことわざ・慣用句・四字熟語										
		熟語の組み立て										
		漢字の読み書き	○	○	○	○	○	○	○	○	○	○
		筆順・画数・部首										
		文と文節										
		ことばの用法・品詞										
		かなづかい										
		表現技法										
		文学史										
		敬　語										
文章の種類		論理的文章（論説文，説明文など）										
		文学的文章（小説，物語など）	○	○	○	○	○	○	○	○	○	○
		随筆文										
		詩（その解説も含む）										
		短歌・俳句（その解説も含む）										
		その他										

麻布中学校

2024年度 麻布中学校 合否を分けた問題 国語

五・七

★合否をわけるポイント（場面の情報を正確におさえる）

五と七は書き抜き問題である。ともに同じ場面の中に解答となる部分を見つけることができる。場面の中の情報を，正確におさえながら読み進めることで得点できたはずである。こういった設問で大きく失点することは避けたい。

★五，設問の条件は手がかりになる

設問には「守が描きたいと思ったもの」とある。また，「十四字」と字数指定もある。守が空を描きたいと思っていることは，傍線⑤を含む場面から読み取ることはできる。場面内を「十四字」を意識して解答を探せば，比較的容易に見つかるはずである。

★七，対比関係をおさえることは重要

傍線⑥と傍線⑦が含まれる場面を読み進めると，「つめたい」のが守で，「あたたかい」のは達哉くんだとわかる。その後，設問の条件（「点」という言葉につながる形，「十五字」という指定字数）を意識して探せば，同じ場面の中に解答は見つかる。

十一　(1)

★合否をわけるポイント（変化を読み取る設問は，必ず出る）

物語の最後の方に設けられた設問である。「表現に対する守の姿勢」の変化を読み取る記述問題。変化の読み取りに関する記述は，本校入試では必須の項目。ここまでの文章展開も意識しながら，書くべき内容を考えて欲しい。

★これまでの展開をおさえて，書くべきことをまとめる。

最初の頃，守はお母さんにどう評価されるかを意識し続けていた。林間学校の場面では，先生の評価を意識して，書くことの表現を変えたりした。守はいつも周囲の評価を気にしていたのである。だが，絵を描くとき，守は自ら達哉くんに見せたいと考え，グラデーションのように見えた空の色を自らの意思で感じたままに写しとった。それは誰かの評価を気にした行為ではなく，自発的な行為である。守は，自分の思いに基づいて感じるままに表現するように変化したのである。

記述の際には，「（絵を描く前）周囲の評価を優先して，自分をおさえて表現」＋「（絵を描いたことで）自分の感じる通りに表現するようになった」という内容を中心にする。

【絵を描く前】
・周囲の人々の評価を優先
自分の気持ちをおさえて表現

【絵を描いたことで】
・自分の感じる通りに表現しよう

2023年度 麻布中学校 合否を分けた問題 国語

二

★合否をわけるポイント（基礎的な選択式問題で落とさない）

傍線①以降に，文ちゃんと草児の関係が書かれている。その部分の内容を把握して，選択肢と照らし合わせて判断する。基礎的な解き方で解決できる選択式問題である。このような部分で，得点を落としたくない。

★それぞれの選択肢の意図を読み取る。

例えば，ア。確かに，傍線⑥以降には「別れを告げずに引っ越してしまった」とある。そのことが草児の心に引っかかっていることは読み取れる。だが，文ちゃんが「いつも自分を守ってくれていた」の部分は誤り。正しい部分と誤っている部分が選択肢の中に混ざっている。注意したい。

★これで「合格」！

お金をぶんどられて，草児はどうすることもできず，どうすれば良いのかを考えることもできなかった。その点をおさえて，判断する。「おこづかいを暗に求められて拒めない」「いやだった」とある，イが正解になる。イには，誤りといえる要素もない。

十三　(1)・(2)

★合否をわけるポイント（草児は笑い，泣きたい気分になる）

物語の最後の部分に設けられた設問である。コーラの味を感じた草児は「しっかりと甘かった」ことで，さらに笑わせられることになるが，同時に泣きたい気分にもなる。設問には「本文全体をふまえて」とあるが，文章全体の展開をおさえて，相反するように思える状況の理由を，それぞれ記述する必要がある。高度な文章読解力が問われる。

★相反するように思える状況の理由を読み取り，まとめる！

(1)に関して，孤独感の変化に着目して，記述内容をまとめる。孤独感に苦しんでいたとき，味はなかったのである。孤独感がやわらぎ，味が戻ってきた。この変化を軸に，必要な要素を加えていきたい。

(2)に関して，男との関係を意識して，記述内容をまとめる。最もつらい時期，男は草児を受け止めてくれた。だが，つらさから抜け出した草児は，これまで自分を支えてくれていたもの(人)とのつながりが薄れていくことに対するさびしさを感じ，泣きたいような気持ちになる。

(1)・(2)に関して，必要なことを読み取り，まとめて欲しい。

【草児をさらに笑わせた理由】
・孤独感から抜け出せた幸せ。

【泣きたいような気分の理由】
・つらいときに支えてくれた男とのつながりが薄れるさびしさ。

2022年度 麻布中学校 合否を分けた問題 国語

八　2

★合否をわけるポイント（この設問がなぜ合否をわけるのか？）

「私」にとって，「滝の絵に没頭」することがどのような意味を持つのかを記述する問題である。「滝の絵」が私の感情とどのように結びついているのかを，傍線⑧以降の表現から正確に読み取らなければならない。比ゆ表現を読み取り表現する力が問われている。

★比喩表現を正確に読み取る。

傍線⑧以降に「ほとばしる怒り」という表現がある。「私」は力強い滝に，怒りの感情を見た。そして，「黒い靄」という表現もある。滝の中に負の感情を見たのである。さらに，「流れろ，流れろ」「すべて押し流す」などの表現がある。負の感情を消し去ろうとしたのだ

★これで「合格」！

記述の際には，「怒りなどの負の感情」と，滝が表すものを書く。そこに，「消し去る／忘れる」という，「流れろ，流れろ」「押し流す」という表現が表すものを加える。以上のようにまとめることで，合格に結びつく答案が作成できる。

文章全体の展開の把握

★合否をわけるポイント（展開の把握がなぜ合否をわけるのか？）

滝の絵は，文章全体に出てくる。だが，滝の絵に対する「私」の姿勢は，文章の展開とともに変わる。震災後の新学期が始まる頃，高校の集大成として，揺るぎない力強さを持つ滝の絵で賞を獲ることを目ざした。

だが，ニセアカシアの絵が作品集の表紙になり，記者に取材を受けて，不本意な記事が掲載される頃，そこから生じた負の感情を消し去るために絵に向かい合うことになる。この流れをおさえることで，多くの設問が解きやすくなる。

★これで「合格」！

震災直後の「私」の絵に対する姿勢が問われているのは，四。ここでは，混乱の中にいる「私」が力強い滝の絵を描き，賞を獲ろうとしている様子をおさえる。

記事が書かれた頃からの私の絵に対する姿勢が問われたのは，例えば，八。滝の絵に没頭した理由と没頭することの意味である。

そして，十二の1では，姿勢の変化を二つの段階に分けて記述する問題が出題された。文章全体の姿勢の変化を長い文にしてまとめる必要があった。

震災後の新学期
高校の集大成としての力強い滝の絵を描き、賞を獲りたい。

←

記事が書かれた頃から
被災地に対する思いばかりが着目されることへの負の感情を消し去りたい。

MEMO

2024年度

★★★★★★★★★★★★★★★★★★★★★★★★

入　試　問　題

2024年度

麻布中学校入試問題

【算　数】（60分）　＜満点：60点＞

1　次の計算をし，分数で答えなさい。

$$\left\{\left(4.2-\frac{7}{3}\right)\times 2.25-4\frac{1}{9}\right\}\div\left(0.895+2\frac{1}{6}\div 9\frac{1}{11}\right)$$

答

2　以下の問いに答えなさい。

(1)　右の図において，AB＝5㎝であり，BC＝BD＝6㎝です。三角形ABEの面積から三角形CDEの面積を引くと何cm^2になりますか。

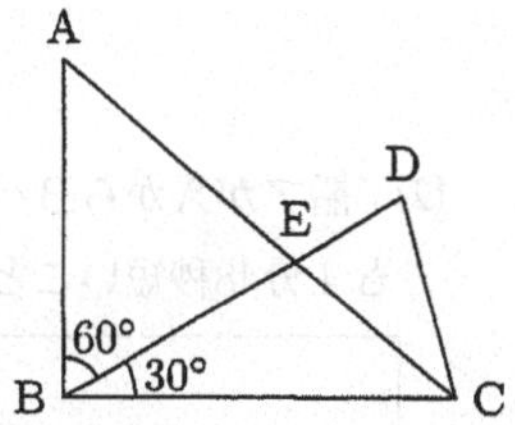

答　　　cm^2

(2)　右の図において，QS＝5㎝であり，三角形PQRは正三角形です。三角形UQRの面積から四角形PTUSの面積を引くと何cm^2になりますか。

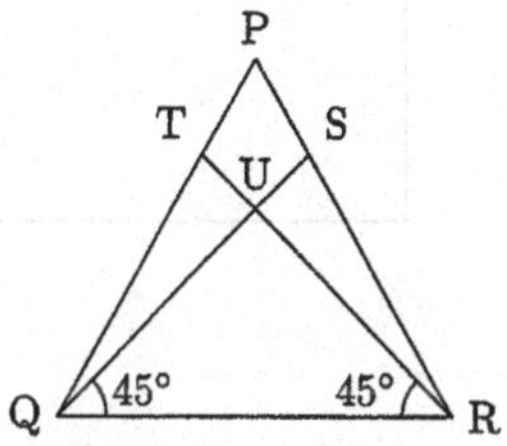

必要ならば，下の図は自由に用いてかまいません。

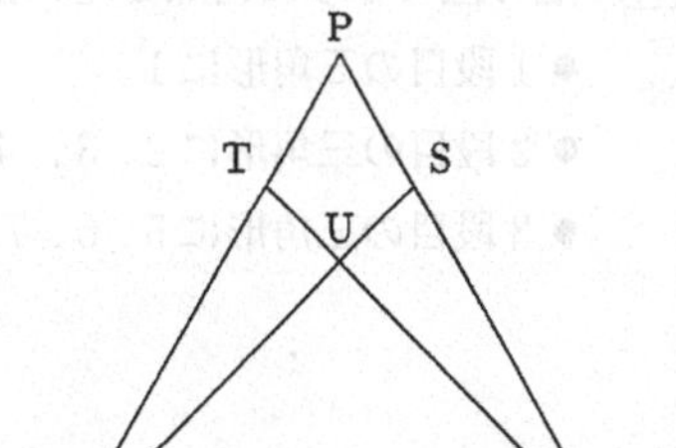

答　　　cm^2

3　川に船着き場Aがあり，Aから7200m下流の地点に船着き場Bがあります。船アがAを出発してBへ向かい，船アの出発と同時に船イがBを出発してAへ向かうと，2そうの船はAから4500m下流の地点ですれ違《ちが》います。また，船イがAを出発してBへ向かい，船イの出発と同時に船アがBを出発してAへ向かうと，2そうの船はAから3750m下流の地点ですれ違います。ただし，川の流れの速さはつねに一定で，静水時の船ア，イの速さもそれぞれ一定であるものとします。以下の問いに答えなさい。

(1)　静水時の船ア，イの速さの比を最も簡単な整数の比で答えなさい。

答　船アの速さ：船イの速さ＝　　：　　

(2)　船アがAからBへ移動するのにかかる時間は，船イがBからAへ移動するのにかかる時間よりも4分48秒短いことがわかりました。川の流れの速さは分速何mですか。

答　分速　　　m

4　右の図のように白黒2色の正三角形をしきつめて，

- 1段目の三角形に1
- 2段目の三角形に2，3，4
- 3段目の三角形に5，6，7，8，9

⋮

というように規則的に数を書きこみます。

次のページの問いに答えなさい。

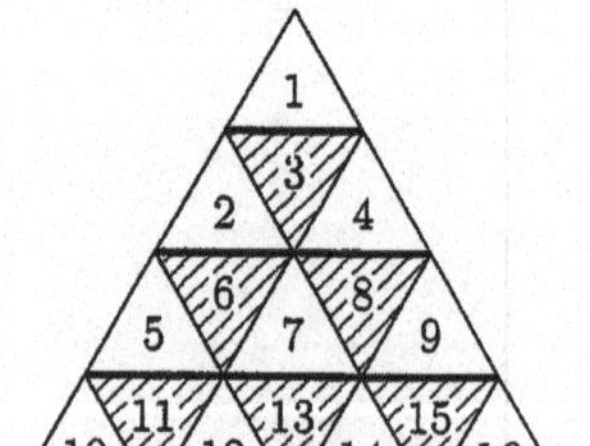

(1)　13段目の三角形に書きこまれたすべての数の和を答えなさい。

答

(2)　しきつめられた三角形の中から，右の図のように上下に並んだ２つの三角形を考えます。ア＋イ＝464であるとき，数ア，イを答えなさい。

答　ア＝　　，イ＝

(3)　しきつめられた三角形の中から，右の図のように並んだ４つの三角形を考えます。ウ＋エ＋オ＋カ＝1608であるとき，数オを答えなさい。

答　オ＝

5　１周１kmの円形のコースがあります。Ａ君とＢ君はコース上のＰ地点を同時に出発し，Ａ君は自転車に乗って反時計回りに，Ｂ君は歩いて時計回りに，それぞれコースを周回します。２人はこれを２日行いました。以下の問いに答えなさい。

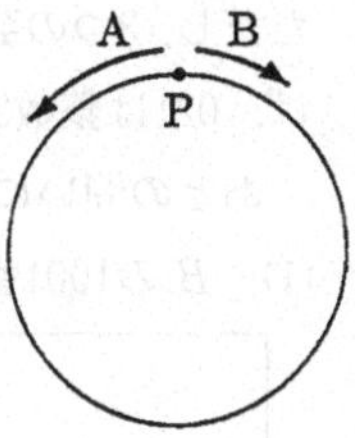

(1)　１日目，Ａ君の進む速さとＢ君の進む速さの比は９：４でした。２人が18回目にすれ違《ちが》うまでにＡ君が進んだ道のりは何kmですか。

答　　km

(2)　2日目，A君の進む速さとB君の進む速さの比は，出発してしばらく9：4でしたが，途中《とちゅう》でA君だけが速さをそれまでの2倍に変えました。すると，2人が18回目にすれ違った場所はP地点でした。

①2人が18回目にすれ違ったのは，A君がコースを何周したときですか。考えられるものをすべて答えなさい。ただし，解答欄《らん》はすべて使うとは限りません。

答　周，　周，　周，　周

②A君が出発してから途中で速さを変えるまでに進んだ道のりは何kmですか。考えられるものをすべて答えなさい。ただし，解答欄はすべて使うとは限りません。

答　km，　km

　km，　km

6　1から9999までの整数を小さい順につなげて書き並べ，数字の並びAを作ります。

数字の並びA　　123456789101112…99989999

この数字の並びAを左から順に3つの数字ごとに区切り，整数の列Bを作ります。

整数の列B　　123，456，789，101，112，…，999

ただし，3つの数字の一番左が0である場合には，左の0を取って2桁《けた》や1桁の整数にします。例えば，021は整数21，007は整数7になります。また，000は整数0にします。

あとの問いに答えなさい。

(1)　Bの1001番目の整数を答えなさい。

答

(2)　A に数字 0 は何回現れるか答えなさい。

答　　　　回

(3)　A の中で，20から30までを書き並べた部分に注目し，B を作るときに区切られる位置に縦線を書きましたこのとき，縦線のすぐ右にある数字 0 をすべて丸で囲むと，以下のようになります。

2|⓪ 2 1|2 2 2|3 2 4|2 5 2|6 2 7|2 8 2|9 3 0|

これにならって，解答欄《らん》にある

- 1000から1003までを書き並べた部分
- 2000から2003までを書き並べた部分
- 3000から3003までを書き並べた部分

に，それぞれ B を作るときに区切られる位置に縦線を書き入れ，縦線のすぐ右にある数字 0 をすべて丸で囲みなさい。ただし，0 が 2 個以上続いている場合も，縦線のすぐ右にある 0 だけを丸で囲みなさい。

答

1 0 0 0 1 0 0 1 1 0 0 2 1 0 0 3

2 0 0 0 2 0 0 1 2 0 0 2 2 0 0 3

3 0 0 0 3 0 0 1 3 0 0 2 3 0 0 3

(4)　B の中に100未満の整数は何回現れるか答えなさい。

答　　　　回

【理　科】（50分）　＜満点：40点＞

1　動物に深度記録計や温度計や照明付きビデオカメラなどを付けて行動を分析《ぶんせき》することを「バイオロギング」といいます。これにより，様々な動物が水中で何を食べて，どんな行動パターンをとるか分かってきました。ペンギンは鳥の仲間ですが，水の中を上手に泳ぐことができます。特にエサを食べるために潜水《せんすい》をくりかえしています。下に4種類のペンギンについて，体重と潜水最大深度と潜水時間の平均を示しました。

	体重	潜水最大深度	潜水時間
エンペラーペンギン	12.0 kg	400m	600 秒
ジェンツーペンギン	5.3 kg	50m	180 秒
ヒゲペンギン	4.5 kg	45m	90 秒
マゼランペンギン	4.2 kg	30m	60 秒

問1　ペンギンは限られた時間で潜水してエサをとっています。この理由として適当なものを次のア～カから2つ選び，記号で答えなさい。

ア．エラで呼吸しているから。　　イ．肺で呼吸しているから。

ウ．エサが水中に豊富にあるから。　　エ．エサが水中にほとんどないから。

オ．陸にいると自分が食べられてしまうから。

カ．つばさを使って空を飛ぶこともできるから。

問2　ペンギンの潜水に関する文として適当なものを次のア～キからすべて選び，記号で答えなさい。

ア．体重が重いほど，潜水最大深度は浅い。

イ．体重が重いほど，潜水最大深度は深い。

ウ．体重と潜水最大深度に関係はない。

エ．体重が重いほど，潜水時間は短い。

オ．体重が重いほど，潜水時間は長い。

カ．体重が重いほど，体が大きいために息が続かない。

キ．体重が軽いほど，疲れにくいために息が長く続く。

魚の仲間であるマンボウは，水面にういてただよっている様子についてはよく観察されていましたが，水中でどのようにエサをとっているかはよく分かっていませんでした。バイオロギングによって，ペンギンと同じように潜水をくりかえしてエサをとっていることや，水面でただよっている理由が分かってきました。また，マンボウは群れにならず，それぞれが決まったルートを持たず広い海にばらばらに広がって活動していることも分かりました。

日中，潜水をするマンボウの行動を分析すると，水深150m付近にいるときには，さかんにクダクラゲなどを食べていることが分かりました。ところがこの深さにずっととどまるわけではなく，しばらくすると水面に上がって何もしていないように見えました。潜水してエサを食べることと浮上《ふじょう》して水面近くでじっとしていることを日中6～10回ほどくりかえしていました。

バイオロギングで水中の水温とマンボウの体温を測ることができます。水面近くの水温は約

18℃，水深150m付近では約5℃でした。マンボウの体温は14℃から17℃の範囲《はんい》で上がったり下がったりしていました。エサの多い水深150m付近の海中は水温が低いので30分ほど潜水してエサを食べて，体温が14℃まで下がると水面近くに浮上して，1時間ほどかけて体温を上げていることが分かりました。マンボウは体温が17℃まで上がれば，すぐに次の潜水を始めていました。

問３　マンボウの潜水に関する文として適当なものを次のア～カからすべて選び，記号で答えなさい。

ア．マンボウはエラで呼吸している。
イ．マンボウは肺で呼吸している。
ウ．水深150m付近にエサが豊富にある。
エ．水面付近にエサが豊富にある。
オ．水深150m付近ではマンボウの体温が下がるのでまったく活動できない。
カ．水面付近ではマンボウの体温が上がるのでまったく活動できない。

問４　マンボウが水深150m付近にいる時間より，水面近くにいる時間が長いのはどうしてですか。その理由を答えなさい。

体の大きいマンボウに対して体の小さいマンボウでは，まわりの水温によって体温が早く変わります。つまり，自分の体温より水温が高ければ体が小さいほど体温が早く上がり，水温が低ければ体温は早く下がります。また，マンボウは体の大きさに関係なく，体温を14℃から17℃に保ちながら，水深150m付近でエサを食べる潜水をくりかえしていました。水面と水深150m付近との間の移動にかかる時間は短いので，ここでは考えないものとします。

問５　マンボウの体の大きさと１回あたりの潜水時間との関係を説明した文として，適当なものを次のア～カからすべて選び，記号で答えなさい。

ア．体の大きいマンボウほど水深150m付近にいる時間は長い。
イ．体の小さいマンボウほど水深150m付近にいる時間は長い。
ウ．体の大きさと水深150m付近にいる時間の長さに関係はない。
エ．体の大きいマンボウほど水面付近にいる時間は長い。
オ．体の小さいマンボウほど水面付近にいる時間は長い。
カ．体の大きさと水面付近にいる時間の長さに関係はない。

問６　体の大きいマンボウと小さいマンボウが同じ日に潜水する回数を，上記の体温の変化を考えて比べるとどちらが多いと考えられますか。ア，イのどちらかの記号を選び，理由とともに答えなさい。

ア．大きいマンボウ　　イ．小さいマンボウ

問７　近年，世界中の海の水温をバイオロギングで測定しようとしています。サンマはマンボウとは異なり，大きな群れになって決まったルートを決まったシーズンに回遊します。多くの魚を使って水温を測定しようとするときに，できるだけ広い範囲で測定するには，サンマとマンボウのどちらが適していますか。ア，イのどちらかの記号を選び，理由とともに答えなさい。

ア．サンマ　　イ．マンボウ

2 私たちの身の回りには数多くの物質があり，その数は1億種類をこえるほどです。しかし，それら無数の物質は，わずか100種類程度の目には見えないほど小さな「つぶ」が，様々な組み合わせで結びついてできています。このつぶが結びついて物質ができる様子を表すときに，つぶを表す記号同士を直線1本のみで結んで図1のように表すことがあります。この表し方では，それぞれのつぶが他にどのような種類のつぶと何個ずつ結びついているかが分かります。図1では，●，○，⊗が3種類のつぶを表しており，左右どちらも1個の●に2個の○と2個の⊗が結びついている様子が表されているので，どちらも同じ物質であると考えます。

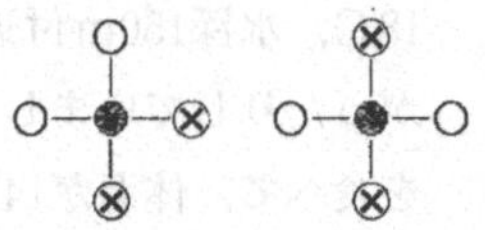

図1

問1　次のア～オのうち，他とは異なる物質を表しているものを1つ選び，記号で答えなさい。

ア.　　イ.　　ウ.　　エ.　　オ.

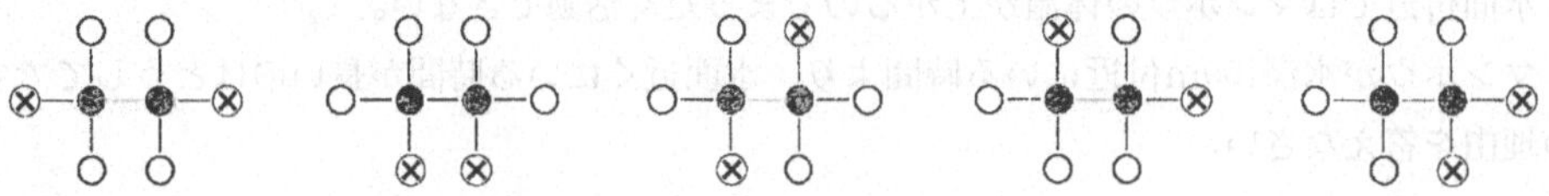

○や⊗は結びつく相手のつぶが1個だけですが，●は4個のつぶと結びつくことが図1から分かります。ここで考えている小さな「つぶ」は，その種類によって結びつく相手となるつぶの個数は決まっていて，その個数よりも多くなることも少なくなることもありません。

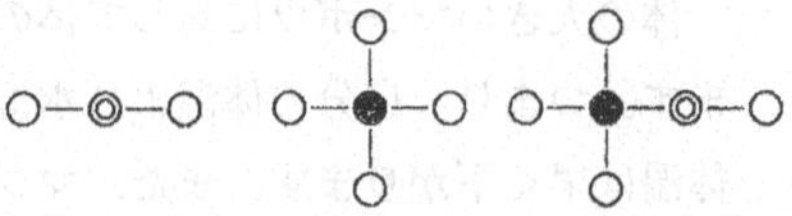

図2　　図3　　図4

さらに，◎という2個の相手と結びつくつぶも考えると，図2～図4のような様々な組み合わせによる物質の例も考えられます。

問2　下線部の規則にしたがって，○2個と◎2個がすべて結びついた物質を図1～図4のようなかき方で表しなさい。

○について調べる装置があります。この装置を用いると，○と他のつぶとの結びつき方のちがいによって，異なる種類の「信号」が現れます。例えば，図3の物質では4個の○に結びつき方のちがいがなく，信号は1種類しか現れません。一方，図4の物質では4個の○は，●と結びつくものと◎と結びつくものに分類できるので，信号は2種類現れ，信号の強さの比は○の個数の比を反映して3：1となります。

さらに，⊗1個，●4個，○9個が結びついてできた図5の例を見てみましょう。この物質の中にある4個の●（❶～❹）は⊗との位置関係からすべて区別がつきます。そのため，これらと結びついている9個の○はⒶ～Ⓓの4種類に分類できます。このため，図5の物質からは4種類の信号が現れ，それぞれの信号の強さの比はⒶ：Ⓑ：Ⓒ：Ⓓ＝2：2：2：3となります。

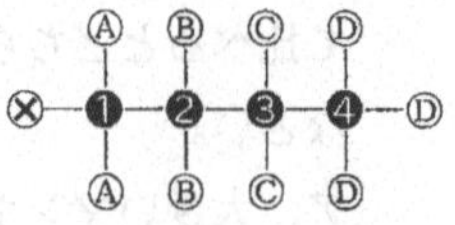

図5

次に，●4個，○10個が結びついてできた図6の例を見てみましょう。この物質は対照的《たいしょうてき》な結びつき方をしており，左右を反転させても区別がつきません。そのため，この物質の中にある4個の●は❺と❻の2種類に分類できます。そして，これらと結びついている10個の○はⒺとⒻの2種類に分類でき，信号の強さの比はⒷ：Ⓕ＝3：2となります。

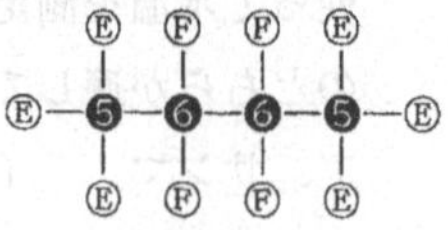

図6

問３　この装置を用いて右図の物質内の○について調べると，信号の強さを示す右の棒グラフにあるような３種類の信号が現れました。６個の○はそれぞれどの信号のもとになっていますか。図５や図６のかき方を参考にして，解答欄《かいとうらん》の６個の○中にあ，い，うを記して分類しなさい。

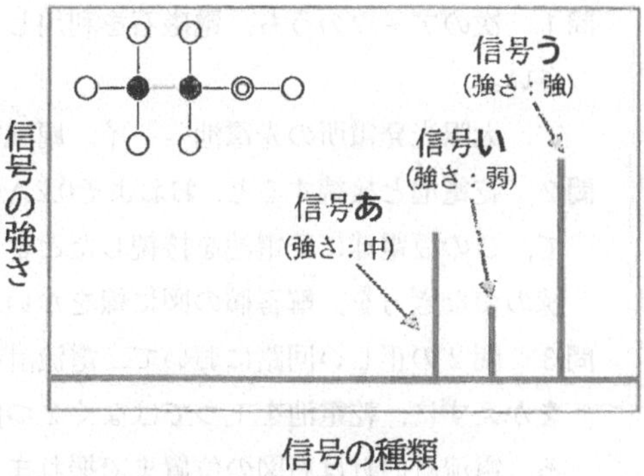

問４　この装置を用いてある物質の○について調べました。その結果，2種類の信号が現れ，その強さの比が３：１になりました。この物質を表しているものとしてもっとも適当なものを次のア～エから選び，記号で答えなさい。

ア.　　イ.　　ウ.　　エ.

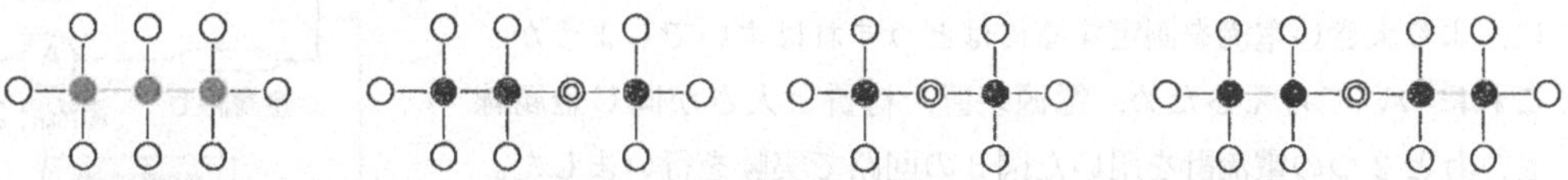

問５　この装置で●３個，○６個，⊗２個がすべて結びついてできた物質の○について調べると，１種類の信号しか現れませんでした。この物質を図１～図４のようなかき方で表しなさい。

問６　●と○の２種類のつぶのみが結びついてできている物質Aを1.4ｇ用意して，燃やしました。すると，物質A内のすべての●は結びつく相手がかわって空気中の◎と結びつき，4.4ｇの物質Bになり，用意した元の物質Aは残っていませんでした。物質Bは●と◎のみが３：８の重さの比で結びついた物質であることが知られています。

⑴　1.4ｇの物質A内の●だけをすべて集めると何ｇになりますか。また，○だけをすべて集めると何ｇになりますか。それぞれ答えなさい。

⑵　●と○は，それぞれの１個あたりの重さの比が12：１です。物質A内の●と○の個数の比を答えなさい。

⑶　物質Aは，○について調べると１種類の信号しか現れませんでした。物質Aとして考えられる物質を図１～図４のようなかき方で１つだけ表しなさい。

ここで紹介《しょうかい》した，つぶの結びつき方を知るための方法は「核《かく》磁気共鳴分光法」といい，物質に関する研究・開発だけでなく，医学の分野などでも有用な技術として広く応用されています。

３　理科室にある図１のような電流計のメーター部分には，図２のようにコイルが含《ふく》まれています。コイルに流れる電流が大きいほど，より強力な電磁石となるため，メーターの針が振《ふ》れる角度（振れ角）も大きくなります。このため，振れ角の大きさから電流を測ることができます。

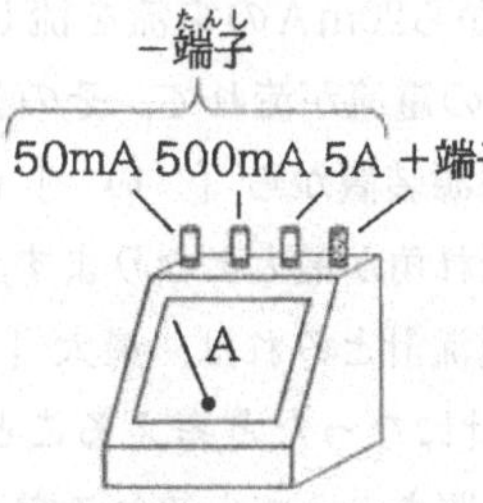

図１

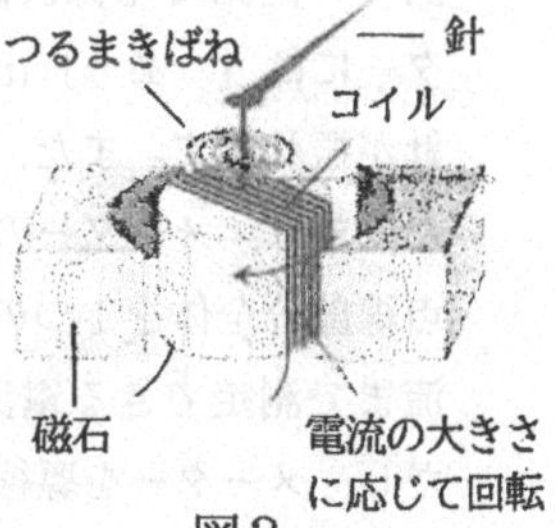

図２

問１　次のア～ウのうち，電磁石を利用しているものには○，利用していないものには×と答えなさい。

ア．太陽光発電所の光電池　　イ．扇風機《せんぷうき》のモーター　　ウ．消火栓《しょうかせん》のベル

問２　乾電池《かんでんち》と接続すると，おおよそ0.2Aの電流が流れる豆電球があります。図１の電流計を用いて，この豆電球に乾電池を接続したときに流れる電流を，もっとも正確に調べることができる導線のつなぎ方を，解答欄《かいとうらん》の図に線をかいて答えなさい。

問３　問２の正しい回路において，電流計の－端子《たんし》の接続位置をかえずに，乾電池を１つではなく２つ直列に接続したところ，電流計の針は右図の位置まで振れました。このとき，回路に流れた電流はいくらと読み取れますか。単位をつけて答えなさい。

電流計のメーターに最大の振れ角をこえる電流を流しても，その電流を測ることはできません。では，用いるメーターはかえずに，より大きい電流を測定するにはどうすればよいでしょうか。これについて考えるため，電源装置，材質と太さが同じ金属線ａ，ｂと２つの電流計を用いた図３の回路で実験を行いました。金属線ａ，ｂをともに長さ10cmにして電源装置から60mAの電流を流すと，２つの電流計はいずれも30mAを示しました。また，電源装置から流す電流を変化させたり，ｂの長さを10cmにしたまま，ａを別の長さのものにかえたりして同様の実験を行ったところ，各実験の２つの電流計の測定値は右の表の結果になりました。さらに，２つの電流計のうち，どちらを導線に置きかえても電流が変化しないことも実験で確かめました。

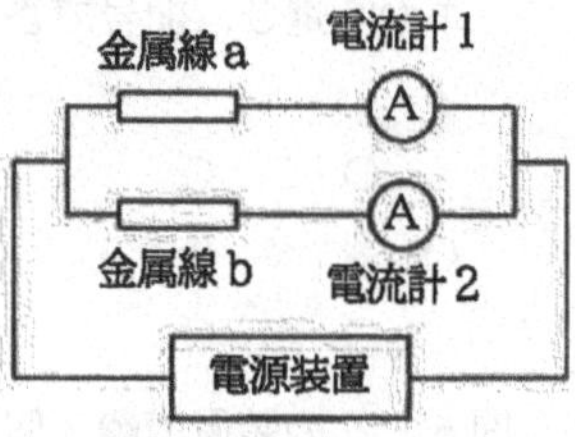

図３

表（ｂの長さはいずれも10cm）

ａの長さ		電源装置から流す電流		
		60mA	120mA	180mA
10cm	電流計１	30mA	60mA	90mA
	電流計２	30mA	60mA	90mA
20cm	電流計１	20mA	40mA	60mA
	電流計２	40mA	80mA	120mA
30cm	電流計１	15mA	30mA	45mA
	電流計２	45mA	90mA	135mA

問４　下の文章中の空欄《くうらん》［あ］と［い］に入る正しい数値を書きなさい。

30mAの電流が流れると振れ角が最大となるメーターを用いて，図４の回路をつくりました。図３の回路の実験結果から，図４の回路で電源装置から20mAの電流を流したときは，メーターには［　あ　］mAの電流が流れて，その分だけメーターの針が振れます。また，電源装置から［　い　］mAの電流を流したときは，メーターの振れ角が最大となります。よって，図４の点線部分全体を１つの電流計とみれば，最大［　い　］mAの電流まで測定できる電流計になったと考えることができます。ただし，メーターを導線に置きかえても流れる電流は変化しないものとします。

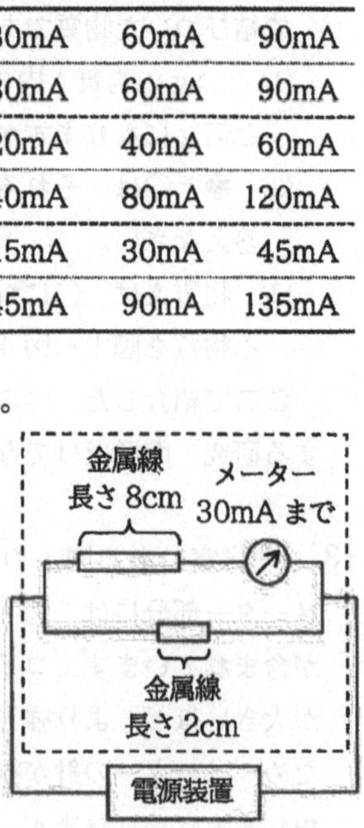

※２つの金属線の材質と太さは同じです。
図４

問5　下の文章中の空欄［う］～［け］に入る正しい数値と，空欄【X】に入る適当な語句を書きなさい。ただし，比の数値はもっとも簡単な整数比となるように答えなさい。

図1のような電流計では，－端子をつなぎかえることで測定範囲《はんい》を変えることができます。この仕組みを理解するため，図4の回路で使ったものと同じメーターを用いて，図5のように－端子をつなぎかえることで，最大300mAや最大3Aまで測ることができる電流計をつくることを考えてみます。

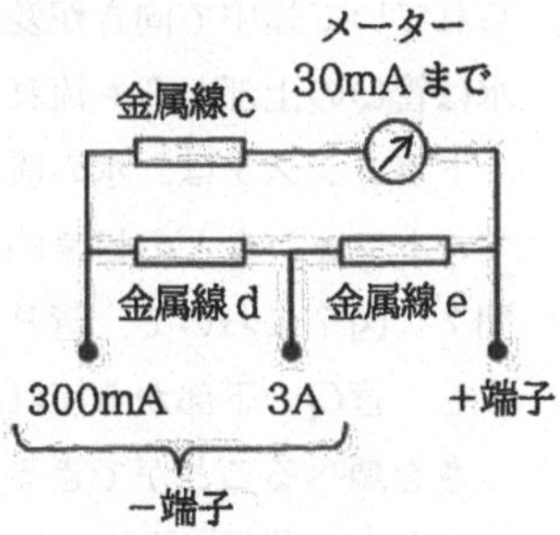

※3つの金属線の材質と太さは同じです。

図5

図5の＋端子と300mAの－端子に電源装置を接続して，電源装置から300mAの電流を流したとします（3Aの－端子には何も接続しません)。このときにメーターの針の振れ角が最大となるようにしたいので，図5の3つの金属線の長さの間には

cの長さ：dとeの長さの合計＝［　う　］：［　え　］

の関係が満たされるようにしなければならないことが分かります。また，同様に十端子と3Aの－端子に電源装置を接続して，電源装置から3Aの電流を流すことを考えれば

【　X　】：eの長さ＝［　お　］：［　か　］

の関係も満たされるようにしなければならないことが分かります。よって，3つの金属線の長さの比を

cの長さ　：dの長さ　：eの長さ＝［　き　］：［　く　］：［　け　］

とすれば，目的の電流計をつくることができます。

回路を流れる電流が非常に小さくなると，図2のようなメーターを用いた電流計で正確に電流を測ることが難しくなります。そのときには，図6のようなデジタルマルチメーターを使用することで，電流をより正確に測ることができます。デジタルマルチメーターは電池を入れると作動し，回路を流れる電流が数μA（マイクロアンペア）のときにも計測に使用できます。なお，1000μA＝1mAです。

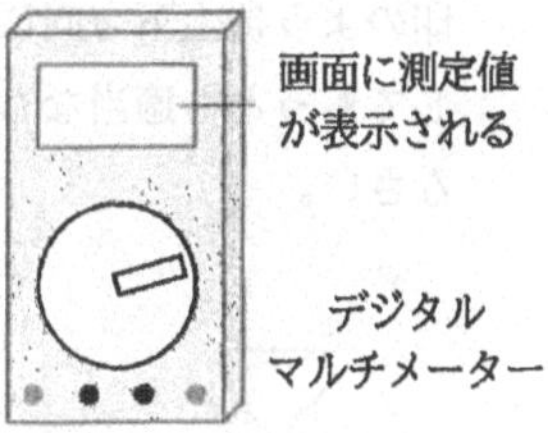

図6

問6　1μAは1Aの何分の1の電流ですか．正しいものを次のア～クから1つ選び，記号で答えなさい。

ア．10分の1　　イ．100分の1　　ウ．1000分の1　　エ．1万分の1
オ．10万分の1　　カ．100万分の1　　キ．1000万分の1　　ク．1億分の1

デジタルマルチメーターの内部では，半導体でできたトランジスタと呼ばれる部品が重要なはたらきをします。ここで，回路に流れる電流を水の流れにたとえると，トランジスタのはたらきは次のように説明できます。

図7は連結された管Pと管Qに対して，頑丈《がんじょう》なひもでつながれた板1と板2からなる装置Tを設置したときに，どのように動作するかを示しています。管Qの上部からは水が供給されていて，板2の高さより上側は常に水で満たされています。ここ

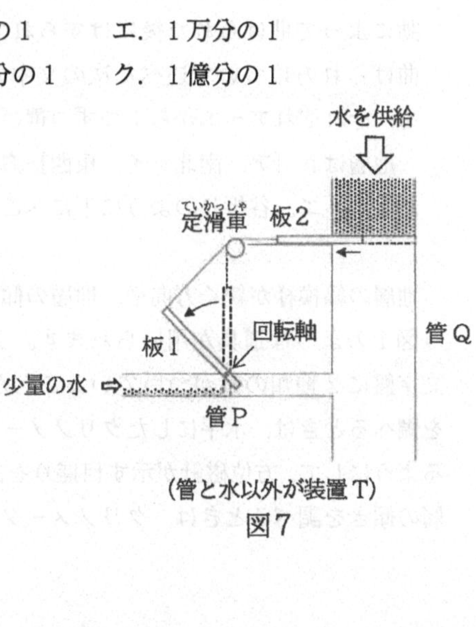

（管と水以外が装置T）

図7

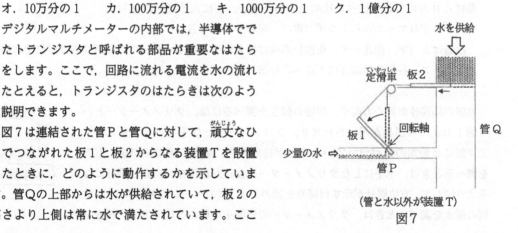

で，管Ｐの左側から少量の水を流すと，水の流れの強さ（１秒あたりに通る水の量）に応じて板１が回転し，水はその先にある管Ｑまで到達《とうたつ》します。一方，板１と板２をつなぐひもは定滑車《ていかっしゃ》にかけられていて途中《とちゅう》で向きが変わるため，板１の回転角度に応じて板２は左向きに動きます。すると，水は管Ｑの上部からも流れてくるようになります。

トランジスタは，水の流れにたとえたときの図７の装置Ｔのはたらきをしていて，パソコンやスマートフォンなどの日常的に目にする機器の内部にもたくさん使用されています。

問７　図７において，管Ｐを通ってきた少量の水の流れの強さを直接測定することが難しい場合でも，管Ｑの下部から流れ出た水の流れの強さを測定することで，管Ｐを通ってきた水の流れの強さを調べることができると考えられます。それは，図７の装置Ｔが水の流れに対してどのようにはたらく装置であるといえるからですか。そのはたらきを簡単に説明しなさい。

問８　図１のような電流計とはちがって，デジタルマルチメーターには電池が必要です。この電池は，画面に測定値を表示するためだけではなく，電流を測定すること自体にも使われます。トランジスタの仕組みを考えた上で，電流の測定に電池が必要な理由を説明しなさい。

４　昨年は大正関東地震《じしん》から100年の節目でした。地震は大地の変動のひとつです。大地が何によって，どのように成り立っているかを知ることは，災害への備えの一歩となります。

問１　大地の変動について断層の動きをブロックで考えます。
２つで１組のブロック２種類を右図のように置き、図中の矢印のように上下方向にのみ押《お》したとき、ブロックの動き方としてもっとも適当なものを次のア～エから選び、記号で答えなさい。

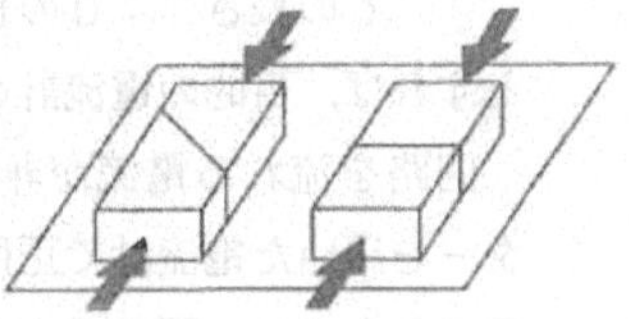

ア．

イ．

ウ．
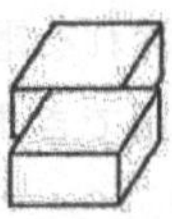

エ．
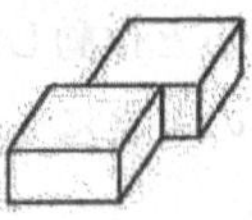

問２　水平な地面に右図のような地層の縞模様《しまもよう》が観れていました。これは，古い方からＡ，Ｂ，Ｃの順に水平に堆積《たいせき》した地層が，大地の変動によって曲げられた後にけずられてできたものです。この地層の曲げられ方について述べた次の文中の空欄《くうらん》ａ，ｂに入る適当な語句を，それぞれア～エから１つずつ選び，記号で答えなさい。

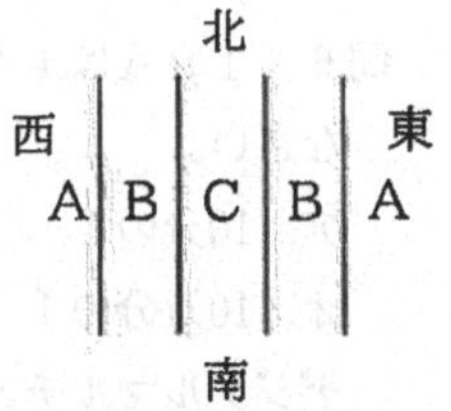

地層はａ〔ア．南北　イ．東西〕方向に押されることで，ｂ〔ウ．山折りのように上に盛り上がる形　エ．谷折りのように下にへこむ形〕に曲げられた。

地層の縞模様が続く方向や，地層の傾《かたむ》きを調べるには，クリノメーターという図１のような道具が用いられます。クリノメーターは手のひらサイズで，文字盤《もじばん》に２種類の針がついていることが特徴《とくちょう》です。地層の縞模様が続く方向を調べるときは，水平にしたクリノメーターの長辺が縞模様の向きと平行になるようにして，方位磁針が示す目盛りを読みます（次のページの図２のⅠ）。地層の傾きを調べるときは，クリノメーターの側面を地層の面に当てて，傾きを

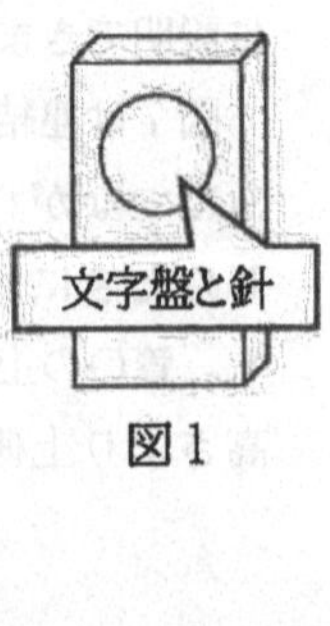

図１

調べる針が示す目盛りを読みます（図２のⅡ）。この針は，必ず下を向くようになっています。

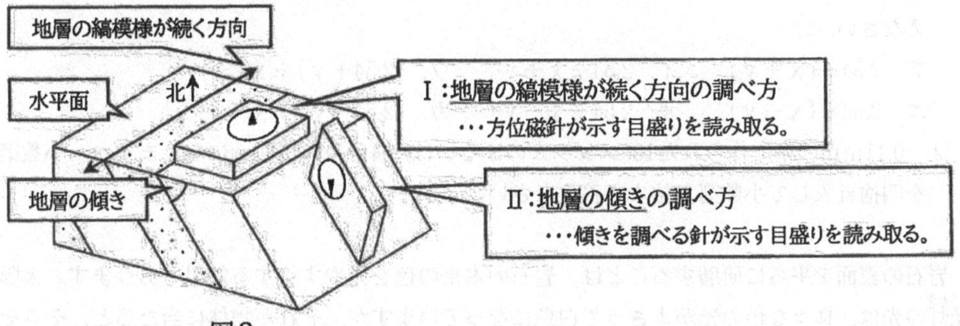

図２

問３　地層の縞模様が続く方向を調べるとき（図２のⅠ）は，水平面内で北から何度の方向かを測定します。また，地層の傾きを調べるとき（図２のⅡ）は，水平面から何度傾いているかを測定します。ⅠとⅡについて図２のように測定を行うとき，目盛りの数値をそのまま読み取ればよいようにするため，文字盤の目盛りはそれぞれどうなっていると考えられますか。もっとも適当なものを次のア～エから選び，記号で答えなさい。ただし，下のＡとＢは，前ページの図１の向き（クリノメーターの短辺を上とした向き）に文字盤を見たものとします。また，目盛りの数値は角度を表します。

ア．ⅠもⅡもＡ
イ．ⅠもⅡもＢ
ウ．ⅠはＡでⅡはＢ
エ．ⅠはＢでⅡはＡ

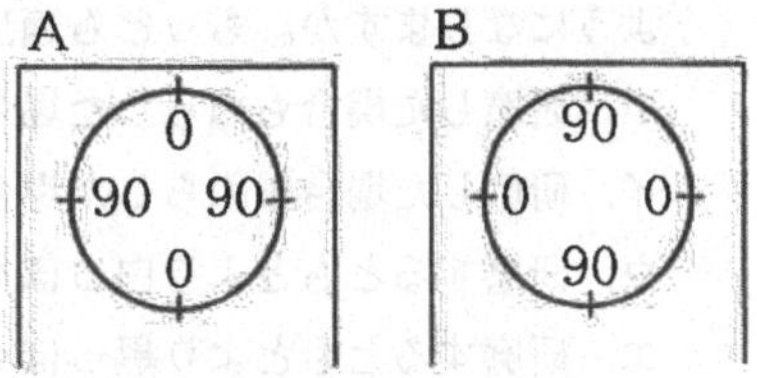

採集した岩石を調べる場合，岩石薄片《はくへん》（プレパラート）を作成して顕微鏡《けんびきょう》で観察します。岩石をつくっている鉱物の多くは薄《うす》くすると光を通すので，特別な顕微鏡で見ると，光の通り方で鉱物の種類を調べることができます。岩石の厚さが均一になるように薄くするため，岩石薄片は次の過程で作成します。

「岩石のかけらの片面が平らになるように，研磨剤《けんまざい》という粉を使ってけずって磨《みが》く（研磨する）→スライドガラスに貼《は》りつける → 反対側を研磨してより薄くする → カバーガラスをかぶせる」

問４　岩石のかけらの表面を効率的に平らにするためには，どのような研磨剤をどのように使用するとよいですか。それについて述べた次の文中の空欄ａ，ｂに入る適当な語句を，それぞれア～エから１つずつ選び，記号で答えなさい。

　岩石に含《ふく》まれる鉱物よりもａ〔ア．かたい　イ．やわらかい〕粒子《りゅうし》からなる研磨剤を，粒子の大きさがｂ〔ウ．小さなものから大きなもの　エ．大きなものから小さなもの〕へと順に使って研磨する。

問５　市販《しはん》されている研磨剤の粒子の直径には，粒子を大きさごとに分けるふるい（目の細かいざるのような道具）のメッシュ数で表されているものがあります。例えば，メッシュ数が80の場合，１インチ（2.54㎝）が80本の糸で分割《ぶんかつ》されているということです。

(1) メッシュ数をx，糸の太さをy（cm）とするとき，粒子のサイズを決めるふるいの網目《あみの》の幅《はば》（cm）は，どのように求められますか。もっとも適当なものを次のア～カから選び，記号で答えなさい。

ア．$2.54 \div (x+y)$　　イ．$2.54 \div x + y$　　ウ．$(2.54+y) \div x$

エ．$2.54 \div (x-y)$　　オ．$2.54 \div x - y$　　カ．$(2.54-y) \div x$

(2) 0.11mmの糸で作られた100メッシュのふるいは，網目の幅が何mmになりますか。小数第三位を四捨五入して小数第二位まで答えなさい。

岩石の表面を平らに研磨することは，岩石の本来の色を見やすくする効果もあります。太陽や蛍《けい》光灯《こうとう》の光は，様々な色の光がまざって白色になっていますが，それが物体に当たると，それぞれの物体で特定の色の光が吸収されたり反射されたりすることで，見える物体の色が決まります。ただし，物体の表面に細かいでこぼこがたくさんあると，様々な色の光がいろいろな向きに反射してしまい，それらの光がまざって白色に見えます。くもりガラスが白くくもって奥《おく》が見えないようになっていることはその一例です。研磨すると，そのでこぼこによる効果を減らすことができます。また，野外で岩石を観察するときに水をかけることがあるのですが，細かいでこぼこの表面を水の膜《まく》がおおうので，でこぼこによる効果を減らすことができ，観察しやすくなるのです。

問6　灰色の岩石を平らに研磨した場合と，水をかけてぬらした場合，岩石の表面の見た目はどのようになりますか。もっとも適当なものを次のア～オから選び，記号で答えなさい。

ア．研磨した場合もぬらした場合も，もとより白っぽく（明るく）見える。

イ．研磨した場合もぬらした場合も，もとより黒っぽく（暗く）見える。

ウ．研磨するともとより白っぽく見えるが，ぬらした場合はもとより黒っぽく見える。

エ．研磨するともとより黒っぽく見えるが，ぬらした場合はもとより白っぽく見える。

オ．研磨してもぬらしても，表面の見た目はまったく変化しない。

ところで，研磨剤は，水場の鏡などにできてくもりのもとになる，水アカのそうじにも使われます。水アカは，水道水に含まれる物質が沈殿《ちんでん》したり，水道水中の成分と空気中の成分がくっついて沈殿したりすることで生成されます。できてしまった水アカを取り除くのはなかなか大変なので，水アカがつかないように使用することを心がけたいですね。

問7　鏡に水アカがついていなくても，お風呂《ふろ》のフタを開けるだけで鏡がくもってしまう場合があります。その現象を説明する次の文の空欄a～cに入る適当な語を答えなさい。

空気中の［　a　］が，鏡の表面で［　b　］されて，［　c　］する。

問8　鏡の水アカを予防するには，浴室など水場の使用後にどのようなことを心がければよいですか。もっとも適当なものを次のア～オから選び，記号で答えなさい。

ア．鏡に光が当たらないように暗くする。

イ．なるべく新鮮《しんせん》な空気が鏡にあたるように換気《かんき》をする。

ウ．空気中の細かいホコリを取り除くために換気をする。

エ．鏡についている水滴《すいてき》が残らないようにふき取る。

オ．鏡の全体をぬらしてムラがないようにする。

【社　会】（50分）　＜満点：40点＞

次の文章をよく読んで，17ページから19ページの問いに答えなさい。

今日は麻布中学校の入学試験日です。ところで，なぜいま君は試験を受けているのでしょうか。その理由はさまざまだと思います。いろいろな学校を見たり調べたりして麻布中学校が自分に合うと思ったとか，親や先生にすすめられてここで学校生活を送りたいと考えたからかもしれません。しかし，なぜ子どもは学校に通うものとされているのでしょうか。おとなが子どものための学びの場を用意することは古くからありましたが，現在のようにだれもが当たり前に学校に通い，決まったクラスで時間割に従って授業を受けていたわけではありませんでした。

奈良《なら》時代から鎌倉《かまくら》時代までの教育

かつて子どもはどのように学んでいたのでしょうか。奈良時代には貴族の子どもを役人に育てるために儒学《じゅがく》などを教える場所がありました。ア．鎌倉時代になり，政権をとった武士は教育のための特別な場所をつくらず，日常生活のなかで礼儀《れいぎ》作法や武芸を学ばせました。また，一部の武士は子どもを寺院に一定期間住まわせて，読み書きの基礎《きそ》などを身につけさせました。武士のなかには子どもに仏教を熱心に学ばせる者もおり，難しい仏典（仏教の書物）を読むことが教育の目標とされることもありました。この時代，教育を受けたのは貴族や武士など一部の人たちだけであり，身分に応じた内容を学んだのでした。

江戸《えど》時代の敏育

江戸時代になると民衆のなかにも，子どもに教育を受けさせる人が増えましたが，あくまで生活の必要に応じて学ばせるものでした。当時，都市や農村で商品の売り買いが広まっていき，読み書きの能力を身につけることが民衆にも求められるようになりました。そのため，民衆の手で寺子屋がつくられました。

寺子屋では現在の学校のように共通の学習進度などは設定されていませんでした。子どもたちは自由に持ち運びできる机を使用して好きな場所に移動し，先生に字を直してもらったり読み方を教えてもらったりしながら，個別に学んでいました。基本的には通い始める時期も定まっておらず，上級の学校に進む機会もないため，学ぶ必要があることを学んだらすぐに寺子屋を離《はな》れることもできました。また子どもたちが文字の読み書きの手本とする書物は，イ．もともと手紙文例集であったものが教科書として発展した「往来物《おうらいもの》」とよばれるものでした。

読み書きを身につけた農民は，農業の技術についての書物を読んで，品種改良や肥料のくふう，新田開発などをおこなって穀物を増産したほか，ウ．現金収入を増やすための作物もつくるようになりました。また契約書《けいやくしょ》や送り状などを書くために，商人にも読み書きの能力が求められるようになっていきました。

一方で，エ．各藩《はん》は政治の担《にな》い手である武士の子どもたちのために藩校をつくりました。そこでは漢文（中国語で書かれた文章）の学習や武術を中心に教育がおこなわれました。

また江戸時代も後期になると，子どもだけでなく，オ．若者を中心として学ぶ意欲を持つ人びとが集まる私塾《しじゅく》という民間の教育機関が各地で発展しました。そこでは西洋の学問がすすんで取り入れられることもありました。たとえば大坂《おおさか》にあった適塾《てきじゅく》では，ヨーロッパからもたらされる最新の知識，技術がおもに（　1　）語で学ばれましだ。のちに慶應義塾《けいおうぎじゅく》を開いた九州出身の（　2　）も適塾に学びました。私塾で学んだ人びとが明治《めいじ》時代の近代化に大きな役割を果たしました。

明治時代以降の教育

明治時代になると，新政府は日本中のすべての子どもを学校に通わせることを目標としました。1871年に政府は文部省を新設し，カ. 翌年から全国で学校の設置を進め，学問が立身出世のための手段であることを強調しました。1879年には，小学校では読書・習字・算術・地理・歴史・修身を基本としながら，罫画《けいが》（美術）・唱歌・体操や，物理・生理・博物（あわせて理科）などを教えることとしました。また女子には裁縫《さいほう》を教えることもありました。教室では多数の子どもに対して同じ内容の知識を教えこむ仕組みがつくられましたが，キ. これらの教科の多くは生活上の必要とは離れたものであり，子どもたちにとっては学ぶ意味を見いだしにくいものでした。それでもしだいに教育制度がととのえられていき，1886年には小学校での教育が義務化されました。小学校を卒業するとほとんどの子どもは仕事に就《つ》きましたが，一部の子どもはク. 男子であれば中学校，女子であれば高等女学校に進学しました。さらに男子のなかには上級の学校である高等学校や軍の学校に進学する人もいました。

1890年には「（　3　）」が出され，天皇を中心とする国家への忠誠と，国民としての道徳を身につけることが教育の目標とされました。1891年には小学校で学級制が始まりました。それまでは知識の習得の度合いに応じて進級し，さまざまな年齢《ねんれい》の子どもが同じ教室で学ぶ等級制がとられていましたが，ケ. 学級制では同じ年齢の子どもたちが授業をいっせいに受ける形での教育がおこなわれました。

小学校就学率は，1873年には28.1%でしたが，その後授業料が無償《むしょう》になるなど制度がととのえられていくなかで就学率は上がっていき，1910年ころには小学校の就学率は90%を超《こ》えました。この時代になると一部の学校では，子ども自身の経験や体験を重視して，個性や自発性を伸《の》ばそうとする教育がおこなわれました。

しかし，戦争が近づくと，こうした子どもの自発性を重視する教育が政府に利用されるようになりました。とくに1940年代に小学校が国民学校とよばれるようになったあとは，国家や天皇のために尽《つ》くした人たちの物語を読み聞かせるなどして，子どもの関心をひきつけながら，戦争に協力する国民を生み出そうとする教育がおこなわれました。

第2次世界大戦後の教育

第2次世界大戦後，GHQ（連合国軍総司令部）による教育の民主化の指令を受けて，軍国教育が一掃《いっそう》されました。そしてコ. 1947年に教育基本法が成立し，教育の目的は人格の完成にあるとされ，すべての子どもが能力に応じて等しく学ぶ機会が保障されました。男女共学も進み，子どもにとって教育は義務ではなく，権利であると考えられるようになりました。教育内容についても子どもたちが生きる社会や身のまわりの生活の課題を解決する能力を育成することが重視されました。たとえば，クラスの問題をみんなで話し合って解決するための場として学級会がつくられたのもこのころです。

しかし一方で，敗戦から立ち直るために産業の復興が重視され，教育もそれに貢献《こうけん》するべきだと考えられるようになりました。1957年になると，社会主義国の（　4　）が人工衛星の打ち上げに成功し，アメリカや日本は科学技術で社会主義国におくれをとってはいけないと危機感を持ちました。そのため政府はとくに理科・数学の教育に力をいれました。さらに高度経済成長期には，教育内容や授業時間数も増やされました。

やがて高校や大学への進学率が上昇《じょうしょう》すると，「受験戦争」とよばれるほどに競争が過熱し，学校は受験勉強の場所となっていきました。このころになると学校がかかえる問題が社会のなかで注目されるようになりました。たとえば厳しすぎる校則による子どもたちの管理，校内暴力やいじめ，学校に適応できない子どもたちの不登校などです。

1980年代になると，授業時間数を減らし，子どもの自発性を重視した教育がめざされることになります。これが「ゆとり教育」とよばれる改革です。しかし，やがて「ゆとり教育」は学力低下の原因であるとされ，批判されるようになりました。そのため2010年代には授業時間数の増加など「脱《だつ》ゆとり」といわれる改革がおこなわれていきました。

これからの教育

現代社会は急速な勢いでめまぐるしく変化しています。それにともない学校に求められる役割も変化しており，さまざまな提言にもとづいて多くの改革がおこなわれ，よりよい教育がめざされてきました。たとえばＩＴ化が進展するなかで，**サ**．子どもたちがインターネットを使いこなせるようになるためとして，学校のインターネット環境が整備されてきました。またグローバル化に対応するためとして，小学校でも英語が教えられるようになり，さらに「アクティブ・ラーニング」といった参加型の授業が重視されるようになりました。しかし，そのような改革で今後すべてがよくなるとは思えません。改革に次ぐ改革の結果，学校は疲《つか》れ果てていくでしょう。

学校教育の目的は子どもを社会に適応させるだけではありません。むしろ子どもが自分とは違《ちが》うさまざまな考え方を学ぶことで，よりよい社会をつくっていくことに役立つということもあるでしょう。**シ**．いまいちど教育とは何か，そして学校がどのような役割を果たすべきかについて考え直さなければならないときかもしれません。

問１　文中の空らん（**１**）～（**４**）に当てはまる語句を入れなさい。

問２　下線部**ア**について。鎌倉時代について述べた次の**あ**～**え**の文のなかから**誤っているもの**を１つ選びなさい。

あ　源頼朝《みなもとのよりとも》は，朝廷《ちょうてい》から征夷大将軍《せいいたいしょうぐん》に任命され全国の武士を従えた。

い　守護は，村で年貢《ねんぐ》の取り立てや犯罪の取りしまりをおこなう役職であった。

う　武士たちは，博多《はかた》に攻《せ》めてきたモンゴル軍を撃退《げきたい》した。

え　武士たちが，主君から新たな領地をもらうことを「御恩《ごおん》」とよんだ。

問３　下線部**イ**について。江戸時代の往来物のなかには，農民たちが幕府に生活の苦しさを訴《うった》えた書状や，村同士の争いにおけるやりとりをまとめた書状などがありました。このことから，この時代の前後で，民衆の問題解決の方法がどのように変化してきたといえるでしょうか。解答らんに合うように答えなさい。

問４　下線部**ウ**について。そのような作物として**適当でないもの**を次の**あ**～**お**のなかから１つ選びなさい。

あ　綿花　　**い**　なたね　　**う**　さといも　　**え**　茶　　**お**　たばこ

問5　下線部**エ**について。以下の**表1**に挙がっているのは，江戸時代の藩校の例です。表のなかの藩校①～③があった場所を，次にある**地図1**の記号**あ**～**く**からそれぞれ選びなさい。

表1

藩校の名前	藩校の特徴《とくちょう》
①　日新館《にっしんかん》	上級武士の子どもへの教育に重点が置かれ、白虎隊《びゃっこたい》隊士を生み出した。
②　教授館《きょうじゅかん》	この地から漂流《ひょうりゅう》して外国を見聞した中浜万次郎《なかはままんじろう》が帰国後教授になった。
③　明倫堂《めいりんどう》	徳川御三家《とくがわごさんけ》の藩主が設立し、儒学中心の学問が教えられた。

地図1

問6　下線部**オ**について。幕府領だった九州の日田《ひた》という町（現在の大分《おおいた》県日田市）で，廣瀬淡窓《ひろせたんそう》という儒学者が1817年に咸宜園《かんぎえん》という私塾を開き，儒学や漢文を中心に教えました。この私塾は当時の日本で最大となり，閉塾した1897年までに約5000人が入門しました。藩校と比べて私塾に集まったのはどのような人びとだと考えられますか。説明しなさい。

問7　下線部**カ**について。明治時代の初めには，小学校の校舎が打ちこわされたり，新たに雇《やと》われた教員が追い返されるといったことが起きました。それはなぜですか。次のページの**図1**を参考にして説明しなさい。

図１　公立小学校の収入の内訳（1873年度）

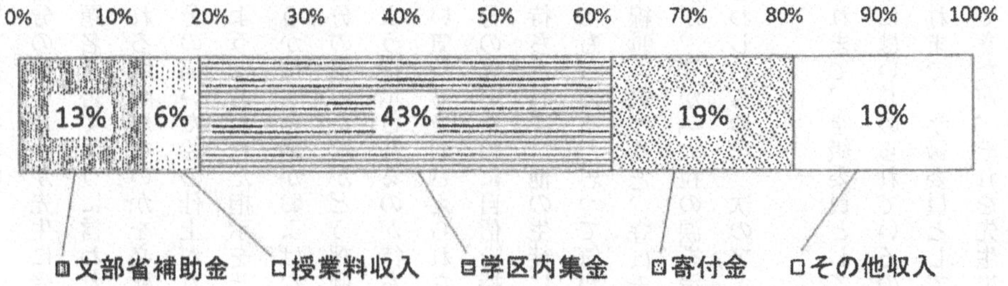

（文部科学省『学制百年史』より作成）

問８　下線部**キ**について。子どもたちにとって学ぶ意味を見いだしにくいにもかかわらず，これらの教科を政府が子どもたちに学ばせようとしたのはなぜですか。説明しなさい。

問９　下線部**ク**について。女子の場合，なぜ男子の「中学校」にあたる学校が「高等女学校」とされたのでしょうか。説明しなさい。

問10　下線部**ケ**について。同じ程度の学力を持つ子どもたちが年齢にかかわりなくともに学び，知識の習得をより効率よくおこなえる「等級制」ではなく，学力にかかわりなく同じ年齢の子どもたちがともに学ぶ「学級制」が採用されました。「等級制」と比べて「学級制」の方が実現しやすいことはどのようなことですか。そして，それは政府にとってなぜ都合がよかったのでしょうか。あわせて説明しなさい。

問11　下線部**コ**について。教育基本法ではすべての子どもへの教育が保障されているわけではないという意見があります。たとえば下の文は制定当時の教育基本法第10条の一部です。この条文にある「国民全体」という語は，GHQによる原案では「全人民（the whole people）」と書かれていました。これは「日本に住むすべての人びと」を意味します。それを日本政府があえて「国民全体」としたことで，どのような問題が生じたと考えられますか。説明しなさい。

第10条　教育は，不当な支配に服することなく，国民全体に対し直接に責任を負つて行われるべきものである。

問12　下線部**サ**について。何かを知りたいときに，自ら本で調べたりインターネットで検索《けんさく》したりすればたいていのことはわかります。それでも学校で学ぶことは大切だと考えられています。それは学校で知識が提供されるときに，どのような配慮《はいりょ》がなされているからでしょうか。説明しなさい。

問13　下線部**シ**について。本文にあるように，学校教育は社会の求めによって，大きな影響《えいきょう》を受けてきました。他方で，学校教育も人びとの価値観や考え方に大きな影響をあたえてきました。学校教育は人びとの価値観や考え方に影響をあたえることで，どのような社会をつくってきましたか。そして，そのような人びとによってつくられた社会にはどのような問題がありますか。あわせて100字以上120字以内で説明しなさい。ただし，句読点も１字分とします。

守の様子の説明としてふさわしいものを、次のア～エの中から一つ選んで記号で答えなさい。

ア　自分の描いた絵が先生に受け入れられるか心配になるあまり、名前と題名を書くように言われた指示をそっちのけにし、手直しを加えられる場所がないかを必死に探している様子。

イ　自分の描いた絵の仕上がりに気を取られるあまり、名前と題名を書くように言われた指示をそっちのけにし、先生が満足してくれるかどうかにも意識がおよばなくなっている様子。

ウ　自分の描いた絵がどう評価されるか知りたくなるあまり、見せに来るよう指示されるのが待ちきれず、早く先生に見せて評価を確かめたい気持ちをおさえられなくなっている様子。

エ　自分の描いた絵に自信を持つあまり、見せに来るよう指示されるのが待ちきれず、他の生徒にとってもお手本になる絵だと先生からほめてもらえると思って気がはやっている様子。

九　――線⑩「気づくと、守は大粒の涙を流していた」(331行目)とありますが、守が「大粒の涙を流し」たのはなぜですか。その理由としてふさわしいものを、次のア～エの中から一つ選んで記号で答えなさい。

ア　これまで、学級委員としてみんなをまとめる努力をしてきたが、先生にはいじめられているのではないかと誤解されたから。

イ　これまで、学級委員として相応しいようにみんなにやさしくふるまってきたが、それを先生に評価してもらえなかったから。

ウ　先生に自分の絵を理解してもらえなかったので、絵にこめた思いを説明しようと思ったが、うまく言葉にできなかったから。

エ　先生に自分の絵を評価してもらえるか不安に思いながら提出したところ、ふざけて描いたと思われ、怒られてしまったから。

十　――線⑪「守は晴れやかな気持ちだった」(365行目)とありますが、泣いてしまった守が「晴れやかな気持ち」になったのはなぜですか。D【　】(359～364行目)に注目して説明しなさい。

十一　この作品では、守は絵を描くことで自らの表現に対する姿勢が変化しています。それについて以下の問いに答えなさい。

(1)　自らの表現に対する守の姿勢は絵を描く前後でどのように変化していますか。説明しなさい。

(2)　自らの表現に対する守の姿勢が変化したのはなぜだと考えられますか。守が絵を描く場面(225～308行目)をよく読んで説明しなさい。

十二　＝＝線a「モ」(54行目)、b「チヂ」(193行目)、c「タバ」(228行目)、d「カクセイ」(300行目)のカタカナを、漢字で書きなさい。

れている。

※⑧グラデーション…色が少しずつ移り変わっているさま。

※⑨唯人くんにそう言われたこと…中略部分（217行目）に、学級委員として気を配る守に対して、唯人くんが「みんなにやさしいんだね」と言ったことが書かれている。

※⑩テンパっちゃってて…「気持ちに余裕《よゆう》がなくなっていて」という意味。

〔設問〕解答はすべて、解答らんにおさまるように書きなさい。句読点なども一字分とします。

一　——線①「他に誰も出ないでくれ」（25行目）とありますが、守がそのように思うのはなぜですか。説明しなさい。

二　——線②「うん、わかった」（85行目）とありますが、守はどのようなことがわかったのですか。説明しなさい。

三　——線③「みんなにやさしいと言われている達哉くんだったら、こんな時どうするだろう」（129行目）とありますが、ここからは守にとって達哉くんがどのような存在であることがわかりますか。説明しなさい。

四　——線④「そう思って守は記録の文章を消しゴムで消した。代わりに『青々としたにおいがした』とユリ先生が言っていたことをそのまま書き込んだ」（187～188行目）とありますが、この時点で守は自らの表現に対してどのように向き合っていますか。その説明としてふさわしいものを、次のア～エの中から一つ選んで記号で答えなさい。

ア　本当に思ったことだとしても、先生に怒られる可能性のある表現を用いてはならず、本当の気持ちは伝わらなくても、先生の反感を買わない表現を選ぼうと思っている。

イ　ふざけて書いたことを発表してしまうと、みんなを失望させてしまうので、学級委員らしくあるべきだという期待に応えるためにも、先生の表現を借りようとしている。

ウ　どんな内容を書いたとしても、本当の気持ちを伝えることなどできないのだから、どうせならあたりさわりのない表現にすることで、その場をやり過ごそうとしている。

エ　自分らしい表現を用いなければと思ってむりやり書いた文章よりも、大人の表現の方が現実をうまく表していることに気づき、自分の子供っぽさにうちのめされている。

五　——線⑤「菅平の自然にしかないもの」（237行目）とありますが、守が描きたいと思ったものは何ですか。文中から十四字でぬき出しなさい。

六　A【　】（257～259行目）、B【　】（263～268行目）、C【　】（295～297行目）について、この場面で守はどのようなことをしようとしているのですか。目的がわかるように説明しなさい。

七　——線⑥「守のやさしさと達哉くんのやさしさは、一体どこが違うのだろう」（275行目）、——線⑦「お母さんの言葉が、守のやさしさの基準だった」（277行目）とありますが、「達哉くんのやさしさ」は「お母さんの言葉」とどのような点で違っていますか。「点」という言葉につながる形で、文中から十五字でぬき出しなさい。

八　——線⑧「裏に名前と題名書いておいてね、と先生は続けたが、守は自分の絵を見直すことに夢中になっていた」（304行目）、——線⑨「守はテストが早く解き終わった時と同じように、画用紙を持ってユリ先生のところに歩いて行った」（307～308行目）とありますが、この時の

た。学級委員になってからというもの、守は、この行動は学級委員に相応《ふさわ》しいのかを考えるようになって、先生に怒られないように、みんなにやさしくすることばかり気にしていた。林間学校に来てからだって、みんなに邪険に扱われても、荷物の準備を手伝った。

——守くんって、みんなにやさしいんだね。

※⑨唯人くんにそう言われたこと、達哉くんのやさしさのこと、普段《ふだん》は見られないまんまるの青空のこと、それを持って帰って見せてあげたくなったこと、守と達哉くんのやさしさが違うこと……。絵の具の色を全部混ぜ合わせたみたいに、守の感情はぐちゃぐちゃの汚《きたな》い色になってしまう。先生にちゃんと説明しないといけないのに、守は一つも言葉にできない。

「やだ、ちょっと、ごめん。そんなつもりじゃ……。言い過ぎちゃったよね。ごめん、先生も今ちょっと※⑩テンパっちゃってて。いいよ、この絵で。うん。裏に題名だけ書いておいてね」

先生は慌《あわ》てたようにそう言って、守を解放してくれた。ポケットからハンカチを取り出して涙を拭《ふ》き、自分のレジャーシートの場所まで戻る。

書いたばかりの絵の裏面に、「青空　三年二組　田口守」と書いた。

本当だったら「やさしいたつやくんへ」と書きたかった。達哉くんの名前の漢字は、僕たちはまだ習っていない。

「あれ、やさしいって、どう書くんだろう」

そう考えたところで、守は「やさしい」という漢字の書き方をまだ習っていないと気づいた。やさしいの書き方を、三年生の僕たちはまだ知らない。知らない漢字を何年後に教えてもらえるのか、僕たちは知らない。

D【やさしいという漢字を習う頃《ころ》には、さっきうまく言えなかった気持ちも、説明することができるようになるのだろうか。

これまで守は、世界には言って良いことと悪いことの二つしかないと思っていた。先生や親に怒られるから言ってはいけないことが、守にはたくさんあった。けれど、まだわからないから言えないこともあるのかもしれないと、やさしいの書き方を知らないことで初めて気がついた。】

泣いてしまうなんて学級委員としては失格だったけれど、⑪守は晴れやかな気持ちだった。

（宮下みこと「やさしいの書き方」より）

〈語注〉

※①内申点…出身校から受験校に伝えられる評価のこと。

※②宿舎長…守の学年は東京から長野県にある菅平《すがだいら》へ林間学校に来ている。宿舎長とは、林間学校が行われる宿舎の責任者のこと。

※③その達哉くんは林間学校に来られない…本文以前の場面に、翔吾くんの母親が原因で達哉くんは交通事故にあい、林間学校に参加できなくなったことが書かれている。

※④昼間の記録…中略部分（176行目）に、菅平の自然にふれた守が、その時に感じたことをそのまましおりに記録したことが書かれている。

※⑤星空観察…中略部分（176行目）に、みんなで星空観察をしたことが書かれている。

※⑥小さなやけど…中略部分（176行目）に、飯ごう炊さん中にできたらしいやけどに守が気づいたことが書かれている。

※⑦里中さんの譬え…中略部分（176行目）に、星空観察をした里中さんが「空と地面をひっくり返したみたい」と発言したことが書か

やさしさだ。だから守には特定の仲の良い友達がいないし、自分はそういう友達を作ってはいけないと思う。けれど達哉くんのやさしさは、誰もこばまずみんなを受け入れる、あたたかいやさしさだ。

　体温が高い人と低い人がいるように、やさしさの温度も人によって違うのだろう。守のやさしさにあるつめたさを見抜《ぬ》いてしまうから、翔吾くんは守をこばむのかもしれない。けれど、それでも良かった。守にはどんな温度であれ、やさしい人でいることが重要なのだから。

　――空と地面をびっくり返したみたい。

　昨日の里中さんの発言を思い出し、青空を地面とひっくり返したらどうなるのだろうと守は考える。C【青空はよく見ると、薄い水色から青への※⑧グラデーションになっていた。水彩絵の具を注意深く混ぜながら、守は空を画用紙に写しとる。】

　そうして出来上がった青空は、結局画用紙の大きさに切り取ったので四角くなってしまったが、とてもよく描けたと守は満足だった。

　ユリ先生が、ちょっと聞いてください、とdカクセイ器越しに声を上げるのが聞こえた。守は顔をあげて、先生がいる方に目をやった。

「そろそろ描き終わった人もいると思います。絵が描けたという人は私か早見先生にチェックしてもらって、ＯＫが出たら提出してください」

　⑧裏に名前と題名書いておいてね、と先生は続けたが、守は自分の絵を見直すことに夢中になっていた。青空と絵を見比べながら、そっくりに描けたと嬉しくなる。

　ユリ先生が話すのをやめたので、⑨守はテストが早く解き終わった時と同じように、画用紙を持ってユリ先生のところに歩いて行った。

「できました」

　そう言って提出すると、いつも笑顔のユリ先生の表情が、みるみる曇《くも》っていくのが守にもわかった。

「あの、できたんですけど」

「ねえ田口くん、これ、画用紙を全部青く塗っただけじゃない。どういうこと？」

　注意されることなんて滅多《めった》にない守は、言葉をうまく返すことができない。

「いや、これ、あの」

「先生、菅平の自然にあるものって言ったよね？　それなのに何、これ。こんなの絵じゃないでしょう。画用紙を全部おんなじ色に塗るだけなんて。ねえ、いつも真面目な田口くんがふざけるなんてどういうこと？　誰かにやれって言われたの？」

　先生の眉毛《まゆげ》は困ったように下がっている。自分がいじめられているかのような先生の言い方に、守は思わず反論する。

「達哉くんが」

「何、山田くんがどうかしたの？」

「達哉くんはあったかくて、でも、僕はつめたくて、だけどどっちも、やさしくて」

「何が言いたいの？」

　守の後ろに何人か並び始め、先生は困惑《こんわく》を隠《かく》せないようだった。

「う、うう」

　⑩気づくと、守は大粒《おおつぶ》の涙《なみだ》を流していた。並んでいるクラスメイトが、守を遠巻きに見ている。

　学級委員になってから、クラスメイトに涙を見せるのは初めてだっ

ば近くに生えているお花とか、木を描いてみるとかね。学校では見られないものを観察して、絵にして持って帰りましょう」

それからユリ先生は、友達とは離《はな》れて座ることや、水は広場の端《はし》っこにある水道から持ってくること、先生から見えない場所までは行かないことなどを注意し、自由時間になった。

何を描こうかと広場を探していると、木の上の方から鳥の鳴き声がした。朝聞いたのとよく似た鳴き声で、けれど守にはそれがどんな鳥だかわからなかった。見上げると、名前も知らない鳥が羽ばたき、澄《す》んだ青空をまっすぐに横断した。守の目は空に釘付けになった。守のマンションから見える空は、他の建物に四角く囲まれており、電線が何本も引かれている。けれど、すでに鳥がいなくなっているこの空を遮《さえぎ》るものは、何もなかった。

守は広場の真ん中に走りだした。この空は、菅平でしか見られない。両手に収まらないほど大きな空を眺《なが》めながら、守は確信した。

水道で筆洗いに水を入れ、守は自分の場所に戻る。もう一度空を見上げ、この青はどうやったら表現できるだろうと思うと、自然とワクワクした。

――学校では見られないものを観察して、絵にして持って帰りましょう。

A【ユリ先生の言葉が頭をよぎる。この空を持って帰ることができたら、誰に見せたいだろう。一番に思い浮《う》かんだのは、骨折してここに来られなくなってしまった達哉くんだった。】バスが出発する時、お母さんたちに紛《まぎ》れてみんなに手を振っていた、松葉杖《まつばづえ》をついた達哉くん。一ケ《か》月《げつ》前に交通事故に遭《あ》って骨折してしまい、林間学校には参加することができない達哉くん。

B【画板を首から下げ、画用紙をクリップで留めた。大きな筆を取り出し、パレットに青と水色をちょっとずつ出して、水を加えていく。そうやって自分で作った青空色を、画用紙の真ん中から広げていく。達哉くんは今、どうしているのだろうか。

水色を少し足し、白の絵の具も取り出す。水に溶《と》かして画用紙に薄《うす》く塗《ぬ》り重ねると、本当に空を持って帰れるような気がした。】

自分が骨折してしまったのに、翔吾くんを庇《かば》う達哉くんはやさしいと、守は思う。達哉くんは運動ができて、クラスの人気者だ。ただ運動ができるだけではない。運動ができる子は、運動ができない守のようなクラスメイトを邪険《じゃけん》に扱《あつか》うことが多い。けれど達哉くんは、運動が苦手なクラスメイトにもやさしい。守は達哉くんが誰かをいじめたり、そもそも誰かにつめたくしたりするところも見たことがなかった。

⑥守のやさしさと達哉くんのやさしさは、一体どこが違うのだろう。

――学級委員なんだから、誰か一人だけと仲良くしちゃだめだよ。

⑦お母さんの言葉が、守のやさしさの基準だった。誰か一人だけと仲良くしてはいけない。みんなにやさしくするためには、守は一人でいないといけない。けれど達哉くんは一人じゃない。友達がいながらも、他の子にもやさしくしている。

「……温度？」

空を描いていた筆の動きが、一瞬止まる。達哉くんと守のやさしさの違いは、温度なんじゃないんだろうか。

守のやさしさは、誰か一人と仲良くならないことで、ある意味でみんなを拒絶《きょぜつ》することで、誰にでも手を差し伸《の》べることができる、つめたい

は、その文章を読んでも誰にもわからないだろうと思った。

反省会はクラスごとに班長たちと担任の先生で行われた。里中さんのパジャマはピンク色でフリルが付いていて、守は自分のチェック柄《がら》が子供っぽく見えて少し体をbチヂめた。

全員分のしおりを集めてから、今日の出来事を担任の先生と話した。今日危なかったことや、怪我《けが》した人がいなかったかなどを聞かれた。シャワーで沁《し》みた※⑥小さなやけどのことを、守は特に話さなかった。他にも怪我をした人は特にいなかった。

「林間学校、先生も初めて来たからドキドキしていたんだけど、みんなが無事に過ごせて良かったです」

ユリ先生は心からそう思っているように言った。それから明日の予定を一通りしおりで確認し、最後にひとりずつ今日の思い出を発表することになった。

「自然がたくさんで面白《おもしろ》かったです」「星空が綺麗《きれい》でした」「お母さんのお弁当がおいしかったです」

そんな感想の後で守が話す番になった。

「班のみんなで飯ごう炊さんができて楽しかったです」

守はそう言った。木から血が流れているように思ったことや、飯ごう炊さんでにんじんをみんなの班から集めたこと、星空観察で※⑦里中さんの譬《たと》えがとても素敵《すてき》だと思ったことは、どれも守の中では大きな思い出だったけれど、みんなの前で発表することはしなかった。

「じゃあ明日も予定はたっぷりだけど、みんな怪我しないように注意して一日を過ごしましょう」

ユリ先生がそう言って、反省会が終わった。

部屋に戻るとすぐ消灯時間になった。夜更《よふ》かしをしないようにと早見先生に言われたが、守たちは思った以上に疲《つか》れ切っていたようで、布団《ふとん》に入るとすぐに眠《ねむ》ってしまった。

（中略）

リュックを背負ってレジャーシートをみんながしまうと、色鉛筆《いろえんぴつ》の黄緑色にそっくりな芝生《しばふ》が一面に現れた。班ごとに一列に並んだのを確認して、ユリ先生がにっこりと笑う。

「みんなが集合してからすぐに静かになってくれたので、先生はとても助かりました。協力してくれてありがとう。午後は、しおりにもある通り写生会をします。早見先生が前から画用紙を配るので、一人一枚ずつ取って後ろに回してね」

渡された画用紙から一枚取り、守は後ろに回した。画用紙の少しざらざらした表面を、撫《な》でるように触ってみる。

「水彩《すいさい》絵の具は持ってきてるよね。そう、チューブと筆だけをゴムでcタバねて、筆洗いはペットボトルの下の部分だけを切り取ったやつをお家《うち》で用意してもらったよね。忘れたものがある人は後で先生のところに来てください」

昼ごはんの時に確認したところ、守の班は完璧《かんぺき》だった。少し得意な気分で、守は先生の目をじっと見る。

「描《か》くものは自由です。自分が描きたいもののところでレジャーシートを敷《し》いて、首かけの画板を使って描いてください。あ、でも一つだけ決まりがあります」

ユリ先生がポケットに入れていたしおりを取り出す。

「えっと、テーマは、⑤菅平《すがだいら》の自然にしかないもの、です。だからたとえ

「え?」

里中さんの班はもう具材を切り終わっていた。

「うちの班、にんじん忘れちゃって、困ってて、ちょっとだけでいいから、くれないかな」

「えー?」

どうする、とヒソヒソ話が目の前で繰《く》り広げられ、守は翔吾くんが忘れたのだと言ってしまいたくなる。けれど、守は学級委員だ。みんなにやさしくしないといけない。

「他の班からももらうつもりだから、本当にちょっとでいいから」

本当はこの班から半分くらいもらえればいいなと思っていた。けれどこの反応を見る限り、たくさんもらうのは難しいだろう。

「じゃあ、ちょっとね」

里中さんはしょうがないといった様子で、切られたにんじんを三切れくれた。

他の班にも同じように言って回り、どうにかみんなに行き渡る量のにんじんを集めることができた。

自分の班に戻ると、みんなは他の具材を切り終わっており、ご飯も炊き始めていた。

「遅《おく》れてごめん」

自分が謝《あやま》る理由はよく分からなかったが、守はそう言ってにんじんを差し出した。みんなは特に感謝する様子もなく、これで材料揃ったねと鍋《なべ》に具材を入れ始めた。

「俺《おれ》、にんじん嫌《きら》いなんだよな」

その時、翔吾くんが小さい声でそう言ったのを、守は聞いてしまった。苦手なにんじんを食べなくても済むように、翔吾くんはわざとにんじんを忘れたのだろうか。やさしいつもりでやったことなのに。

そんな考えが一瞬《いっしゅん》だけ過《よ》ぎったが、守はそれ以上考えないことにした。

外がまだ明るいうちにカレーが出来上がり、それからご飯も炊き上がった。班ごとのいただきますをしてから口に入れると、自分たちで作ったからか、うちでお母さんが作るカレーよりも美味《おい》しかった。けれどしおりにそんなことを書いたらお母さんを悲しませてしまうから、守はその気持ちを誰にも話さなかった。

（中略）

九時から各部屋の班長が集まる反省会がある。反省会には班の人全員のしおりを集めて持って行かなくてはならない。

「十分後、僕が反省会にしおり持っていくから、みんなしおりは今日の記録のところ埋《う》めといて」

「あーい」

みんなロッカーからしおりを持ってきて、今日の記録を埋めていく。

守は※④昼間の記録を読み返した。

――切られた木から、血が流れているみたいなにおいがしました。

あの時は勢いで書いてしまったが、これはちょっと怒られてしまう気がする。木から血は流れないのだから、ふざけていると思われそうだ。

④そう思って守は記録の文章を消しゴムで消した。代わりに「青々としたにおいがした」とユリ先生が言っていたことをそのまま書き込《こ》んだ。

それから※⑤星空観察が楽しかったですと書いたが、守の本当の気持ち

翔吾《しょうご》くんと唯人《ゆいと》くんは、守が班長を務める班にいる。それは、守がこの二人と仲が良いからではない。この二人がクラスで仲が良い人がいないからなのだ。翔吾くんはクラスで避《さ》けられているし、唯人くんは教室ではいつも本ばかり読んでいる。守はクラスメイトのためになれるならと引き受けているが、翔吾くんはどうやら守とそこまで仲良くしたいわけではないらしい。こういうことで、守は傷ついたりしない。だって翔吾くんは達哉くんと仲良くしたくて、※③その達哉くんは林間学校に来られないのだ。代わりに守をあてがわれたとしても、嬉しいわけがない。

廊下から、早見《はやみ》先生の渋《しぶ》い声が聞こえてきた。女子部屋は女のユリ先生、男子部屋は男の早見先生が担当するらしい。

「みんな荷物は置いたかな？　そしたら飯ごう炊《すい》さんの用意をして外に出てください」

外に行くと、出て右側の広場で飯ごう炊さんの準備が始まった。家にある炊飯器とは違う飯ごうにお米を入れながら、本当にご飯が炊《た》けるのだろうかと信じられないような気持ちになった。火を起こすのは大変だからということでカセットコンロが用意されており、ご飯を炊くのと並《へい》行《こう》してカレー作りもみんなでやった。

守の班は唯人くんと翔吾くんと、あとは女子が三人いる。カレーの具材は分担して持ってくることになっていて、守は玉ねぎ担当だった。工作の時間に牛乳パックを開いて作ったまな板に、材料を置いていく。

「あれ、にんじんは？」

他の具材は揃《そろ》ったが、にんじんだけが見当たらなかった。

「にんじん持ってくるの、誰？」

そう班のみんなに問いかけたが、返事はない。仕方なくしおりを取り出して、事前に決めた分担を調べる。するとにんじんは翔吾くんの担当だった。

「忘れちゃった」

守に指摘《してき》されるのを見越《こ》してか、翔吾くんはそのタイミングでやっと名乗り出た。

「えー？」

「忘れたのー？」

女子たちが困ったように言った。守も困っていた。料理をすることすら不安なのに、材料が揃っていないなんて。なんでだよ、と怒ってしまいそうになるのを、守はグッと堪《こら》えた。

③みんなにやさしいと言われている達哉くんだったら、こんな時どうするだろう。サッカーが下手な守にも、やさしくパスを出してくれる、やさしい達哉くんだったら。

「悪い」

そこまで悪いと思っていなさそうな翔吾くんに怒るのをやめ、守はじっと考える。にんじんがないのは仕方がない。けれどにんじんがないカレーになってしまうのは困る。どうしたらいいんだろう。

そこまで考えて、守は班のみんなに声をかける。

「先にご飯炊くのとか、できることを進めててくれない？　にんじんはちょっと待ってて」

はーい、という声を背中に、守は他の班を回り始めた。

ピンク色の三角巾《さんかくきん》をつけた里中さんに、守はゆっくり声をかける。

「あの、にんじんちょっとだけくれませんか」

すると、達哉くんと呼ばれた男の子は座ったまま、笑顔《えがお》で首を振った。

「田口くんがやりたいんだから、それが一番いいと思います」

「そう？」

先生はどこかホッとしたような表情になり、他に立候補がいないかを確認《かくにん》した。結局それから立候補は出ず、守が学級委員をやることになった。女子は立候補する人がいなかったため、推薦で決まった。しかし守を推薦してくれた子は、クラスに一人もいなかった。

けれどこれで、お母さんに怒《おこ》られなくて済む。そう思いながら一日を終え、トイレに寄ってから教室に戻《もど》ると、中から女子たちのaモリ上がる声が聞こえた。里中《さとなか》さんという、毎日違う色のリボンを順につけて取り巻きに囲まれている女子のグループだった。

「美紗都《みさと》、やれば良かったのに」

「えー？　学級委員？」

話題が学級委員のことだとわかり、聞いていいのか分からず、守は少し廊下《ろうか》に留《とど》まることにした。

「だってぴったりじゃん」

「確かにやりたかったんだけどー」

里中さんはピンク色のリボンを軽く触《さわ》り、それから言った。

「だって男子、あの真面目メガネでしょ？　達哉くんだったらなあ」

「ちょっと真面目メガネはピッタリすぎだって」

それからクスクスと笑い声が続き、しばらく待っていると話題が移ったので、守は何事もなかったかのように教室に戻り、帰り支度《じたく》をした。

里中さんとは去年同じクラスだったが、陰《かげ》で真面目メガネと呼ばれていることを、守は知らなかった。

家に帰ってから在宅勤務をしているお母さんの部屋をノックし、パソコンの画面に釘付《くぎづ》けのお母さんに、守は今日の出来事を報告した。無事に学級委員になれたこと、だけど男子は達哉くんを推薦する声が多かったことだけを伝え、真面目メガネと呼ばれていたことは黙っておいた。

「そう。無事決まって良かった。私立入試と違って都立入試では※①内《ない》申点《しんてん》も重視されるらしいから、学級委員やっていたら有利になると思う」

守と喋《しゃべ》る時、お母さんはいつも真顔で、だから嬉《うれ》しいのか悲しいのかが分からない。

「達哉くんが推薦された時どうしようかと思って」

「やさしいからって言われてたのね？」

「そう」

「じゃあ守、あんたもこれからみんなにやさしくしないとね。学級委員なんだから、誰か一人だけと仲良くしちゃだめだよ」

パソコンを見ていたお母さんが、この時初めて守の目を見てくれた。

「②うん、わかった」

「真面目があんたの取《と》り柄《え》なんだから」

——あの真面目メガネ。

里中さんの声が頭の中で蘇り、けれど守はそれに気づかないふりをした。

「僕、頑張《がんば》るよ」

（中略）

※②宿舎長と一組のバスに乗っていた教頭先生のお話を聞いて入舎式を済ませ、これから泊《と》まる部屋に荷物を置いた。

【国語】（六〇分）〈満点：六〇点〉

次の文章を読み、設問に答えなさい。

コツコツコツ……ユリ先生が黒板に文字を書く音を、みんなが黙《だま》って聞いている。四月に入ったばかりだが、校庭の桜は散り始めていた。

今日は学級委員を決める日だ。三年生になると、クラスで男女二人が学級委員として選ばれて、クラスをまとめる役割を担《にな》うことになる。立候補が一番優先されるが、誰も立候補しなかった場合は、他の人を推薦《すいせん》してもいいとユリ先生が話していた。

黒板には縦書きで「学きゅういいん決め」という言葉と、その左側に男子、さらに左に女子と書かれていた。

「はい、じゃあ学級委員だけど、男子から決めちゃおうか」

先生がこちらを振《ふ》り返る。守《まもる》は手のひらの汗《あせ》をズボンで拭《ぬぐ》い、手を挙げる準備をする。

「学級委員やりたい人！」

「はい」

思わず声がうわずり、それを誤魔化《ごまか》すために守は手を挙げたまま軽く咳《せき》をした。

「えっと、田口《たぐち》守くんね」

クラス替《が》えから一週間も経《た》っていなかったため、先生は座席表を見てそう言った。黒板の男子と書かれた下のスペースに田口守、と守のフルネームが書かれた。

「はい、田口くんは手を下ろして大丈夫《だいじょうぶ》よ」

先生は守の方を見てニコッと笑い、立候補してくれてありがとう、と言った。

「じゃあ、他にやりたい人はいないかな。このままいなければ田口くんにやってもらうことになるけど」

そう言って先生はクラスを見渡《わた》した。①他に誰も出ないでくれ、という思いが、守の頭の中でぐるぐると回った。

――学級委員、立候補しなさいね。

お母さんの言葉が蘇《よみがえ》った。立候補はできたけれど、誰か別の人に決まってしまったらと思うと、急に不安になってくる。

「はい！」

誰かが手を挙げたのがわかった。去年違《ちが》うクラスで、守が話したことのない男の子だった。

「僕《ぼく》は山田《やまだ》達哉《たつや》くんがいいと思います」

「え、推薦？　立候補するんじゃなくて？」

「達哉くんはやさしいから、いい学級委員になると思います」

彼《かれ》はそれだけ言って座《すわ》ってしまい、先生は困ったように笑った。

「今は立候補の時間で、推薦はなしなの」

「僕も！」

別のところからも声が上がる。先生に指されてもないのに、その子は話し出した。

「僕も達哉くんがいいと思います。みんなにやさしいから」

「ちょっと、推薦の時間じゃないって言ったでしょ？　推薦は立候補がない時に特別にやることなんだから」

それから先生は困ったように座席表を見渡した。

「山田、達哉くんね、山田くんは学級委員に立候補する気、ある？」

MEMO

大切なことはメモしておこうネ！

2024年度

解 答 と 解 説

《2024年度の配点は解答欄に掲載してあります。》

＜算数解答＞ 《学校からの正答の発表はありません。》

[1] $\frac{4}{51}$　[2] (1) 6cm^2　(2) 6.25cm^2　[3] (1) 53：43　(2) 分速$116\frac{2}{3}$m

[4] (1) 3925　(2) ア 217　イ 247　(3) 412

[5] (1) $12\frac{6}{13}$km　(2) ① 13周・14周　② 4km・9.5km

[6] (1) 710　(2) 2889回　(3) 解説参照　(4) 903回

○推定配点○

[6] 各3点×4　他 各4点×12([5](2)・(3)各完答)　計60点

＜算数解説＞

[1] **(四則計算)**

$$\left(\frac{21}{5}-\frac{37}{9}\right)\times\frac{15}{17}=\frac{21}{5}\times\frac{15}{17}-\frac{37}{9}\times\frac{15}{17}=\frac{63}{17}-\frac{185}{51}=\frac{4}{51}$$

[2] **(平面図形，割合と比)**

重要 (1) 図ア

三角形ABC－DBC

…(5×6－6×3)÷2＝6(cm^2)

図ア

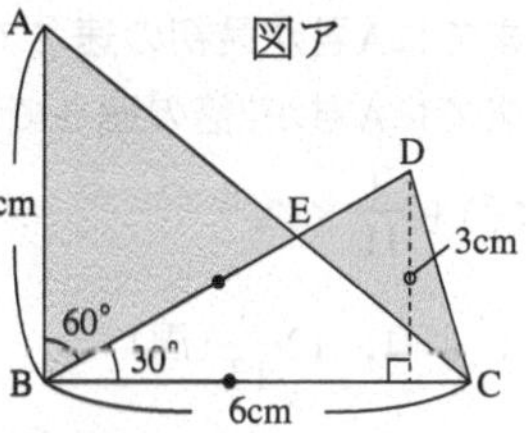

やや難 (2) 図イ

三角形UQR－四角形PTUS

…三角形SQR－PQS

＝三角形SQR－RQS′

＝二等辺三角形QS′S

したがって，面積の差は5×2.5÷2＝6.25(cm^2)

図イ

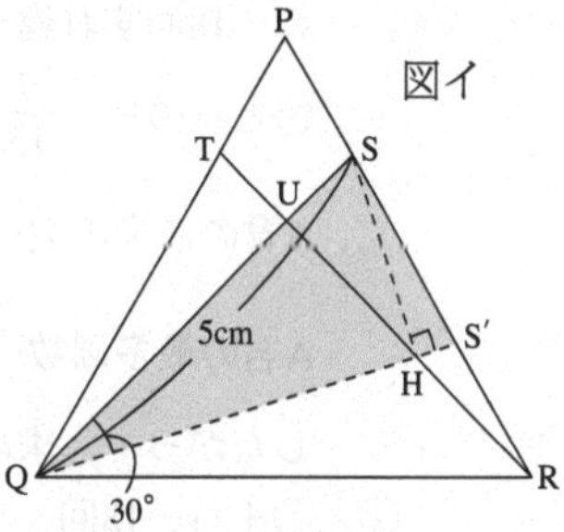

重要 [3] **(流水算，速さの三公式と比，割合と比，単位の換算)**

+α (1) アの下りの速さ：イの上りの速さ…4500：2700＝5：3(和8)→30：18(和48)

アの上りの速さ：イの下りの速さ…3450：3750＝23：25(和48)

したがって，アとイの船自体の速さの比は(30＋23)：(18＋25)＝53：43

(2) アの下りの時間：イの上りの時間…(1)より，3：5

アがAB間を下る時間…$4\frac{48}{60}$÷(5－3)×3＝7.2(分)

アの下りの分速…7200÷7.2＝1000(m)

アの船自体の速さ：川の速さ…(30＋23)：(30－23)＝53：7

したがって，川の分速は1000÷(53＋7)×7＝$\frac{350}{3}$(m)

4 （平面図形，数の性質，数列，植木算）

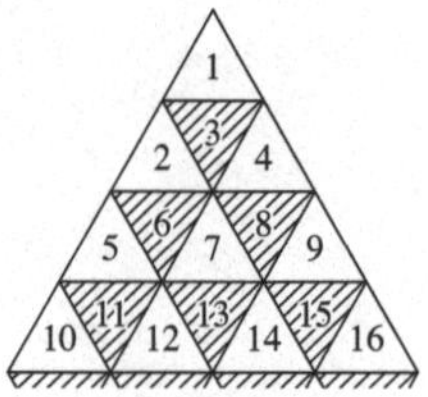

重要 (1) 13段目の三角形の数…2×13－1＝25(個)

13段目の右端の数字…13×13＝169

13段目の左端の数字…169－24＝145

したがって，求める数の和は(169＋145)×25÷2＝3925

(2) ア＋イ…1＋3＝4の倍数

464…464÷4＝116(番目)のア＋イ

116番目のア…1から15までの整数の和が(1＋15)×15÷2＝120であり，15段目の右端から5番目

15段目の右端のア…15×15＝225

したがって，アは225－2×4＝217，イは464－217＝247

やや難 (3) エ＋オ＋カ…オ×3

オ…ウ＋オ×3＝1608より，オは1600÷4＝400＝20×20に近い数

2段目と3段目のオ－ウ…4，4段目と5段目のオ－ウ…8，6段目と7段目のオ－ウ…12

20段目のオ－ウ…4×10＝40

したがって，オは(1608＋40)÷4＝412

5 （速さの三公式と比，旅人算，割合と比，規則性，鶴亀算）

基本 (1) $1\div(9+4)\times 9\times 18=\frac{162}{13}$(km)

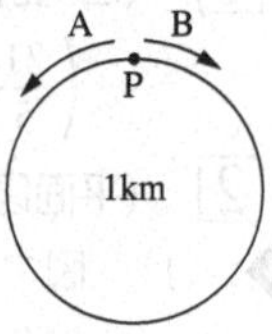

やや難 (2) ① A君が最初の速さでB君とすれ違うまでの道のり…$1\div(9+4)\times 9=\frac{9}{13}$(周)

A君が2倍の速さでB君とすれ違うまでの道のり …$1\div(9+2)\times 9=\frac{9}{11}$(周)

○…18回すれ違うまでにA君が最初の速さで周回した周数

△…18回すれ違うまでにA君が2倍の速さで周回した周数

○と△の式…$\frac{9}{13}$×○＋$\frac{9}{11}$×△

A君の最少周数…(1)より，$12\frac{6}{13}$(周)

A君の最多周数…$1\div(9+2)\times 9\times 18=14\frac{8}{11}$(周)

したがって，求める周数は13周・14周

② ○＋△…18回

13周のとき…$\left(14\frac{8}{11}-13\right)\div\left(\frac{9}{11}-\frac{9}{13}\right)=\frac{19}{11}\times\frac{143}{18}=19\times\frac{13}{18}$(周)

したがって，最初の速さで進んだ道のりは$\frac{9}{13}\times 19\times\frac{13}{18}=9.5$(km)

14周のとき…$\left(14\frac{8}{11}-14\right)\div\left(\frac{9}{11}-\frac{9}{13}\right)=\frac{8}{11}\times\frac{143}{18}=8\times\frac{13}{18}$(周)

したがって，最初の速さで進んだ道のりは$\frac{9}{13}\times 8\times\frac{13}{18}=4$(km)

6 （数列，植木算，数の性質）

1～9999までの数の表記

数字の並び A　123456789101112…99989999

整数の列 B　123, 456, 789, 101, 112, ..., 999

重要 (1) 1～9の数字…9個

10～99の数字…2×(99－9)＝180(個)

100～99の数字…3×(999－99)＝2700(個)

9＋180＋2700＝2889(個)

Bの1001番目の数…3×1000＋1＝3001(個目)の数から3003番目の数
1000～1026の数字…4×(1026～999)＝108(個)
2889＋108…2997(個)　　したがって，Bの1001番目の数は710

(2)　一の位の0…9＋10×9＋10×10×9＝999(回)
十の位の0…10×9＋10×10×9＝990(回)
百の位の0…100×9＝900(回)
したがって，0は999＋990＋900＝2889(回)

基本　(3)　999…(1)より，999までで区切られる。
したがって，1000からの例は右表になる→ 100 | ⓪10 | ⓪11 | ⓪02 | 100 | 3
1000～1999の数字…4×(1999～999)＝4000＝3×1333＋1(個)
したがって，2000からの例は右表になる→ 20 | ⓪02 | ⓪01 | 200 | 220 | ⓪3
1000～2999の数字…4×(2999～999)＝8000＝3×2666＋2(個)
したがって，2000からの例は右表になる→ 3 | ⓪00 | 300 | 130 | ⓪23 | ⓪03

(4)　1～99までについてBの列で0□になる数→021，051，081
100～999までについてBの列で0□□になる数→　　なし
〈1000～9999までについてBの列で0□□になる数〉
(3)の3行の数列…右表より，縦列の0がある位置に3個ずつ0が並ぶ
1～999の0の数…(2)の過程より，189
1000～9999の0の数…(2)より，2889－189＝2700
したがって，求める回数は3＋2700÷3＝903(回)

100	⓪10	⓪11	⓪02	100	3
20	⓪02	⓪01	200	220	⓪3
3	⓪00	300	130	⓪23	⓪03

★ワンポイントアドバイス★

短時間に解ける問題を優先して解いていくことが，ポイントである。全般的に難しい問題が多いが，1「計算」，2(1)「三角形の面積」，3「流水算」，4(1)「数列」，5(1)「旅人算」，6(1)「B列の数」で，正解しよう。

＋α は弊社HP商品詳細ページ(トビラのQRコードからアクセス可)参照。

＜理科解答＞《学校からの正答の発表はありません。》

1　問1　イ，ウ　問2　イ，オ　問3　ア，ウ　問4　水面付近では水温と体温が近く，体温を上げるのに時間がかかるから。　問5　ア，エ　問6　イ，水面と水深150mのそれぞれに1回あたりにいる時間が短いから。　問7　イ，マンボウは特定の場所だけでなく，広く分布しているから。

2　問1　オ　問2　○—◎—◎—○
問3

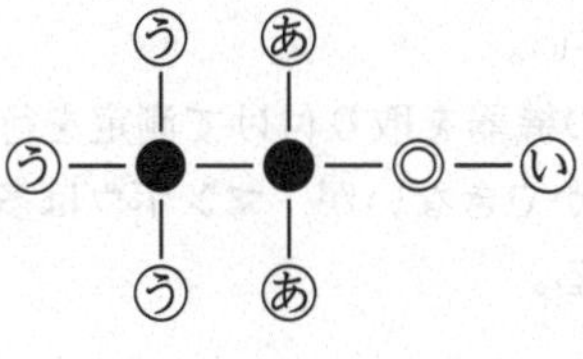

問4　ア　問5

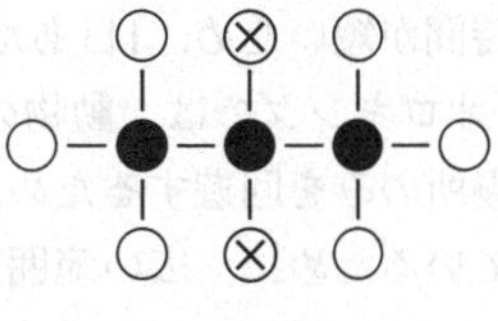

問6 (1) ● 1.2g ○ 0.2g (2) 1：2 (3) (例)

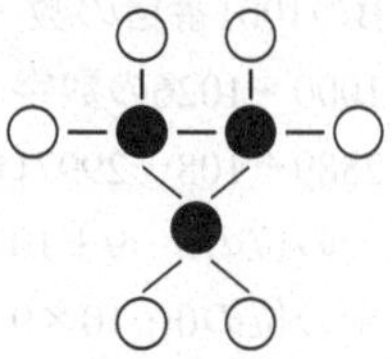

3 問1 ア × イ ○ ウ ○

問2

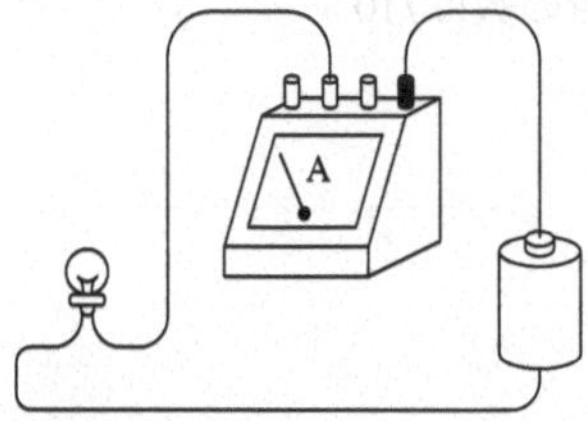

問3 290mA 問4 ［あ］ 4 ［い］ 150 問5 ［う］ 9 ［え］ 1 ［お］ 99
［か］ 1 ［き］ 90 ［く］ 9 ［け］ 1 【X】 cとdの長さの合計 問6 カ
問7 管Pに流れる小さな水の量に比例した大きな量の水を管Qに流す働き。
問8 測定したい小さな電流に比例した大きな電流を流すため。

4 問1 ア 問2 a イ b エ 問3 ウ 問4 a ア b エ 問5 (1) オ
(2) 0.14mm 問6 イ 問7 a 水蒸気 b 冷却［冷や］ c 凝結［凝縮，液化］
問8 エ

○推定配点○
1 問6，問7 各2点×2(各完答) 他 各1点×5 2 問6 各2点×3((1)完答)
他 各1点×5 3 各1点×11(問1，問4，問5うえ・おか・きくけ各完答)
4 各1点×9(問2，問4，問7各完答) 計40点

＜理科解説＞

1 (動物―バイオロギング)

問1 ペンギンは鳥類に含まれるが，つばさで飛ぶことはできない。鳥類なのでえらはなく，肺呼吸をするため，長時間の潜水はできず，長くて30分程度である。肉食だが，寒冷地に生息するため陸地にはエサが少なく，海中でエサを取って食べるのがふつうである。天敵が多いのも海中であり，シャチやサメなどに捕食される。

問2 表のとおり，体重の重い種類のペンギンほど，深いところまで潜ることができ，また，潜水できる時間が長い。これは，体内に多くの酸素を取り込んでおけるためである。

問3 マンボウは魚類なので，えら呼吸である。問題文によると，マンボウは水深150mほどの場所に潜ってエサを食べるが，同時に体温も下がるので，水面近くに上がって体温を上昇させている。水面近くでは体温が上がれば行動できるが，エサを取るために潜っている。

問4 水面付近は水温が18℃で体温は17℃になる。一方，水深150mでは水温が5℃で体温は14℃になる。つまり，水面付近では水温と体温の温度差が小さいので，体が温まるのに時間がかかるが，水深150mでは，水温と体温の温度差が大きいので，体が急速に冷えてしまう。

重要 問5・問6 からだの大きなマンボウほど，体温を1℃上げ下げするときに入ったり出たりする熱量が大きいので，それぞれの場所にいる時間は長い。からだの小さなマンボウは，それぞれの場所にいる時間が短いため，1日あたりに潜水する回数が多い。

問7 バイオロギングでは，動物のからだに温度計などの機器を取り付けて測定を行う。サンマは特定の場所のみを回遊するため，その場所での測定しかできないが，マンボウは多くの場所に散らばっているために，広い範囲で測定することができる。

2 （物質の性質―核磁気共鳴分光法）

問1　ア～エは，2個ある●のどちらにも，○が2個と⊗が1個が付いている。オは片方の●に⊗が2個付いていて，もう片方には付いていない。

問2　○は1個の相手と結びつき，◎は2個の相手と結びつくので，○を端にして組み立てる。

問3　物質の中の○は，左の●と結びついている3個，右の●と結びついている2個，◎と結びついている1個に分類できる。それぞれ，信号う，信号あ，信号いに対応する。

問4　アの○は，左右の●と結びついている6個と，中央の●と結びついている2個に分類でき，数の比は3：1である。イは，左の●には○○○●が，中央の●には○○●◎が，右の●には○○○◎が結びついており，すべて異なって区別される。そのため，○は3個，2個，3個に分類され，3種類の信号が現れる。ウは，左右の●が対等の立場にあるので，すべての○が同じ結びつき方をしており，1種類のみ信号が現れる。エは最も左と最も右の●に結びついている○6個と，中央に近い2つの●に結びついている○4個に分類でき，数の比は3：2である。

やや難　問5　1種類の信号しか現れないので，6個の○は対等の立場にある。もし，3個の●が対等の立場にあるならば，どの●にも同じ数ずつの○と⊗が結びつくことになるが，⊗が2個しかないので成り立たない。そこで，●に2種類の区別があると考え，2個の●には3個ずつの○が結びつき，1個の●には○が結びつかないようにする。これで6個の○が対等の立場になる。

問6　(1)　4.4gの物質Bには●と◎が3：8の重さの比で含まれているので，●が1.2g，◎が3.2gである。この●はすべてもともと物質Aの中にあったものだから，1.4gの物質Aに含まれる●も1.2gであり，○は1.4－1.2＝0.2gだったとわかる。

重要　(2)　物質Aは，1.2gの●と0.2gの○からできている。1個当たりの重さの比が12：1なので，個数の比は，(1.2÷12)：(0.2÷1)＝1：2となる。

やや難　(3)　●と○の個数の比が1：2になる物質を順に調べていく。●が1個の場合，結びつく○は4個必要なので，条件に合わない。●が2個の場合，結びつく○は6個必要なので，条件に合わない。●が3個の場合，鎖状にすると結びつく○は8個必要なので，条件に合わない。しかし，環状にすれば，1個の●に2個ずつの○が合計6個結びつく形ができる。●が4個以上でも同じように，●を環状に結び付け，それぞれに2個ずつの○をつけていけばよい。このような図のうちから1つ答えればよい。

3 （電流と回路―電流の測定）

基本　問1　ア…半導体に光を当てたときに，電気を持った粒子が動き出す性質を応用しており，電磁石は使われていない。　イ…モーターは電磁石と永久磁石が，引き合ったり反発したりすることで，動き続ける。　ウ…ベルは電磁石に電流が流れたり止まったり繰り返すことで，金属部分が振動して音を出す仕組みである。

問2　電流計に流れる電流の大きさに見当がつかないときは，最も大きい5Aの端子を使用する。しかし，本問ではおよそ0.2Aと見当がついているので，それより少し大きい0.5A＝500mAの端子を使用するのがよい。5A端子だと針の振れが小さく，細かく読み取れない。

問3　500mA端子につないだ場合，最も右の5の目盛りが500mAを示す。

重要　問4　表によると，aとbの長さが1：1のとき流れる電流は1：1であり，長さが2：1のとき電流は1：2であり，長さが3：1のとき電流は1：3である。つまり，電流は金属線の長さに反比例するように配分されている。図4では，金属線の長さが8：2だから，流れる電流は20mAを1：4に配分した値になる。よって，メーターには4mAの電流が流れる。また，メーターの振れ角が最大の30mAのとき，2cmの金属線に流れる電流は30×4＝120(mA)であり，電源装置から流れる電流は，30＋120＝150(mA)である。

重要 問5　[う][え]　電源装置から300mAの電流を流し，cに30mAの電流が流れるとき，dとeに300－30＝270(mA)の電流が流れる。電流の比は30：270＝1：9だから，金属線の長さの比は9：1である。

[お][か]【X】　3Aの端子につなぐと，c→dの経路とeの経路が並列になる。電源装置から3A＝3000mAの電流を流し，cとdに30mAの電流が流れるとき，eに3000－30＝2970(mA)の電流が流れる。電流の比は30：2970＝1：99だから，金属線の長さの比は99：1である。

[き][く][け]　金属線の長さについて，c：(d＋e)＝9：1で，(c＋d)：e＝99：1だから，c：d：e＝90：9：1であればよい。

問6　1000μA＝1mAで，1000mA＝1Aだから，(1000×1000)μA＝1A，つまり，100万μA＝1Aである。

問7　図7では，板1の管P側が少し動けば，回転軸の反対にある板2が大きく動くしかけになっている。動く長さの比は，板1の両端から回転軸までの長さの比に等しい。つまり，板1に少しの水が流れたとき，板2にはその何倍かの水が流れる。このように，図7の装置Tやトランジスタでは，流れの量を増幅するはたらきがある。

問8　図7の装置Tでは、管Pに流れる水の量を測るため，あらかじめ管Qに何倍かの水を準備しておく。同じように，ディジタルマルチメーターに使われるトランジスタでは，測りたい電流の何倍かの電流を流すため，あらかじめその電流を流すための電池が必要である。

4　(地層と岩石―地層や岩石の観察)

問1　問題の図の左側では，ブロックは断層に沿って近づく向きに動く。図の右側では力がつりあって，ブロックは動かない。

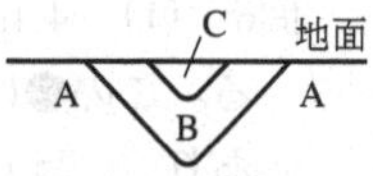

重要 問2　水平に堆積したとき，古いAが下で新しいCが上であった。これが東西(左右)方向から圧縮されてしゅう曲したあと，上部が侵食されて水平な地面になったのだから，右図の通りである。

問3　Ⅰの場合，クリノメーターの長辺がちょうど南北を向いているときに，磁針が指す向きを「0」と読みたいのだから，Aの目盛りが適切である。Ⅱの場合，クリノメーターの長辺が水平のとき，真下に向いた針が指す向きを「0」と読みたいのだから，Bの目盛りが適切である。

問4　鉱物よりもやわらかい研磨剤を使うと，研磨剤の方が削れてしまう。また，まず粒の大きい研磨剤を使っておおまかに削り，その後に粒の小さい研磨剤を使って細かく仕上げるのがよい。

問5　(1)　2.54cmをメッシュ数xで割ると，網目の幅と糸の太さの合計が求まる。ここから糸の太さyを引くと，網目の幅が求まる。

(2)　2.54cm＝25.4mmだから，25.4÷100－0.11＝0.144で，四捨五入により0.14mmである。

問6　研磨した場合もぬらした場合も，表面のでこぼこが少なくなるので，さまざまな色の光がいろいろな向きに反射するのを減らすことができる。そのため，黒っぽく見えるようになる。

問7　風呂のフタを開けたときの浴室の空気には多量の水蒸気が含まれている。この水蒸気が，温度の低い鏡の表面で冷やされて，液体の細かな水滴となり，くもって見える。気体から液体への変化は凝縮あるいは液化といい，特に大気中の水蒸気の場合は凝結という。

問8　問題文の通り，水アカは水道水に含まれる成分が沈殿したり，水道水中の成分と空気中の成分がくっついて沈殿したりすることで生成されるので，鏡の表面にできるだけ水道水が残らないようにしておくのが効果的である。

★ワンポイントアドバイス★

問題文や図表から，必要な知識やデータを読み取る練習を繰り返し，根拠を持って論理的に考える力を養おう。

＜社会解答＞ 《学校からの正答の発表はありません。》

問1 (1) オランダ (2) 福沢諭吉 (3) 教育勅語 (4) ソ連 問2 い

問3 (例) 実力行使(による解決から) (例) 裁判(による解決へと変化した) 問4 う

問5 ① い ② き ③ え

問6 (例) 身分や年齢，職業に関わらず，能力や意欲のある若者。

問7 (例) 小学校の建設や運営のための資金の多くは，地元の人々が負担したから。

問8 (例) 欧米の知識や技術を取り入れ，富国強兵策を進める上で必要だと考えたから。

問9 (例) 女子にとって高等女学校が最高の教育機関で，これ以上の教育は不要と考えたから。

問10 (例) 同じ年齢の子どもがともに学ぶことで集団行動に慣れることができ，この体験が軍隊や工場のような組織で生かせるから。

問11 (例) 日本に住んでいるが，日本の国籍を持たない子どもが教育を保障されないおそれがある。

問12 (例) 正確さが担保されているだけでなく，子どもたちの発達段階に応じた教育が展開できるように配慮されている。

問13 (例) 学校教育は，その時代が理想とする人が多数を占める社会をつくってきた。1940年代，学校教育は戦争に協力する社会を生み出そうとした。しかし，このような社会は，異なる意見を尊重したり，新しいアイデアを取り入れる包容力に乏しく，発展性に欠けている。

○推定配点○

問1・問2・問4・問5 各1点×9 問3 2点(完答) 問6～問9，問11 各3点×5

問10・問12 各4点×2 問13 6点 計40点

＜社会解説＞

(総合―「教育」をテーマにした日本の歴史，政治など)

基本 問1 (1) 鎖国の下で，江戸幕府の貿易相手は，オランダと中国(清)に限られた。このため，欧米の進んだ知識や技術はオランダ経由で日本に伝えられた。オランダと中国(清)との貿易は長崎に限定されていたため，欧米の進んだ知識や技術はまず長崎にもたらされた。 (2) 福沢諭吉は，幕末～明治期の啓蒙思想家。緒方洪庵の適塾で蘭学を学び，のちに英語(英学)を独学した。幕府の咸臨丸派遣の際，使節とともにアメリカ合衆国に渡り，西洋文明を視察する。教育者として慶應義塾(現在の慶應義塾大学)を創設した。『学問のすゝめ』，『西洋事情』，『文明論之概略』などが代表的著作である。 (3) 教育勅語は，1890年，明治天皇によって発布された戦前の教育の根本方針を示した勅語。儒教的徳目を基礎に，忠君愛国などの国民道徳を説く。天皇の写真(御真影)とともに全国の学校に配布された。第二次世界大戦後，1948年国会で失効が議決された。

(4) ソ連は，ユーラシア大陸の北部，ヨーロッパからアジアにまたがる広大な地域を占めた社会主義国家。ロシア革命後の1922年に社会主義国家として成立。1957年，ソ連の人工衛星スプートニクは，人類史上初の人工衛星となり，アメリカ合衆国を中心とする西側諸国に衝撃を与えた(スプートニクショック)。しかし，1991年，11の共和国が独立国家共同体(CIS)の設立に合意，ソ連は69年間の歴史に幕を閉じた。

重要 問2 守護の主な仕事は，犯罪の取りしまり，大番催促(御家人に対し，京都を警備する役職に就くことを督促・指揮すること)などである。一方，年貢の取り立ては地頭の最も重要な仕事である。

やや難 問3 江戸時代以前では，例えば農村で，自分の田へ水をより多く引こうとして争い，これが喧嘩沙汰になることが多かった。それどころか，村と村が水をめぐって争い，大規模な争乱に発展することもみられた。しかし，江戸時代になり，社会が安定し，法律も整備されると，争いを実力行使によって解決するのではなく，裁判に訴えて，公権力の裁定を求めることが一般化していった。

問4　現金収入を増やすための作物(商品作物)は，換金性が高い作物である。綿花のような繊維原料，なたねのような油糧作物，茶・たばこのような嗜好作物がこれにあたる。一方，さといもは換金性が低い自給用の作物である。

基本　問5　①　日新館は会津藩の藩校。白虎隊は，1868年，戊辰戦争に際し，会津藩が組織した藩士の子弟による隊の一つ。新政府軍との戦いに敗れ，市街の火災を会津城の落城と誤認して自刃。
②　教授館は土佐藩の藩校。中浜万次郎は，幕末・明治の語学者。土佐の漁夫の次男。1841年出漁中に漂流。アメリカ船に救われ，アメリカ合衆国で教育を受け，1851年帰国。土佐藩のちに幕府に仕え，翻訳・航海・測量・英語の教授にあたった。　③　明倫堂は尾張藩の藩校。1748年藩主徳川宗勝が創設し，49年に明倫堂と命名された。なお，徳川御三家は，紀伊徳川家，水戸徳川家，尾張徳川家である。

問6　私塾は，近世から近代初期にかけて，民間の学者が自己の学問的立場に立って開設した民間学校。一般に寺子屋より高いレベルの教育を施した。士族の子弟だけでなく，一般庶民にも門戸を開いた。問題文で紹介されている咸宜園でも，塾長である広瀬淡窓は，身分・年齢・職業などによる差別なく学問の機会を与えようとし，その門戸は武士，庶民を問わず各層に広く開放されていた。入門条件を，身分の高い武士の子弟であることに限定することが一般的であった藩校とは，この点で異なっている。

問7　図1から，公立学校の収入の約4割が学区内集金で占められていたことが読み取れ，小学校の建設や運営が地元の人々にとって大きな負担になっていたことがわかる。

問8　物理，生理，博物のような教科は，多くの生徒にとって生活上の必要とは離れたものであった。しかし，富国強兵，殖産興業を国策として強力に推進していた明治政府は，これらを政策を進める上で必須な知識，技術と考えた。

やや難　問9　当時，高等女学校に進学する女子は少なく，さらにその上の教育機関に進む者はまれであった。このような状況から，その名称に「高等女学校は，女子にとって最高の教育機関である」というニュアンスを込めたのだと考えられる。

問10　学級制の方が，等級制に比べて，子どもたちに団体行動の習慣を身につけやすい。子どもたちの学校での体験が，軍隊や工場のような団体行動を求められることが多い組織で生かされると期待されたのである。

重要　問11　「日本に住むすべての人びと」であれば，日本に住む「すべての子ども」に教育が保障されていることは明白である。しかし，「国民全体」とすると，日本には住んでいるが，日本の国籍をもっていない外国出身の子どもが保障の対象外になってしまう可能性がある。

問12　学校の教科書は，各教科の専門家による検定を経ているので，明らかな誤りはまれである。また，専門家によって，各学年で教授する内容が精選され，教科書も各学年ごとに適切に配置されているので，子どもたちの発達段階に応じた教育が可能である。

問13　本文中の「1890年には…，天皇を中心とする国家への忠誠と，国民としての道徳を身につけることが教育の目標とされました」，「とくに1940年代に小学校が国民学校とよばれるようになったあとは，国家や天皇のために尽くした人たちの物語を読み聞かせるなどして，子どもの関心をひきつけながら，戦争に協力する国民を生み出そうとする教育がおこなわれました。」，「敗戦から立ち直るために産業の復興が重視され，教育もそれに貢献するべきだと考えられるようになりました。」などの記述に注目して考える。

★ワンポイントアドバイス★

細かい知識を求める問題は少なく，文章や資料を適切に読み取り，さらに自分の頭で考えて答えを導き出す問題が多い。論述問題の配点が大きく，わかりやすい文章を書く力が求められる。

＜国語解答＞ 《学校からの正答の発表はありません。》

一 （例） 誰かと競い合えば自分が学級委員になれない場合もあるため，お母さんに怒られることを心配したから。

二 （例） 学級委員として認められるためには，誰か一人だけでなく全員に優しくすべきであり，お母さんも守がそうすることを望んでいること。

三 （例） クラス全員にやさしくしようと心がけている守にとって，参考にすべき存在。

四 ア　五 両手に収まらないほど大きな空

六 （例） 交通事故で林間学校に来ることができなくなってしまった達哉くんに見せるために，菅平の大きな空の様子を，見たまま感じたままに写しとろうとしている。

七 誰もこばまずみんなを受け入れる(点)　八 イ　九 ウ

十 （例） これまでは先生や親に怒られるかどうかという判断基準にしばられてばかりいたが，知らないことをこれから知っていくことで，自分の世界がさらに広がり，できないこともできるようになっていくと気づいたから。

十一 (1) （例） 絵を描く前は周囲の人々の評価を優先していて自分の気持ちをおさえて表現していたが，絵を描いた後は，自分の感じる通りに表現したいものを表現しようと思うようになった。　(2) （例） 絵を描きながら守と達哉くんのやさしさの違いについて考えたことで，誰かの評価を気にして動く自分のつめたさが見抜かれていると気づき，自分の気持ちに素直に動いてそのやさしさがみんなに受け入れられている達哉くんの影響を受けたから。

十二 a 盛　b 縮　c 束　d 拡声

○推定配点○

一～三　各5点×3　四・五・七～九　各3点×5　六・十一(1)　各6点×2

十・十一(2)　各7点×2　十二　各1点×4　計60点

＜国語解説＞

(物語文―主題・心情・場面・登場人物・細部の読み取り，記述，漢字の書き取り)

一 この場面に書かれた情報をおさえて，書くべき内容を考える。傍線①直前に書かれた「このままいなければ田口くんにやってもらう」という先生の言葉からわかるように，このまま立候補する人がいなければ，守が学級委員に決まる。どころが，誰かが立候補すれば，その座を競い合うことになる。そして競い合えば，当然学級委員になれないこともあるのだ。だから，守は「他に誰も出ないでくれ」と祈ったのだ。また，傍線①直後には「立候補しなさいね」とお母さんに言われたことを守が思い出している様子もある。守は「誰か別の人に決まってしまったら」と不安にもなっている。別の人に決まってしまったら，そのことでお母さんに怒られてしまうこともあるのだ。その点を心配していることも読み取って記述したい。記述の際には，「競い合えば学級委員になれないこともある」という内容と，「お母さんに怒られることを心配した」という内容を中心にする。

二　傍線②を含む場面に着目する。やさしいという理由で，達哉を学級委員に推薦する声が多かった状況をお母さんに報告した後，守は「あんたもこれからみんなにやさしくしないとね。学級委員なんだから」と話される。学級委員としてみんなに受け入れてもらうためにも，全員にやさしくする必要があると，お母さんは説明しているのである。傍線②の「うん，わかった」は，やさしくする必要性を守が理解したことを表している。また傍線②の直前に「お母さんが，この時初めて守の目を見てくれた」ともある。発言したときお母さんが守の目を初めて見たため，「みんなにやさしくしないとね」「誰か一人だけと仲良くしちゃだめだよ」という言葉を，守はお母さんの希望としてしっかり受け止めたと考えられる。クラス全員にやさしくすることがお母さんの望みだと，その点も守はわかったのである。記述の際には，「クラス全員にやさしくすべきである」という内容と「それがお母さんの望んでいることだ」という内容を合わせて書く。

三　傍線②直前に書かれた「みんなにやさしくしないとね」というお母さんの言葉を聞き，守はクラスの全員にやさしくしようと意識している。だがこの場面で，守は翔吾くんがにんじんを忘れたことにいら立つ。そのいら立ちをグッと堪えて，思い出したのが達哉くんのことなのである。「達哉くんだったら」とくり返し，達哉くんのやさしさを思い出し，達哉くんを参考にしようとする。守にとって達哉くんは，参考にすべき存在なのだ。記述の際には「クラス全員にやさしくしようと心がけている守」という内容と「参考にすべき存在」という内容を中心にする。

四　守は初め，「切られた木から，血が流れているみたいなにおいがしました」と書いた。初めに書いた表現は，守の素直な気持ちを表していると考えられる。だが，傍線④直前に「ちょっと怒られてしまう気がする」とあるように，守は先生に怒られることを心配して，自分の素直な思いに結びつく表現をやめ，ユリ先生の表現を使おうとするのである。ユリ先生に配慮して，嫌われないようにしたのだと考えられる。以上の点をおさえる。「先生に怒られる可能性のある表現を用いてはならず」「先生の反感を買わない表現を選ぼうと思っている」とある，アが正解になる。イは「みんなを失望させてしまうので」とあるが，おかしい。傍線④直前には「(先生に)怒られてしまう気がする」と明確に書かれている。守は，先生に怒られないようにしたかったのである。ウは「どんな内容を書いたとしても，本当の気持ちを伝えることなどできない」とあるが，守が表現を変えた理由と合わない。エは「大人の表現の方が現実をうまく表していることに気づき」とあるが，おかしい。傍線④直前にあるように，怒られるのを心配して表現を変えたのである。

基本　五　傍線⑤以降，守が描いているものをおさえて，解答になる部分を探す。傍線⑤が含まれる段落内にある，「守の目は空に釘付けになった」「この空を遮るものは，何もなかった」「水道で筆洗いに水を入れ……もう一度空を見上げ，この青はどうやったら表現できるのだろうと思う」「この空を持って帰ることができたら，誰に見せたいだろう」などから，守が描きたいものは遮るものがないほどの大きな空であることはわかる。傍線⑤以降の，「守は広場の真ん中に走り出した……」で始まる段落内に，「両手に収まらないほど大きな空」という表現がある。この表現が設問の「十四字」という条件にも合い，解答となる。

六　A【　】の部分で，守は空の絵を誰に見せたいかを考え，交通事故で骨折して林間学校に来ることができなくなった達哉くんを一番に思い浮かべる。そしてB【　】では，達哉くんのことを気にしながら，本当に空を持って帰れるような気持ちになり，画用紙に色を塗り重ねていく。さらにC【　】では，空をよく見て，色のグラデーションに気づき，見たままの青空を写しとろうとしている。A・Bから，交通事故で林間学校に来ることができなくなってしまった達哉くんに絵を見せたいと考えていることがわかる。Cから，見たまま感じたままの空を写しとろうとしていることがわかる。記述の際には「林間学校に来ることができなくなってしまった達哉に空を見せたい」＋「見たまま感じたままの空を描こうとしている」という内容を中心にして，達哉くんに見せるための絵を描くという守の目的がわかるように表現する。

重要　七　傍線⑦には「お母さんの言葉が，守のやさしさの基準だった」とある。そのお母さんの言葉とは，傍線②近くにある，「みんなにやさしくしないとね。誰か一人だけと仲良くしちゃだめだよ」という言葉である。その言葉を基準にしたため，守は傍線⑦以降にあるように，誰か一人と仲良くすることを避けて，みんなを拒絶して，いつも一人でいたのである。「つめたいやさしさ」である。だが，「……温度？」という表現以降に書かれているように，達哉くんのやさしさは「誰もこばまずにみんなを受け入れる」やさしさである。この「誰もこばまずにみんなを受け入れる」という表現が設問の15字という字数指定にもあい，解答になる。

八　傍線⑧に「裏に名前と題名を書いておいてね」とあるが，守は自分の絵を見直すことに夢中になってしまっていた。そのため，名前と題名は書いていない。その後，青空と絵を見比べて，そっくりに書けたとうれしくなった。だが，傍線④の場面でユリ先生の評価を気にした姿とは異なり，先生の評価を意識するような様子は見られない。守は，良く描けたと自分だけで満足して，すばやく提出に向かってしまったのである。「描いた絵の仕上がりに気を取られる」「名前と題材を書くように言われた指示をそっちのけ」「先生が満足してくれるかどうかにも意識がおよばなくなっている」とある，イが正解になる。アは「手直しを加えられる場所がないかを必死に探している」とあるが，おかしい。傍線⑧と傍線⑨の間に書かれているように，そっくりに描けたとうれしくなっている状況である。ウは「どう評価されるか知りたくなるあまり」とあるが，おかしい。この場面で，守は先生の評価を気にしていない。すでに自分で「そっくりに描けた」と満足しているのである。エは「先生からほめてもらえると思って」とあるが，おかしい。この場面の守は嬉しくなっていたが，先生にほめてもらえると思っていたとは読み取れない。

九　傍線⑩までの文脈をていねいにおさえることで，解答することができる。守は絵を提出したが，先生は「真面目な田口くんがふざけるなんてどういうこと？」と，守の絵をまったく理解してくれなかった。そのため，守は先生に説明をしようとしたが，「達哉くんはあったかくて，でも，僕はつめたくて……」と，先生にとってはまるで理解できないようなことしか発言できない。先生は困惑するばかりなのである。書いた絵を理解してもらえなかった。また，このような絵を描いた理由を説明できなかった。その状況で，守は涙を流したのである。解答は，「自分の絵を理解してもらえなかった」「説明しようと思ったが，うまく言葉にできなかった」とある，ウになる。アの「先生にはいじめられているのではないかと誤解されたから」，イの「やさしくふるまってきた……先生に評価してもらえなかった」，エの「ふざけて描いたと思われ，怒られてしまったから」は，すべて，「絵を理解してもらえなかった」→「絵にこめた思いをうまく説明できなかった」という場面内のできごとにふれていない。

やや難　十　Dに注目して，書くべき内容を考えていく。守はもともと先生やお母さんに怒られるかどうかということを判断基準にしており，その判断基準にしばられて生きてきた。だが，書き上げた青空に名前を書くとき，「やさしいたつやくんへ」と書こうとして，まだ習っていない字があることに気づき，さらにその字を身につけることで，自分の世界が広がり，世界が広がったその頃にはうまく言えなかった気持ちも言えるようになるなど，できることが多くなっていくということもわかったのである。できなかったこともできるようになる。だから，守は晴れやかな気持ちにもなった。記述の際には，「先生や親に怒られるかどうかという判断基準にしばられていた」という内容＋「知らないことがわかるようになって世界が広がる／できないこともできるようになる」という内容を中心にする。

重要　十一　(1)　最初の学級委員決めの場面では，お母さんにどう評価されるかを意識して，守は学級委員に立候補した。その後，守はお母さんの言葉を意識して，お母さんの言うように，他人にやさしくする。また，林間学校の場面では，守は先生の言葉を思い出して，今日の記録に書くことの表現を変えた。林間学校の反省会でそれぞれが感想を話すときには，守自身の中では大きいことも，みんなの前では話さないようにした。守はお母さん，先生，周りの人と，いつも周囲の評価を気にしていたのである。だが，絵を描くとき，守は自ら達哉くんに見せたいと考え，グラデーションのように見えた空の色を自らの意思で感じたままに写しとる。それは誰かの評価を気にした行為ではなく，まさに自らの行為である。守は，自分の思いに基づいて感じるままに表現するように変化したのである。記述の際には，「(絵を描く前)周囲の評価を優先して，自分をおさえて表現」＋「(絵を描いた後)自分の感じる通りに表現するようになった」という内容を中心にする。

やや難　(2)　設問に書かれているように，守が絵を描く場面に着目して書くべき内容をまとめる。傍線⑦以降で，守は達哉くんのやさしさについて考えるとともに，守自身のやさしさについても考える。そして，「……温度？」と書かれているように，二人のやさしさは温度がちがうことに気づく。守のやさしさは，みんなを拒絶することで，誰にでも手を差し伸べることができる「つめたい」やさしさである。そして，そのつめたさは見抜かれ，守をこばむ人もいる。一方，達哉くんのやさしさは誰もこばまずにみんなを受け入れる「あたたかい」やさしさである。

守がそのようにつめたいやさしさを身につけたのは，お母さんに怒られるかどうかを意識したから。守は怒られるかどうかの基準にしばられて，どんな温度であってもやさしい人でいることを優先したのだ。だが，この場面でやさしさの違いを考えたことで，守は達哉くんの影響を受けた。基準にしばられて人にやさしくするのではなく，自分の気持ちのままに人にやさしくしている達哉くんの影響を受けたのである。それが，守の姿勢の変化に結びつく。記述の際には「守と達哉くんのやさしさの違いについて考えた」＋「誰かの評価を気にして動く自分のつめたさが見抜かれていると気づいた」＋「自分の気持ちに素直に動きみんなに受け入れられている達哉くんに影響を受けた」という内容を中心にする。

基本　十二　a「盛る」は，器に物を多く入れたり，物を高く積み上げたりすることを意味する。「盛り上がる」は，物ごとの勢いが高まること。「盛り上げる」は，ここでは，場の雰囲気を高めること。 b　ここでは体を小さくすること。「縮」という文字には，ちぢむという意味があり，その意味で「軍縮」「収縮」という言葉がある。　c　まとめること。花をまとめたものを「花束」，お札をまとめたものが「札束」である。　d　音声を拡大すること。そのための道具が「拡声器」である。

★ワンポイントアドバイス★

書き抜き問題が出題されている。設問を読み取り，問われていることを理解し，場面の情報をおさえることで，比較的得点しやすいレベルである。ここで失点するようなことは避けたい。

2023年度

★★★★★★★★★★★★★★★★★★★★★★★★★

入　試　問　題

2023年度

麻布中学校入試問題

【算　数】（60分）　＜満点：60点＞

1　容積100Lの水そうがあります。また，水そうに水を注ぐための蛇口《じゃぐち》と，水そうから水を排出《はいしゅつ》するための排水口《はいすいこう》がそれぞれいくつかあります。水そうが空の状態から，蛇口１つと排水口１つを開けておいたところ，ちょうど25分で水そうがいっぱいになりました。１秒あたりに１つの蛇口から注がれる水の量は一定で，どの蛇口についても同じです。１秒あたりに１つの排水口から排出される水の量は一定で，どの排水口についても同じです。以下の問いに答えなさい。

(1)　水そうが空の状態から，蛇口２つと排水口２つを開けておくと，水そうは何分何秒でいっぱいになりますか。

答　　分　　秒

(2)　水そうが空の状態から，蛇口３つと排水口２つを開けておいたところ，２分30秒で水そうがいっぱいになりました。水そうが空の状態から，蛇口５つと排水口４つを開けておくと，水そうは何分何秒でいっぱいになりますか。

答　　分　　秒

2　面積が30cm^{2}の正八角形ABCDEFGHがあります。あとの問いに答えなさい。

(1)　図１のように点Pが正八角形の中にあるとき，三角形PABと三角形PEFの面積の和は何cm^{2}ですか。

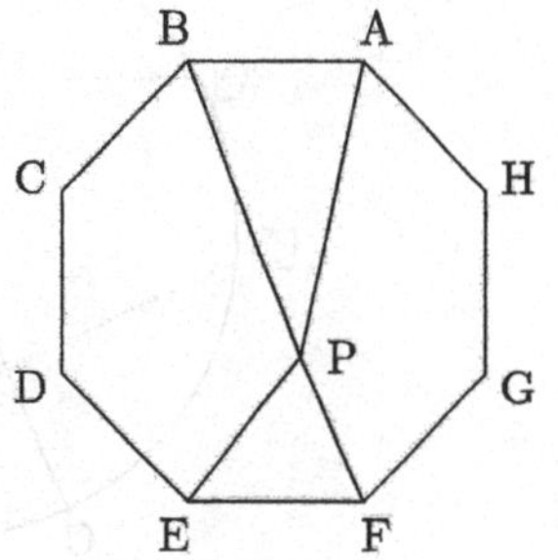

図１

答　　　　cm^2

⑵　図２のように３直線QA，QC，QRを引くと，正八角形の面積が三等分されました。三角形QERと四角形QRFGの面積の比が１：３であるとき，四角形QCDEの面積は何cm^2ですか。

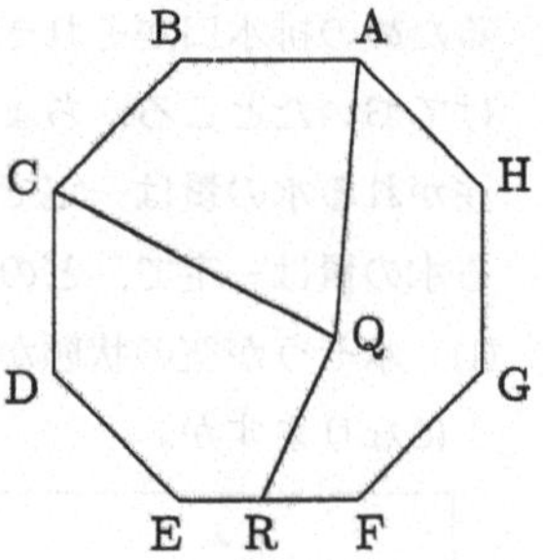

図２

答　　　　cm^2

3　図１のような半径１cmの円形の紙のふちにインクがぬられています。点Aが中心Oと重なるようにこの紙を折って，インクの跡《あと》をつけてから開きました。同じように，点BがOと重なるように折って開き，点CがOと重なるように折って開きました。このとき，折り目あと い，あと うは，図１のように交わりました。

図１の角アの大きさは何度ですか。また，インクの跡と紙のふちでできる図形において，図２の３か所の斜線《しゃせん》部分の周の長さの和は何cmですか。ただし，図は正確とは限りません。

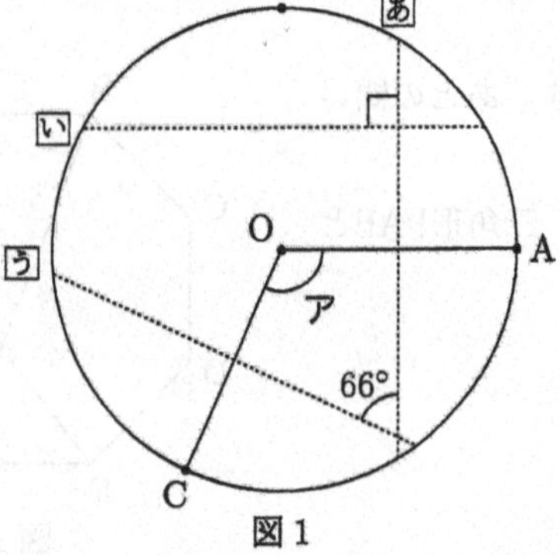

図１

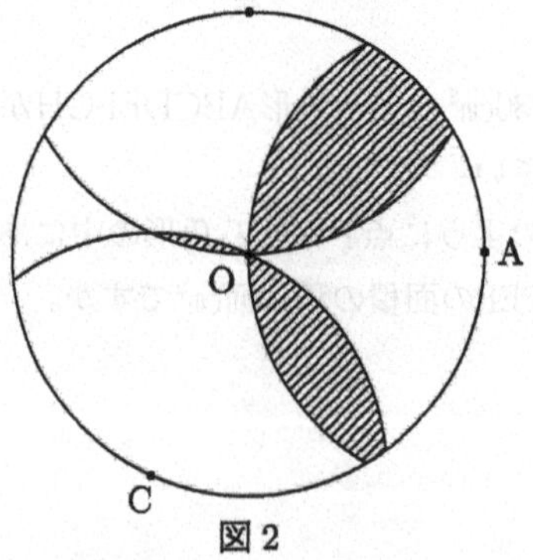

図２

必要ならば，右の図は自由に用いてかまいません。

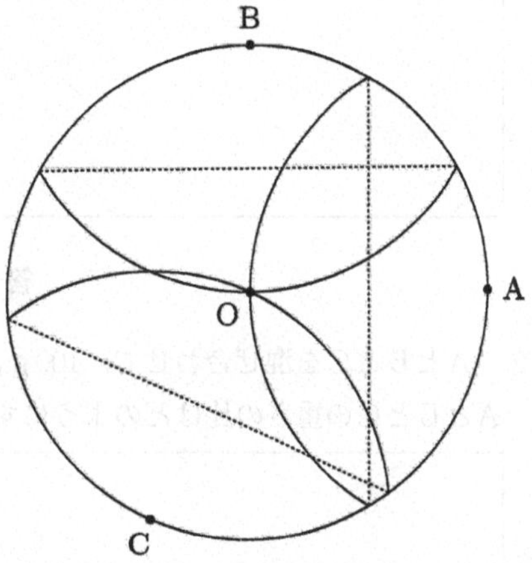

答　ア　　度，周　　cm

4　同じ物質が溶《と》けている水溶液《すいようえき》がA，B，Cの３種類あります。それぞれの濃《こ》さと，100ｇあたりの原価は右の表のようになっています。ただし，水溶液の濃さとは，水溶液の重さに対する溶けている物質の重さの割合のことです。

種類	濃さ	100ｇあたりの原価
A	10％	40円
B	20％	90円
C	26％	140円

これらをいくらかずつ混ぜ合わせることで，別の濃さの水溶液を作ります。例えば，Aを300ｇ，Bを200ｇ混ぜ合わせると，14％の濃さの水溶液が500ｇできます。この500ｇの水溶液を作るには300円かかるので，できる水溶液の100ｇあたりの原価は60円となります。

⑴　AとCを混ぜ合わせて，100ｇあたりの原価が110円の水溶液を作ります。AとCの重さの比はどのようにすればよいですか。もっとも簡単な整数の比で答えなさい。また，できる水溶液の濃さを答えなさい。

答　A：C＝　　：　　，濃さ　　％

⑵　BとCを混ぜ合わせて，100ｇあたりの原価が110円の水溶液を作ります。BとCの重さの比はどのようにすればよいですか。もっとも簡単な整数の比で答えなさい。また，できる水溶液の濃さを答えなさい。

答　B：C＝　　：　　，濃さ　　%

(3)　AとBとCを混ぜ合わせて，100ｇあたりの原価が110円で，濃さが22%の水溶液を作ります。AとBとCの重さの比はどのようにすればよいですか。もっとも簡単な整数の比で答えなさい。

答　A：B：C＝　　：　　：

5　1辺の長さが1㎝の立方体の形をしたブロックを，いくつかすき間なく貼《は》り合わせて立体を作ります。この立体に対して，次の【操作】を行います。

【操作】　他のブロックと接する面の数が3つ以下のブロックを，一斉《いっせい》に取り除く。

すべてのブロックが取り除かれるまで【操作】を繰《く》り返し行うとき，【操作】が行われる回数について考えます。例えば，9個のブロックを使ってできる図1の立体では，1回目でAのブロックが，2回目でBのブロックが取り除かれるので，【操作】は2回行われます。

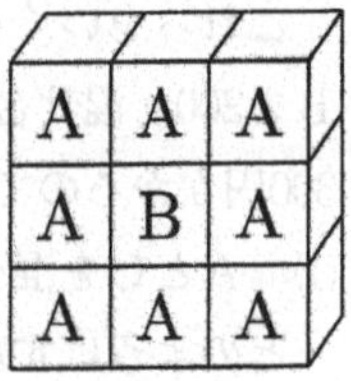

図1

(1)　27個のブロックを使ってできる，1辺の長さが3㎝の立方体について，【操作】は何回行われますか。

必要ならば，下の図は自由に用いてかまいません。

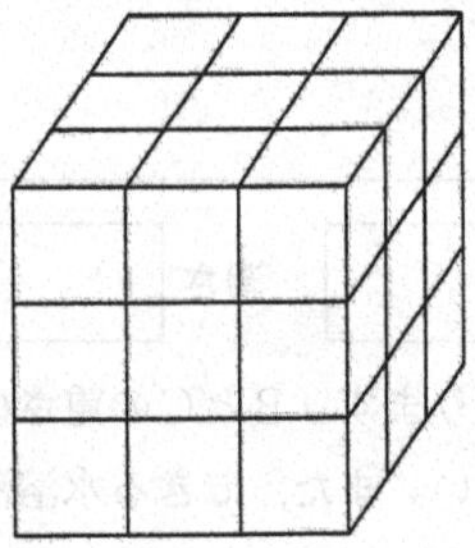

答　　回

(2)　245個のブロックをすべて使って作ることのできる直方体は４種類あります。ただし，たて，横，高さの３辺の長さを入れ替《か》えた直方体は同じものとみなします。これら４種類の直方体について，３辺の長さと**【操作】**が行われる回数をそれぞれ答えなさい。ただし，３辺の長さは，長いほうから順に書きなさい。例えば，図１の直方体では『３㎝，３㎝，１㎝，２回』のように書きます。

答　　㎝，　㎝，　㎝，　回

　　㎝，　㎝，　㎝，　回

　　㎝，　㎝，　㎝，　回

　　㎝，　㎝，　㎝，　回

6　$\frac{1}{16}$，$\frac{3}{32}$，$\frac{9}{64}$のように，２を４個以上かけ合わせてできる数を分母として，奇数《きすう》を分子とするような真分数を考えます。このような分数Aを小数で表したとき，小数点以下に現れる数字のうち，右端《はし》の４個をそのままの順で並べてできる整数を$\langle A \rangle$で表します。

例えば，

$$\frac{1}{16}=0.0625 \quad なので \quad \left\langle \frac{1}{16} \right\rangle=625,$$

$$\frac{1}{32}=0.03125 \quad なので \quad \left\langle \frac{1}{32} \right\rangle=3125$$

です。

次のページの表は，さまざまな$\langle A \rangle$の値《あたい》を，分数Aの分母と分子についてまとめたものです。

以下の問いに答えなさい。ただし，次のページの表は答えを求めるために自由に用いてかまいません。

(1)　表の中にある空らんア，イ，ウ，エ，オ，カに当てはまる整数を下の答のらんに書きなさい。

答　**ア**　　**イ**　　**ウ**

エ　　**オ**　　**カ**

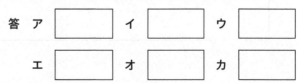

分母 / 分子	16	32	64	128	256	…
1	625	3125	5625			
3	1875	9375				
5	3125	5625				
7	4375	1875				
9	5625	8125				
11	6875	4375				
13	ア	ウ				
15	イ	エ				
17		オ				
19		カ				
⋮		⋮	⋮	⋮	⋮	⋮

⑵ $\left\langle \dfrac{\boxed{あ}}{64} \right\rangle$=4375となりました。あ に当てはまる，１以上64未満の奇数をすべて答えなさい。ただし，答のらんはすべて使うとは限りません。

答

(3) $\left\langle \dfrac{9}{\boxed{い}} \right\rangle=625$となりました。$\boxed{い}$ に当てはまる，２を４個以上かけ合わせてできる数を，もっとも小さいものから順に２つ答えなさい。

答

(4) $\left\langle \dfrac{\boxed{う}}{2048} \right\rangle$を小数で表したとき，小数第一位の数字が１になりました。さらに，$\left\langle \dfrac{\boxed{う}}{2048} \right\rangle=9375$となりました。$\boxed{う}$ に当てはまるもっとも小さい奇数を答えなさい。

答

【理　科】（50分）　＜満点：40点＞

1　たくさん運動して①汗《あせ》をかいた体に風が当たると，体が冷えるので気持ちがよいですね。意外なことに，ほ乳類の中で汗をたくさんかくことができるように進化したものは少数で，ウマのなかまと人間くらいです。ウマのなかまは長い間走り続けることが多いので，また，人間の脳は熱に弱いので，体温が上がりすぎないように進化したと考えられています。

問１　下線部①と同様の現象と考えられるものを次のア～オから２つ選び，記号で答えなさい。

ア．暑い日に，道路に打ち水をして涼《すず》しくした。

イ．足を水の中に入れて夕涼みをした。

ウ．発熱したときに額を氷まくらで冷やした。

エ．コップに氷水を入れたら，コップの周りに水滴《すいてき》がついた。

オ．夏に遊園地でミスト（霧状《きりじょう》の水滴）を浴びた後に歩いたらひんやりとした。

問２　私たちの体は，足やうでに比べ，額や胴体《どうたい》（胸，背中など）によく汗をかきます。このことの利点を説明しなさい。

汗はどのようなしくみで出るのでしょうか。皮ふの表面には，温点や冷点という温度を感じる点が数多くあります。そこには感覚神経の先端《せんたん》がのびていて，暑さを感知した感覚神経は，その刺激《しげき》を脳に伝えます。すると脳から「汗を出せ」という指令が，別の神経を通じて体表の汗腺《かんせん》（汗を出す穴）に伝えられ汗が出るのです（図１）。

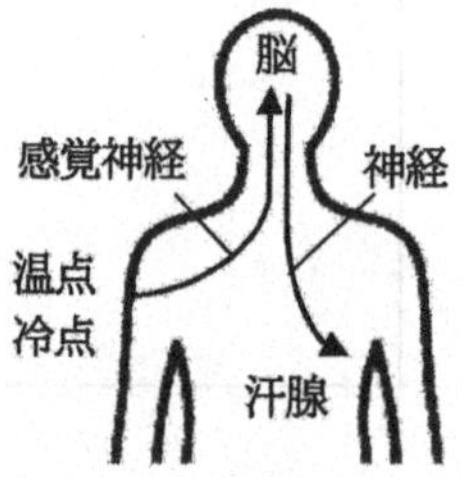

図１

温点や冷点には，感知する温度が20℃付近，30℃付近，43℃以上など，さまざまな感覚神経があります。たとえば，43℃以上のお湯にふれたときには43℃以上を感知する感覚神経だけが反応し，熱いと感じます。この感覚神経には，トウガラシにふくまれるカプサイシンという辛《から》み物質を感知したときや，痛みを感知したときにも反応するというおもしろい特ちょうがあります。つまり，この感覚神経は，高温・辛み・痛みの３種のどの刺激を受けても区別せず，同じように反応するのです。カプサイシンを舌で感知すると「熱い・辛《から》い・痛い」と感じ，皮ふで感知すると「熱い・痛い」と感じます。辛い物を食べた翌日，おしりの穴が痛くなる理由もこれで分かりますね。②また，高温・辛み・痛みの刺激が２種類，３種類と重なると，脳に伝わる刺激がより大きくなります。

問３　「暑い夏には辛い物を食べるとよい」と言われます。これについて説明した次の文中の空欄《くうらん》に入る適当な語句をそれぞれ答えなさい。

辛い物を食べると，カプサイシンを感知する感覚神経が反応して脳に情報を伝える。辛さと（　あ　）の情報は混同して脳に伝わるため，脳が汗腺に汗を出せという指令を送り汗が出る。汗の効果で体が（　い　）ので，暑い日にすっきりすることができる。

問４　辛い料理は食べたいが汗をかくのはいやだ，という人は，辛い料理を食べるときにどのような工夫《くふう》をすれば，汗をかきにくくなるでしょうか。下線部②を参考にして工夫の例を１つ答えなさい。ただし料理の辛さ成分の量や食べる量，周囲の環境《かんきょう》は同じとします。

皮ふが日焼けをすると，赤くはれたりすることがあります。赤く日焼けした皮ふの細胞《さいぼう》からはある物質が放出されます。この物質により，43℃以上を感知する感覚神経は，33℃以上の温度でも反応し脳に刺激を伝えるようになります。

問５　43℃以上を感知する感覚神経の反応する温度が，43℃から33℃に下がると起こることについて，次の文中の空欄に入る適当な語句を，それぞれ２文字で答えなさい。

33℃は（　あ　）より低いため，通常は43℃以上を感知する皮ふの感覚神経が，刺激を脳に送り続ける。そのため，常に熱さだけでなく（　い　）も感じることになる。

冷点には約25℃以下の温度を感知する感覚神経もありますが，あるマウスAにはこの感覚神経が生まれつきありません。

図２の装置は，床《ゆか》の右半分はマウスが快適と感じる30℃に常に保たれ，左半分（斜線《しゃせん》の部分）では温度を20℃または30℃に変えることができます。この装置に，正常なマウスとマウスAを別々に入れて，それぞれ５分間ずつ観察しました。左半分の温度を20℃にした場合と30℃にした場合それぞれで，２種のマウスが床の左半分に滞在《たいざい》した時間を表１に示します。

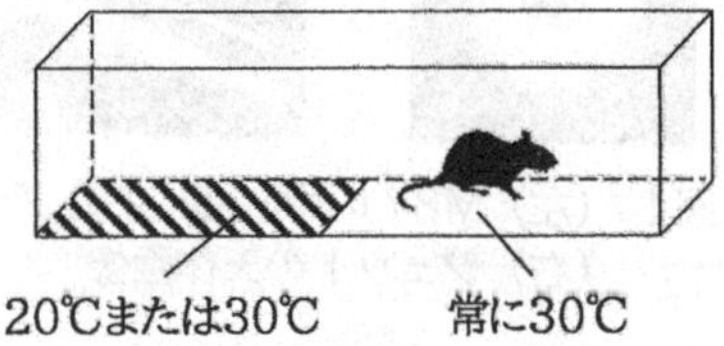

図２

表 1：左半分に滞在した時間

左半分の温度	20℃	30℃
正常なマウス	10 秒	2 分 35 秒
マウスA	2 分 25 秒	2 分 30 秒

問６　表の結果の説明として適当なものを次のア～オから２つ選び，記号で答えなさい。

ア．マウスAは20℃を感じることができないので，20℃の床より30℃の床を好む。

イ．マウスAは20℃と30℃の床温度の違《ちが》いを区別することができない。

ウ．マウスAは20℃だと温度を感じないですむので，30℃の床より20℃の床を好む。

エ．正常なマウスが30℃の床で過ごした時間は全体の約半分の時間だった。

オ．正常なマウスはほとんどすべての時間を，30℃の床の上で過ごした。

問７　約25℃以下の温度を感知する感覚神経は，ハッカなどにふくまれるメントールという物質を感知したときにも反応して，本来は冷たくなくても冷たいと感じます。メントールをとかしたハッカ湯には，冷たく感じて気持ちがよいだけでなく，湯冷《ゆざ》めしにくい効果もあります。ハッカ湯に入ると湯冷めしにくい理由として最も適当なものを次のア～エから選び，記号で答えなさい。

ア．体が冷やされたと感知し，お風呂で温まっても汗があまり出ず，体が冷えにくいから。

イ．体が冷やされたと感知し，お風呂で温まると汗が出やすくなり，体温が下がるから。

ウ．メントールによって体が冷やされ，お風呂で体が温まらず，汗もあまり出なくなり，それ以上は体が冷えないから。

エ．メントールによって体が冷やされ，すぐに体温を上げようと体が発熱するから。

2　2022年５月，私たちが住む銀河系の中心に位置するブラックホールの天体画像が発表されました。2019年に発表されたM87という天体にふくまれるブラックホールの画像に続き２例目です。

ブラックホールが周囲のあらゆる物を吸いこむだけの存在と思う人も多いでしょう。しかし，ブラックホールの周囲からは物がふき出てもいます。たとえば，図１右のように，M87では中心部から高速でふき出たガスによる「ジェット」という構造が見られます。ジェットは多くの天体で見られ，画像から測った運動の速さが，光の速さの10倍をこえるものも見つかっています。アインシュタインの相対性理論によると，物体は光の速さをこえないとされているので，一見するとこれは不思議な現象です。

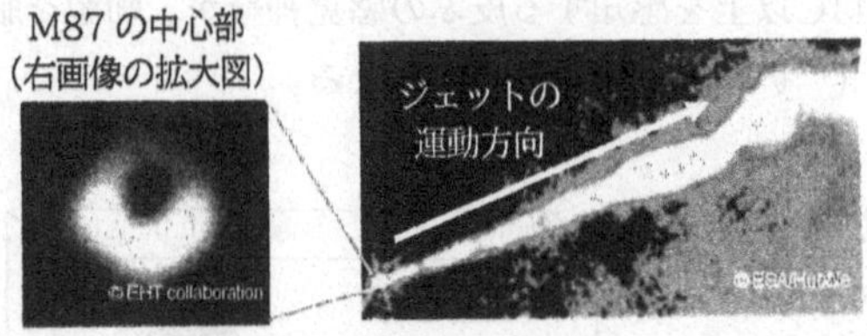

図１：(左) M87 の中心部にあるブラックホール
(右) ジェットの天体画像

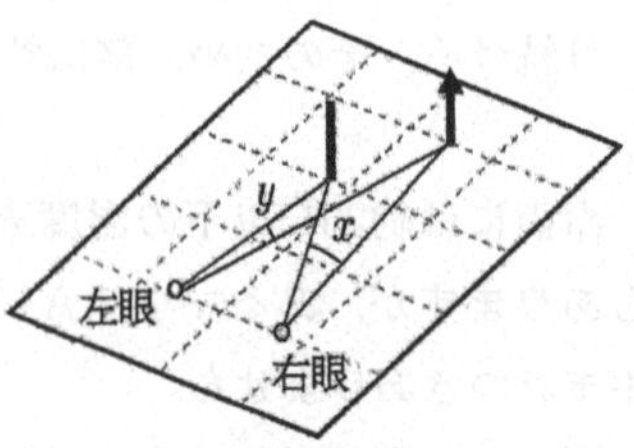

図２

物体の立体構造をつかむためには，縦・横・奥行《おくゆき》の３つの長さが必要です。図２のように，はなれた位置に置いた２つの棒を左右の眼で観察すると，左右の眼はそれぞれ異なる像を得ます。私たちは，この２つの像を比べることで奥行を測っています。

問１　図２の左眼と右眼から見える像として，最も適当なものを次のア～エからそれぞれ１つずつ選び，記号で答えなさい。

ア. 　イ. 　ウ. 　エ. 

問２　図２の２つの棒が，眼からより遠くにあると奥行をつかみづらくなります。その理由を説明する次の文中のａ～ｃについて，〔　〕に入る適当な語句をそれぞれ選び，記号で答えなさい。

xの角の大きさがａ〔ア．小さく　イ．大きく〕，yの角の大きさがｂ〔ウ．小さく　エ．大きく〕なり，xとyの角の大きさの差がｃ〔オ．小さく　カ．大きく〕なり過ぎるから。

問３　宇宙の奥行をつかむには工夫が必要です。その工夫を説明する次の文中のａ，ｂについて，〔　〕に入る適当な語句をそれぞれ選び，記号で答えなさい。

左右の眼よりも間隔《かんかく》のａ〔ア．せまい　イ．広い〕２つの場所から目的とする物体の像を得ると，xとyの角の大きさの差がｂ〔ウ．小さく　エ．大きく〕なり，遠くの物体の奥行をつかめる。

地球は太陽のまわりを動くので，季節を変えて同じ天体の画像を得ることで，私たちは宇宙の奥行をつかめます。しかし，限界はあり，画像からはあまりに遠い天体の奥行をつかめません。

さて，図３の点Ｃにいる観測者が，点Ａから点Ｂに向けて動くジェット中のあるガスのかたまりを観測するとします。点Ａや点Ｂは点Ｃから十分に遠いため，直線BCと直線HCは平行とみなせます（図３下)。このとき，点Ｃからはジェットが点Ｈから点Ｂに動くように見え，天体画像ではこの見かけの運動が観測されます。この見かけの運動は，ジェットの実際の運動と同じとは限りません。

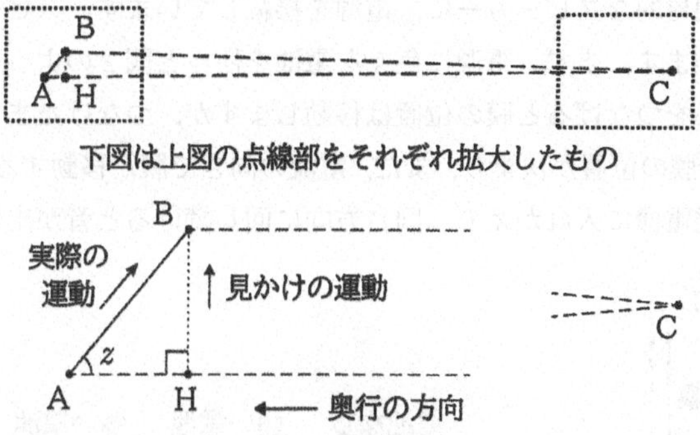

図3

問4　点Aと点Bの間の距離《きょり》が18光年，点Aから点Bに向けて動くガスのかたまりの速さが1年あたり0.9光年，zの角の大きさが60度として次の問いに答えなさい。1光年とは光が1年間に進む距離のことです。また，必要に応じて，内角の1つが60度である直角三角形の3辺の長さの比を1：1.7：2として計算しなさい。

⑴　ガスのかたまりが点Aを出発してから点Bに着くまでの時間を答えなさい。

⑵　点Aと点Hの間の距離は何光年か答えなさい。

⑶　点Aから点Bに向けて動くガスのかたまりが「点Aで放《はな》った光が点Hを経て点Cに着く時刻」と，ガスのかたまりが「点Aから点Bまで動き，そこで放った光が点Cに着く時刻」の差が何年か答えなさい。ただし，直線BCと直線HCの長さは等しいとします。

⑷　私たちは，物体が放つ光によって物体の運動をとらえています。そのため，点Cから見ると，⑶で答えた時間の間に，ガスのかたまりは点Hから点Bまで動くように見えます。この見かけの運動の速さは1年あたり何光年か答えなさい。ただし，答えが割り切れないときは小数第2位を四捨五入して小数第1位まで答えなさい。

問5　zの角の大きさが30度のとき，ガスのかたまりによる点Hから点Bまでの見かけの運動の速さは1年あたり何光年か答えなさい。ただし，zの角の大きさ以外の条件は問4と同じとします。答えが割り切れないときは，小数第2位を四捨五入して小数第1位まで答えなさい。

問6　点Cから見てジェットが点Hから点Bまで動く速さは，zの角の大きさによって変わります。見かけの運動の速さとzの角の大きさの関係を示すグラフとして最も適当なものを右のア～オから選び，記号で答えなさい。ただし，zの角の大きさ以外の条件は問4と同じとします。

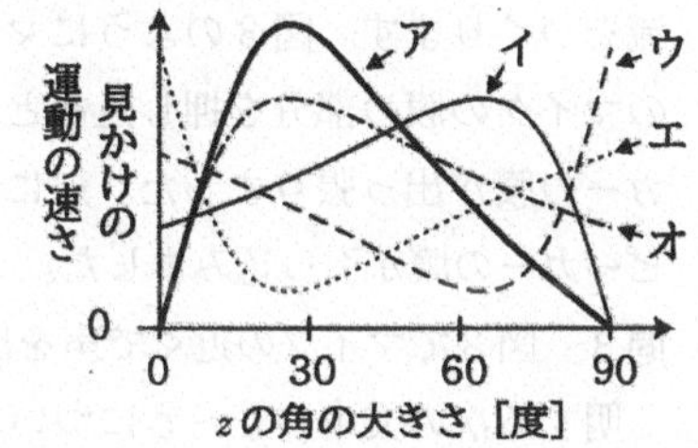

このように，天体画像からわかる見かけの運動の速さは，光の速さをこえることがあります。遠くの天体に限らず，観察からわかる見かけの姿は本当の姿と異なることがあり，注意が必要です。

3　マイクは音を電気信号に変える道具で，電気信号をスピーカーに送ると，スピーカーから音を出すことができます。太鼓《たいこ》などの打楽器，ギターなどの弦楽器《げんがっき》，声を発する人の喉《のど》など，音を発するものはすべて自らが振動《しんどう》することで音を出し，同じようにスピーカーもまた振動することで音を出します。図１では，簡易的なスピーカーに，電源を接続しています。スピーカーはコイルと，磁石のついた膜《まく》でできています。まず，電源に色々な電池を使うと図２のように膜の位置が移動しました。電池とスピーカーをつなげると膜の位置は移動しますが，つなげたままでは音が出ません。それは，電流の大きさで膜の位置が決まり，また，電流の向きで膜が移動する向きが決まるからです。次に，電源を手回し発電機に入れかえて，同じ方向に回し続けると音が出続けました。

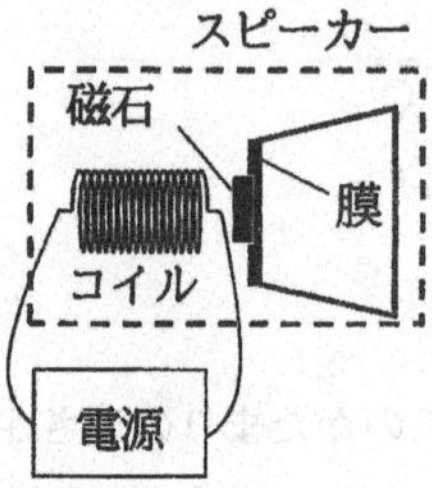

図１

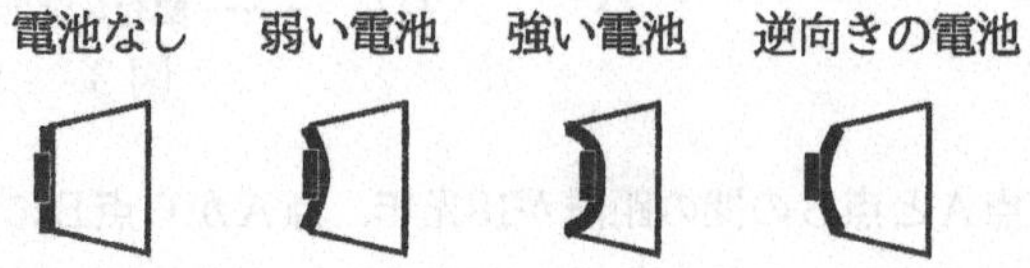

図２

問１　電池とスピーカーをつなげたままでは，音が出なかった理由を答えなさい。

問２　手回し発電機でスピーカーから音を出し続けているとき，コイルを流れる電流の大きさと時間の関係を表す最も適当なグラフを次のア～エから選び，記号で答えなさい。

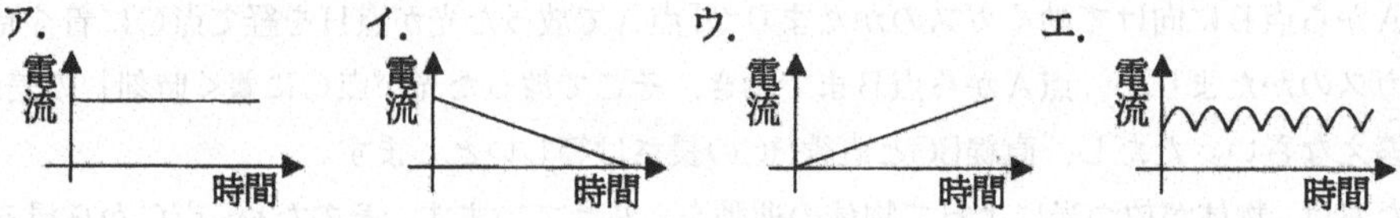

一方で，図１のスピーカーはマイクとしても利用できます。このような構造のマイクはダイナミックマイクといわれ，磁石とコイルのどちらかを動かすことによって電流をつくる装置になっています。手回し発電機も磁石とコイルが内部にあり，ハンドルを回すことでそれらを動かして，電流をつくります。マイクの場合は膜を動かすことで電流をつくります。図３のようにマイクとスピーカーを接続します。このマイクの膜の部分を押《お》し込《こ》むとコイルの部分に電気が流れ，スピーカーの膜が出っ張りました。逆に，マイクの膜の部分を引っ張るとスピーカーの膜が引っ込みました。

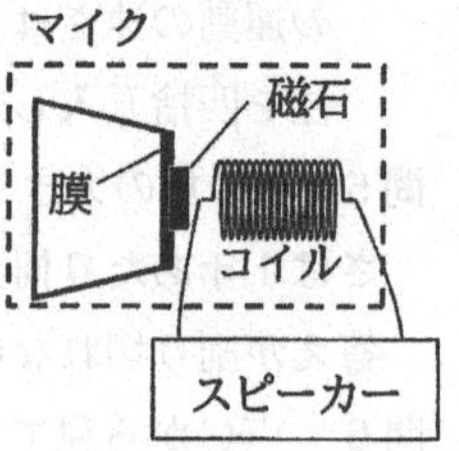

図３

問３　図３でマイクの近くで声を出し続けると，スピーカーから音が出続けました。その理由を説明する次の文中のａ～ｃについて，〔　〕に入る最も適当な語句をそれぞれ選び，記号で答えなさい。

マイクの膜がａ〔ア．振動する　イ．出っ張る　ウ．引っ込む〕と，スピーカーにｂ〔エ．向きが一定の　オ．向きが変わる〕電流が流れ，スピーカーの膜がｃ〔カ．振動し　キ．出っ張り　ク．引っ込み〕，音が出る。

次に，ダイナミックマイクとはしくみの異なるコンデンサーマイクを考えます。コンデンサーは電気をためられ，充電《じゅうでん》池《ち》のように使用することができるものです。

まず，コンデンサーの性質を次の実験で調べました。

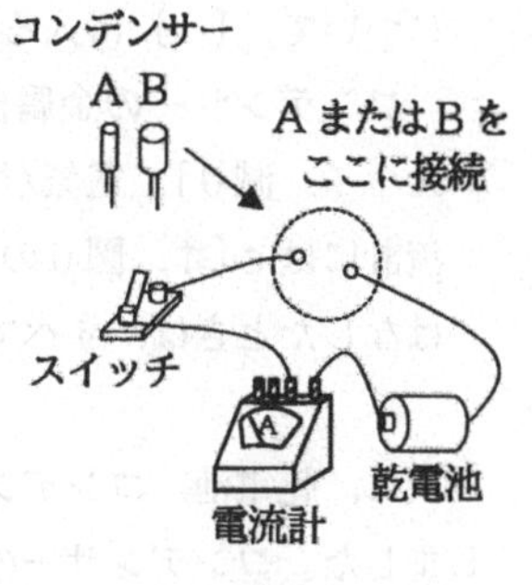

図4

実験１：市販《しはん》のコンデンサーAとBを用意し，それらを図４のように乾電池《かんでんち》と電流計にそれぞれ接続しました。Aを接続した場合もBを接続した場合も，スイッチを入れてからしばらくすると，電流は流れなくなりました。電流が流れなくなったらコンデンサーの充電を完了《かんりょう》とし，AとBを回路からはずし，それぞれLED(発光ダイオード）に接続すると，Bに接続したLEDの方がより長く明るく光りました。

実験１の結果から，コンデンサーが充電池のはたらきをもっており，またその種類によって，ためられる電気の量が異なることが分かります。AとBではBの方が多く電気をためていたため，より長く明るくLEDを光らせることができたのです。

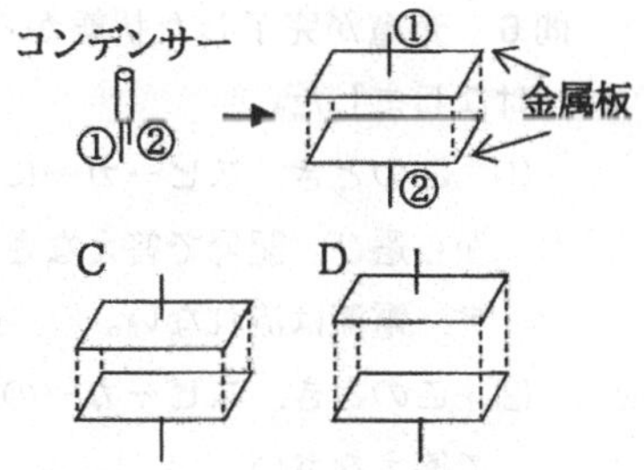

図5

次に，どのようなコンデンサーが電気を多くためることができるか次の実験で調べました。なお，図５のようにコンデンサーの構造は，２本の導線がそれぞれ繋《つな》がった金属板が一定の間隔《かんかく》をあけて向かい合うように設置されているとみなせます。

実験２：金属板の間隔だけが異なる２種類のコンデンサーCとDを充電し，それぞれLEDに接続すると，Cの方がより長く明るくLEDが光りました。

実験２の結果から，コンデンサーの金属板の間隔が変わると，コンデンサーの電気をためる能力が変わることが分かります。

コンデンサーの電気をためる能力は金属板の面積によっても変えられ，金属板の面積は大きいほど多くの電気をためられます。

問４　下線部について，コンデンサーを充電池として利用する場合，より電気をためられるものが必要になることがあります。ただし，より電気をためるコンデンサーには問題点もあります。この問題点についての説明として最も適当なものを次のア～エから選び，記号で答えなさい。

ア．コンデンサーの寿命《じゅみょう》が長くなり，新しいものと交換しにくい。
イ．乾電池との差がなくなってしまう。
ウ．コンデンサーが小型化しにくい。
エ．コンデンサーの充電が速くなり，制御《せいぎょ》が難しい。

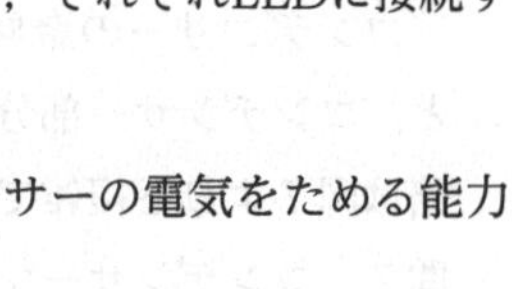

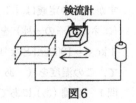

図6

次に，コンデンサー，乾電池，検流計を図６のように接続し，コンデンサーを充電しました。この回路を流れる電流の向きは，検流計の針が振《ふ》れる向きによって分かります。

問５　充電したコンデンサーの金属板の間隔を近づけると，検流計に電流が流れました。この電流の向きを説明するあとの文中のａ～ｃ

について，〔 〕に入る適当な語句をそれぞれ選び，記号で答えなさい。

コンデンサーの金属板の間隔を近づけると，コンデンサーにためられる電気の量がａ〔ア．増え　イ．減り〕，電気がコンデンサーのｂ〔ウ．外から入ってくる　エ．外に出ていく〕ため，検流計にはｃ〔オ．図６の→の向き　カ．図６の←の向き〕に電流が流れる。また，金属板の間隔をはなしたときは，すべて逆のことが起こる。

次に，乾電池，コンデンサー，スピーカーを図７のように接続しました。コンデンサーの充電中，スピーカーの膜は何も接続していないときよりも出っ張っていましたが，充電が完了するとスピーカーの膜は元に戻《もど》りました。

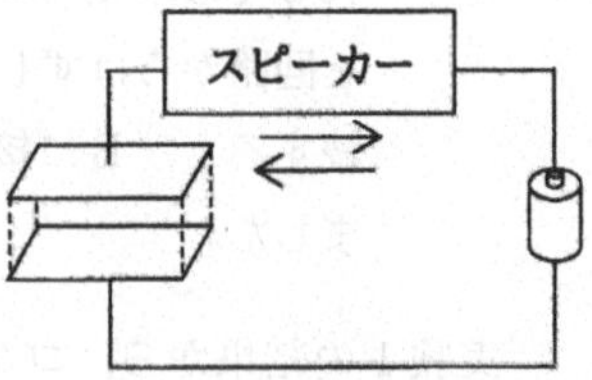

図7

問６　充電が完了した状態からコンデンサーの金属板の間隔をはなしました。

⑴　このとき，スピーカーに流れる電流の向きはどうなりますか。最も適当なものを次のア～ウから選び，記号で答えなさい。

ア．電流は流れない。　イ．図７の→の向き。　ウ．図７の←の向き。

⑵　このとき，スピーカーの膜はどうなりますか。最も適当なものを次のア～エから選び，記号で答えなさい。

ア．膜は変化しない。　イ．膜は出っ張る。
ウ．膜は振動する。　エ．膜は何も接続してないときよりも引っ込む。

コンデンサーの金属板のうち１枚を外から揺《ゆ》らしやすい薄《うす》い膜にし，その膜の近くで音を出すと，コンデンサー部分はマイクとして利用でき，これをコンデンサーマイクといいます。実際の回路は図７よりも複雑ですが，コンデンサーのはたらきは変わりません。

問７　コンデンサーマイクは，ダイナミックマイクに比べて小型化しやすいです。その理由を答えなさい。

問８　ダイナミックマイクと違《ちが》い，コンデンサーマイクを使用するためには，電源が必要になります。その理由を答えなさい。

4　皆《みな》さんは若いので「カロリー」を気にしない人が多いと思いますが，いろいろな食品のパッケージに表１のような栄養成分表示がついていることは知っているでしょう。この一番上に記されている「エネルギー」の数値こそが，いわゆる食品の「カロリー」のことなのです。

表１：栄養成分表示
1食分(7g)あたり

エネルギー	33kcal
タンパク質	0.5g
脂質《ししつ》	1.2g
炭水化物	5.0g
食塩相当量	0.05g

表１から分かるように，「カロリー」はエネルギーの単位なのですが，その定義は「１ｇの水を１℃上昇《じょうしょう》させるために必要な熱量（エネルギーの一種）を1cal（１カロリー）とする」と定められています。なお，ｋは「キロ」で，1kcal＝1000calとなります。つまり，表１のエネルギー33kcalとは，20℃の水１㎏があったとして，この温度を（　あ　）℃まで上昇させることができる熱量に相当することになります。

問１　空欄《くうらん》（あ）にあてはまる整数を答えなさい。

もちろん，水の中にこの表１の食品を入れても温度は上昇しません。この熱量の数値は，この食品を燃やしたことにより発生する熱量のことなのです。食品を摂取《せっしゅ》しても体内で火をつけて燃やしたりしないのに，なぜ？と思うかもしれません。実は，われわれが食品を摂取して消化・吸収して栄養成分としてたくわえ，活動する際にこれらを消費してエネルギーを得る反応は，多くの物質を経由しますが，最終的にはこれらの成分を燃やす反応とほぼ同じなのです。だからこそ，われわれが食品から得るエネルギーとして，それらを燃やしたときの数値が目安として用いられているのです。では，食品中の各成分について，燃やしたときに発生する熱量（発熱量）について考えていきましょう。

食品中の各成分は，それぞれ原子というとても小さな粒《つぶ》がたくさん結びついてできている分子という粒からできています。まずは炭水化物から考えていきましょう。一般的《いっぱんてき》な炭水化物は，ブドウ糖という分子（図中ブ）どうしがつながってできています。このとき，下の図１のようにブドウ糖の分子の間から水の分子（図中水）が１個とれて，つながっています。このとき，２個のブドウ糖の分子とくらべると，つながった分子はとれた水の分子の分だけ，少し軽くなります。炭水化物の一種であるデンプンは，とても多くのブドウ糖の分子がつながってできています。

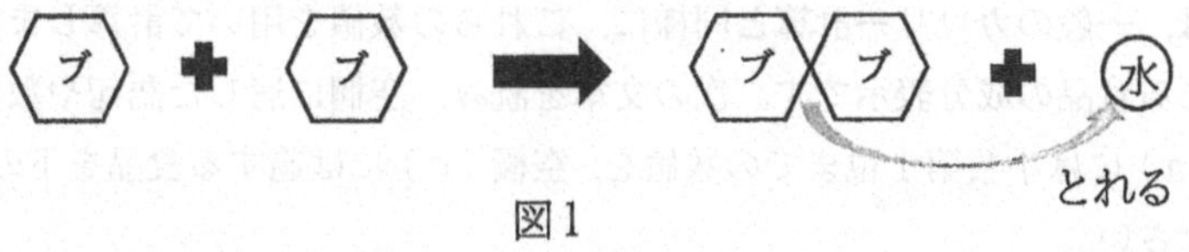

図１

ブドウ糖の分子を180ｇ集めて燃やすと，669kcalの熱が生じることが知られています。また，図１のように水の分子がとれていくと，水の分子18ｇがとれるたびに，つながった分子の方は24kcalの熱量をたくわえます。したがって，ブドウ糖の分子がつながっていくにしたがって，その分子を１ｇ集めて燃やしたときの発熱量は少しずつ増えていくことになります。なお，ブドウ糖の分子と水の分子の１個あたりの重さの比は10：１です。ここでは，食品中の炭水化物の代表例として，砂糖の主成分であるショ糖の分子とよく似た，麦芽糖《ばくがとう》の分子（ブドウ糖の分子が２個つながったもの）を燃やしたときの発熱量を考えます。

問２　360ｇのブドウ糖の分子が２個ずつつながって，すべて麦芽糖の分子になったとします。このとき，生じた水の分子をすべてとりのぞくと，何ｇの麦芽糖の分子が生じたか答えなさい。

問３　問２で生じた麦芽糖を燃やすと，発熱量は麦芽糖１ｇあたり何kcalか求めなさい。答えが割り切れないときは小数第３位を四捨五入して小数第２位まで答えなさい。

次に，脂質について考えましょう。一般的な脂質はグリセリンの分子（図中グ）が脂肪酸《しぼうさん》の分子（図中脂）３個とつながった構造をしており，油脂《ゆし》とよばれます。このとき，下の図２のようにつながった３か所それぞれから水の分子が１個ずつ，つまり計３個の水分子がとれます。

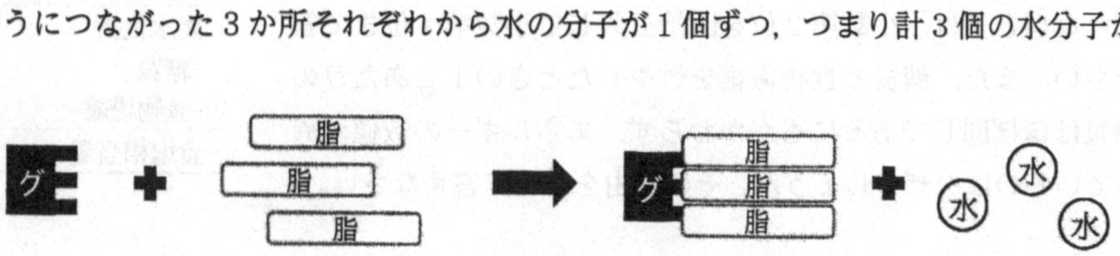

図２

脂肪酸にはいろいろな種類がありますが，ここでは平均的な長さの，ある脂肪酸のみがふくまれているものとして考えていきます。グリセリン，脂肪酸，水の分子１個あたりの重さの比は92：284：18です。また，グリセリン92ｇを燃やすと発熱量は406kcal，脂肪酸284ｇを燃やすと発熱量は2516kcalです。炭水化物のときと同様に水分子18ｇがとれるたびに，つながった分子の方は24 kcalの熱量をたくわえます。

問４　92ｇのグリセリンの分子と852ｇの脂肪酸の分子がすべて油脂になったとします。このとき，生じた水の分子をすべてとりのぞくと，何ｇの油脂が生じたか答えなさい。

問５　問４で生じた油脂を燃やすと，発熱量は油脂１ｇあたり何kcalか答えなさい。答えが割り切れないときは小数第３位を四捨五入して小数第２位まで答えなさい。

以上の考えをふまえると，炭水化物１ｇを燃やしたときの平均の発熱量は約４kcalなので，炭水化物の１ｇあたりのエネルギーは４kcal/ｇと表されます。また，平均的なタンパク質は，これとほぼ同じ数値となることが知られているので，タンパク質の１ｇあたりのエネルギーも４kcal/ｇと表されます。また，脂質は発熱量が大きく，その１ｇあたりのエネルギーは９kcal/ｇとなります。以下の計算では，一般のカロリー計算と同様に，これらの数値を用いて計算します。

問６　表２はある食品の成分表示です。次の文章を読み，空欄に適した語句や数値を答えなさい。なお，空欄（ａ）には小数第１位までの数値を，空欄（ｃ）には適する食品を下のア～オから選び，記号で答えなさい。

表２の成分表示より，タンパク質，脂質，炭水化物のエネルギーを計算すると，合計（　ａ　）kcalとなる。したがって，表示のエネルギーとほぼ同じ数値となっており，表２には記されていないが，この食品の主な成分である（　ｂ　）は，エネルギーの計算にふくめる必要がないことが分かる。成分の内容量も考えると，この食品は（　ｃ　）である。

表２：栄養成分表示
210ｇあたり

エネルギー	140kcal
タンパク質	7.0g
脂質	8.1g
炭水化物	9.7g
食塩相当量	0.21g

ア．豚肉《ぶたにく》　　イ．納豆《なっとう》　　ウ．牛乳　　エ．スポーツドリンク　　オ．食パン

最後に，表３を見てみましょう。炭水化物の項目《こうもく》が２つに分かれていることに気が付くでしょう。このうち「糖質」のほとんどは，先ほど紹介《しょうかい》したようにブドウ糖がつながってできており，１ｇあたりのエネルギーは４kcal/ｇです。

問７　一般に，栄養成分表示の「食塩相当量」の項目については，エネルギーを計算する際に考える必要がありません。その理由を考えて答えなさい。

問８　食物繊維《しょくもつせんい》のエネルギーは何kcal/ｇか答えなさい。答えが割り切れないときは，小数第２位を四捨五入して小数第１位まで答えなさい。また，糖質と食物繊維を燃やしたときの１ｇあたりの発熱量はほぼ同じであるにもかかわらず，エネルギーの数値が異なっているのはなぜでしょうか。その理由を考えて答えなさい。

表３：栄養成分表示
１食分あたり

エネルギー	437kcal
タンパク質	11.0g
脂質	22.0g
炭水化物	
-糖質	47.5g
-食物繊維	2.5g
食塩相当量	3.2g

皆さんが大人の体格になると，１日に必要なカロリーはおよそ2000kcal程度になります。当たり前のことですが，カロリーの合計値だけを見て食事の計画を立てるのではなく，バランスのよい食事を心がけましょう。タンパク質，脂質，炭水化物はそれぞれ違《ちが》う構造をもつ分子たちで，からだに対しての役割も異なりますから。

【社　会】（50分）　＜満点：40点＞

次の文章をよく読んで，20ページから24ページの問いに答えなさい。

麻布《あざぶ》中学校でよく耳にする会話です。

　先生「教室の掃除《そうじ》当番，さぼらないでください。困るのは君たちですよ」

　生徒「じゃあ，お金を払《はら》って掃除業者に頼《たの》めばいいじゃないですか」

　みなさんの通っている小学校でも分担を決めて自分たちで掃除をしていると思います。しかし，2013年の調査によると，世界で生徒や児童が掃除を行っている国は34.3%に過ぎません。業者に掃除を依頼《いらい》する国の方が多いようですが，近年，そのような国でも自分たちで掃除をする学校ができています。生徒が掃除をすることによって教室を汚《よご》さなくなる効果が指摘《してき》されているからです。

　教室は学校生活において，生徒が最も利用する「みんな」の空間です。これは，少し難しい言葉でいうと「公共」の空間となります。公共のものとは，どのようなものでしょうか。大きな特徴《とくちょう》として，ア．だれかが努力をして得た成果を一部の人たちだけのものにすることはできず，みんなで分かち合うことになるということがあります。たとえば教室の場合，だれかが掃除をしてくれればみんながきれいな空間で過ごすことができます。掃除をした人もしなかった人も，同じようにきれいな教室で快適に過ごすことができるわけです。そこで，もしだれかがしてくれるから自分はしなくてよいと考える人が出てきてしまうと，すすんで掃除をしたがる人が減ってしまいます。あるいは，掃除をする人も自分の周辺だけすればよいと思ってしまうかもしれません。教室を居心地《いごこち》よく保つためには，こうしたことにならないように，掃除当番を決めたり，汚さないためのルールを決めたりなど，工夫《くふう》をする必要があるのです。

　公共のものを維持《いじ》する役割をだれが担《にな》うのかは，実社会においても難しい問題です。みんなの利益につながることであっても，みんなで努力をしていけるとは限りません。学校の外のことを考えてみましょう。君たちのお父さんやお母さんは，町内会やマンションの住民たちで集まって公園を掃除したり，ゴミの集積所を整えたりしていませんか。すべてお金で解決しようとしないのは，周囲の人との協力を大切にしたり，あまりに身近な場所すぎて自分たちで管理する方が良いという判断があるのかもしれません。

　しかし，そこで集められたゴミの収集や最終処理などはどうでしょう。かつて，好き勝手にゴミが道路や河川《かせん》などに捨てられたり，ゴミの量が多すぎて処理ができなくなったりすることがあったため，こうした事業は，国や地方公共団体などが担当する仕事になっていきました。わたしたちは，みんなが過ごしやすい環境《かんきょう》を維持するためにこれらの仕事を国や地方公共団体に任せ，イ．その代わりに税金を払うことでその運営を支えています。しかし，そのようなやり方にも難しさはあります。少子高齢化《しょうしこうれいか》がすすんでいる日本社会では，今後もすべてを国や地方公共団体が担っていくことは現実的ではなくなってきています。

　このあたりの事情をもう少し詳《くわ》しくみるため，具体的な例として水道事業を取り上げてみましょう。歴史的にみると，都市の衛生環境を保つために上下水道の整備が必要でした。戦国時代の頃《ころ》から城下町の形成にともなって，田畑へ引く水を兼《か》ねた上水道が各地でつくられました。江戸《えど》時代になると，各地の藩《はん》では役人と町人や村人たちが協力して水道を管理していました。たとえば（　１　）が城下町としてつくった仙台《せんだい》には四ツ谷《よつや》用水が建設され，この修理と維持にかかった費用は，３分の１が藩から支給され，残りの費用を城下に住む町人とその周辺の村人たちで等しく負担することになっていました。町人たちは，春と秋の２回，藩の役人の監督《かんとく》のもとに用水の大掃除と修理を行い，水路のゴミや泥《どろ》を除いていました。これに対して，江戸の水道は役人たちが中心となって管理し，武家や町人から使用料を徴収して運営にあたっていました。一方，下水道はどうなっていたのでしょうか。江戸のまちには，通り沿いに排水《はいすい》用の溝《みぞ》やドブがありましたが，おもに雨水を排水する目的でつくられていました。便所がくみ取り式で，排泄物《はいせつぶつ》は周辺の村で（　２　）として活用されたので，下水道は小規模なものにとどまっていました。

ウ．明治《めいじ》時代には他の設備や制度と同じく，水道事業も近代化が始まります。関東地方で，エ．最初に近代的な上水道の整備が行われたのは横浜《よこはま》でした。一方，東京では1877年にコレラが流行し，その原因として飲料水の衛生環境の悪さが指摘されると，浄水施設《じょうすいしせつ》によって濾《ろ》過《か》や消毒を行う近代的な上水道の整備は急速にすすみ始めます。1890年に水道条例が成立し，上下水道の整備や運用は市町村単位で責任を持つことが定められました。企業《きぎょう》が関わることについて否定的で，オ．水道は国や地方公共団体が責任を負わなくてはならない，という考え方が強くありました。第二次世界大戦後の1957年に成立した水道法でも，この原則が引き継《つ》がれました。しかしその当時からすでに，カ．都市化がすすむなか，その原則では限界があるという声があがっていました。高度経済成長期を迎《むか》えると水道は急速に普及《ふきゅう》し，1970年頃には全国の上水道普及率は80％を超《こ》えるまでになりました。この頃になると，水不足や水源の水質悪化が問題となり，巨額《きょがく》の費用がかかる水源開発の点からも従来の水道を見直す必要がでてきました。1977年に水道法が改正されると，水源の開発に都道府県が関わることも増えていきました。

宮城《みやぎ》県の場合をみてみましょう。宮城県でも疫病《えきびょう》対策の声が高まり，1923年に仙台市で近代的な上水道の整備が始まりました。最初は市独自でダムを建設しましたが，都市の発達とともに水が足りなくなりました。さらに，仙台市が二つの町と合併《がっぺい》することになったため，1978年に宮城県がすすめていた広域水道から水を供給してもらうことになったのです。県が巨大な七ヶ宿《しちかしゅく》ダムを建設することで，仙台市を含《ふく》む17市町に水を供給することができるようになりました。ただ現在までの間に，宮城県沖地震《みやぎけんおきじしん》，東日本大震災を経験し，宮城県の水道施設は大きな被害《ひがい》を受けました。水道管の復旧作業の費用や，今後に備えて地震に強い水道管につけかえる作業の費用は，水道料金に上乗せされることになってしまいました。

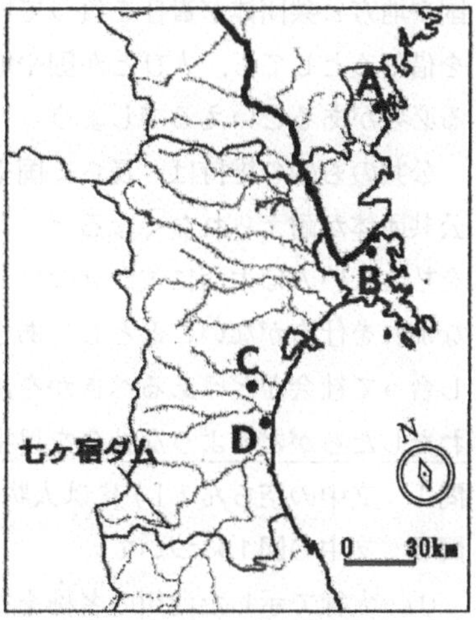

図１　宮城県内のおもな河川

このような公共のサービスを維持していくには巨額の経費がかかるため，1980年代よりこれらを民間企業に任せる動きが世界中で加速していきます。最初はイギリスやアメリカから始まり，やがて日本にもその動きが広まりました。国や地方公共団体が公共のサービスを担うということには，倒産《とうさん》の心配がないので安定的なサービスの提供が行えるという長所がある一方で，その産業に競争が生まれにくく，効率の悪い経営になりやすいという短所もあります。そのため国や地方公共団体はさまざまな形で民間企業に経営をゆだねるようになっていきました。たとえば，鉄道はかつて日本国有鉄道として国が運営していましたが，経営を効率化するため現在のＪＲ各社に民営化されました。また通信の分野では，つぎつぎ生まれる新たな技術に対応するために民間企業同士で競争する方が良いという意見が高まり，ＮＴＴなどとして民営化されていきました。これらの産業は民営化したとはいえ，だれでも利用できるように法律によって国から一定の制約を受けることになっています。

キ．日本の水道事業も21世紀になって民営化が本格的に検討され始め，2018年の水道法改正によって民間企業が水道事業の一部を引き受けることができるようになりました。政府は，**ク．**地方公共団体が水道事業の最終的な責任を持ちながらも，経営自体は民間企業に任せて効率化できる仕組みづくりを積極的にすすめようとしているのです。先ほど例に挙げた宮城県では，全国に先がけて2022年から水道事業の運営を民間企業に任せ始めています。これによって県は，今後約20年間で300億円以上の経費を節約できると発表していますが，住民のなかからは水道料金の値上げなどを心配する声が上がっています。というのも，いち早く民営化に乗り出したヨーロッパ諸国では，水道事業の効率化がうまくいかず，再び公営化するという事例が報告されるようになってきたからです。また，いくつかの発展途上国《とじょうこく》でも経費削減《さくげん》のために水道事業の経営を欧米《おうべい》の民間企業に任せましたが，利益があがらない地域の水道が廃止《はいし》されたり，水道料金が値上がりしたため，公営に戻《もど》す運動が起きています。民間企業は，より多くの利益をあげることが目的なので，効率の悪いサービスを廃止していくのは仕方がないことかもしれません。しかし，ある日突然《とつぜん》水が自由に使えなくなったときのことを想像してみると，わたしたちの生活に欠かせないサービスを公共のものとして国や地方公共団体が責任を負っていくということの大切さがわかると思います。仮に民間企業の手を借りるとしても，人びとが国や地方公共団体を通じてサービスが適切に行われているかを監視する必要があるといえるでしょう。

公共のものの維持は，長らく国や地方公共団体が担ってきました。その負担の大きさに国や地方公共団体が耐《た》えられなくなると，今度は民間企業に頼《たよ》り始めました。今後この流れがすすみ，お金を払えない人は生活に欠かせないサービスを得られなくなる可能性が指摘されています。このような流れを仕方がないこととしてあきらめてしまってよいのでしょうか。わたしたちは，みんなで話し合って社会がどうあるべきかを決めています。**ケ．**公共のもののあり方について考えることは，わたしたちがどのような社会を目指すのかを考えることであるともいえるでしょう。

問１　文中の空らん（１）には人物名を，（２）には適切な語句を答えなさい。

問２　文中の図１について。

⑴　太線で示した河川の名称《めいしょう》を答えなさい。

⑵　図中の**Ａ～Ｄ**は，東日本大震災の津波《つなみ》被害を後世に伝えるための施設や「津波遺構」の場所を示したものです。**Ｂ**にあるものの名称とその説明文をあとの**あ～え**から一つ選び，記号で答えなさい。

あ　閖上《ゆりあげ》の記憶《きおく》

…仙台平野の海岸近くにあった閖上集落の資料を展示した施設。集落のほぼすべてが津波で流されたので，その記憶をとどめるために施設がつくられた。

い　大川《おおかわ》小学校

…人工堤防《ていぼう》のそばにあった小学校。堤防の上に避難《ひなん》したために多数の小学生が津波の被害にあった。賛否が分かれたが校舎を残すことを決定した。

う　３がつ11にちをわすれないためにセンター

…仙台市街にある図書館「せんだいメディアテーク」に置かれた展示室。小学生の防災学習にも活用できるようにつくられた。

え　気仙沼向洋《けせんぬまこうよう》高校（旧校舎）

…リアス海岸の港に近い位置にあった校舎。津波は校舎の４階にまで達したが，生徒たちは高台に避難して無事だった。

問３　下線部アについて。学校のなかで，このような特徴を持つものとして**適当でないもの**を，下の**あ**～**え**から一つ選び，記号で答えなさい。

あ　始業前に花壇《かだん》の手入れをすること

い　授業中に教室に入ってきた害虫を追い出すこと

う　昼休みに校内放送で音楽を流すこと

え　放課後に友達と勉強会をすること

問４　下線部イについて。税金は公共のものから利益を得られる人ほど多く負担するべきだという考え方がありますが，どの人がどれだけの利益を公共のものから得られているかを数字で示すことは難しく，実現していません。一方で，収入を調べることはそれほど難しくないため，実際には以下に示した例のように税金を払う能力がある人ほど多く納めることになっています。このような仕組みに対して賛成する意見も反対する意見もありますが，賛成する意見を二つ挙げなさい。

世帯Ａ：夫，妻，子２人
・世帯年収400万円（夫の年収200万円，妻の年収200万円）
・子ども２人は公立保育園に通っている。
・収入にかかる税を世帯全体で年間７万円納めている。

世帯Ｂ：夫，妻
・世帯年収1200万円（夫の年収600万円，妻の年収600万円）
・週末は夫婦《ふうふ》で市民体育館に行って運動をし，健康維持に役立てている。
・収入にかかる税を世帯全体で年間40万円納めている。

問５　下線部ウについて。明治政府は税金をかけて次のページの**表１**と**表２**のような官営施設を建設し，殖産《しょくさん》興業政策を行いました。しばらくして，こうした官営施設は民間に払い下げられていきました。これについて，下の⑴⑵の問いに答えなさい。

⑴　**表１**で挙げられた施設について，なぜ明治政府はこれらをつくったのですか。施設で生産されたものを考えて説明しなさい。

⑵　**表２**について，財閥《ざいばつ》は表にある施設を高額で買い取りました。なぜ財閥はこれらの施設を経営することが大きな利益につながると考えたのですか。説明しなさい。

表1

政府が税金でつくった施設	政府がかけた金額	払下価格	払下先
品川硝子《しながわガラス》	294,168円	79,950円	西村勝三（実業家）
札幌麦酒醸造所《さっぽろビールじょうぞうじょ》	61,587円	27,672円	大倉喜八郎（実業家）
播州葡萄園《ばんしゅうブドウえん》	8,000円	5,377円	前田正名（元役人）
神戸阿利襪園《こうべオリーブえん》	不明	※	前田正名（元役人）

※播州葡萄園とあわせて払い下げられた。

表2

政府が税金でつくった施設	政府がかけた金額	払下価格	払下先
高島炭鉱《たかしまたんこう》	393,834円	550,000円	三菱
三池《みいけ》炭鉱	750,060円	4,590,439円	三井

（小林正彬『日本の工業化と官業払下げ　政府と企業』などより作成）

問6　下線部エについて。近代的な上水道が，いち早く横浜で整備されたのはなぜでしょうか。その理由を二つ説明しなさい。

問7　下線部オについて。水道事業に関する現在の省庁ごとの役割分担について，次の文章の空らん（A）～（C）にあてはまる省庁の組み合わせとして正しいものを，下のあ～かから一つ選び，記号で答えなさい。

上水道は水質が重要だとして（　A　）が，下水道は都市計画に関係するため（　B　）が，工業用水は（　C　）が，それぞれ担当しています。これは水道行政三分割《ぶんかつ》とも呼ばれますが，工業用水では水のリサイクルがすすむなど，状況《じょうきょう》は大きく変化してきています。加えて，（　A　）の仕事全般《ぜんぱん》を見直す必要があり，上水道の管理を（　B　）に移そうという動きもあります。

あ　A－環境省　　B－厚生労働省　　C－総務省
い　A－環境省　　B－総務省　　C－国土交通省
う　A－総務省　　B－国土交通省　　C－経済産業省
え　A－総務省　　B－厚生労働省　　C－環境省
お　A－厚生労働省　　B－総務省　　C－国土交通省
か　A－厚生労働省　　B－国土交通省　　C－経済産業省

問8　下線部カについて。都市化がすすむと，市町村単位の水道整備ではどのような問題が起こりますか。下の図2をみて気がつくことを説明しなさい。

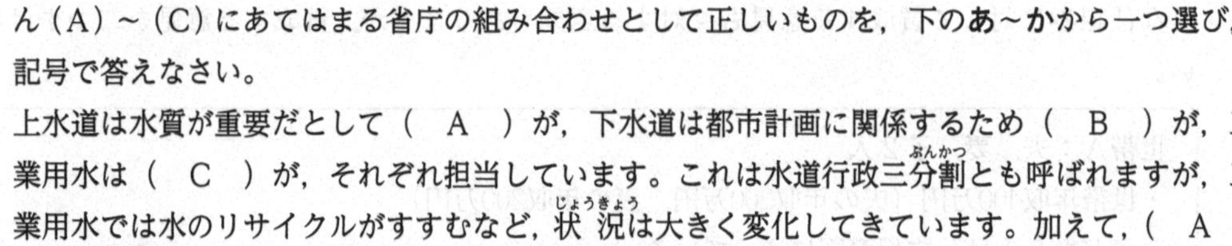

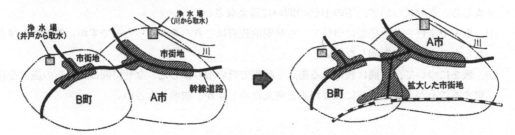

図2　都市化がすすむ前と後

問９　下線部キについて。民営化が本格的に検討され始めた背景には，近年の水道事業が抱《かか》えているいくつかの問題があります。下の図３，図４から読み取れる問題を説明しなさい。なお，水道の料金収入は使用量に応じて決まり，水道の維持管理費用は家屋や建物の数に関わって増減するものとします。

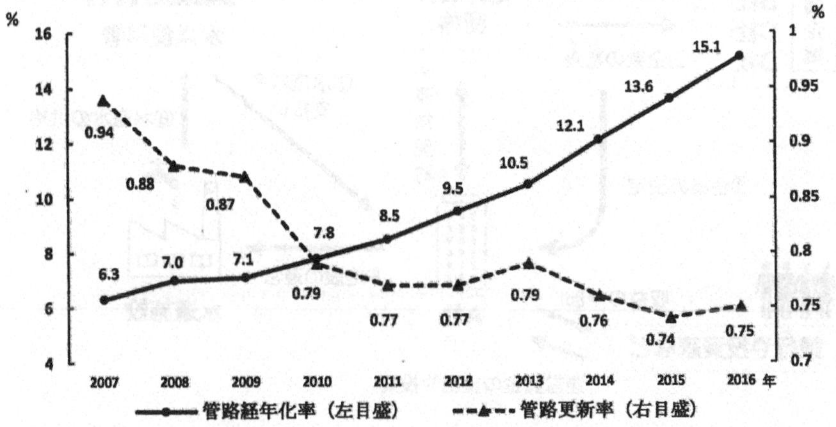

管路経年化率：水道管の総延長にしめる耐用《たいよう》年数（40年）をこえた水道管の割合
管路更新《こうしん》率　：水道管の総延長にしめる新しくつけかえた水道管の割合

図３　日本の水道管の管理状況
（日本水道協会の資料より作成）

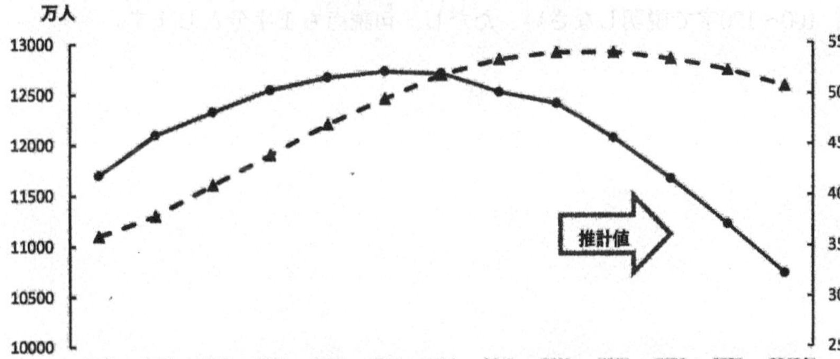

図４　日本の人口・世帯数の変化と 2015 年時点の予測
（総務省および国立社会保障・人口問題研究所の資料より作成）

問10　下線部クについて。近年の地方公共団体と民間企業の協力事業のなかには，次のページの図５のような形で公共施設の運営を民間企業の資金や技術を利用してサービスの向上につなげようとする動きがあります。これに関して，図５を参考にして⑴⑵の問いに答えなさい。

⑴　地方公共団体と民間企業の運営契約《けいやく》は，長期（20～30年間）になることが多くなります。その理由を説明しなさい。

⑵　長期の運営契約を民間企業と結んだ場合，地方公共団体または水道使用者にとってどのような欠点がありますか。説明しなさい。

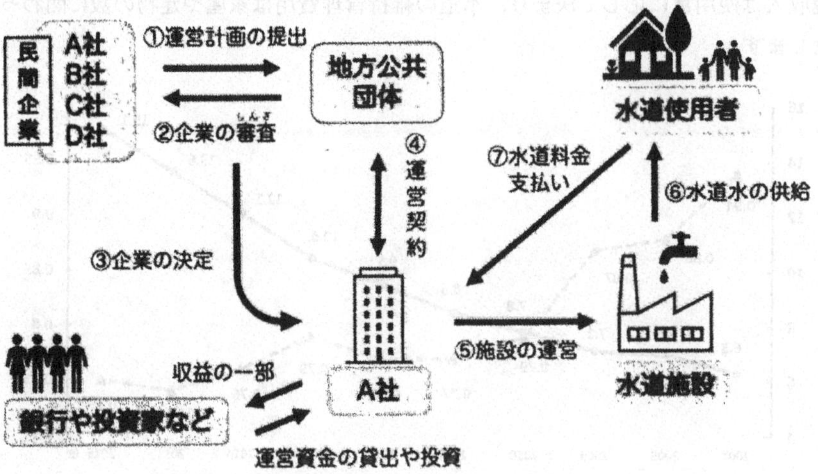

図５　水道事業における民間企業の運営例

問11　下線部ケについて。文中にあるように，現代の社会では公共のもののあり方が問われています。国や地方公共団体が担うのか，民間企業にゆだねるのかに関わらず，わたしたちがどこまでを公共のものとして「みんな」で支え合うか，どこから個人の問題と考えるのかが問われているといえます。しかし，個人で抱えているようにみえる問題でも「みんな」で支えることで解決するものもあります。そのような問題を一つ挙げ，それを解決できるような「みんな」で支える仕組みを考え，100～120字で説明しなさい。ただし，句読点《くとうてん》も１字分とします。

十二　この作品では、「博物館」は草児にとってどのような場所としてえがかれていますか。～～線A「『ところできみは、なんでいつも博物館にいるの？』～頻繁に博物館を訪れているのだ」（207～209行目）、～～線B「草児が博物館に行く回数は減っていった」（327行目）をふまえて説明しなさい。

十三　――線⑪「ひとくち～気分にもさせる」（393～395行目）について、本文全体をふまえ、以下の問いに答えなさい。

（1）　コーラが「しっかりと甘かった」ことが「草児をさらに笑わせ」るのはなぜですか。――線④「味がぜんぜん～感じない」（123～124行目）に注目して説明しなさい。

（2）　コーラが「しっかりと甘かった」ことが、草児を「泣きたいような気分にもさせる」のはなぜですか。～～線C「男の首がゆっくりと左右に動く」（374行目）、～～線D「もう一度男が首を横に振った。～自分の席に戻る」（378～379行目）、～～線E「『いろいろある』世界から～神さまにお願いするように思った」（384～387行目）に注目して説明しなさい。

次のア～エの中から一つ選んで記号で答えなさい。

ア　クラスメイトに笑われたとしても、分厚い透明ななにかによって隔てられていると思うことで、彼らの存在を気にせずにいることができて安心するから。

イ　クラスメイトと分厚い透明ななにかを挟《はさ》んで向かい合うことで、自分は危険がおよばない世界にいながら、みんなの弱点を発見しようという気持ちになるから。

ウ　クラスメイトから隔てられているとは考えず、透明の仕切りごしに彼らを観察していると思うことで、教室にとけこめない現実を意識しないですむから。

エ　クラスメイトを透明の仕切りごしにじっくりと観察することで、それぞれの性質や特徴《とくちょう》を理解し、教室にとけこむきっかけを見いだすことができるから。

四　――線③「草児は自分が「食べる側」になれるとは、どうしても思えない」（102行目）とありますが、教室において「食べる側」とはどのような人たちですか。説明しなさい。

五　――線④「味がぜんぜんわからなかった。給食もそうだ。甘いとも辛いとも感じない」（123～124行目）とありますが、草児が「味がぜんぜんわからな」くなっているのは、家や学校でどのような状況にあるからですか。説明しなさい。

六　――線⑤「鞄から、つぎつぎとお菓子が取り出される」（155行目）とありますが、「男」は「お菓子」をどのようなものだと考えていますか。文中から十五字でぬき出しなさい。

七　――線⑥「どうして泣いているのか自分でもよくわからなかった」（183行目）とありますが、ここで草児は泣くことによってどのようなことに気づいていくのですか。その説明としてふさわしいものを、次のア～エの中から一つ選んで記号で答えなさい。

ア　自分は父だけでなく祖母との関係もうまくいかず、家庭に居場所がないことに気づいていく。

イ　自分は博物館の休館日もおぼえておらず、何にも興味を持てないということに気づいていく。

ウ　自分は学校で級友や先生と話すことができず、誰にも必要とされていないことに気づいていく。

エ　自分は誰ともよい関係を結べておらず、どこにも安心できる居場所がないことに気づいていく。

八　――線⑦「あと、もっと前の時代のいろんな生きものにも、いっぱい、いっぱい興味がある」（216～217行目）とありますが、草児が特に「エディアカラ紀」という時代に「興味がある」のはなぜですか。説明しなさい。

九　――線⑧「他の大人の前では言わない続きが、するりと口から出た」（218行目）とありますが、なぜですか。説明しなさい。

十　――線⑨「タイムマシンがあればなー」（233行目）とありますが、「タイムマシン」で過去へ旅をする想像と、その後の「男」との会話を通して、草児はどのようなことに気づいたのですか。説明しなさい。

十一　――線⑩「誰かと並んで立つ体育館の床は、ほんのすこしだけ、冷たさがましに感じられる」（323～324行目）とありますが、ここには草児のどのような気持ちが表れていますか。説明しなさい。

がとっくに自分に気づいていたと知る。

D もう一度男が首を横に振《ふ》った。口もとだけが微笑《ほほえ》んでいた。だから草児も片手をゆっくりとおろして、自分の席に戻る。

男の隣にいる人間が男であるか女であるかは判断できないままだったが、そんなことは草児にとっては、どうでもいいことだった。あの人はきっと、男が鞄にしのばせているお菓子のような存在なんだろうなと勝手に思った。というよりも、そうでありますように、と。

E「いろいろある」世界から逃げ出したくなった時の命綱みたいな、「やっかいだけどだいじな人」とあの男が、ずっとずっと元気でありますようにと、名前も知らない彼らが幸せでありますようにと、神さまにお願いするように思った。

「なにかいいことがあった」

コーラにストローをさす草児に、祖母が問う。はてなマークがついていなくても、ちゃんとわかる。いつのまにかわかるようになった。祖母は今、たしかに自分に問いかけている。

「なんにも」と答えた自分の声がごまかしようがないほど弾《はず》んでいて、草児は笑い出してしまう。⑪ひとくち飲んでみたコーラはしっかりと甘かった。そのことが草児をさらに笑わせ、泣きたいような気分にもさせる。

（寺地はるな「タイムマシンに乗れないぼくたち」より
（『タイムマシンに乗れないぼくたち』所収）

〈語注〉

※①うまい棒やおやつカルパス…ともに駄菓子《だがし》の商品名。

※②懇願…必死に頼《たの》みこむこと。

※③このあいだ…本文の前の場面に、博物館でこの男から話しかけられたことが書かれている。

※④蒲焼きさん太郎…駄菓子の商品名。

※⑤チップスター…菓子の商品名。

※⑥非常食然としたもの…いかにも非常食らしいもの。

※⑦セキノヤマ…関の山。せいいっぱい。

※⑧賞与…給料とは別に支払《しはら》われるお金。ボーナス。

〔設問〕解答はすべて、解答らんにおさまるように書きなさい。句読点なども一字分とします。

一 ══線a「シュウカン」（22行目）、b「ホウソウ」（151行目）、c「ソウジュウ」（234行目）、d「タ」（359行目）のカタカナを、漢字で書きなさい。

二 ――線①「文ちゃんのことを考えると、今でも手足がぐったりと重くなる」（5行目）とありますが、なぜですか。その理由としてふさわしいものを、次のア～エの中から一つ選んで記号で答えなさい。

ア 文ちゃんはいつも自分を守ってくれていたのに、別れも言わずに転校してしまったことが申し訳ないから。

イ 文ちゃんとは親しい関係であったが、いつもおこづかいを暗に求められて拒《こば》めない自分がいやだったから。

ウ 文ちゃんはいつもしつこくつきまとってくる迷惑《めいわく》な存在だったので、思い出すとつらくなってしまうから。

エ 文ちゃんとは母親どうしも親しかったため、勝手な行動を母親に相談できない自分がもどかしかったから。

三 ――線②「そう思うことで、むしろ草児の心はなぐさめられる」（66行目）とありますが、なぜですか。その理由としてふさわしいものを、

田くんは塾《じゅく》とピアノ教室とスイミングに通っているから一緒に遊べるのは火曜日だけだ。そして、教室で話す相手は彼だけだ。それでももう、以前のように透明の板に隔てられているという感じはしなくなった。完全に取《と》っ払《ぱら》われたわけではない。でも、透明のビニールぐらいになった気がしている。その気になればいつだって自力でぶち破れそうな厚さに。

「外でごはん食べよう」

帰宅した母が、そんなことを言い出す。突然《とつぜん》なんなのと戸惑《とまど》う祖母の背中を押すようにして向かった先はファミリーレストランだった。草児がそこに行きたいとせがんだからだ。

もっとぜいたくできるのに、と母は不満そうだったが、草児はぜいたくでなくてもよかった。ぜいたくとうれしいはイコールではない。

体調不良が続いていた祖母も、今日はめずらしく調子が良いようで、うすく化粧《けしょう》をして、明るいオレンジ色のカーディガンを羽織っている。

四人がけの席につき、メニューを広げた。

「急に外食なんて、どうしたの」

草児が気になっていたことを、祖母が訊ねてくれる。頬杖《ほおづえ》をついていた母が「パートのわたしにも※⑧賞与《しょうよ》が出たのよ」と言うなり、唇の両端《りょうたん》をにぃっと持ち上げた。

「それはよかった」

「それはよかった」

祖母の真似《まね》をしてみた草児に向かって、母がやさしく目を細める。

賞与の金額の話から、コテイシサンゼイが、ガクシホケンがどうのこうのというつまらない話がはじまったので、草児はひとりドリンクバーにむかう。

グラスにコーラを注いで席に戻る途中で、あの男がいるのに気づいた。

男は窓際《まどぎわ》の席にいた。ひとりではなかった。四人がけのテーブルに、誰かと横並びに座っている。

男の連れが男なのか女なのか、草児には判断できなかった。髪は背中にdタれるほど長く、着ている服は女もののようであるのに、顔や身体《からだ》つきは男のようだ。

ふたりはただ隣に座っているだけで、触《ふ》れあっているわけではない。にもかかわらず、近かった。身体はたしかに離《はな》れているのに、ぴったりとくっついているように見える。

男の前には湯気の立つ鉄板がある。男は鉄板上のハンバーグをナイフですいと切って、口に運ぶなり「フーファ」というような声を上げた。ムササビの骨格を見上げておどろいていた時とまったく同じ、間の抜《ぬ》けた声だった。

「あっつい」

「うん」

「でもうまい」

「ね」

男とその連れは視線を合わすことなく、短い言葉を交わす。声をかけようとした時、ふいに男が顔を上げた。挨拶《あいさつ》しようと上げた草児の手が、宙で止まる。C男の首がゆっくりと左右に動くのに気づいたから。

男の視線が鉄板にかがみこんでいる隣の人間に注がれたのち、草児の母と祖母がいる席に向いた。迷いなくそちらを向いたことで草児は、男

れた。教室に入って宿題を出し、椅子《いす》に腰《こし》を下ろすと同時に担任が教室に入ってきた。あー！　誰かが甲高《かんだか》い叫《さけ》び声《ごえ》を上げる。担任はいつものジャージを穿《は》いていたが、上は黒いTシャツだった。恐竜の絵が描かれている。

「ティラノサウルス！」

誰かが指さす。せんせーなんで今日そんなかっこうしてんのー、と別の誰かが笑う。彼らは先生たちの変化にやたら敏感《びんかん》で、髪《かみ》を切ったとか手をケガしたとか、そういったことにいちいち気づいて指摘《してき》せずにはいられないのだ。

「ちがう」

声を発したのが自分だと気づくのに、数秒を要した。みんながこちらを見ている。心の中で思ったことを、いつのまにか口に出していた。

担任から促されて立ち上がる。椅子が動く音が、やけに大きく聞こえる。

「ちがう、というのはどういう意味かな？　宮本さん」

「……それはアロサウルスの絵だと思います」

「なるほど。どう違うか説明できる？」

「時代が違います。ティラノサウルスは白亜紀末に現れた恐竜で、アロサウルスは、ジュラ紀です」

すべて図鑑の受け売りだった。

「続けて」

「えっと、どちらも肉食ですが、ティラノサウルスよりアロサウルスのほうが頭が小さい、という特徴《とくちょう》があります」

ずっと喋らないようにしていた。笑われるのは無視されるよりずっとずっと嫌なことだった。おそるおそる目線だけ動かして教室を見まわしたが、笑っている者はひとりもいなかった。何人かは驚《おどろ》いたような顔で、何人かは注意深く様子をうかがうように、草児を見ている。「ありがとう。座っていいよ。宮本さん、くわしいんだな。説明もわかりやすかったよ」

感心したような声を上げた担任につられたように、誰かが「へー」と声を漏《も》らすのが聞こえた。

「じゃあ、国語の教科書三十五ページ、みんな開いて」

なにごともなかったように、授業がはじまる。

国語の次は、体育の授業だった。体操服に着替《きが》えて体育館に向かう。体育館はいつも薄暗《うすぐら》く、壁《かべ》はひび割れ、床《ゆか》は傷だらけで冷たい。草児はここに来るたび、うっすらと暗い気持ちになる。

体育館シューズに履《は》き替《か》えていると、誰かが横に立った。草児より小《こ》柄《がら》な「誰か」はメガネを押《お》し上《あ》げる。

「恐竜、好きなの？」

「うん」

草児が頷くと、メガネも頷いた。

「ぼくも」

そこで交わした言葉は、それだけだった。でも⑩誰かと並んで立つ体育館の床は、ほんのすこしだけ、冷たさがましに感じられる。

すこしずつ、すこしずつ、画用紙に色鉛筆《いろえんぴつ》で色を重ねるように季節が変わっていって、B草児が博物館に行く回数は減っていった。

体育館の靴箱の前で声をかけてきた男子の名は、杉田《すぎた》くんという。杉

「⑨タイムマシンがあればなー」

でもcソウジュウできるかな。ハンドルを左右に切るような動作をしてみせる。

「バスなら運転できるんだけどね。おれむかし、バスの運転手だったから」

男の言う「むかし」がどれぐらい前の話なのか、草児にはわからない。わからないので、黙って頷《うなず》いた。むかしというからには今は運転手ではなく、なぜ運転手ではないのかという理由を、草児は訊ねない。男が「いろいろ」の詳細《しょうさい》を訊かなかったように。

男がまた、見えないハンドルをあやつる。

一瞬《いっしゅん》ほんとうにバスに乗っているような気がした。バスが、長い長い時空のトンネルをぬけて、しぶきを上げながら海に潜《もぐ》っていく。いくつもの水泡《すいほう》が、窓ガラスに不規則な丸い模様を走らせる。

視界が濃《こ》く、青く、染まっていく。

海の底から生えた巨大《きょだい》な葉っぱのようなカルニオディスクス。楕円形《だえんけい》にひろがるディッキンソニア。ゆったりとうごめく生きものたち。自分はそれらをいちいち指さし、男は薄《うす》く笑って応じるだろう。バスは音も立てずに進んでいく。砂についたタイヤの跡《あと》はやわらかいカーブを描《えが》き、その上を、図鑑には載《の》っていない小さな生きものが横断する。

そこまで想像して、でも、と呟いた。

「もし行けたとしても、戻《もど》ってこられるのかな?」

タイムマシンで白亜紀《はくあき》に行ってしまうアニメ映画を、母と一緒《いっしょ》に観たことがある。その映画では、途中でタイムマシンが恐竜に踏《ふ》み壊《こわ》されていた。その場面は強烈《きょうれつ》に覚えているのに、主人公が現代に戻ってきたのかどうかは覚えていない。

男が「さあ」と首を傾げる。さっきと同じ、他人事のような態度で。

「戻ってきたいの?」

そりゃあ、と言いかけて、自分でもよくわからなくなる。

「だって、えっと……戻ってこなかったら、心配するだろうから」

草ちゃんがどこにでも行けるように、と母は言ってくれるが、タイムマシンで原生代に行って二度と帰ってこなかったら、きっと泣くだろう。

「そうか。だいじな人がいるんだね」

おれもだよ、と言いながら、男はゆっくりと、草児から視線を外した。

「タイムマシンには乗れないんだ。仕事をさぼって博物館で現実逃避《とうひ》するぐらいが※⑦セキノヤマなんだ、おれには」

「さぼってるの?」

男は答えなかった。意図的に無視しているとわかった。そのかわりのように「ねえ、だいじな人って、たまにやっかいだよね」と息を吐《は》いた。

「なんで?」

「やっかいで、だいじだ」

空は藍色《あいいろ》の絵の具を足したように暗く、公園の木々は、ただの影《かげ》になっている。きみもう帰りな、とやっぱりへんな、すくなくとも草児にはへんだと感じられるアクセントで言い、男が立ち上がる。うまい棒のかけらのようなものが空中にふわりと舞《ま》い散《ち》った。

いつもと同じ朝が、今日もまた来る。

トースターに入れたパンを焦《こ》がしてしまって、家を出るのがすこし遅《おく》

と。男が蒲焼きさん太郎を差し出した時に蘇《よみがえ》った、文ちゃんと過ごした日々のこと。

楽しかった時もいっぱいあった。

それなのに、どうしても文ちゃんに嫌《いや》だと言えなかったこと。嫌だと言えない自分が恥ずかしかったこと。別れを告げずに引《ひ》っ越《こ》ししてしまったこと。

父が手紙をくれないこと。自分もなにを書いていいのかよくわからないこと。

今日も学校で、誰とも口をきかなかったこと。算数でわからないところがあったこと。でも先生に訊《き》けなかったこと。

母がいつも家にいないこと。疲《つか》れた顔をしていること。祖母から好かれているのか嫌われているのかよくわからないこと。

いつも自分はここにいていいんだろうかと感じること。

男は泣いている草児を見てもおどろいた様子はなく、困惑《こんわく》するでもなく、かといって慰《なぐさ》めようとするでもなかった。ただ「いろいろ、あるよね」とだけ、言った。

「え」と訊きかえした時には、涙はとまっていた。

いろいろ、と言った男は、けれども、草児の「いろいろ」をくわしく聞きだそうとはしなかった。

「いろいろある」

草児が繰《く》り返《かえ》すと、男は食べ終えたうまい棒の袋《ふくろ》を細長く折って畳《たた》みはじめる。

A「ところできみは、なんでいつも博物館にいるの?」

「だよね、いつもいるよね?」と質問を重ねる男は、草児がいつもいるとわかるほど頻繁《ひんぱん》に博物館を訪《おとず》れているのだ。

「恐竜《きょうりゅう》とかが、好きだから」

大人に好きなものについて訊かれたら、かならずそう答えることにしている。嘘ではないが、太古の生物の中でもとりわけ恐竜を好むわけではない。にもかかわらずそう言うのは「そのほうがわかりやすいだろう」と感じるからだ。そう答えると、大人は「ああ、男の子だもんね」と勝手に納得してくれる。

「⑦あと、もっと前の時代のいろんな生きものにも、いっぱい、いっぱい興味がある」

⑧他の大人の前では言わない続きが、するりと口から出た。

エディアカラ紀、海の中で、とつぜんさまざまなかたちの生物が出現しました。

体はやわらかく、目やあし、背骨はなく、獲物《えもの》をおそうこともありませんでした。

エディアカラ紀の生物には、食べたり食べられたりする関係はありませんでした。

図鑑を暗誦《あんしょう》した。

草児は、そういう時代のそういうものとして生まれたかった。同級生に百円をたかられたり、喋っただけで奇異《きい》な目で見られたり、こっちはこっちでどう見られているか気にしたり、そんなんじゃなく、静かな海の底の砂の上で静かに生きているだけの生物として生まれたかった。

「行ってみたい? エディアカラ紀」

唐突《とうとつ》な質問に、うまく答えられない。この男は「エディアカラ紀」を観光地の名かなにかだと思っているのではないか。

たけど忘れてた」と反応してしまう。

「そうかあ」

　中に入れないのならば、帰るしかない。背を向けて歩き出すと、男も後ろからついてくる。公園から出るには同じ方向に向かうしかないからあたりまえのことなのだが、気になって何度も振り返ってしまう。

「どうしたの?」

　草児の視線を受けとめた男が、ゆったりと口を開く。なにを勘違《かんちが》いしたものか「なに? 腹減ってんの?」と質問を重ねる。違う。とっさに答えたが、嘘《うそ》だった。腹は常に減っている。

　男のアクセントはすこしへんだった。このあたりの人とも、草児とも違う。そのくせ、すこしも恥《は》じてはいないようだ。

「あ、これ食う?」

　書類やノートパソコンが入っていそうな鞄《かばん》から、※④蒲焼《かばや》きさん太郎《たろう》が出てきた。差し出されたそれを草児が黙《だま》って見ていると、男はきまりわるそうに下を向き、**b ホウソウ**を破いて、自分の口に入れた。

「そうだよな、あやしいよな。知らないおじさんが手渡《てわた》してくる蒲焼きさん太郎なんか食べちゃだめだ」

　しっかりしてるんだな、えらいな、うん、と勝手に納得《なっとく》し、男はベンチに座った。⑤鞄から、つぎつぎとお菓子が取り出される。いくつかのお菓子には見覚えがあり、そのほかははじめて目にする。うまい棒とポテトスナックは知っているが、なんとかボールと書いてあるお菓子は知らない。

「あの、なんで、そんなにいっぱいお菓子持ってるの」

　おそるおそる問う。この男は草児が知っているどの大人とも違う。男はすこし考えてから「さあ?」と首を傾《かし》げた。自分自身のことなのに。

「安心するから、かな」

　うまい棒を齧《かじ》りながら、男は「何年か前に出張した時に」と喋り出した。帰りの新幹線が事故で何時間もとまったまま、という体験をしたのだという。いつ動き出すのかすらまったくわからなくて、不安だった。でも、新幹線に乗る前に売店で買った※⑤チップスターの筒《つつ》を握りしめていると、なぜか安心した。その時、思いもよらないものが気持ちを支えてくれることもあるんだな、と知った。あれは単純に「食料がある」という安心感ではなかった、たとえば持っていたのが乾《かん》パンなどの※⑥非常食然としたものだったらもっと違った気がする、だからお菓子というものは自分の精神的な命綱《いのちづな》のようなものだと思ったのだ、というようなことをのんびりと語る男に手招きされて、草児もベンチに座った。いつでも逃《に》げられるように、すこし距離《きょり》をとりつつ。

　草児が背負っていたリュックからオレンジマーブルガムのボトルを出すと、男は「なんだよ、持ってるじゃないか」とうれしそうな顔をする。自分のガムはただのおやつであって、命綱なんかではない。

　やっぱへんなやつだ、と身を引いた拍子《ひょうし》に、手元が狂《くる》った。容器の蓋《ふた》が開いてガムがばらばらと地面にこぼれ落ちる。草児は声を上げなかった。男もまた。映画館で映画を観《み》るように、校長先生の話を聞くように、唇《くちびる》を結んだまま、丸いガムが土の上を転がっていくのを見守った。

　気づいた時にはもう、涙《なみだ》があふれ出てしまっていた。頬《ほお》を伝っていく滴《しずく》は熱くて、でも顎《あご》からしたたり落ちる頃《ころ》には冷たくなっていた。

　⑥どうして泣いているのか自分でもよくわからなかった。ガムの容器の蓋をちゃんとしめていなかったこと。博物館の休みを忘れていたこ

もう何度も読んだ図鑑の、古生代カンブリア紀のページをそっと指で撫《な》でてみる。

海の底をはって移動する暮らしから、泳いだりもぐったりするようになりました。それと同時に、生きものは、食べたり食べられたりするようになっていきました。

オルドビス紀やシルル紀になると、カンブリア紀よりも泳ぎのうまい生きものがあらわれました。生存競争はさらに激しくなっていきました。

来年、草児は中学生になる。

生存競争はさらに激しくなっていきました。

③草児は自分が「食べる側」になれるとは、どうしても思えない。勉強も運動も、できないわけではないが突出《とっしゅつ》してできるわけではない。クラスにもなじめていない。「ありがとう」と言っただけで、岩かなにかが喋ったみたいにびっくりされているのだから。

お金のことなら気にしなくていいよ、と母は言う。不意打ちみたいに言ってくる。ふろ上がりの廊下《ろうか》ですれ違いざまに、あるいは、掃除機《そうじき》をかけながら。お母さんぜったい草ちゃんを大学まで行かせてあげたいんだよね、と。

「草ちゃんが将来、どこへでも、好きな場所に行けるように。お母さんがんばって働くし、働けるし、なんにも心配いらないからね」

（中略）

「シフトの都合」で予定外の休みをもらった母は、同じ理由で休みがなくなった。十連勤だなんて冗談《じょうだん》じゃないよとぼやいていたのは最初の数日だけで、半ば頃《ごろ》になると家にいる時は無言でテーブルにつっぷしているだけの、物言わぬ生物になった。祖母はなんだか近頃調子が悪いといって、日中も寝てばかりいた。

古生代の生物たちも、こんなふうに干渉《かんしょう》し合うことなく、暮らしていたのかもしれない。同じ家の中にいても、ほとんど言葉を交《か》わさない。母や祖母の気配だけを感じつつ、ひとりで食卓《しょくたく》に置かれたパンや釜めしを食べた。

④味がぜんぜんわからなかった。給食もそうだ。甘《あま》いとも辛《から》いとも感じない。誰かと同じ空間にいても、人間は簡単に「ひとり」になるものだと、こんなふうになるずっと前から知っていた。

博物館の前に立ち、「本日休館日」の立て札を目にするなり、動けなくなってしまった。今日は木曜日だということをすっかり忘れていた。一色の絵の具で塗《ぬ》りつぶしたような毎日の中で、曜日の感覚が鈍《にぶ》っていたのかもしれない。

ワチャーというような声が頭上から降ってきて、振《ふ》り返《かえ》った。※③このあいだムササビの骨格標本を見上げていた男が草児のすぐ後ろに立っていた。今日は灰色のスーツを着ている。男の指がすっと持ち上がって、立て札を指す。ちょっと異様なぐらいに長く見える指だった。

「きみ知ってた？　今日休みって」

「うん」

男があまりに情けない様子だったので、つい警戒心《けいかいしん》がゆるみ「知って

隣《となり》の席の女子は、消しゴムを受けとった草児が「ありがとう」と言った時、あきらかにおどろいていた。効果音をつけるとしたら「ハッ」ではなく「ギョッ」というおどろきかただった。

転校してきた日、黒板に大きく書かれた「宮本《みやもと》草児」という文字の前で自己紹介《しょうかい》をしている時、誰《だれ》かが笑った。「なんか、しゃべりかたへんじゃない？」と呟《つぶや》いたのも聞こえた。

ひとりが発した笑い声は、ゆっくりと教室全体に広がっていった。風に吹《ふ》かれた草が揺《ゆ》れているようだった。風はやがて止《や》んだが、草児はもう口を開くことができなかった。黒板に書かれた「宮本草児」という名も他人のもののように感じられた。両親の離婚を受け入れたことと自分が母の名字を名乗ることになったことは、また別の話なのだ。

担任の先生は笑った生徒を注意するわけでもなく、自己紹介を途中《とちゅう》でやめた草児に続きを促《うなが》すわけでもなく、授業をはじめた。

強いものと弱いもの。頭のよいものとよくないもの。教室には異なる種の生物が共存している。くっきりと二分されているわけではなく、あるものは足がはやく勉強ができるが、性質がおとなしく、あるものはどちらもそこそこであるが空気をあやつるのがとてもうまく、声が大きい。力の関係は状況《じょうきょう》に応じて微妙《びみょう》に変化し、ぎりぎりのところで均衡《きんこう》をたもつ。均衡という言葉は最近、図鑑《ずかん》で覚えた。バランスと表現するよりかっこいい。

転校してくる前の草児が、そんなふうに考えたことは一度もなかった。世界はもっと、ぼんやりとしていた。自分がその世界の一部だったからだ。今は違《ちが》う。世界と自分とがくっきりと隔《へだ》てられている。ガラスだかアクリルだかわからないけど、なんだか分厚い透明《とうめい》ななにかに隔てられている。

②そう思うことで、むしろ草児の心はなぐさめられる。自分はこの学校になじめないのではなくて、ただ博物館で展示物を見ているように透明の仕切りごしに彼《かれ》らを観察しているだけ、というポーズでどうにか顔を上げていられる。

今日はひとことも喋らない日だった。授業でも一度も当てられなかったし、消しゴムも落とさなかった。木曜日はつまらない。博物館の休館日だからだ。

家に帰ると、めずらしく母がいた。「シフトの都合」で、急きょ休みになったのだという。

ビールでも飲んじゃいますかねえ、などと冷蔵庫をいそいそと開ける母は以前よりすこし痩《や》せた。明るい時間に顔を合わせるのはひさしぶりだった。祖母はいない。買いものに行ったという。

母はこの街に来て三日目に「仕事決まった！」とはしゃいでいた。百円ショップの店員となった母は、そのあとしばらくして「もっと稼《かせ》がなきゃ」と言い出し、夜中の二時まで営業しているという釜《かま》めし屋の仕事を見つけてきて、昼も夜も働くようになった。たまに、売れ残りの釜めしを持ち帰る。それらはたいてい翌日の草児の朝食か、母の弁当になる。

（中略）

草児は膝《ひざ》の上の図鑑を開く。

カンブリア紀になると「目」のある生きものがあらわれ、体が立体的になりました。

【国　語】（六〇分）〈満点：六〇点〉

次の文章を読み、設問に答えなさい。

両親が離婚《りこん》し、母とともに祖母のマンションで暮らすことになった十二歳《さい》の草児《そうじ》。新しい街にも祖母にもなじめず、転校した学校でも孤立《こりつ》しています。手紙のやりとりの約束をした父からも連絡《れんらく》がありません。草児は部屋にひとり布団《ふとん》にくるまって、以前住んでいた家のことを思い出しています。

古い家だった。ただ古いだけだ。歴史も由緒《ゆいしょ》もない。

インターホンはついていたが、近所の人はみな勝手に玄関《げんかん》の戸を開けて、いるのかと大声で訊《たず》ねる。草児の友人の文《ぶん》ちゃんに至っては、自分の家みたいになにも言わずに靴《くつ》を脱《ぬ》いで入ってきていた。

①文ちゃんのことを考えると、今でも手足がぐったりと重くなる。そのまま身体が沈《しず》んでいきそうで、こわくなって掛《か》け布団《ぶとん》をぎゅっと握《にぎ》った。

文ちゃんとは保育園からのつきあいだった。身体がずんぐりと大きかった。ひょろひょろした草児と並ぶと、同じ年齢《ねんれい》には見えなかった。文太という自分の名を年寄りっぽいという理由で嫌《きら》っていた。

俺《おれ》が草児を守ってやる、が口癖《くちぐせ》だった。足が遅《おそ》いし、力も弱いから、俺が守ってやらないといけない、と。通りすがりにたまたまそれを聞きつけた一年生の時の女の担任が「わあ、頼《たの》もしいね。草児くん、文太くんがいてよかったね」と声をかけてきて、先生がそう言うのならそうなのだろうとその時は思った。自分は文ちゃんに守られていて、それは幸せなことなのだろうと。

四年生になると、文ちゃんは文ちゃんのお母さんから一日百円のおこづかいをもらうようになった。その話を聞いた草児の母も、同じようにした。ふたりの母はいっしょにＰＴＡの役員をやったりして、仲が良かった。

毎日百円を持って小学校近くのフレッシュハザマというスーパーマーケットに行くａシュウカンがうまれた。最初のうちは※①うまい棒やおやつカルパスなどを買っていたのだが、文ちゃんは次第《しだい》に、百円以上の菓子《かし》を欲《ほ》しがるようになった。よほど腹が減っていたのか、菓子では飽《あ》き足《た》らず、惣菜《そうざい》売り場の唐揚《からあ》げなどに目を向ける日もあった。

でも金が足りないなあと言いながら横目でちらちら見られると、草児はなんだかそわそわしてきて、毎回自分の手の中の百円を差し出してしまうのだった。文ちゃんは礼を言うでもなく、それをぶんどっていく。

二百円で買った大袋《おおぶくろ》入りのポテトチップスやポップコーンや唐揚げは、ぜんぶ文ちゃんが食べた。「百円出せよ」と脅《おど》されたわけでも、「百円くれよ」と泣いて※②懇願《こんがん》されたわけでもない。それでも、何度考えても、草児には文ちゃんに百円を差し出さずに済む方法がわからなかった。どうしても、わからなかった。

朝、学校で顔を合わせると、文ちゃんはいつもヨウッとかオオッとかなんとか言って、肩《かた》を組んできた。新しい学校には、そんなことをするやつはひとりもいない。正門をとおってから教室の自分の席に座《すわ》るまで、草児は口を開かない。どうかすると下校の時間までだれとも喋《しゃべ》らない時もある。喋ったとしても、先生に話しかけられたとか、消しゴムをひろってもらった礼を言うとかその程度のことだ。

MEMO

大切なことはメモしておこうネ！

2023年度

解　答　と　解　説

《2023年度の配点は解答欄に掲載してあります。》

＜算数解答＞ 《学校からの正答の発表はありません。》

1 (1) 12分30秒　(2) 2分5秒　2 (1) 7.5cm²　(2) 8.75cm²

3 ア 114度　周 5.652cm

4 (1) 3：7，21.2％　(2) 3：2，22.4％　(3) 1：4：5

5 (1) 4回　(2) (245cm，1cm，1cm，1回)　(49cm，5cm，1cm，3回)
(35cm，7cm，1cm，4回)　(7cm，7cm，5cm，9回)

6 (1) ア 8125　イ 9375　ウ 625　エ 6875　オ 3125　カ 9375
(2) 15・31・47・63　(3) 64・1024　(4) 219

○推定配点○

6 各2点×9　他 各3点×14(4(1)・(2)，6(2)・(3)各完答)　計60点

＜算数解説＞

重要 1 (割合と比，2量の関係，消去算，単位の換算)

(1) 単位時間当たりの給水量も排水量も2倍になると，満水になる時間が半分になり，25÷2＝12.5(分)すなわち12分30秒

(2) 1分の給水量をA，1分の排水量をBとする。
(1)より，(A×2－B×2)×12.5＝100(L)，A×2－B×2＝100÷12.5＝8(L)…ア
(A×3－B×2)×2.5＝100(L)，A×3－B×2＝100÷2.5＝40(L)…イ
イ－アより，Aは40－8＝32(L)，A－B＝4(L)より，Bは32－4＝28(L)
したがって，求める時間は
100÷(32×5－28×4)＝100÷48＝25÷12＝$2\frac{1}{12}$(分)
すなわち2分5秒

重要 2 (平面図形，割合と比)

(1) 図ア…長方形ABEFは30÷8×4＝15(cm²)
したがって，三角形PABとPEFの面積の和は15÷2＝7.5(cm²)

＋α (2) 図イ…三角形ABQとEFQより，
カ＋キ＋①＝7.5(cm²)
図ウ…三角形BCQとFGQより，
サ＋シ＝7.5(cm²)
以上より，カ＋キ＋①＋サ＋シ＝カ＋サ＋④＝10＋④＝15

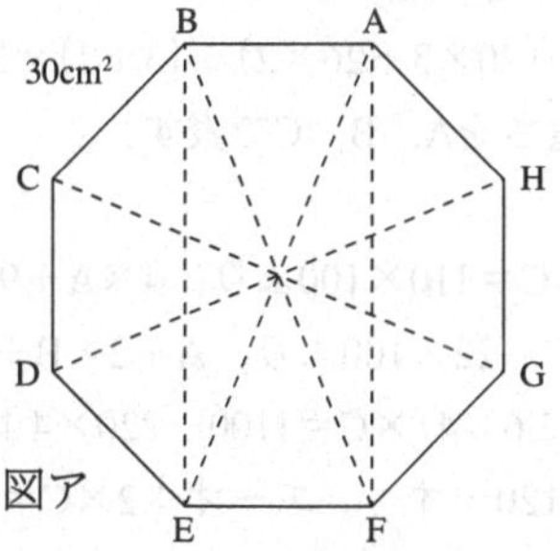

図ア

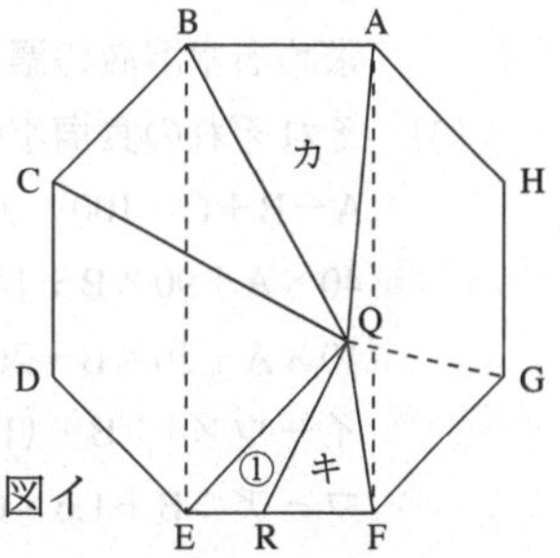

図イ

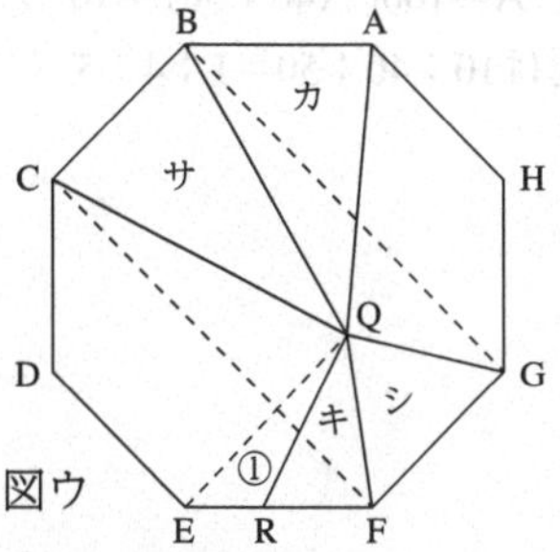

図ウ

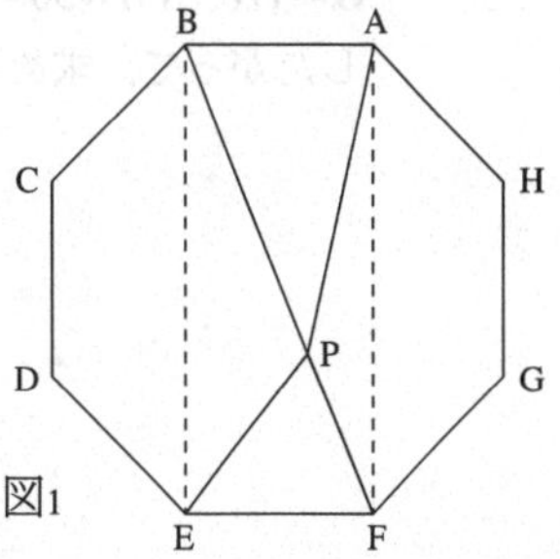

図1

(cm^2)

したがって，四角形QCDEは10－(15－10)÷4＝8.75(cm^2)

3 (平面図形，図形や点の移動)

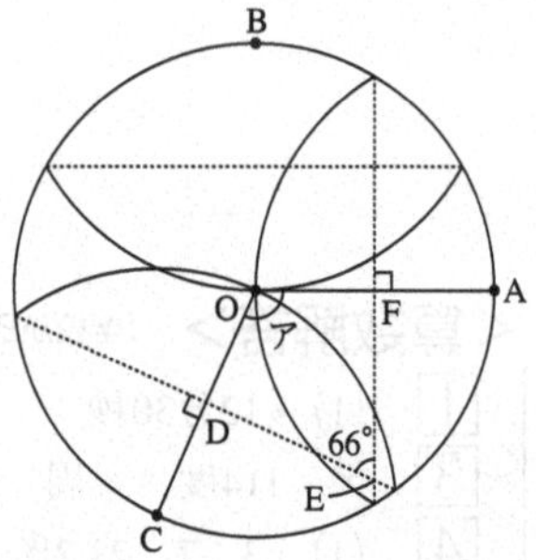

重要 (1) 右図より，角アは180－66＝114(度)

やや難 (2) 角COB…図カより，ひし形COBGにおいて360－(114＋90)＝156(度)

角GCH…180－156＋60＝84(度)

角HOJ…図キより，60×2－114＝6(度)，角KOL…30度

したがって，求める長さの和は2×3.14÷360×(84×2＋120＋6＋30)＝1.8×3.14＝5.652(cm)

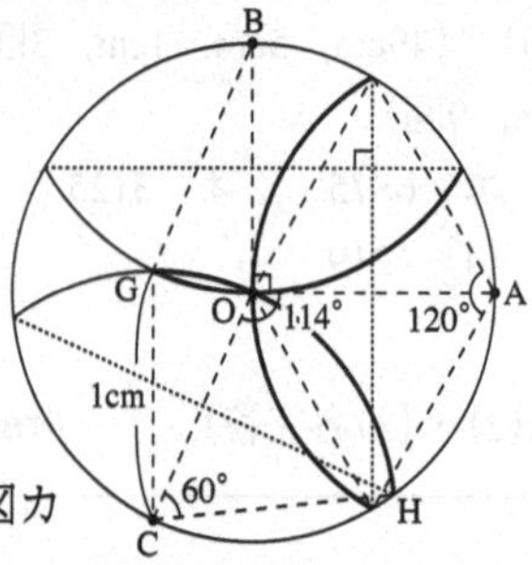

図カ

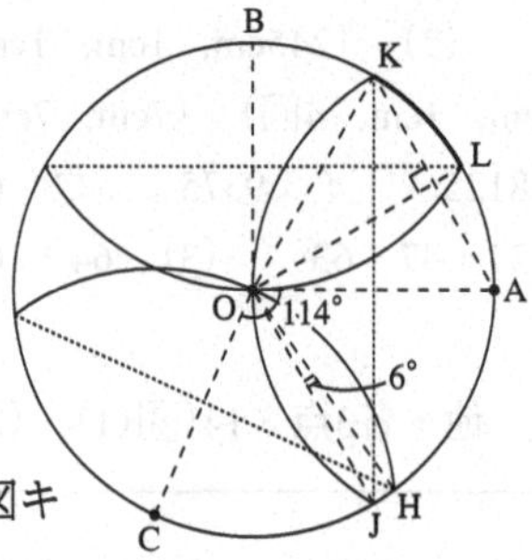

図キ

重要 4 (割合と比，濃度，鶴亀算，消去算)

(1) A1gの原価…40÷100＝0.4(円)　C1gの原価…140÷100＝1.4(円)

Aの重さ…(1.4×100－110)÷(1.4－0.4)＝30(g)

Bの重さ…100－30＝70(g)

したがって，求める比は30：70＝3：7

【別解】(140－110)：(110－40)＝3：7

求める水溶液の濃さ…(10×3＋26×7)÷(3＋7)＝21.2(%)

種類	濃さ	100gあたりの原価
A	10%	40円
B	20%	90円
C	26%	140円

(2) B：C…(140－110)：(110－90)＝3：2

求める水溶液の濃さ…(20×3＋26×2)÷(3＋2)＝22.4(%)

(3) それぞれの食塩水の重さをA，B，Cで表す。

A＋B＋C＝100…ア

40×A＋90×B＋140×C＝110×100より，4×A＋9×B＋14×C＝1100…イ

10×A＋20×B＋26×C＝22×100より，A＋2×B＋2.6×C＝220…ウ

イ－ウ×4：B＋(14－2.6×4)×C＝1100－220×4より，B＋3.6×C＝220…エ

ウ－ア：B＋1.6×C＝120…オ　　エ－オ：2×C＝100より，C＝50

B＝120－1.6×50＝40，A＝100－(40＋50)＝10

したがって，求める比は10：40：50＝1：4：5

5 （立体図形，平面図形，数の性質，論理）

他のブロックと4面以上で接するブロックは除去しない。

重要 (1)

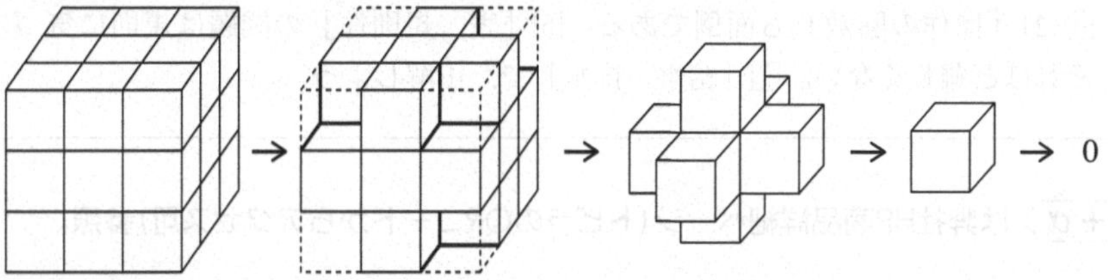

やや難 (2) 以下の4種類がある。

(245cm，1cm，1cm，1回)

(49cm，5cm，1cm，3回)…操作1の後(47cm，3cm，1cm)

操作2の後(45cm，1cm，1cm)

(35cm，7cm，1cm，4回)…同様に操作4回

(7cm，7cm，5cm，9回)…以下のように高さ3cmまでの図で計算する。

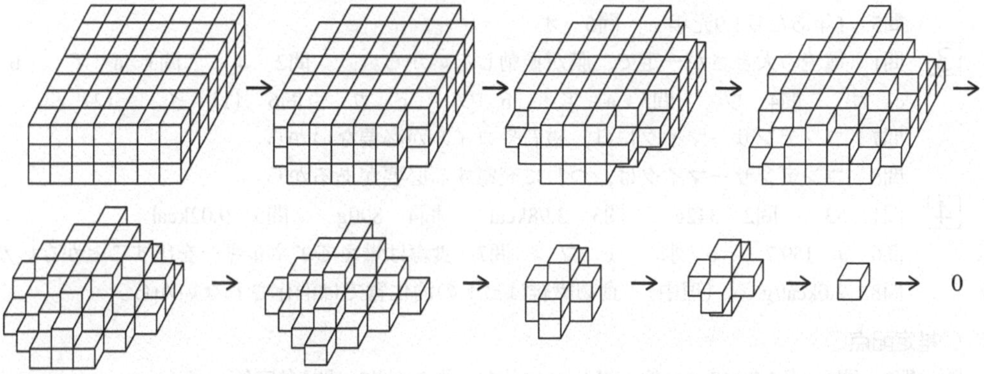

重要
6 （演算記号，数の性質，規則性，統計と表）

(1) ア 〈13÷16〉＝625×13＝6875＋1250＝8125

イ 〈15÷16〉＝8125＋1250＝9375

ウ アより，8125÷2＝4062.5であり，625

エ イより，9375÷2＝4687.5であり，6875

オ 〈17÷16〉＝9375＋1250＝10625，10625÷2＝53125より，3125

カ 〈3÷32〉と同じ，9375

(2) 各値を記号で表すと右表になり，4375はエ

したがって，分母が64のとき，分子は15，31，47，63

(3) 625はA…分子が9のとき，64，256×2×2＝1024

(4) 9375はイで，う÷2048の小数第1位が1のとき，

うは205以上

したがって，右表より，11＋16×13＝219

分子＼分母	16	32	64	128	256	…
1	625	3125	5625			
3	1875	9375				
5	3125	5625				
7	4375	1875				
9	5625	8125				
11	6875	4375				
13	ア	ウ				
15	イ	エ				
17		オ				
19		カ				

分子＼分母	16	32	64	128	256	512	1024	2048
1	A	B	C	D	A			
3	ア	イ	ウ	エ	ア	イ	ウ	エ
5	B	C	D	A	B			
7	エ	ア	イ	ウ	エ	ア	イ	ウ
9	C	D	A	B	C			
11	ウ	エ	ア	イ	ウ	エ	ア	イ
13	D	A	B	C	D			
15	イ	ウ	エ	ア	イ			
17	A	B	C	D	A			
19	ア	イ	ウ	エ	ア			

★ワンポイントアドバイス★

[2](2)「四角形の面積」は，(1)の利用に気づくこと。[3]「斜線部分の周」は難しく，[4](2)「操作の回数」も面倒である。[5]「表，規則性」の問題は規則に気づけば，それほど難しくない。[1]「給水・排水」で，正解しよう。

＋α は弊社HP商品詳細ページ(トビラのQRコードからアクセス可)参照。

＜理科解答＞《学校からの正答の発表はありません。》

[1] 問1 ア，オ　問2 発熱量が多い頭部や胴体を効率よく冷やすことができる点。
問3 あ 高温　い 冷える　問4 (例) 冷たい飲み物とともに食べる。
問5 あ 体温　い 痛み　問6 イ，オ　問7 ア

[2] 問1 左眼 エ　右眼 ア　問2 a ア　b ウ　c オ　問3 a イ　b エ
問4 (1) 20年　(2) 9光年　(3) 11年　(4) 1年あたり1.4光年
問5 1年あたり1.9光年　問6 オ

[3] 問1 電流の大きさが一定で，膜が振動しないから。　問2 エ　問3 a ア　b オ　c カ　問4 ウ　問5 a ア　b ウ　c カ　問6 (1) イ　(2) エ
問7 コンデンサーマイクには，磁石やコイルが必要ないから。
問8 コンデンサーマイクは，つねに充電する必要があるから。

[4] 問1 53　問2 342g　問3 3.98kcal　問4 890g　問5 9.02kcal
問6 a 139.7　b 水　c ウ　問7 食塩は燃えてエネルギーを出すことがないから。
問8 2.0kcal/g　(理由) 食物繊維はヒトの消化管では消化されないから。

○推定配点○

[1] 問2，問4 各2点×2　他 各1点×5(問1・問3・問5・問6各完答)
[2] 問5，問6 各2点×2　他 各1点×7(問1・問2・問3各完答)
[3] 各1点×9(問3・問5各完答)　[4] 問1～問5 各1点×5　他 各2点×3(問6・問8各完答)
計40点

＜理科解説＞

[1] (人体―温度を感知する神経)

問1 汗が体の表面から蒸発するとき，体から蒸発熱(気化熱)を奪うので，体温が上がるのを防ぐはたらきがある。同じように水が水蒸気になるときの蒸発熱が関わるのは，ア，オである。イとウは温度の低いものに体が接して，伝導で熱が奪われている。エは空気中の水蒸気が水滴になっている。

問2 頭部や胴体は，重要な器官がつねに活発に動いており，発熱量が多い。しかし，頭部や胴体は，足や腕に比べて体積のわりに，表面積が大きくないため，外部へは熱を逃がしにくく，体温が上がりやすい。そこで，汗をかくことにより効率よく蒸発熱として熱を逃がすことができる。

問3 皮ふにある43℃以上を感知する感覚神経は，高温と辛みに対し同じように反応する。そのため，カプサイシンを食べると，脳は暑いと感じて汗を出す命令を出す。

問4 高温と辛みの刺激が重なると，脳に伝わる刺激がより強まる。そこで，辛い料理を食べるとき，汗をかきにくくするには，高温の刺激が重ならないようにすればよい。具体的には，部屋を

低温にするか，あるいは，冷たい飲み物とともに食べたり，辛い料理そのものを冷したりすればよい。これらから1つ答える。

問5　皮ふにある43℃以上を感知する感覚神経が，33℃で反応するようになると，通常の体温でも反応してしまう。この感覚神経は，高温と痛みに対し同じように反応するため，つねに痛みを感じることになる。

重要　問6　マウスAは25℃以下を感知できないので，左右どちらの床も区別できず，同じに感じる。そのため，左右どちらかを好むことはなく，表1の通りほぼ同じ時間ずつ滞在する。一方，正常なマウスは，表1の通りほとんどの時間を30℃の床で過ごしている。

問7　25℃以下を感知する感覚神経は，低温とメントールに対し同じように反応する。そのため，メントールを溶かしたハッカ湯では，実際は温度の高い湯に入っているので温まっているが，冷たく感じているので汗は出にくく体は冷えにくい。

2　(星―ブラックホールのジェットの速さ)

基本　問1　図2を見ると，左眼，右眼のどちらから見ても，左側に単純な棒，右側に矢印の棒が見えている。しかし，左眼から見た方が，2本の棒の間隔が狭い。

問2　2つの棒から眼が離れると，xとyの角度はどちらも小さくなり，その差も小さくなる。ヒトは，左眼と右眼で見える角度の差から奥行きを感じているため，差が小さくなると，奥行きがわかりにくくなる。

問3　問2のことから考えると，奥行きを知るには，xとyの角度の差が大きい方がよく，そのためには，右眼と左眼が離れている方がよい。このことから，宇宙においても間隔の広い2つの場所から像を得ると，距離がわかりやすくなる。

問4　(1)　点Aと点Bの間の距離が18光年で，ガスのかたまりの速さが1年あたり0.9光年だから，点Aから点Bまで動く時間は18÷0.9＝20(年)である。

(2)　三角形ABHで，角Hが直角，角Aが60°だから，ABの長さとAHの長さの比は2：1である。点Aと点Bの間の距離が18光年だから，点Aと点Hの間の距離は18÷2＝9(光年)となる。

(3)　点Aにあったガスから出た光が点Hを通過するまで9年かかる。一方，点Aから点Bまでガスは20年かかる。直線BCと直線HCの長さは等しいので，この部分での時間の差はない。よって，2つの光の到着時刻の差は，20－9＝11(年)となる。

やや難　(4)　三角形ABHで，角Hが直角，角Aが60°だから，ABの長さとBHの長さの比は2：1.7である。点Aと点Bの間の距離が18光年だから，点Bと点Hの間の距離は18÷2×1.7＝15.3(光年)となる。点Cから見ると，ガスがBH間の距離を11年で動いているように見えるので，見かけの速さは15.3÷11＝1.39…で，四捨五入により1年あたり1.4光年となる。これは光速より速い。

問5　問4と同じ考え方を繰り返す。(1)は変わらず20年である。(2)はz＝30°だから，点Aと点Hの間の距離が15.3光年となる。(3)は点Aにあったガスから出た光が点Hを通過するまで15.3年かかるので，2つの光の到着時刻の差は，20－15.3＝4.7(年)となる。(4)は点Bと点Hの間の距離が9光年となるので，見かけの速さは9÷4.7＝1.91…で，四捨五入により1年あたり1.9光年となる。これは問4よりもさらに速い。

問6　z＝0°のとき，ガスは地球に向かって動いているため，地球から見てガスは動いていないように見える。つまり，見かけの速さは0である。z＝90°のときは，地球から見たガスの見かけの速さは実際の速さと同じであり，0ではない。さらに，問4と問5を比べると，z＝60°のときよりもz＝30°のときの方が，見かけの速さが速い。これらを満たすグラフはオである。

3　(音の性質―2種類のマイクのしくみ)

重要　問1　スピーカーの膜の位置は，流れる電流の大きさで決まるため，電流が細かく変化すると，膜が振動して音が出る。電池につなげたままだと，電流の大きさがずっと一定なので，膜は振動せず音が出ない。

問2　スピーカーから音が出続けているので，膜は振動し続けている。アでは膜は動かず，イやウでは膜は一方向に動くだけで振動しない。

問3　声を出し続けている間は，膜が振動し続け，磁石が振動し続け，コイルに流れる電流の向きが細かく変化する。そのため，スピーカーの膜は出っ張ったり引っ込んだりを繰り返し，音が出続けている。

問4　問題文と実験2から，コンデンサーの内部の金属板の間隔が狭く，面積が広いほど，電気を多くためられる。そのため，多くの電気をためるには，面積を大きくしなければならず，小型化しにくい。アは寿命と電気の量に関係はない。イは乾電池にはできない充電や放電ができる。エは電気量が多いほど充電の時間がかかる。

問5　コンデンサーに充電をするときは，図6の←の向きに電流を流している。充電が終わると電流は流れなくなり，検流計は0を示す。コンデンサーの金属板の間隔を近づけると，ためられる電軌の量が増えるので，再び電流が←の向きに流れる。

重要　問6　コンデンサーに充電するときは，図7の←の向きに電流を流している。このとき，スピーカーの膜は出っ張っている。金属板を離すと，ためられる電気の量が減るので，コンデンサーから電気が流れ出る。このときは，充電と逆に図7の→の向きに流れる。このとき，スピーカーの膜は引っ込んでいる。

問7　ダイナミックマイクは，膜が振動し，膜についた磁石が振動し，それによってコイルに流れる電流が変化するしくみである。一方，コンデンサーマイクでは，金属板が振動すれば，それだけで電流が変化するしくみである。つまり，磁石やコイルが不要なぶんだけコンデンサーマイクは小型化しやすい。

問8　ダイナミックマイクは，膜の振動によって，コイルに新たに電気が生まれるしくみである。これは電磁誘導とよばれ，発電のしくみと同じである。よって，電源は必ずしも必要ない。しかし，コンデンサーマイクは，コンデンサーに電気がたまった状態が基準である。その状態から金属板の間隔が変わると，さらに多くたまったり流れ出たりするときに電流が流れるため，つねに電源につないでおく必要がある。

4　（物質の性質―栄養分とエネルギー）

問1　1calは1gの水の温度を1℃上げる熱量である。33kcal＝33000calの熱量で，1kg＝1000gの水の温度を上げると，33000÷1000＝33（℃）上昇する。元の温度が20℃だから，33℃上昇すれば，20＋33＝53（℃）になる。

重要　問2　ブドウ糖の分子と水の分子の重さの比が10：1である。また，ブドウ糖の分子2個から水分子が1個とれると麦芽糖の分子になる。これらのことから，ブドウ糖の分子2個の重さを20とすると，とれる水分子の重さが1で，麦芽糖の分子の重さは19となる。ブドウ糖360gがすべて麦芽糖に変わると，20：1：19＝360：△：□ より，水は△＝18g，麦芽糖は□＝342gとなる。

問3　ブドウ糖180gを燃やすと669kcalの熱量が出るから，ブドウ糖360gを燃やすと669×2＝1338（kcal）の熱量が出る。また，問2から，とれた水の重さは18gだから，さらに24kcalの熱量が加わる。よって，求める熱量は1338＋24＝1362（kcal）の熱量が出る。麦芽糖の重さは342gだから，1gあたりの熱量は，1362÷342＝3.982…で，四捨五入により3.98kcal/gとなる。

問4　グリセリン分子1個の重さを92とすると，脂肪酸の分子3個の重さは284×3＝852である。これらが結びつくとき，水の分子が3つとれる。水の分子3個の重さは18×3＝54である。よって，重さは92＋852－54＝890gとなる。

問5　グリセリンと脂肪酸を燃やしたときの熱量は，406＋2516×3＝7954(kcal)である。また，とれた水の重さは18g×3だから，さらに24×3＝72(kcal)の熱量が加わる。よって，求める熱量は7954＋72＝8026(kcal)の熱量が出る。脂肪の重さは890gだから，1gあたりの熱量は，8026÷890＝9.017…で，四捨五入により9.02kcal/gとなる。

重要　問6　表2の食品のうち，タンパク質のエネルギーは4×7.0＝28(kcal)，脂質のエネルギーは9×8.1＝72.9(kcal)，炭水化物のエネルギーは4×9.7＝38.8(kcal)である。これらの合計は28＋72.9＋38.8＝139.7(kcal)である。また，表2の食品210gのうち，表にある成分の重さの合計は25gほどだから，残りはエネルギーを持たない水である。水が多く，タンパク質や脂質も含むことから，選択肢のうちでは牛乳があてはまる。豚肉は炭水化物がもっと少なくタンパク質や脂肪はもっと多い。納豆はタンパク質がもっと多い。スポーツドリンクは，タンパク質や脂質がもっと少ない。食パンは炭水化物がもっと多い。

問7　食塩は酸素と結びついて燃えることがなく，エネルギーを出すことがない。食塩のような無機物は，エネルギーにはならないが，体内の調整物質として大切である。

問8　表3の食品のうち，タンパク質のエネルギーは4×11.0＝44(kcal)，脂質のエネルギーは9×22.0＝198(kcal)，炭水化物のうち糖質のエネルギーは4×47.5＝190(kcal)である。これらの合計は44＋198＋190＝432(kcal)である。残る食物繊維のエネルギーは，437－432＝5(kcal)であり，1gあたりに直すと，5÷2.5＝2.0(kcal/g)となる。

食物繊維は，ヒトの消化管ではほとんど消化されないため，酸素と結びついて発生するエネルギーも少ない。食物繊維がさまざまな過程に関与して発生するエネルギーを含めても，最大で2kcal/g程度であり，実際はそれより少ない場合が多い。このように，食物繊維はエネルギーが少ないものの，消化管のはたらきや栄養分の吸収を調整するなど，体内では大切なはたらきをしている。

★ワンポイントアドバイス★

問題文の情報はよく整理し，印をつけたり，必要な情報をメモしたりして，上手に活用して答えを導こう。

＜社会解答＞《学校からの正答の発表はありません。》

問1　(1)　伊達政宗　　(2)　肥料　　問2　(1)　北上(川)　　(2)　い　　問3　え

問4　(例)　税金を払う能力の高い人は，税金を多く支払ったとしても，経済的な余裕が十分にある。　(例)　税金を払う能力の高い人と低い人の経済的な格差を小さくすることができる。

問5　(1)　(例)　先進国の仲間入りを目的に，西洋式の食生活を取り入れようとしたから。

(2)　(例)　石炭を燃料とする蒸気機関が普及すると考えたから。

問6　(例)　横浜港に入港する船舶に飲料水を供給する必要があったから。

(例)　外国からコレラのような感染症が持ち込まれることが多かったから。　　問7　か

問8　(例)　住民が所属している市町村から水道を引くより，隣接する市町村から水道を引いた方が距離的に近い地域が発生する。

問9　(例)　耐用年数をこえた水道管の割合は上昇しているが，水道管の更新はあまり進んでいない。人口の減少に伴い，料金収入は減少していくが，世帯数はそれほど減少しないので，水

道管を更新することがより困難となっていく。

問10　(1)　公共施設の運営を急にやめられると，住民の生活に支障をきたすから。

(2)　有利な条件を提示する民間企業があっても，これと契約を結ぶことができない。

問11　(例)　貧困は社会全体で解決すべき課題である。解決には，貧困家庭の子どもに対し，返済の必要がない奨学金制度を拡充するなどの支援を行って，貧困の連鎖を断ち切るとともに，親世代に対しては安心して働くことができるように就労支援をすることが有効と思う。

○推定配点○

問1～問3・問7　各1点×6　　問8・問9　各3点×2　　問11　12点　　他　各2点×8　　計40点

＜社会解説＞

(総合―「公共」をテーマにした日本の地理，歴史，政治など)

基本　問1　(1)　伊達政宗は，安土桃山時代～江戸時代初期の武将。初代仙台藩主。父である輝宗の跡を継ぎ奥羽に覇をとなえたが，1590年，豊臣秀吉に服属。のちに関ヶ原の戦い，大阪の陣に功をたて仙台62万石を領した。独眼竜と称される。　(2)　人間の排泄物は，下肥とよばれる肥料として活用された。江戸時代，良い野菜をつくるために肥料となる人間の排泄物は，商品として取り引きされ，「下肥買い」とよばれる専門の業者も生まれた。江戸では，長屋(庶民の共同住宅)の家主にとって，共同トイレの糞尿は大切な収入源であったといわれる。

問2　(1)　北上川は，岩手県北部の七時雨山(ななしぐれやま)に付近に源を発し，奥羽山脈と北上高地の間を南に流れ，岩手県中央部，宮城県北東部を貫流して追波湾に注ぐ川。長さ，流域面積とも東北一の大河である。　(2)「い」は宮城県石巻市にあった石巻市立大川小学校(B)。2011年3月11日に発生した東北地方太平洋沖地震(東日本大震災)に際し，近くを流れる北上川を遡上してきた津波に巻き込まれて児童と教職員あわせて84名が死亡。この際の小学校の対応に過失があったとして，児童遺族による裁判になった。なお,「あ」は宮城県名取市(D),「う」は宮城県仙台市(C),「え」は宮城県気仙沼市(A)にある施設や「津波遺構」である。

問3　「放課後に友達と勉強会をすること」は，自分とその友達というごく限られた，一部の人の成果にはなる。しかし，それだけでは，成果を「みんなで分かち合う」ことにはならない。

やや難　問4　税金を支払う能力のある人ほど多く納めるという仕組みを，累進課税という。累進課税は，日本では，所得税や相続税などに適応されていおり，税の負担公平の原則に適合するほか，所得の再分配の機能を通じて，資源の最適配分にも資するものとされている。

重要　問5　(1)　明治政府は，幕末に結ばれた不平等条約の改正を急いでいた。そのため，日本が先進国であることを西洋の国々にアピールする必要があった。その一環として，西洋風の食事を積極的に取り入れようとしていたと考えられる。　(2)　明治政府の掲げた「殖産興業」のスローガンのもと，近代的な工場の建設や鉄道の整備が積極的に進められた。このころ，工場や鉄道の動力は，主に石炭を燃料とした蒸気機関から得ていたので，財閥は，石炭は今後，売上が急増すると考えたのである。

重要　問6　「貿易港として横浜が発展し，人口が急速に増加したから。」「横浜は，埋立地が多く，ここでは地下水に海水が混入し，飲料水としては不適だったから。」なども解答例として考えられる。

基本　問7　A　厚生労働省は，社会福祉，社会保障，公衆衛生，労働条件などを担当する中央行政機関。2001年，厚生省と労働省を統合して設置された。　B　国土交通省は，国土の総合的利用・開発・保全，社会資本の整備，交通政策の推進などを担当する中央行政機関。2001年，建設省，運輸省，国土開発庁，北海道開発庁を統合して設置された。　C　経済産業省は，産業政策，商工鉱業，通商政策，中小企業振興，資源・エネルギーなどに関する業務を担当する中央行政機関。それまでの通商産業省を改組して2001年に発足した。

問8　図2のように都市化が進むと，複数の市町村にまたがる市街地が形成される。すると，住民が所属している市町村から水道を引くより，隣接する市町村から水道を引いた方が距離的に近い地域が発生するなどの問題が起こる。このため，市町村をこえた水道事業の展開も必要となる。

問9　図3から，耐用年数をこえた水道管の割合は上昇しているが，水道管の更新はあまり進んでいないことが読み取れる。図４から，人口は急速に減少するが，世帯数はそれほど減少しないことが読み取れる。問題文の最後に「水道の料金収入は使用量に応じて決まり」とあるので，人口の減少によって，料金収入は激減すると予想される。一方，「水道の維持管理費用は家屋や建物の数に関わって増減する」とあるので，世帯数がさほど減らないとすれば，水道の維持管理費は水道管の更新も考慮すると，その費用はさらに増加していくと考えられる。

やや難　問10　(1)　水道のような公共の事業は継続性が重要である。民間企業であっても，利益が出ないからといって，さっさと事業から撤退してしまうと，すぐに住民の日常生活に支障をきたすようになってしまう。　(2)　公共の事業について，地方公共団体と民間企業が長期の契約を結んだ場合，より有利な条件を提示する民間企業が現れたとしても，この企業と新たな契約を結ぶことができない。つまり，競争の原理が働かなくなってしまう。また，長期の契約を結んだ民間企業のサービスに不満があっても，余程のことがないと，契約を打ち切ることができないという問題も発生する。

問11　解答例では，「貧困」の問題を取り上げたが，これ以外に，「子育て」，「教育の格差」，「高齢者の孤立」などもテーマとして考えられる。

★ワンポイントアドバイス★

一部，知識を確認する問題がみられるものの，全体としては，資料を読み取る力，現代社会のさまざまな問題を解決策も含めて考察する力など，骨太の力が強く求められている。

＜国語解答＞ 《学校からの正答の発表はありません。》

一　a　習慣　b　包装　c　操縦　d　垂　　二　イ　　三　ウ

四　(例)　勉強も運動も突出してでき，クラスでうまくふるまい，強い立場でいられる生徒。

五　(例)　誰とも言葉を交わさず，心も通わせない，孤独でさびしい状況。

六　自分の精神的な命綱のようなもの　　七　エ

八　(例)　居場所がなく，人とうまくかかわれない草児にとって，食べたり食べられたりする関係がなく，静かな環境で静かに生きられるエディアカラ紀の生物は，あこがれの対象であったから。

九　(例)　頻繁に博物館を訪れるこの男は，涙の理由も細かく聞かなかったので，草児の興味もただ受け止めてくれると思えて，心を許せたから。

十　(例)　帰ってこなかったら悲しんでくれる，母親というだいじな人が，自分にはいること。

十一　(例)　同じようなことに関心を持つ杉田君と言葉を交わしたことで，居場所がない孤独感がやわらぎ始めている。

十二　（例）　家でも学校でも人とうまくかかわれずに孤独に苦しむ草児にとって，好きな古生代の生き物を誰にも干渉されずに眺めることで，現実逃避ができ心がいやされる場所。

十三　(1)　（例）　草児は，遊び相手ができてクラスに居場所ができ始め，外食では母や祖母と心を通わせることができた。そのような状況で飲んだコーラに味が感じられたので，味覚を失うほどつらかった孤独から抜け出せたとも思え，幸せをいっそう感じることができたから。　　(2)　（例）　苦しいときに心を通わせた男から，互いにだいじな人と過ごす場面では関わるべきではないというように暗に示され，互いの幸せを願いながらも，男とのつながりが薄れることがさびしかったから。

○推定配点○

一　各1点×4　　四　4点　　八～十二　各5点×5　　十三　各6点×2　　他　各3点×5

計60点

＜国語解説＞

（物語文―主題・心情・場面・登場人物・細部の読み取り，記述，漢字の書き取り）

基本　一　a　長いことくり返し行われていて，当たり前になっている行動のこと。　b　ここでは，品物をつつむ，うわづつみのこと。蒲焼きさん太郎の場合，手のひらにのるサイズのお菓子が，ビニールで包装されている。　c　ここでは，乗り物を思いのままに動かすこと。二重傍線cの場合，「運転」といいかえることもできる。　d　ここでは，下がった状態にすること。男の連れの髪の毛が下がった状態になっていることを，「垂れる」と表現しているのである。

基本　二　「文ちゃんのことを考えると，手足がぐったりと重くなる」理由は，傍線①以降に書かれた草児を文ちゃんとのやり取りから読み取ることができる。保育園のころから付き合いのある文ちゃんは，ともにおこづかいをもらうようになったあと，草児に無言の圧力をかけてお金をぶんどるようになる。文ちゃんは自分のお金と合わせて菓子を購入するのだが，そのお菓子はぜんぶ文ちゃんが食べてしまう。草児はどうすることもできず，どうすれば良いのかを考えることもできなかった。傍線①の草児は，以上のような状況を思い出して，手足を重くしている。この点をふまえて，選択肢の内容を比較する。「おこづかいを暗に求められて拒めない」「いやだった」とある，イが正解になる。アには「別れも言わずに転校してしまったことが申し訳ない」とある。確かに，傍線⑥以降には「別れを告げずに引っ越してしまった」とあり，そのことが草児の心に引っかかっていることは読み取れる。だが，アには，文ちゃんが「いつも自分を守ってくれていた」ともある。お金をぶんどったりしていた文ちゃんは，いつも守っていてくれた存在とは言えない。ウには「いつもしつこくつきまとってくる迷惑な存在」とある。文ちゃんは学校では肩を組んでくれたりする存在であり，「いつも…迷惑」だったとは読み取れない。エは「母親どうしも親しかったため」「勝手な行動を母親に相談できない」とある。傍線部①の，草児が文ちゃんにお金をぶんどられる様子が書かれている場面で，草児が母親に相談できずに困っていた可能性はある。だが，母親どうしが親しかったことが相談できない理由になるのか。その点は文脈から読み取れない。

三　傍線②の前半には「そう思うことで」とある。傍線②直前から「そう思う」の内容を把握できる。「世界と自分とがくっきり隔てられている」とあるが，草児は，自分が世界の一部としてぼんやりしている状態ではなく，完全に隔てられてしまっているとはとらえたのである。だが，傍線②には「むしろ草児の心はなぐさめられる」とある。それは，傍線②以降にあるように，「この学校になじめないのではなくて……透明の仕切りごしに彼らを観察しているだけ」というポーズを取ることによってである。つまり草児は，隔てられて仲間としてとけこめないでいる状態なのにもかかわらず，そのような現実を直視せず，透明の仕切りごしに彼らを見ているのだと思うことで，精神的に大きなショックを受けることを避けたのである。「透明の仕切りごしに彼らを観察していると思う」「教室にとけこめない現実を意識しないですむ」とある，ウが正解になる。アには「分厚い透明ななにかによって隔てられている」「彼らの存在を気にせずにいることができて安心」とある。アは，透明な仕切りごしに彼らを見ることで，草児が心をいやしている状況を正確には表していない。また，草児はクラスメイトを見ているのであるから，気にしていないことにはならない。イは「クラスメイトと分厚い透明ななにかを挟んで向かい合う」とあるが，博物館で展示物を見ているような状態を向かい合うとはいわない。エは「教室にとけこむきっかけを見いだすことができる」とあるが，おかしい。草児は，教室にとけこむきっかけを見つけようとしてなぐさめられているわけではない。現実を直視することをさけてなぐさめられているのである。

四　傍線③直後を参考にして，書くべき内容を考えることができる。草児は，勉強も運動も突出してできるわけではない。クラスにもなじめず，「ありがとう」と言っただけでびっくりされるぐらい，うまくふるまえていない。だから，「食べる側」になることなど，どうしても思えないのだ。そういう文脈である。また，「食べる側」とは，クラスの力関係の中で上位にいる生徒。自然界の「食べる側」からイメージして，クラスの上位であることも読み取っておく。草児と異なり，運動も勉強も突出している。クラス内でうまくふるまえている。クラスの力関係で上位の強い立場にいる。それが教室における「食べる側」である。以上の点をまとめる。

五　傍線④を含む場面をおさえて，書くべき内容を考えることができる。傍線④直前には，母，祖母と，ほとんど関わることがない状況が書かれている。「ほとんど言葉を交わさない」「気配だけを感じつつ」と書かれていて，会話もなく，心を通させることもない様子が読み取れる。傍線④には「給食もそうだ」とあるため，学校でも同じ状況であることも読み取れる。そして，そのような状況を「孤独でさびしい」と心のどこかで感じているため，草児は「味がぜんぜんわからなかった」という状況になっているのだ。以上の状況を読み取り，まとめていくとよい。記述の際には「誰とも言葉を交わさず，心も通わさない」という具体的な状況を書き，「孤独でさびしい状況」とまとめていくとよい。

六　傍線⑤を含む場面内に解答の手がかりを見つけることができる。傍線⑤以降，「なんで，そんなにお菓子を持っているの」と草児は質問するが，男は「安心するから，かな」と答えている。さらに男は，不安だった時にお菓子の筒を握りしめることで安心した経験も伝えてくれた。だが，お菓子は単純に「食料がある」という安心感だけのものではない。「自分の精神的な命綱のようなものだと思った」と男は語っている。この設問は，十五字と字数が決まっている。傍線⑤以降にある，「自分の精神的な命綱のようなもの」がちょうど十五字で解答になる。

七　傍線⑥以降，涙を流した草児が気づいたさまざまな苦しみが書かれている。その苦しみと選択肢の内容を照らし合わせて解答を見つける。傍線⑥以降，草児はうまくいかなかったことを思い浮かべ始めるが，それは「ガムの蓋」「博物館の休み」「文ちゃんと過ごした日々」と始まり，その後，「父が手紙をくれない」「学校で，誰とも口をきかなかった」「算数でわからないところ……先生に訊けなかった」「母がいつも家にいない」「祖母から好かれているのか嫌われているのか」と続く。そして最後には「自分はここにいてもいいんだろうか」と思うようになってしまう。草児は，ものごとがうまくいかないことをきっかけに自分が苦しんでいることを思い浮かべ始めたが，一番の苦しみは話し合ったり，心を通わせあったりする相手がいないことであり，「自分はここにいてもいいんだろうか」と思ってしまうように，どこにも自分が安らげる居場所がないために苦しんでいるのである。選択肢の中の，「誰ともよい関係を結べておらず」「安心できる居場所がない」と書かれている，エが正解になる。アは「……家庭に居場所がない」とある。草児の居場所がないのは，家庭だけではない。不十分な内容で誤答になる。イは「何にも興味を持てない」とある。恐竜に興味を持っている草児の状況に合わない。ウは「学校で級友や先生と話すことができず」とある。草児が交流することに問題を抱えているのは，学校だけのことではない。

重要 八　傍線⑦から傍線⑨までの文脈に着目する。そこから，草児がエディアカラ紀の生き物に「興味がある」理由が読み取れる。エディアカラ紀の生き物には「食べたり食べられたりする関係」がなかったのである。「同級生に百円をたかられたり，喋っただけで奇異な目で見られたり」などとあるように，草児は人とのかかわりがうまくいかないことに苦しんでいた。そういう草児にとって，「食べたり食べられたりする関係」がなく，「静かな海の底の砂の上で静かに生きているだけの生物」として生まれることは，あこがれでもあったのである。以上の点を読み取り，記述するとよい。記述の際には，「居場所がなく，人とうまくかかわれない草児」と現在の状況を記し，「食べたり食べられたりする関係がなく，静かな環境で静かに生きられるエディアカラ紀の生物」＋「あこがれていたから」という方向性でまとめる。

重要 九　男は，傍線⑥以降では草児の涙に関して「いろいろ，あるよね」と言うだけで，驚いたり，困惑したり，慰めようとしたりせず，ただ草児の様子を見て「いろいろ，あるよね」と言うだけだった。細かく理由を聞くようなこともなかったのである。それはこの時点の草児にとって，安心できることでもあった。他の大人の場合，傍線⑦直前に書かれているように，「恐竜とかが，好きだから」と言っておけば勝手に納得してくれるとある。それ以上のことを話すと，納得されないこともあって，面倒になることを草児は恐れているのだ。だがこの男の場合，涙の理由をただ受け止めてくれる。だから草児の興味に関しても，深く探ったりすることもなく，受け止めてくれると感じられたのだ。以上のことから，草児は安心して心を許せた。だから波線Aの「なんでいつも博物館にいるの？」という問いに対して，「もっと前の時代のいろんな生きものに……興味がある」と話を続けることができたのだ。以上の点をふまえて書くべき内容をまとめる。記述の際には，「涙の理由を細かく聞かなかった」＋「草児の興味をただ受け止めてもらえると感じた」＋「信頼できた，心を許せた」という内容を中心にする。

十　設問には「その後の『男』との会話を通して」とある。そのため，傍線⑨以降の会話に着目して，書くべき内容を考える。エディアカラ紀に行くことを想像した草児は「でも，もし行けたとして戻ってこられるのかな？」と心配になる。そして「戻ってこなかったら，心配するだろう」と，母親の存在に思い至る。母親が泣くだろうと考えたのである。そして男が，「だいじな人がいるんだね」と会話が進む。男との会話で，草児は，自分には母親というだいじな人がいることに気づいたと読み取れる。以上の点をふまえて，「自分がいなくなると悲しむ／自分を大切に思っている」「母親というだいじな人がいる」という内容を中心にまとめる。

十一　居場所がないことに苦しんでいた草児にとって，「恐竜好きなの？」「うん」「ぼくも」という会話は，孤独感をやわらげるきっかけになった。杉田くんも草児と同じように，「恐竜」に関心があったのである。草児はついに，自分を理解してくれそうな相手と会話ができた。そして，傍線⑩以降，草児は博物館に行く回数が減る。透明の板に隔てられている感じもしなくなるのである。以上の展開から，傍線⑩の時点で，草児の孤独感がやわらぎ始めていることを読み取ることができる。記述の際には，「同じようなことに関心を持つ杉田くんと言葉を交わすことができた」＋「孤独感はやわらぎ始めた」という内容を中心にする。

十二　波線Aの時，草児は家でも学校でも人とうまくかかわれず，孤独で悩み苦しんでいた。波線Bの時，杉田くんという言葉を交わすことができる存在が現れたので，孤独感がやわらぎ始め，博物館に行く回数は減った。博物館で，草児は主に古生代の生物を見ていたと読み取れるが，草児はエディアカラ紀の生き物にあこがれており，眺めていることで，つらい現実から逃げて心をいやすことができたのである。以上の点をふまえて，解答をまとめていきたい。記述の際には，「家でも学校でも人とうまくかかわれなかった草児」ともともとの草児の状況がわかる内容を書き，「あこがれの古生代の生き物を眺めることができる」＋「現実逃避ができて心をいやすことができる」と博物館で草児ができたこととその影響(効果)に関わる内容をつけ加える。

重要 十三 (1) 設問には「本文全体をふまえ」とある。本文全体の展開をふまえて，考える設問である。傍線④で「味がぜんぜん～感じない」というとき，草児は孤独感に苦しんでいた。ところがその孤独感は，杉田くんという遊び相手ができてクラスに居場所ができ始めることで，やわらぐ。また，外食では「草児に向かって，母がやさしく目を細める」ことがあったり，祖母が自分に問いかけてくれたり，家族と心を通わせることもできた。そのような状況で傍線⑪のように，草児はコーラの味を感じるのである。コーラの味は，草児に孤独な状態から抜け出したことを感じさせた。また，幸せをいっそう感じさせた。幸せをいっそう感じたからこそ，草児はさらに笑ったのである。記述の際には，「クラスに居場所ができ始めた」「家族と心を通わせることができた」という草児の変化のきっかけになるできごとを書き，「孤独から抜け出せたと感じた」「幸せをいっそう感じた」と，「さらに笑わせ」につながる草児の心情に関する表現を書く。

やや難 (2) 設問には「本文全体をふまえ」とある。この設問も本文全体の展開をふまえて，考える設問である。外食の際，草児は博物館で出会った男を見かけて，声をかけようとした。だが男は「だいじな人」と一緒にいて，波線Cや波線Dにあるように，草児が声をかけてくることを暗に拒んだ。それは，だいじな人と一緒に過ごすときには互いに関わるべきではない，というメッセージでもあったのだろう。草児は，波線Eのように，男がだいじな人と幸せであることを祈る。だがその後，泣きたいような気持ちになる。草児は孤独感から抜け出して幸せを感じ始めたが，博物館に行く回数が減るように，男とのつながりも薄れていくことになった。そのように，孤独ではない幸せは手にしても，これまで自分を支えてくれていたもの(人)とのつながりが薄れていくことに対するさびしさを感じ，泣きたいような気持ちになったのだ。以上の展開をふまえて，解答を作成する。記述の際には，「苦しいときに心を通わせた男からは関わることを断られた」＋「男とのつながりが薄れることがさびしかった」という内容を中心にする。

★ワンポイントアドバイス★

物語文の展開を意識して，文章を読み進めていきたい。最初に，登場人物が抱えている問題点などを把握して，それがどのようなきっかけを経て，どのように展開していくのか。ていねいにおさえていきたい。

MEMO

大切なことはメモしておこうネ！

2022年度

★★★★★★★★★★★★★★★★★★★★★★★★★

入　試　問　題

2022年度

麻布中学校入試問題

【算　数】（60分）　＜満点：60点＞

1　２つの倉庫Ａ，Ｂに同じ個数の荷物が入っています。Ａに入っている荷物を小型トラックで，Ｂに入っている荷物を大型トラックで運び出します。

それぞれの倉庫が空になるまで荷物を繰《く》り返し運び出したところ，小型トラックが荷物を運んだ回数は，大型トラックが荷物を運んだ回数より４回多くなりました。また，小型トラックは毎回20個の荷物を運びましたが，大型トラックは１回だけ10個以下の荷物を運び，他は毎回32個の荷物を運びました。

大型トラックが荷物を運んだ回数と，倉庫Ｂにもともと入っていた荷物の個数を答えなさい。

答　　　回，　　　個

2　次の図１，図２の時計について，以下の問いに答えなさい。

⑴　２時から３時までの１時間で，図１の点線と短針の間の角度が，長針によって２等分される時刻を答えなさい。ただし，秒の値《あたい》のみ帯分数を用いて答えること。

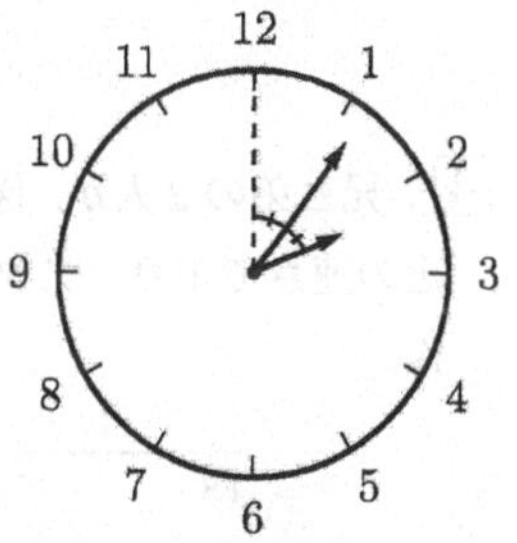

図１

答　２時　　　分　　　秒

⑵　１時から２時までの１時間で，短針と長針の間の角度が，図２の点線によって２等分される時刻を答えなさい。ただし，秒の値のみ帯分数を用いて答えること。

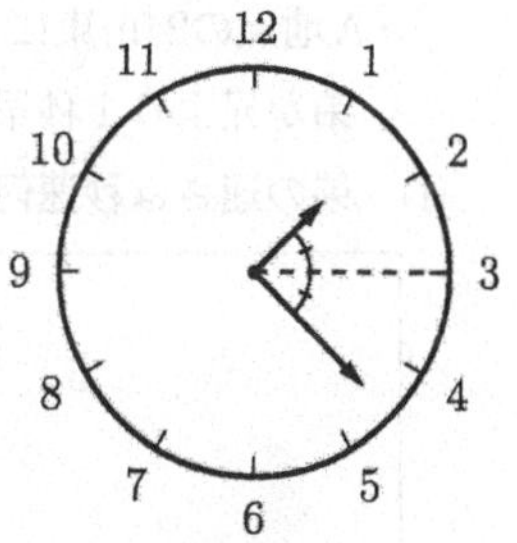

図２

答　１時　　　分　　　秒

3 次の条件に当てはまる4桁《けた》の整数を考えます。

条件：1つの数字を3個，別の数字を1個並べて作られる。

例えば，2022はこの条件に当てはまっています。以下の問いに答えなさい。

⑴ 条件に当てはまる4桁の整数のうち，どの桁の数字も0でないものはいくつありますか。

答　　個

⑵ 条件に当てはまる4桁の整数は全部でいくつありますか。

答　　個

⑶ 条件に当てはまる4桁の整数のうち，3の倍数であるものはいくつありますか。

答　　個

4 兄と弟の2人が，図のような東西にのびた道で，自転車に乗って競走します。2人はそれぞれ一定の速さで走り，スタート地点を変えて何回か競走します。ただし，ゴール地点は毎回変わりません。

はじめに2回競走したところ，結果は次のようになりました。

・2人がA地点から同時に出発したところ，兄が弟より4.6秒早くゴール地点に到着《とうちゃく》しました。

・A地点の24m東にB地点があります。弟がB地点から，兄がA地点から同時に出発したところ，弟が兄より1秒早くゴール地点に到着しました。

⑴ 弟の速さは秒速何mですか。

答　秒速　　m

さらにもう１回競走したところ，結果は次のようになりました。

・Ａ地点の６ｍ東にＣ地点があり，Ａ地点の24ｍ西にＤ地点があります。弟がＣ地点から，兄がＤ地点から同時に出発したところ，２人は同時にゴール地点に到着しました。

⑵　兄の速さは秒速何ｍですか。

答　秒速　　　ｍ

5　面積が６㎠の正六角形ＡＢＣＤＥＦがあります。この正六角形の辺FA，BC，DE上に，

FG：GA＝BH：HC＝DI：IE＝２：１

となるような点G，H，Ｉをとります。また，直線AIとCGが交わる点をＪ，CGとEHが交わる点をＫ，ＥＨとAIが交わる点をＬとします。以下の問いに答えなさい。ただし，右の図は正確な図ではありません。

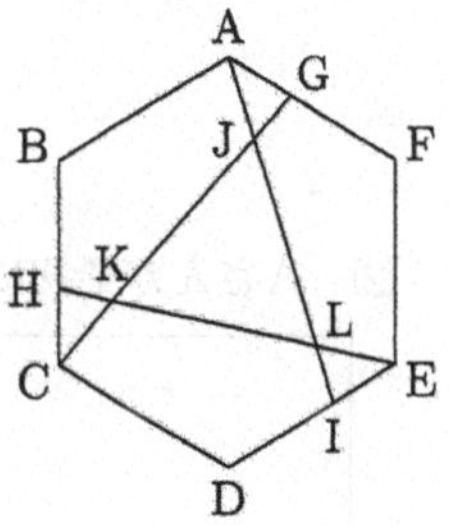

⑴　３点Ａ，Ｃ，Ｇを頂点とする三角形ACGの面積を求めなさい。

答　　　cm^2

⑵　三角形ＡJＧの面積を求めなさい。

答　　　cm^2

⑶　三角形JKLの面積を求めなさい。

答　　　cm^2

6　１から250までの整数が書かれたカードが１枚ずつあり，これらは上から１のカード，２のカード，…，250のカードの順で積まれています。Ａさん，Ｂさん，Ｃさん，Ｄさんの４人がＡ→Ｂ→Ｃ→Ｄ→Ａ→Ｂ→Ｃ→…の順番で次の作業をします。

・積まれているカードの中で一番上のものを引き，自分の手札にする。
・自分の手札に書かれている数をすべて合計する。
・その合計が10の倍数になったときだけ自分の手札をすべて捨てる。

この作業を，積まれているカードがなくなるまで繰《く》り返します。以下の問いに答えなさい。

(1)　Ｂさんが引いたカードに書かれた数を，小さい方から順に７個書きなさい。また，Ｂさんが最初に手札を捨てることになるのは，何の数のカードを引いたときか答えなさい。

答　７個の数は　□　□　□　□　□　□　□

最初に手札を捨てるときに引いたのは　□　**のカード**

(2)　Ａさんが最初に手札を捨てることになるのは，何の数のカードを引いたときか答えなさい。

答　□　**のカード**

(3)　ある人が作業をした直後，手札がある人は１人もいませんでした。初めてこのようになるのは，誰《だれ》が何の数のカードを引いたときか答えなさい。

答　□　**さんが**　□　**のカードを引いたとき**

(4)　ある人が作業をした直後，４人全員がそれぞれ１枚以上の手札を持っていました。このようになるのは，250回の作業のうち何回あるか答えなさい。

答　□　**回**

【理　科】（50分）　＜満点：40点＞

[1]　図１のような旗がパタパタとはためいているのを見たことがある人も多いと思います。これは，風の速さが一定でなく，向きも変化するからだと考える人もいるかもしれません。しかし，一定の向きと強さで風が吹《ふ》いていても，はためくことがわかっています。この現象について，まず考えていきます。

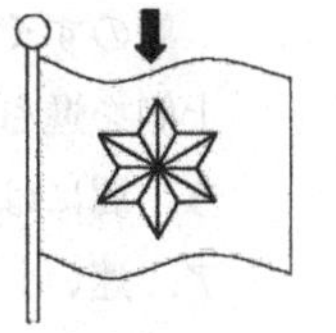

図１

図１の旗を上の方から，つまり矢印の向きから見たものが図２です。最初はⓐのようにまっすぐだったとしても，何かのきっかけでⓑのような状態になったとき，その後ⓒ→ⓑ→ⓒ→…の状態がくり返されたり，ⓒのような状態になったとしても，同様にⓑ→ⓒ→ⓑ→…とくり返されたりすることが，旗がはためくということになります。

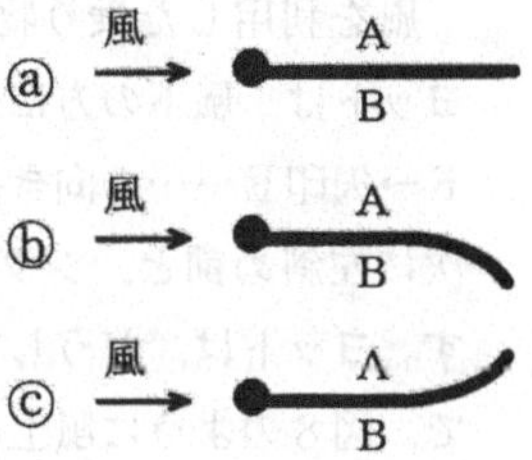

図２

問１　次の文中の空欄《くうらん》（①）～（⑥）に入る適当な語句を。以下のア～ウから１つずつ選び，それぞれ答えなさい。

図２のⓑでは，旗がＢ側に曲がってじゃまをするので，Ｂ側に吹いている風の速さは元の風の速さと比べると（　①　）です。また，Ａ側に吹いている風の速さは，Ｂ側に吹いている風の速さと比べると（　②　）です。ⓒでは，旗がＡ側に曲がってじゃまをするので，Ａ側に吹いている風の速さは元の風の速さと比べると（　③　）です。そして，Ｂ側に吹いている風の速さは，Ａ側に吹いている風の速さと比べると（　④　）です。そして，ⓑとⓒがくり返されることから，Ａ側とＢ側に吹いている風の速さに差があるとき，旗にはたらく力の向きは，風の速さが（　⑤　）方の側から（　⑥　）方の側であることがわかります。

ア．速い　　　イ．同じ速さ　　　ウ．遅《おそ》い

問２　次の文中の空欄（⑦）～（⑩）に入る適当な語句をそれぞれ答えなさい。

風による現象には他に，強い風に対して図３のⓓのように傘《かさ》をさし続けているときに，図３のⓔのような状態になってしまうこともあります。空気の流れの速さは，傘の上側の表面と傘の内部とでは（　⑦　）の方が速いため，傘には（　⑧　）から（　⑨　）の向きに力がはたらきます。この力の大きさが（　⑩　）と，図３のⓓの状態からⓔの状態になります。

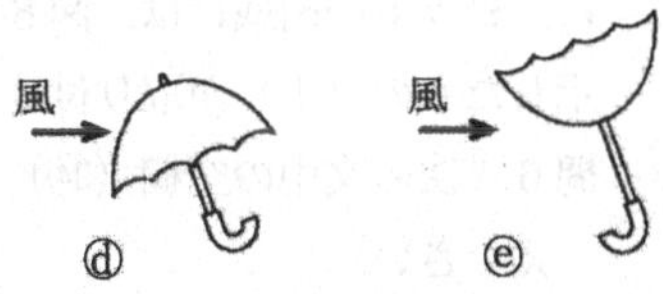

図３

風のような空気の流れは，乗り物にも関係しています。図４の飛行機が飛ぶためには，翼《つばさ》が必要です。図５は図４に示した翼の断面図で，下側の面は直線的ですが，上側の面は膨《ふく》らんでいます。また，離陸《りりく》時は翼の中心を通っている線Ｃと風が吹く向きとの間の角，角Ｄの分だけ，風が吹く向きに対して傾《かたむ》いています。

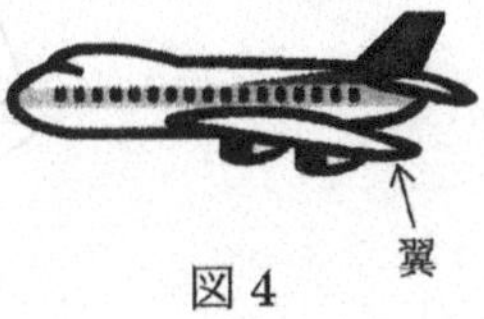

図４

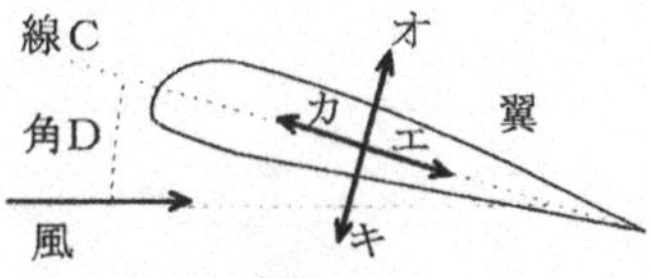

図５

問3　次の文中の空欄（⑪）と（⑫）は以下のア～ウから，（⑬）は前ページの図5のエ～キから適当なものを1つずつ選び，それぞれ答えなさい。

翼のすぐ下側を進む風の速さは，元の風の速さと比べると（　⑪　）です。そして，翼のすぐ上側を進もうとする風の速さは，翼のすぐ下側を進む風の速さと比べると（　⑫　）です。だから，翼にはたらく力の向きは　（　⑬　）です。

ア．速い　　イ．同じ速さ　　ウ．遅い

風を利用した乗り物には他に，図6のようなヨットもあります。ヨットは，風下の方に進むだけではなく，図7のように矢印E→矢印F→矢印E→…の向きへと進むことができます。つまり，右斜《なな》め前，次に左斜め前と，ジグザグに風上に向かって進むことができるのです。ヨットは，どうして風上に進むことができるのでしょうか。そこで，図8のように風上に向かって右斜め前を向いている場合について考えます。簡単にするために，ヨットの帆《ほ》は1枚として考えます。このとき，ヨットの帆は，最初は線Gの位置にありましたが，風をはらんで右側に膨らみます。

図6

図7

問4　図8の帆の左側と右側を吹く風の速さを比べると，どちらの方が速いですか。

問5　図8のようなヨットの帆には，どの向きに力がはたらきますか。解答欄《かいとうらん》の図中に示された点Iから始まる矢印をかきなさい。

問5で答えた力のためにヨットは進もうとしますが，それは矢印Eの向きではありません。そこで矢印Eの向きに進めるようにするために，ヨットの船底には，図8の線Hに沿って図9で黒く塗《ぬ》りつぶして示したもの（J）が取り付けられています。

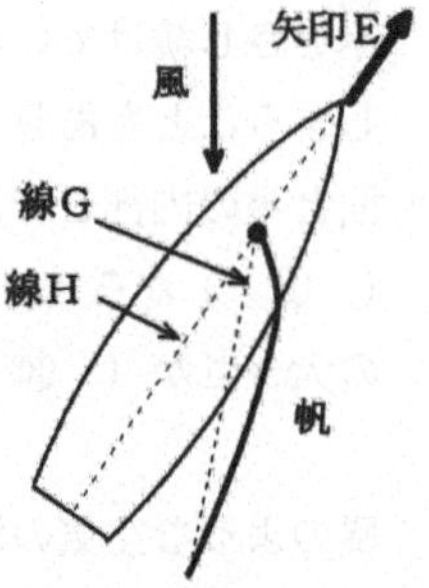

図8

問6　次の文中の空欄（⑭）と（⑮）に入る適当な言葉をそれぞれ答えなさい。

図9のJがないと矢印Eの向きに進まず，（　⑭　）に進もうとする。しかし，Jがあると（　⑮　）ため，矢印Eの向きに進むことができる。

問7　図9のJを取り付けることによって，矢印Eの向きに進めないことを解決する以外にも役立つことがあります。役立つこととその理由をそれぞれ答えなさい。

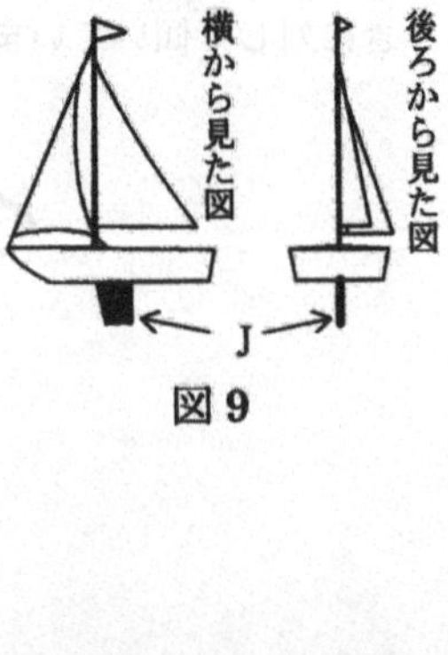

図9

2　「和食」が日本の伝統的な食文化として保護，継承《けいしょう》されるべきものであるとユネスコ（国際連合教育科学文化機関）に認められ，2013年に無形文化遺産に登録されました。この理由の１つに発酵《はっこう》食品や発酵調味料の豊富さがあるといえます。みなさんは発酵という言葉になんとなく体に良いという印象を持っているでしょう。ここで発酵について考えてみましょう。

私たちにとって特に大切な栄養素である炭水化物（でんぷんや砂糖の仲間），たんぱく質，脂質《ししつ》，無機質（ミネラル），（　A　）を五大栄養素といいます。でんぷんはブドウ糖という砂糖の仲間が，たんぱく質はいろいろなアミノ酸が，それぞれたくさん結びついた大きな物質です。

微生物《びせいぶつ》が酵素《こうそ》という物質をつくって炭水化物やたんぱく質を分解することで，私たちにとって役に立つものができることを発酵といいます。その一方で，役に立たないものができることを腐敗《ふはい》といいます。つまり発酵も腐敗も，微生物が生きるために行っている，大きな物質を小さな物質にする活動で，私たち人間が呼び分けているに過ぎないのです。

私たちは物を食べるときに味を感じます。この味は長い間，甘味《あまみ》，塩味，酸味，苦味の４つが基本要素であるとされてきました。しかし，アミノ酸の一種であるグルタミン酸の仲間を食べたときに感じる味が，この４つでは説明できないことに池田菊苗《きくなえ》博士が気づきました。そして５つ目の基本要素として旨味《うまみ》の存在を1908年に主張し，2002年についに認められました。

問１　空欄《くうらん》（A）に入る栄養素の名前をカタカナで答えなさい。

問２　私たちは，腐敗物を酸味，毒物を苦味として感知しているといえます。一方，体に必要なものを甘味や旨味として感知しているといえます。甘味と旨味は五大栄養素のうち何を感知しているといえますか。それぞれ答えなさい。

和食の中心にあるのは，発酵調味料の味噌《みそ》と醤油《しょうゆ》だといえるでしょう。特に味噌は，かつては多くの家庭でつくられており，その出来《でき》をおたがいに自慢《じまん》しあっていたようです。自慢することを手前味噌というのはその名残《なごり》であると考えられます。ここで，味噌づくりで利用している酵母菌《こうぼきん》と麹菌《こうじきん》という微生物に注目してみます。

酵母菌はブドウ糖を分解し，エタノールというアルコールと，気体の（　B　）ができる発酵を行う微生物で，お酒やパンをつくるときにも使われます。パンをつくるときに使う酵母菌は一般的《いっぱんてき》にはイースト菌とも呼ばれ，パンに独特の香りがあるのはエタノール，パンがふくらむのは（B）ができるためです。

麹菌はカビの仲間ですが，日本で伝統的に使われている麹菌は世界的にも珍《めずら》しい，毒をつくらないカビです。そして，でんぷんを分解してブドウ糖にする酵素や，たんぱく質を分解してアミノ酸にする酵素をつくって発酵を行い，お酒をつくるときにも使われます。

味噌の中でも最も多くつくられている米味噌のつくり方を紹介《しょうかい》します。

⑴　白米を炊《た》いて柔《やわ》らかくする。

⑵　⑴の米に麹菌を加えて発酵させる。これを麹という。

⑶　大豆を炊いて柔らかくし，十分に冷えてからつぶす。

⑷　⑶の大豆に塩を加え，麹菌を含《ふく》む多くの微生物が死滅《しめつ》する濃度《のうど》にし，⑵の麹を加える。

⑸　麹菌がつくった，たんぱく質を分解する酵素が大豆のたんぱく質を分解し，アミノ酸にしていく。また，塩に強い酵母菌や乳酸菌《にゅうさんきん》が一部生き残っていて，これらも発酵を行い，さらに複雑な味にしていく。

問３　味噌などの発酵食品が消化や吸収されやすいといわれる理由を答えなさい。

問４　味噌が腐敗しにくく，長く保存できる理由を答えなさい。

私たちの身の回りにある物質の多くは，原子というとても小さな粒《つぶ》からできています。原子には炭素原子，水素原子，酸素原子などの種類があり，炭素原子と水素原子と酸素原子の１個あたりの重さの比は，12：1：16です。それらの原子がつながって分子となり，その分子が非常に多く集まって目に見える大きさの結晶《けっしょう》になっています。

例えば，ブドウ糖の結晶を細かく分けていくと，ブドウ糖の分子になります。この分子は炭素原子６個と水素原子12個と酸素原子６個からできています。また，エタノールの分子は炭素原子２個と水素原子６個と酸素原子１個からできています。

問５　前ページの下線部について，炭素原子を[炭]，水素原子を[水]，酸素原子を[酸]として，この変化を図で表すと，下のように，ブドウ糖の分子１つから，エタノールの分子２つと（Ｂ）の分子２つができます。Ｘ，Ｙ，Ｚに入る数字を答えなさい。ただし，原子は増えたり減ったりしません。また，空欄（Ｂ）に入る物質の名前を答えなさい。

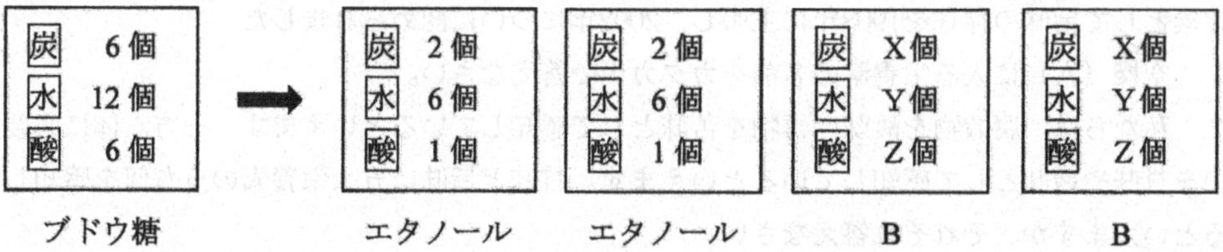

問６　ブドウ糖１分子とエタノール１分子と（Ｂ）１分子の重さの比を，最も簡単な整数比で答えなさい。

問７　ブドウ糖の水溶液《すいようえき》に少量の酵母菌を加えてよく混ぜ，全体の重さが１kg，ブドウ糖の濃度が20％の水溶液をつくりました。これを発酵させると，発生した（Ｂ）がすべて空気中に出ていき，44ｇ軽くなりました。

まだ残っているブドウ糖の重さと，エタノールの濃度をそれぞれ答えなさい。ただし，この間に水やエタノールの蒸発はなかったものとします。また，答えが割り切れない場合は，小数第二位を四捨五入して小数第一位まで答えなさい。

3　夜空を見上げると，星や月といった天体を見ることができます。その見える位置や見え方は時間や季節によって変わりますが，これは，私たちのいる地球やその他の天体がおたがいに動くことで生じている，見かけの変化です。例えば①月の満ち欠けは，月が地球の周りを回っていることで，地球から見た月と太陽の位置関係が変化するために生じています。

問１　昨年の９月半ば，右の図１に示した形の月が，東京で南の空に見えたとします。その同じ時刻に太陽を見ようとすると，太陽はどの辺りに位置することになりますか。最も適当なものを下の図中のア～キから選び，記号で答えなさい。ただし，図は地平線を北から時計回りにぐるりと360°見渡《みわた》した様子を示すものとし，それぞれの記号の間は45°の角度で離れています。

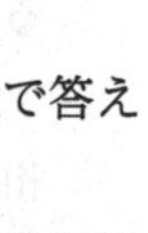

図１

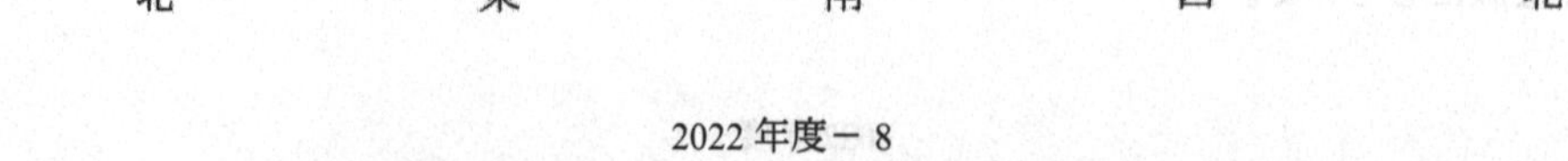

問2　下線部①について，地球の周りを回る月の通り道と，地球の位置から見た太陽の向きを示したものが右の図２です。満ち欠けで最もふくらんだ形の月を地球の位置から見た向きは，地球の位置から見た太陽の向きと，図２中でどれだけの角度で離れていることになりますか。整数で答えなさい。

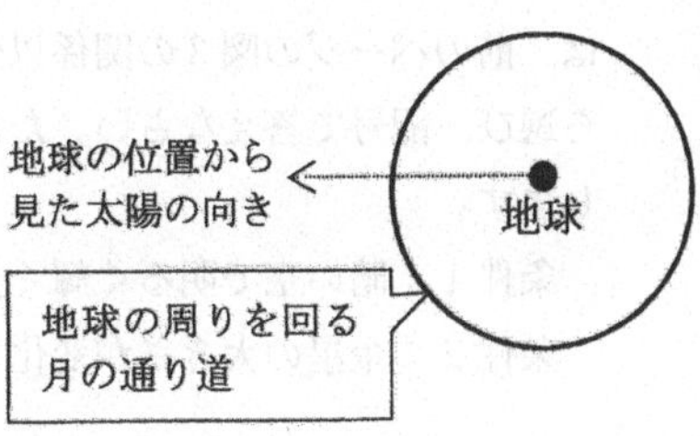

図２

夜空で月の次に明るく見える星は，惑星《わくせい》である金星です。金星は星座の星たちや月とは異なり，暗い空で明るく輝《かがや》く姿を日の出や日の入りに近い時間しか見ることができません。これも位置関係による見かけの動きによります。

金星や地球といった惑星は，太陽の周りをほぼ同心円状の通り道で回っていること（公転）が知られています。また，その通り道はほぼ同じ平面上にあります。図３はその通り道で，地球の位置から見た金星がさまざまな位置関係にある様子を示しています。図中の点線は，地球の位置から見た金星が太陽から最も離れる位置関係を示しています。このように金星が通り道のどの位置にあっても，地球から見ると太陽からあまり離れることがないため，明るく輝く姿を見られる時間が限られるのです。

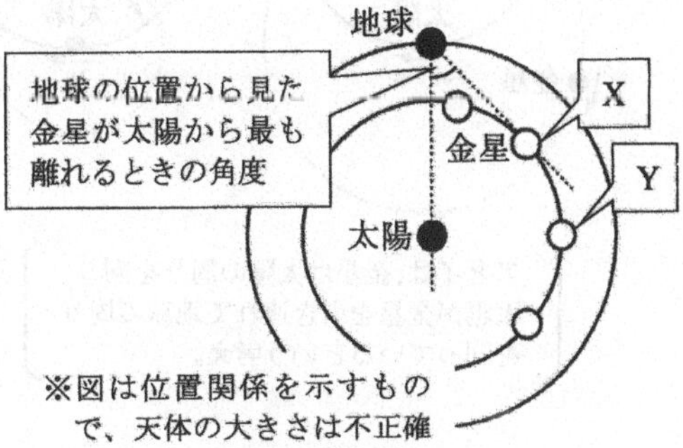

※図は位置関係を示すもので、天体の大きさは不正確です。全ての図が同様です。

図３

②地球と金星の位置関係によって，金星にも月のような満ち欠けが生じます。図４は，1610年頃《ごろ》にガリレオ・ガリレイが望遠鏡での観測によってスケッチした金星の形を示したものです。

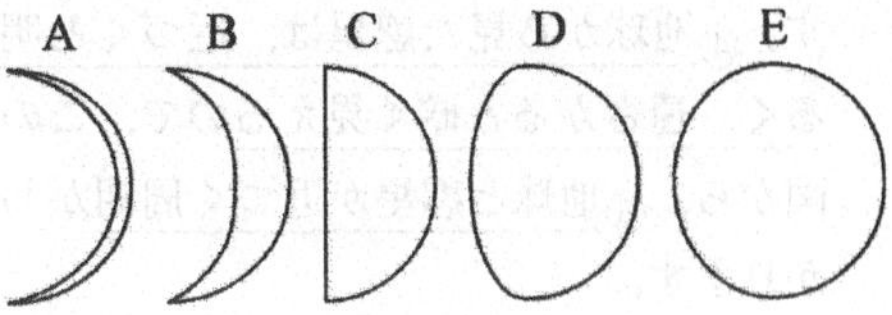

図４

問3　下線部②について，金星が図３のＸとＹの位置のとき，地球から見た金星はそれぞれどのような形をしていますか。最も適当なものを，図４のＡ～Ｅから１つずつ選びなさい。ただし，Ｘの位置の金星から見た太陽と地球の位置関係は90°離れており，金星がＹの位置のときは太陽から見た地球と金星の位置関係が90°離れているものとします。

ガリレオは地球から見た金星の形だけでなく，その大きさが変化して見える様子も観測していました。見た目の大きさの変化は，金星と地球の距離《きょり》が変化することを示します。今では，地球と金星が太陽の周りを回ることで，おたがいの距離が変化することが知られています。しかし，私たちは天体の動きを図３のように見ることはできません。また，天体を観測すると自分たちを中心として動いているように見えるので，かつては地球の周りを太陽や他の惑星が回っていると信じられていました。昔の天文学者たちは，③観測事実を説明するために，いろいろな惑星の動きを考えました。

問4　下線部③について，次の２つの条件が成り立つとすると，太陽，地球，金星の通り道や動きは，前のページの図3の関係以外にどのように考えられますか。最も適当なものを下のア～エから選び，記号で答えなさい。ただし，実線と点線はそれぞれ地球と太陽を中心とする通り道を示します。

条件1：暗い空で明るく輝く金星を，日の出や日の入りに近い時間しか見ることができない。

条件2：金星の大きさが変化して見える。

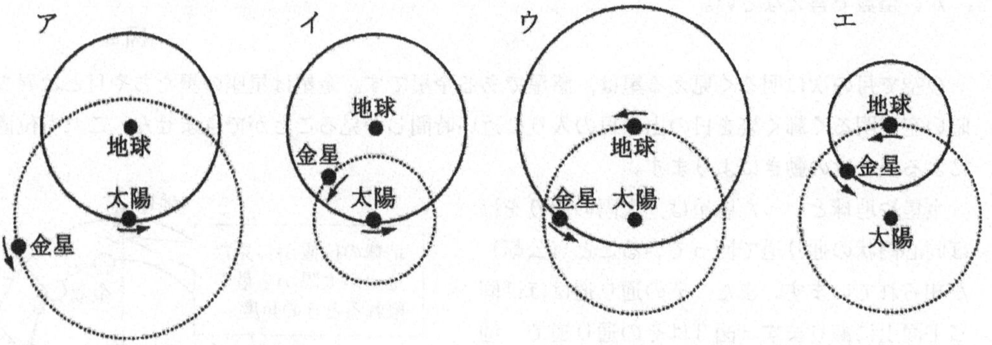

アとイは、金星は太陽の周りを回り、太陽が金星を引き連れて地球の周りを回っているという考え。

ウとエは、金星は地球の周りを回り、地球が金星を引き連れて太陽の周りを回っているという考え。

明るさが変化して見えるのは，金星だけではありません。図5は地球から見た金星と木星の明るさの変化を示しています。④地球から見た惑星は，近づくと明るく，遠ざかると暗く見えるので，この図から，⑤地球と惑星が近づく周期がわかります。

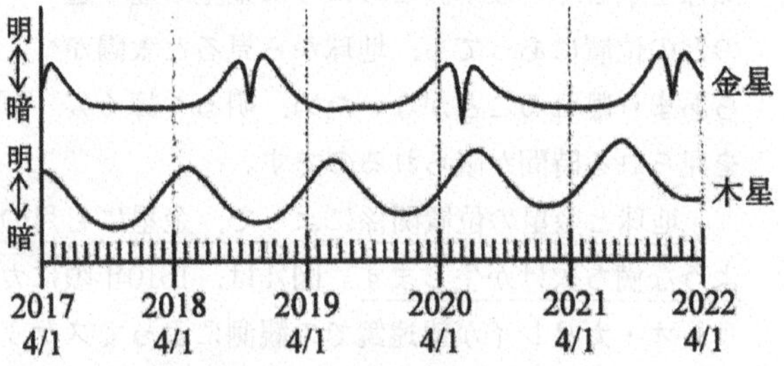

図5

問5　下線部④について，図5の金星の明るさは，地球と最も近づくときに暗くなっています。その理由について述べた次の文中の空欄《くうらん》に入る語句を答えなさい。

月と同じく満ち欠けがある金星は，地球に最も近づくときに，月でいうと（　　）のときと同じような位置関係となっているから。

問6　下線部⑤について，惑星がふたたび同じ位置関係になるまでにかかる時間（周期）を会合周期といいます。図5から読み取れる地球と木星の会合周期は，およそ何か月ですか。最も適当なものを次のア～オから選び，記号で答えなさい。

ア．11　　イ．13　　ウ．15　　エ．17　　オ．19

地球を含《ふく》む惑星が太陽の周りを公転しているとすれば，会合周期から，惑星の公転の1周にかかる時間（公転周期）を求めることができます。問6で求めた値と図6を使いながら，木星の運動について考えてみましょう。

まず，地球と木星が最も近づいているのは，太陽から一直線に並

※図中の（あ）～（う）と本文中の（あ）～（う）はそれぞれ同じ角度。

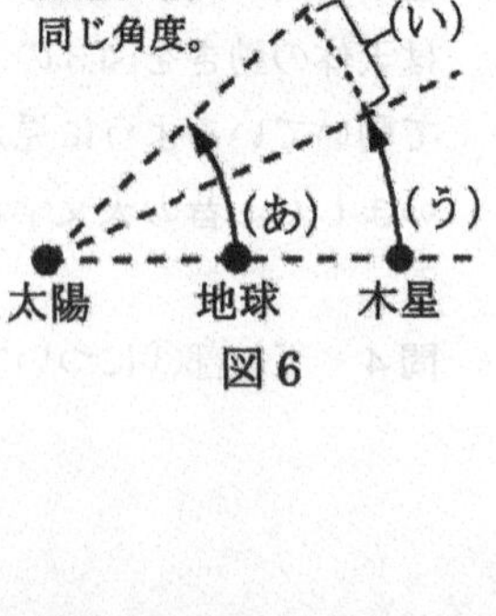

図6

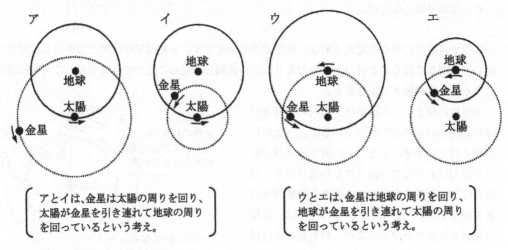

んだ状態です。地球の公転は12か月で360°なので，１か月で地球が動く角度は（あ）です。太陽から遠い惑星ほどゆっくり動くので，１か月経過しただけでも地球と木星が動いた角度には差ができます。さらに時間が経《た》つとこの角度の差が次第《しだい》に大きくなりますが，360°になると元の位置関係にもどることになります。この，元の位置関係にもどるまでの時間が会合周期ですから，360°を地球と木星の会合周期で割ると，１か月での差は（い）となります。そのため，木星が１か月に動く角度は（う）となり，木星が360°公転するのにかかる時間は（え）か月，すなわち（お）年であることが求められます。観測と計算をより正確に行うことができれば，さらに正確な惑星の公転周期を知ることができます。このように，今日の私たちが知っている惑星の運動は，先人たちの地道な観測によって明らかにされてきました。時には夜空を見上げて，先人たちの知の探究に触《ふ》れてみるのはいかがでしょうか。

問７　文章中の空欄（あ）～（お）に入る数字を答えなさい。答えが割り切れない場合は，（い）と（う）は小数第二位を四捨五入して小数第一位まで答えなさい。また，（え）と（お）は小数第一位を四捨五入して整数で答えなさい。

4　さまざまな病気があるなかで，人から人へとうつる病気を特に感染症《かんせんしょう》といいます。みなさんも経験のある風邪《かぜ》はこの感染症の１つです。2019年の冬に確認《かくにん》された新型コロナウイルス感染症の世界的な流行は，みなさん自身の健康への意識を高めたことでしょう。感染症になることなく，健康を保つにはどうすれば良いのかを考えてみましょう。

それには，まず私たちのからだのことを知る必要があります。私たちのからだは，無数の細胞《さいぼう》というものが集まってできています。この細胞たちはそれぞれ生きていて，さまざまな役割をもって協力し合っています。すべての生物はこのような細胞からできています。次の⑴～⑶は，生きている細胞でみられるはたらきをまとめたものです。

⑴　呼吸によって生命活動に必要なエネルギー（活動エネルギー）をつくる。

⑵　細胞ごとにもっている，親から子へと生命をつないでいく物質（遺伝物質）をもとに，からだのさまざまなたんぱく質をつくる。

⑶　遺伝物質そのものを複製する。

⑴～⑶のすべてのはたらきは，細胞を満たしている水の中で，⑵で自らつくったたんぱく質によって行われます。⑵は，⑴で得たエネルギーを利用するため，死んでいる細胞では行えません。また，⑶を行うには，⑴，⑵が必要です。このはたらきで細胞は増えますが，生きている細胞の一部でのみ行われます。

問１　生きている細胞のすべてで必ず行われているはたらきとして最も適当なものを次のア～キから選び，記号で答えなさい。

ア．⑴のみ　　イ．⑵のみ　　ウ．⑶のみ　　エ．⑴と⑵

オ．⑴と⑶　　カ．⑵と⑶　　キ．⑴～⑶すべて

わたしたちの体内に侵入《しんにゅう》し，悪い影響《えいきょう》をおよぼすものを病原体といいます。病原体が体内に侵入し，増えることを感染といいます。この病原体が増えれば増えるほど，体内の細胞が壊《こわ》されてしまいます。その一方で，からだは病原体をやっつけようとするはたらきを強めます。このはたらきが強いほど，鼻水や咳《せき》，発熱，下痢《げり》などの感染症の症状《しょうじょう》が強くあらわれます。体内の損傷が少なく，

病原体をすみやかにやっつけることができた場合，症状がみられないこともあります。

問２　ある病原体による「感染」と，その病原体による「感染症」特有の症状に関する説明として適当なものを，次のア～エからすべて選び，記号で答えなさい。

ア．「感染」すれば，その病原体による症状が必ずあらわれる。

イ．「感染」しなければ，その病原体による症状はあらわれない。

ウ．症状がない人たちと一緒《いっしょ》にいても，「感染」することは絶対にない。

エ．症状がある人に近づいても，必ず「感染」するとは限らない。

病原体の多くは，細菌《さいきん》やカビといった細胞からできている微生物《びせいぶつ》です。しかし，インフルエンザやはしかなどは，生物とは考えられていないウイルスが病原体です。図１は，球状の立体構造をもつ新型コロナウイルスの断面を簡単に示したものです。この図のように，どのウイルスにもウイルス自身の遺伝物質があり，この遺伝物質をもとにつくられたウイルス表面たんぱく質で包まれた構造をしています。また，ウイルスの内部に水はいっさいありません。

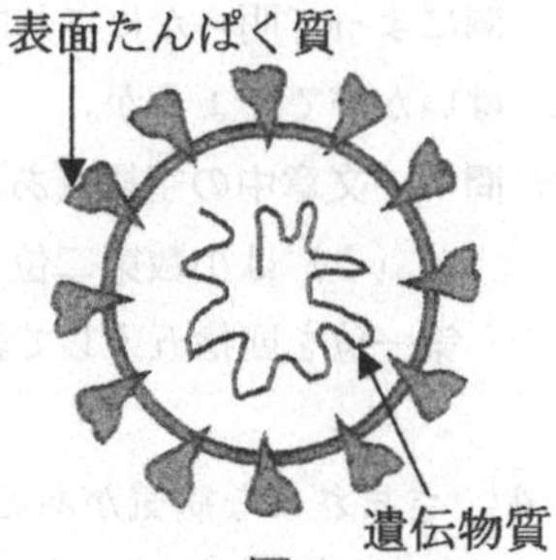

図１

ウイルス自身は，細胞でみられる前のページの⑴～⑶のはたらきが無いため，単独では増えません。生きた細胞に侵入し，生きた細胞の⑴～⑶のはたらきを利用して増えるのです。細胞へ侵入するには，ウイルスの（　Ａ　）の構造が細胞の表面の構造と合うことが重要です。おたがいの構造が合うと，ウイルスは細胞にくっつきます。すると，ウイルス自身が細胞内に取りこまれるのです。そうして，細胞内に入ったウイルスの（　Ｂ　）は，細胞自身の遺伝物質と同様に利用され，細胞が⑵，⑶のはたらきを行った結果，大量のウイルスがつくられるのです。

つまり，ウイルスに侵入された細胞は，ウイルス生産工場（感染細胞）となり，ウイルスがいっぱいになると感染細胞は壊れて，大量のウイルスを細胞の外に放出するのです。

問３　空欄《くうらん》（Ａ）と（Ｂ）に入る語句をそれぞれ答えなさい。

問４　感染細胞に関する説明として最も適当なものを次のア～エから選び，記号で答えなさい。

ア．ウイルスに侵入されると，細胞はすぐに死んでしまう。

イ．死んだ細胞にウイルスが侵入しても，感染細胞になる。

ウ．感染細胞が壊れない限り，ウイルスはどんどんつくられる。

エ．感染細胞は，呼吸をしない。

病原体をやっつけようとするはたらきは，疫《えき》（病気）を免《まぬ》がれるという意味で，免疫《めんえき》といいます。この役割を担《にな》っているのも細胞です。さまざまな役割の免疫細胞が連携《れんけい》し，免疫は次の⑷から⑺の順に進行します。

⑷　病原体の特徴《とくちょう》をさぐる細胞が，病原体表面の形状を読み取る。

⑸　読み取った形状を司令塔《しれいとう》の役割をする細胞に知らせる。司令塔からのはたらきで，知らされた形状にちょうど合う形のおもりのようなもの（抗体《こうたい》）がつくられる。

⑹　病原体は。体内に無数にばらまかれた抗体とくっつくと，その場から動けなくなり，体内の異物を食べる細胞たちにやっつけられる。

⑺　司令塔となった細胞のいくつかは，体内で生き残る。一度つくった抗体の形を記憶《きおく》しているので，同じ病原体が体内に侵入すると，すぐに抗体をばらまいて，病原体をやっつける。

問５　鼻水や咳といった感染症のおもな症状は，病原体を体内からとりのぞこうとするはたらきによって起きます。これら感染症の症状がやわらいでくるのは，どの段階が始まったころと考えられますか。⑷～⑺の数字で答えなさい。

問６　抗体は細胞内には入れませんが，細胞の外にある病原体を，⑷～⑺のはたらきですべてやっつけることができます。しかし，ウイルス感染症はこれだけでは治りません。その理由を答えなさい。

免疫は常にはたらいています。病原体のはたらきが弱い場合，体内の損傷が小さく，感染症の症状があらわれないうちに病原体はとりのぞかれます。逆に，①病原体のはたらきが強い場合，体内の損傷が大きくなり，生命が危険な状態となることもあります。

このことから，健康であり続けるには，②必要以上に多くの病原体を体内に侵入させないことと，③免疫のはたらきを受けもつ生きた細胞たちをできるだけ良い状態に維持《いじ》することが大切だといえます。

問７　下線部①について，体内の損傷を大きくするような病原体の性質を１つ答えなさい。

問８　下線部②について，病原体がウイルスの場合，生きた細胞にウイルスをくっつけないようにすることが重要だと考えられます。正常な皮ふの表面にある角質層は，死んだ細胞でできているので，傷口のない手指にウイルスがいくら付着しても感染することはありません。それにも関わらず，手洗いや手指のアルコール消毒をしなくてはならない理由を答えなさい。

問９　下線部③について，免疫の細胞もわたしたちの筋肉と同様に，使わずに休ませすぎると弱ってしまいます。また，激しく使いすぎると壊れてしまいます。からだをきたえるため運動するのと同じようなしくみがあるのです。免疫のはたらきを高めるのに良いとされるものを，次のア～キから３つ選び，記号で答えなさい。

ア．からだにどんな細菌も入れたくないので，常に消毒したものを利用する。

イ．多少の細菌がからだに入った方が良いので，体調が良いときには外出する。

ウ．できるだけ細菌と接触《せっしょく》する方が良いので，手洗い，うがいは一切《いっさい》しない。

エ．免疫細胞のはたらきのために，たんぱく質を多くふくむ食事を心がける。

オ．免疫細胞をはたらかせるために，細菌が増えたものを食べるようにする。

カ．免疫細胞をできるだけ休ませるために，一日中，寝《ね》て過ごすようにする。

キ．激しい運動によって免疫細胞も疲《つか》れるため，運動後はしっかりと休養する。

【社　会】（50分）　＜満点：40点＞

次の文章を読み，16ページから20ページの問いに答えなさい。

日本人と外国人の区分け

「コンビニエンスストアの店員さんって外国人が多いなあ」と思ったことはありませんか。街を見わたしてみましょう。ラーメン屋さんや牛丼《ぎゅうどん》屋さんでも外国人が働いています。実はみなさんが生まれたころと比べると，日本で働いている外国人は倍以上に増えているのです。ところで「外国人」とはどういう人を指すのでしょうか。

ア.「国籍法《こくせきほう》」という法律によると，両親のうち少なくともどちらかが日本国籍を持っていれば日本人として登録されます。また希望して日本国籍を取得した人も日本人です。そして日本国籍を持たない人が外国人です。肌《はだ》の色や日本語を話すことができるかは関係ありません。外国人が日本に入国するとき，法律にもとづいて入国の審査《しんさ》がおこなわれ，イ．滞在《たいざい》の許可がおります。観光ではなく中長期にわたって滞在する外国人には，「在留カード」という身分証明書が発行され，それをいつも持っていることが義務づけられています。下の表１を見てください。「出入国管理法及《およ》び難民認定《にんてい》法」という法律によると，中長期にわたって日本に滞在する外国人はこのように区分けされています。このような区分けができたことには，日本が歩んだ経済や外交の歴史が大きくかかわっています。時代をおってみながら，日本の外国人受け入れの問題について考えてみたいと思います。

特別永住者	在日韓国《かんこく》・朝鮮《ちょうせん》人など
永住者	日本政府から永住許可がおりた人
定住者	日本政府から一定期間の日本滞在許可がおりた人（住み続ける場合は定期的な更新《こうしん》手続きが必要）
資格別の在留者	日本政府から技能実習、特定技能、研究、留学、研修などの資格での滞在許可がおりた人
難民	自国での迫害《はくがい》を逃《のが》れて来た人のうち日本政府が認定した人

表１　中長期滞在の外国人の区分け（「出入国管理法及び難民認定法」より作成）

植民地支配と特別永住者（1890年代～1950年代前半）

表１の特別永住者という立場がつくられたことは，日本がおこなった植民地支配や太平洋戦争とその後の混乱と関係しています。日本は日清《にっしん》戦争の後に（　あ　）を植民地とし，続いて1910年に朝鮮半島を植民地としました。ウ．植民地にいた人は「日本人」として登録され，仕事をするために日本列島に移り住んだ人も多くいました。戦後，日本はアメリカ合衆国《がっしゅうこく》（以下，アメリカ）を中心とする連合国軍の占領《せんりょう》下で植民地を手ばなし，これらの人びとのあつかいはあいまいになりました。1951年に日本が（　い　）平和条約を結び，独立国としての立場を回復する一方で，朝鮮戦争などの混乱が生じたこともあり，その後の国籍登録の問題はより複雑になりました。数十年にわたって日本でくらした人や，日本で生まれた人は，日本での生活を簡単に捨てられません。結果としてエ．特別に日本に住むことを認められた外国人という立場をつくることになりました。これが特別永住者です。特別永住者として登録されている人は，何世代にもわたって日本でくらしているものの，日本国籍を持っ

ている人とまったく同じ権利があるわけではありません。

経済成長と外国人労働者（1950年代後半～1990年代）

日本は1950年代後半から1960年代にかけて，高度経済成長の時期をむかえました。オ．高度経済成長期には，外国人労働者は多くありませんでしたが，その後，少しずつ日本で働く人も増えていきました。

1980年代後半から1990年代にかけて**イラン**という国から日本に来る人が増えました。当時のイランは革命や戦争による混乱が深刻でした。日本はイランから観光目的で来る人の入国審査を厳しくしていなかったので，生活ができなくなったイランの人たちは観光目的で来てそのまま働くようになりました。ちょうどそのころ，日本は好景気で，都市部を中心に労働力が不足したので，このような人が不法滞在者だとわかっていても雇《やと》う企業《きぎょう》があったのです。不法滞在者の増加を受け，日本政府は外国人労働者全体の取りしまりを強化するとともに，10年以上日本でくらした外国人には永住資格をあたえることにしました。これが永住者です。

同じく1980年代から1990年代にかけ，不足する労働力を補う存在として注目されたのが「日系人」と呼ばれる人たちで，日本政府はこれらの人たちの入国基準をゆるめました。日系人とは，日本から海外に移民として渡り，その国の国籍を得た人や，その子孫を指します。戦前，カ．日本政府は海外に移民を積極的に送り出しました。日本から**ブラジル**への移民も急増し，現地で生まれ育った人も増えていきました。最も急増した時期に渡った人たちの孫は現在，40歳《さい》前後の年齢《ねんれい》になっています。現地で生まれ育った人は日系ブラジル人と呼ばれています。日本政府が日系ブラジル人の入国基準をゆるめたころ，ブラジルでは貧困《ひんこん》や治安の悪さが深刻な課題でした。そのため，おじいさんやおばあさんの故郷で働くことに明るい未来を期待した人たちも少なくありませんでした。こうして日本にやって来た日系人には，10年以上くらしているという条件をみたしていなくても，定住の許可があたえられました。これが定住者です。

永住者も定住者も日本の労働力不足を背景に制度がととのえられていった結果つくられたものでした。

日本の難民政策（1970年代～1990年代）

永住者や定住者として登録されるような外国人労働者が日本で増え始めたころ，もう一つ，別の立場の外国人が日本にやってきました。これが難民です。政治的な混乱などで自分の国でくらすことが危険になり，やむなく国外に逃《に》げた人を難民といいます。みなさんも「同時多発テロ事件」後のアメリカが，（　**う**　）という国を空爆《くうばく》し，周辺国へ多くの人が逃れて難民となったことを知っているでしょう。

日本が難民を受け入れたきっかけはベトナム戦争が終わった1970年代後半でした。東南アジアの一部の国では政治が混乱し，身の危険を感じた人たちが助けをもとめて国外に逃げたのです。この人たちをインドシナ難民といいます。このとき日本は国際的な圧力もあり，インドシナ難民を受け入れました。その後1981年に，国際社会で定められていた難民に関する条約を日本も結びました。難民として認定されれば，基本的には定住者と同じような資格があたえられます。ただし，条約を結んでからのキ．日本政府の難民に対する姿勢は消極的です。

労働力不足の中で（2000年代以降）

表1には，資格別に在留許可がおりた人たちについても示されていますが，ここではとくに技能実習と特定技能という資格に注目してみましょう。**ク**．2000年代以降，日本の労働力不足はより深刻になり，不景気のために安い賃金で働く労働力を求める声が大きくなりました。しかし，外国人の移住が増えることに慎重《しんちょう》な姿勢をとってきた日本政府は，外国人労働者を積極的に受け入れるとは言いませんでした。そこで考え出されたのが技能実習という資格でした。日本で仕事の技能を身につけて，自分の国に帰ったときにいかしてもらおうという国際貢献《こうけん》の名目で外国人労働者の受け入れが広がりました。しかし，実態は短期の低賃金労働でした。滞在期間も最長で5年までに制限され，家族を日本に呼ぶこともできませんでした。

2018年，特定技能という資格がつくられて，滞在期間がのび，働くことができる仕事の種類は多様化しました。**ケ**．仕事によっては，技能実習で来た人も特定技能に切りかえて滞在を更新することができるようになりました。一見，日本で働きたい外国人にとってはよい方向に変わったように見えますが，これも日本の都合であることにかわりはありません。また，難民についても，申請《しんせい》中の人が働くことを認める制度ができたかと思うと，数年後には廃止《はいし》され，政府の都合でその制度が二転三転していることは事実です。難民として保護を求めた人たちにとって困難な状況《じょうきょう》が続いています。

このような状況で働く外国人労働者の問題は深刻です。とくに，日本人があまり希望しない安い賃金の仕事は外国人労働者でまかなえばよい，という考え方は問題でしょう。また，日本で働く以上，日本語の習得が必要になりますが，日本語を学ぶために借金をすることが多く，その借金を返さなければならないので途中《とちゅう》で帰国することはできません。ましてや，難民認定を申請している最中の人は仕事をすることもできず，日本語を学ぶ機会もなく，強制送還《そうかん》されてしまうかもしれないという不安の中での生活を強いられています。

外国人と日本社会

外国人が移住することに消極的だった日本ですが，気がつけば今の日本には多くの外国人が住んでいます。「コンビニエンスストアは24時間営業していてもらいたい」「お弁当は安いほうがいい」「宅配便は決まった時間にきちんと届けてもらいたい」「新聞は毎朝毎夕決まった時間に配達してほしい」など，当たり前のように考えている便利な生活のために，外国人労働者の存在は欠かせません。しかし，日本人は，日本にやって来た外国人と対等な関係をつくることができているのでしょうか。外国人の権利が日本でどれほど保障されているのでしょうか。

特別永住者が日本人と同じ権利を持っていないことを知らない人も多くいます。また，永住者，定住者，特定技能，難民などの立場の人をきちんと移民としてむかえることには，治安の悪化などを理由に根強い抵抗《ていこう》があります。そのため，日本でくらしていくためのサポートは二の次になっていました。**コ**．こうした人たちのサポートは今でもボランティアに頼《たよ》っている部分が大きく，その問題点も指摘《してき》されているのです。日本で生まれた外国人の子どもたちも増え，日本で亡《な》くなる外国人も増えています。にもかかわらず，外国にルーツを持つだけで差別されたり，被害《ひがい》にあう事件が起きたりするなど，外国人がくらしやすい社会とはほど遠いのが現状です。人間は機械ではありません。**サ**．ある作家が「われわれは労働力を呼んだが，やって来たのは人間だった」という言葉を残していますが，これは今の日本がかかえる問題をよくあらわした言葉ではないでしょうか。

問1　空らん（**あ**），（**い**），（**う**）にあてはまる語句を答えなさい。

問２　本文にある**イラン**と**ブラジル**について。それぞれの国の位置を地図１の**あ**～**か**から１つずつ選び，記号で答えなさい。

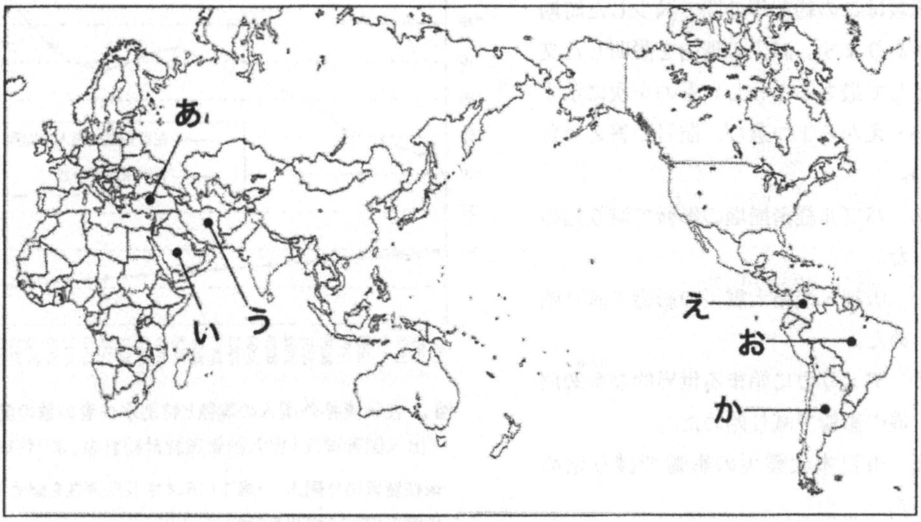

地図１

問３　下線部**ア**について。日本の国籍法では，子どもの国籍登録は，日本人から生まれたことを重視しています。一方，アメリカは自国で生まれたことを重視しています。日本とアメリカの両方の国籍を持つことができる例を，次に示す**あ**～**え**から**すべて**選び，記号で答えなさい。なお，例で示されている「子ども」は未成年を指します。

あ　両親が日本国籍で，アメリカで生まれた子ども
い　父がアメリカ国籍，母が日本国籍で，アメリカで生まれた子ども
う　母がアメリカ国籍，父が日本国籍で，アメリカで生まれた子ども
え　両親がアメリカ国籍で，日本で生まれた子ども

問４　下線部**イ**について。江戸《えど》時代には幕府の鎖国《さこく》政策のため，外国と日本を自由に行き来することは禁じられました。しかし，オランダと中国の貿易船は，幕府の支配地である長崎《ながさき》だけに滞在し，出入りを認められていました。

⑴　オランダと中国の貿易船だけが出入りを認められたのはなぜですか。説明しなさい。

⑵　幕府の支配地である長崎だけに貿易船の出入りが認められたのはなぜですか。説明しなさい。

問５　下線部**ウ**について。図１の政見演説会の案内に「ハングル」が記されているのはなぜですか。説明しなさい。

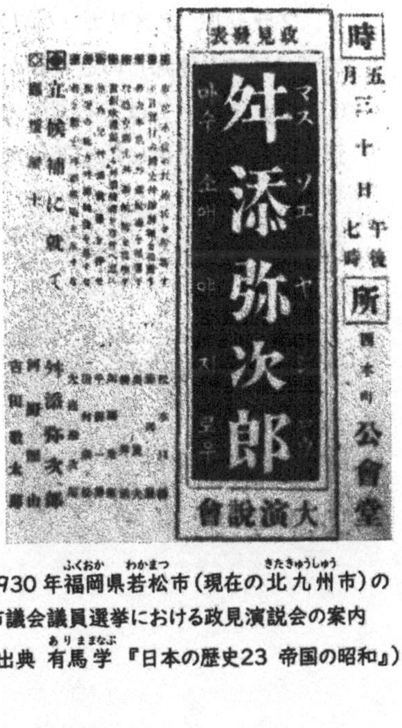

図１　1930年福岡《ふくおか》県若松《わかまつ》市（現在の北九州《きたきゅうしゅう》市）の市議会議員選挙における政見演説会の案内
（出典　有馬学《ありままなぶ》『日本の歴史23　帝国の昭和』）

問６　下線部エについて。

⑴　図２にあるように在留資格外国人の総数はこの約30年の間で減少した時期があります。減少の理由を説明した文として最もふさわしいものを次に示すあ～えから１つ選び，記号で答えなさい。

あ　バブル経済崩壊《ほうかい》の影響《えいきょう》で減り始めた。

い　阪神《はんしん》・淡路《あわじ》大震災《だいしんさい》の影響で減り始めた。

う　アメリカに始まる世界的な金融《きんゆう》危機の影響で減り始めた。

え　東日本大震災の影響で減り始めた。

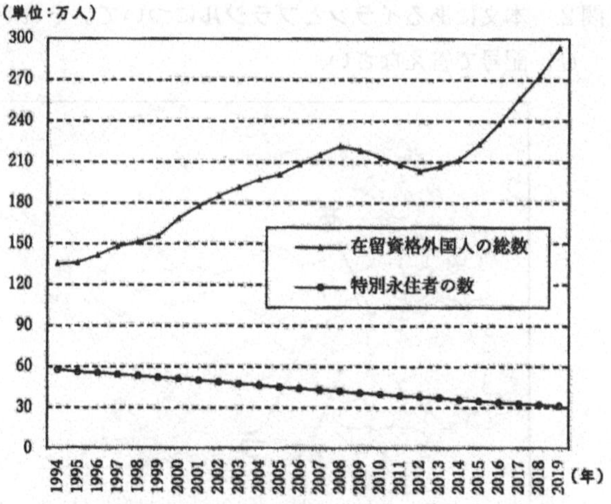

図２ 在留資格外国人の総数と特別永住者の数の変化
（出入国管理庁「出入国管理統計統計表」より作成）

※在留資格外国人・・・表１に示す中長期滞在を認められた外国人のうち、難民をのぞいた人のこと。

⑵　図２にあるように，在留資格外国人の総数とはちがい，特別永住者の数はこの約30年の間，減少し続けています。特別永住者の数が減少しているのはなぜだと考えられますか。説明しなさい。

問７　下線部オについて。高度経済成長の時代（1950年代後半～1960年代），都市部を中心に労働力が不足しましたが，1980年代とは異なり，外国人労働者は増えませんでした。労働力はどのようにして補われたと考えられますか。説明しなさい。

問８　下線部カについて。

⑴　表２は各国への日本人移民数の変化を示したものです。①，②，③には日本人移民の行き先として，ブラジル，アメリカ（ハワイをのぞく），ロシア（ソビエト連邦《れんぽう》）のどれかがあてはまります。①，②，③にあてはまる国名の組み合わせとして正しいものを，次に示すあ～かから１つ選び，記号で答えなさい。

あ　①ブラジル　②アメリカ　③ロシア
い　①ブラジル　②ロシア　③アメリカ
う　①アメリカ　②ロシア　③ブラジル
え　①アメリカ　②ブラジル　③ロシア
お　①ロシア　②ブラジル　③アメリカ
か　①ロシア　②アメリカ　③ブラジル

年＼国名	①	②	③
1868～1875	596		90
1876～1880	305		405
1881～1885	770		1,023
1886～1890	2,760		998
1891～1895	8,329		8,759
1896～1900	17,370		16,526
1901～1905	1,774		1,786
1906～1910	7,715	1,714	3,813
1911～1915	20,773	13,101	3,386
1916～1920	30,756	13,576	3,250
1921～1925	14,849	11,349	6,464
1926～1930	1,256	59,564	4,694
1931～1935		72,661	5,071
1936～1941		16,750	556
計	107,253	188,715	56,821

（単位：人）

※戦前の日本政府が発行した旅券数などをもとに作成

表２　日本人移民数の変化
（出典　岡部牧夫《おかべまきお》『日本史リブレット56 海を渡《わた》った日本人』）

⑵　日本政府は1932年に建国させた満州国《まんしゅうこく》に移民を送り出しました。このとき日本政府が満州国に移民を送り出した目的として**正しくないもの**を，次に示す**あ**～**お**から1つ選び，記号で答えなさい。

あ　南満州鉄道の経営権を得るための戦争をしようと考えていた。

い　戦いに備え農業研修や軍事訓練を受けた移民団をつくろうと考えていた。

う　農村の貧しい人たちに満州の土地をあたえようと考えていた。

え　都会の失業した人たちを移住させて仕事をあたえようと考えていた。

お　石炭や鉄などの資源を手に入れようと考えていた。

問9　下線部**キ**について。難民の地位に関する条約（通称《つうしょう》「難民条約」）をまとめると，難民とは次のように定義されており，条約を結んだ国には難民を保護することが求められています。

人種，宗教，国籍や政治的な意見を理由に迫害を受けるおそれがあるために他国に逃げた人で，迫害を受ける以外の理由で逮捕《たいほ》されるような犯罪をおかしていない人

しかし，日本に逃げて来た人たちの難民審査は厳しく，問題視されています。次にあげる資料1は審査のときにきかれる質問内容の一部です。日本政府がこのような質問をすることは，難民を保護するという点から見たときにどのような問題があると考えられますか。質問3～5から1つを選び，その質問の問題点を説明しなさい。

1	迫害のおそれを感じたのはいつからですか。根拠《こんきょ》を具体的に答えてください。
2	あなたが帰国すると、どのようなことになるか、具体的に答えてください。
3	あなたが国にいたとき、上記の理由、その他の理由で逮捕されたり、その他身体の自由をうばわれたり暴行などを受けたことがありますか。
4	あなたは、あなたの国に敵対する組織に属したり、敵対する意見を表明したりすることはありますか。
5	現在、生活費用は何によってまかなっていますか。
6	もともと住んでいた国に日本から送金をしたことがありますか。

資料1　難民審査のときにきかれる質問の内容

問10　下線部**ク**について。図3は，愛知《あいち》県，高知《こうち》県，東京《とうきょう》都の産業別外国人労働者の割合を示したものです。図3の①と②にあてはまる都県名を答えなさい。

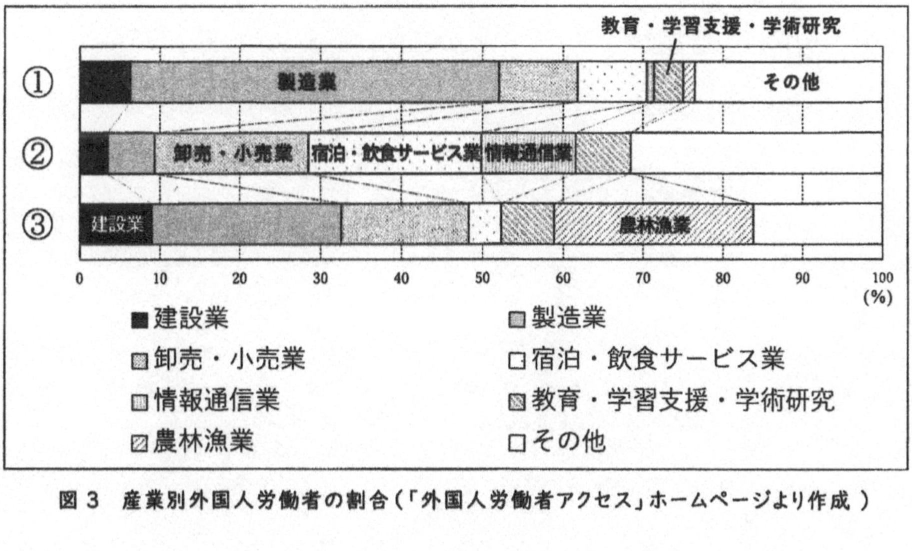

図3　産業別外国人労働者の割合（「外国人労働者アクセス」ホームページより作成）

問11　下線部**ケ**について。特定技能という制度によって外国人労働者の滞在期間をのばすことができるようになりました。この制度ができた理由の一つには，企業が新しい外国人労働者を招くよりも，すでに働いている人の滞在期間の延長を希望したことがあげられます。次にあげる資料２は，特定技能の対象になった仕事の一部です。企業が滞在期間の延長を希望したのはなぜだと考えられますか。これらの仕事の特徴《とくちょう》を参考にしながら説明しなさい。

大工などの建設業	**高齢者施設《しせつ》などでの介護《かいご》**
医療《いりょう》・福祉《ふくし》施設向けの食事の調理	**自動車整備**

資料２　特定技能の対象になった仕事の一部

問12　下線部**コ**について。日本政府が正式に移民を受け入れようとせず，行政が外国人の支援《しえん》をおこなわないと，日本に不慣れな外国人の支援はボランティアの人たちに依存《いぞん》することになります。その場合，外国人の支援活動にはどのような不都合が生じると考えられますか。２つあげて説明しなさい。

問13　下線部**サ**について。日本に働きに来た外国人とその家族の人権を守るためには，どのような政策や活動が必要だと考えられますか。君が考える政策や活動の内容とそれが必要である理由を，80～100字で説明しなさい。なお，句読点も１字分とします。

うとすることに怒《いか》りを感じたから。

六　――線⑥「しばらくペンを親指の腹と人差し指の腹でくにくに触り」（149〜150行目）とありますが、――線⑤「いますぐ走り書きができるようにペンを構えて」（144行目）いた「記者」の筆が進まないのはなぜですか。説明しなさい。

七　――線⑦「私はこの絵を見た人に、そう言われたかったのだ」（172〜173行目）とありますが、「私」は「この絵」について、どのような点をほめてほしかったのですか。説明しなさい。

八　――線⑧「ニセアカシアの絵のことを考えるとからだも頭も重くなるから、私は滝の絵に没頭した」（181〜182行目）について、

（1）「ニセアカシアの絵のことを考えるとからだも頭も重くなる」のはなぜですか。説明しなさい。

（2）この時の「私」にとって、「滝の絵に没頭」することはどのような意味がありますか。説明しなさい。

九　――線⑨「彼女の言葉には不動の滝を描いていた時の自分とどこか重なるものがある」（215〜216行目）とありますが、「彼女」と「私」とはどのような点で重なっているのですか。説明しなさい。

十　――線⑩「なるほどね。だから、だから私の滝の絵は賞を獲れなかったってことね」（254〜255行目）とありますが、「滝の絵」が「賞を獲れなかった」のはなぜだと「私」は理解したのですか。説明しなさい。

十一　――線⑪「『この絵を見て元気が湧いたり、明るい気持ちになって、頑張ろうって思ってもらえたらうれしいです』と、小さく声に出して言う」（260〜261行目）とありますが、この時の「私」について述べたものとしてふさわしいものを、次のア〜エの中から一つ選んで記号で答えなさい。

ア　賞を獲るためには人々からの期待に応えたふるまいをする必要があるが、それでは自分を偽《いつわ》ることになると思っている。

イ　賞を逃《のが》した理由に気がついてこだわりがなくなり、自分はもともと絵で誰《だれ》かを元気づけたかったのだと改めて感じている。

ウ　今回の経験を通して賞の獲り方が分かったような気がしたので、自分が受賞できた時のことを具体的に思い浮《う》かべている。

エ　賞を獲れない絵を描いていた自分の姿勢について考え直し、これからは人に評価される絵を描こうと固く心に決めている。

十二　――線⑫「夕方の美術室にひとりきり、私は私の滝を抱きしめていた」（274行目）について、

（1）「私の滝」とありますが、〰〰線「不動の滝の大好きな祖母に捧げるような気持ちで、祖母と対話をしているような気持ちで」（26〜27行目）描いていた「私」は、震災を経た後に、滝の絵をどのような思いで描くようになっていきましたか。震災以降の絵に向かう姿勢の変化を、二つの段階に分けて説明しなさい。

（2）「ひとりきり、私は私の滝を抱きしめていた」とは、どのようなことを表していますか。説明しなさい。

※⑥アタリの線…絵の描き始めにつける、目当てや手がかりの線。
※⑦不謹慎…相手への心配りが足りず、状況《じょうきょう》にふさわしくない。
※⑧ディテール…細部。
※⑨ライフライン…生活に最低限必要な、電気・ガス・水道など。
※⑩怒濤…激しく荒《あ》れる大波。　※⑪作為的…わざとらしい。
※⑫モチーフ…絵のもとになる題材。　※⑬不遇…不幸なめぐり合わせ。
※⑭未曾有…これまでにない。　※⑮キャプション…表題、見出し。

〔設問〕解答はすべて、解答らんにおさまるように書きなさい。句読点なども一字分とします。

一　＝＝線a「ジフ」（30行目）、b「シャザイ」（98行目）、c「シャジツ」（198行目）、d「キンカン」（272行目）のカタカナを、漢字で書きなさい。

二　――線①「『大丈夫大丈夫』と独り言を繰り返した」（43〜44行目）とありますが、「私」がこのようなことをしたのはなぜですか。説明しなさい。

三　――線②「うそじゃん。と声が出た」（69行目）とありますが、この時の「私」の気持ちを説明しなさい。

四　――線③「自分のからだのなかに一本の太い滝を流すような、絵のなかの音を描きだすような、豪快で、繊細な不動の滝で、必ず賞を獲りたい。獲る」（91〜93行目）とありますが、この時の「私」について述べたものとしてふさわしいものを、次のア〜エの中から一つ選んで記号で答えなさい。

ア　大切なものを失う体験をしたので、大好きだった祖母を思い出させてくれる優しい滝の絵を描き、それを評価してほしいと思っている。

イ　かつてない混乱の中にいるので、自分を揺るぎないものにしてくれるような力強い滝の絵を描き、それを評価してほしいと思っている。

ウ　あまりにつらい現実の中にいるので、その現実を忘れさせてくれるような幻想的《げんそうてき》な滝の絵を描き、それを評価してほしいと思っている。

エ　言葉にできないような恐《おそ》ろしい経験をしたので、それが相手に伝わるような激しい滝の絵を描き、それを評価してほしいと思っている。

五　――線④「……描いた方がいいですか」（121行目）とありますが、「私」がこのような態度を示すのはなぜですか。その理由としてふさわしいものを、次のア〜エの中から一つ選んで記号で答えなさい。

ア　自分は納得いくまで冷たく厳《おごそ》かな滝を描きたいと思っているので、被災地の人々をいやすような温かく穏《おだ》やかな題材を描くことに対して、自信が持てなかったから。

イ　被害を受けなかったからこそ滝の絵を描くことができている自分が、被災地の人々のためにという名目でさらに新たな絵を描いてもよいのか、分からなくなったから。

ウ　滝の絵を描くことだけで精一杯《せいいっぱい》だったのに加えて、大きな被害を受けたわけでもない自分が安易に被災地の人々を励《はげ》ます絵を描くことに対して、違和感《いわかん》を覚えたから。

エ　滝の絵の制作にようやく集中できるようになった時に、被災地の人々を励ますためとはいえ、教師がテーマの決まった絵を描かせよ

「CGみてえな絵だな、これ、リアリティがよ。部員が描いたのか？」

私は自分の絵だというのが気恥《きは》ずかしくて「そうみたいです」と答えた。

「立派な絵だよな。ちょっと、今このご時世で水がドーンっと押し寄せてきて、おまけにタイトルが『怒濤』ってのは、ちょっときつすぎるけど、俺《おれ》は意外とこういう絵がすきなんだよ」

榊はキャンバスの下につけていたキャプション※⑮の紙の「怒濤」という文字を、人差し指でちろちろちろと弄《もてあそ》んでから、イオッシ！　早く帰れよな、と言って、次の見回りへ行った。

榊が出て行ったあと、私はしばらくこの絵に近づくことができなかった。五歩くらい離れた場所から絵を睨《にら》んでは、さっき榊が言っていた言葉を何度も頭の中で繰《く》り返した。右足が自然に浮《う》いて、地面について、それを繰り返す。大きな貧乏《びんぼう》ゆすりをしている自分がいた。何度も足をあげ、おろす、あげ、おろす。指定靴《していぐつ》のスニーカーの底の白いゴムが床《ゆか》につくたびに、きょ、きょ、きょ、と間抜けな音がした。⑩なるほどね。だから、だから私の滝の絵は賞を獲れなかったってことね。私から私が剝《は》がれていく感覚がした。あーあ、そういうことだった。だった。でした。はい。なるほどね。なるほど、なの？　黙《だま》ってニセアカシアの絵を描けばよかったんだろうか。心が安らぐような、夢を抱けるような、希望や絆があって前向きなもの。鳥や、花や、空を、描けば。

⑪「この絵を見て元気が湧いたり、明るい気持ちになって、頑張ろうって思ってもらえたらうれしいです」と、小さく声に出して言う。言って、左足を下げて、助走をつけて絵に向かって走る。迫力のある滝のしぶきに私が近づいていく。蹴《け》とばそう、と思った。こんなもの、こんなものこんなもの！　私は思い切り右足を後ろに振《ふ》り上げて、その反動を使って勢いよく蹴った。いや、蹴ろうとした。「んら！」と、声が出た。しかし私は絵を蹴ることができなかった。とっさに的をずらし、イーゼルを蹴った。蹴り上げられたイーゼルの左の脚《あし》が動いてバランスが崩《くず》れ、キャンバスの滝がぐらり、と大きく揺れた。私は倒《たお》れ込もうとする滝へ駆け寄った。両手でキャンバスの両端《りょうはし》を支えて持ち上げると、イーゼルだけが鋭《するど》い音を響《ひび》かせて床へ倒れた。

吹奏楽部《すいそうがくぶ》のdキンカン楽器が、ぱほおー、と、さっきから同じ音ばかりを出している。それがそういう練習だと知っていても、間抜けなものだった。⑫夕方の美術室にひとりきり、私は私の滝を抱《だ》きしめていた。

（くどうれいん『氷柱《つらら》の声』より）

〈語注〉

※①震災が起きて岩手県はめちゃくちゃになった…地震の被害《ひがい》は岩手県全域におよび、特に太平洋沿岸部は、地震によって発生した津波で大きな被害を受けた。

※②CG…コンピューター・グラフィックスの略。コンピューターで作成された画像や動画。

※③テレビはACの同じCMばかり…当時一般のCMは放送されず、代わりにAC（公共広告機構）のCMばかりが流されていた。

※④幽霊部員…所属はしているが、実際には活動に参加していない部員。

※⑤イーゼル…キャンバスを立てかける台。

私が今までに描いたすべての絵の中でいちばん力強い絵だった。※⑩「怒濤《どとう》」と名付けて、出展した。

高校生活最後のコンクールは昨年の優秀賞よりもワンランク下がって、優良賞だった。私よりもどう見ても画力のある他校の一年生の描いた校舎の窓の絵や、着実に技術を伸ばした同学年の猫の絵が、上位に食い込んでいた。最優秀賞は、私と同じ岩手県の沿岸、大船渡《おおふなと》市の女子生徒のものだった。ごみごみとしてどす黒いがれきの下で、双葉が朝露《あさつゆ》を湛えて芽吹く絵だった。あまりにも※⑪作為的《さくいてき》で、c**シャジツ**的とは言いにくい※⑫モチーフだった。色使いも、陰影《いんえい》と角材の黒の塗り分けが曖昧《あいまい》で、朝露の水滴《すいてき》の光り方もかなり不自然。これが最優秀賞。そんなの可笑《おか》しいだろうと思った。最優秀賞を受賞した生徒は高い位置にポニーテールをして、肌《はだ》がこんがり焼けていて、明るそうな人だった。東京で行われた授賞式で、私は初めてその人の顔を見た。

「わたしはあの日、家と母を亡くしました。避難所でしばらく暮らしていて思ったのは『絵を描きたい』という強い思いでした。いまはテニス部だし、しばらく描くことから離《はな》れていました。そんなわたしでも、絵を描いている間、わたしはわたしの内側にあるきもちと対話をすることができました。暗いがれきの中で泣いて、怒《おこ》って、悲しんでいたはずの、どこに向かえばよいかわからなくなっていたわたしは、それでも最後にこの双葉を、気が付いたら、描いていました。こんな栄誉《えいよ》ある賞をいただき、どうしていいのか……」

と、彼女は手元のメモをちらちら見ながら、押し出すようにとぎれとぎれに言った。審査員席に並んでいる六十代くらいの女性は、ハンカチで目元を押さえていた。私も喉《のど》の奥《おく》がぐっとせりあがってきて、熱くて苦しかった。⑨彼女の言葉には不動の滝を描いていた時の自分とどこか重なるものがある。それなのに、私は、それでも。ああ。やっぱ絵じゃないんだ。と思った。審査されているのは純粋《じゅんすい》にこの作品ではなく、「この作品を描いた高校生」なのではないか。作品と作者の※⑬不遇《ふぐう》を紐《ひも》づけてその感動を評価に加点するならば「特別震災復興賞」という賞でも新設すればよかったのに、とすら思った。

「あのお、本当に、こういった、ね、たいへんな、※⑭未曾有《みぞう》の、あのお、そういう、事が起きたわけですが。こういった状況《じょうきょう》の中で、えー、筆を持つことを、うん。あきらめなかった彼女に、審査員一同、希望のひかり、そして絵の持つ力を再認識《さいにんしき》しました」

と、審査員のひとりは言った。その審査員は東京の高校の美術教師だった。震災のことを「あのお、そういう、事が起きた」としか言えないような人が言う「希望のひかり」って、いったい何なのだろう。

無冠《むかん》の絵となってしまったものの、私は滝の絵をとても気に入っていた。返却《へんきゃく》された絵を改めて美術室に運び入れ、イーゼルの上にのせる。水面に向かって茂《しげ》っている深緑色の木々。その闇《やみ》を分かつような白い滝。目を閉じれば音が聞こえてくるような水しぶき。その絵の上流から下流まで目で三度なぞり、二歩下がってもう一度眺めた。いい絵だ、と思った。どうしてこれがあの絵に負けてしまったのか、本当はまだ納得がいかなかった。

お手洗いから戻ると、下校確認の巡回《じゅんかい》をしていた世界史の、たしか榊《さかき》という名の教師がノックもせずに美術室に入ってきて、私の絵を見た。

る高校生によろこんでいるんだ。そう思ったら胃の底がぐっと低くなって、からだにずっしりとした重力がかかっているような気がしてきた。

記者は⑤いますぐ走り書きができるようにペンを構えて、期待を湛《たた》えてこちらを見ている。

「申し訳ない、というきもちです。わたしはすこしライフライン※⑨が止まったくらいで、たくさんのものを失った人に対して、絆なんて、がんばろうなんて、言えないです」

記者は「ンなるほど、」と言ってから、⑥しばらくペンを親指の腹と人差し指の腹でくにくにと触《さわ》り、それから表紙の絵を掲《かか》げるようにして見て、言った。

「うーん。でも、この絵を見ると元気が湧《わ》いてきて、明るい気持ちになって、頑張ろうって思えると思うんですよ。この絵を見た人にどんな思いを届けたいですか？」

「そういうふうに、思ってもらえたら、うれしいですけど」

私は、早く終わってほしい、と、そればかり考えていた。描かなければよかったと、そう思った。そのあと、沿岸での思い出はあるか、将来は画家になりたいのかどうかなど聞かれて、私はそのほとんどを「いえ、とくに」と答えた。そばにいたみかちゃんは手元のファイルに目線を落とした。私のほうを見ようとしなかった。記者が来週までには掲載《けいさい》されますので、と言いながら帰って行って、私は、みかちゃんとふたりになった。深く息を吐《は》き、吸い、「描かなければよかったです」と、まさに言おうとしたそのとき、

「このさ、見上げるような構図。木のてっぺんから地面まで平等に、花が降っているところがすごい迫力《はくりょく》なんだよね。光の線も、やりすぎじゃないのにちゃんと光として見える、控《ひか》えめなのに力強くてさ。伊智花の絵はすごいよ。すごい」

と、みかちゃんはしみじみ言った。

「そう、なんですよ。がんばりました」

と答えて、それが涙声《なみだごえ》になっているのが分かって、お手洗いへ駆け込んで泣いた。悔《くや》しいよりも、うれしいが来た。⑦私はこの絵を見た人に、そう言われたかったのだ。

それからの一ヵ月間、私は不動の滝の絵を力いっぱい描いた。同級生や親戚《しんせき》から「新聞見たよ」と連絡が来て、そのたびに私は滝の絵に没頭《ぼっとう》した。

〈この絵を見て元気が湧いたり、明るい気持ちになって、頑張ろうって思ってもらえたらうれしいです。と、加藤伊智花（いちか）さん（盛岡大鵬高等学校三年）は笑顔を見せた。〉

と、その記事には書かれていた。⑧ニセアカシアの絵のことを考えるとからだも頭も重くなるから、私は滝の絵に没頭した。光をはらんだ水しぶきに筆を重ねるごとに、それはほとばしる怒《いか》りであるような心地がした。流れろ。流れろ。流れろ。念じるように水の動きを描き加える。この心につかえる黒い靄《もや》をすべて押し流すように、真っ白な光を、水を、描き足した。亡くなった祖母のことや賞のことは、もはや頭になかった。私は気持ちを真っ白に塗《ぬ》りなおすように、絵の前に向かった。

描き終えて、キャンバスの前に仁王《におう》立ちする。深緑の森を真っ二つに割るように、強く美しい不動の滝が、目の前に現れていた。滝だった。

どに、今までの中でいちばん立体的な滝になっていく。

　七月のある日、顧問のみかちゃんが一枚のプリントを持ってきた。

「やる気、ある？」

　みかちゃんは、懇願《こんがん》のようなbシャザイのような何とも複雑な表情をしていた。そのプリントには〈♧絵画で被災地《ひさいち》に届けよう、絆《きずな》のメッセージ♧～がんばろう岩手～〉と書いてある。

「これは」

「教育委員会がらみの連盟のほうでそういう取り組みがあるみたいで、高校生や中学生の油絵描く子たちに声かけてるんだって。伊智花、中学の時に賞獲ってるでしょう。その時審査員《しんさいん》だった連盟の人が、伊智花に名指しでぜひ描かないかって学校に連絡があって」

「はあ」

「県民会館で飾《かざ》って貰《もら》えるらしいし、画集にして被災地にも送るんだって」

「被災地に、絵を？」

「そう」

「絆って、なんなんですかね。テレビもそればっかりじゃないですか」

「支え合うってこと、っていうか」

「本当に大変な思いをした人に、ちょっと電気が止まったくらいのわたしが『応援《おうえん》』なんて、なにをすればいいのかわかんないですよ」

「そうだね、むずかしい。でも絵を描ける伊智花だからこそ、絵の力を信じている伊智花だからこそできることでもあるんじゃないか、って、わたしは思ったりもするのよ」

「じゃあ、何を描けば」

「鳥とか、空とか、花とか、心が安らぐような、夢を抱《いだ》けるような、希望や絆があって前向きなもの、って、連盟の人は言ってた」

「④……描いた方がいいですか」

「描いた方が、いろいろと、いいと思う、かな」

　それから私は不動の滝の絵を描きながら、〈心が安らぐような、夢を抱けるような、希望や絆があって前向きなもの〉のことを考えた。虹《にじ》や、双葉《ふたば》が芽吹くようなものは、いくらなんでも「希望っぽすぎる」と思ってやめた。そもそも、内陸でほとんど被害《ひがい》を受けていない私が何を描くのもとても失礼な気がした。考えて、考えて、結局締切《しめきり》ぎりぎりになって、通学の道中にあるニセアカシアの白い花が降る絵を描いた。その大樹のニセアカシアは、毎年本当に雪のように降る。あまりの花の多さに、花が降るたびに顔をあげてしまう。顔をあげるから前向きな絵、と思ったが、花が散るのは※⑦不謹慎《ふきんしん》だろうか、と描きながら思って、まぶしい光の線を描き足し、タイトルを「顔をあげて」とした。みかちゃんは「これは、すごいわ」と言ってその絵を出展した。私の絵は集められた絵画の作品集の表紙になった。その作品集が被災地に届けられ、県民会館で作品展が開かれるとなったら新聞社が学校まで取材に来た。

「〈顔をあげて〉このタイトルに込めた思いはなんですか？」

　と、若い女性の記者はまぶしい笑顔《えがお》で言う。あ。絵じゃないんだ。と思った。枝葉の※⑧ディテールや、影の描き方や、見上げるような構図のことじゃないんだ。時間がない中で、結構頑張《がんば》って描いたのにな。取材に緊張《きんちょう》してこわばるからだから、力がすいっと抜《ぬ》けていく感覚がした。この人たちは、絵ではなくて、被災地に向けてメッセージを届けようとす

にあったんだっけ。停電か、それともブレーカーが落ちたのか？　うちだけが停電なのだろうか。もしかしたらご近所さんと話ができるかもしれないと思う。また揺れたらどうしようと思いつつ外へ出ると、お隣《となり》の家のおじいさんとおばあさんが二人で薄着《うすぎ》のまま玄関の階段に並んで座って空を眺《なが》めていた。駆《か》け寄って「すごかったですね、揺れ」と、思わず話しかける。「めったにあることでねえよ」と、おじいさんが言って、また二人で空を見上げた。私もつられて見上げると、風もないのに電線がまだゆあんゆあんと揺れている。携帯を開くと震度五以上と表示されたので「震度、五以上だそうです」と伝えると、「んだべねえ」とおばあさんがしみじみと言った。家の中に戻ったら、母から電話がきた。

「伊智花、怪我《けが》はなかった？　そう。大丈夫だからね、大丈夫。しっかりしないとね。家に伊智花がいて助かったよ。頼《たよ》りにしてる。もし行けそうなら買い物に行ってくれる？」

母の大丈夫、は私に言っているのではなく、自分に言い聞かせているようだった。水道と電気が止まった。結局停電だったのだ。ガスはプロパンのところはいつも通りだったらしいけれど、我《わ》が家はオール電化だったので、あらゆる家電や暖房が使えなくなった。病院勤めの母はなかなか職場から帰ってこず、水道会社に勤めていた父もてんやわんやのようだった。

（中略）

水道は二日止まって復旧し、電気は三日目のお昼前には復旧した。すぐにテレビをつけると、そこに流れたのは真っ黒い波がいくつもの家を飲み込《こ》む映像だった。②うそじゃん。と声が出た。※②ＣＧか、映画かと思った。波があまりに大きくて、遠近感がよくわからない映像だった。切り替《か》わって、避難所からの映像。たくさんの避難者が画用紙を持って、座り、中腰になり、立ち、つまさき立ちをし、集合写真を撮《と》るように並んで画用紙をカメラに向けていた。そこには名前が書かれていた。「○○一家、全員無事です」「お父さんと長男は無事です、長女の○○、もしどこかの避難所にいるなら、連絡《れんらく》をください」「○○さん、どこですか、必ず、会いましょう」。みな、妙に力強い顔をしていた。絶対に大丈夫だ、と、そう思わないと居られないような気迫《きはく》があった。（中略）

学校は、しばらく休校になった。※③（中略）予想外に延長された春休みは妙な居心地《いごこち》の悪さがあった。テレビはＡＣの同じＣＭばかりで、ニュースは毎日のように犠牲者《ぎせいしゃ》の人数や、救助活動の様子を伝えた。

四月末、新学期がようやく始まった。制服の学年章を三年生のものに付け替えて、新しい教室に足を踏《ふ》み入れた。新しいクラスのうち、ふたりが欠席していた。実家が沿岸で、片付けなどの手伝いをしていると担任は言った。私は美術室に通う毎日を再開した。美術部は幽霊部員※④がほとんどで、コンクール四ヵ月前の部室でキャンバスに向かう部員は私だけだ。木の匂いと、すこしだけニスの匂いがする美術室にいると、気持ちが研《と》ぎ澄《す》まされていくのがわかった。使い古されたイーゼル※⑤を立たせて、両腕をいっぱい伸《の》ばしてキャンバスを置く。私は改めて、集大成の滝を描こうと思った。不動の滝の写真を携帯に表示して、じっと眺めて、閉じる。大きく息を吸って、※⑥アタリの線を描き始める。③自分のからだのなかに一本の太い滝を流すような、絵のなかの音を描きだすような、豪快《ごうかい》で、繊細《せんさい》な不動の滝で、必ず賞を獲《と》りたい。獲る。描きたすほ

【国　語】（六〇分）　〈満点：六〇点〉

次の文章を読み、設問に答えなさい。

白い絵の具の上にさらに白を重ねながら息を、す、と止めて筆を走らせる。二〇一一年、二月のおわりのことだった。岩手県立盛岡大鵬《もりおかたいほう》高等学校の木の匂《にお》いのする美術室に一人で籠《こも》り、黙々《もくもく》と白に白を重ねる。私《わたし》は高校二年生で、学年が上がった次の夏には最後の絵画コンクールが迫《せま》っていた。キャンバスには大きな滝《たき》の絵を描《か》いていた。不動の滝という八幡平市《はちまんたいし》の祖母の家の近くにある滝の絵を、どうしても描き残したいと思ったのだった。キャンバスの横に並べば自分の腰《こし》より太い水しぶきは描き足すほどに愛着がわく。一時間くらいして下校のチャイムが鳴ると、かたたた。乾《かわ》いた音を立てて美術室の扉《とびら》が開いた。

「また太くなったなあ」

入ってきた顧問《こもん》のみかちゃんは絵を見て腕《うで》を組みながら言う。みかちゃんはビビッドピンクのフリースを着ていて、今日は巻き髪《がみ》をきれいにハーフアップにしている。

「だって太いんですよ、ほんものは、ほら」

携帯《けいたい》の画面を開いて不動の滝の写真を表示して見せようとすると、もう百回見たっちゅうの、と言いみかちゃんは見ようとしなかった。

「伊智花《いちか》の絵って、とにかく勢いがあるよ。見てるだけでつめたい滝の水がこっちに飛んでくるっていうかさ。その勢いで炎《ほのお》とかも描いてみたら。いま寒いからさ。暖をとれるような絵っちゅうか」

「描きませんよ。滝。納得《なっとく》いくように描けるまでは滝です」

おーこわ。暖房《だんぼう》とまるし風邪《かぜ》ひくからもう帰んな。と言い、チョコレートをひとつ机に置いてみかちゃんは職員室に戻《もど》って行った。納得いくように、と、とっさに言ってしまった。納得いくように描きたいんだな、私は。と思う。不動の滝が好きだった祖母が、夏に亡くなった。両親が共働きで、小学校のころは放課後をほとんど一緒《いっしょ》に過ごしていたからとてもショックだった。不動の滝の大好きな祖母に捧《ささ》げるような気持ちで、祖母と対話をしているような気持ちで、私は夢中で滝を描いていた。去年の全国コンクールは北上川《きたかみがわ》の絵を描いて優秀賞。上位の三人は私よりも一学年上だったから、実質、同学年の中では一番最優秀賞に近いところにいる[a]ジフがあった。

納得がいく滝を描けるようになるまで、半年かかった。その間に、注①震災《しんさい》が起きて岩手県はめちゃくちゃになった。

二〇一一年三月十一日。私は課外学習がちょうど休みで、盛岡にある自宅にいた。遅《おそ》く起きて、午後一時頃《ごろ》に袋《ふくろ》ラーメンを作って食べ、どんぶりも片づけずそのままテレビを見ていた。ごごご、と音がして、それからすぐに揺《ゆ》れた。つかんだ肩《かた》を揺らされているような、ぐわり、ぐわりと円を描くような揺れだった。とっさに居間に飾《かざ》ってあった大皿が割れてしまうと思い、寝《ね》かせる。ぷちん、とテレビが消える音がした。それから食器棚《しょっきだな》を押《お》さえていたけれど、あまりにも普通ではない揺れだったので食卓《しょくたく》の下に潜《もぐ》った。避難訓練《ひなんくんれん》って意味あるんだ、と、妙《みょう》に冷静に思う。頭では必死に冷静なことを思っても、鼓動《こどう》が耳のそばでばくばくと聞こえた。揺れが収まった後もしばらくどきどきして、①「大丈夫《だいじょうぶ》大丈夫」と独り言を繰《く》り返した。テレビもつかないし、部屋のラジオは有線のものだが、スイッチを入れてもつかなかった。

2022年度

解　答　と　解　説

《2022年度の配点は解答欄に掲載してあります。》

＜算数解答＞ ≪学校からの正答の発表はありません。≫

[1]　9回，260個　　[2]　(1)　(2時)5分$13\frac{1}{23}$秒　　(2)　1時23分$4\frac{8}{13}$秒

[3]　(1)　288個　　(2)　324個　　(3)　126個　　[4]　(1)　秒速$4\frac{2}{7}$m　　(2)　秒速7.5m

[5]　(1)　$\frac{2}{3}cm^2$　　(2)　$\frac{2}{21}cm^2$　　(3)　$\frac{9}{7}cm^2$

[6]　(1)　(7個の数)2, 6, 10, 14, 18, 22, 26　　(カード)18　　(2)　29　　(3)　Cさんが39

(4)　99回

○推定配点○

[3]，[6]　各3点×8([6](1)7個の数，(3)各完答)　　他　各4点×9　　計60点

＜算数解説＞

重要 [1]　(数の性質)

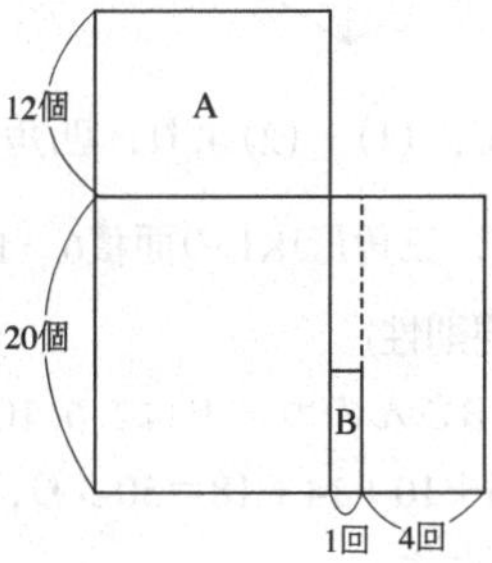

右図において，A＋Bの個数は20×5＝100(個)

したがって，100÷(32－20)＝8…4より，大型トラックの回数は8＋1＝9(回)，荷物の個数は20×(9＋4)＝260(個)

重要 [2]　(速さの三公式と比，時計算，消去算，単位の換算)

長針と短針の速さの比は360：30＝6：0.5＝12：1

(1)　図1より，12時から2時までの60度は12×2－1＝23に相当する。

したがって，求める時刻は$60\div23\times12\div6=\frac{120}{23}=5\frac{5}{23}$(分)

すなわち5分$13\frac{1}{23}$秒

(2)　図2より，Aの角度について30－①と⑫－120が等しく，150－①と⑫が等しい。したがって，求める時刻は$150\div13\div0.5=23\frac{1}{13}$(分)すなわち23分$4\frac{8}{13}$秒

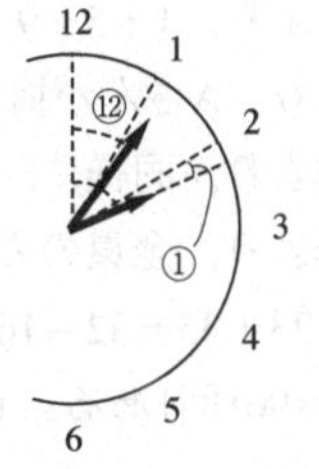

図1

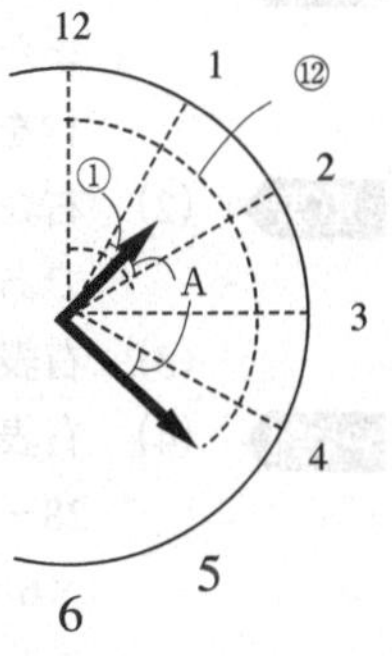

図2

重要 [3]　(数の性質，場合の数)

(1)　9×8×4＝288(個)

(2)　0が1個の場合…9×3＝27(個)　　0が3個の場合…9個

したがって，(1)より，288＋27＋9＝324(個)

(3)　3，6，9を1個ずつ含み0は含まない場合…4×3×6＝72(個)

3，6，9だけを含み0は含まない場合…4×2×3＝24(個)

0を含む場合…3＋9×3＝30(個)

したがって，72＋24＋30＝126(個)

+α 4 **（速さの三公式と比）**

（1） グラフ1より，弟の秒速は

$24 \div (1+4.6) = \dfrac{30}{7}$(m)

（2） グラフ2において，（1）より，

兄が24m進む時間は$4.6-6\div\dfrac{30}{7}=3.2$（秒）

したがって，兄の秒速は$24\div(4.6-1.4)=7.5$（m）

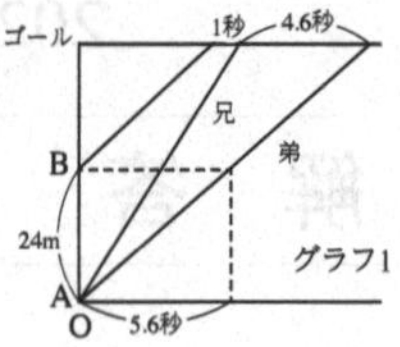

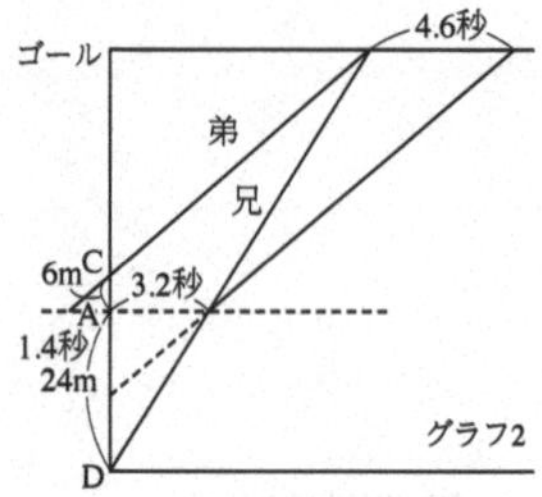

重要 5 **（平面図形，相似）**

（1） 図1より，三角形ACFは$6\div3=2$(cm^2) したがって，三角形ACGは$2\div3=\dfrac{2}{3}$(cm^2)

（2） 図2において，三角形ACJとGNJの相似比は$(3\times2):1=6:1$

したがって，（1）より，三角形AJGの面積は$\dfrac{2}{3}\div(6+1)=\dfrac{2}{21}$(cm^2)

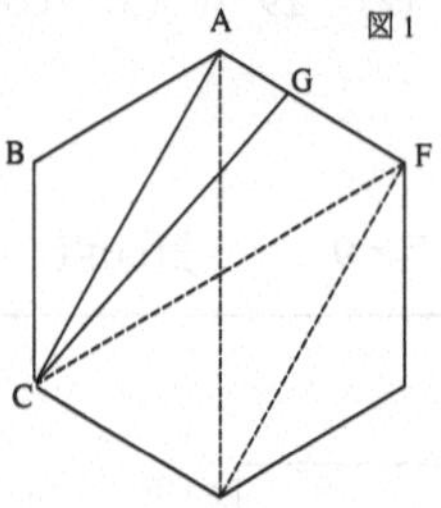

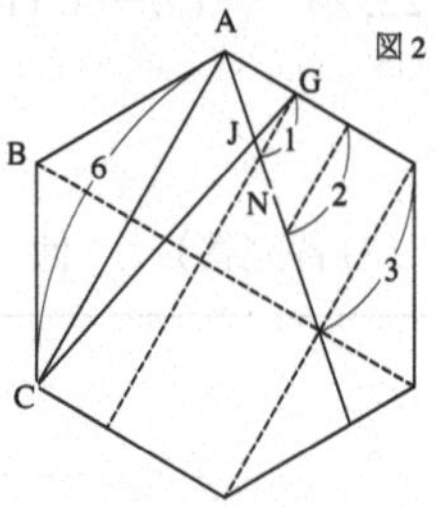

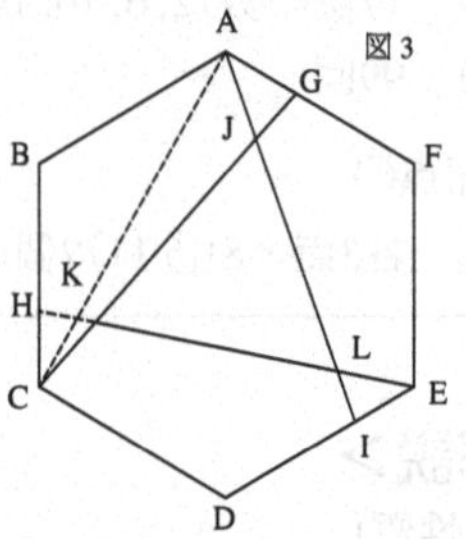

（3） 図3において，（1）・（2）より，四角形ABCJの面積は$1+\dfrac{2}{3}-\dfrac{2}{21}=1\dfrac{4}{7}$(cm^2)

したがって，三角形JKLの面積$6-1\dfrac{4}{7}\times3=1\dfrac{2}{7}$(cm^2)

6 **（数の性質，規則性）**

基本 （1） 右表より，Bさんのカードは2, 6, 10, 14, 18, 22, 26
また，$2+6+10+14+18=50$より，捨てるのは
18を引いたとき。

重要 （2） 右表より，$1+5+9+13+17+21+25+29=120$
であり，Aさんが捨てるのは29を引いたとき。

（3） 右表より，同様に，Cさんが39を引いたとき。

A	[1 5 9 13 17 21 25 29] [33 37]
B	[2 6 10 14 18] [22 26 30 34 38]
C	[3 7] [11 15 19 23 27 31 35 39]
D	[4 8 12 16] [20] [24 28 32 36] [40]

やや難 （4） 右表より，全員のカードが1枚以上あるのは4～6，11～15，24～28，33～35の$6-3+15-10+28-23+35-32=16$（回）あり，40まで，80まで，120まで，160まで，200まで，240までで$16\times6=96$（回）ある。したがって，下表より，求める回数は$96+246-243=99$（回）

A	[241 245 249
B	[242 246 250
C	[243 247]
D	[240] [244 248

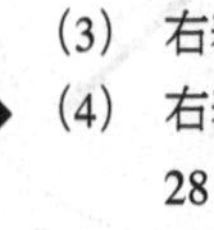

★ワンポイントアドバイス★

まず，1「荷物の個数」，2「時計算」，3「場合の数」で着実に得点すること。4「兄弟の秒速」はグラフを利用すると解きやすく，5「正六角形・相似」は出題されやすい。6（1）～（3）「数の性質・規則性」はそれほど難しくない。

+α は弊社HP商品詳細ページ（トビラのQRコードからアクセス可）参照。

<理科解答> ≪学校からの正答の発表はありません。≫

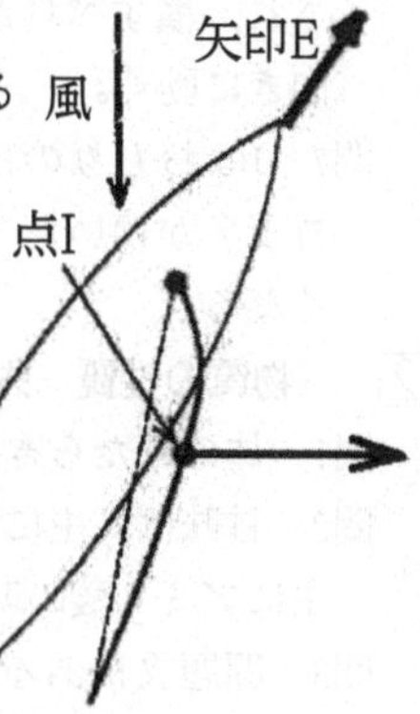

1 問1 ① ウ ② ア ③ ウ ④ ア ⑤ ウ ⑥ ア
問2 ⑦ 上側の表面 ⑧ 内部 ⑨ 上側の表面 ⑩ 強まる
問3 ⑪ ウ ⑫ ア ⑬ オ 問4 右側
問5 右図 問6 ⑭ 右 ⑮ 水に押し戻される
問7 (役立つこと) ヨットの左右のつり合いを保つ。
(理由) Jの重さによってJが真下に向くから。

2 問1 ビタミン 問2 (甘味) 炭水化物 (旨味) たんぱく質
問3 炭水化物やたんぱく質がすでに分解されているから。
問4 塩の濃度が高く，多くの微生物が死滅するから。
問5 (X) 1 (Y) 0 (Z) 2 (Bの名前) 二酸化炭素
問6 90：23：22 問7 110g，4.8％

3 問1 カ 問2 180° 問3 X：C Y：D 問4 イ 問5 新月
問6 イ 問7 (あ) 30° (い) 27.7° (う) 2.3° (え) 157 (お) 13

4 問1 エ 問2 イ，エ 問3 (A) 表面タンパク質 (B) 遺伝物質
問4 ウ 問5 (7) 問6 ウイルスが細胞に侵入し，細胞内で増えているから。
問7 血液に乗ってからだのさまざまな部分に運ばれる性質 問8 ウイルスのついた手指で，口や鼻，傷口などに触る可能性が高いから。 問9 イ，エ，キ

○推定配点○

1 問1～問4 各1点×4(問1～問3各完答) 他 各2点×3(問6・問7各完答)
2 問1～問4 各1点×4(問2完答) 他 各2点×3(問5・問7各完答)
3 各1点×11(問3完答) 4 各1点×9(問3完答) 計40点

<理科解説>

1 (物体の運動－揚力のしくみ)

重要 問1 ⓑのB側，ⓒのA側は，旗にじゃまされて風速が遅くなる。それぞれ反対側は風速が速くなる。ⓑとⓒが繰り返すことから，ⓑでは旗に対しBからAに向かって力がはたらき，ⓒでは旗に対しAからBに向かって力がはたらくと判断できる。つまり，風速の遅い方の側から速い方の側へ力がはたらいている。

問2 傘の内側は空気が通り抜けにくいので，風速が遅い。一方，傘の上側の表面では風速が速い。問1のことから，風速の遅い方の側から速い方の側へ力がはたらくので，傘の内側から外側へ力がはたらく。そのため，傘が裏返る。

問3 翼の下側は，翼にじゃまされて風速が遅くなる。翼の上側は，風が進む長さが長くなるため，風速が速くなる。問1のことから，翼には下側から上側に力がはたらく。この力によって飛行機は浮かび上がる。この力は揚力(ようりょく)とよばれる。

問4 図8で，帆の左側は，帆にじゃまされて風速が遅くなる。帆の右側は，風が進む長さが長くなるため，風速が速くなる。

問5 帆の左側の風速が遅く，帆の右側の風速が速いので，問1のことから，帆には左側から右側に力がはたらく。

やや難 問6 Jはキールなどとよばれる部品である。右図はJを真上から見たときの力のかかり方である。Jには問5の右向きの力がかかるが，右側には水があるので動きにくい。右図では，右向きの力が

XとYの2方向に動かす力となるが，このうちYは水から力を受けて打ち消され，横すべりが防がれる。その結果，力はXだけになり，ヨットはEの向きに動く。

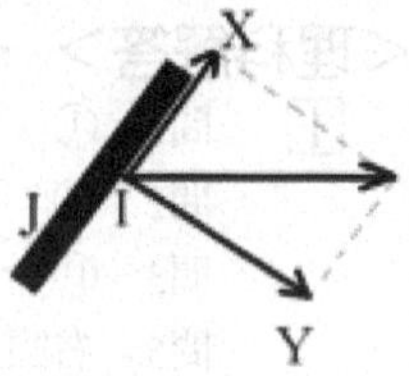

問7　Jはおもりのはたらきも兼ねており，ヨットの重心が低く保たれる。ヨットが傾いたときには，Jが真下になってつりあうように，傾きが小さくなる。

2　（物質の性質－栄養素と味覚）

問1　体のはたらきを調節し，健康に生きるための栄養素として，各種のビタミンがある。

問2　甘味は，主に糖の味であり，分解の前をたどれば炭水化物を感知しているといえる。旨味は，主にアミノ酸の味であり，分解の前をたどればタンパク質を感知しているといえる。

問3　問題文にあるように，発酵食品では酵母菌や麹菌には，でんぷんを分解したり，たんぱく質を分解したりするはたらきがある。そのため，発酵食品では元の栄養素のままではなく，ある程度は分解された栄養素を食べることになる。よって，消化や吸収がしやすい。

問4　問題文にあるように，味噌の製造過程で塩を多くくわえることで，微生物も生きることができない。これにより，腐敗を起こすような微生物が死滅したと考えられる。

問5　炭の数は，初めのブドウ糖分子に6個あり，生成したエタノール分子2つに2個ずつ，計4個ある。残りは6－4＝2個だから，2つの(B)分子には1個ずつ含まれる。水の数は，初めのブドウ糖分子に12個あり，生成したエタノール分子2つに6個ずつ，計12個ある。残りは12－12＝0だから，(B)分子には含まれない。酸の数は，初めのブドウ糖分子に6個あり，生成したエタノール分子2つに1個ずつ，計2個ある。残りは6－2＝4個だから，2つの(B)分子には2個ずつ含まれる。以上より，1つの(B)分子は，酸が2個と炭が1個でできており，名前は二酸化炭素である。

問6　原子1個ずつの重さの比は，炭:水:酸＝12:1:16である。各分子に含まれる原子の数を見ると，ブドウ糖1分子の質量は，12×6＋1×12＋16×6＝180，エタノール1分子は12×2＋1×6＋16×1＝46，(B)1分子は12×1＋1×0＋16×2＝44と表せる。質量の比は，180：46：44＝90：23：22となる。

やや難　問7　図と問6のことから，ブドウ糖90gが分解して，エタノール23×2＝46gと，二酸化炭素22×2＝44gができる。問題では44gの二酸化炭素が発生して逃げたのだから，分解されたブドウ糖は90gである。ブドウ糖ははじめ1000×0.2＝200gあったのだから，残っているブドウ糖は200－90＝110gである。また，水溶液の重さは1000－44＝956gになっており，エタノールは46gできているので，エタノールの濃度は46÷956＝0.0481…で，4.8％となる。

3　（太陽と月－月や惑星の見え方）

問1　図1の月は上弦の月であり，夕方18時ごろに南中する。このとき，太陽は西に沈もうとしている。秋分の日に近い9月半ばなので，太陽が沈むのは真西に近い。

問2　最もふくらんだ形の月は満月である。地球から見て満月と太陽は正反対の位置，つまり180°の位置にある。図2では満月は円の右端にある。

問3　金星は自ら光ることはなく，太陽光が当たっている部分だけが輝いて見える。金星がXの位置にあるとき，地球から見ると金星には真横から太陽光が当たるように見える。そのため，金星は半分だけ輝いて見える。金星がYの位置にあるとき，地球から見ると金星の輝いて見える部分は，半分よりもやや大きい。

重要　問4　ア，ウ，エでは，地球から見た金星は360°いずれの向きにも位置することがありうるので，条件1が成り立たない。また，ウ，エは，金星と地球の距離がいつも同じなので，条件2が成り立たない。二つの条件が成り立つのはイである。イは，天動説が信じられていた時代に，金星の見え方を説明するのに考案された考え方である。

問5　金星と地球が最も近づくときは，太陽・金星・地球の順で一直線に並ぶときである。このとき，金星の輝いている部分は太陽側にあり，地球からは見えない。

問6　図から，木星の明るさは13か月ごとに明るくなっている。つまり，13か月ごとに同じ位置関係になっており，これが会合周期である。

重要 問7　(あ)　12か月で360°公転するので，1か月では360÷12＝30°公転する。　(い)　地球と木星の公転は，13か月で360°差がつくので，1か月では360÷13＝27.69…より，27.7°の差がつく。
(う)　地球と木星の公転の角度は，1か月で27.7°差だから，木星の公転の角度は1か月で30－27.7＝2.3°である。　(え)　木星は1か月で2.3°公転するので，360°公転する月数は，360÷2.3＝156.5…で157か月である。　(お)　157か月を年に直すと，157÷12＝13.0…で13年である。

4　(人体－細胞と感染症)

問1　細胞は(1)がないと生きていけない。また，生物のからだは水以外ではタンパク質が主成分であり，からだをつくるために(2)も必要である。一方，(3)は細胞分裂をおこなっている細胞で行われるはたらきであり，分裂中でない細胞にはあてはまらない。

問2　ア：誤り。感染しても症状がある場合もあれば無症状の場合もある。
イ：正しい。病原体に感染していない人には症状はない。
ウ：誤り。症状のない人でも，感染して病原体を持っている場合は，うつることがありうる。
エ：正しい。病原体を持っている人に近づいても，自分の体内に侵入しない可能性もある。

問3　文中，図中の語句を使う。細胞に侵入するときは，ウイルスの表面タンパク質の構造と細胞の表面の構造が合うことが必要である。細胞内では，ウイルスの遺伝物質が複製される。

重要 問4　ウイルスは生きた細胞のはたらきを利用して増える。つまり，感染細胞は生きた細胞であり，呼吸もおこなっている。

問5　病原体の数が減少すると，症状はやわらぐ。問題文では，(6)の段階が進んだころで，(7)の段階が始まったころといえる。

問6　抗体は細胞外にある病原体を倒すことはできても，細胞内のウイルスを死滅させるわけではない。感染した細胞内では，ウイルスが増え続けている。

問7　病原体は感染した細胞を壊していくので，病原体が強いと壊れる細胞も多くなり，損傷が大きくなる。また，病原体がからだの一部分にとどまらず，血液などによってからだの各部に広がると，損傷を受ける器官が増え，からだのさまざまな機能に影響が及ぶ。

問8　ウイルスは通常の皮ふから感染することはない。しかし，口や鼻から侵入するほか，けがの傷口などからも侵入できる。手の指先は，意図的にせよ無意識にせよ，いろいろなところに触るため，ウイルスがついていると，侵入経路にも触る可能性が高い。そのため，特に指先の消毒は強く勧められる。

問9　免疫は，全く使われないと機能しなくなるから，弱い病原菌に出会うことで免疫を使った方がよい。しかし，強い病原菌によって感染すると体の機能が損傷してしまう。つまり，適度に注意をしながら，活動と休養，そして栄養分をバランスよくとるのがよい。

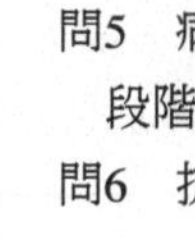

★ワンポイントアドバイス★

問題文の中に答えの根拠がある。自分勝手に考えずに，いつも問題文に沿って考えを進めていこう。

＜社会解答＞ ≪学校からの正答の発表はありません。≫

問1　あ　台湾　　い　サンフランシスコ　　う　アフガニスタン
問2　イラン　う　　ブラジル　お　　問3　あ，い，う
問4　(1)　(例)　キリスト教の布教をせず，貿易に専念したから。
　　　(2)　(例)　外国人の管理が容易で，また貿易の利益も独占できたから。
問5　(例)　日本人として登録された朝鮮半島出身者にも選挙権が与えられていたから。
問6　(1)　う
　　　(2)　(例)　特別永住者の高齢化が進み，亡くなる人が多くなったから。
問7　(例)　不足する労働力を農村出身の若者らによって補った。
問8　(1)　え　　(2)　あ
問9　(例)　(選んだ番号)　4
　　　(問題点)「国に敵対する」の定義があいまいで，政権や政策を批判しただけでもこれに当たる可能性がある。
問10　①　愛知県　　②　東京都
問11　(例) 特別な知識や技能が必要で，一定期間以上の経験も求められる。
問12　(例)・公的な支援が外国人に行き渡らないおそれがある。
　　　　・外国人がかかえている様々な困難を行政が把握しにくくなってしまう。
問13　(例)　外国人労働者の労働条件の改善が最重要と考える。安定した収入により，はじめて人間らしい生活が営めるからである。具体的には，劣悪な条件で外国人を雇用した経営者には重い刑事罰を課すなどの政策が必要である。(99字)

○推定配点○
問1・問2・問6(1)・問8　各1点×8　　問13　8点　　他　各2点×12(問3完答)
計40点

＜社会解説＞

(総合－「日本における外国人」をテーマにした日本の地理，歴史など)

基本　問1　あ　日清戦争の講和条約である下関条約(1895年)によって，日本は清から台湾や遼東半島などを獲得した。遼東半島はいわゆる三国干渉によって清に返還されたが，台湾はこの後，太平洋戦争で日本が敗北するまで日本の植民地支配を受けた。　い　サンフランシスコ平和条約は，太平洋戦争終結のため，1951年9月8日，日本と連合国48か国との間に結ばれた講和条約。明治時代以降，日本が併合した全領土の放棄，軍備撤廃，賠償の支払いなどが定められた。ソ連・ポーランド・チェコスロバキアは条約に反対し，中国，インドなどは会議に不参加であった。日本は独立を回復したが，沖縄などはアメリカ合衆国の施政下におかれた。日本全権は吉田茂。
う　2001年10月，アメリカ合衆国・イギリスの両軍は，同時多発テロ事件の報復として，テロ組織アル＝カーイダの本拠地とされたアフガニスタンを空爆し，この後，約2か月でイスラム過激派のタリバン政権を崩壊させた。しかし，現在もアフガニスタンは安定からはほど遠い。

基本　問2　イランは，西アジアに属する国で，国土のほとんどがイラン高原上にある。南はペルシャ湾，オマーン湾に面し，北はアゼルバイジャン，アルメニア，トルクメニスタンに接し，東は砂漠地方を介してアフガニスタン，パキスタンと接し，西は山地を介してトルコ，イラクと接する。ブラジルは世界第5位の面積をもつ大国で，南アメリカ大陸のほぼ半分を占めている。東側は大西洋に面し，北から西，南にかけては南アメリカの大半の国と国境を接する。なお，「あ」はトルコ，

「い」はサウジアラビア，「え」はコロンビア，「か」はアルゼンチンである。

問3　日本については，リード文中の「両親のうち少なくともどちらかが日本国籍を持っていれば日本人として登録されます。」という記述に注目する。アメリカ合衆国については，問題文中の「アメリカは自国で生まれたことを重視しています。」という記述に注目する。

重要　問4　(1)　鎖国の時代，オランダと中国だけが長崎での貿易が許されたのは，両国がキリスト教の布教に関係がなかったからである。中国はもともとキリスト教の信者はごく少なく，キリスト教の布教を行うおそれは皆無であった。オランダはキリスト教徒(プロテスタント)が多数を占める国だが，貿易のみに専念し，布教活動を行わないことを幕府に約束したのである。　(2)　幕府は，オランダ・中国との貿易を，幕府の支配地である長崎のみに制限し，オランダ人は長崎港内の埋め立て地である出島に，中国人は市街地にある唐人屋敷に住むことを強制した。幕府がこのような政策を採用したのは，貿易の利益を幕府が独占し，西国の大名が貿易の利益によって富強となることを防ぐとともに，外国人の管理を容易にすることが目的だったと考えられる。

やや難　問5　1925年の普通選挙法の施行の際，内地に住む朝鮮半島出身者にも，「帝国臣民」として参政権(選挙権，被選挙権)が与えられた。図1は「1930年の市議会議員選挙」とあるので，有権者に含まれる朝鮮半島出身者の投票を期待して，朝鮮の文字である「ハングル」でも人名を表記したものと考えられる。当時，福岡県は炭鉱で働く朝鮮半島出身者が多かったので，特にこのような動きが顕著だったといえよう。

問6　(1)　2008年9月，アメリカ合衆国の大手投資会社・証券会社のリーマン・ブラザーズ・ホールディングズが経営破綻し，連邦倒産法の適用を申請したことによって，世界金融危機が一気に顕在化した(リーマン・ショック)。この結果，世界経済は長く停滞し，この影響で日本で働く外国人の数も急減したのである。「あ」は1991年ごろ，「い」は1995年，「え」は2011年。　(2)　特別永住者の多くは，朝鮮半島が日本の完全な植民地であった1910年～1945年当時，日本にやってきた人々である。近年は，これらの人々の高齢化が進み，亡くなる人も増えている一方，新たに特別永住者に認定される人はほぼ皆無なため，その人数は一方的に減少を続けている。

重要　問7　高度経済成長期，都市部で不足する労働力は，地方出身者，特に農家の次男，三男などによって補われた。中学を卒業したばかりの若者が，集団で都市に就職することが多くなり(集団就職)，かれらは企業にとっては「金の卵」であった。

問8　(1)　まず，③は，①，②と比べて極端に移民数が少ないことからロシア(ソビエト連邦)。次に，リード文中の「戦前，日本政府は海外に移民を積極的に送り出しました。日本からブラジルへの移民も急増し，現地で生まれ育った人も増えていきました。最も急増した時期に渡った人たちの孫は現在，40歳前後の年齢になっています。」という記述から，①，②のうち，戦前の1931年～1935年に移民が最も多い②がブラジル。残った①がアメリカとなる。　(2)　日本はすでに1905年に結ばれたポーツマス条約によって，南満州鉄道の経営権を得ていた(ポーツマス条約では，「長春以南の鉄道」と表記)。よって，日本政府が満州国に移民を送り出した目的としては正しくない。

問9　解答例以外に，選んだ番号3で，「逮捕されたり，身体の自由を奪われたり暴行を受けたりしたことを証明することが困難である」，選んだ番号5で，「過度に個人のプライバシーを侵害するおそれがある」などが考えられる。

基本　問10　愛知県，高知県，東京都のうち，農林漁業が最も盛んで，働いている人のうち，農林漁業に従事する人の割合が最も高いのは高知県，工業が最も盛んで，働いている人のうち，工業に従事する人の割合が最も高いのは愛知県，卸売・小売業や宿泊・飲食サービス業などが最も盛んで，これらの仕事に従事する人の割合が最も高いのは東京都である。よって，①が愛知県，②が東京都，③が高知県と判定できる。

問11　資料2の仕事は，いずれも特別な知識や技能が必要で，一定期間以上の経験がないと一人前とはいえない。そのため，日本でも労働力不足が深刻である。企業は，このような人材をできるだけ長く雇用したいので，特定技能の資格で来日した外国人の滞在期間の延長を希望したのは当然といえる。

やや難　問12　解答例以外に，「ボランティア活動を継続するには一定の活動資金が必要だが，その金銭的な裏付けがない。」，「サポートしている外国人が犯罪などのトラブルに巻き込まれたときに適切に対応できないおそれがある」などが考えられる。

やや難　問13　解答例以外に，「外国人，日本人の生活習慣や文化をお互いに学ぶ機会をつくり，トラブルを減らす。」，「外国人の長期間にわたる正規の就労を可能にするために，知識や技能を獲得できるような外国人向きの職業訓練校を設置する。」などが考えられる。外国人の基本的人権，特に生存権が守られるような取り組みを書くことがポイントである。

★ワンポイントアドバイス★

いままでの傾向を踏襲した出題形式である。例年通り，資料を読み取る力，一般常識と教科的な知識を組み合わせて考える力などが問われている。

＜国語解答＞ ≪学校からの正答の発表はありません。≫

基本　一　a　自負　b　謝罪　c　写実　d　金管

二　(例)　大地震に対して，頭では冷静さを保とうとしたが，動揺がおさまらず，何とか言い聞かせて心を落ち着かせようとしたから。

三　(例)　巨大な津波が多くの家を飲み込んでいく悲惨なテレビ映像に衝撃を受け，信じられないという気持ちになっている。

四　イ　五　ウ

六　(例)　被災地に向けた前向きなメッセージを期待していたのに，「私」の言葉が消極的で，このまま記事には使えないと思ったから。

七　(例)　細部や光の具合や迫力ある構図など，「私」が技術的に工夫した点。

八　1　(例)「私」の絵ではなく，被災地へメッセージを届けたことが評価されているようで不満に思い，絵を描かなければよかったとゆううつになるから。

重要　2「私」の心の中に生じた怒りなどの負の感情を消し去るという意味。

九　(例)　震災により心の中に様々な負の感情を抱くことになったが，絵を描いて自分の心と向き合い，気持ちを整理しようとした点。

重要　十　(例)　滝の絵に描かれた水の豪快な様子や絵の「怒涛」というタイトルは津波を連想させるものであり，今のご時世では受け入れられないから。

十一　ア

やや難　十二　1　(例)　震災後の新学期が始まった頃は，高校の集大成として揺るぎない力強さを持つ滝の絵を描いて賞を獲ると意気込んだが，ニセアカシアの絵が作品集の表紙になり取材を受け不快な記事が書かれた頃からは，絵の工夫が評価されずに被災地に対する思いばかりが注目される状況に対して生まれた負の感情を消すためにも，強く美しく描こうと絵に向き合うようになった。

やや難　2　(例)　災地への励ますような思いばかりが評価されるご時世の中で，なかなか理解されないことは悔しくて腹立たしいが，今までに描いた絵の中で最も力強く描けたこの絵がとてもいとおしい。

○推定配点○

一　各1点×4　　四・五・七・八2・十一　各3点×5　　十二1　6点

他　各5点×7　　計60点

<国語解説>

(物語文―主題・心情・場面・登場人物・細部の読み取り，記述，漢字の書き取り)

一　a　自分の能力や仕事に自信を持ち，誇らしく思うこと。自負する心を特に「自負心」という。二重傍線部aでは，「私」は自分の絵の才能に自信があるのだ。

b　罪や過ちをわびること。「謝」には，「感謝」「謝意」など，お礼の意味がある。また，「謝」にはあやまるという意味もあり，「謝罪」の場合，あやまるという意味で使われている。

c　物ごとをありのままに文章や絵にすること。ここでは，女子生徒の作品があまりにもわざとらしくて，ありのままの様子を描いたようには思えないという文脈で「写実的とは言いにくい」と表現されている。

d　「金管楽器」とは，トランペットやトロンボーンなど，金属製の管がある楽器のこと。打ち鳴らす，トライアングルやシンバルなどの楽器は，打楽器に分類される。

二　大地震が発生した場面である。傍線①直前には，大地震に直面した「私」の様子が描かれている。「私」は「頭では必死に冷静なこと」を考えたのである。だが，「鼓動が耳のそばでばくばく」と聞こえたり，揺れが収まっても，「しばらくどきどき」したりしていた。傍線①の「大丈夫大丈夫」は，動揺する「私」自身を落ち着かせる目的で発した言葉である。記述の際には，「頭では冷静さを保とうとした」＋「動揺はおさまらなかった」という私の状況を書き，「言い聞かせて心を落ち着かせようとした」という「大丈夫大丈夫」と独り言をくり返した目的を書き加える。

三　傍線②を含む場面を正しく把握することで，解答を作成することができる。傍線②の部分で，「私」は多くの家を飲み込む巨大な津波の映像を見ているのである。そして，「うそじゃん」という言葉からは，「私」が衝撃を受けていることと，映像を信じられないと思っていることが読み取れる。以上の点をまとめる。「巨大な津波が多くの家を飲み込む悲惨な映像」＋「衝撃を受けている」「信じられない」という内容を中心に記述する。

四　傍線③を含む場面で，「私」が大きな混乱の中にいることをおさえる。大震災のあと，長いこと休校が続き，やっと新学期が始まったのである。休校中は毎日のように犠牲者の人数や救急活動の様子がテレビで流れ，新学期になってもクラスには休む人がいて，部室でキャンパスに向かう人は「私」だけなのである。そのような混乱した状況の中，「からだのなかに一本の太い滝を流すような」「豪快で，繊細な不動の滝」を，気合いを入れて描きたいと思っているのである。混乱の中，精神的に揺るぎないものに「私」がひかれた様子が読み取れる。以上の点をおさえる。選択肢は，すべて「……評価してほしいと思っている」と終わっている。そのため，それ以前の内容を比較して解答を選ぶ。「混乱の中にいる」「自分を揺るぎないものにしてくれるような力強い滝の絵」とある，イが正解になる。アは「大好きだった祖母を思い出させてくれる」とある。たしかに，滝の絵は大好きな祖母に捧げるような気持ちで書き始めたものだ。だが，震災を経験したあとの「私」の心について，アの選択肢はまったくふれていない。誤答になる。ウは「その現実を忘れさせてくれるような幻想的な絵」とあるが，「自分のからだのなかに一本の太い滝」という表現から，現実を忘れようとしている「私」の姿は読み取れない。誤答になる。エは「相手に伝わるような激しい滝の絵」とあるが，この部分で「私」が震災体験を誰かに伝えようとしている様子は読み取れない。誤答になる。

五　傍線④を含む場面の内容をおさえる。「私」は不動の滝を描いていて，まだ完成していないのである。にもかかわらず，みかちゃんは被災地に送る絵を描くことを依頼してきた。傍線④直前には「本当に大変な思いをした人に，ちょっと電気が止まったくらいの「私」が『応援』なんて，何をすればいいのかわかんない」とある。「私」は絵を描き応援することに対してとまどいを感じ，前向きではないのだ。以上の点をおさえて，選択肢の内容を分析する。「滝の絵を描くことだけで精一杯」と現在の「私」の様子を示し，「大きな被害を受けたわけでもない自分が安易に被災地の人々を励ます絵を描くことに対して，違和感」と「私」のとまどいを表現した，ウが正解になる。アの「自信が持てなかった」はおかしい。そのような心情は，ここでは読み取れない。イの「新たな絵を描いてもよいのか，分からなくなった」はおかしい。励ます絵を描くことにとまどっている「私」の様子が記されていない。エの「怒り」もおかしい。とまどっている「私」の心情を正確に表していない。

六　傍線⑤直前の「被災地に向けてメッセージを届けようとする高校生によろこんでいる」，傍線⑤直後の「期待を湛えてこちらを見ている」の部分に着目する。記者が「私」から被災地に向けての前向きなメッセージを期待していることが読み取れる。だが，傍線⑤から傍線⑥の間にあるように，「私」の発言は前向きなものではなく，消極的なものだった。傍線⑥の直前で，記者は「ンなるほど,」と言いながらも，ペンをくにくに触って書き進めていない。記者は，私の消極的な発言に対して,これでは記事にできないと考えていることが読み取れる。以上の点をおさえて，解答を作成する。記述の際には「被災地に向けての前向きなメッセージを期待」＋「『私』の言葉が消極的」という場面の状況を書き，「このまま記事には使えないと思ったから」と記者の思いを加えるとよい。

七　傍線⑥以前に書かれた記者とのやり取りで「私」が満足していなかったことに着目する。「枝葉のディテール」「影の描き方」「見上げるような構図」について記者が何も聞かなかったことに「私」は不満を抱いたのだ。また，傍線⑦直前で，みかちゃんの言葉を聞いた「私」が涙声で，「そう，なんですよ。がんばりました」と答える様子にも着目する。みかちゃんは，迫力ある構図や光の線の様子などを指摘して，「私」はそれがうれしかったのだ。以上の点をおさえて，「細部，光の線，構図などの工夫した点」という方向で，「私」のほめてほしかった点をまとめる。

八　1　記者の取材から傍線⑧までの展開をふまえて，書くべき内容を考える。「私」はさまざまに工夫した絵に着目して欲しかった。だが記者は，「被災地に向けてメッセージを届けようとする高校生」として記事をまとめた。そのため，「新聞見たよ」という連絡は，「私」にとって好ましいことにはならず，「描かなければよかった」という気持ちを強め，「私」をゆううつにしたのだ。以上をふまえて，解答をまとめる。記述の際には，「絵ではなく，被災地へのメッセージが評価されている」という状況を書き，「不満」「ゆううつ」などの「私」の心情を加える。

重要

2　傍線⑧以降から，「私」が滝の絵に没頭した意味を読み取ることができる。傍線⑧直後に「ほとばしる怒りであるような心地がした」とある。「私」は滝を自分の怒りの感情のようにとらえた。また，「黒い靄」ともある。不快な気持ちのようにもとらえたのだ。そして，「私」はそれらが「流れろ。流れろ」と念じて描き進めていった。「気持ちを真っ白に塗りなおすように，絵の前に向かった」ともあるが，ニセアカシアの絵の件で心の中に生じた，怒りなどの様々な負の感情を消し去りたかったのだ。以上の内容を読み取り，解答をまとめていく。「怒りなどの負の感情」＋「消し去る／忘れる」という内容を中心にまとめるとよい。

九　「私」と最優秀賞を受賞した「彼女」の重なる点を表現する問題である。傍線⑨以前の彼女の言葉から彼女の状況を把握し，「私」の状況と比較して書くべき内容を考えたい。彼女は，震災による暗いがれきの中で怒りや悲しみを抱くようになり，進むべき方向性を失った。だがそのようなとき，彼女は絵を描くことで自分の内側にある気持ちと対話をしたのである。自分の気持ちを整理しようとしたのだ。「私」も，震災をきっかけにニセアカシアの絵のトラブルなどに巻き込まれ，負の感情を抱くようになった。「私」も絵を描くことで自分の心に向き合い，負の感情を消し去っていった。記述の際には「震災によって，負の感情を抱くようになった」＋「絵を描くことで自分の心と向き合った／自分の心を整理した」という内容を中心にする。

重要 十　榊の発言を聞き，「私」が「なるほどね」と理解したことをおさえる。榊は「水がドーン」と押し寄せてくる滝の絵の様子や「怒涛」というタイトルが今のご時世ではきついと発言した。つまり，「津波」を連想させるので，今の世の中には受け入れられないだろうと主張したのだ。「私」はそれを聞き，絵が賞を獲れなかったことに納得したのだ。以上の点をふまえてまとめる。記述の際には，「滝の絵の様子や『怒涛』というタイトルが津波を連想させる」＋「今のご時世では受け入れられない」という内容を中心にする。

十一　この場面の「私」の様子を理解して，選択肢を分析する。傍線⑩で，「私」は『怒涛』という滝の絵が賞を獲れなかった理由を十分に理解した。同時に，震災被害の不遇に結びつく絵が，人々の期待に応えるものであり，だから最優秀賞を受賞したのだと改めて理解した。つまり，人々の期待に応えることができたかどうかの違いである。傍線⑪の言葉は，傍線⑧直前にある，記者がまとめた記事の中の「私」の言葉。それは，記者が生み出した言葉であり，人々の期待に応えた言葉である。文章の展開から読み取れるように，傍線⑪の部分でも，「私」はその言葉に違和感を抱いている。その言葉を自分の言葉にすることは，「私」の気持ちにうそをつくようなものなのだ。以上をふまえて，選択肢を分析する。正解は，「賞を獲るためには人々からの期待に応えたふるまいをする必要がある」「自分を偽ることになる」とある，アになる。イは「自分はもともと絵で誰かを元気づけたかった」とあるが，おかしい。そのような様子は文章中から読み取れない。ウは「賞の獲り方が分かった」「受賞できた時のことを具体的に思い浮かべている」とあるが，おかしい。賞の獲り方がわかって，前向きに賞を獲ろうと考えている場面ではない。エは「これからは人に評価される絵を描こうと固く心に決めている」とあるが，おかしい。最後に，「私の滝」を抱き締めているように，自分の描く絵に否定的な思いは抱いていない。

やや難 十二　1　設問の条件を確認する。「震災以降の絵に向かう姿勢の変化を，二つの段階に分けて説明しなさい」とある。その点に注意して，書くべき内容を考える。「四月末，新学期がようやく始まった……」で始まる段落から，震災直後の「私」の様子が読み取れる。混乱の中にいた「私」は，改めて集大成の滝を描きたいと思い，自分に強さを与えてくれるような力強い滝を描き，賞を目ざす。次は，ニセアカシアの絵が作品集の表紙になり，取材を受け，その記事ができた頃。「私」は絵の工夫が評価されずに，被災地に対するメッセージなどの思いばかりが注目される状況に負の感情を抱き，その感情を消し去るためにも，絵に向かうようになる。記述の際には，この二つの段階に分けて，「私」の姿勢を書く。震災直後の新学期が始まる頃に関しては，集大成に力強い滝を描いて賞を獲りたいという意気込み。「私」の絵が作品集の表紙になり，取材を受けて記事が出た頃に関しては，絵の工夫が評価されず，被災に対する思いばかりが注目されるような状況に対して負の感情を持ち，それを消そうとする。

十二　2　傍線⑧より後の部分を読むと，「私」が滝の絵を，「今まで描いたすべての絵の中でいちばん力強い絵」ととらえている様子がわかる。滝の絵は，「私」にとって，特別な絵なのである。そのような絵であるにもかかわらず，傍線⑨以降にあるように，滝の絵は「無冠の絵」となり，「私」が望むような高い評価は得られなかった。評価されたのは，被災地への励ますような思いが込められた絵であり，そういうご時世だったのだ。傍線⑪前後の様子から読み取れるように，

「私」は悔しさや腹立たしさを抱いている。だが，「私」にとって特別である滝の絵を，人々に理解されなくて「ひとりきり」になっても，抱きしめるほどいとおしかったのである。以上の点をおさえて，書くべき内容をまとめる。記述の際には，「絵が理解されなくても」＋「いとおしい／大切である」という内容を中心にする。

★ワンポイントアドバイス★

「滝の豪快な水しぶき」が，人物の「激しい怒り」を表すというように，文章中に比ゆ表現があり，それが設問で問われる場合もある。文章中の比ゆ表現が表す内容を，正確に把握したい。

2021年度

★★★★★★★★★★★★★★★★★★★★★★★★★

入　試　問　題

2021年度

麻布中学校入試問題

【算　数】（60分）　＜満点：60点＞

1　下の図のような直角二等辺三角形①と台形②があります。

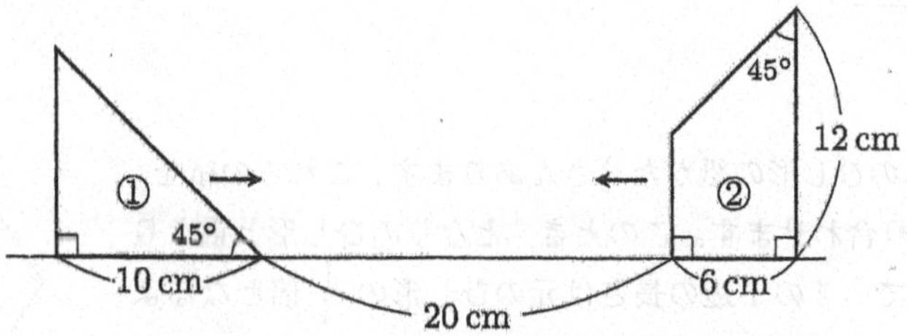

図の位置から①を毎秒 1 cmで右へ，②を毎秒 2 cmで左へ，同時に動かします。9 秒後に①と②が重なっている部分の面積何cm^{2}ですか。

答　　　　cm^2

2　たかし君とまこと君が全長 6 kmのマラソンコースを同時にスタートし，それぞれ一定の速さで走り始めました。たかし君はスタートして3.6kmの地点Ｐから，それまでの半分の速さで走りました。たかし君が地点Ｐを通り過ぎた15分後から，まこと君はそれまでの2.5倍の速さで走りました。まこと君はゴールまで残り600mの地点でたかし君を追い抜《ぬ》いて先にゴールしました。また，たかし君はスタートしてから40分後にゴールしました。

(1)　たかし君がスタートしたときの速さは分速何mですか。

答　分速　　　　m

(2)　まこと君がスタートしたときの速さは分速何mですか。

答　分速　　　m

3　同じ形と大きさのひし形の紙がたくさんあります。これらの紙を，縦横何列かずつはり合わせます。このとき，となりのひし形と重なり合う部分はひし形で，その1辺の長さは元のひし形の$\frac{1}{4}$倍となるようにします。最後にこの図形の一番外側を太線で囲みます。

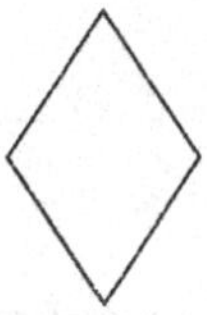

例えば，縦2列，横3列の計6枚のひし形の紙をはり合わせてこの図形の一番外側を太線で囲んだ場合は，右図のようになります。太線の内側には，紙が重なり合う部分が7か所あり，紙のない所が2か所できます。

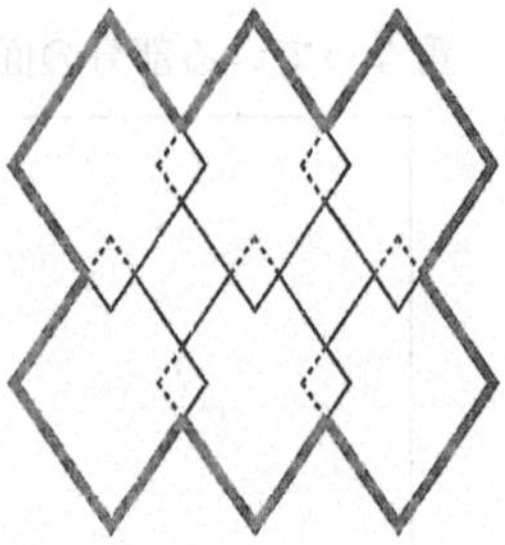

この方法で，縦10列，横20列の計200枚のひし形の紙をはり合わせて，この図形の一番外側を太線で囲みました。以下の問いに答えなさい。

(1)　太線の内側に，紙が重なり合う部分は何か所ありますか。

答　　　か所

(2)　太線の内側の面積は，ひし形の紙1枚の面積の何倍ですか。ただし，太線の内側の面積には，紙のない所の面積も含《ふく》むものとします。

答　　　倍

4　1.07と書かれたカードＡと，2.13と書かれたカードＢがそれぞれたくさんあり，この中から何枚かずつを取り出して，書かれた数の合計を考えます。

例えば，カードＡを10枚，カードＢを１枚取り出したとき，書かれた数の合計は12.83です。このとき，12をこの合計の整数部分，0.83をこの合計の小数部分と呼びます。

(1)　カードＡとカードＢを合わせて32枚取り出したとき，書かれた数の合計の小数部分は0.78でした。この合計の整数部分を答えなさい。

答

(2)　カードＡとカードＢを合わせて160枚取り出したとき，書かれた数の合計の小数部分は0.36でした。この合計の整数部分として考えられる数をすべて答えなさい。ただし，解答らんはすべて使うとは限りません。

答　　，　　，　　，　　，　　，

5　１から７までの数字が書かれた正六角形のライトが右図のように並んでいて，各ライトを押《お》すと，以下のように点灯と消灯が切りかわります。

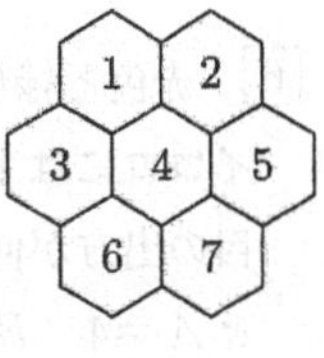

・押されたライトの点灯と消灯が切りかわる。
・押されたライトに接するライトのうち，押されたライトより大きい数字が書かれたライトの点灯と消灯が切りかわる。

例えば，下の図のように，１，７のライトだけが点灯しているとき，3→２の順でライトを押すと，1，2，3，5，6，7のライトだけが点灯します。

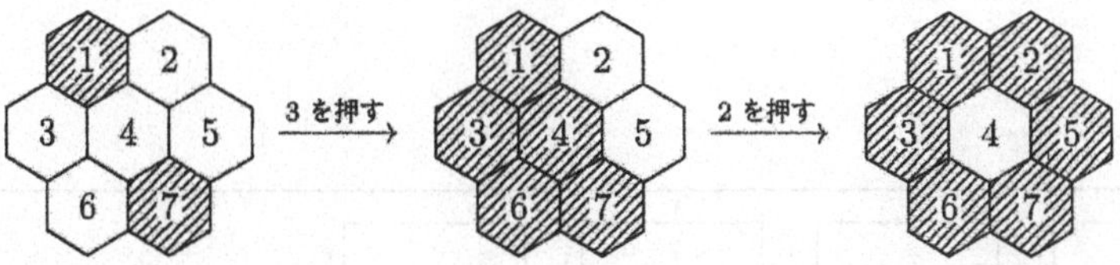

このとき，あとの問いに答えなさい。

(1) すべてのライトが消灯しているとします。そこから1→5→6の順でライトを押したとき，点灯しているライトの数字をすべて答えなさい。

答

(2) 2のライトだけが点灯しているとします。そこからすべてのライトを消灯させるには，少なくとも3回ライトを押す必要があります。3回で消灯させる押し方を一つ答えなさい。

答 → →

(3) 1，4，6のライトだけが点灯しているとします。そこからすべてのライトを消灯させるには，少なくとも5回ライトを押す必要があります。5回で消灯させる押し方を一つ答えなさい。

答 → → → →

6 赤色と緑色の2つのサイコロをこの順に振《ふ》り，出た目をそれぞれA，Bとします。ただし，サイコロには1から6までの目が一つずつあります。このとき，$A \times B$が決まった数になるような目の出方が何通りあるか数えます。例えば，$A \times B = 8$となるような目の出方は$A = 2$，$B = 4$と$A = 4$，$B = 2$の2通りあります。

(1) $A \times B =$ ア となるような目の出方は全部で4通りありました。ア に当てはまる数をすべて答えなさい。ただし，解答らんはすべて使うとは限りません。

答 ， ， ，

(2)　$A \times B =$ [イ] となるような目の出方は全部で２通りありました。[イ]に当てはまる数はいくつあるか答えなさい。

答　[　　　]　個

赤色，緑色，青色，黄色の４つのサイコロをこの順に振り，出た目をそれぞれ A，B，C，D とします。

(3)　$A \times B = C \times D$ となるような目の出方は全部で何通りあるか答えなさい。

答　[　　　]　通り

【理　科】(50分)　＜満点：40点＞

1　植物の種はいろいろな方法で運ばれて，生えている地域を広げようとします。タンポポの種（図1左）は，風に乗って飛んでいるのをよく見かけます。センダングサの種（図1右）はタヌキなどの動物の毛にたくさんついていることがあります。タンポポの種とセンダングサの種は同じくらいの大きさです。

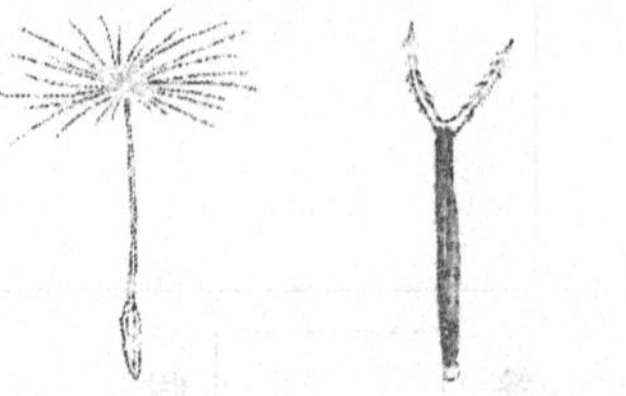

タンポポの種　センダングサの種

図1

問1　タンポポやセンダングサの種が運ばれやすいようにもっている特徴《とくちょう》として適当なものを次のア～カからそれぞれ2つずつ選び，記号で答えなさい。ただし，同じ記号を何度使ってもかまいません。

ア．種にしっかりと重みがあること。
イ．種が小さくて軽いこと。
ウ．種が茶色で目立たないこと。
エ．種に細かいトゲがついていること。
オ．種に翼《つばさ》のような部分がついていること。
カ．種にたくさんわた毛がついていること。

オオバコ（図2）は道のはしやグラウンドなど，人にふまれやすい所によく生えています。オオバコは漢字で「大葉子」と書き，大きな葉はしなやかで，ふまれても簡単にちぎれたりしません。種は小さいのですが，吸水すると表面にゼリー質ができてねばつきます。人にふまれた種は靴底《くつぞこ》などについて移動して，生えていたところから遠い場所に運ばれて芽を出します。オオバコは他の草に比べて成長が特に速いことはなく，あまり大きく育ちません。他の大きな草たちが生えやすいところでは，オオバコがたくさん生えていることはありません。

図2

問2　人にふまれやすい所に生えているオオバコがもつ，他の草より有利な点を次のア～キからすべて選び，記号で答えなさい。

ア．他の草と場所を争うことが少ない。
イ．他の草と場所を争うときに背が高くなる。
ウ．他の草と場所を争うときに速く育つ。
エ．人にふまれても葉がちぎれにくい。
オ．人にふまれると葉がちぎれやすい。
カ．種がちぎれた葉に包まれやすい。
キ．種がねばねばしていろいろなところにつきやすい。

植物の一部は動物が食べられる大きな実をつけ，動物に食べてもらって，消化されない種を運んでもらいます。移動したその動物のふんに種がふくまれていることがあります。

トウガラシは辛《から》いことで有名ですが，トウガラシの仲間がつくる辛さの成分はカプサイシンというものです。これが多く実でつくられると，人が食べたときに辛く感じます。

トウガラシの仲間でシシトウという種類があります。ほとんどのシシトウの実（図3）は辛くないのですが，辛い実やとても辛い実もあります。実の辛さと種の数の関係を224個の実で調べて表にしてみました。

	辛くない	辛い	とても辛い
実の数	206	17	1
種の数の平均	127 （最大 210 最小 75）	76 （最大 139 最小 25）	21

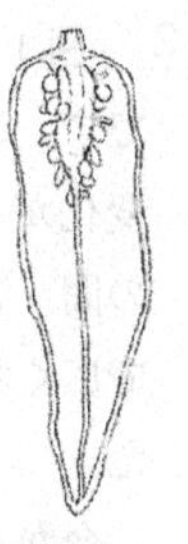

シシトウの実
（断面）

図3

問3　この表から正しいと考えられるものを次のア～クからすべて選び，記号で答えなさい。

ア．調べた中では，種の数が76以下なら必ず辛い。

イ．調べた中では，種の数が75以上なら必ず辛くない。

ウ．調べた中では，種の数が140以上なら必ず辛くない。

エ．調べた中では，種の数が一番少ないものが一番辛い。

オ．調べた中では，種の数が一番多いものは辛くない。

カ．種が少ないほど辛い傾《けい》向がある。

キ．種が多いほど辛い傾向がある。

ク．実の辛さと種の数に関係は見られない。

ネズミやタヌキなどの動物は人と同じで，トウガラシの実にふくまれるカプサイシンを辛いと感じることができるので，カプサイシンをふくむものを積極的には食べません。一方，鳥の仲間はカプサイシンによる辛さをほとんど感じません。ネズミのふんを調べてみると，植物の種はかみくだかれているなどして，消化はされていませんが芽を出せないものが多くなります。鳥はくちばしの中に歯がないので，ふんの中にふくまれる植物の種は消化されず芽を出すものが多くなります。

問4　トウガラシの実は，aネズミやタヌキなどの動物とb鳥の仲間のどちらに食べられやすいですか。a，bの記号を理由とともに答えなさい。

問5　トウガラシが生える場所を広げるにあたり，問4で答えた生き物に食べられる方がもう一方の生き物に食べられるより有利であると考えられる理由となる文を次のア～クからすべて選び，記号で答えなさい。

ア．ネズミやタヌキなどの動物は鳥より遠くに移動できるから。

イ．鳥はネズミやタヌキなどの動物より遠くに移動できるから。

ウ．ネズミやタヌキなどの動物には歯があるから。

エ．鳥のくちばしの中に歯がないから。

オ．ネズミやタヌキなどの動物は辛いものを好むのでトウガラシをよく食べるから。

カ．鳥は辛いものを好むのでトウガラシをよく食べるから。

キ．ネズミやタヌキなどの動物はトウガラシの種も消化するから。

ク．鳥はトウガラシの種も消化するから。

2 図1は過去35万年の気温変化を表したグラフです。この図からは，およそ10万年ごとに気温の変化がくり返されていることがわかります。この間，気温が現在より5度以上も低く，陸地が氷で広くおおわれる「氷期」がくり返されていました。

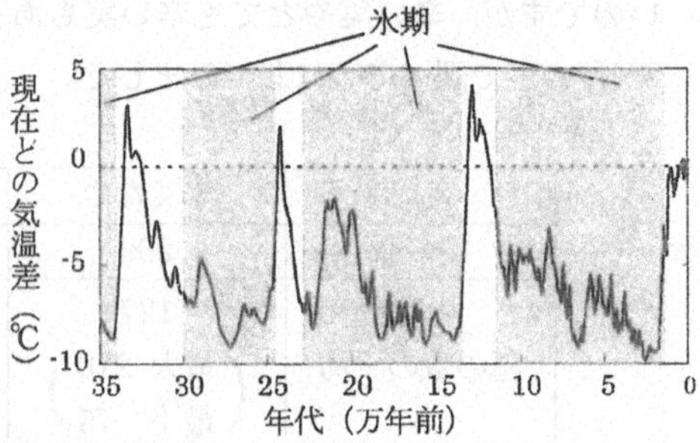

図1

今からおよそ100年前，セルビアの地球科学者ミランコビッチは，日射が気候にあたえる効果を精密に計算し，1920年にこれを発表しました。ミランコビッチの計算は，氷期のくり返しをよく説明するものでした。

問1　氷期は始まると数万年間も続きます。そのしくみを説明する次の文中のａ～ｃについて，それぞれ［　］内の語句から適当なものを1つずつ選び，記号で答えなさい。

日射が弱くなり，陸をおおう氷が一度ａ〔ア．増える　　イ．減る〕と，氷によって太陽光がｂ〔ウ．吸収　　エ．反射〕されるため，気温がｃ〔オ．上がる　　カ．下がる〕。

問2　氷期の終わりからは気温が急に上がります。そのしくみを説明する次の文中のｄ，ｅについて，それぞれ［　］内の語句から適当なものを1つずつ選び，記号で答えなさい。また，空欄《らん》Ｘに入る気体の名前を，漢字で答えなさい。

日射が強くなり，気温や海水温がｄ〔ア．上がる　　イ．下がる〕と，海にとけきれなくなって出てきた（　Ｘ　）の効果によって，気温がｅ〔ウ．上がる　　エ．下がる〕。

約15000年前に終わった最後の氷期では，ヨーロッパや北アメリカの大半，地球の陸地の2割から3割が氷でおおわれていました。そのため，当時は海水面の高さが現在より約120m低く，日本列島は大陸と地続きになっていました。①この氷期の終わりごろに，人々は陸地をつたって大陸から現在の日本列島にわたり，日本列島に広く定住しました。

問3　氷期が終わって陸の2割をおおう氷がとけることで，海水面が120m高くなったとします。とけた氷の厚さの平均は何mですか。同じ重さの水と氷の体積比を10:11，海と陸の面積比を7：3として計算し，十の位を四捨五入して答えなさい。ただし，海と陸の面積比は，海水面の高さが変化しても変わらないものとします。

問4　現在より海水面の高さが120m低かった氷期には，多くの大陸や島が地続きになっていました。この当時の海岸線を，解答欄の地図に太線で示しなさい。地図には現在の等高線が示されており，海底の形状はこの当時も変わらないものとします。

問5　下線部①について，最後の氷期に日本列島にわたってきた人々による文化として最も適当なものを次のア～エから選び，記号で答えなさい。

ア．仏教　　イ．土器　　ウ．鉄砲《てっぽう》　　エ．通貨

生物は，子孫を残すときに親と子の特徴《とくちょう》がわずかに変化します。近くの集団同士は，いっしょになって子孫を残すことで似た特徴をもつようになります。いっぽう，遠くはなれた生物の集団同士は，子孫を残すごとにその特徴のちがいを大きくします。

日本列島の島々は，北から北海道，（　あ　），（　い　）の順に並びます。この並びから，北海

道に住むアイヌは（　う　）の人々と近縁《えん》であり，似た特徴をもつと予想できます。これを確かめるため，日本列島と大陸（中国）にいま住む人々のある特徴Aを調べました。その結果を示したものが図2です。

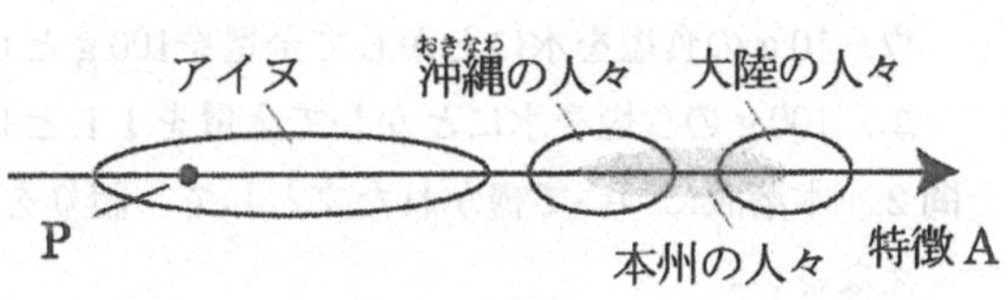

図2

予想に反し，アイヌは（　え　）の人々と似ていることがわかります。

本州の貝塚《づか》から発掘《はっくつ》された約3000年前の人骨を調べると，図2の点Pに位置することがわかりました。この人骨はアイヌの祖先のものだと考えられます。アイヌの祖先は本州にも定住していたのです。そして，別の特徴も調べると，アイヌは沖縄の人々と共通の祖先をもっていることがわかります。

図2からは，いま本州に住む人々は（　お　）や大陸の人々と近縁だともわかります。いま本州に住む人々は，最後の氷期に大陸からやってきた人々の子孫であると同時に，最近になって，海をわたって大陸からやってきた人々の子孫でもあるのです。

問6　本文中の空欄（あ）～（お）に入る語句として最も適当なものを次のア～エからそれぞれ1つずつ選び，記号で答えなさい。ただし，同じ記号を何度使ってもかまいません。

ア．北海道　　イ．本州　　ウ．沖縄　　エ．大陸（中国）

問7　いま日本列島やその周辺に住む人々の由来を示した図として，最も適当なものを次のア～エから選び，記号で答えなさい。

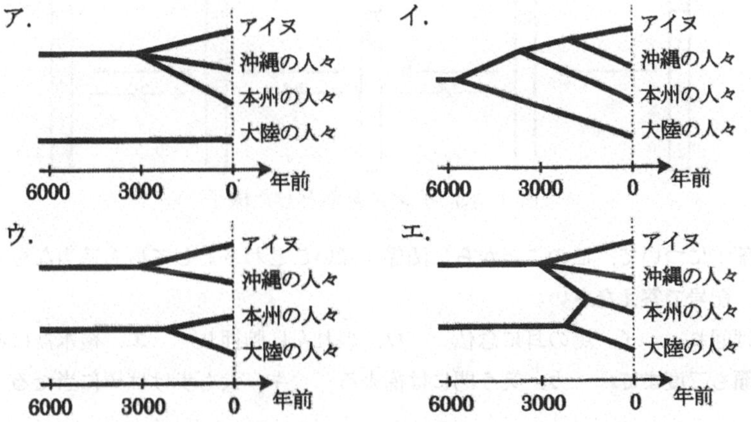

いわゆる「日本人」には様々な祖先をもつ人々がいます。さらに，世界にはより様々な特徴をもつ人々がいます。地球という限られた場所の中で，はだの色など様々な個性を尊重して共生したいものです。

3　みなさんは，食塩やミョウバンなど様々な物が水にとけた水溶液《すいようえき》について，小学校で学習しました。水に物がとける様子について考えてみましょう。

問1　食塩を10%ふくむ食塩水をつくる方法として最も適当なものを次のア～エから選び，記号で答えなさい。

ア．10gの食塩を100gの水にとかした。

イ．100gの食塩を1Lの水にとかした。

ウ．10ｇの食塩を水にとかして全量を100ｇとした。

エ．100ｇの食塩を水にとかして全量を１Ｌとした。

問２　水溶液について書かれた文として，誤りをふくむものを次のア～カから２つ選び，記号で答えなさい。

ア．水溶液には，電気を通さないものがある。

イ．水溶液には，加熱して蒸発させたときに何も残らないものがある。

ウ．水溶液の重さは，とけている物の重さと水の重さの合計に等しくなる。

エ．水溶液の体積は，とけている物の体積と水の体積の合計に等しくなる。

オ．水溶液は無色でも，加熱すると水が蒸発し，黒い固体が生じる場合がある。

カ．とけ残りのある水溶液をろ過すると，とけている物と水を分けられる。

水に物がとける様子について，図１のように管に入れた水の中にインクを落とすことを考えます。水に落ちたインクは時間とともに水全体に徐々《じょじょ》に広がり，最終的に水全体が均質でうすく色づいた状態になります。この現象を「拡散」といいます。一度(e)の状態になると，どんなに待っても(b)の状態になることはありません。①管の中の水に広がったインクは自動的に元の位置に集まって１滴《てき》のインクにもどることはありません。

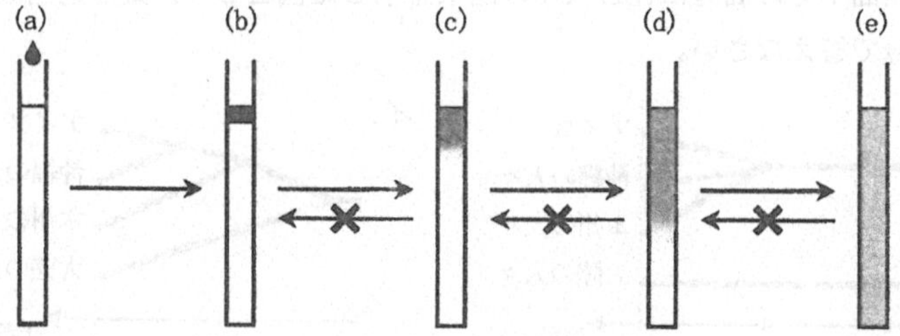

図１ 水にインクを落とした様子

問３　下線部①について，このことがらに関係が深いことわざとして最も適当なものを次のア～キから選び，記号で答えなさい。

ア．急がば回れ　　イ．馬の耳に念仏　　ウ．のれんに腕押《うでお》し　　エ．覆水盆《ふくすいぼん》に返らず

オ．仏の顔も三度まで　　カ．笑う門《かど》には福来《きた》る　　キ．犬も歩けば棒に当たる

下線部①のように変化の方向が決まっている場合，「変化の自然な方向は，状態の数が増える方向である」などと表現することがあります。「状態の数」とはどういった考え方でしょうか。

１滴のインクを管に入れた水に落とす場合を簡単なモデルにして考えてみましょう。図２のようにたくさんの箱を考えます。これらの箱には水の「つぶ」を表す○やインクの色素の「つぶ」を表す●が入るとします。また，これらの箱には位置以外のちがいはなく，どの箱にも○や●のどちらか一方が１個ずつ入ることができるとします。インクを落とした直後を表すために，図３のように●を上の２個の箱に入れま

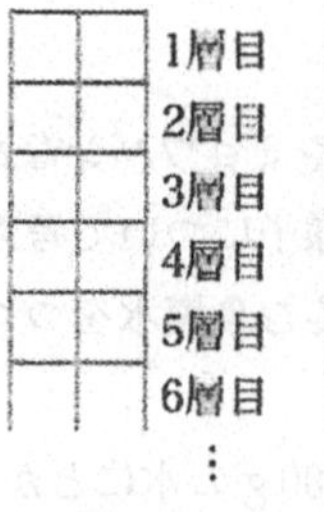

図２

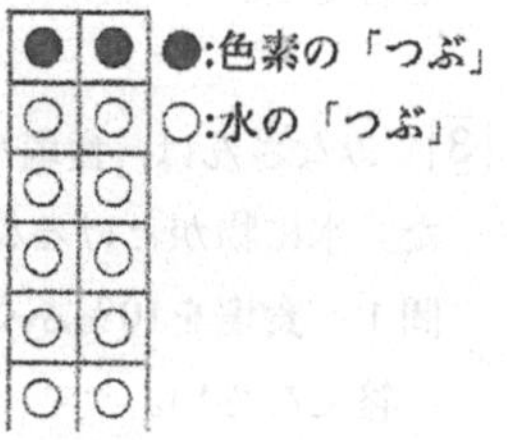

図３

す。残りの箱には○が入ります。このように1層目のみに●が入っている状態は1通りしかありません。これを「状態の数が1である」と表現することにしましょう。

続いて●と○を動かし，管の中で水とインクが混ざるように，上から2層目まで●が拡散することを考えます。このとき，図4のように位置が異なる4つの箱のうち，2か所に●が入ることになるので，2層目に●が入っていない状態もふくめて，全部で6通りの異なる状態が考えられます。これは「状態の数が6である」と表現すればよいでしょう。同じように，上から3層目まで2個の●が拡散するときは，図5のように全部で15通りの異なる状態が考えられます。これは「状態の数が15である」と表現されます。

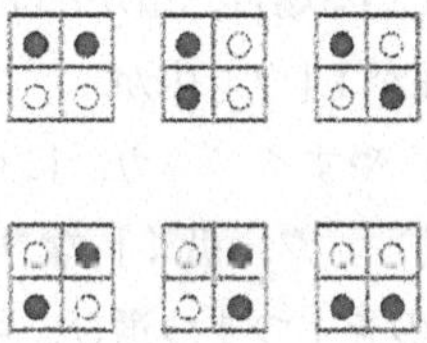

図4

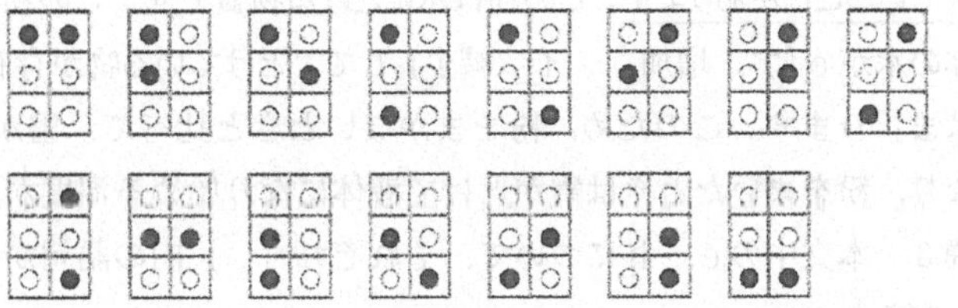

図5

問4　このモデルで上から4層目まで2個の●が拡散するときは，4層目に●が入っていない状態もふくめて，全部で何通りの異なる状態が考えられますか。

同じように，5層目まで，6層目まで，7層目までと，徐々に●が拡散していくと，状態の数も45，66，91と増えていきます。仮に30層目まで●が拡散できるとすると，状態の数は1770になります。●が拡散する層の数が増えるにつれ，状態の数が急激《きゅうげき》に増えることがわかります（図6）。このモデルから，実際の色素が水の中に広がるときも，状態の数が増えることがうかがえます。インクの拡散の例は「変化の自然な方向は，状態の数が増える方向である」という法則で説明できます。

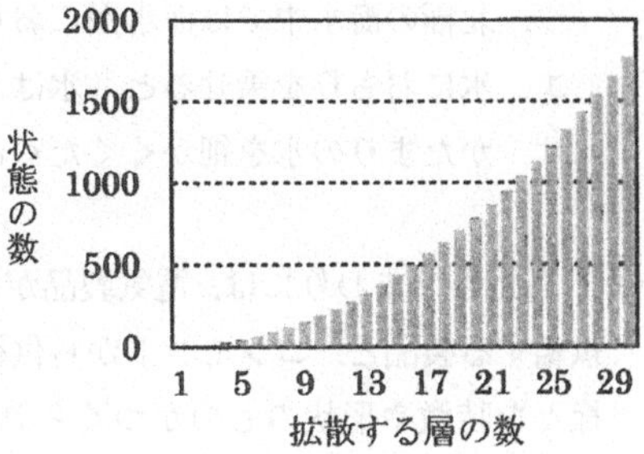

図6

この法則は，物が拡散する現象とは異なるように見える他の現象を理解するときもヒントになります。「青菜に塩」ということわざがあるように，野菜に食塩をかけて塩もみすると，しおれてやわらかくなります。これは野菜の表面が，②特別な膜《まく》でできているために起こる現象です。野菜に食塩をかけると，膜を通して野菜の内部にある水分が食塩のある外部に移動します。これは食塩が水にとけると，食塩の存在できる空間がａ〔ア．広がり　イ．せばまり〕，水分が移動する直前と比べて状態の数がｂ〔ウ．増える　エ．減る〕ために起こります。また，③千切りキャベツは水にひたすと，シャキシャキとした食感に変化します。この変化も野菜の表面の特別な膜を，水が通ることから理解できます。

問5　下線部②について，この膜の性質として正しいものを次のア～エから1つ選び，記号で答えなさい。

ア．水も食塩も通しやすい　　　　イ．水も食塩も通しにくい

ウ．水は通しやすく，食塩は通しにくい　　エ．水は通しにくく，食塩は通しやすい

問6　本文中のａ，ｂについて，それぞれ〔　〕内の語句から適当なものを１つずつ選び，記号で答えなさい。

問7　下線部③について，この変化を説明する次の文中のｃ，ｄについて，それぞれ〔　〕内の語句から適当なものを１つずつ選び，記号で答えなさい。

キャベツの内部の方が外部より濃度《のうど》がｃ〔ア．高い　イ．低い〕ために，キャベツのｄ〔ウ．内部から外部に　エ．外部から内部に〕水が移動している。

これまでとは別の現象を同じ法則をヒントにして考えてみましょう。④冬になると道路に白い粉がまかれていることがあります。この粉は水にとける物質です。この粉が雪と接している場合，雪がとけると液体の水がｅ〔ア．増加　イ．減少〕して，とけている物が存在できる空間がｆ〔ウ．広が　エ．せばま〕ります。このため，粉をまかないときと比べて，雪がとけｇ〔オ．やすく　カ．にくく〕なり，粉をまいたときは雪がとけて液体になり始める温度がｈ〔キ．高く　ク．低く〕なります。

問8　本文中のｅ～ｈについて，それぞれ〔　〕内の語句から適当なものを１つずつ選び，記号で答えなさい。

問9　下線部④について，このときに起こる現象と最も関係が深いことがらを次のア～オから選び，記号で答えなさい。

ア．消毒液の成分にふくまれるエタノールは，水よりもはるかに低い温度でこおる。
イ．湖は表面がこおりやすく，中深くの湖水はこおりにくい。
ウ．北極の海水中では海水がこおりにくく，水温が０℃を下回る。
エ．氷におもりを乗せると，氷はとけやすくなる。
オ．かたまりの氷を細かくくだくと，とけやすくなる。

4　私たちのまわりには，電気製品が多くあります。これらを電気の供給源に注目すると，電池から供給する製品と，コンセントから供給する製品に分けることができます。電池は，用途《ようと》に合わせて様々な特徴《とくちょう》や形状のものがつくられており，みなさんにとっても身近なものだと思います。一方で，コンセントから供給される電気は，電線の元をたどっていくと発電所へたどり着きます。そして，そのほとんどは，様々な方法で発電機を回転させることで発電しています。発電所の発電機は，小学校の理科の時間に学習した手回し発電機を大型にしたものであると考えるとよいでしょう。

問1　身のまわりの電気製品のうち，電子レンジは電気の供給源がコンセントです。電池ではなく，コンセントを供給源として採用した理由を簡単に説明しなさい。

問2　家庭のコンセントから供給される電気は，近年では発電所以外でも作られていることがあります。どこで作られていることがありますか。場所を１つ答えなさい。

問3　電池で豆電球を光らせるとき，電池を２つ使うと，豆電球の明るさを変えることができます。そこで，同じ電池２つを次のページの(1)～(3)のように接続しました。このときの豆電球の明るさは，電池が１個のときと比べると，どのようになりますか。(1)～(3)について最も適当なものを下のア～エからそれぞれ１つずつ選び，記号で答えなさい。

ア．光らない　　　イ．より暗く光る
ウ．同じ明るさで光る　　　エ．より明るく光る

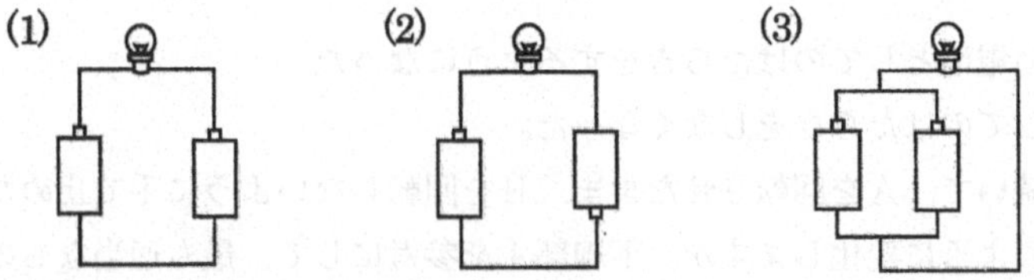

手回し発電機と豆電球を接続し豆電球を様々な明るさで光らせました。手回し発電機をゆっくり回してみると，①豆電球は光りませんでした。徐々《じょじょ》に速く回していくと，ある速さになったとき②豆電球が光り始め，さらに速くするほど③豆電球はより明るくなりました。

問４　下線部①～③のとき，回路を流れる電流はどのようになっていると考えられますか。組み合わせとして最も適当なものを次のア～オから選び，記号で答えなさい。

ア．①　0 mA　②　15mA　③　30mA　　イ．①　5 mA　②　15mA　③　30mA
ウ．①　0 mA　②　30mA　③　30mA　　エ．①　5 mA　②　30mA　③　30mA
オ．①　5 mA　②　5 mA　③　30mA

電池では複数個をうまく接続することで，発電機では速く回転することで，豆電球はより明るくなりました。どちらにも同様のはたらきがあり，そのはたらきの強弱を調整することができるといえます。

では，発電機を複数台接続するとどのようになるでしょうか。手回し発電機ＡとＢの２つ，および豆電球１つを，図１のように１つの輪のように接続し，次の実験を行いました。

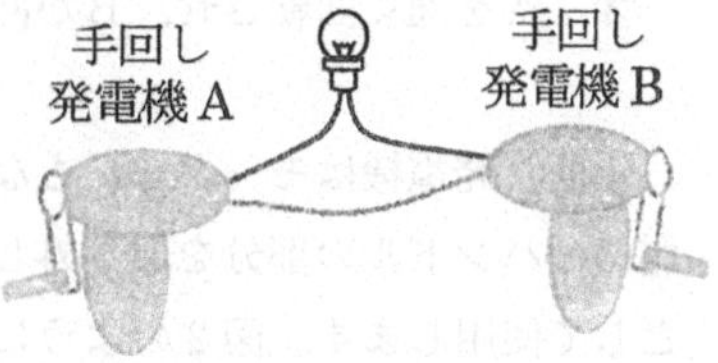

図１

実験・結果Ⅰ　手回し発電機Ａだけを回転させたところ，手回し発電機Ｂは勝手にＡよりもおそく回転を始め，豆電球は暗く光った。

実験・結果Ⅱ　実験Ⅰに続いて，Ａを回転させたまま，Ｂが勝手に回転している向きにＢをＡと同じ速さで回転させたところ，豆電球が完全に消えた。

以上の実験から，回転している手回し発電機は，④手で回転させていても，電流によって回転していても，いずれの場合でも回転の速さに応じて強くなる電池としてのはたらきをしていると考えてよいのです。ちなみに，複数の発電機のうち，1つを作動させたところ，他の発電機が勝手に回転を始める現象は，1873年のウィーン万博《ばんぱく》で初めて確認されました。これがきっかけとなり，電気を利用して回転するモーターが一気に広まったそうです。

問５　実験Ⅱのように，2つの発電機を同じ速さで回転させているとき，発電機を両方とも電池に置きかえたと考えると，どのように接続していたことになりますか。解答欄《らん》の豆電球と２つの電池を線で結んで示しなさい。

問６　実験Ⅰに続いて実験Ⅱを行ったとき，電流や手回し発電機Ｂのはたらきは，それぞれどのように変化したと考えられますか。次の(1)，(2)について最も適当なものを下のア～オから選び，記号で答えなさい。

(1)　実験Ⅰと比べたときの，実験Ⅱの電流
　ア．増えた　イ．減った

(2)　発電機Ｂの電池としてのはたらき
　ウ．より強い電池としてのはたらきをするようになった。

エ．より弱い電池としてのはたらきをするようになった。

オ．電池としてのはたらきをしなくなった。

問７　実験Ⅰに続いて，Ａを回転させたまま，Ｂを回転しないように手で止めたとすると，豆電球の明るさはどのように変化しますか。下線部④を参考にして，最も適当なものを次のア～エから選び，記号で答えなさい。

ア．消える　　イ．暗くなる　　ウ．同じ明るさのまま　　エ．明るくなる

問８　実験Ⅰや実験Ⅱのときと同様に接続した２つの手回し発電機を利用し，豆電球をより明るく光らせます。次の操作の中で，豆電球が一番明るく光るのはどれですか，最も適当なものを次のア～オから選び，記号で答えなさい。

ア．Ａを速く回転させ，Ｂを手でとめる。

イ．Ａをゆっくり回転させ，Ｂが回転を始めた向きに，Ｂをゆっくり回転させる。

ウ．Ａを手でとめた状態で，Ｂをゆっくり回転させる。

エ．Ａを速く回転させ，Ｂが回転を始めた向きに，Ｂを速く回転させる。

オ．Ａを速く回転させ，Ｂが回転を始めた向きと逆向きに，Ｂを速く回転させる。

手回し発電機はモーターにもなることがわかりました。そこで，手回し発電機のハンドルの部分を取り外し，その部分の軸《じく》に糸を取りつけ，モーターとして使用します。図２のように糸の先におもりを取りつけ，手回し発電機を電池に接続すると，軸に糸が巻きつきおもりが持ち上がりました。何度か行った実験の結果は次の通りです。

|実験・結果Ⅲ|　150ｇのおもりを30㎝持ち上げるのに10秒かかった。

|実験・結果Ⅳ|　180ｇのおもりを30㎝持ち上げるのに12秒かかった。

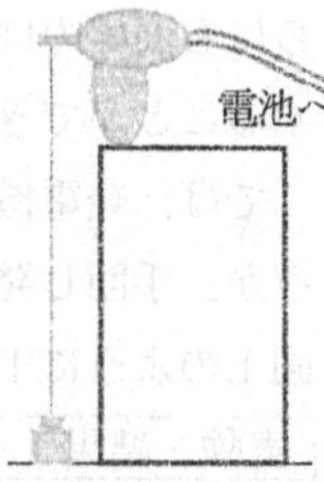

図２

問９　実験Ⅲと実験Ⅳの結果から次の文のようなことが考えられます。文中の空欄（あ）～（う）に入る語句を下のア～ウからそれぞれ１つずつ選び，記号で答えなさい。ただし，同じ記号を何度使ってもかまいません。

150ｇのおもり６個を30㎝の高さまで１個ずつ６回持ち上げたときと，180ｇのおもり５個を30㎝の高さまで１個ずつ５回持ち上げたときを比べよう。どちらも900ｇ分のおもりを30㎝の高さまで持ち上げることになる。持ち上げているときの回転の速さは，150ｇのときの方が速いので，流れる電流は（　あ　）。また，すべてを持ち上げるのにかかる時間は（　い　）。つまり，このときの電池の消耗《しょうもう》度合いは（　う　）。

ア．150ｇの方が大きい　　イ．180ｇの方が大きい　　ウ．どちらも同じになる

問10　モーターを利用している家電製品である洗濯《せんたく》機は，洗濯物の量を容量の８割程度にしたとき，最も省エネで，電気を効率的に使用できるといわれています。その理由を説明する次の文中のａ～ｃについて，それぞれ［　］内の語句から適当なものを１つずつ選び，答えなさい。

容量の８割程度での洗濯を基準にして考えます。８割より少なくすると，２回洗濯することになり，効率的ではありません。一方で，10割程度に増やすと，洗濯機が回転する速さがａ［　増加・減少　］します。そのため，回転させる時間をｂ［　増加・減少　］させる必要があります。また，電流はｃ［　増加する・減少する・変化しない　］ので，結果としてこの場合も省エネにならないのです。

【社　会】（50分）　＜満点：40点＞

【１】 次の文章をよく読んで，問１～問９に答えなさい。

ぼくは今日，麻布《あざぶ》中学校の入試を受けている。今はちょうど昼休みだ。苦手な算数が思ったよりもよくできたので，少しほっとしながらお弁当を食べている。お母さんが作ってくれたお弁当の中身は，**ア**.シャケと昆布《こんぶ》のおにぎりが２つ。卵焼きにウインナー，**イ**.キュウリとワカメの酢《す》の物《もの》，そして自家製の**ウ**.ぬか漬《づ》け。どれもぼくの大好きなメニューばかりだ。本当は鶏《とり》の唐揚《からあ》げも食べたかったけれど，あぶらっこいものを食べ過ぎると午後の社会の時間に眠《ねむ》くなってしまいそうなので，今日はあえて入れてもらわなかった。唐揚げは家に帰ってから夕食に家族といっしょに食べることになっている。今から楽しみで仕方がない。まったく食べもののことを考えている場合ではないというのに。

ぼくの家は都内の私鉄沿線の商店街にある。昭和《しょうわ》30年代から続く商店街の一角にある魚屋で，お父さんとお母さんがお店を切り盛りしている。向かいにあるのは唐揚げ専門店で，ぼくはそこの特製唐揚げが大好物だ。その店は５年ほど前に開店した新しい店で，大分《おおいた》県の名物「中津《なかつ》唐揚げ」が食べられるという人気店だ。テレビの**エ**.「ご当地グルメ」の特集でも取り上げられたことがあり，夕食前の時間には行列ができていることもある。商店街にはうちの店と同じく昭和からやっているお店が少なくないけれど，にぎわっているのはこの唐揚げ屋さんくらいで，それ以外のお店はお客さんが減ってきて困っている。最近，近所にとても大きなスーパーができた。日本中で郊外《こうがい》に大型店ができて**オ**.昔ながらの商店街はどんどん衰退《すいたい》し，「シャッター通り」になってしまったところもあると，学校の授業でも習った。魚屋を営むぼくの家にとって，それは教科書の中だけの絵空事ではない。

と言いつつ，ぼくの家もよくその大型スーパーを利用している。今日のお弁当のおかずのほとんどはそこで買ったものだ。商店街で買うより少し安いのだとお母さんが言っていた。聞けば**カ**.「プライベートブランド」といって，スーパーが独自に契約《けいやく》して販売《はんばい》しているものも多く，そのぶん安く買えるのだという。

実は魚も，全国展開しているスーパーはけっこう安くておいしいらしい。うちは毎朝お父さんが**キ**.豊洲《とよす》市場まで行って魚を仲卸《なかおろし》業者から仕入れているけれど，近所の大型スーパーは，契約した漁港から直接各地の店舗《てんぽ》に運んでいる。だから朝にとれた魚を，その日の午後にはお店に並べることができるということだ。

全国展開のスーパーでは，電話やインターネットで注文すると家まで商品を届けてくれるサービスも行っているそうだ。長年うちの店に魚を買いに来てくれていたご老人が最近それを利用するようになったと聞いて，お父さんも魚の宅配を始めようと考えているらしい。超高齢《ちょうこうれい》社会という言葉をよく聞く。商店街のお客さんだけではなく，お店をやっている人にも高齢化がすすんでいる。商店街では世代交代も大きな課題だという。ぼくはお父さんから，「おまえはこの店を無理に継《つ》がなくても良いからな」と言われているけれど，将来どうしようか迷っているところだ。

ぼくは生まれた時から身近に魚があったから，魚や海がとても好きだ。麻布には生物部があって，珍《めずら》しい生き物を採集したり，飼育したりすることがさかんだと，インターネットで読んだことがある。できればぼくは魚を研究する生物学者になりたいとも思っている。世界の人口はますます増加し続けているけれど，魚介類《ぎょかいるい》の消費量はそれを上回る勢いで増加しているという。日本は昔から多くの魚をとってきた国だけど，最近は魚を世界中から輸入している国でもある。このまま世界中で魚をとり続けたら，アジやイワシといった庶民的《しょみんてき》な魚も，将来手に入らなくなる可能性があるらしい。逆にそういう魚の漁獲量《ぎょかくりょう》を安定させていくことが，世界の飢餓《きが》や貧困《ひんこん》の問題を解決する可能性があるという報道も見たことがある。今後はとる漁業よりク．育てる漁業の重要性が増していくに違いない。最近では近畿《きんき》大学が不可能とされてきたクロマグロの完全養殖《ようしょく》に成功して，「近大マグロ」というブランドで売られるようになっているし，ニホンウナギの完全養殖にも成功したらしい。マグロのお寿司《すし》やウナギの蒲焼《かばや》きはケ．日本の食文化だと思うし，これからもみんながおいしく魚を食べられるように，将来ぼくも何か貢献《こうけん》したいと思っている。

おっと，昼休みの終わりを告げるチャイムが鳴った。麻布の生物部に入るためにも，今はこの入試をがんばるしかない。

問１　下線部アについて。下の地図Ａ～Ｃは，サケ類，カツオ類，アジ類の漁獲量が多い都道府県５位までを示したものです。それぞれの地図が示す魚の組み合わせとして正しいものを，下のあ～かから１つ選び，記号で答えなさい。

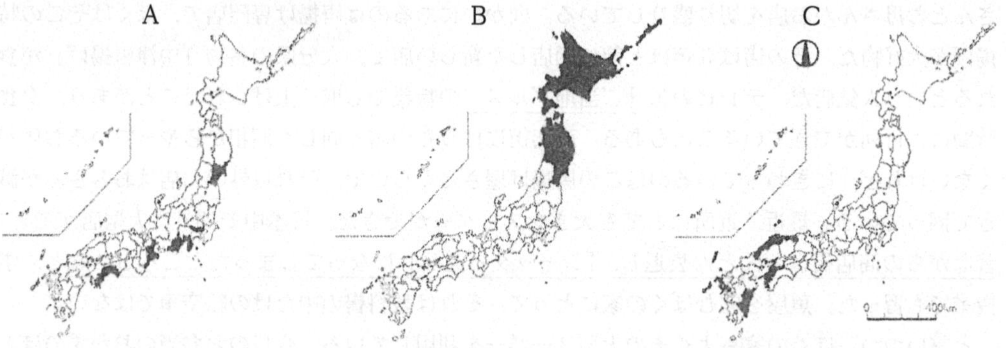

2017年漁業・養殖業生産統計より作成

あ　Ａ－カツオ類　Ｂ－サケ類　Ｃ－アジ類
い　Ａ－カツオ類　Ｂ－アジ類　Ｃ－サケ類
う　Ａ－サケ類　Ｂ－カツオ類　Ｃ－アジ類
え　Ａ－サケ類　Ｂ－アジ類　Ｃ－カツオ類
お　Ａ－アジ類　Ｂ－カツオ類　Ｃ－サケ類
か　Ａ－アジ類　Ｂ－サケ類　Ｃ－カツオ類

問２　下線部イについて。下の図は東京の市場に届くキュウリの月別・産地別の入荷《にゅうか》実績を示したものです。図中のＡ～Ｃにあてはまる県名の組み合わせとして正しいものを，下のあ～かから１つ選び，記号で答えなさい。

キュウリの月別・産地別入荷実績（東京都中央卸売《おろしうり》市場）

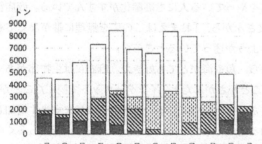

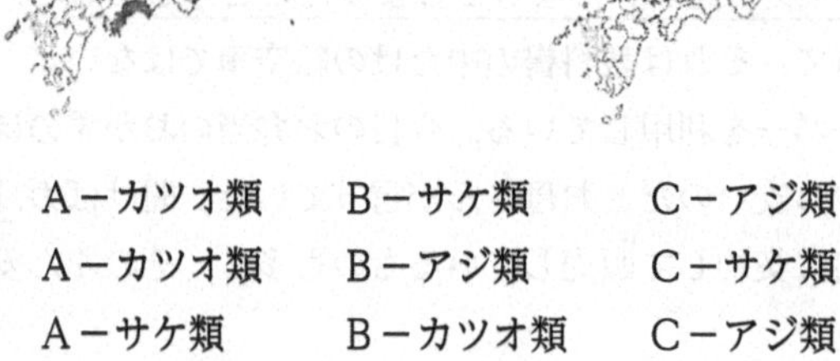

2019年東京都中央卸売市場年報より作成

あ　Ａ－埼玉《さいたま》　Ｂ－宮崎《みやざき》　Ｃ－福島
い　Ａ－埼玉　Ｂ－福島　Ｃ－宮崎
う　Ａ－福島　Ｂ－宮崎　Ｃ－埼玉
え　Ａ－福島　Ｂ－埼玉　Ｃ－宮崎
お　Ａ－宮崎　Ｂ－埼玉　Ｃ－福島
か　Ａ－宮崎　Ｂ－福島　Ｃ－埼玉

問3　下線部**ウ**について。ぬか漬けとは，精米する時に出る「ぬか」を利用した日本の伝統的な発《はっ》酵《こう》食品です。おもに米を利用した発酵食品**ではないもの**を，下の**あ**～**お**から1つ選び，記号で答えなさい。

あ　みりん　　**い**　日本酒　　**う**　酢《す》　　**え**　しょうゆ　　**お**　甘酒《あまざけ》

問4　下線部**エ**について。最近では，「ご当地グルメ」とよばれる地域の料理が数多くみられます。下の説明文は，「郷土料理」と「ご当地グルメ」の違《ちが》いについて述べています。表を参考にして，説明文の □ をうめて文を完成させなさい。

説明文　郷土料理がその地域で伝統的に食べられてきたものであるのに対し，ご当地グルメは □ を目的として，地域で料理を新しく開発したり，昔からある料理を再発見したものである。

表

郷土料理の例	ご当地グルメの例
山形のいも煮《に》	富士宮《ふじのみや》焼きそば
秋田のきりたんぽ鍋《なべ》	宇都宮《うつのみや》の餃子《ぎょうざ》
下関《しものせき》のふぐの刺身《さしみ》	富山ブラックラーメン

問5　下線部**オ**について。地方都市では，駅前の密集した商店街や住宅地で「都市のスポンジ化」とよばれる現象が問題となっているところがあります。どのような現象でしょうか。答えなさい。

問6　下線部**カ**について。大型スーパーやコンビニのプライベートブランド商品として，袋《ふくろ》入りの便利なカット野菜が増えてきたのはなぜですか。下の写真を参考にして，購入《こうにゅう》する消費者にとっての理由と，スーパーやコンビニと契約する農家にとっての理由を，それぞれ答えなさい。

袋入りのカット野菜

加工用のニンジン

問7　下線部**キ**について。東京には豊洲市場や大田市場といった大きな中央卸売市場があります。魚屋や八百屋の多くが，生産者から直接仕入れるのではなく，こうした卸売市場で仕入れを行うのはなぜでしょうか。その理由として**誤っているもの**を下の**あ**～**お**から1つ選び，記号で答えなさい。

あ　多種・大量の品物が集まり，小売店の必要な量で品物を購入できるため。

い　物流のしくみが整い，産地以外でも新鮮《しんせん》な品物を手に入れやすいため。

う　品物の質と価値を見極《みきわ》める仲卸業者の「目利《めき》き」を信頼《しんらい》しているため。

え　競《せ》りで仲卸業者が交渉《こうしょう》するので，生産者から仕入れるより値段が安くなるため。

お　デジタル化は遅《おく》れているものの，支払《しはら》いや取引《とりひき》のしくみが整っているため。

問８　下線部クについて。右の認証《にんしょう》ラベルは，環境《かんきょう》に配慮《はいりょ》した「責任ある養殖により生産された水産物」に付けられています。海で行われる「責任ある養殖」とはどのようなものですか。具体的に答えなさい。

※ＡＳＣは水産養殖管理協議会という国際的な非営利団体のことです。

問９　下線部ケについて。2011年に日本政府は「和食　日本人の伝統的な食文化」をユネスコ世界無形文化遺産として推薦《すいせん》し，その後登録されました。政府はどのような効果をねらっていたのでしょうか。国内向けのねらいと海外向けのねらいを，それぞれ答えなさい。

農林水産省のホームページより

【２】　次の文章をよく読んで，問10～問16に答えなさい。

食べるとは，食べものとは何か

私たちにとって「食」とは何でしょうか。「食」という言葉には，「食べるもの」や「食べる行為《こうい》」といった意味があります。君たちも，家庭では食事を家族と食べ，学校では給食をクラスの友達と食べることを繰《く》り返《かえ》しています。その時に，これはおいしい，まずい，あるいは好きだ，嫌《きら》いだ，と感じながら毎回食べていると思います。

「食」を考える時，おいしさの要因が目の前にある料理そのものにあるのか，仲間と楽しく食卓《しょくたく》を囲んで料理を食べることにあるのかは人それぞれでしょう。食べることには，その人特有の思いがともないます。

食べることが不安定だった時代

人類は手で道具を作り，動物や木の実を狩猟《しゅりょう》・採集していた時代から，麦や米などを栽培《さいばい》する農耕や，家畜《かちく》を飼う牧畜《ぼくちく》が広まった時代まで，たびたび飢《う》えに悩《なや》まされてきました。望む食べものが手に入らない場合には，「代替《だいたい》食」を食べて，飢えをしのいで生活せざるをえませんでした。たとえば，オランダではチューリップの球根が食料となりましたし，日本ではアワやヒエといった雑穀だけでなく，雑草を食べたりもしていました。食べものが豊かでなかった時代には，人間は食べられるものなら何でもア. 工夫《くふう》して食べてきたはずです。

ヨーロッパの人びとは，古くから料理に香辛料《こうしんりょう》を使っていました。しかし胡椒《こしょう》などの香辛料はインドや東南アジアのごく限られた土地でしか生育していませんでした。イ. 大航海時代にヨーロッパの人びとが海外に進出したのは，この香辛料を手に入れるためでした。香辛料は当時「万能《ばんのう》の薬」として，ヨーロッパの人びとの生活には大切なものでした。香辛料は今でもさまざまな料理に使われ続けています。

このように人類は長い時間をかけ，さまざまな味を試みたうえで，食べものを選び続けてきました。さらには調理をすることで，安全においしく食べられるような努力もしてきました。人類の長い歴史を考えれば，たくさんの食べものの中から自分の食べたいものを食べられるようになったのは，つい最近のことなのです。

同じ釜《かま》の飯を食《く》う文化

家族や家族以外の人と一緒《いっしょ》に食べることを「共食」といいますが，共食は昔から行われていました。縄文《じょうもん》・弥生時代に，ウ. 竪穴《たてあな》住居で暮らしていた人びとは，家族単位で食事をしていたと考えられています。原始時代から現代に至るまで，私たちの社会は家族というまとまりで食事をしてきた歴史があります。

これに対して，家族以外の人と一緒に食べることにも長い歴史があります。「同じ釜の飯を食う」という言葉がそのことを示しています。この表現は，家族以外の特に親しい関係にある人との食事に使われます。平安《へいあん》時代には，藤原《ふじわら》氏がお祝いの宴会《えんかい》に皇族や貴族を招待して，料理をみんなで食べていましたし，武士が支配するようになってからも，「椀飯《おうばん》」（今日《こんにち》の「大盤《おうばん》ぶるまい」の元となった言葉です）とよばれる，将軍が武士に食事をふるまう宴会が開かれました。将軍と武士が酒や食べものを共食することで，主従関係や武士同士の結びつきを確認《かくにん》していました。また，自然とかかわり田畑を耕すことが中心であった農村では，神様に食べものを捧《ささ》げて，神と村人が共食する儀式《ぎしき》を行い，村人たちは結びつきを強めました。このように家族以外との共食は，人間相互《そうご》の関係や仲間の団結を強くするために，非常に大きな役割を果たしてきました。

ところで，食べものの好みや食事のしかたは，場所や地域，エ. 時代によっても変わってくることがあります。普段《ふだん》私たちが食事をする時は，あまりそのことを気にしません。「食」を意識するのは，いつもと違った場所で食事をしたり，初めて出会った人とテーブルを囲む時です。旅行で行った外国での食事や，友だちの家でごちそうになる食事，あるいは入院した病院での食事では，いつもと違う何かに気づくことがあるでしょう。

食べものによっては，「食べる」か「食べない」かが，地域によって違っていたりします。日本国内でも，納豆《なっとう》は「食べる」地域と「食べない」地域に分かれる食べものです。また梅干しは，外国の人は食べないかもしれません。正月に食べるオ. 雑煮《ぞうに》も，地域によって違いが見られる料理です。こうした「食」による境は，私たちに仲間とそうでない人との区別をもたらす場合があります。時には，同じものを食べる人たちが仲間としてまとまる一方で，そうでない人たちに違和感《いわかん》を持ってしまうこともあるのです。

昔は地域として結びつきを深めるために，祭りや行事の時だけでなく，普段から隣近所《となりきんじょ》の住民同士が料理を分けあっていました。同じ料理を食べることで，さらに結びつきが強まりました。現在では，転勤による引《ひ》っ越《こ》しが増えたり，祭りや行事が少なくなったりして，自分が住む地域の人びとと関わることも少なくなり，地域で共食する機会も減りました。また職場などでも，親睦《しんぼく》を深めるための忘年会《ぼうねんかい》や新年会に参加するのを嫌《いや》がる人が多くなってきました。

食べることの未来

祭りや行事，あるいは仲間や親戚《しんせき》との宴会など，人びとが結びつきを強めるために続けられてきた共食文化は，これからどのように変化していくのでしょうか。今は，ひとり暮らし世帯が増えています。また，一緒に暮らしている家族でも，食卓を囲んで一緒に食べることをしない，あるいはできない生活が増えています。このような社会の変化の中で，共食の重要性は問われ続けています。夕食を満足にとれない子どもたちに食事を提供する**カ**.「子ども食堂」が各地に見られるようになってきています。そこは，子どもたちに共食の体験をしてもらう場にもなっています。

少子高齢化がすすみ，人びとのつながりが弱まっている地域では，交流できる場所をNPO団体や市区町村の役所が支援《しえん》することでしか，人びとのつながりが維持《いじ》できなくなってきています。**キ**.同じ場所で，同じものを一緒に食べる共食文化の未来は，どのようになっていくのでしょうか。みなさんも考えてみてください。

問10　下線部アについて。下の表は2012年にイギリスの王立協会が発表した「食の歴史において最も重要な発明トップ20」のうち，おもな発明を３つに分類したものです。それぞれどのようなことに役立った発明でしょうか。表の①と②にあてはまる文を答えなさい。

分類	発明
加熱して食べやすくする	オーブン、食材《しょくざい》を焼くこと、電子レンジ
①	冷蔵、殺菌《さっきん》・滅菌、缶詰《かんづめ》
②	用水路などの設備、脱穀機《だっこくき》・コンバイン（自動収穫機）、品種改良、鋤《すき》

問11　下線部イについて。カステラ・こんぺいとう・天ぷらは，このころある国から日本に伝来した食べものです。どこの国から伝来したのでしょうか。国名を答えなさい。

問12　下線部ウについて。弥生時代後期の近畿地方の一軒《いっけん》の住居跡《じゅうきょあと》から，下の絵にあるような約40個の土器が発掘《はっくつ》されました。出土した高坏《たかつき》の様子から，ここに住んでいたのは４～５人の家族と推定されています。この時代の人たちは，大きさの違う高坏をどのように使い，食事をしていたのでしょうか。右の高坏の絵を参考にして，答えなさい。

【大阪府《おおさかふ》高槻市《たかつきし》のある遺跡《いせき》から出土した弥生土器】

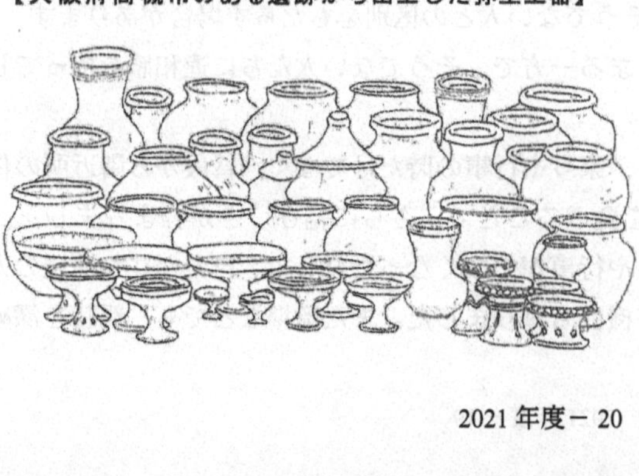

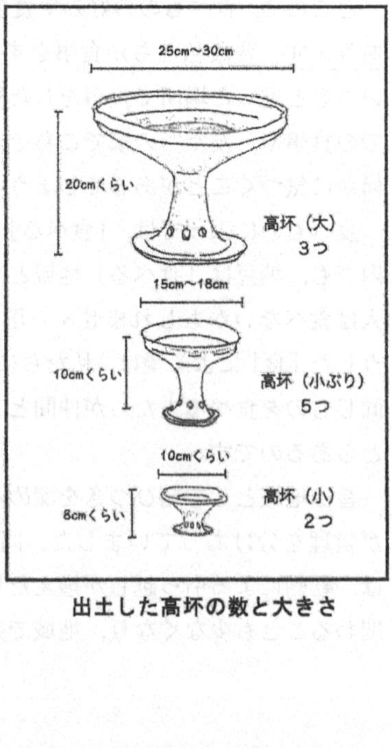

出土した高坏の数と大きさ

問13　下線部エについて。鎌倉《かまくら》時代から江戸《えど》時代のあいだに，人びとは，四つ足の動物の肉に下の表にあるような別名をつけて食べるようになりました。このような別名をつけて食べていたのはなぜでしょうか。理由を答えなさい。

動　物	別　名
猪《いのしし》	ぼたん
鹿《しか》	もみじ
馬	さくら

問14　下線部オについて。雑煮は，丸餅《まるもち》を食べる地域と角餅《かくもち》を食べる地域に分かれる料理です。東日本は角餅を食べる地域にもかかわらず，山形県酒田《さかた》市は丸餅を食べる地域となっています。酒田の雑煮が丸餅になったことについて説明した下のあ～おの文から，最も適切なものを1つ選び，記号で答えなさい。

あ　室町《むろまち》時代に京都から将軍がたびたび訪《おとず》れた酒田では，その影響《えいきょう》により京都文化が根付いたため。

い　江戸時代に開発された西廻《にしまわ》り航路により，京都・大坂《おおさか》との物資のやりとりが活発に行われ，その地域の文化の影響が大きかったため。

う　天然の良港があったこの地は，江戸時代まで日本海交易の中心地だった。その影響で，中国から伝来した餅の形である丸餅を今でも受《う》け継《つ》いでいるため。

え　江戸時代に幕府の命令で長州藩《はん》が酒田に配置換《が》えされたことにより，西国《さいごく》の食文化が根付いたため。

お　この地方は稲作《いなさく》の盛《さか》んな地域で，豪雪《ごうせつ》地帯でもある。このため餅は保存食として用いられており，一口大《ひとくちだい》に丸めて蓄《たくわ》えることが広まっていたため。

※北海道と沖縄《おきなわ》県は、古来よりの伝統的な雑煮文化がないため掲載《けいさい》していない。

農林水産省のホームページを参考にして作成

問15　下線部カについて。子ども食堂の一日は，次のページの表のようになっています。子ども食堂でこのような時間割が組まれているのは，子どもの成長にどのようなことが必要だと考えられているためでしょうか。お腹《なか》を満たすこと以外に2つ答えなさい。

ある子ども食堂の時間割

14:00	開店（子どもたちが集まる）
14:00～15:00	宿題
15:00～15:30	おやつ
15:30～17:00	大学生ボランティアとの外遊び
17:00～18:00	夕食の調理と準備
18:00～19:00	夕食
19:00～19:30	後片付け
19:30～20:30	将《しよう》棋《ぎ》教室、英語教室、紙芝居《かみしばい》
21:00	閉店（子どもたちが帰る）

問16　下線部キについて。現代は共食が行われにくい社会になっていますが，多くの小学校では給食という共食が行われています。君は，学校給食にかかわる問題点にはどのようなものがあると考えますか。また，給食をどのように改善すれば，より意味のある共食となるのでしょうか。君が考える問題点とその改善策を80字以上120字以内で書きなさい。ただし句読点も１字分とします。

とありますが、ここからは、「少年」がガゼルに対してどのように向き合っていることが読みとれますか。説明しなさい。

五　――線⑤「少年は、逡巡を見せたあげく、右手をゆっくりと挙げて、ガゼルに向かってふった」（101〜102行目）、――線⑥「少年は、やっとガゼルに対して言いたいことがまとまったようで、そう口にした」（106〜107行目）とありますが、このような「少年」のあり方から、どのようなことが読みとれますか。次の中からふさわしいものを一つ選んで記号で答えなさい。

ア　ガゼルを見ているうちに親近感が増し、心が通じ合ったように思い、自分の望みをガゼルの望みとしてとらえるようになったので、ガゼルも自分と同じ場所に行きたいのだと考え、確かめようとした。

イ　ガゼルが何をしたいのかを考えることを通して、自分自身が何をしたいのかを考えるようになり、それがはっきり言えるようになったことで、ガゼルの望みについても問いかけられるようになった。

ウ　ガゼルが本来いるべきではない河川敷に閉じ込められていることをかわいそうに思うとともに、自分にもどこか遠くに帰る場所があるのではないかと思い、ガゼルにその場所を教えてもらおうとした。

エ　河川敷に現れたガゼルを心配するあまり、他のことが考えられなくなってしまったが、どうしたらよいのかを考え続けた結果、ガゼルは逃げるべきだと思い、その気持ちがあるのかをたずねようとした。

六　――線⑦「彼の叫びが自分の叫びであるような気もした」（112行日）とありますが、どういうことですか。具体的に説明しなさい。

七　――線⑧「ガゼルを他県の動物園に引き取ってもらう」（130行目）とありますが、「Q町」がガゼルを手放すことにしたのはなぜですか。説明しなさい。

八　――線⑨「女性の〜焦りが見えた」（174〜176行目）とありますが、ここで「私」は、ガゼルを河川敷に残そうという「女性」の主張にどのような思いを感じとっているのですか。説明しなさい。

九　――線⑩「走りたかったのか！」（195行目）とありますが、かけ出したガゼルを見て、「少年」がこのように言ったのはなぜですか。説明しなさい。

十　――線⑫「行きたければ行ってくれ！」（291行目）とありますが、ここでの「少年」のガゼルに対する思いは、――線⑪「自分はガゼルをよそへ行かせないために活動している」（216〜217行目）という「女性」の思いとどのように違いますか。説明しなさい。

十一　――線⑬「行け、と少年が〜ただ幸運を祈った」（304〜305行目）とありますが、

（1）「私」は、ガゼルが柵の外に出た理由をどのように考えていますか。説明しなさい。

（2）柵の外に出て、かけていくガゼルに対する「少年」の言葉を、「私」が受け入れたのはなぜですか。本文全体をふまえ、【　】（264〜272行目）の部分に注目して説明しなさい。

※⑨逡巡…決心がつかず、ためらうこと。
※⑩ウェブサイト…ホームページのこと。
※⑪ブログ…日記形式で作られるホームページのこと。
※⑫テレビカメラ…46行目の中略部分に、テレビ局が取材に来たことが書かれている。
※⑬そつがなかった…不自然でぎこちないところがないこと。
※⑭アドレス…インターネット上の連絡先《れんらくさき》のこと。
※⑮アクセス…主にインターネット上で、自分の求める情報に接すること。
※⑯休学…許可を得て、長い間学校を休むこと。
※⑰くだんの…前に話題にした、例の。
※⑱ゆるキャラ…「ゆるいキャラクター」の略称。見る者をなごませるキャラクターのこと。
※⑲固唾をのんで…ことのなりゆきが気になって緊張《きんちょう》して。
※⑳エポック…話題性のある、みんなが注目しそうな。
※㉑陳情…公的機関に実情を訴《うった》え、対応を求めること。
※㉒サバンナ…雨の少ない熱帯地方の、まばらにしか木の生えていない草原のこと。
※㉓捻出…無理やりに金銭を用意すること。

〔設問〕解答はすべて、解答らんにおさまるように書きなさい。句読点なども一字分とします。

一　――線a「チャクジツ」（8行目）、b「シアン」（63行目）、c「ユウコウ」（135行目）、d「ハ」（295行目）のカタカナを、漢字で書きなさい。

二　――線①「それ以上に～終わることだった」（31～34行目）とありますが、

（1）「そのこと」とは何を指していますか。本文中から二十字で抜《ぬ》き出して答えなさい。

（2）「少年」が「いつも何も言わずじまいに終わる」のはなぜだと「私」は考えていますか。説明しなさい。

三　――線②「Q町は～利用する気でいた」（47～49行目）、――線③「ファンというよりは～話していた」（54～58行目）とありますが、ここで「Q町」と「女性」は、ガゼルに対してどのように向き合っていますか。次の中からふさわしいものを一つ選んで記号で答えなさい。

ア　Q町はガゼルの生存を気にかけており、お金を集めることで保護しようとしているが、「女性」はガゼルが純粋《じゅんすい》に好きで、その野生の姿を全国に届けてみんなを勇気づけようとしている。

イ　Q町はガゼルのかわいらしさを発信して世の中を明るくしようとしているが、「女性」はガゼルが持つ生命の直線的なエネルギーを発信することで、Q町を有名にしようとしている。

ウ　Q町はガゼルを有名にして、観光客を呼び寄せようとしているが、「女性」はネットを活用して、ガゼルについて、実際にQ町を訪れるよりも多くのことが分かるようにしようとしている。

エ　Q町はガゼルが見物人を集めていることに注目しており、それを利用して町を盛り上げようとしているが、「女性」はガゼルの存在に強くひかれ、その姿を記録し発信しようとしている。

四　――線④「町のウェブサイトに～じっと眺めていた」（75～78行目）

ガゼルの様子を見ようと立ち上がってからすぐのことだった。柵に背を向けておとなしく座っていたガゼルが、突如《とつじょ》として走り出したのだった。上流の側へと、見たこともないような速さで向かっていた。上流には山がある。柵の中にいた、ガゼルを観察するためのカメラやライトの調整にやってきていた自然保護課の職員さんたちは、どうしたんだ！とまっしぐらに上流へと走っていくガゼルを追いかけようとしたが、もちろん人間の脚《あし》では追いつかなかった。

　少年もまた、柵に沿って上流の側へと走り出していた。私もそうした。ガゼルが、ほんの一瞬だけ少年の方をふり返るのが、私にははっきりと見えた。

「行け！」少年の叫び声が聞こえた。「⑫行きたければ行ってくれ！」ガゼルが地面をけって飛び上がり、柵を飛び越《こ》え、そのまま上流の方へとかけていく様子を、柵の傍らに備え付けられた工事用のライトが照らしていた。

　少年は、柵のdハてまで走って、やがて膝《ひざ》に手を突いて息を切らせた。ガゼルの姿は、もう見えなくなっていた。この話が職員さんに報告されて、上流での捜索《そうさく》がなされるとして、ガゼルはその前に山へ逃《に》げ込めるだろうか、と私は思った。そもそもサバンナに山はなさそうだから、ガゼルにとって良い環境でもないだろうけれども、サバンナにだって木はあるだろう、と私は上流の方を見つめながら、ぼんやりと考えに身を任せていた。河川敷であろうと、動物園であろうと、上流の山の自然であろうと、そもそもどこもガゼルにとっては場違いなのだ。どこもかしこも居心地が悪いのだとしたら、それは柵や檻《おり》の外を選ぶだろう。

⑬行け、と少年がまた言うのが聞こえた。私はうなずいた。ただ幸運を祈《いの》った。

（津村記久子「河川敷のガゼル」（『サキの忘れ物』所収）より）

〈語注〉
※①ガゼル…アフリカなどの乾燥《かんそう》地帯に広く分布するウシ科ガゼル属等のほ乳類の総称《そうしょう》。イラスト参照。
※②一眼…一眼レフカメラの略称。きれいな写真が撮《と》れる高級なカメラのこと。
※③ＳＮＳ…ソーシャル・ネットワーキング・サービスの略称。インターネット上で、人々が交流するためのサービスのこと。あとで本文に出てくる、ツイッターやフェイスブックなども、その代表例。
※④フォロワー…自分の気に入ったＳＮＳの投稿《とうこう》を閲覧《えつらん》しやすくするために登録をしている人のこと。
※⑤フリーランス…会社などに所属せず、自由に仕事ができる人のこと。
※⑥レクチャー…分かりやすく教えること。
※⑦歩哨…警戒《けいかい》や見張りを仕事とすること。
※⑧朝番…午前中を中心として任務につくこと。

は、ガゼルのいる方向に頭を向けて視界に入れることで、私の話やその他のことに対してはすべて上の空を貫《つらぬ》いている様子だった。私は、彼が署名にどうという反応を見せなかったことに、なぜか少し安心した。

季節の変わり目で、前日と比べて突然気温が下がった日だった。少年以外の人々は、私も含《ふく》めて、顔を合わせると第一声が「寒くなったね」で、※㉒サバンナ出身のガゼルにとっては過酷《かこく》な気候になりつつあるようだった。確かに、広い領地を提供できるのはQ町だけれども、ガゼルを寒さから守る方法を考えるのはなかなか難しいように思えた。ある一帯に屋根をかけて、暖房《だんぼう》を置いたりすればいいのだろうか。それにしたって費用がかかりそうだ。

その話を、べつに聞いていなくていいやと思いながらも少年にすると、珍《めずら》しく彼は、川を温泉にするとかどうですかね、とガゼル本体以外についての考えを示した。それは屋根をかけるよりもお金がかかりそうで、私は笑ってしまった。少年は、温泉に入っているサルをテレビで見て、ガゼルが寒くなってきたらこういうことができればいいな、と思ったのだ、と説明した。川べりの一部を囲って、ほかの水と混ざらないようにして、毎日お湯を注ぎに行けばそれらしいことはできるかもしれない、と私たちは話し合った。

夕方になると、朝「寒くなったね」と話し合っていた時分と同じぐらい気温が下がってきたので、ガゼルを見物する人たちは、早々にいなくなってしまった。少年以外は。帰らないの？　とはきけなかった。大きなお世話だったから。

夜の二十時になっても少年は帰らずに、工事用のライトに照らされたガゼルを目で追っていた。私は、まかないの晩ご飯を持って来てくれる職員さんに、少年の分の温かい飲み物や食べ物も持ってきてくれるように頼《たの》んだ。費用は、私のアルバイト代から引いてくれていい、と言うと、それはべつにいいよ、と職員さんは言ってくれた。

役所の方では、町長と女性と自然保護課の課長の三者で、ずっと話し合いが行われていると職員さんは言った。そりゃ、一万も署名が集まっちゃったら、無視もできないんじゃないのかな、と職員さんは言った。この町の人口のおよそ四分の一が一万人らしい。私は、自分の住む町の人口が四万人であることを、その時に初めて知った。【柵の傍らに座り込んで食事をしながら、少年は少し話をしてくれた。他県に住んでいるのだが、月の小遣《こづか》いをやりくりして交通費を※㉓捻出《ねんしゅつ》し、ガゼルを見に来ていること、今日はどうしても昼休みにたえられなくなり、そのままこっそり学校を出てきてしまったこと、北海道へ行きたいということ。特に、釧路《くしろ》と紋別《もんべつ》に行きたいと彼は言っていた。彼と比べて、私が話すことはほとんどなかったけれども、とりあえず、大学を休学中であることと、この仕事をずっとしていたいのだがそれは叶《かな》いそうにない、ということを話した。】

ガゼルがよその動物園に引き取られる方向で進んでいる、ということについては、少年は、仕方ない、と言った。そりゃずっと姿を見ていられたらうれしいけれども、仕方ない、と少年はうつむいて、呟くように言った。ガゼルを見続けることは自分の喜びだけれども、それは自分の喜びであってガゼルの喜びではない。かといって、動物園で世話をされることがガゼルにとっての幸せかどうかもわからないのだが、ここに居続けることもまた、ガゼルにとって幸せかどうかはわからない。

柵の向こうで大きな動きがあったのは、私たちが食事を終えて、また

いだろう、と私は考えたので、ガゼルが動物園に引き取られようとしているのだが、それに反対するために、ここで署名を集めている人がいて、と説明すると、少年は、そうですか、とうかない顔でうなずいた。

「君も名前を書きたいだろうから、明日ここへその人が来たら、用紙を預かっておくよ」

私がそう言うと、少年は、ああ、ああ、と状況を理解しているのかしていないのか、という様子で何度か首を縦にふった。

それよりも彼は、ガゼルが突然かけ出したことに気を取られたようだった。おお！　と少年は柵から身を乗り出して叫び、大きく手をふった。ガゼルは見向きもしなかった。

「⑩走りたかったのか！」

少年は言った。見たままのことを。私は、ガゼルが柵の端《はし》まで移動した後、また反対側にダッシュしていく様子をじっと見守った。

「走りたければ走ってくれ！」

少年は、ガゼルに向かって右手を掲《かか》げた。自分に与えられた領地の端まで走ったガゼルは、柵に沿ってゆっくりとこちらへやってきた。ついにガゼルは、少年がふれられるほどの距離に近付いてくる気になったのだろうか、と※⑲固唾《かたず》をのんで見守っていると、突然ガゼルは右向け右をして、また川べりへと歩いていった。

少年はさぞ落胆《らくたん》しているだろう、と私は隣《となり》にいる彼の顔を軽く見下ろしてみたのだが、そうでもなかった。走りたいんだな。と少年は呟《つぶや》いた。私は、走りたいんだよ、と彼に聞こえていてもいなくてもいいと思いながら、同じことを言った。ガゼルは悠然《ゆうぜん》と草を食んでいた。

署名は最終的に一万名をこえたという。女性は、Q町の人々のおかげでもあるが、やはりSNSでも募ったのが大きかった、と私に説明した。その日は集まった署名を、Q町の町長に渡しに行くという日だった。私の一日の仕事の最初の一時間、つまり、十三時から十四時まで、女性は河川敷にいて、やはりガゼルの画像と動画を撮影していた。本当に、水ももらすまい、一秒も落とすまいという勢いで。ガゼルのことがものすごく好きなんだな、と私は平たく思った。

女性は、柵の周囲に集まってきていた見物人たちに、⑪自分はガゼルをよそへ行かせないために活動している、と説明して回って、最後の署名をかき集め、それでは行ってきます、と役所へ出かけていった。結局あの少年は、ガゼルを行かせないために名前を書くことはなかったな、と私は思い出して、彼もものすごくガゼルを好きだと認識していたので、不思議に思った。

テレビの取材があった日と同じで、少年は河川敷での※⑳エポックな出来事と常にすれ違《ちが》うように、その日も遅《おく》れて現れた。やはり平日の昼間だったので、まだ学校に行きたくないという気持ちは続いているようだった。学校に行った方がよいのではないか、ということは、私が学校に行っていない分、まったく説得力もなく、告げる権利もない内容だったので、少年がランドセルを背負った状態でやってきても、何も言わなかった。

ガゼルをよそに行かせないで、この河川敷で世話をし続けてくれっていう※㉑陳情《ちんじょう》の署名集めさ、今日で終わりだったんだよ、と私は彼に説明した。彼は、そうなんですね、とちゃんと内容を理解しているのかどうかわからないような口調で答えた。とにかく彼にとって大事なこと

私は、ガゼルが河川敷からいなくなると、アルバイトとはいえ仕事を失うことになるのでとても困るのだが、ガゼルが河川敷にいるのは一時的なことだとはじめから考えているところもあったし、諦《あきら》めは意外に早くついた。もともと、こんなにらくな、自分に向いている仕事を永遠に続けられるはずもないのだ。人生はそんなにむしの良いものではない。私は知っているはずだ。一生でもっとも楽しい時期だと言われる大学生活で打ちのめされたのだから。一緒にときどき話している職員さんも、まあこれから寒くなるから、ガゼルのためにずっと外で仕事するっていうのもきついし、それでいいのかもね、と言っていた。

ガゼルの引き取り先については、じっくり検討する、ということで、ガゼルが河川敷から離れると決まってからも当分、ガゼルは河川敷で暮らしていて、私も柵のそばで歩哨を続けていた。ガゼルのいなくなる日、私がこの自分にあった仕事から離れなければいけなくなる日に、ぼんやりと思いをはせながら。

ある日、いつもガゼルの撮影をしているあの女性が、険しい顔つきで私の所にやってきて、クリップボードにはさんだ用紙を見せて、ボールペンを渡してきた。

「警備員さんの考えを聞かせてほしいの」

用紙には、びっしりと人の名前が書かれていた。私は署名を求められているのだった。まだ開始して三週間だったが、ウェブで募《つの》ったものも併《あわ》せて、すでに二千名に達しているという。

「ガゼルのためっていうけれども、動物園に行ってしまうと、ここよりはずいぶん狭《せま》いところで世話をされることになるわけでしょう？」

それは確かにそうだった。ガゼルのための河川敷の柵は、約３００メートルにわたっているとのことで、それほどまでに大きなスペースを、ガゼルが動物園で与《あた》えられるとは考えにくかった。

「端的《たんてき》にそれはかわいそうよね？　それに、ガゼルがここを選んでやってきたということ自体に注目してほしいの。単純に、ガゼルはここを気に入ってるんじゃないかしら？　私はずっとガゼルの様子を見ているけど、何かすごくストレスをためているような所は見かけたことがないのね。だから、ガゼルはここにいたいんじゃないかと思うのよ」

女性は、有無《うむ》を言わせない口調で話した。言っていることは筋が通っているように思う。「急激な環境の変化を与えるよりは、ここをガゼルにとって住みやすい場所にすべきじゃないかしら。それにガゼルはこの町の宝よ。ずっと住民の手の届くところにいるべきよ」

私はうなずきながら、女性の話を聞き終わり、すすめられるまま、名前のリストの最後に自分の名前を書き足した。ありがとう、と女性は言った。⑨女性の「住民の」という言葉は、「私の」とも言いかえられるんじゃないかと私はぼんやり思った。女性の落ち着きは、堅《かた》く隙《すき》のないものだったが、その表皮の下には焦《あせ》りが見えた。知り合いであるという自然保護課の課長とは、この件が元で決裂《けつれつ》したという。ガゼルの行き先は、比較的《ひかくてき》暖かい九州の南部の動物園や、もっと言うと沖縄《おきなわ》になるという可能性もあるとのことだった。Q町からはとても遠い。

女性の話を聞き、自分の名前を書き足すというだけの出来事だったが、私は彼女が去った後、自分がどっと疲《つか》れていることに気がついた。女性の必死さが、背中の側からのしかかってくるようだった。

北海道に行きたいが学校に行きたくない少年が現れたのは、それから一時間ほどが過ぎてのことだった。彼だってガゼルには行ってほしくな

出演したのち、他の局の取材も受けるようになり、ガゼルのことはその女性がいちばんよく知っていると認識《にんしき》されている状況《じょうきょう》になりつつあった。

それから、また平日の昼間に、※⑰くだんの少年がやってきたので、これからガゼルを※⑱ゆるキャラにしようという計画があるそうだよ、と告げると、少年は、そうですか、とまったく興味がなさそうに軽くうなずいて、柵に両手をかけて身を乗り出し、ガゼルを上半身全体で追い始めた。彼は不登校か何かなのだろうか、と私は少しだけ詮索《せんさく》し、いやだから自分自身も不登校みたいなものじゃないかと思い直してやめた。

その日は、運が良かったのか、ガゼルはずっと少年の方に頭を向けていた。見ていたのかどうかはよくわからない。ガゼルの考えていることなど、私たちにはわからない。ただガゼルは、少年か、もしくは少年の背後の風景を、真っ黒な目でじっと見ていた。⑤少年は、逡巡を見せたあげく、右手をゆっくりと挙げて、ガゼルに向かってふった。私は、そんな大きな動作をしたらガゼルはこちらを見てくれなくなるかもしれないよ、と言いそうになったのだが、ガゼルは彼の方を見つめていた。

「きみは行きたいところはないのか？」

⑥少年は、やっとガゼルに対して言いたいことがまとまったようで、そう口にした。

「おれは北海道に行きたい。学校には行きたくない」

そうか、と私は思いながら、地面に座り込み、柵にもたれて三時のおやつの菓子《かし》パンの袋《ふくろ》を開けた。私は特別に北海道に行きたいというわけでもなかったけれども、決して行きたくないということもないので、⑦彼の叫《さけ》びが自分の叫びであるような気もした。北海道はともかく、とにかく学校には行きたくなかった。私も、学校と北海道なら、圧倒的《あっとうてき》に北海道に行きたかった。

少年の声に驚《おどろ》いたのか、不快なものでも感じたのか、ガゼルはすぐに回れ右をして川べりへと向かい、周囲の草を食み始めた。少年はガゼルをじっと見つめていた。そして、ここへ来てくれてありがとう、と大声で言った。ガゼルは彼に一瞥《いちべつ》もくれず、より遠い所へと走り去っていった。

Q町が本当にガゼルのことを思うのであれば、いつまでもガゼルを河川敷にいさせるべきではない、という意見の噴出《ふんしゅつ》は、遅かれ早かれ予想されていたものだった。少し考えたらわかることだ。ガゼルが現れるということがこれだけ特別視されるというのは、当のガゼルにとって現在の環境は異例中の異例であるということで、それは要するに、居心地《いごこち》のよい環境であるとは決して言えないということを意味していた。

ガゼルの来訪で活気づいていたQ町が、簡単にガゼルを手放すとは思えなかったのだが、そこはみんな大人であるし、ガゼルをいつまでも囲い込もうという姿勢でいるほうが町の評判を下げるという判断のもと、⑧ガゼルを他県の動物園に引き取ってもらうという案が浮上《ふじょう》し始めた。ガゼルはすでに、動物のことを気にしている日本人の間ではかなり評判になっていたので、引き取って大切に世話をしたい、という動物園はすぐにいくつも現れた。Q町は、ガゼルの将来のためにもっとも良い環境を誠心誠意探す、と宣言し、ガゼルを引き取ることになった動物園とは緊密《きんみつ》に連携《れんけい》し、その動物園のある市町村とも、ガゼルを通してcユウコウ関係を結ぶ、というとても優等生的な態度を選択《せんたく》することになった。

折、図鑑《ずかん》のようなものや本を読んでいる。一度職員さんが、町の※⑩ウェブサイトの※⑪ブログ欄《らん》に掲載《けいさい》するために、ガゼルと同じフレームに入った写真を撮影しないか、と打診《だしん》したのだが、彼は頑《かたく》なに、はい、とは言わなかった。彼は、ガゼルを見つめながら、どこかでガゼルにその存在を知られたくないと考えているように思えた。

（中略）

②Q町は、ガゼルが河川敷に来たことで、この数か月まい上がりっぱなしと言ってよかった。ガゼルを町で保護し続けて、その見物人を呼び込み、町のキャラクターとして利用する気でいた。ガゼルを河川敷で養う費用を考えると、それも当然といえる話ではある。しばらくしたら、ガゼルが苦手と思われる日本の冬が来るのだが、その処遇《しょぐう》については不《ふ》透明《とうめい》なままだった。

連日ガゼルの写真や動画を撮影している女性の※⑫テレビカメラの前の態度は、※⑬そつがなかったと思う。③ファンというよりは記録者ですね、と自称《じしょう》する女性は、ガゼルを眺《なが》めていると、生命の直線的なエネルギーにふれているようで気分が良くなる、ということと、日本のQ町の河川敷にガゼルがいるという奇跡《きせき》を、できるだけの質量で残したい、と話していた。その後、ガゼルの写真や動画を見たい人はここまで、と女性のSNSの※⑭アドレスが全国ネットのニュースショーで流れたので、放送の直後は※⑮アクセスが殺到したものと思われる。

少年が息せききって現れたのは、テレビの取材班が撤収《てっしゅう》した後のことだった。午後三時を回ったところで、彼が来る時間としては遅《おそ》い方だった。その日は平日で、学校などはないのだろうかと私はｂシアンしたのだけれども、自分自身※⑯休学中の身なので、うるさいことは問わないことにした。

けっこうな距離《きょり》をずっと走ってきたのか、いつまでも柵につかまってガゼルを目と頭で追っている少年を見かねて、私は自分用の水筒《すいとう》を差し出して、べつに口を付けて飲んでくれていいから、と言うと、少年は何度も礼をして、水筒の中身を飲み干してしまった。

さっきまでテレビの取材が来てたんだよ、と言うと、少年は、そうですか、と肩《かた》で息をしながら、川べりで草を食《は》んでいるガゼルを見つめていた。町の自然保護課の課長さんと、ツイッターとフェイスブックにたくさん写真や動画をあげている女の人が取材を受けてた、とそのままのことを報告すると、少年はやはり、そうですか、と言っただけだった。

手持ち無沙汰《ぶさた》になった私は、④町のウェブサイトに、放映日と取材されていた女の人のSNSのアドレスがのると思う、と報告したけれども、少年はほとんど何も聞いていないというような上の空の顔つきでガゼルをじっと眺めていた。そして、何か言いたげに右手を挙げるのだけれども、やはり何を言ったらよいのかはわからないという様子で手を下ろし、ガゼルにひたすら見入った。

私はその時、彼には大量の情報も記録もいらないのだ、ということをなんとなく悟《さと》った。ガゼルと過ごす、さして多くもない時間こそが、彼には大事なものなのだ。私はそれを邪魔《じゃま》しないようにその場を離《はな》れた。彼はやはりガゼルを見つめていた。時間を止めてやれないものか、と私は本当に一瞬《いっしゅん》だけ、そんなくだらないことを考えた。

（中略）

女性は今や、Q町のガゼルをウェブを通して眺めている人々の間では、第一人者といっていい存在だった。全国ネットのニュースショーに

【国　語】（六〇分）〈満点：六〇点〉

次の文章を読み、設問に答えなさい。

「私《わたし》」の住んでいるQ町の河川敷《かせんしき》にガゼルが現れた。そのことがインターネットで紹介《しょうかい》されて以降、多くの人がガゼルを見に河川敷に集まるようになった。ガゼルの生活領域は柵《さく》で囲われ、大学生の「私」は、その周囲を見張る警備員のアルバイトに応募《おうぼ》し、働き始める。

その女性は、河川敷に※①ガゼルが現れたという記事が出た当初から、週に三度ほどの頻度《ひんど》で柵の周辺にやってきていた。いつも携帯《けいたい》か※②一眼を構えていて、ガゼルの写真や動画を常に撮影《さつえい》していた。彼女《かのじょ》が来るようになって十日ほどが経過したのち、私は一緒《いっしょ》に柵の補強の作業をしていた職員さんから、彼女は自然保護課の課長の知り合いで、趣《しゅ》味《み》で※③SNSにガゼルの写真や動画をさかんにアップロードしている人なのだと聞かされた。河川敷のガゼルの様子が気になる人々は、日本全国にaチャクジツに増え始めていて、彼女のSNSの※④フォロワーや閲覧者《えつらんしゃ》も日に日に倍増しているという話だった。職業は、※⑤フリーランスのデザイナーなのだという。だから昼間でもガゼルを見にやってきて、撮影していけるのだった。自分より年上の女性の年齢《ねんれい》は、あまりよくわからないのだが、三十代後半から四十代のどこかというぐらいに見えた。いつもきちんと化粧《けしょう》をしていて、服装も立ち居ふるまいもさっそうとしていた。ガゼルの日々の様子について、べつの訪問者に写真の撮《と》り方やら何やら※⑥レクチャーしていることもあったし、私と職員さんの柵の補強作業を手伝ってくれようとすることもあった。

働き始めてしばらくが経過した私はというと、とにかくこの仕事のぼんやりした感じは自分に向いているから、もう大学には戻《もど》らず、ずっとこの仕事をしていたい、だからガゼルにはどこにも行ってほしくない、と思い始めていた。もはや、授業も論文も就職活動も自分の人生から俳《はい》除《じょ》してしまって、ただガゼルを囲う柵の傍《かたわ》らで一生働く、ということを夢想しながら、私は日々柵の周りを※⑦歩哨《ほしょう》していた。

（中略）

ガゼルを見に来る人々は、彼女のほかにもたくさんいたけれども、私が顔や背格好を覚えているのは、彼女とほかにもう一人、小学校高学年かせいぜい中学一年というぐらいの年齢の少年だけだった。彼《かれ》は、足しげくというわけではないのだが、三週間に一度ぐらいの頻度でやってきては、長いこと、それこそ私の勤務時間の最初から最後まで、※⑧朝番の同僚《どうりょう》によると早朝から、柵に寄り添《そ》って一日中過ごすのだった。

彼がガゼルを「ものすごく好き」であることは、ガゼルをじっと見つめる、夢見るようなまなざしを一目見ればわかることだったが、①それ以上に私がそのことを実感したのは、彼がガゼルに何らかの呼びかけをしようと柵から身を乗り出し、口元に手を当てて、しかしいつも何も言わずじまいに終わることだった。

何かを言いたい、でも、何を言ったらいいかわからないし、ガゼルが呼びかけを望んでいるかどうかは、ガゼルの姿を見れば見るほど不確かになる。彼の様子からは、そういった※⑨逡巡《しゅんじゅん》が伝わってきた。

彼が写真を撮ったりしてガゼルについての何かを記録しているところを、私は一度も見かけなかった。朝の時間帯に働いている同僚にたずねてみても、彼はただ、柵のそばで静かに過ごしているだけだという。時

MEMO

大切なことはメモしておこうネ！

2021年度

解　答　と　解　説

《2021年度の配点は解答欄に掲載してあります。》

＜算数解答＞ ≪学校からの正答の発表はありません。≫

1　23.75cm^2　2　(1)　分速210m　(2)　分速144m

3　(1)　370か所　(2)　$219\frac{5}{8}$倍

4　(1)　43　(2)　209，262，315

5　(1)　1，2，3，4，5，6　(2)　(例)　2→4→6　(3)　(例)　1→2→3→5→7

6　(1)　6，12　(2)　10個　(3)　86通り

○推定配点○

各4点×15(5(1)，6(1)　各完答)　計60点

＜算数解説＞

基本　1　(平面図形，図形や点の移動，速さの三公式と比)

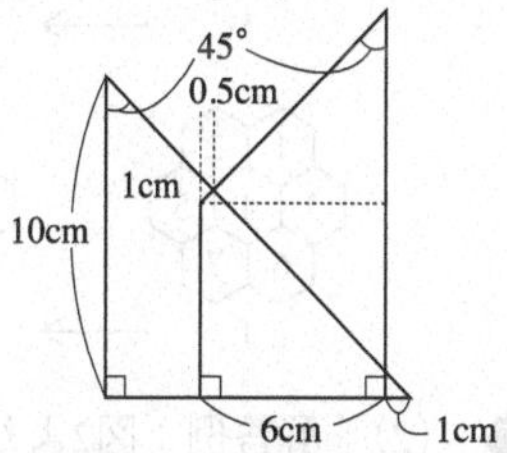

$(1+2)\times 9-20=7$(cm)より，右図において，図形が重なっている部分の面積は$\{7\times 7-(1\times 0.5+1\times 1)\}\div 2=23.75$(cm^2)

2　(速さの三公式と比，単位の換算)

重要　(1)　下図において，SP：PGは3.6：2.4＝3：2であり，たかし君がSPとPGを走った時間の比は$\frac{3}{2}:\frac{2}{1}=3:4$である。したがって，たかし君がSPを走った時間は$40\div(3+4)\times 3=\frac{120}{7}$(分)，その分速は$3600\div\frac{120}{7}=210$(m)である。

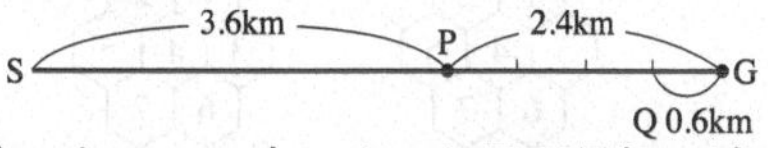

やや難　(2)　(1)より，たかしがＰＧを走った時間は$40-\frac{120}{7}=\frac{160}{7}$(分)である。一方，まこと君が最初の速さで走った時間は$\frac{120}{7}+15=\frac{225}{7}$(分)，この後，上図のQでたかし君を追い越すまでの時間は$40-\frac{160}{7}\div 4-\frac{225}{7}=\frac{15}{7}$(分)であり，これらの時間の比は225：15＝15：1であるから，まこと君が最初の速さで走った距離と2.5倍の速さでQまで走った距離の比は$(1\times 15):(2.5\times 1)=6:1$である。したがって，まこと君の最初の分速は$(6-0.6)\div(6+1)\times 6\times 1000\div\frac{225}{7}=144$(m)

＋α　3　(平面図形，相似，規則性)

(1)　縦10行のうち，9行目までに重なりは19＋20＝39(か所)ずつあり，最下行には19か所ある。したがって，全部で39×9＋19＝370(か所)

(2)　ひし形の紙，紙と紙の重なり部分，空所，これらの1つずつの面積比は$(4\times 4):(1\times 1):(2\times 2)=16:1:4$である。(1)より，太線内の面積は$16\times 10\times 20+4\times(10-1)\times(20-1)-1\times 370=3514$であり，これはひし形の紙1枚の面積の$3514\div 16=\frac{1757}{8}$(倍)

やや難 4 **(数の性質，規則性)**

(1) 1.07の7と2.13の3について，32＝1＋31，2＋30，3＋29，…，29＋3，30＋2，31＋1のそれぞれの一の位の組み合わせ(1，1)(2，0)(3，9)(4，8)(5，7)(6，6)(7，5)(8，4)(9，3)(0，2)より，7×1＋3×1，7×2＋3×0，7×3＋3×9，…，の各値の一の位の数は0，4，8，2，6，0，4，8，2，6となる。したがって，1.07×3＋2.13×29＝3.21＋61.77＝64.98，1.07×8＋2.13×24＝8.56＋51.12＝59.68，1.07×13＋2.13×19＝13.91＋40.47＝54.38より，1.07×23＋2.13×9＝24.61＋19.17＝43.78であり，整数部分は43

(2) (1)と同様，160について(1，9)(2，8)…(7，3)(8，2)(9，1)より，7×1＋3×9，7×2＋3×8，7×3＋3×7，…，の各値の一の位の数も4，8，2，6，0，4，8，2，6となる。したがって，1.07×4＋2.13×156＝4.28＋332.28＝336.56，1.07×9＋2.13×151＝9.63＋321.63＝331.26より，1.07×24＋2.13×136＝25.68＋289.68＝315.36，1.07×74＋2.13×86＝79.18＋183.18＝262.36，1.07×124＋2.13×36＝132.68＋76.68＝209.36であり，整数部分は315，262，209

5 **(平面図形，推理)**

基本 (1) 図1より，1，2，3，4，5，6

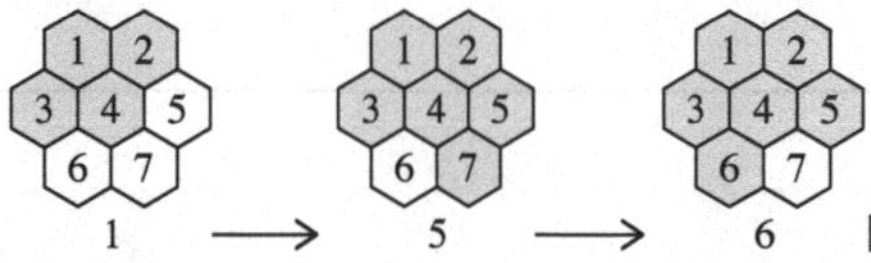
図1

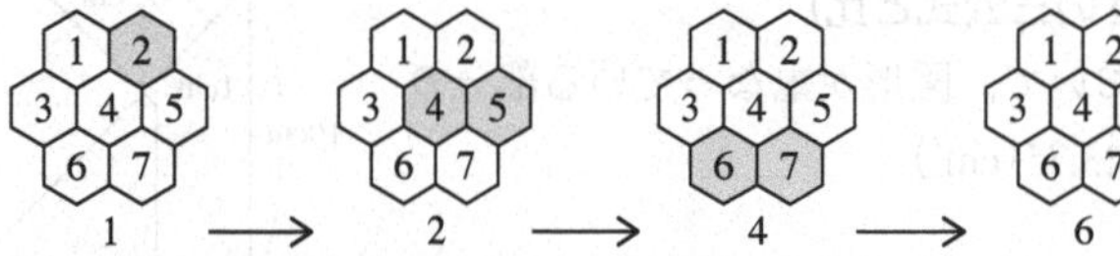
図2

重要 (2) 解答例：図2より，2→4→6，4→2→6など

(3) 解答例：1→2→3→5→7，3→1→2→5→7など

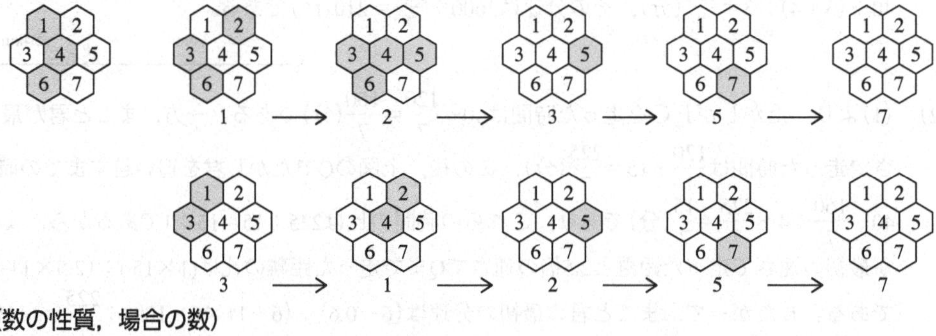

6 **(数の性質，場合の数)**

基本 (1) 6＝1×6または2×3，12＝2×6または3×4

(2) 以下の10個がある。

2＝1×2，3＝1×3, 5＝1×5, 10＝2×5, 15＝3×5, 18＝3×6, 8＝4×2, 20＝4×5, 24＝4×6, 30＝5×6

重要 (3) 以下より，1×5＋4×10＋9＋16×2＝86(通り)

1＝1×1…1×1＝1(通り)　2＝1×2…2×2＝4(通り)　3…4通り

4＝1×4または2×2…3×3＝9(通り)　5…4通り

6＝1×6または2×3…4×4＝16(通り)　8…4通り　9…1通り

10…4通り　12…16通り　15…4通り　16…1通り

18…4通り　　20…4通り　　24…4通り　　25…1通り
30…4通り　　36…1通り

★ワンポイントアドバイス★

[2](2)「最初の分速」の計算が簡単ではなく，[4]「整数部分」は，小数部分についての規則を的確に見つける必要がある。[6](3)「A×B＝C×D」も油断するとミスしやすい。まず，「図形の移動」で確実に得点すること。

＋α は弊社HP商品詳細ページ(トビラのQRコードからアクセス可)参照。

＜理科解答＞ ≪学校からの正答の発表はありません。≫

[1]　問1　タンポポ：イ，カ　センダングサ：イ，エ　問2　ア，エ，キ
問3　ウ，エ，オ，カ
問4　b・ネズミやタヌキが嫌うカプサイシンを，鳥はほとんど感じないから。
問5　イ，ウ，エ

[2]　問1　a：ア　b：エ　c：カ　問2　d：ア　e：ウ　X：二酸化炭素
問3　1500m　問4　下図　問5　イ
問6　あ：イ　い：ウ　う：イ　え：ウ　お：ウ　問7　エ

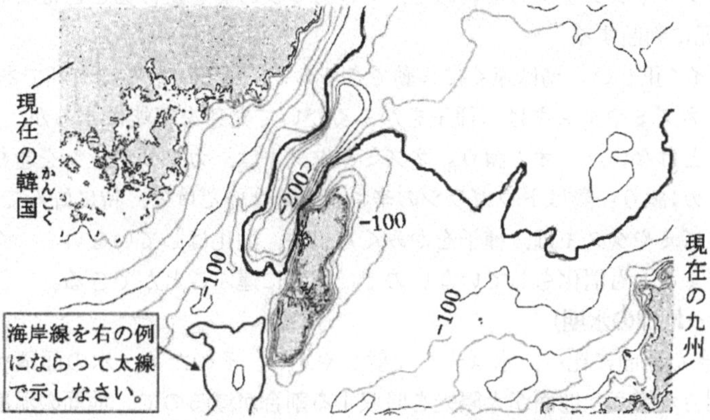

数字の単位はmです。

[3]　問1　ウ　問2　エ，カ　問3　エ　問4　28通り　問5　ウ
問6　a：ア　b：ウ　問7　c：ア　d：エ　問8　e：ア　f：ウ　g：オ　h：ク
問9　ウ

[4]　問1　電子レンジで使う電力を供給するには高い電圧が必要だから。
問2　ソーラーパネル，燃料電池　などから1つ。
問3　(1)　ア　(2)　エ　(3)　ウ　問4　イ
問5　右図　問6　(1)　イ　(2)　ウ
問7　エ　問8　オ　問9　あ：イ　い：ウ　う：イ
問10　a：減少　b：増加　c：増加する

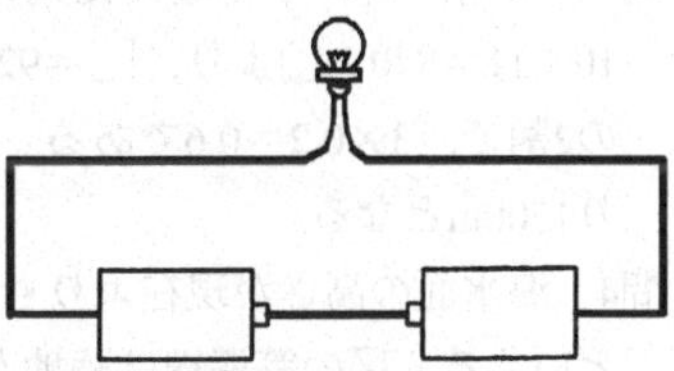

○推定配点○

[1]　各2点×5(問1，問4各完答)
[2]　問1～問3　各2点×3(問1，問2各完答)　問4～問7　各1点×4(問6各完答)
[3]　問1～問8　各1点×8(問6，問7，問8各完答)　問9　2点
[4]　各1点×10(問3，問6，問9，問10各完答)　計40点

＜理科解説＞

1 （植物のはたらき－種子の散布）

問1　タンポポは，花のがくの部分が変化した冠毛(わた毛)が，小さくて軽い種子をつけたまま風に飛ばされる。一方，センダングサの小さくて軽い種子には細かいトゲがついていて，動物のからだや人の衣服にくっつきやすく落ちにくいので，広く運ばれる。

問2　問題文の通り，オオバコの葉は踏まれてもちぎれにくいので，人や動物がよく踏むところに生息する。このことで，背の高い草と競争することなく，日光を充分に浴びることができる。また，種子の表面はねばつくので，人の靴などにくっついて運ばれやすい。

問3　表をもとに，果実(実)の中の種子(種)の数を比較する。　ア：誤り。辛くない果実のうち，種子の数が75のものがある。　イ：誤り。辛い果実のうち，種子の数が139のものがある。ウ：正しい。辛い種子のうち，種子の数の最大は139である。それより多いなら辛くない。エ：正しい。種子の数が最も少ないのは21で，これが唯一とても辛い果実である。　オ：正しい。種子の数が最も多いのは210で，これは辛くない果実である。　カ:正しい。　キ，ク:誤り。個々の果実ではなく「傾向」なので，種子の数の平均でみると，辛くない果実の平均は127，辛い種子の平均は76，とても辛い種子は21である。

問4　問題文の通り，ネズミやタヌキは，カプサイシンを含むトウガラシの実を積極的には食べない。一方，鳥はカプサイシンを感じないので，トウガラシの実を避けることはない。

問5　問題文を元に判断する。

ア：誤り。　イ：正しい。鳥は遠くに移動できるので，種子の散布に有利である。　ウ：正しい。エ：正しい。ネズミやタヌキは，種子をかみくだいて発芽を不能にするが，鳥ははがないので，かみくだくことはない。　オ：誤り。ネズミやタヌキは，カプサイシンを含むトウガラシの実を好まない。　カ：誤り。鳥はトウガラシの辛さを感じないだけで，特に好んでいるわけではない。キ：誤り。ネズミやタヌキは，種子をかみくだくが，消化はしていない。　ク：誤り。鳥は，種子をかみくだくことも消化もしていないので，遠方に運ぶことができる。

2 （大地の活動－地球の氷期）

問1　岩石でできた地面に比べ，氷は光を反射しやすい。そのため，氷の面積が増えると，太陽光を反射する割合が増え，地面が太陽光を吸収する割合が減るので，地面の温度が下がり，地面からの大気への熱が減って，大気の温度も下がる。

問2　気温や海水温が上がると，大気中の水蒸気の量が増える。また，海水中には大量の二酸化炭素が溶けており，水温が上がると溶けきれなくて，大気中に出てくる。これら水蒸気と二酸化炭素には温室効果があるので，気温は上がる。

問3　氷期が終わって増えた海水の体積を，7×120＝840とする。これが氷だったときの体積は，10：11＝840：□より，□＝924である。陸地の面積を3とすると，氷でおおわれていた面積はその2割で，3×0.2＝0.6である。よって，体積924の氷の厚さは，924÷0.6＝1540で，四捨五入により1500mとなる。

問4　海水面の高さが現在よりも120m低かった時期には，現在の水深120mを示す線が当時の海岸線といえる。図の等深線は陸地から水深100mまでに5本，つまり20mおきに描かれている。よって，水深100mの線よりもひとつ深い等深線をなぞればよい。

問5　最後の氷期が終わったのは15000年前であり，人間の歴史でいえば，縄文時代の初期にあたる。これ以降，土器の文化が広がった。通貨は弥生時代～飛鳥時代，仏教は飛鳥時代，鉄砲は室町時代(戦国時代)である。

問6　日本列島の位置の並びは，選択肢のうちでは，北海道，本州，沖縄の順である。位置関係だけで考えると，アイヌの特徴は，近い本州と近縁で，遠い沖縄とは近縁でないと予想される。しかし，実際に遺伝子を調べると，そのうちの特徴Aは，問題の図2のようにアイヌと沖縄が近縁とわかる。そして，本州の人々は，沖縄と大陸の両方と近縁とわかる。

やや難 問7　図2と問題文から判断する。約3000年前に本州にいた人間はアイヌの特徴を持っていたこと，アイヌと沖縄は共通の祖先を持っていること，アイヌと大陸はあまり近縁でないこと，本州は沖縄と大陸の両方に近縁であること，以上を踏まえると，エが適当である。

3 （ものの溶け方－物質の拡散）

重要 問1　ア：誤り。10÷110＝0.090･･･で，9％にしかならない。

イ：誤り。1Lの水は1000gだから，100÷1100＝0.090･･･で，9％にしかならない。

ウ：正しい。食塩と水の合計が100gだから，10÷100＝0.1で，10％になる。

エ：1Lの食塩水は1000gよりやや重いので，濃さは10％よりやや小さくなる。

問2　ア：正しい。砂糖水やエタノール水溶液などは電気を通さない。

イ：正しい。炭酸水など，気体や液体が溶けた水溶液を加熱すると何も残らない。

ウ：正しい。溶けた物質は見えなくなるが，小さくなっただけで重さはなくならない。

エ：誤り。溶けた物質が溶かした液体のすき間に入り，体積の合計は小さくなる場合が多い。

オ：正しい。砂糖水などは，砂糖がこげて黒くなる。

カ：誤り。溶けている物質は，水といっしょにろ紙を通り抜ける。

問3　エは，盆からこぼれた水は，盆に戻ることはないという意味である。

問4　4層目までには8個の箱がある。8個の箱から2個の箱を選んで●を入れればよいので，その状態の数は，8×7÷2＝28（通り）である。

重要 問5　野菜表面の膜を通して，水は内部から外部へ移動できるが，食塩は外部から内部へ移動できない。そのため，野菜内部の水は一方的に外へ出るので，野菜はしおれてやわらかくなる。

問6　食塩だけのときは，状態の数は1通りだが，食塩と水が混ざると，両方があわさった広い空間を，食塩と水とで分け合うので，状態の数はたいへん大きくなる。

問7　キャベツを水にひたすと，キャベツの外部は濃度0％の水だが，キャベツの内部はさまざまな物質が溶けた水溶液で，濃度が高い。そのため，水は外部から内部へ移動し，キャベツ内部の細胞内の圧力が増して，シャキシャキとした食感になる。

問8　雪が融けると，液体の水が増加する。すると，塩化カルシウムなどの粉と水が混ざって，両方があわさった広い空間を，粉と水とで分け合う。よって，状態の数はたいへん大きくなる。そのため，さらに雪は融けやすくなる。その結果，純粋な水は0℃で凍るが，粉を混ぜることで0℃では凍らなくなり，スリップ事故を減らす効果がある。

問9　水に他の物質を混ぜ濃度が上がると，凍る温度（融点）が低下する現象を選ぶ。

ア：誤り。凍る温度は，そもそも物質ごとに異なっており，元から低下したわけではない。

イ：誤り。湖水は表面から冷却されるためであり，中深くの濃度が高いわけではない。

ウ：正しい。海水は食塩や塩化マグネシウムなどが溶けた水溶液であり，0℃では凍らない。

エ：誤り。氷に圧力がかかると，融解して液体になるが，濃度が変わるわけではない。

オ：誤り。氷の表面積が大きくなり，熱が入りやすくなるだけで，濃度が変わるわけではない。

4 （電流と回路－手回し発電機の直列つなぎ）

問1　通常の乾電池の電圧は1.5Vであり，大きいものでも9Vである。一方，一般的な家庭用のコンセントの電圧は100Vである。そのため，低電圧でも動き，持ち運びをする器具には乾電池が使われ，高電圧が必要で持ち運びをしない器具にはコンセントが使われる。電子レンジは500W以上の大きな電力が必要で，乾電池の電圧では不足する。

問2　発電所以外で電気をつくっている場所として，個人が設置したソーラーパネルがある。太陽光を受けて電流をつくる装置である。ただし，広い土地に大規模に設置したものは，ソーラー発電所などとよばれる。また，水素から電力をつくる燃料電池の装置を家庭やビルに設置し，電力をつくる方法も増えてきている。ごみ焼却場で出た熱を利用して発電機を回し電気をつくる，廃棄物発電もある。これらのうちから1つ答えればよい。

問3　(1)は，電池の向きが逆のものを直列につないでいるため，電流は流れない。　(2)は電池の直列つなぎなので，電流が多く流れる。　(3)は電池の並列つなぎなので，電流は電池１個のときと変わらない。

問4　①の場合，電流は0ではなく少し流れているが，豆電球のフィラメントの温度があまり上がらず，光が出ていない。②では光るのに充分な電流が流れており，③ではさらに多くの電流が流れている。

問5　実験Ⅰでは，手回し発電機Aで電流を作っているが，手回し発電機Bがモーターとしてはたらいており，電流は弱い。実験Ⅱでは，電流がほぼ0になっている。これは，モーターとなった手回し発電機Bが，まるで逆向きの電池のようにはたらいており，問4①と同じ状態になっていると考えられる。

問6　実験Ⅰでは，弱い電流が流れているが，実験Ⅱではほぼ0になっており，電流は減少した。つまり，手回し発電機Bは，実験Ⅰでも電流をある程度さまたげる逆向きの電池のようなはたらきをしていたが，実験Ⅱではその電池が手回し発電機Aのはたらきを打ち消す強さにまで強まっている。

問7　手回し発電機Bを回転しないようにすると，手回し発電機Bはモーターではなくなり，逆向きの電池ではなくなるので，電流は増えて豆電球は明るくなる。

問8　実験Ⅰで手回し発電機Bが回った向きは，逆向きの電池となってしまう向きである。だから，その逆に回せば，手回し発電機AとBが同じ向きの直列つなぎになり，豆電球がより明るくなる。選択肢では，オが最も明るい。アとウは逆向きの電池がない状態なので，どちらも豆電球が光る。イとエは，手回し発電機Bが逆向きの電池になってしまうので，豆電球は光らない。まとめると，電流の量は，オ＞ア＞ウ＞イ＝エ＝0となる。

やや難　問9　実験Ⅲと実験Ⅳで，同じ30cm持ち上げる時間を比べると，150gのときの方が速い。つまり，モーターとして使っている手回し発電機の回転速度が速い。このとき，問5～問8でみたように，手回し発電機はまるで逆向きの電池のようになっている。接続した電池に対し，回転速度が速い手回し発電機は逆向きの強い電池となっているため，電流は小さい。180gのときは手回し発電機の回転速度が遅いので，逆向きの電池の力は弱く，電流は大きい。一方，すべて持ち上げる時間は，10秒×6回と，12秒×5回で，どちらも60秒ずつで同じである。つまり，同じ時間に大きな電流が流れていた180gの方が，電池が大きく消耗する。

問10　洗濯物の量が多い場合は，問9で180gのおもりを持ち上げた場合と同じように考える。回転する速さが減少し，時間が増加し，電流が増加するため，電力消費が大きく，効率的にはならない。

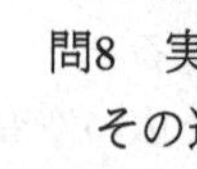

★ワンポイントアドバイス★

問題を解き進めながら1つのテーマを追いかける大問が多い。主題を早く見つけ，主題に沿って考えていこう。

＜社会解答＞ ≪学校からの正答の発表はありません。≫

【1】 問1 あ　問2 お　問3 え

問4 （例） 町おこしの一つとして，地域を活性化させること

問5 （例） 空き家，空き地が増えて，地域の活力がなくなる現象。

問6 消費者：(例) 必要なだけ購入でき，しかも調理の手間が少なくてすむ。

農家：(例) 細かい規格に合わせる必要がないので，廃棄される野菜が減る。

問7 え　問8 (例) 飼料の量や質を適切に管理し，海洋汚染につながらない養殖。

問9 国内：(例) 食文化を次世代に伝えるとともに，国民の健康を増進する。

海外：(例) 日本の食品輸出の増加，訪日観光客の誘致をねらいとしている。

【2】 問10 ① (例) 食材を長持ちさせる　② (例) 農作物の収穫量を増やす

問11 ポルトガル

問12 (例) 大きな高杯に盛られた食べ物を，大人はこぶりの高杯に，子どもは一番小さな高杯に小分けをして食べた。

問13 (例) 仏教の教えで肉食が禁止されていたので，隠れるようにして食べたから。

問14 い

問15 (例) 時間割に従うことで，規則正しい生活パターンを身につけること。

(例) 異なる世代の人たちと接することで，社会性や協調性を身につけること。

問16 (例) だれにでも，多少の好き嫌いはあるだろう。また，食材にアレルギーを持つ人も増えているようだ。そこで，複数のメニューを用意し，使用する食材とともに子どもたちに伝え，事前にメニューを選べるようにするとよい。食べ残しを減らす効果も期待できると思う。(120字)

○推定配点○

問 1～問 3・問 7・問11・問14　各 1点×6　　問8　3点　　問16　7 点

他　各2 点×12　　計40点

＜社会解説＞

【1】 (総合－「食」をテーマにした日本の地理，歴史など)

基本 問1 カツオ類は，水温の高い海域に生息する暖流魚で，静岡県，三重県，高知県など沖に暖流である黒潮(日本海流)が流れている都道府県で漁獲量が多い。よって，Aである。一方，サケ類は，水温の低い海域に生息する寒流魚で，北海道，青森県，岩手県，宮城県など沖に寒流である親潮(千島海流)が流れている都道府県で漁獲量が多い。よって，Bである。残ったCが，アジ類で，豊予海峡に近い愛媛県や宮崎県，日本海に面する島根県や鳥取県，東シナ海に面する長崎県などで漁獲量が多い。以上のことから，正解は「あ」である。

重要 問2 宮崎県は，冬でも温暖な気候を利用し，ビニールハウスでキュウリの促成栽培が盛ん。よって，冬を中心に出荷しているAが宮崎県。一方，福島県は，気温が最も高くなる盛夏(8月)を中心にキュウリを出荷している。よって，Cが福島県。残ったCが埼玉県で，春，秋を中心にキュウリを出荷している。なお，福島県，埼玉県は，露地《ろじ》栽培が中心である。以上のことから，正解は「お」である。

問3 しょうゆは，大豆と小麦から作った麹《こうじ》と食塩水とを原料として醸造する。

問4 ご当地グルメは，地域独自の食材の組合せや調理方法で，他の地域との違いを強調した料理の総称。近年，地域振興の目玉として知られるようになった。表にあるもののほか，佐世保市(長

崎県)の「佐世保バーガー」，厚木市(神奈川県)の「厚木シロコロ・ホルモン」，横手市(秋田県)の「横手やきそば」などが知られる。いわゆる「B級グルメ」と称される，庶民的で安価で，しかもおいしい料理と重なるところが多い。また，地域振興や町おこしの中核として近年になって創作・復刻・命名されたものが多く，その点で長い歴史をもつ伝統的な郷土料理とは異なる。比較的調理が簡単で，テイクアウトできるものが多いというのも特色である。

やや難 問5 「都市のスポンジ化」とは，都市の内部で空き家や空き地がランダムに数多く発生し，多数の穴をもつスポンジのように都市の密度が低下すること。都市のスポンジ化の進展は，サービス産業の生産性の低下や，行政サービスの非効率化，地域コミュニティーの存続危機，治安や景観の悪化などにつながり，都市の衰退を招く恐れがあると懸念されている。2013年の国土交通省の調査によると，空き家数は8%，空き地面積は28%，それぞれ5年前に比べて増加し，約4割の商店街が，空き店舗率が10%を超えるシャッター商店街となっている。人口減少下における都市政策として，中心市街地に生活に必要な機能を集中させて利便性を高めるコンパクトシティーが進められているが，都市のスポンジ化はコンパクトシティーの取り組みの効果を減少させると問題視されている。

問6 カット野菜は，付加価値を高めることなどを目的に，新鮮な野菜をカットして提供される食材。消費者にとっては，調理の手間が少なくてすむだけでなく，必要な量だけ購入でき，使い切ることができるという利点がある。ゴミも出ないので，地球環境にもやさしいといえる。生産者にとっても利点がある。一般に，野菜は，形状や光沢，重さ，大きさなどの基準によって，「秀・優・良」，「L・M・S」などにランク付けされ，このような基準からはずれたものは，規格外として通常の流通ルートに乗らなくなってしまう。そして，その多くが廃棄されるといわれる。一方，カット野菜では，前述の基準をはずれた野菜でも，食味や安全性に問題がなければ商品価値がある。農家にとって貴重な収入源となるだけでなく，廃棄される野菜が減るという大きなメリットがある。

問7 「競《せ》り」は，売主が二人以上の買手にその価格を競り合いをさせ，最高値をつけた人に売ることである。「競り」によって，「値段が安くなる」ことはあり得ない。

重要 問8 「責任ある養殖業」とは，FAO(国連食糧農業機関)によると，「生態系や資源に悪影響を及ぼさない養殖」，「環境や次世代の人類にも配慮した養殖業」である。ASC認証は，環境と社会の問題に責任をもって取り組みながら育てられた養殖水産物への認証で，養殖場周辺の環境や野生生物に悪影響を与えないこと，餌や薬品の使用が定められた量以下であること，養殖場で働く人の人権を守り，地域と連携していることなど7つの原則を満たした養殖場で育てられた水産物のみに与えられる。

重要 問9 ユネスコ世界無形文化遺産は，口承伝統，民族文化，伝統工芸技術，伝統芸能，祭礼など，その地域の歴史や風習(慣習)などと深い関係がある無形の文化遺産をいう。そして，この登録目的は，その無形の文化の継承と保護である。日本では，「歌舞伎」，「能」，「人形浄瑠璃」，「雅楽《ががく》」，「和紙」，「アイヌ古式舞踏」，「結城紬《ゆうきつむぎ》」など20を超える無形文化遺産がすでに登録されている。2010年，ユネスコ無形文化遺産の登録対象分野は，「食」にまで拡大された。食がもたらす伝統・行事・儀式，社会的慣習，それらに関わる技術や知識が対象で，これらを守って継承しながら育てていく「食文化」を評価し，その動きを促進しようとする試みである。よって，最大のポイントは，国内において，伝統的な食文化である「和食」を次の世代に伝えていくことである。これに加え，「国民の健康の増進」，「自給率の向上」などもあげられる。一方，海外向けには，和食を外国の人々に知ってもらうことで，訪日外国人旅行者を増やすとともに，日本の食品を買ってもらう一助にするというねらいもあるといえる。

【2】 （総合－「食」をテーマにした日本の地理，歴史など）

問10 ① 冷蔵，殺菌・滅菌，缶詰などの発明は，ブドウ球菌，ボツリヌス菌，サルモネラ菌，大腸菌などの細菌による食中毒の発生を防ぎ，食材を長持ちさせることに役立った。 ② 用水路などの設備，脱穀機・コンバイン（自動収穫機），品種改良，鋤《すき》などの発明は，農産物の収穫を飛躍的に増やすことに役立った。

基本 問11 日本に最初にやって来たヨーロッパ人は，ポルトガル人。1543年，中国船に乗ったポルトガル人が種子島に漂着し，この時，鉄砲が日本に伝わった。これ以降，ポルトガル人との交易が盛んになり，鉄砲，火薬，絹織物，生糸，香料などを輸入，銀，銅，漆器などを輸出した（南蛮貿易）。当時日本がポルトガルとの貿易を行ったことを物語るものとして，現在でも使われているポルトガル語を語源とする，パン，カステラ，テンプラ，シャボン，ボタン，カルタ，カッパなどの言葉がある。

やや難 問12 高杯《たかつき》は，高い台がついた杯形の食器。高杯形の土器は，縄文時代晩期に一般化し，弥生時代になると不可欠な食器として定着した。最も大きな高杯に食事を盛りつけ，それを大人は小ぶりの高杯，子どもは最も小さな高杯に小分けをして，それぞれ食べたと推定できる。

問13 昔から，仏教の世界では，「不《ふ》殺生戒《せつしょうかい》」という戒律を定め，人間以外の生物に対しても，その命を慈しむべきだとされた。そのため，古くから，表立って猪，鹿，馬など大型の動物の肉を食べることは禁忌となっていた。猪の肉をぼたん，鹿の肉をもみじ，馬の肉をさくらなどとよんでいたのは，一種の隠語である。

問14 西廻り航路は，日本海沿岸の酒田を起点に，下関経由で大阪に至る航路。加賀藩の廻米《かいまい》に始まる。1672年，河村瑞賢《ずいけん》の改良で秋田以北にも伸び，のちに蝦夷地の松前にも到達した。酒田は，この航路の要所で，上方（大阪や京都）との交流が盛んだったことから，上方の文化の影響を強く受けたと考えられる。

問15 時間割にそって生活することで，規則正しい生活習慣を身につけることができる。また，他の学年の子どもや大学生のボランティアなどと交流することで，社会性や協調性を身につけることができる。

重要 問16 解答例以外に，「クラス単位の給食では，他の世代の人たちと交流することができないので，異なる学年の人たちといっしょに給食を食べることができるようにする。」，「現状の給食は，食物アレルギーがある人や宗教的な理由で食べることができない食材がある人に十分対応できていない。これらの人に個別に対応する給食を提供する。」などが考えられる

★ワンポイントアドバイス★

本年度は，全体が【1】，【2】に分かれていたが，例年は大問1題形式である。また，論述問題が中心なので，過去問を解くことによって論述力をつけることが重要である。

＜国語解答＞ ≪学校からの正答の発表はありません。≫

一　a 着実　b 思案　c 友好　d 果

二　1 彼がガゼルを「ものすごく好き」であること

2（例）何かを伝えたい思いはあったが，言うべきことがわからず，ガゼルが呼びかけを望んでいるかどうかも不確かで迷ったから。

三　エ

四　（例）ガゼルを取り巻く人の利害や思惑，また，ガゼルの情報や記録には関心がなく，ただ思いを理解しようとガゼルに向き合ってきた。

五　イ

六　（例）大学には戻りたくないと思っている「私」が，学校とは異なる場所に自分の居場所を求める「少年」に共感したこと。

七　（例）ガゼルを河川敷に囲い込み続けるよりも，良い環境を誠心誠意探すように行動した方が町の評判にとって良いと判断したから。

八　（例）利用し続けたガゼルがいなくなることを不安に思い，もっともらしい正論を主張して，ガゼルが去ることを阻止しようという自分本位な思い。

九　（例）走り出した姿から，異なる場所に居場所を求めようとするガゼルの思いに気づき，その思いに共感したことをガゼルに伝えようとしたから。

十　（例）少年は，自分とガゼルの境遇を重ね，ガゼルが自由に居場所を探せることを願っている。女性は利用し続けるため，ガゼルをこの場に留めたいと思っている。

十一　1（例）どこにも居心地の良い場所がなかったとしても，自由に行動できる状況を求めて，囲まれた環境からは抜け出すことを選んだから。

2（例）大学生活がうまくいかずガゼルを見張る仕事もやがて終わる「私」は，学校でうまくいかずに居場所が不安定な少年と同じように，なじめない環境から外に出てより良い居場所を自由に探そうとしたガゼルに自分を重ねることができた。さらに，ガゼルの思いを受け止めて同じように自分の居場所を求めようとする少年に共感することもできたから。

○推定配点○

一　各1点×4　二・三・五　各3点×3　十一2　7点　他　各5点×8　計60点

＜国語解説＞

（物語文―主題・心情・場面・登場人物・細部の読み取り，記述，漢字の書き取り）

基本　一　a 安定して手堅くという意味。ここでは,ガゼルを気にする人が，急激にではないが，確実に増えているという意味である。　b あれこれと思い悩むこと。「案」には，考えるという意味がある。その意味で「考案」「提案」という言葉がある。　c 仲良く付き合うこと。友好関係を強くすることを,「友好を深める」などという。　d ここでは，行き着く最後の場所という意味。終わることのないという意味で,「果てのない」どいう表現もある。

二　1 最初の（中略）から傍線①までの間に抜き出す部分がある。傍線①直前に「彼がガゼルを『ものすごく好き』であること」という表現がある。傍線①で「私」が実感したのは，そのことである。

2 傍線①直後に,「私」がとらえた「少年」のガゼルに対する思いがまとめられている。その部分を参考にして，解答をまとめる。傍線①直後には「何かを言いたい」「何を言ったらいいかわからない」「ガゼルが呼びかけを望んでいるかどうか……不確か」とある。そのような思いがあり，迷ったため，「少年」は何も言わずじまいに終わったのである。「少年」のガゼルに対する思いを書き，「迷ったから」などの言葉でまとめると良い。

重要 三　傍線部を含む段落の内容を読み込むことで正解がわかる。Q町は，まい上がっているのである。そして，見物客を呼び込もうとしている。さらに，ガゼルを町のキャラクターにして，町を盛り上げようとしている。女性は「ガゼルを眺めていると，生命の直線的なエネルギーにふれているようで気分が良くなる」などと主張して，ガゼルに関心を持ち続けている。そして，ガゼルの様子をできるだけ「質量で残したい」と，つまり数多くの記録を残したいのである。以上の点をおさえると，Q町に関して「見物人を集めていることに注目」「利用して町を盛り上げようとしている」とあり，女性に関して「ガゼルの存在に強くひかれ」「姿を記録し発信しよう」とある，エが正解になる。アは，Q町に関して「お金を集めて保護」とあるが，町がガゼルにまい上がる様子が読み取れない。また，女性に関して「野生の姿……届けて」とあるが，そもそも保護されているので「野生の姿」とはいえない。イは，Q町に関して「世の中を明るくしよう」とあるが，町のために活用しようとしているのである。世の中のためではない。女性に関しても「Q町を有名にしよう」とあるが，女性の意図していることではない。ウは，特に女性に関して「実際にQ町を訪れるよりも多くのことがわかるようにしよう」が不適切。女性が意図していることではない。

四　「少年」は，傍線④より前の段落に書かれた内容について，興味がない。つまり，ガゼルを何かに利用する人々に関心がないのだ。また，傍線④以降の段落に書かれた，「大量の情報」「記録」にも関心がない。だから，傍線④にあるように，「放送日と取材されていた女の人のSNSやアドレス」にも，一切興味を示さなかった。だが，「少年」はガゼルをじっと眺めている。傍線④以降の段落に書かれているように，「ガゼルと過ごす」時間を大切にしていたのだ。そのガゼルと過ごす時間に，傍線④以降の文脈からわかるように，少年はガゼルの思いを理解しようとしていた。以上の点をふまえてまとめると良い。「ガゼルを取り巻く人の利害や思惑／ガゼルに関する情報や記録」には関心がないという内容に，「ガゼルの思いを理解しようとしていた」という内容を書き加える。

五　まず，傍線⑤以降の少年の言葉から考える。少年は「きみは行きたいところはないのか？」と言う。傍線⑥には，それが「少年」の「言いたいこと」であったと書かれている。その後，少年は自分自身の行きたいところを語る。「北海道に行きたい」と，自分の行きたいことを明確に語る。ガゼルとの関わりを通して，少年は自分のしたいことを明確にできた。ガゼルにも，したいことをたずねることができるようになった。傍線⑤と⑥が含まれる場面の描写から，そのように読み取れる。解答は，「ガゼルが何をしたいのかを考える」「自分自身が何をしたいのか……はっきり言えるようになった」「ガゼルの望みについても問いかけられるようになった」とある，イになる。アは，「自分の望みをガゼルの望みとしてとらえるようになった」がおかしい。「少年」は「きみは……」と問いかけ，「おれは……」と述べている。後に共感するようになっても，まったく同じ思いを持っているわけではない。ウは，「ガゼルにその場所(自分が帰る場所)を教えてもらおうとした」がおかしい。「おれは北海道に行きたい」と明確に言っている。帰るべき場所をガゼルにたずねているわけではない。エは，「ガゼルは逃げるべき……その気持ちをたずねている」とあるが，おかしい。逃げたいかどうかをたずねている表現はない。

重要 六　物語の最初の場面から，また，傍線⑤よりも前の文脈から，「私」自身も大学に戻りたくないと思っていることがわかる。だから，不登校だと思われる「少年」が，「北海道に行きたい」とはっきり言うのを聞いて，「自分の叫びである」ように共感したのだ。「大学には戻りたくない私」+「学校とは異なる場所に居場所を求めたい少年」+「共感」という要素を中心にまとめる。

設問には「具体的」とある。「彼の叫び」が学校に行かず異なる場所に居場所を求めたいということで,「自分の叫び」が大学に戻りたくないということであると，明示すること。

七　傍線⑧が含まれる場面から解答の手がかりは見つかる。「いつまでもガゼルを河川敷にいさせるべきではない」という意見が噴出してきたのである。河川敷はガゼルにとって居心地のよい環境であるとはいえないためだ。そして，傍線⑧直前にあるように，町はいつまでもガゼルを囲い込む姿勢でいることは,「町の評判を下げる」と判断した。そのため,傍線⑧直後にあるように「ガゼルの将来のためにもっとも良い環境を誠心誠意探す，と宣言」することにつながったのだ。その方が，むしろ良い評判につながると考えただろうことは類推できる。以上のような状況をふまえて，書くべき内容をまとめる。「ガゼルを河川敷に囲い込むと町の評判を下げる」「より良い行動を示した方が町の評判につながる」という内容を中心にする。

八　SNSの発信や局の取材などを通して，女性はQ町のガゼルの第一人者になった。つまり，女性はガゼルを利用することで著名になったのだ。その利用してきたガゼルがいなくなる。そのような状況に女性は不安を抱いている。そして，ガゼルのため，また，町の住民のため，などというもっともらしい正論を主張して，ガゼルがQ町を去ることを阻止しようとしているのだ。女性は,誰のためでもない，自分本位な思いを抱いており，傍線部の「表皮の下に焦りが見えた」から,その自分本位な思いが,「私」に見透かされていることが読み取れる。記述の際は,「利用してきたガゼルがいなくなることが不安」「ガゼルがいなくなることを阻止したい」という具体的な内容を書き,「という自分本位な思い」と女性の思いそのものを表す言葉で終わらせるのがよい。

九　傍線⑩直前で，ガゼルは走り出している。傍線⑩直後に「見たまま」とあるように，少年はそのガゼルの様子を見たまま口にしたのである。ただし,ここまでの設問で取り組んできたように,学校以外の自分の居場所を求め続けてきた少年は，傍線⑩より前の部分で，ガゼルに行きたいこと(したいこと)をたずねている。少年が口にした「走りたかったのか！」という言葉から，ガゼルがこの場とは異なる場に行きたがっている，つまり，この場とは異なる場所に自分の居場所を求めようとしていることに少年が気づいたという状況も読み取れるだろう。そして，少年はガゼルに大きく手をふり，この言葉を発している。そこからは，ガゼルの思いに共感して，共感したということをガゼルに伝えようという少年の意思が読み取れる。記述の際には,「ガゼルの走り出す姿を見た」「異なる場所に居場所を求めるガゼルの思いに気づいた」「共感したことをガゼルに伝える」という要素を中心にまとめる。

重要　十　ここまでの文章の展開もふまえて考える。学校に居場所がない少年は，どこかに自分の居場所を求めている。そして，傍線⑩の場面で，少年はガゼルも自分の居場所を求めていると気づいた。傍線⑩直後では，少年は「走りたければ走ってくれ」と言っているが，その発言は自分とガゼルの境遇を重ねて出てきたものとも類推できる。傍線⑪の「行きたければ行ってくれ！」からも,ガゼルの意思を尊重して，思うように行動して欲しいという少年の思いが読み取れる。一方で,設問八で見たように，女性はガゼルを利用できなくなることに不安を感じている。だから，ガゼルをこの場に留めておこうと思っているのだ。記述の際には,「少年」「ガゼルと自分の境遇が同じ」「自由に居場所を探して欲しい」という内容と,「女性」「ガゼルの利用を続けたい」「この場に留めたい」という内容を書く。

十一　1　傍線⑫から傍線⑬までの内容を活用して書くことができる。「河川敷であろうと，動物園であろうと，上流の山の自然であろうと」ガゼルにとって好ましい環境はないのだ。どこもかしこも居心地が悪いのであれば,「柵や檻の外を選ぶ」とあるように，ガゼルは自由を求め，囲まれた環境を抜け出すことを選択したのだ。「私」は，このように考えた。記述の際には,「自分にとって良き場所がなかったとしても」＋「自由を求めて，柵の外に出る」

という内容を中心にする。

やや難

2　設問には「本文全体をふまえ」「【　　】の部分に注目して」という条件がある。その条件を意識して，書くべき内容を考える。本文全体に目を向けると，「私」の大学生活がうまくいかず，ずっと続けていたいと考えていたガゼル見張る仕事も続けることが難しい状況がわかる。つまり「私」は居場所が不安定な状態なのだ。また，【　　】の部分に着目すると，少年も学校でうまくいかず，北海道に行きたいなどと考えており，居場所が不安定であるとわかる。物語の最後の場面，ガゼルがなじめない環境から抜け出してより良い環境を求める動きに「私」は自分を重ねることができた。また，そのガゼルの思いを受け止めて自分の居場所を求めようとする少年の気持ちに共感することができた。だから，「私」は少年の言葉を受け止めることができたと読み取れる。記述の際には，「大学生活がうまくいかず，居場所が不安定な私」「少年も居場所が不安定」と，本文全体や【　　】部分から読み取れる内容を書く。そして，「なじめない環境から出て，より良い場所を求めるガゼルに自分の身を重ねた」「ガゼルの思いを受け止めて，同じように自分の居場所を求めている少年に共感した」という内容を加える。

★ワンポイントアドバイス★

それぞれの登場人物が，物語の展開においてどのような役割を果たしているのかをおさえたい。例えば，人物の成長をうながす人がいれば，成長の障害になる人もいる。人物関係の把握は，主題の理解につながる。

MEMO

大切なことはメモしておこうネ！

2020年度

入　試　問　題

2020年度
麻布中学校入試問題

【算　数】（60分）　　＜満点：60点＞

1　次の式の□には同じ数が当てはまります。

$$\left(4\frac{1}{4}-\square\right):\left(3\frac{5}{6}-\square\right)=31:21$$

□に当てはまる数を答えなさい。

答

2　下の図のように，半径５㎝の半円を，４つの直線によってア，イ，ウ，エ，オの５つの部分に分けます。ここで，図の点Ｃ，Ｄ，Ｅは直径ＡＢを４等分する点です。また，○の印がついた４つの角の大きさはすべて45°です。

　このとき，以下の問いに答えなさい。

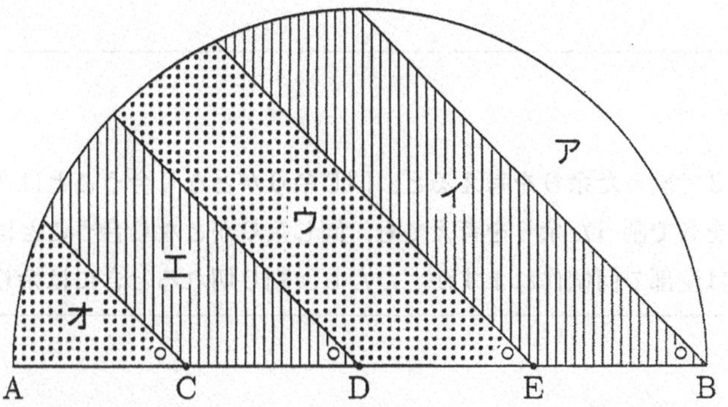

(1)　アの面積は何㎠ですか。

答　　　　㎠

(2)　イとエの面積の和からウとオの面積の和を引くと，何㎠になりますか。

必要ならば，下の図は自由に用いてかまいません。

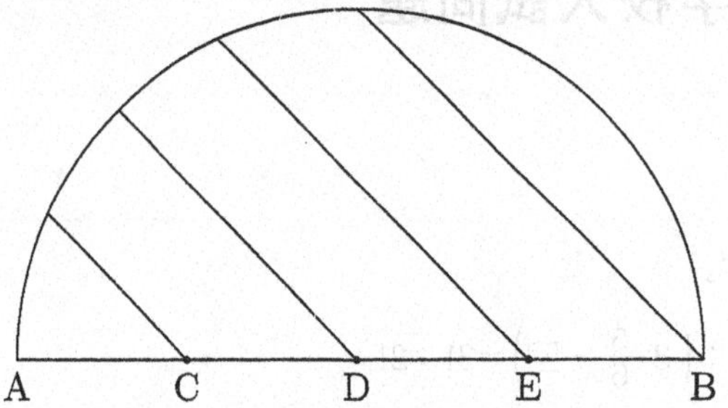

答　　　　　㎠

3　1から6までの6つの数字を1度ずつ使って，6桁《けた》の整数を作ります。このとき，以下の問いに答えなさい。

(1)　各位の数字を2で割った余りを考えると，同じ余りがとなり合うことはありませんでした。このような整数は全部で何個作れますか。ただし，割り切れるときには余りは0と考えます。

答　　　　　個

(2)　各位の数字を2で割った余りを考えると，同じ余りがとなり合うことはありませんでした。また，各位の数字を3で割った余りを考えても，同じ余りがとなり合うことはありませんでした。このような整数は全部で何個作れますか。ただし，割り切れるときには余りは0と考えます。

答　　　　　個

4　空の容器Xと，食塩水の入った容器A，Bがあり，容器A，Bにはそれぞれの食塩水の濃《こ》さが表示されたラベルが貼《は》られています。ただし，食塩水の濃さとは，食塩水の重さに対する食塩の重さの割合のことです。

たかしさんは，次の作業1を行いました。

作業1　容器Aから120ｇ，容器Bから180ｇの食塩水を取り出して，容器Xに入れて混ぜる。

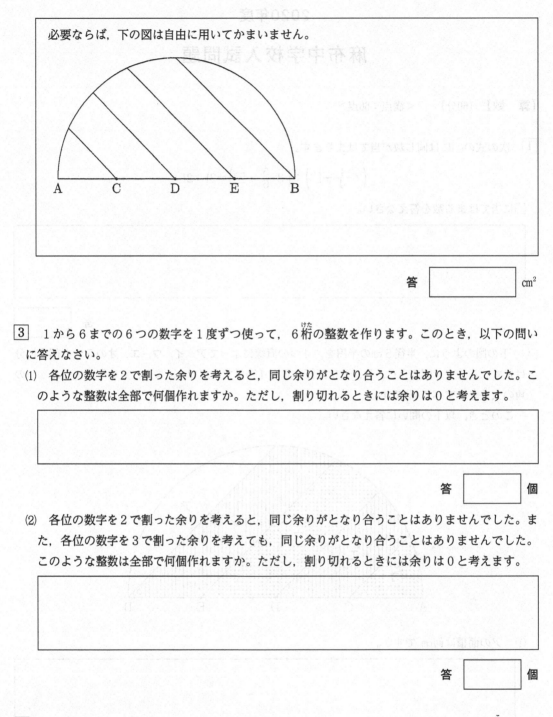

このとき，ラベルの表示をもとに考えると，濃さが７％の食塩水ができるはずでした。しかし，容器Ａに入っている食塩水の濃さは，ラベルの表示よりも３％低いことがわかりました。容器Ｂに入っている食塩水の濃さはラベルの表示通りだったので，たかしさんは，次の**作業２**を行いました。

作業２　容器Ａからさらに200ｇの食塩水を取り出して，容器Ｘに入れて混ぜる。

この結果，容器Ｘには濃さが７％の食塩水ができました。容器Ａ，Ｂに入っている食塩水と，**作業１**のあとで容器Ｘにできた食塩水の濃さはそれぞれ何％ですか。

答　Ａ ［　　　］％

Ｂ ［　　　］％

Ｘ ［　　　］％

5　図１のように一辺の長さが２cmの正三角形を12個組み合わせてできる図形を**「ほしがた」**と呼ぶことにします。図２のような，一辺の長さが１cmの正六角形に内側から接する大きさの円を，中心が**「ほしがた」**の周上にあるように点Ｐから一周させます。

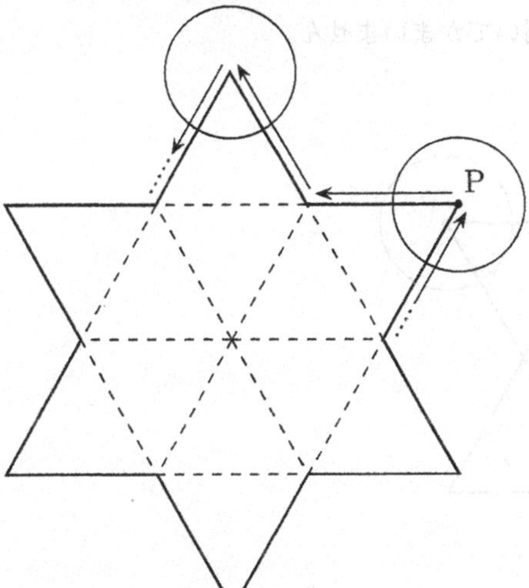

図１

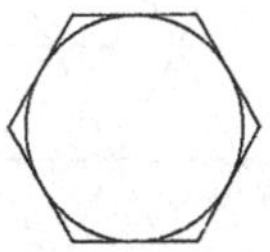

図２

円が通った部分のうち，**「ほしがた」**の外側を青く塗《ぬ》ります。また，円が通った部分のうち，**「ほしがた」**の内側を赤く塗ります。以下の問いに答えなさい。

(1)　青く塗られた部分の面積を求めなさい。ただし，一辺の長さが１cmの正三角形の面積をⒶcm^2，図２の円の面積をⒷcm^{2}として，［　　］×Ⓐ＋［　　］×Ⓑ（cm^2）の形で答えなさい。

必要ならば，下の図は自由に用いてかまいません。

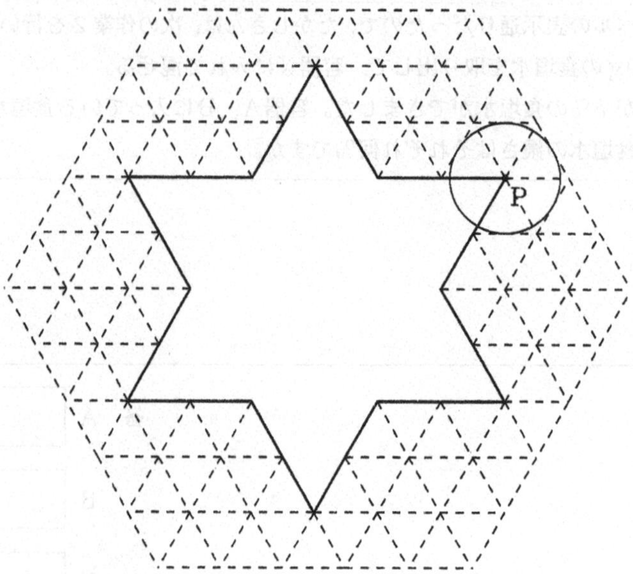

答 □×Ⓐ＋□×Ⓑ（cm²）

⑵　赤く塗られた部分の面積を求めなさい。ただし，一辺の長さが１cmの正三角形の面積をⒶcm²，前のページの図２の円の面積をⒷcm²として，□×Ⓐ＋□×Ⓑ（cm²）の形で答えなさい。

必要ならば，下の図は自由に用いてかまいません。

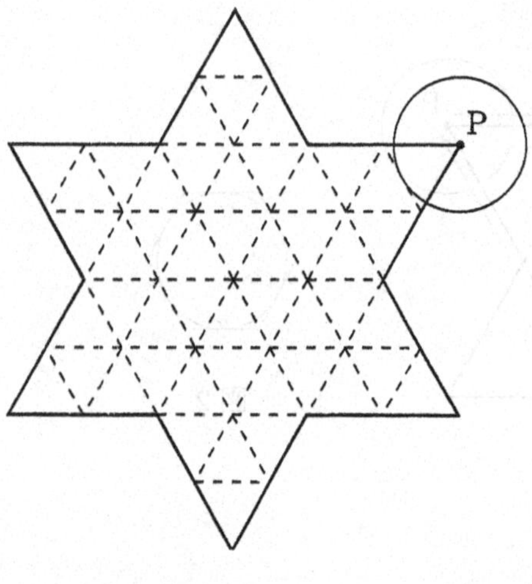

答 □×Ⓐ＋□×Ⓑ（cm²）

6　周の長さが１mの円があります。図１のように，この円の周上を点Aは反時計回りに，点Bは時計回りにそれぞれ一定の速さで動きます。点Aと点Bは地点Pから同時に動き始め，２点が同時に地点Pに戻《もど》ったとき止まります。以下の問いに答えなさい。

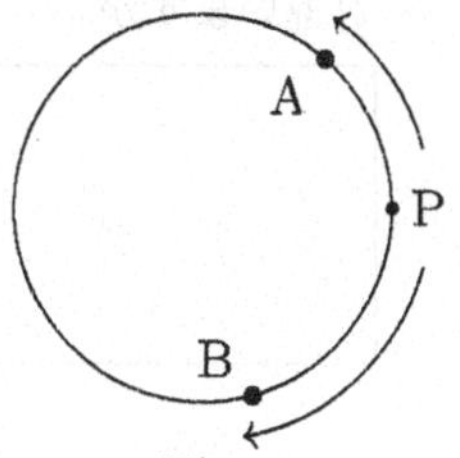

図１

(1)　点Aの動く速さと点Bの動く速さの比が　3：5　のとき，点Aと点Bが同時に地点Pに戻って止まるまでに，２点は地点P以外で何回すれ違《ちが》いますか。

答　　　回

(2)　点Aの動く速さと点Bの動く速さの比が　**ア：イ**　のとき，点Aと点Bが同時に地点Pに戻って止まるまでに，２点は地点P以外で14回すれ違いました。このとき，**ア：イ**　として考えられるものをすべて，できるだけ簡単な整数の比で答えなさい。ただし，点Aよりも点Bの方が速く動くものとします。また，解答らんはすべて使うとは限りません。

答　ア：イ＝　　：　，　：　，　：　，　：　，　：　，　：

次に，周の長さが１mの円を図２のように２つ組み合わせます。これらの円の周上を，点Aと点Bはそれぞれ一定の速さで次のように動きます。

・点Aは５つの地点P，Q，R，S，Tを，P→Q→R→P→S→T→Pの順に通りながら，繰《く》り返し８の字を描《えが》くように動く。
・点Bは５つの地点P，Q，R，S，Tを，P→T→S→P→R→Q→Pの順に通りながら，繰り返し８の字を描くように動く。

点Aと点Bは地点Pから同時に動き始め，２点が同時に地点Pに戻ったとき止まります。以下の問いに答えなさい。

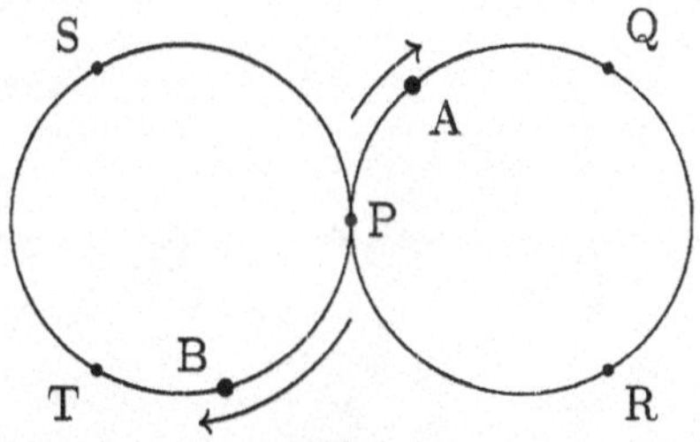

図２

(3)　点Aの動く速さと点Bの動く速さの比が　3：8　のとき，点Aと点Bが同時に地点Pに戻って止まるまでに，２点A，Bが動いた道のりは合計何mですか。また，２点は地点P以外で何回すれ違いますか。

答 　　　m, 　　　回

⑷　点Aの動く速さと点Bの動く速さの比が **ウ：エ** のとき，点Aと点Bが同時に地点Pに戻って止まるまでに，２点は地点P以外で６回すれ違いました。点Aよりも点Bの方が速く動くものとすると，**ウ：エ** として考えられるものは９通りあります。これらをすべて，できるだけ簡単な整数の比で答えなさい。

答　ウ：エ＝　　：　　，　　：　　，　　：　　，
　　：　　，　　：　　，　　：　　，
　　：　　，　　：　　，　　：

【理　科】（50分）　＜満点：40点＞

1　最近，ウナギの漁獲《ぎょかく》量が年々減少しており，絶滅《ぜつめつ》も心配されています。減少の理由を考えるために，まずはウナギがどのように成長するかみてみましょう。

日本で一般《いっぱん》的に見られるウナギ（ニホンウナギ）は，日本から2000km離《はな》れたマリアナ諸島西側の深い海で産卵《さんらん》することがわかっています。生まれたばかりのウナギは①レプトセファルスと呼ばれ，海流に乗って西に移動します。そして東アジアの沿岸にたどり着くころには，体長6㎝ほどの②シラスウナギと呼ばれる稚魚《ちぎょ》に姿を変え，③たまたま流れ着いた川をさかのぼります。そして川や湖などでクロコ，黄ウナギと呼ばれる姿に順を追って成長し，淡水《たんすい》で約10年を過ごします。黄ウナギは十分成長すると色が変わり銀ウナギになり，川を下り海に出て自分が生まれた場所を目指します。旅の途中《とちゅう》で卵や精子を体内で成熟させ，生まれ故郷で卵を産んだり精子を出したりした後，一生を終えるのです。川や湖に住むウナギを捕《つか》まえるときは，水中の細長い穴をかくれ場所とするウナギの習性を利用します。④ウナギ筒《づつ》と呼ばれる，ウナギが入りやすく出にくい形の細長い筒《つつ》を水底にしずめておくと，そのしかけにウナギがかかるのです。このようにして捕《と》らえたウナギは天然ウナギと呼ばれ，貴重なため非常に高価です。

一方，ウナギの養殖《ようしょく》はどのように行われているのでしょうか。実はまだ，ウナギを人工的にふ化させ成体まで育てる大量養殖の技術は確立されていません。そのためウナギの養殖では，河口にやってきたシラスウナギを捕まえて，これを水質の管理された「いけす」に入れて育てます。成長を早めるために，えさを豊富にあたえ高めの温度で育てた養殖ウナギは，半年から1年半ほどで成熟し出荷《しゅっか》されます。天然ウナギではオスとメスがほぼ半数ずつなのに対し，「いけす」で育てたウナギでは，ほとんどすべてがオスになります。

2014年に，ニホンウナギは絶滅危惧《きぐ》種に指定されました。今後のウナギの減少を止めるために，⑤ウナギを卵から数世代にわたって大量に養殖するための研究が日々進められています。研究の成果を期待するのと同時に，⑥私たちは自然のウナギを増やす努力もしていかなくてはなりません。

問1　魚には，一生を海で過ごすもの，一生を淡水の川や湖で過ごすもの，川と海を行き来するものなどさまざまな種類があります。次のア～キから，一生を海で過ごす魚をすべて選び，記号で答えなさい。

ア．ドジョウ　　イ．タイ　　ウ．コイ　　エ．メダカ

オ．アユ　　カ．マグロ　　キ．ニジマス

問2　下線部①，②について，次の写真の一方はレプトセファルス，もう一方はシラスウナギです。レプトセファルスはア，イのうちどちらだと考えられますか。記号で答えなさい。また，その形がどのような点で役立つのか説明しなさい。

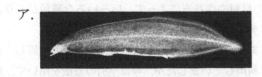

ア．
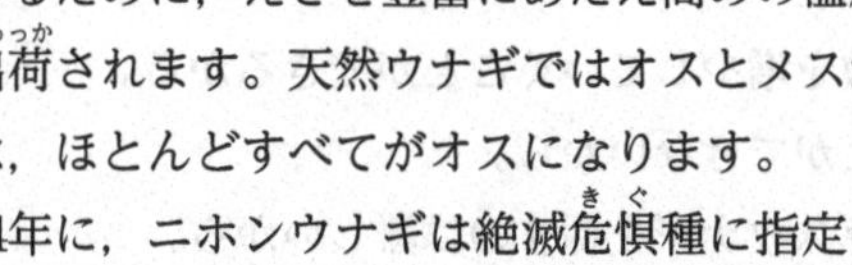
イ．
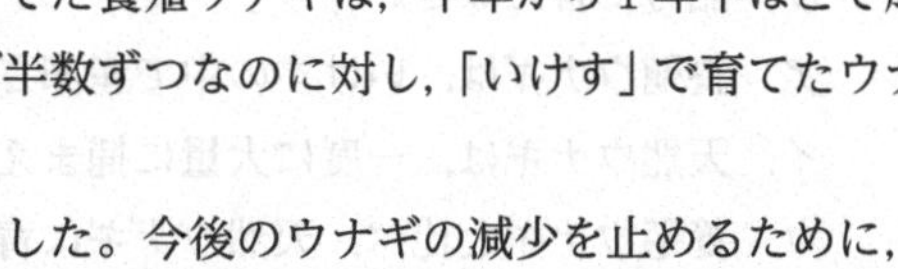

問3　下線部③について，シラスウナギが流れ着いた川の底が，コンクリートですべて固められてしまっていると，ウナギは生活しにくくなってしまいます。その理由を文章中から読み取って答えなさい。

問４　下線部④のウナギ筒の断面図として最も適当なものを，次のア～エから選び，記号で答えなさい。

ア.　　　　イ.　　　　ウ.　　　　エ.

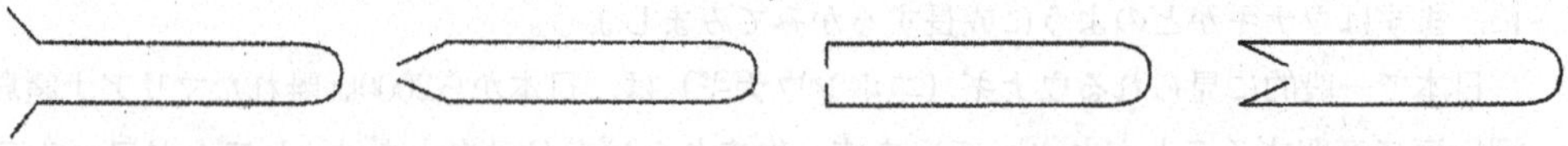

問５　ウナギの性別が決まる時期を，次のア～エから１つ選び，記号で答えなさい。

ア．卵のとき。　　　　　　　　イ．レプトセファルスのとき。

ウ．シラスウナギになったとき。　エ．川をさかのぼり始めた後。

問６　下線部⑤について，卵から成体までの大量養殖が難しい理由の一つは卵を手に入れにくいことです。卵を手に入れることが難しい理由として適当でないものを，次のア～エから１つ選び，記号で答えなさい。

ア．ウナギは日本から遠く離れた深い海で産卵するから。

イ．天然のウナギが減ってしまっているから。

ウ．養殖のウナギの卵と天然ウナギの卵を見分けることができないから。

エ．養殖でウナギを成熟させても卵を産むウナギはほとんどできないから。

問７　2018年の漁獲量を調べると，天然ウナギが68トン，養殖ウナギが15104トンでした。養殖ウナギに比べ天然ウナギが非常に少ないことの説明として適当なものを，次のア～オからすべて選び，記号で答えなさい。

ア．養殖ウナギは，いけすの中で産卵させて数を増やしていくことができるから。

イ．天然ウナギは，一度に大量に捕まえることができないから。

ウ．養殖ウナギと比べ，天然ウナギに育つシラスウナギを探すのは難しいから。

エ．天然ウナギは養殖ウナギよりも成長するのに長い期間がかかるから。

オ．養殖ウナギを育てるためのシラスウナギをたくさん捕まえているから。

問８　下線部⑥について，天然ウナギの数を再び増やすために，今後するべき努力として適当でないものを，次のア～オから１つ選び，記号で答えなさい。

ア．シラスウナギを大量にいけすで育て，成熟させた後に海に放流する。

イ．ウナギのえさになる生物が住みやすい川や湖を維持《いじ》する。

ウ．河川《かせん》の工事の際に，ウナギが川をさかのぼる通り道の部分を残す。

エ．シラスウナギを捕まえる量の上限を決めて，養殖する量を減らす。

オ．ウナギが健康に育つように，河川や湖にゴミや排水《はいすい》を捨てないようにする。

2　あまいお菓子《かし》（スイーツ）には，砂糖以外の材料や作り方によって，いろいろな種類があります。たとえば，バターを使ったパイやパウンドケーキ，クッキーなどです。

みなさんは生クリームの作り方を知っていますか。もともとは，しぼりたての牛乳を放置し，表面に浮《う》かび上がってきた層を生クリームとして利用していましたが，今は①別の方法を用いて，短時間で作っています。生クリームには，製品によって異なりますが20～45％の油が含《ふく》まれています。生クリームをペットボトルに入れて強く振《ふ》ると，さらに大量の水分が離《はな》れて固体の油が現れます。これがバターです。バターの中には約15％の水分が含まれています。牛乳の中の油やバターの中の水分は，それぞれ小さな粒《つぶ》になっています。

問1　生クリーム・バター・牛乳を，油の割合の多い順に並べなさい。

問2　下線部①について，生クリームを短時間で作る方法と関係のある現象として最も適当なものを，次のア～エから選び，記号で答えなさい。

ア．海水を天日にさらして塩を取り出す。

イ．コーヒーの粉に湯を注いでコーヒーを作る。

ウ．ゴマを押《お》しつぶして油をしぼり出す。

エ．泥水《どろみず》を入れたバケツを振り回して泥と水を分ける。

小麦粉には主にデンプンとタンパク質が含まれています。小麦粉と水を混ぜてパイ生地《きじ》を作ると，タンパク質どうしはつながってグルテンと呼ばれるやわらかく弾力《だんりょく》のあるものに変わります。グルテンはそのまま焼くとかたくなります。このグルテンを含んだパイ生地にバターをはさむと，図1のようにパイ生地が2層になります。これを二つ折りにすると，図2のように内側の生地どうしはくっついてしまうので，パイ生地は3層になり，図3のように三つ折りにするとパイ生地は4層になります。このようにバターをはさんだパイ生地を，平らに伸《の》ばしてから再び折りこむことを何度かくり返して，200℃～220℃の高温で素早《すばや》く焼き上げると，たくさんのうすい層を持つパイができあがります。

図1

図2

図3

問3　(1)　図1のパイ生地を2回三つ折りするとパイ生地の層は何層になりますか。

(2)　図1のパイ生地を5回三つ折りするとパイ生地の層は何層になりますか。

問4　パイ生地にバターをはさんでオーブンで熱を加えて焼くと，ふくらんでパイになります。その理由として最も適当なものを，次のア～エから選び，記号で答えなさい。

ア．バターが熱で融《と》けてやわらかくなるから。

イ．バターの中の水分が水蒸気になるから。

ウ．パイ生地が焼けて層が多くなるから。

エ．タンパク質がつながりやすくなるから。

問5　パイを焼き上げる時には100℃ではなく，200℃～220℃の高温で素早く焼き上げます。その理由として最も適当なものを，次のア～エから選び，記号で答えなさい。

ア．バターが短い時間で融けて，パイ生地全体にしみこむから。

イ．バターが短い時間で燃えて，パイ生地が焼けるから。

ウ．パイ生地が短い時間で焼けて，水蒸気をとじこめるから。

エ．パイ生地が短い時間で焼けて，水蒸気が外に出やすくなるから。

小麦粉，バター，卵，砂糖を同じ重さずつ混ぜて作るケーキは，パウンドケーキと呼ばれています。パウンドケーキを作るときには，まず，砂糖を加えたバターをあわ立て器で混ぜ，②白っぽくなるまで空気を含ませます。そこに溶《と》き卵と小麦粉を軽く混ぜ合わせて，四角い型に入れて180℃

で焼いて作ります。また，③クッキーの生地は最初から，小麦粉，バター，卵，砂糖を短時間で混ぜて作ります。

問6　下線部②でバターに空気を含ませたのはなぜですか。次の文中のａ～ｄについて，それぞれ［　］内の語句から適当なものを１つずつ選び，記号で答えなさい。

きめ細かいパウンドケーキを作るために，多くのａ〔ア．大きい　イ．小さい〕空気のあわを作り，加熱された生地の中で発生したｂ〔ウ．二酸化炭素　エ．水蒸気〕が，そのあわのｃ〔オ．体積　カ．数〕を増加させて，生地をｄ〔キ．均一　ク．不均一〕にふくらませる。

問7　180℃より高い温度や低い温度で焼いたときには，完成したパウンドケーキの大きさはどうなりますか。次の文中のａ～ｄについて，それぞれ［　］内の語句から適当なものを１つずつ選び，記号で答えなさい。

180℃より高いと早く焼けすぎて，上部がａ〔ア．かたく　イ．やわらかく〕なるので，180℃で焼いたときよりもふくらみｂ〔ウ．やすく　エ．にくく〕なる。180℃より低いと上部が焼けるまで時間がかかり，気体がとじこめられｃ〔オ．やすく　カ．にくく〕なるので，180℃で焼くよりふくらみｄ〔キ．やすく　ク．にくく〕なる。

問8　下線部③について，クッキーはサクサクとした食感が特徴《とくちょう》ですが，バターが少ないとかたくなってしまいます。クッキーの生地に含まれるバターの役割として，最も適当なものを，次のア～エから選び，記号で答えなさい。

ア．バターの中の水分が，タンパク質どうしをつながりやすくする。
イ．バターの中の水分が，タンパク質どうしをつながりにくくする。
ウ．バターの中の油が，タンパク質どうしをつながりやすくする。
エ．バターの中の油が，タンパク質どうしをつながりにくくする。

3　光にはさまざまなおもしろい性質がありますが，そのうちのいくつかを光の進み方とともにみてみましょう。現在では，光は空気中をおよそ秒速30万kmの速さで進むことが知られていますが，光に速さがあると考えられるようになったのは，17世紀になってからであるといわれています。当時，このような考えをもったガリレオは，遠く離《はな》れた二つの山の頂上に光源（光を出すもの）を持った人がそれぞれ立ち，片方の人が光を送って，それを確認《かくにん》したもう一方の人がすぐに光を送り返すことによって，光の速さを求めようとしました。しかし，この方法はうまくいきませんでした。その後も，科学者たちは光の速さを求めるのに苦労しました。

問1　ガリレオの方法で光の速さを求めるためには，何と何を測定する必要がありますか。それぞれ適当な語を答えなさい。また，それらのうち，測定がより困難なのはどちらか答えなさい。

ところで，17世紀後半にフェルマーは，光の進み方に「二点間を進む光は，考えられる経路のうち，進むのにかかる時間が最も短い経路を通る」という決まりがあるのではないかと考えました。たとえば，①光源から出た光は真っすぐに進むという性質がありますが，フェルマーの考え方を用いれば，光がこのような性質をもつのは，真っすぐ進む方が遠回りして進むよりも，かかる時間が短いからであると説明できるのです。

問2　下線部①とは関係がない現象を，次のア～エから１つ選び，記号で答えなさい。

ア．点灯させた懐中《かいちゅう》電灯を壁《かべ》に向けると，壁に円形の明るい領域ができた。

イ．晴れた日に運動場の地面に棒を立てると，棒の影《かげ》が地面に映った。
ウ．遠くにある星でも，近くにある星よりも明るく見えるものがあった。
エ．カーテンのすき間から，太陽の光が差しこんでいる様子が見えた。

また，②光は鏡で反射します（はね返ります）が，このときの光の進み方もフェルマーの考え方で説明できます。図１において，光源Ｐから出て鏡で反射し，点Ｑを通る光について考えましょう。鏡に対して点Ｑと対称《たいしょう》な点をＲとし，鏡上のある点をＳとします。ＳＱとＳＲの長さは等しいため，ＰＳとＳＱを足した長さが最も短いのは，ＰＳとＳＲを足した長さが最も短くなる，Ｐ，Ｓ，Ｒが一直線上に並ぶときだとわかります。光はかかる時間が最も短い経路に沿って進むため，図１で実際に光が反射する点は，直線ＰＲと鏡が交わる点となるのです。

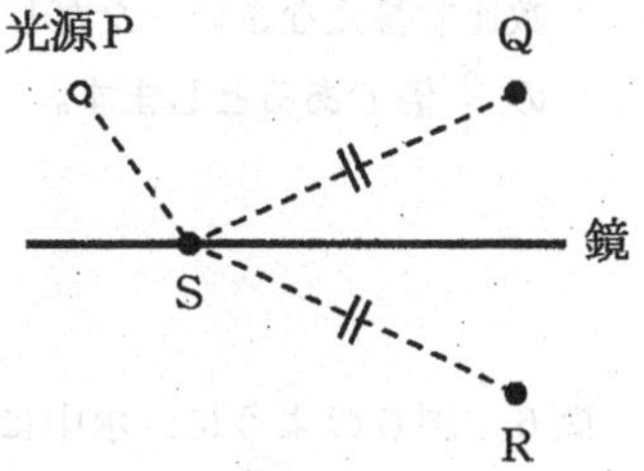

図１

問３　図２において，光源Ｐから出て鏡で反射し，点Ｑを通った光は，鏡のどの点で反射しましたか。図２のＡ～Ｇから１つ選び，記号で答えなさい。

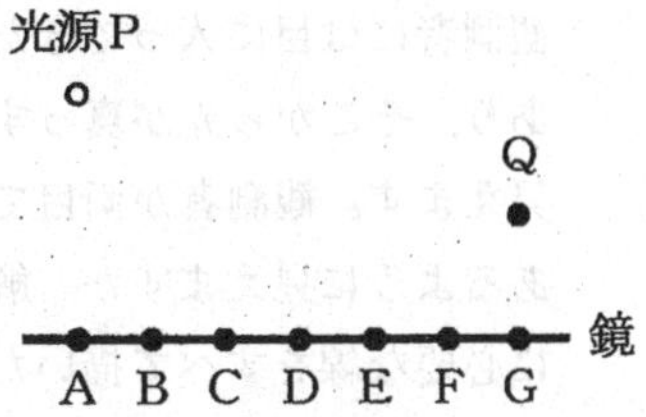

図２

問４　下線部②について，現在では図３のように，発光ダイオード（ＬＥＤ）を用いた信号機が数多く見られるようになりました。一方，図４のように，電球を用いた信号機もあり，この信号機には電球の後方に光を反射する鏡が取り付けられています。図４の信号機に関して，次の⑴と⑵に答えなさい。

⑴　図４の信号機では，どのような目的で鏡を取り付けていると考えられますか。

⑵　ＬＥＤを用いた信号機にはフードがないタイプのものもありますが，交通安全上の観点から，電球を用いた図４の信号機には，フードが必ず取り付けられています。図４の信号機にフードを取り付けなかった場合，どのようなことが起こって，交通安全が確保されなくなる可能性がありますか。

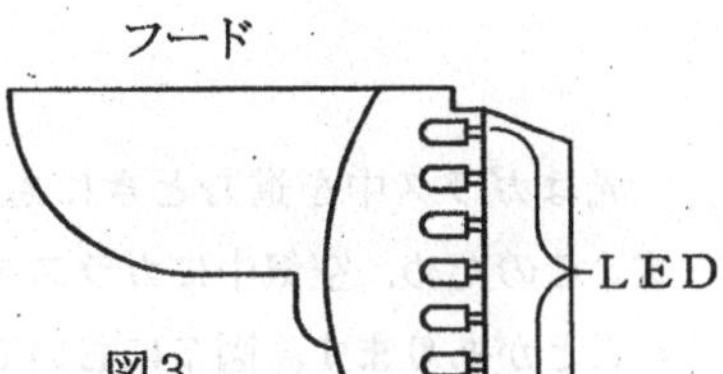

図３
（断面図）

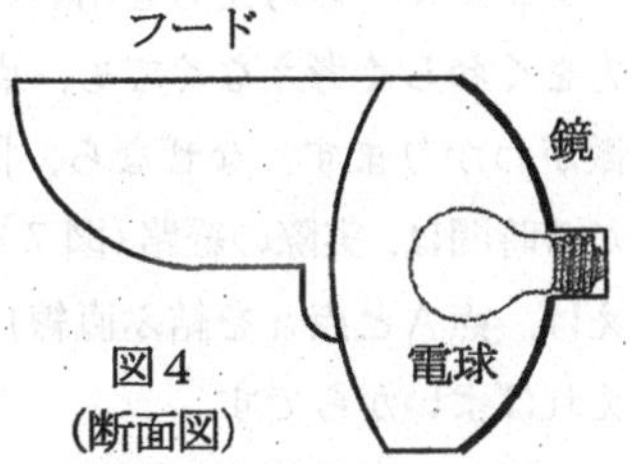

図４
（断面図）

空気中に置かれた光源から水に向かって光が出されると，光は水面で曲がって進むことがあります。また，水中での光の速さは，空気中よりも遅《おそ》く（約$\frac{3}{4}$倍に）なります。フェルマーの考え方を用いれば，これらの関係についても説明できます。たとえば，次のページの図５の光源Ｐから出て点Ｑに到達《とうたつ》する光について考えると，Ｐ→Ｒ→Ｑと真っすぐに進むよりも，水面上の点Ｓで曲がってＰ→Ｓ→Ｑと進む方が，点Ｑに到達するまでの時間が短くなります。よって，遠回りになっても，光は途中《とちゅう》で曲がって進むことになるのです。

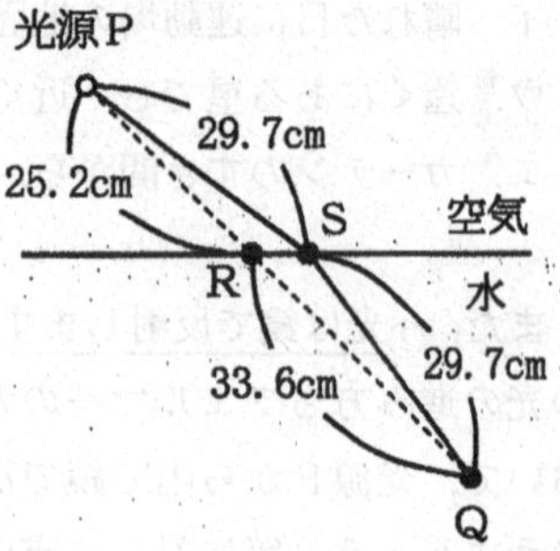

図5

問5　図5において，光源Pから出た光が，仮にP→R→Qと進む場合に点Qに到達するまでにかかる時間と，P→S→Qと進む場合にかかる時間の比を，最も簡単な整数比で答えなさい。ただし，水中での光の速さは空気中の$\frac{3}{4}$倍であるとします。

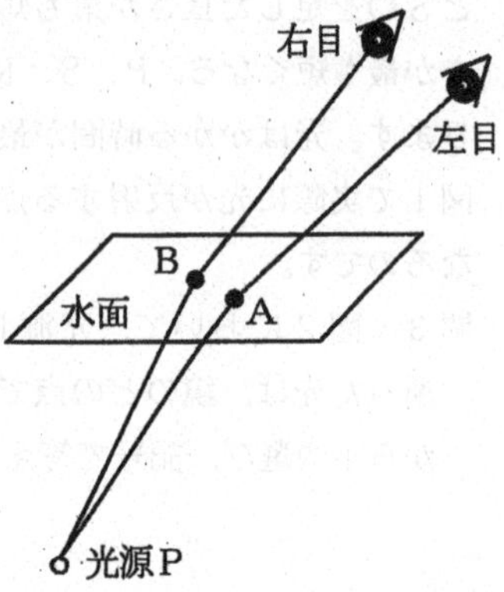

図6

問6　図6のように，水中に置かれた光源Pから出た光が水面上の点A，Bで曲がって進み，それぞれ空気中にいる観測者の左目と右目に入りました。観測者が片目で見たとき，観測者には目に入ってきた光が進む向きの反対側に光源があり，そこから光が真っすぐ進んで目に入ってきたように見えます。観測者が両目で見たとき，光源Pはどの位置にあるように見えますか。解答欄《らん》の図に，位置を求めるために必要な線をすべて描《か》いた上で，その位置を小さな丸で示しなさい。

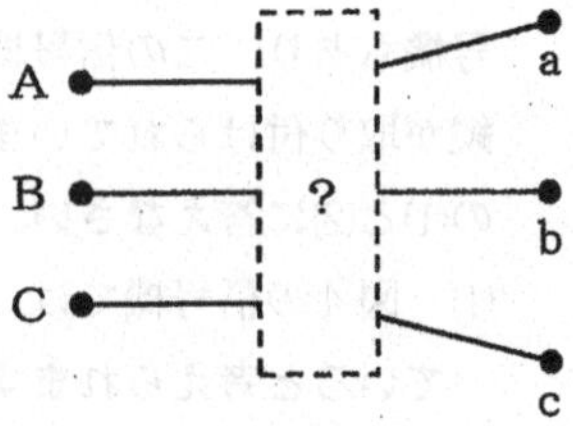

図7

光はガラス中を進むときにも，空気中より速さが遅くなります。このため，空気中にガラスを置くと，光が途中で曲がって進むことがあります。図7において，点線部分にある形のガラスが置かれており，点A～Cから同時に平行な光を出すと，これらの光は交わることなく，それぞれ点a～cに到達しました。このとき，フェルマーの考え方を用いれば，ガラスの表面での光の曲がり方をくわしく考えなくても，点線部分に置かれたガラスの形の特徴《とくちょう》がわかります。なぜなら，「光が点Aから点aまで進むのにかかる時間は，実際の経路（図7）を通る方が，それ以外の経路（たとえば，点Aと点aを結ぶ直線）を通るときよりも短くなる」と考えればよいからです。

問7　図7の点線部分に置かれたガラスの形や向きとして考えられるものを，次のア～カからすべて選び，記号で答えなさい。

ア.

イ.

ウ.

エ.
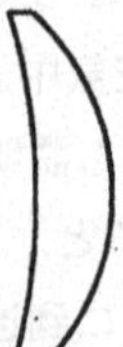

オ.

カ.
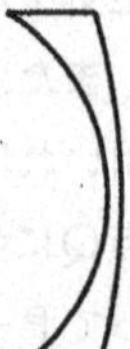

光が曲がって進む現象は，宇宙でも観測されることがあり，太陽などの重い星の近くを通過するときは，光が曲がることが知られています。この原因を，次のように単純化して考えてみましょう。図８は，四隅《よすみ》が固定された軽いテーブルクロスが空中に張られた様子を真上から見たものです。このテーブルクロスの上に球を静かに置くと，図９のように，球の周辺部分のテーブルクロスが伸《の》びてたわみました。ここで，置く球をさらに重いものに交換《こうかん》した後，アリがテーブルクロスの上を，図８の点Ｐから点Ｑに向かって，途中で速くなったり遅くなったりせずに，決まった速さで進む場合について考えます。

図８
(真上から
見た図)

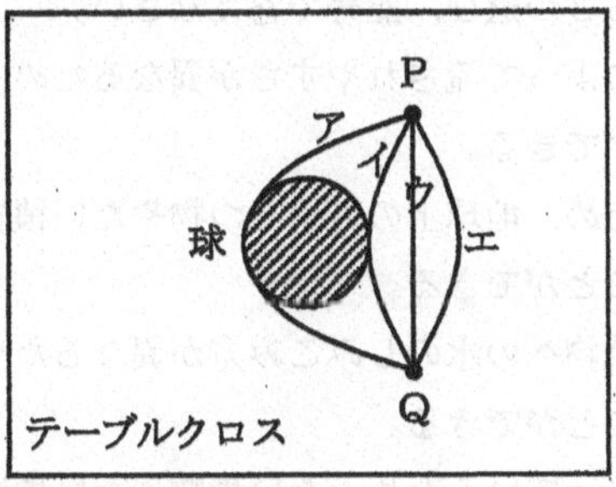

図９

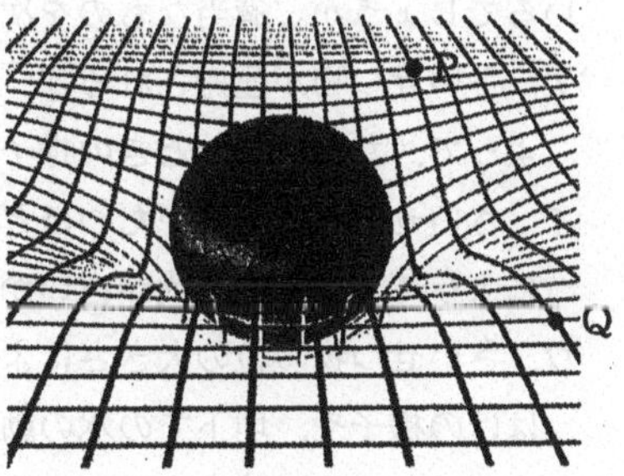

問８　テーブルクロスの上に置かれた球がとても重いとき，点Ｐを出発したアリは，図８に示した経路のうちのどれを通ったときに，点Ｑまで到達する時間が最も短くなると考えられますか。ア～エから１つ選び，記号で答えなさい。

20世紀にアインシュタインは，テーブルクロスが重い球によって伸びてたわむように，重い星によって周囲の「時空」がゆがむのではないかと考えました。そして，重い星の近くで光の経路が曲がるのは，そのゆがみが原因であると説明したのです。

4　月を望遠鏡で見ると，円形のくぼみがたくさん見られます。このくぼみはクレーターといって，いん石の衝突《しょうとつ》などによって形成されます。月が生まれてから，いん石の衝突がくり返されてきた証拠《しょうこ》です。ところで，月は主に岩石でできていますが，その表面は，レゴリスとよばれる砂のようなものでおおわれています。レゴリスは，いん石の衝突によって飛び散った細かい破片《はへん》などが積もったものです。昨年は人類初の月面着陸から50周年でしたが，アポロ11号の宇宙飛行士が月面のレゴリスにつけた足跡《あしあと》の写真は有名です。

問１　クレーターに関連して述べた文として最も適当なものを，次のア～エから選び，記号で答えなさい。

ア．月では，古い時代に作られた表面ほど，クレーターの数が少ない。

イ．地球を宇宙から見ると，月に見られるよりも多くのクレーターがある。

ウ．地球では，形成されたクレーターが消えてなくなってしまうことはない。

エ．人類は地球以外の天体にものをぶつけて人工クレーターを作ったことがある。

問２　月の表面には，地球のような空気も流れる水もありません。このことに関連して，月のレゴリスに含《ふく》まれる岩石の破片と，地球の川砂（川底などに積もった砂）などに見られる粒《つぶ》とでは，外形にどのような特徴《とくちょう》があると考えられますか。レゴリスと川砂のちがいがわかるように，それぞれ答えなさい。

地球の表面の多くの場所も砂などの粒でおおわれていますが，その主なでき方は，かたい岩石が「風化」によってボロボロになることです。岩石はさまざまな種類の「鉱物」という粒がたくさんくっついてできていますが，風化によって，岩石が破片になったり，鉱物の粒にバラバラにほぐれたりするのです。こうしてできた破片や粒を「さいせつ物」といいます。さいせつ物が積もったものを，たい積物といい，それが固まってできた岩石を，たい積岩といいます。

問3　さいせつ物は，粒の大きさによって，れき・砂・泥《どろ》に区分されています。この区分が粒の大きさによって行われていることは，たい積物やたい積岩を調べる際に，どのような点で役立っているでしょうか。適当なものを次のア～エから２つ選び，記号で答えなさい。

ア．さいせつ物が運搬《うんぱん》される際，粒の大きさによって流されやすさが異なるため，粒の大きさによって，たい積したときの様子を知ることができる。

イ．さいせつ物は時間がたつほど細かくなるため，地球上のさいせつ物やたい積岩の粒の細かさによって，できた年代が古いかどうか知ることができる。

ウ．さいせつ物の粒の大きさによって，たい積物への水のしみこみ方が異なるため，地表での水はけの様子や，地下での水の動き方を知ることができる。

エ．さいせつ物は粒の大きさによって色が決まっているため，たい積物やたい積岩の見た目の色で，それを作っているさいせつ物を特定することができる。

岩石にしみこんだ水の凍結《とうけつ》や，鉱物の体積変化によって岩石がバラバラにほぐれることを，物理的風化といいます。また，岩石中の鉱物が水や空気中の二酸化炭素と結びついて，もろく細かい鉱物に変化したり，岩石の成分（たとえば，カルシウムやナトリウムなど）が水に溶《と》けこんだりすることを，化学的風化といいます。岩石や鉱物の種類によって風化しやすいかどうかは異なり，風化によって生成されたさいせつ物は，多くの場合，もとの岩石とは含まれる成分や鉱物の割合が変化します。一般《いっぱん》に，物理的風化は寒冷な環境《かんきょう》で，化学的風化は温暖な環境や湿《しめ》った環境で進みやすく，①物理的風化が進むと，表面積が増えることで，化学的風化も進みやすくなります。

問4　物理的風化や化学的風化に関連することがらとして適当でないものを，次のア～エから１つ選び，記号で答えなさい。

ア．海水の塩分には，岩石から溶けこんだ成分が含まれている。

イ．岩石の割れ目にしみこんだ水が凍結すると，岩石の割れ目を広げる。

ウ．川の水や地下水は真水なので，岩石から溶けこんだ成分は含まれない。

エ．鉱物は温度の高いところでは体積が増加し，低いところでは体積が減少する。

問5　下線部①に関連して，表面積が$24m^2$の立方体の岩石ブロックが，全て同じ大きさの立方体のブロック８個に分かれるとすると，それらの表面積の合計は何m^2になりますか。整数で答えなさい。

石材としてよく利用される花《か》こう岩《がん》を知っていますか。地表に見られる花こう岩には，多くの場合，次のページの写真のような割れ目ができています。花こう岩は，風化に強い石英《せきえい》という鉱物を含むかたい岩石ですが，長い時間をかけて風化すると真砂《まさ》とよばれるさいせつ物になります。真砂の中にはコアストーンとよばれる巨大《きょだい》な花こう岩のかたまりが残っていることがあります。次のページの図は真砂とその中のコアストーンの様子を示す断面図です。この真砂が大雨などで流されると，土石流となることがあります。さらに，ときには直径数mにもなるコアストーンが動くことによって，被害《ひがい》が拡大してしまうこともあるのです。

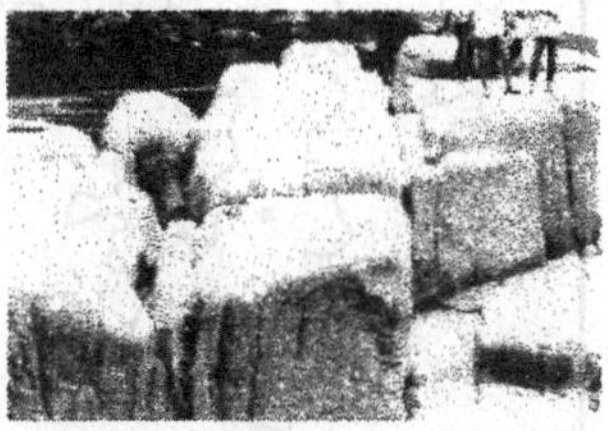

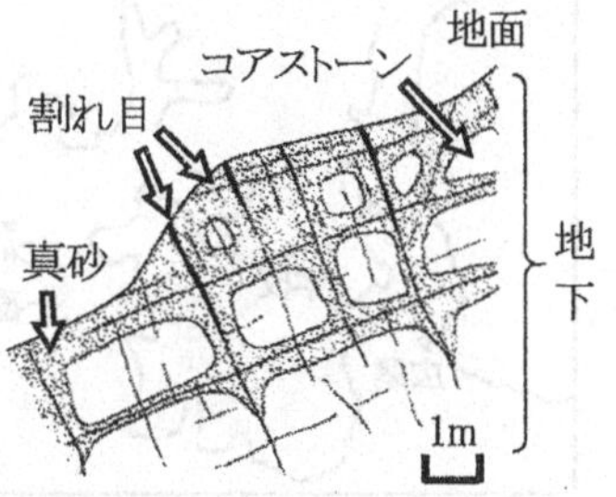

問6　花こう岩の割れ目や風化に関して述べた文として適当でないものを，次のア～エから１つ選び，記号で答えなさい。

ア．花こう岩には，おたがいに垂直《すいちょく》に交わる割れ目ができやすい。

イ．コアストーンと真砂では含まれる鉱物や成分の割合が同じである。

ウ．風化は花こう岩の割れ目に沿って進みやすい。

エ．風化の影響《えいきょう》は地表に近いほど強い。

問7　１辺が２mの立方体のコアストーンは何kgになりますか。花こう岩が１cm^3あたり2.7gであるとして，計算して答えなさい。

真砂が分布する地域には，花こう岩の風化によって生成された粘土《ねんど》を利用した焼き物が有名な地域もあります。風化によって生成されたものは，私たちの生活で便利に利用されていることもあるのです。また，岩石の成分が水に溶け出すことは，生物が必要な栄養を得るためにも重要な役割をになっています。さらに，岩石の風化は，②地球の環境に影響をあたえることもあります。

土地の成り立ちは場所によってさまざまですが，地形の変化には風化が大きく関係しています。今みなさんがいる麻布中学校の周辺は，さいせつ物がたい積してできた大地がけずられて形成された土地です。ここに来るまでに，地形を感じたでしょうか。

問8　下線部②について述べた次の文中のａ～ｃについて，それぞれ〔　〕内の語句から適当なものを１つずつ選び，記号で答えなさい。

気候が温暖化すると，風化によって大気中から取り除かれる二酸化炭素の割合がａ〔ア．増加　イ．減少〕し，温室効果がｂ〔ウ．強まる　エ．弱まる〕。このように，風化にはｃ〔オ．違う気候への変化を進める　カ．気候を一定に保とうとする〕はたらきがある。

問9　次のページのア～エは，麻布中学校周辺の地形について，５ｍごとに標高の等しい地点を結んだ線（等高線）を示すものです。標高の高い順に記号を並べて答えなさい。なお，アの図中の地点は学校と最寄《もよ》り駅の位置を示し，各図は約２km四方の同じ範囲《はんい》です。

ア.

イ.

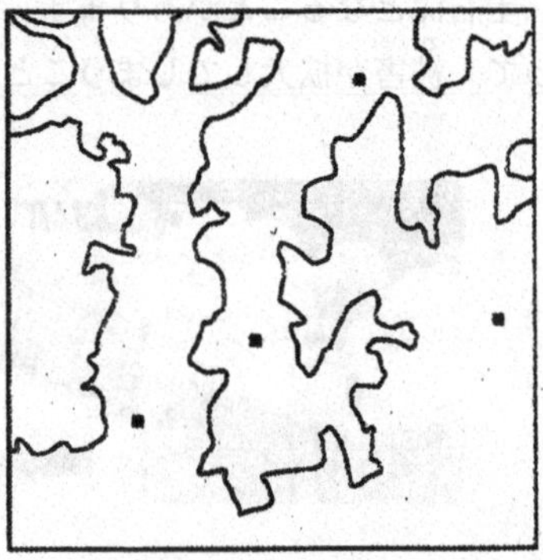

ウ.

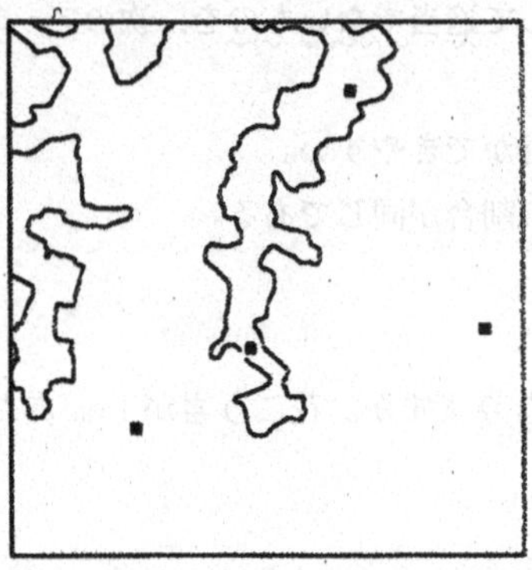

エ.

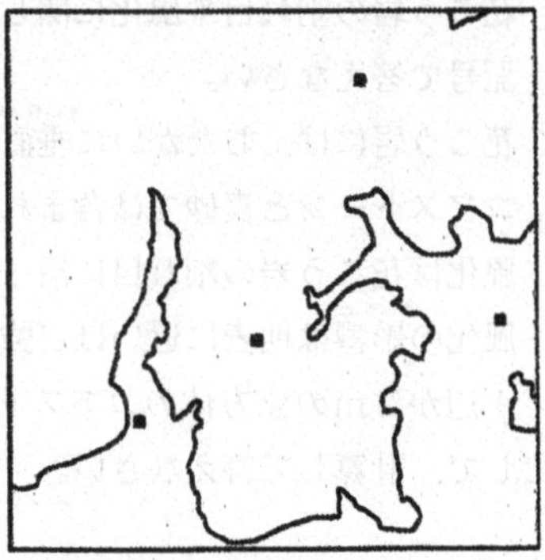

【社　会】（50分）　＜満点：40点＞

次の文章をよく読んで，20ページから22ページの問いに答えなさい。

今日，皆《みな》さんはどのような衣服を着てきましたか。私たちは毎朝，どのような衣服を着ようかと考えます。暖かいか，寒いか，誰《だれ》と会うのかなどによって衣服は変わります。衣服と社会との間にはどのような関係があるのでしょうか。ここではシャツやセーター，ズボン，靴《くつ》といったものだけではなく，髪型《かみがた》や，口紅などの化粧《けしょう》，ピアスのような装飾品《そうしょくひん》も含《ふく》めて考えていくことにします。

1．世界各国の衣服

四季がある日本では，暑さや寒さをしのぐために季節にあった衣服を着ます。同様にア．世界各国でも自然環境《かんきょう》に応じてさまざまな衣服が見られます。たとえば，気温や湿度《しつど》が高い地域には男女とも腰巻《こしまき》布を身につける国があります。ズボンよりも風通しがよく，熱を逃《に》がしやすいという性質があるからです。また，日差しが強く乾燥《かんそう》している地域では，あえて全身を覆《おお》うような衣服を着て，頭を布で覆うことがよく見られます。これは日差しから肌《はだ》を守るとともに，身体から水分が蒸発しないようにするための工夫《くふう》です。さらに，寒い地域では動物の毛皮を衣服に利用することもありますし，ポンチョのような，穴の開いた布をかぶるように着ることで熱を逃がしにくくしている衣服も見られます。

一方で，特定の文化のなかで発展した衣服もあります。（　あ　）を信仰《しんこう》する国ぐにのなかには，女性が頭や顔を布で覆っている国もあります。これは（　あ　）の教えに「女性は他人に肌や髪を見せてはならない」というものがあるからだといわれています。このように世界では自然環境や文化にあわせてさまざまな衣服が生まれてきたのです。それでは，日本ではどのように衣服が変化してきたのか，歴史を追って見ていきましょう。

2．日本における衣服の歴史

昔から日本で着用されていた衣服といえば，まずは着物が想像されるでしょう。たしかに着物は日本の伝統的な衣服といえます。ですがひとくちに着物といっても，平安《へいあん》時代の貴族の女性が着ていた十二単《じゅうにひとえ》のようなものから，私たちが夏祭りのときに着る浴衣《ゆかた》のようなものまで，さまざまな種類があります。現在の私たちが目にする着物は，おもに「小袖《こそで》」とよばれる種類のものです。もともと公家《くげ》や武家が儀礼《ぎれい》の際に着ていた着物を「大袖《おおそで》」というのに対し，「小袖」は江戸《えど》時代以降に定着した普段着《ふだんぎ》であり，身分を問わず広く着られていました。江戸時代もなかばをすぎると，江戸や大坂《おおさか》を中心に町人文化が花開くなかで，イ．さまざまな素材や模様の入った小袖が流行しました。このことはウ．評判の美人や歌舞伎《かぶき》役者を描《えが》いた浮世絵《うきよえ》からも分かります。ただし当時は，町人や百姓《ひゃくしょう》たちが自由に衣服を楽しもうとしても，さまざまな制約がありました。武士以外の人たちが武士の衣服をまねることはできませんでした。また江戸幕府は，町人や百姓たちがあまり派手な衣服や高価な素材を使った衣服を着ないよう，たびたびぜいたくを禁止する命令を出しました。

エ．明治《めいじ》時代になると政府が洋服を普及《ふきゅう》させようとしました。まず軍隊に西洋式の軍服が，さらに警察官や鉄道員，郵便局員にも洋風の制服が採用されていきました。また政府は武士の帯刀を禁止し，政治家や役人が率先《そっせん》して洋服を着るようになりました。着物のことを「和服」とよぶようになったのも，洋服が日本に入ってきてからのことです。男性には職業などを通じて洋服が広まりましたが，女性にはなかなか広まりませんでした。

1929（昭和《しょうわ》４）年にアメリカ合衆国《がっしゅうこく》から（　い　）が始まると，日本も経済が行きづまり，土地や資源を求めて対外進出をすすめていきました。戦争が本格化すると生活物資が不足し，衣服も足りなくなりました。1940（昭和15）年になると政府は国民服令を出して，軍服に似たデザインの衣服を国民服とし，男性に着用を義務付けました。やがて洋服店は国民服一色になり，ほとんどすべての成人男性が国民服を着用するようになりました。女性についてはぜいたくやおしゃれが悪いものとされ，戦争が始まるまでは大流行していたパーマが好ましくないものとされました。やがてほとんどの女性が，江戸時代から各地の農村で使用されてきたもんぺというズボンのようなものを着用するようになりました。戦争が長期化し，ますます物資が不足すると，1942（昭和17）年には布地は食料などとともに（　う　）制となり，切符《きっぷ》との交換《こうかん》で割り当てられるようになりました。物資が乏《とぼ》しかったために，これは戦後もしばらく続きました。

終戦直後は布地を買う余裕《よゆう》などありませんでしたが，オ．戦後の復興期から高度経済成長期を通じて洋服が広まっていき，和服を着ることがふつうだった女性たちの間でも洋服が定着しました。

戦後しばらくの間は，洋服は家庭でミシンを使って自分たちで作るか，仕立て屋で自分にあわせて作ってもらうことがほとんどでした。しかし1960年代後半になると，サイズや年齢《ねんれい》などに応じて，すでにできあがった洋服が販売《はんばい》されるようになりました。こうして，洋服を製造・販売する産業が大規模化していきました。カ．このようにあらかじめサイズなどが決まっている衣服を既製服《きせいふく》とよびますが，現在では工場で大量生産された既製服を着ることが主流になっているのです。

図１　国民服を着た男性

図２　もんぺを着用した女性

３．衣服と産業

では，皆さんが着ている衣服はいったいどこの工場で作られたものでしょうか。衣服の内側に付いているタグを見ると書いてありますが，普段着のほとんどは中国《ちゅうごく》（中華人民共和国《ちゅうかじんみんきょうわこく》）やベトナム，バングラデシュなどで作られていることが分かります。

しかし，かつては私たちが着ている衣服はおもに日本国内で作られていました。東京《とうきょう》や大阪《おおさか》などの大都市に衣服工場が集中し，多くの人びとが働いていました。高度経済成長期になると，衣服工場は大都市ではなく東北《とうほく》地方や中国《ちゅうごく》地方などの地方の農村部に多く立地するようになります。人手に余裕があり大都市に比べると賃金が安かったことが理由でした。

1980年代になると，地方の賃金も上がってきたため，日本よりも賃金の安い外国，なかでも日本から近く，労働者も多くいる中国に進出する企業《きぎょう》が現れました。その後，中国も経済が発展して賃金が上がったため，賃金のより安いベトナムやバングラデシュなどに工場を移す企業が多く見られるようになりました。キ．それでも日本企業の工場が中国からなくなってしまったわけではありません。

ク．近年，人件費の安いこれらの国ぐにで，衣服がこれまでになかったような規模で大量生産され，世界中で低価格で販売されるようになっています。このような衣服はファスト・フードのように安くて手軽なためにファスト・ファッションとよばれています。ファスト・ファッションを販売する店舗《てんぽ》では毎日のように売れ行きがチェックされ，つねに流行にあわせた売れ筋の衣服が並べられています。以前よりも人びとは格段に多くの店舗で，多くの衣服を低価格で買うことができるようになっています。

衣服を製造する企業は，流行を追って新たな商品を作っています。しかし企業自身が流行をつくりだしてもいます。人びとは流行を自分から追いかけているように思っていますが，実は広告などの力により，企業が生みだした流行を追いかけるように仕向けられてもいるのです。企業にとって流行をつくりだすことは簡単ではありません。しかし，ケ．企業は，ある流行をつくりだすことに成功したとしても，流行している衣服の製造を意図的にやめることもあります。

4．衣服と「らしさ」

ところで，学校や会社などでは流行を追った衣服ではなく，制服のように皆が同じ衣服を着ることが好まれます。このようなところでは，生徒らしさや会社員らしさのような「らしさ」が求められます。そして，制服が「らしさ」を表す役割を担《にな》っているのです。

この「らしさ」について考えてみましょう。体型に違《ちが》いのない生まれたばかりの赤《あか》ん坊《ぼう》でさえも，男の子は男の子らしい衣服を着せられ，女の子は女の子らしい衣服を着せられます。こうしているうちに，男性はズボンを履《は》きネクタイを締《し》めることが男性らしいと思い，女性は化粧をしたりスカートを履いたりすることが女性らしいと考えるようになります。しかし，世界を見ると男性がスカートのような衣服を着るところもありますので，コ．私たちが当然と思っている衣服についての考え方は，かならずしも当たり前のものではなさそうです。

ここまで，衣服が場所や時代によってさまざまに変化してきたことを見てきました。サ．衣服はその社会を映し出す鏡といえるかもしれません。そして，衣服は暑さや寒さを防ぐといった実用的な目的以外にもさまざまな目的や意味をもっていることも分かったでしょう。たとえば男性のネクタイは実用的とはいえませんが，おしゃれをして自分の趣味《しゅみ》や好みを表現するという役割ももっています。しかし，ときにシ．衣服に対する考え方の違いから，問題が起きることがあります。衣服は「第二の皮膚《ひふ》」といわれるように，私たちにとってあまりにも身近すぎるので，それについてあまり深く考えることがありません。衣服との付き合い方を考えることは，社会そのものを考えることにつながるかもしれません。

問１　文中の空らん（あ）～（う）にあてはまる語句を答えなさい。

問２　下線部ア．について。下のグラフ①～③は，それぞれある都市の気温と降水量を示したものです。これらの都市で着用されている衣服として適当なものを下の写真あ～えのなかから選び記号で答えなさい。

①

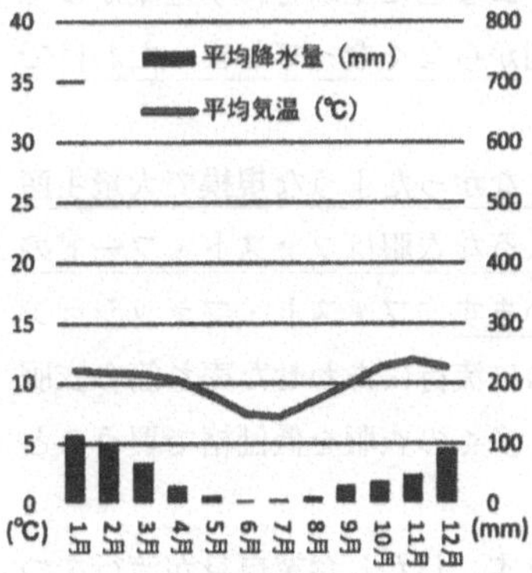

②

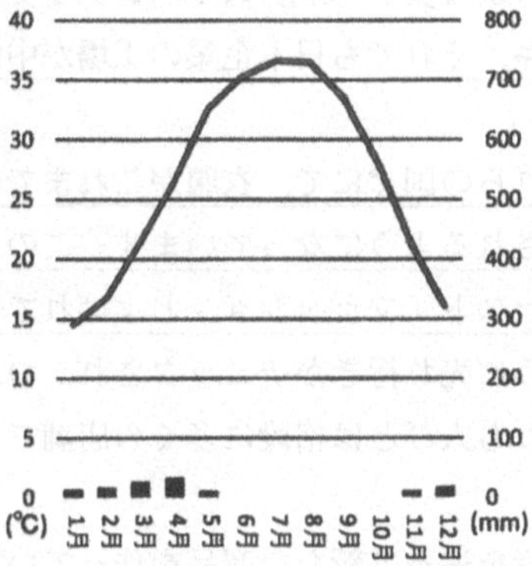

③

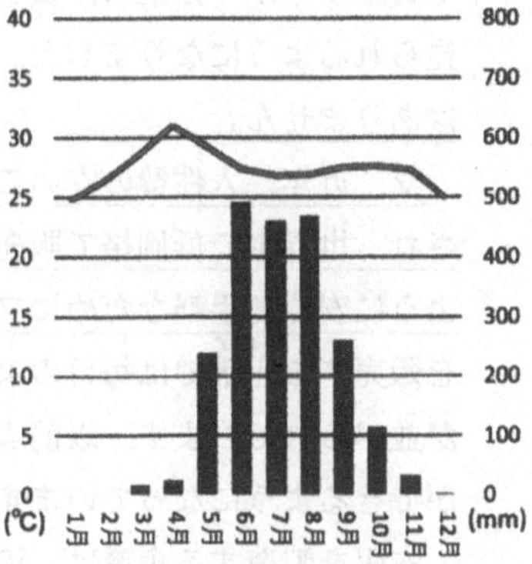

あ

い

う

え

問３　下線部イ．について。現在でも地域ごとに独自に発展した織物が伝統産業として残っています。次のページの①～③の織物の産地として適当なものをそれぞれ地図中のあ～おのなかから選び記号で答えなさい。

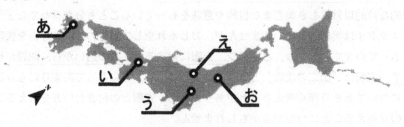

① 小千谷《おぢや》ちぢみ…麻《あさ》を織って作られる布を雪にさらし，白さを際立《きわだ》たせる技法が用いられてきた。
② 結城紬《ゆうきつむぎ》…かつては汚《よご》れなどで売り物にならなかった繭《まゆ》からつむいだ糸で作られていた。
③ 西陣織《にしじんおり》…高級織物として知られ，明治時代にいち早く外国製の自動織機《しょっき》が導入された。

問4　下線部**ウ**．について。評判の美人や歌舞伎役者を描いたさまざまな浮世絵を，江戸の人びとは買い求めました。それはなぜでしょうか。以下の浮世絵を参考にしながら答えなさい。

問5　下線部**エ**．について。下の二つの絵は，当時日本に住んでいたフランス人画家が，鹿鳴館《ろくめいかん》の様子を描いて，洋服を着た日本人を風刺《ふうし》したものです。どのような点を風刺したのでしょうか。二つの絵に共通することを答えなさい。

鏡を見る夫婦《ふうふ》

舞台裏《ぶたいうら》の女性たち

問6　下線部**オ**．について。戦後の復興期から高度経済成長期にかけて，都市部を中心に洋服が広まりました。なぜ洋服が人びとに支持されたのでしょうか。時代の様子を考えて二つ答えなさい。

問７　下線部**カ**．について。衣服を自分たちで作るか仕立ててもらう時代から，既製服を買う時代に変化したことで，衣服に対する考え方も変化しました。どのように変化したでしょうか。答えなさい。

問８　下線部**キ**．について。経済発展により賃金が上がっているにもかかわらず，なぜ日本の企業は中国に工場を残したのでしょうか。理由を答えなさい。

問９　下線部**ク**．について。ファスト・ファッションの世界的な広がりは社会にさまざまな問題を生みだしています。どのような問題を生みだしているでしょうか。二つ答えなさい。

問10　下線部**ケ**．について。なぜ企業は流行している衣服の製造を意図的にやめてしまうのでしょうか。企業のねらいを答えなさい。

問11　下線部**コ**．について。これまで衣服や身につけるものについて当然だと考えられてきたことでも，近年疑問をもたれるようになっているものがあります。どのようなものがありますか。具体例をあげて説明しなさい。

問12　下線部**サ**．について。本文では衣服はその社会を映し出す鏡といえるとありますが，衣服によって日本の社会のどのような特徴《とくちょう》が分かりますか。具体例をあげて答えなさい。

問13　下線部**シ**．について。本文では衣服に対する考え方の違いによって人びとの間に問題が起きると述べられています。

⑴　そうした問題の具体例を下から一つ選び，対立する一方の言い分と，他方の言い分を80字～120字で述べなさい。ただし，句読点も１字分とします。

⑵　下の二つの具体例では，なぜ双方《そうほう》が歩み寄って問題を解決することが難しいのでしょうか。二つの例に共通する理由を述べなさい。

【例１】　レストランや温泉などで，入《い》れ墨《ずみ》が見えることを理由に入店や入浴を拒否《きょひ》されたことに，外国人観光客から抗議《こうぎ》の声があがっている。

【例２】　髪《かみ》を染めることを禁止する学校の校則に，生徒から反対の声があがっている。

十　――線⑩「私もまだまだだ。～私の花を見つめてくれたらいい」（354～356行目）について、本文全体をふまえて、以下の問いに答えなさい。

（1）〰〰部「まだまだお豆さんでいられる」（93～94行目）の「まだまだ」と、「私もまだまだだ」の「まだまだ」の使い方のちがいから、自分に対する「私」の考え方がどのように変化していることがわかりますか。説明しなさい。

（2）「私だけの花を活けて、朝倉くんをはっとさせたい」とありますが、どういうことですか。229～320行目をよく読んで、「私だけの花」がどのようなものを表しているかを明らかにしながら、説明しなさい。

（3）「姉のことなんか目にも入らないくらい私の花を見つめてくれたらいい」とありますが、ここで「私」は、姉たちとの関係をどのように変えていきたいと思っていることがわかりますか。説明しなさい。

（268行目）のカタカナを、漢字で書きなさい。

二　――線①「最初に見たときに気づかなかった」（27行目）とありますが、「私」はどのようなことに「気づかなかった」のですか。説明しなさい。

三　――線②「紗英はお豆さんだからね、と笑う姉たちの声」（74～75行目）とありますが、ここから「私」と姉たちとの関係がどのようなものであったことがわかりますか。説明しなさい。

四　――線③「基本形を逸脱しためちゃくちゃな花」（128～129行目）、――線④「真剣に考えたらこうなった」（135～136行目）とありますが、「私」がこのような花を活けたのはなぜですか。説明しなさい。

五　――線⑤「活け花はどうしても私がやらなきゃならないことじゃないのかもしれない」（145～146行目）とありますが、「私」がこのように考えたのはなぜですか。説明しなさい。

六　――線⑥「ひとが思う私らしさとは～地面から顔を覗かせたんだろう」（212～214行目）とありますが、これはどのようなことを表していますか。次の中からふさわしいものを一つ選んで記号で答えなさい。

ア　いままで無理をしておさえこんできた、「ひとが思う私らしさ」とは異なる「私」の姿が、華道部が活けた花に対する皮肉な言動として現れた、ということ。

イ　いままで無理をしておさえこんできた、「ひとが思う私らしさ」とは異なる「私」の姿が、華道部への勧誘に対するあからさまな拒否《きょひ》として現れた、ということ。

ウ　知らないうちに自分の中で育っていた、「ひとが思う私らしさ」とは異なる「私」の姿が、先生が指導した花に対する否定的な感想として現れた、ということ。

エ　知らないうちに自分の中で育っていた、「ひとが思う私らしさ」とは異なる「私」の姿が、先生のふるまいに対する反抗的《はんこうてき》な表情として現れた、ということ。

七　――線⑦「型を自分のものにしたい」（284行目）とありますが、「型を自分のものに」するとはどういうことですか。「型」がどのようなものかを明らかにしながら、説明しなさい。

八　――線⑧「さえこじゃなくて、紗英の花」（312行目）とありますが、ここで「私」は、「さえこ」をどのような自分だととらえていることがわかりますか。A【　】の部分（154～164行目）とB【　】の部分（215～218行目）に注目して、説明しなさい。

九　――線⑨「紗英の花は～勢いがある」（315～316行目）とありますが、ここで「朝倉くん」は、「私」の活け花についてどのように思っていますか。次の中からふさわしいものを一つ選んで記号で答えなさい。

ア　「私」の花を活ける才能を初めて理解し、その作品のすばらしさに恐《おそ》れをいだいている。

イ　「私」の花を活ける技術が向上したことを理解し、その作品のできばえに満足している。

ウ　「私」の活け花に対する熱意の高まりを理解し、その作品の完成度にあせりを感じている。

エ　「私」の活け花に対する姿勢の変化を理解し、その作品の持つ可能性に魅力《みりょく》を感じている。

こういうことは何度もあった。まったく、なのちゃんはこれだからだめだ。いや、だめなのは朝倉くんだ。

「お花の帰りだから。もうすぐ帰るから」それだけいって、強引《ごういん》に朝倉くんを回れ右させた。自転車を押してずんずん歩く。何もいわずにずんずん歩く。少し遅《おく》れて朝倉くんがついてくる。ずいぶん歩いて商店街の角まで戻ってから、ようやく思いついたことを口にした。

「自慢《じまん》じゃないけど」私が口を開いて、朝倉くんはほっとした顔になる。

「なに」

「なのちゃんは何かに夢中になると三日ぐらい平気でお風呂《ふろ》に入らないよ」

朝倉くんが声を落とす。「それはほんとに自慢じゃないね」そうして、ははは、という。笑ったんじゃない。困って、笑ったふりをしている。

「出かけない日は顔だって洗わないよ」

「そう」

「大食いだし」

「うん」

「それに」

「まだあるの」

「まだまだ、まだまだ」

他に何があったか、姉の弱点を私は必死に思い出そうとしている。まだまだ、⑩私もまだまだだ。いつか私だけの花を活けて、朝倉くんをはっとさせたい。姉のことなんか目にも入らないくらい私の花を見つめてくれたらいい。そっと盗《ぬす》み見たら、朝倉くんはまだ困っているみたいな横顔で籠の中の花を見ていた。(宮下奈都《みやしたなつ》「まだまだ、」(『つぼみ』所収)より)

〈語注〉

※①剣山…活け花《いばな》で使う、花をさして根元を固定する道具。

※②漆喰…石灰《せっかい》などから作る、壁を塗《ぬ》る材料。

※③逸脱…外れること。それること。

※④水切り…花を長持ちさせるために、茎を水の中で切ること。

※⑤フェイク…にせもの。代わりのもの。

※⑥こそばゆい…照れくさい。

※⑦確信犯…問題を引き起こすことがわかっていながら、それを行う人。

※⑧屈託のない…なやみがない。

※⑨踵を返す…来た方向へ引き返す。

※⑩定跡…将棋で、昔からの研究により、もっとも有利とされている駒《こま》の動かし方。

※⑪定石…囲碁で、昔からの研究により、もっとも有利とされている石の打ち方。

※⑫切磋琢磨…学問や芸などにはげみ、向上させること。

※⑬棋譜…将棋や囲碁の対局の手順を表した記録。

※⑭一朝一夕…わずかな月日のたとえ。

※⑮判で押したように…いつも同じようなさま。

※⑯耳朶…耳。

※⑰茴香…セリ科の花の一種。

※⑱ぽんぽん…毛糸などで作った丸い玉。

〔設問〕解答はすべて、解答らんにおさまるように書きなさい。句読点なども一字分とします。

一 ━━線a「ツ」(41行目)、b「テキトウ」(207行目)、c「フシギ」

「本気になったんだ」私の花を見て、朝倉くんがつぶやいた。

桜並木の土手の上を、自転車を押していく。朝倉くんが川のほうを見ながら前輪ひとつ分だけ前を行く。※⑰茴香《ういきょう》が無造作に新聞紙に包まれて籠にある。車輪からの振動《しんどう》で黄色い花が上下に細かく揺れている。

「それで今日の花なんだね。さえこが本気になると、ああいう花になるんだ」ちょっと振り返るように私を見て、朝倉くんがいう。「なんだか、意外だ」

意外だなんてよくいう。私のことなんか知らないくせに。ふわふわのところしか見てなかったくせに。

「でもさ、といって朝倉くんは自転車と一緒《いっしょ》に足を止める。川原のほうを指さして、下りる？　と目で訊く。

「意外だったけど、面白くなりそうだ」

土手から斜《なな》めに続く細い土の道を、勢いよく下りはじめる。私は後ろからそろそろと下りる。自転車のハンドルを握《にぎ》って、勢いがつかないよう力を込《こ》める。一歩一歩踏《ふ》みしめて、それでも最後は駆《か》け足《あし》になる。自転車が跳《は》ね、籠から茴香が飛び上がった。

下りきったところに朝倉くんはスタンドを立てる。私が隣《となり》に自転車を停《と》めるのを待って、川縁《かわべり》のほうへ歩き出す。

「さえこが本気になるなんて」

「さえこ、って呼ばないで。ほんとうの名前はさえこじゃないの」

朝倉くんがゆっくりとこちらを向くのがわかる。私は川面《かわも》が新しくなったり古くなったりしながら流れていくのを眺《なが》めている。

「知ってるよ」

「じゃあ、ちゃんと名前で呼んで。これがあたし、っていえるような花を活けたいと思ってるの。さえこじゃないの」

「うん」

「⑧さえこじゃなくて、紗英の花。まだまだ、遠いけど」

さえこの花は、といいかけた朝倉くんが、小さく咳払《せきばら》いをして、いい直す。

「⑨紗英の花は、じっとしていない。今は型を守って動かないけど、これからどこかに向かおうとする勢いがある」

「型通りに活けたのに？」聞くと、大きくうなずいた。

「俺《おれ》、ちょっとどきどきした」

どきどきした、と朝倉くんがいう。その声だけでどきどきした。朝倉くんがまた川のほうを見る。太陽が水面に反射してまぶしい。

なんとなく別れがたくて自転車を押したまま桜並木の下を歩く。土手は紫陽花《あじさい》の盛《さか》りだ。水色や淡《あわ》い紫の※⑱ぽんぽんみたいに大きな花が、午前中の雨を残していきいきと咲《さ》き誇《ほこ》っている。

そろそろ引き返さなくては、家に着いてしまう。朝倉くんの家からは遠ざかるばかりだ。でも、ここから、どこへ行こう。どこへも行く宛《あ》てはない。じゃあ、ここで、といわれるのが惜《お》しくて、立ち止まることもできない。朝倉くんも何もいわない。ただずっと歩いている。

紗英、と呼ばれて振《ふ》り向《む》くと、通りの向こうに姉がいた。買い物帰りらしく、紙袋《かみぶくろ》を提《さ》げてこちらに手を振っている。隣の朝倉くんがにわかに緊張《きんちょう》するのが伝わってくる。そんなことはおかまいなしに、姉が近づく。妹がお世話になりまして、とにこにこしている。

「朝倉くん、姉の七葉《なのは》」

振り向いてびっくりした。朝倉くんが顔を真っ赤にしている。ああ。

がなくて、天気や気分にも左右される、実体のないものだと思う。そのときそのときの「好き」をどうやって表せばいいんだろう。

母は察したように穏やかな声になる。「そうねえ、決まりきったことをきちんきちんとこなすっていうのは紗英に向いてないかもしれないわねえ」

そうかな、と返しながら、そうだった、と思っている。すぐに面倒になってしまう。みんながやることなら自分がやらなくてもいいと思ってしまう。

「でもね、そこであきらめちゃだめなのよ。そこはすごく大事なところなの。しっかり身につけておかなきゃならない基礎《きそ》って、あるのよ」

「根気がないからね、紗英は」即座《そくざ》に姉が指摘《してき》する。

「ラジオ体操、いまだにぜんぶは覚えてないし」

「将棋《しょうぎ》だってぜんぜん※⑩定跡《じょうせき》通りに指さないし」

「囲碁《いご》でもおんなじ。※⑪定石無視してるから強くなれないのよ。いっつもあっという間に負かされてるじゃない。長い歴史の中で※⑫切磋琢《せっさたく》磨《ま》してきてるわけだからね、定石を覚えるのがいちばん早いの」

「早くなくてもいい」ただ楽しく打てればいい。そう思って、※⑬棋譜《きふ》を覚えてこなかった。数え切れないほどの先人たちの間で考え尽《つ》くされた定石がある。それを無視して※⑭一朝一夕《いっちょういっせき》に上手になれるはずもなかった。

「それがいちばん近いの」

「近くなくてもいい」

姉は根気よく言葉を探す。「いちばん美しいの」

美しくなくてもいい、とはいえなかった。美しくない囲碁なら打たないほうがいい。美しくないなら花を活ける意味がない。

「紗英はなんにもわかってないね」祖母が呆《あき》れたようにため息をつく。

「型があるから自由になれるんだ」自分の言葉に一度自分でうなずいて、もう一度繰り返した。「型があんたを助けてくれるんだよ」

はっとした。型が助けてくれる。そうか、と思う。そうだったのか。

毎朝毎朝、※⑮判で押《お》したように祖母がラジオ体操から一日を始めることに、飽《あ》きることはないのかとcフシギに思っていた。そうじゃなかったんだ。毎朝のラジオ体操が祖母を助ける。つらい朝も、苦しい朝も、決まった体操から型通りに始めることで、一日をなんとかまわしていくことができたのかもしれない。楽しいことばかりじゃなかった祖母の人生が型によって救われる。そういうことだろうか。

「いちばんを突《つ》き詰《つ》めていくと、これしかない、というところに行きあたる。それが型というものだと私は思ってるよ」

今、何か、ぞくぞくした。新しくて、古い、とても大事なことを聞いた気がした。それはしばらく※⑯耳朶《じだ》の辺りをぐるぐるまわり、ようやく私の中に滑《すべ》り込《こ》んでくる。

型って、もしかするとすごいものなんじゃないか。たくさんの知恵《ちえ》に育まれてきた果実みたいなもの。嚙《かじ》ってもみないなんて、あまりにももったいないもの。今は型を身につけるときなのかもしれない。いつか、私自身の花を活けるために。

今は修業《しゅぎょう》のときだ。そう思ったら楽しくなった。型を意識して、集中して活ける。型を身体に叩《たた》き込《こ》むよう、何度も練習する。さえこも紗英も今はいらない。⑦型を自分のものにしたい。いつかその型を破るときのために。

く笑って過ごしてくれればそれでいいの。その代わり、男子なんかも勧誘《かんゆう》してくれるとうれしいんだけどな。そういうの、得意よね」

ああ、こういうことをいおうとする直前にひとの目はいきいきするんだな、と私は先生の光を帯びた目を見て思う。光って、べたべたしている。

「どうかな。考えてみてくれるかな」

いつものあなたみたいに、ふわふわと、気持ちのいいところだけ掬《すく》って。そういわれた気がした。私は壁に凭《もた》れていた背を起こす。

「その花、顧問《こもん》の先生のご指導ですか」

「そうだけど――顧問は私よ」

「それでしたら、けっこうです」

「どういうこと」

「その花、面白くありません」

細谷先生は胸の前で腕《うで》を組んだ。

「それはまた津川さんらしくない感想ね」

「あたしらしくない感想、ですか。もしも普段のあたしらしかったら」

いいながら、なぜか笑い出したくなった。

「わあ、このお花、上手ですねぇ、きれいですねぇ、なんて b テキトウに誉《ほ》めて逃げるだろうってことですか」

「あらま」細谷先生は私の目の前まで一足に踏《ふ》み込《こ》んできた。

「自分でよくわかってるんじゃない」

「あたしらしくない、ですよね」

そうなのだ、私らしくないのだ。たぶん、⑥ひとが思う私らしさとは違うところでぐんぐんと根を張っていたものが、今、ひょいと地面から顔を覗かせたんだろう。

B【「あなたの普段の姿は演技ってわけ」細谷先生の眉間《みけん》にくっきりと皺《しわ》が刻まれている。私はできる限りにこやかに笑う。いいなあ、さえこのその※⑧屈託《くったく》のない笑顔《えがお》、つられて笑いたくなっちゃうよ。いつもみんなにそういわれる。その笑顔で、今、笑えているだろうか。】

「演じてなんかいないんですよ」さえこの笑顔のままで、私はいった。

「面白くない花は面白くない、それくらい、あたしだっていうんです」

「……ねえ、調子に乗ってるんじゃないわよね」

「ぜんぜん乗ってませんよ、普段通りです」私は平気な顔で※⑨踵《きびす》を返す。先生がまだあの光る目で私を見ている。背中に痛いほど視線を感じる。なんでこんなことになっちゃったんだろ、と思いながら私は階段を下りた。

（中略）

「あたしの花ってどんな花なんだろう」濡《ぬ》れた髪を拭《ふ》き、ほうじ茶を飲みながら漏《も》らした言葉を、祖母も母も姉も聞き逃《のが》さなかった。

「紗英の花？」

私らしい、といういい方は避《さ》けようと思う。自分でも何が私らしいのか、今はよくわからないから。

「あたしが活ける花」

「紗英が活ければぜんぶ紗英の花じゃないの」母がいう。私は首を振《ふ》る。

「型ばかり教わってるでしょう、誰が活けても同じ型。あたしはもっとあたしの好きなように」といいかけて、私の「好き」なんて曖昧《あいまい》で、形

が活けても同じじゃないか。私はこっそり辺りを見まわす。みんな、おとなしく従っているのはなぜなんだろう。――そんなふうに思うなんて不遜《ふそん》だし傲慢《ごうまん》だ。だけど急に、目の前の花が色褪《いろあ》せて見える。もしかしたら⑤活け花はどうしても私がやらなきゃならないことじゃないのかもしれない。

　このまま塾《じゅく》に行くという千尋と別れて帰ろうとしたら、市民センターの出口のところに朝倉くんがいた。自然にふたり並んで歩き出す。

「どうして私を待ってたの、とか訊かないか普通《ふつう》」朝倉くんがいうので初めて気がついた。

「そっか、朝倉くん、あたしのこと待っててくれたんだ」

「……いいよなあ、さえこは」

A【さえこ。懐《なつ》かしい呼び名だ。久しぶりに聞いた。さえこ、さえこ、と中学のクラスメイトは呼んだ。ほんとうの名前は紗英なのに、そこになぜか子をつけて、紗英子、それが私の愛称《あいしょう》だった。紗英、と呼び捨てにするほど親しくない同級生たちにとって、子をつけるだけで※⑤フェイクになる。紗英子なら呼べる。そういうことらしい。彼らは私を呼びたかったのだ。さえこ、さえこ、と気軽に愛称で呼べて、さえこはいいよなあ、なんていえる存在が欲《ほ》しかったんだと思う。事実、私は一日に何度も名前を呼ばれ、さえこ、さえこ、と手招きされる。さえこはいいね、さえこはいいよなあ。何がいいのかよくわからないけど、みんなにそういわれるのが※⑥こそばゆくて、うふふ、と笑う。そうすると彼らはいよいよもって、いいよなあ、と繰《く》り返《かえ》す。】

「さっきの、先生に注意されてた花、見たよ。びっくりした。あれ、遊んでたんじゃないよな、※⑦確信犯だよな」

うーん、と私は言葉を濁《にご》す。

「自分でもどうしたいんだかわからなくなっちゃった」

「それもわかった、あの花見たら」朝倉くんはそういって笑う。「やりたいことはなんとなく伝わってきた。面白《おもしろ》いと思ったよ。でも、何百年もかけて磨かれてきた技《わざ》に立ち向かおうと思ったら、足場が必要だろ。いきなり自己流じゃ太刀打《たちう》ちできない」

　市民センターを出ると陽射しが強い。自転車置き場まで並んで歩く。

（中略）

後ろから肩を叩《たた》かれて、ひゃっと飛び上がる。古典の細谷《ほそや》先生だった。

「そんなにびっくりしないでよ」彼女《かのじょ》は笑って、私が見ていたものに視線を戻《もど》す。図書室の前の廊下に飾《かざ》られた花だ。華道部《かどうぶ》の作品らしく、生徒のクラスと名前の書かれた紙が置いてある。

「お花に興味ある？」

いえ、と私はいう。

「あなた心得《こころえ》があるでしょ。華道部はどう。今、部員募集《ぼしゅう》中なのよ」

いえ、いえ、と私はさらに後ずさる。

「あなたみたいなひとが入部してくれたら、さぞかしひとが集まるんじゃないかと思うの」先生は、ふ、と笑った。笑っているのに口《くち》の端《はし》が下がって見えた。

「わかるでしょう、そんなに真剣にならなくていいの。部活の間、楽し

豆さんでいられる、と意識していたわけではないけれど、少なくとも、「まだまだ」を厳しい意味で使ったことはなかった。朝倉くんの花を見るまでは、たぶん一度も。

活け花教室で次に朝倉くんと会ったときに私は訊いた。

「まだまだ、って、どうしてわかるの」

え、と朝倉くんが顔を上げる。

「こないだ、まだまだだっていったよね。どうしてそう思うの。どうしてわかるの。どうしたらまだまだじゃなくなるの」

まだまだ届かない、思うようには活けられない。朝倉くんは自分の花をそう評した。

「ちょっと、紗英」千尋《ちひろ》が私の左肘《ひだりひじ》をつついて止めようとしている。千尋は親切だから私が突っ走《ぱし》り気味になると上手に制御《せいぎょ》してくれる。この活け花教室を紹介《しょうかい》してくれたのも千尋だった。

「わかるときはわかるんじゃないかな」真面目な声で朝倉くんはいった。それからちょっと笑った。

「謙遜《けんそん》だとは考えなかったんだね」

「え、謙遜だったの？」私が驚くと、「冗談《じょうだん》だよ」という。

「花を活けてると気持ちがいいだろ。思った通りに活けられると、気持ちのよさが持続する。そのやり方をここに習いに来てるんだ。みんなもそうなんじゃないの」

「なるほど」私は感心して何度もうなずいた。「気持ちのよさが持続する。なるほどね」

朝倉くんは、やめて、恥《は》ずかしいから、といった。

「なるほど。気持ちのよさを持続するために」うなずきながらもう一度私がいうと、朝倉くんはしっしと追《お》い払《はら》う真似《まね》をした。

思った通りに活ける、と朝倉くんはいったけれど、私の「思った通り」じゃだめなんだと思う。私なんかの思ったところを超えてあるのが花だ。そう朝倉くんの花が教えてくれている。

じゃあ、なるべくなんにも考えないようにして活けてみよう。

その考えは、しかし間違《まちが》いだったらしい。

「津川《つがわ》さん、真面目におやりなさい」先生は巡回《じゅんかい》してきて私の花を見るなりそういった。「しょうがないわねえ」

いつもなら、注意されることはあっても先生の目はあたたかい。しょうがないわねえ、と笑っている。でも、今日は違《ちが》った。③基本形を※③逸脱《いつだつ》したためちゃくちゃな花がよほど腹に据《す》えかねたらしく、剣山から私の花をぐさぐさ抜《ぬ》いた。

「どういうつもりなの」声は怒《いか》りを抑《おさ》えている。周囲の目がこちらに集まっている。

「いつもの津川さんじゃないわね。遊び半分で活けるのは、花を裏切ったことになるの」

すみません、と私は謝《あやま》った。遊び半分なんかじゃなく、④真剣《しんけん》に考えたらこうなったんだけど、普段《ふだん》は穏《おだ》やかな先生の剣幕《けんまく》を見たらやっぱりそれはいえなかった。先生は花を全部抜くと大きくため息をついて、ふいと立ち去ってしまった。

千尋と目が合う。どんまい、と目だけで笑ってくれる。もう一度※④水切りをしなおして、少し茎の短くなってしまった花を見る。またいつもみたいに、習った型の通り順番に差していくんだろうか。型通りなら誰

　はにかんだような目が、まぶしい。こんな表情もできるひとだったんだ。

「いや、まだまだだよ」日に焼けた顔でそういって片手を挙げると、朝倉くんは自転車で走っていってしまった。

陽射《ひざ》しの中を自転車で走る。今年は春の勢いがいい。汗《あせ》ばむような陽気だ。大きな川のカーブする外側の小さな町の、役場や公民館や商店街のある一角から自転車で十五分。古くからの住宅地に、ぽつんぽつんと店が混じる。そこに、うちがある。通りに面して骨董品《こっとうひん》店。その奥《おく》が住居になっている。

家に入ると、急いで瞬《まばた》きをしなくちゃならないくらい薄暗《うすぐら》い。窓が高くて小さいせいだ。ぼんやりした光に、※②漆喰《しっくい》の壁《かべ》と黒光りする廊下《ろうか》が白黒写真みたいに浮《う》かびあがる。裸足《はだし》で上がると廊下は磨《みが》き込《こ》まれてひんやりしている。

「あら、帰ってたの」台所で母が振り返る。「やだ、また裸足」肩《かた》をすくめて通り過ぎると、奥の部屋から出てきた祖母に呼びとめられた。「今日の花、さっそく活けてごらんよ」

「待って、あとでね」そそくさと自分の部屋に逃《に》げる。

「あとで、はないよ、あとになったらチャンスはもうないんだよ」祖母の声が追いかけてくる。何をいわれても同じだ。今はぜんぜん活けたくない。朝倉くんのあんな花を見ちゃった後に、自分で活ける気にはなれない。

　二階の部屋は庭を挟《はさ》んで土手に面している。部屋の窓を開けて、外を見る。庭に雛芥子《ひなげし》が咲《さ》いている。その向こうに土手の緑が続く。土手の上は桜並木で。向こう側は川原だ。広場や散歩道があって、大きな川がゆるやかに流れる。

　幼い頃《ころ》、よく姉妹《しまい》三人でこの土手にすわってお弁当を食べた。そのときの、姉たちの蝶々《ちょうちょう》みたいにひらひら飛びまわる笑い声と、おひさまの光と、川の流れる音とが、今でもこの土手のどこかに残っている感じがする。紗英《さえ》、紗英、と呼んでいた。②紗英はお豆さんだからね、と笑う姉たちの声。

　晴れた日の午後には土手の白詰草《しろつめくさ》を編んで冠《かんむり》をこしらえた。花の冠をお互《たが》いの頭に載《の》せあってうっとりする姉たちを覚えている。やがて姉たちは私の頭にも冠を重ねてくれた。お姫《ひめ》さまみたいだよ、紗英、可愛《かわい》いね。冠はやわらかな土と若草の匂《にお》いがした。可愛いね、と姉たちに微笑《ほほえ》まれると、夢見心地《ゆめみごこち》になった。自分はお姫さまなのだと信じて疑いもしなかったあの頃を思うと、つい口許《くちもと》がほころぶ。いずれ現実に直面するときは来る。幼いひととき、自分を可愛いと思《おも》い込《こ》むことができて私はしあわせだった。

　昔たしかにあったものは、消えてなくならない、だろうか。上の姉は遠くの大学へ通うために家を出てしまい、下の姉ももう土手にすわってお弁当を広げたりはしない。私だけが土手を見ている。それでも、そのあたりにまだあの頃の光や風がさざめいている気がする。

「紗英はお豆さんだからね」

　窓から外に向かっていってみる。お豆さんというのは、お豆みたいに小さい子、という意味らしい。小さくて、面倒《めんどう》を見てあげなきゃいけない子。それは単に三姉妹の一番下だからということだけでなく、いつまでも下の立場に喜んでいる子だったということだろう。姉たちがふたりでなんでも引き受けてくれて、私はのほほんと楽しかった。まだまだお

【国語】（六〇分）〈満点：六〇点〉

次の文章を読み、設問に答えなさい。

まだまだ、と思う。まだまだ、この花はほんとうの姿を見せていない。

葉の向きを考え、茎《くき》を大きく切って※①剣山《けんざん》の上で角度を確かめる。花菖蒲《はなしょうぶ》のやわらかな紫《むらさき》がふっと霞《かす》む。花びらの向こう、ずっと前の列で一心に花を活《い》けている朝倉くんの背中が目に入る。

朝倉くんが花を活けているとき、まわりの空気がぴんと張る。冷たいような、澄《す》んだような空気の層ができて、そこに触《ふ》れるのが畏《おそ》れ多《おお》い感じがする。遠くから見つめているだけでじゅうぶんだと思う。

朝倉くんは中学の同級生だった。勉強ができて、野球部では一塁手《いちるいしゅ》だった。友達も多そうだったし、女子にもわりと人気があったはずだ。この辺でいちばんの進学校に進んだことも知っている。でも、特に親しかったわけではなく、知っているのはそれくらいだった。野球部らしく丸刈《まるが》りだった髪《かみ》が伸《の》びかけていた。野球は辞《や》めたのかなと思った。

最初に見かけたときは驚《おどろ》きもしなかった。誰《だれ》か、たとえばガールフレンドだとか妹だとかの付《つ》き添《そ》いに来てるんだろうと思った。教室の後、花材を一式持ち帰るのがいつもけっこう大変だったからだ。

朝倉くん、と声をかけると、朝倉くんのほうはちょっとびっくりしたみたいだった。久しぶり、と笑った顔は野草がほころぶときみたいな青さを漂《ただよ》わせた。

「誰を待ってるの?」私は辺りを窺《うかが》いながら訊《き》いた。

「待ってないよ」

誰かを送ってきただけで待っているわけではないということだろうか。それ以上詮索《せんさく》するつもりはなかった。

だから、時間になっても朝倉くんが教室にいて、帰るどころか用具を揃《そろ》えはじめるのを見てようやく驚いた。男子が活け花を習いに来ること自体はめずらしいことじゃない。この教室にも何人かは男の子がいるし、朝倉くんが活け花にふさわしくないということでもない。そうではなくて、どうして①最初に見たときに気づかなかったのか、自分は朝倉くんを全然見ていなかったのか、ということを今さらながら知らされたのだ。朝倉くんは、クラスで勉強していた姿より、校庭でボールを追いかけていた姿より、ここで花を活けている背中がいちばん凛々《りり》しい。

視界の隅《すみ》で朝倉くんが動くたびに、私も揺《ゆ》れた。朝倉くんは今、どの花を見て、どの花に触れているだろう、と思いながら手元の花を活ける。うまくはいかなかった。いつもと変わらず、思うようには活けられない。

教室が終わりに近づいて、生徒の作品を鑑賞《かんしょう》しあう時間になると、私は前のほうへ移動し、朝倉くんの席に近づいて彼《かれ》の花を覗《のぞ》いた。

美しかった。私はその花に釘付《くぎづ》けになった。私だけではない。みんな朝倉くんの花を遠巻きにして息をひそめていた。思うように活けられない、と私がいつも思っている、その「思うように」をはるかに超《こ》えた花だった。私が思うことなんか、たかが知れている、と思った。

教室の帰りに朝倉くんを追った。花材と華道具《かどうぐ》を籠《かご》にaツんで自転車に跨《また》ろうとしているところに駆《か》けていき、後ろから声をかけた。「待って」

朝倉くんが振《ふ》り返《かえ》る。

「朝倉くんの花、すごくよかった」

2020年度

解　答　と　解　説

《2020年度の配点は解答欄に掲載してあります。》

＜算数解答＞　≪学校からの正答の発表はありません。≫

[1]　$2\frac{23}{24}$　　[2]　(1)　7.125cm²　　(2)　6.25cm²　　[3]　(1)　72個　　(2)　12個

[4]　A　8.8%　　B　3.8%　　X　5.8%

[5]　(1)　42×Ⓐ+2×Ⓑ(cm²)　　(2)　30×Ⓐ+1×Ⓑ(cm²)

[6]　(1)　7回　　(2)　ア：イ＝1：14，2：13，4：11，7：8　　(3)　11m，5回

(4)　ウ：エ＝1：12，2：11，3：10，4：9，5：8，6：7，1：13，3：11，5：9

○推定配点○

[4]，[5]，[6](1)・(3)　各3点×8　　他　各2点×18　　計60点

＜算数解説＞

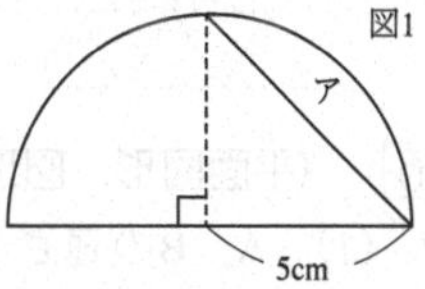
図1

[1]　(四則計算，割合と比)

$\left(4\frac{1}{4}-3\frac{5}{6}\right)\div\left(31-21\right)=\frac{1}{24}$

したがって，$□=4\frac{1}{4}-\frac{1}{24}\times31=2\frac{23}{24}$

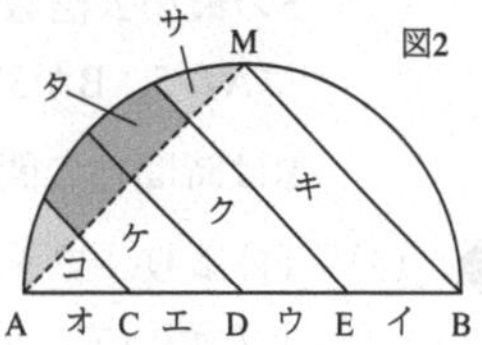
図2

[2]　(平面図形，相似，割合と比)

基本　(1)　図1より，$5\times5\times3.14\times\left(\frac{1}{2}-\frac{1}{4}\right)-5\times5\div2=25\times0.285$
$=28.5\div4=7.125(cm^2)$

やや難　(2)　図2において，キ＋サ＋ケ＋タ－(ク＋タ＋コ＋サ)＝キ＋ケ－(ク＋コ)である。直角二等辺三角形ABMにおいて，コ，ケ，ク，キの面積比は(1×1)：(2×2－1×1)：(3×3－2×2)：(4×4－3×3)＝1：3：5：7であり，7＋3－(5＋1)＝4である。したがって，求める面積の差は，5×5÷(4×4)×4＝6.25(cm²)　【別解】求める面積の差は，直角二等辺三角形DBMのなかの等脚台形の面積と直角二等辺三角形の面積の差に等しく，直角二等辺三角形DBMを4にすると(4－1)－1＝2は5×5÷2÷2＝6.25(cm²)　…おうぎ形DMAの各部分が線対称である。

重要　[3]　(数の性質，場合の数)

(1)　奇数どうし，偶数どうしはとなり合わない。
したがって，1から6までの整数の並び方は6×3×2×2×1＝72(通り)
【別解】奇数だけ，偶数だけの並べ方がそれぞれ3×2×1＝6(通り)ずつあり，初めが奇数か偶数かで2通りあるので，6×6×2＝72(通り)

(2)　奇数どうし，偶数どうし，1と4，2と5，3と6はとなり合わない。
1で始める場合，条件にあてはまるのは123456，または，165432の2通り。したがって，全部で2×6＝12(通り)

＋α　[4]　(濃度，割合と比，消去算)

Aの実際の濃さを□，Aの予定の濃さを□＋3，Bの濃さを○で表し，120g，180g，200gをそれぞれ6，

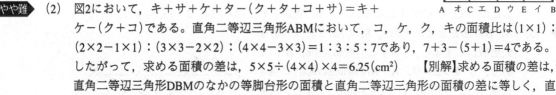

9，10とする。

(□+3)×6+○×9=7×(6+9)=105より，□×6+○×9=105−18=87…①

□×(6+10)+○×9=7×(6+10+9)=175より，□×16+○×9=175…②

②−①より，□×(16−6)=175−87=88　　したがって，□は88÷10=8.8(%)，①より，○は(87−8.8×6)÷9=3.8(%)，作業1でできた食塩水の濃さは(8.8×6+3.8×9)÷(6+9)=87÷15=5.8(%)　　【別解】Aから加えた「200gの□%」と「120gの3%」の差が「200gの7%」に等しい。

→　10×□−6×3=10×7

重要　5　(平面図形，図形や点の移動)

(1)　図アにおいて，斜線部の面積は「正三角形×7+円÷3」であり，全体の面積は6倍の42×Ⓐ+2×Ⓑ(cm^2)

(2)　図イにおいて，斜線部の面積は「正三角形×5+円÷6」であり，全体の面積は6倍の30×Ⓐ+1×Ⓑ(cm^2)

図ア

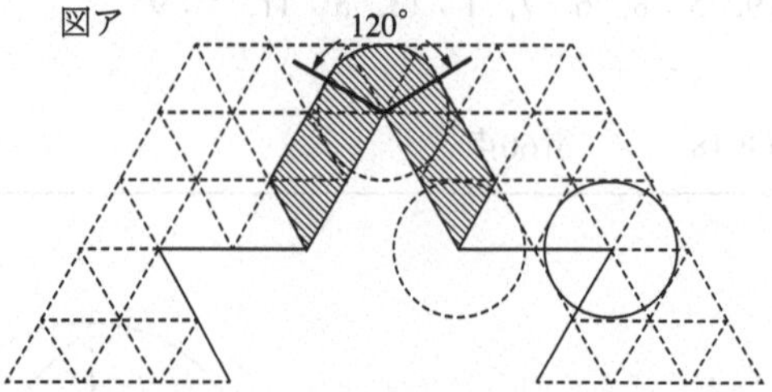

図イ

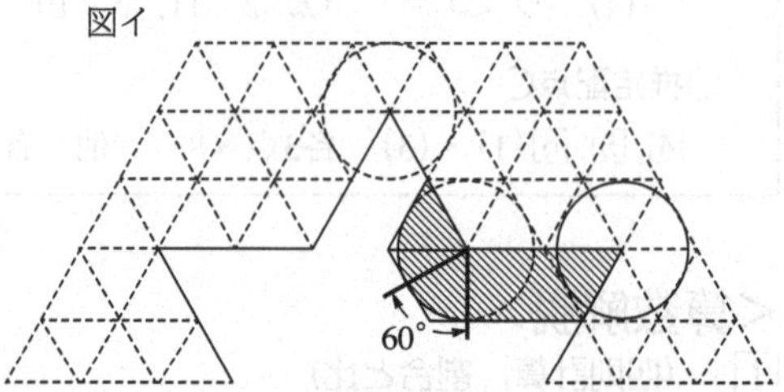

6　(平面図形，図形や点の移動，割合と比，速さの三公式と比，数の性質)

基本　(1)　A，Bの速さをそれぞれ3，5，円周を3，5の最小公倍数15にすると，1周する時間はAが5，Bが3であり，グラフ1より，A，Bは時間15の間に7回すれ違う。…15÷{15÷(3+5)}−1=15×3+$\frac{5}{15}$−1=3+5−1=7(回)

グラフ1

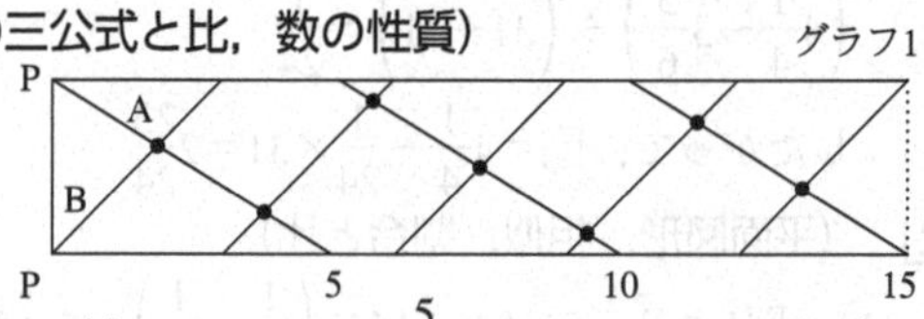

やや難　(2)　(1)より，ア+イ=14+1=15

したがって，公約数をもたないア，イの組み合わせは1：14，2：13，4：11，7：8

重要　(3)　A，Bの速さをそれぞれ3，8，円周を3，8の最小公倍数24にすると，1周する時間はAが8，Bが3であり，グラフ2より，A，Bは時間24の間に5回すれ違う。…(3+8−1)÷2=5(回)　　また，円周は実際には1mであり，2点が動いた道のりの合計は3+8=11(m)

グラフ2

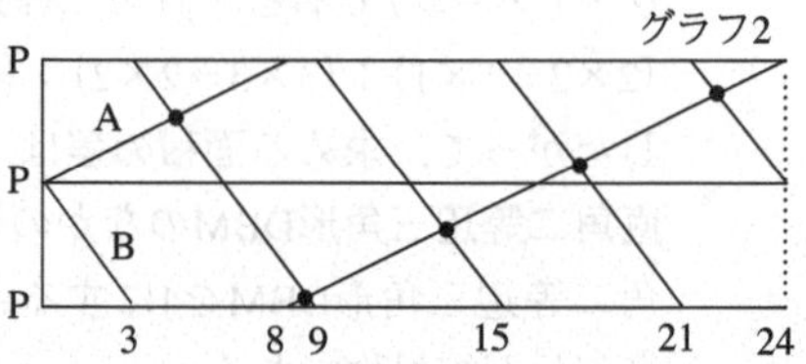

やや難　(4)　(3)より，ウ+エは6×2+1=13であり，1：12，2：11，3：10，4：9，5：8，6：7

さらに，7回すれ違う場合，ウ+エは7×2+1=15であり，ウ+エ=14の場合も6回すれ違うことになるので，1：13，3：11，5：9

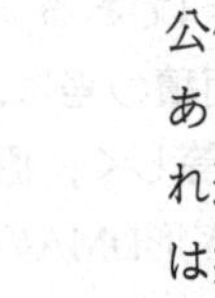

★ワンポイントアドバイス★

2(2)「面積の和の差」はヒントを見つけにくく，ある程度，考えて発想が得られなければ，他の問題を優先して解こう。4「濃さ」も，「消去算」を使わないと難しく，6(2)「すれ違う回数と速さの比」も(1)との関連を見つけにくい。

+α は弊社HP商品詳細ページ(トビラのQRコードからアクセス可)参照。

＜理科解答＞ ≪学校からの正答の発表はありません。≫

1 問1 イ，カ　問2 ア，体が平たく，海水の流れを受けて移動しやすい点。
問3 ウナギのかくれ場所となるような細長い穴がないため。
問4 エ　問5 エ　問6 ウ　問7 イ，エ，オ　問8 ア

2 問1 バター，生クリーム，牛乳　問2 エ　問3 (1) 10層　(2) 244層
問4 イ　問5 ウ　問6 a イ　b エ　c オ　d キ
問7 a ア　b エ　c カ　d ク　問8 エ

3 問1 距離(と)時間，(測定が困難なのは)時間　問2 ウ　問3 E
問4 (1) 電球からの光を前方へ反射させ，明るく見せるため。　(2) 太陽光が鏡に反射して，光っていない電球が光っているように見えてしまうこと。
問5 100：99　問6 右図　問7 イ，オ，カ　問8 エ

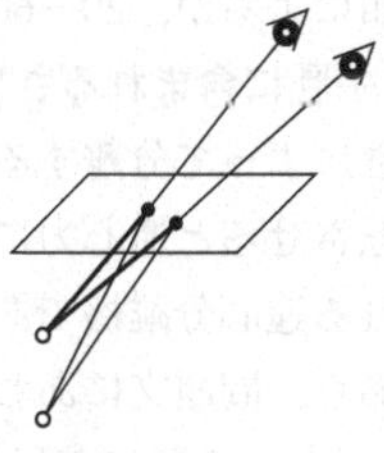

4 問1 エ
問2 (レゴリス)は粒が角ばっている。(川砂は)粒が丸い。
問3 ア，ウ　問4 ウ　問5 $48m^2$　問6 イ
問7 21600kg　問8 a ア　b エ　c カ
問9 ウ，イ，ア，エ

○推定配点○

1 問2，問3 各2点×2　他 各1点×6　2 各1点×9(問6，問7完答)
3 問5，問6 各2点×2　他 各1点×8　4 各1点×9(問2，問8完答)　計40点

＜理科解説＞

1 (動物－養殖ウナギと天然ウナギ)

問1 一生を海水で生活するのは，タイとマグロである。ドジョウ，コイ，メダカは，一生を淡水で生活する。アユやニジマスの一部は川でふ化し，海で生活したあと，再び川を上って産卵する。

問2 レプトセファルスはウナギの稚魚で，日本から2000km離れたマリアナ諸島付近から海流に乗って流され，日本にやってくる。そのため，海水を受けやすく浮いたり流されたりしやすいように，平らに近い形の方が都合がよい。日本に戻ってきたシラスウナギは遠くへ動かないため，体が細長く，流されにくい形になる。

問3 問題文中の下線部④の少し前に，『水中の細長い穴をかくれ場所とするウナギの習性』とある。川の底までコンクリートで固められていると，かくれ場所となる細長い穴ができにくく，ウナギが生活しにくいと考えられる。

問4 アは入りやすく出やすい。イは入りにくく出やすい。ウは入りにくく出にくい。エは入りやすく出にくい。よって，ウナギ筒に適しているのはエの形である。

問5 問題文によると，天然ウナギでは，オスとメスはほぼ半々である。しかし，シラスウナギを捕まえて「いけす」で育てると，ほとんどがオスになる。つまり，シラスウナギを捕まえた時点では，ウナギの性別はまだ決まっていないことが分かる。選択肢のうち，シラスウナギより後なのは，エだけである。

問6 ア：正しい。天然の卵はマリアナ諸島付近の深い海にあり，捕まえにくい。イ：正しい。天然のウナギが減ると，産む卵の数も減る。ウ：誤り。どちらの卵でもよく，見分ける必要はない。エ：正しい。養殖ウナギはほとんどオスで，卵を産まない。

重要 問7 ア：誤り。いけすでは卵から育てない。イ：正しい。ウナギ筒で1匹ずつ捕まえる。ウ：誤り。

天然ウナギに育つシラスウナギを探すのではない。エ：正しい。養殖ではえさを豊富に与え，温度を高めて，1年半で成熟する。オ：正しい。養殖ではシラスウナギを捕まえて育てるので，そのぶん，天然ウナギが減る。

問8　ア：養殖のウナギはほとんどオスなので，放流しても卵は増えない。イ，ウ，オのように天然のウナギが育ちやすい環境を整備し，エのように養殖用のシラスウナギを捕まえすぎないことで，天然ウナギが増える可能性がある。

2　（物質の性質－菓子の化学）

問1　問題文から，牛乳を放置して浮かび上がった層が生クリームであり，生クリームを振って水分と分離させたものがバターである。よって，油の割合が多いのはバター，次が生クリーム，最も少ないのが牛乳である。なお，実際の油(脂肪)の重さの割合は，バターが80%，生クリームは種類によるが，20～60%程度，牛乳が4%程度である。

問2　牛乳に含まれるさまざまな成分のうち，軽い成分が浮かんで生クリームになる。このように，重さによって分離する例として，選択肢のエがある。エも長時間置いておけば自然に分かれるが，回転させると遠心力により速く分かれる。これを応用したのが，生クリームをつくるときにも使われる遠心分離機である。アは水の蒸発，イはコーヒーの溶解であり，ウは中身を取り出す操作であり，問題文にあわない。

問3　バターの層に着目すると考えやすい。(1)ではバターの層が$3\times3=9$(層)になるので，バターの層をはさむパイ生地の層は，$9+1=10$(層)になる。(2)ではバターの層が$3\times3\times3\times3\times3=243$(層)になるので，バターの層をはさむパイ生地の層は，$243+1=244$(層)になる。実際にパイをつくるときは，途中で伸ばしながら，三つ折りを5～6回繰り返すのが一般的である。

問4　パイがふくらむのは，すきまに気体があって，温まって膨張するためである。その気体は，材料に含まれていた水分が蒸発してできた水蒸気である。

やや難　問5　高温ですばやく焼くことで，膨張した水蒸気が外に抜け出る前に焼き上げることができる。低い温度で加熱すると，水蒸気によって生地がふくらむ前にバターが融けてしまい，バターがしみ出してしまうばかりか，水蒸気が徐々に膨張して生地の外に出ていってしまい，じゅうぶんにふくらまない。ふつうは，オーブンをあらかじめ加熱しておき，高温になってからパイ生地を入れて一気に焼き上げる。

問6　空気の泡が大きいと，水蒸気によってふくらむ部分とふくらまない部分が不均一となってしまう。細かな泡が多数あり，それぞれの体積が増えると，全体が均一にふくらむ。

問7　高い温度で焼いてしまうと，表面が早く固まり，内部の水蒸気がふくらみにくくなる。一方，低い温度で焼いてしまうと，固まる前に水蒸気が出ていってしまい，ふくらみにくくなる。

問8　問題文のように，小麦粉と水を混ぜるとグルテンができ，そのまま焼くと硬くなる。油の割合の大きいバターを入れると，水の割合が減り，グルテンができにくくなる。

3　（光の性質－光の速さと屈折）

問1　速さを求めるには，距離と時間が分かればよい。ガリレオの方法で，二人のいる山どうしの距離を測る方法はいろいろ考えられ，手間さえかければ精度よく測ることができる。しかし，地球上の2か所を光が往復する時間はわずかであり，正確な時間を測定するのは困難である。実際は，光が進む時間よりも，光を確認して送り返すために人が反応する時間の方が長くかかり，光が伝わる時間だけを測るのは不可能に近い。

基本　問2　ア，イ，エは光の直進によってみられる現象である。ウは光源からの距離が長ければ暗く見えることと，遠くにあっても明るい光源であれば，明るく見えることを言っている。

問3　図2に，鏡に対してQと線対称な点を記入し，その点と光源Pを直線で結ぶ。その直線は，E点を通る。よって，光はP→E→Qのように反射する。

問4 (1) 図4の鏡は凹面であり，電球から出る光は反射して，すべて図の左の方へ進む。これによって，信号の電球の光が人の目により明るく届く。人から見ると，電球の1つの点が光っているのではなく，丸い枠の全体が光って見えるので，はっきりと見やすい。

(2) 図4の場合，太陽光が鏡に当たって反射すると，光っていない電球がまるで光っているように，人には誤って見える。そのため，太陽光が鏡に入らないようにフードが必要である。LEDの場合は，1つの点が光るのではなく，丸い面全体が光るので，鏡は必要ない。そのため，フードもいつも必要というわけではない。

問5 水中での光の速さは，空気中での$\frac{3}{4}$倍である。だから，光は水中の3cmを進むのと同じ時間で，空気中であれば4cm進むことになる。この関係を使えば，水中のRQの39.6cmは，空気中の$33.6\times\frac{3}{4}=44.8$(cm)にあたる。また，水中のSQの29.7cmは，空気中の$29.7\times\frac{4}{3}=39.6$(cm)にあたる。よって，P→R→Qの経路は，すべて空気中だと考えると，25.2＋44.8＝70.0(cm)にあたる。また，P→S→Qの経路は，すべて空気中だと考えると，29.7＋39.6＝69.3(cm)にあたる。長さの比が70.0：69.3＝100：99だから，時間の比も100：99である。つまり，遠回りに見える屈折の経路が，光の時間にとっては短い経路とわかる。

重要 問6 光は光源Pから出て水面で屈折して目に入るが，目は光が来た向きに光源Pがあるように認識する。よって，水面から目までの光の経路を，逆向きに伸ばした先に，光源Pが見える。このように作図すると，実際の光源Pの真上に，見かけの光源Pがあり，実際の位置より浮かんで見えることがわかる。

問7 ガラス中は空気中よりも光の速度が遅い。A→aやC→cの経路では，光が大きく屈折している。これは，直進したのでは時間がかかってしまうためである。よって，A→aやC→cの直進の経路上にはガラスの部分が多く，屈折する経路だとガラスの部分が少ないことを意味している。このことから，レンズの中央付近にガラスが少なく，端に行くにつれてガラスが厚くなる形が想定される。

問8 アリは，PからQまで決まった速さで進む。おもりを置いたことで，たて線がたわむため，深い方に行かず，同じ高さを進む方が，距離が短く，時間が最も短くてすむ。これは，天文学で重力レンズとよばれる現象である。

4 (地層と岩石－岩石の風化)

問1 ア：誤り。クレーターは月面に隕石などが衝突してできる。だから，古い時代につくられた場所ほどクレーター数は多い。イ：誤り。地球のクレーターは，雨などによる侵食でほとんど消滅してしまう。ウ：誤り。前述の通り。エ：正しい。例えば，2019年に探査機はやぶさ2が，小惑星リュウグウに金属のかたまりを衝突させて作った。

重要 問2 地球上の岩石の破片は，雨水や川の流れによってけずられ，丸みを帯びた形になっていく。一方，月面には水がないので，岩石の破片はけずられることがなく，角ばった形のままである。

問3 ア：正しい。れきは陸の近くの海底に，泥は陸から離れた海底に堆積する。イ：誤り。つぶは水の作用で小さくなっていくので，古いからといって小さくなると限らない。ウ：正しい。れきの層は水がしみこみやすく，泥の層は水を通しにくい。エ：誤り。色は成分などによって決まり，粒の大きさとはあまり関係ない。

問4 岩石に雨水などが触れると，岩石に含まれる成分がわずかずつ溶け出し，年月が経つと岩石が崩れていく。川の水や地下水には，岩石から溶け出したナトリウムやカリウムなどの成分がいつも含まれている。ミネラルウォーターのボトルには，その成分が表示されている。

重要 問5　表面積が$24m^2$の立方体の1つの面の面積は$24 \div 6 = 4(m^2)$で，一辺の長さは2mである。これを同じ大きさの立方体8個に分けると，その一辺は1mである。1個の立方体の表面積は，$1 \times 1 \times 6 = 6(m^2)$で，それが8個あるので，表面積の合計は$6 \times 8 = 48(m^2)$である。このように，大きい岩石が小さいかたまりに分かれると，表面積が大きくなる。

問6　花こう岩には，写真のように立方体上の割れ目(方状節理)があり，石材として利用しやすいが，割れ目に沿って表面に近い方から風化が進む。風化によって岩石の中の成分が水に溶け出すので，花こう岩のかたまりであるコアストーンと，風化後にできる真砂は成分の割合が異なる。

問7　花こう岩は$1cm^3$あたり2.7gだから，$1m^3$では，$2.7 \times 100 \times 100 \times 100 = 2700000(g)$であり，2700kgである。一辺が2mの立方体の体積は，$2 \times 2 \times 2 = 8(m^3)$だから，その重さは$2700 \times 8 = 21600(kg)$であり，21.6 tである。

問8　問題文(問4の前)にあるように，空気中の二酸化炭素は岩石中の成分と結びつくので，大気中から地面へと移動する。気候が温暖化すると，地表の水が蒸発しやすく，雨が増えるので，岩石の風化が進み，大気中の二酸化炭素は減少する。すると，温室効果は小さくなる。これが本来の自然のバランスである。

問9　麻布中学付近は，内陸から続く台地の末端にあり，西側や東側よりも標高の高い土地(およそ標高30m)である。そこで，学校の位置に最も近いウを最も高い等高線として，そこから離れていく順に低い等高線と考えればよい。

★ワンポイントアドバイス★

多くの情報が問題文に与えられている。勝手な思い込みを避け，問題文にある内容に基づいて，1つ1つ選択肢を検討していこう。

＜社会解答＞ ≪学校からの正答の発表はありません。≫

問1　あ　イスラム教　　い　世界恐慌　　う　配給

問2　①　あ　　②　え　　③　う

問3　①　え　　②　う　　③　い

問4　(例)　着物の柄や着方などの流行を知ることができるから。

問5　(例)　西洋の文化を表面的に真似るだけで，中身がまったく伴っていないこと。

問6　(例)　戦後，アメリカ文化の影響を強く受けるようになったから。　動きやすく，活動的で，通勤や通学に適するから。

問7　(例)　自分の体格に合わせてつくるものから，自分の体格に合ったものを選んで買うものに変化した。

問8　(例)　大消費地である中国国内向けに生産するため。

問9　(例)　低賃金で働く労働者が増えた。　売れ残りの衣類が増え，資源の無駄遣いにつながる。

問10　(例)　消費者の購買意欲を刺激し，さらなる流行を生み出すため。

問11　(例)　ミンクのコートなどは，動物愛護の観点から疑問が持たれている。

問12　(例)　制服を採用している会社が多いことから，個性よりも集団の和を重視する社会といえる。

問13　(1)　(選んだ例の番号)　1　(例)　日本では，入れ墨は反社会勢力のシンボルとされる。外国人も日本では，このような日本の慣習を尊重すべきである。他方，入れ墨は自己表現の一つであり，また入れ墨を入れるか，入れないかは個人の自由である。これを理由に入店を拒否することは許されない。(119字)

(選んだ例の番号) 2 (例) 髪を染めることを禁止している職場は多くあり，このようなルールに慣れておくことは，社会人になる上で必要である。他方，染めることは自己表現の一つであり，また髪を染めるか，染めないかは個人の自由である。これを校則で禁止することは許されない。(117字)

(2) (例) 一方は，国や社会の文化，伝統，慣習などを尊重すべきであると主張し，もう一方は，これらよりも個人の自由を尊重すべきであると主張しているから。

○推定配点○

問1・問2・問3 各1点×9 問13 (1) 6点 (2) 3点
他 各2点×11 計40点

＜社会解説＞

(総合－「衣服」をテーマにした日本の地理，歴史など)

基本 問1 あ イスラム教は，キリスト教や仏教などと並ぶ世界的な大宗教の一つ。7世紀の前半にムハンマドが創始し，アラビア半島から東西に広がった。唯一神アラーを信じ，『コーラン』を聖典とする。最大の聖地は，サウジアラビアのメッカ。 い 世界恐慌は，1929年10月24日，アメリカ合衆国のニューヨークのウォール街の株価大暴落に端を発して，全資本主義国に波及した不景気。各国は，ブロック化による景気回復や，日本，ドイツのような対外進出や軍備増強を図り，第二次世界大戦の大きな誘因となった。 う 日中戦争，太平洋戦争期，生活必需品は品不足となり，政府は，国民に対しては，「ぜいたくは敵だ」「欲しがりません，勝つまでは」といったスローガンのもと，消費の切り詰めを強要した。1940年にはぜいたく品の製造，販売が禁止され，砂糖やマッチなどの消費を制限する切符制がしかれ，翌年には米が配給制となり，ついで衣類もこれに続いた。

重要 問2 ① 年中月平均気温が10℃程度の高山気候。よって，気温の日較差が大きい気候に対応した，着脱のしやすい衣服を着ている人物が写っている「あ」である。 ② 年中極度に乾燥する砂漠気候。よって，身体から水分が蒸発しないように，全身を覆うような衣服を着ている人物が写っている「え」である。 ③ 年中高温な熱帯気候。よって，暑さをやわらげるため，風通しのよい腰巻布を身につけている人物が写っている「う」である。

基本 問3 ① 小千谷縮《おぢやちぢみ》は，新潟県小千谷市を中心に生産される麻の織物。生地の表面に細かい波があるのが特徴で，夏の和服地として最適とされる。 ② 結城紬《ゆうきつむぎ》は，茨城県結城市を中心として生産される絹織物。細かな縞《しま》，絣《かすり》に特色があり，渋く感触がよく丈夫なので，高級な着物，羽織などとして用いられる。 ③ 西陣織は，京都市西陣で生産される高級な絹織物。応仁の乱の後，西軍の陣地跡に織物職人らが集まって生産を再開したことから，この名がある。

問4 江戸の人々は，評判の美人や歌舞伎役者を描いた浮世絵を買い求め，当時流行の着物の柄や着物の着方，また流行の髪型などを知ったと考えられる。

問5 二つの絵は，いずれもフランス人の漫画家ビゴーの作品。鹿鳴館の舞踏会に代表される日本の欧化政策が，西洋の文化を表面的に模倣する，単なる猿まねにすぎず，中身がまったく伴っていないと批判している。

やや難 問6 戦後，しばらくの間，日本はアメリカ合衆国を中心とするGHQの統治を受けた。このため，アメリカ文化が日本に流入し，その影響を強く受けるようになった。アメリカ文化に対する日本人の憧れも強まった。また，都市部では，通勤ラッシュが問題となり，動きやすく，活動的な洋服が支持を広げた。

問7　衣服を自分たちで作るか仕立ててもらう時代には，まず採寸をして，自分の体格に合ったものを作る，または作ってもらった。しかし，既製服を買うようになると，たくさんある衣類の中から，自分の体格に合うものを選ぶようになった。

重要　問8　中国は世界最大の約14億人の人口を抱える人口大国である。また，近年，急速に経済発展を遂げ，消費者の購買意欲も高まっている。この巨大市場向けに商品を売るには，一部の工場を中国に残しておくことが得策といえる。

問9　ファスト・ファッションでは，衣類がこれまでになかったような規模で大量生産され，低価格で販売されている。この低価格を維持するために，発展途上国では，人間らしい生活を維持することが到底無理と思われる低賃金で労働者が酷使されているという現実がある。児童労働も問題となっている。また，大量に生産された結果，大量の売れ残り商品が発生してしまい，資源の無駄遣いにつながっているという問題もある。

やや難　問10　流行している衣類の製造をあえて中止することにより，早く買わないと衣類が売れ切れてしまうかもしれないという心理を消費者に植え込む。このことにより，次の新製品の発売時に，爆発的に売れることが期待できる。

やや難　問11　解答例のほか，「紛争地域で採掘され，武装組織の収入源となっている可能性のある宝石」などが考えられる。

問12　解答例のほか，「未婚の女性は振袖，既婚の女性は留袖を着ることになっているなど，女性が結婚しているかどうかに強い関心を示す社会といえる。」などが考えられる。

問13　(例1)，(例2)とも，「国や社会の文化，伝統，慣習」と「個人の自由」の衝突から起こる問題である。2つの意見をバランスよく記述すればよい。

★ワンポイントアドバイス★

知識問題の難易度はそれほど高くない。それだけに，知識問題は全問正解を目指してほしい。その上で，過去問を解くことにより，論述力を磨くことが必須である。

＜国語解答＞ ≪学校からの正答の発表はありません。≫

一　a 積　b 適当　c 不思議

二　(例)　朝倉くんは花を活けている姿がいちばん凛々しいということ。

三　(例)　姉たちから紗英は面倒を見てもらい可愛がられ，紗英はその状況をただのほほんと楽しんでいるという関係。

四　(例)　朝倉くんの作品を見て，また朝倉くんの活けるときの思いを聞いて，理想の活け花は紗英自身の思いを超えたところにあると気づき，何も考えずに花を活けようと思ったから。

五　(例)　型通りに活けることに疑問を強く感じ，そのように疑問を感じる不遜な自分が，花を活け続ける意味が分からなくなったから。

六　ウ

七　(例)　いちばんを突き詰めて得られた，たくさんの知恵に育まれてきた合理的な活け花の基本の型を，何度も練習して身につけること。

八　(例)　笑顔でふわふわしていて，気軽に付き合える存在で，周りの期待を裏切ることもない，本当の自分の姿とはかけ離れた自分。

九　エ

十　1　(例)　甘えさせてくれる姉たちのもとで守られる立場に安住するのでなく，自分の未熟さを自覚して，伸びようと考えるようになった。

2　(例)　まず先人たちの知恵が積み上げられてきた活け花の基本型をものにして，そこを破り，私にしか活けられない独自の花を活け，あこがれの朝倉くんの気持ちをひきつける魅力を身につけ，認められたいということ。

3　(例)　姉たちからただ守られるだけの存在から，姉よりも魅力的になろうとライバル心を持つ，対等な関係になりたいと思っている。

○推定配点○

一　各1点×3　　四・五・八　各6点×3　　十　1・3　各5点×2　　2　9点

他　各4点×5　　計60点

＜国語解説＞

(物語文－主題・心情・場面・細部の読み取り，記述，漢字の書き取り)

基本　一　a「積む」とは物の上に物を重ねること。ここでは，自転車の籠の中に，いろいろな物が重ねて置かれている。　b　適当には，いいかげんという意味と，うまくあてはまるという意味がある。前者は，「この仕事に適当な人物だ」などと用いられ，後者は「適当に返事をしておく」などと用いられる。傍線bは，いいかげんという意味である。　c　ふつうでは考えられないことを意味する。「不可思議(ふかしぎ)」と表現されることもある。

二　傍線①以降に，紗英が見て気づかなかった内容が記されている。「ここで花を活けている背中がいちばん凛々しい」とある。紗英は，最初に朝倉くんの同じような姿を見たときには気づかなかったが，傍線①では，花を活けている姿がいちばん凛々しいことに対して，「どうして最初に見たときに気づかなかったのか」と，嘆いているのである。「朝倉くん」＋「花を活けている姿が凛々しい」という内容を中心に記述する。

三　「私(紗英)」と姉たちの関係は，傍線②が含まれる場面の内容をおさえることで，分かりやすくなる。姉たちは，紗英のために花の冠を作ってくれた。そして，「可愛いね」「お姫さまみたいだよ」と微笑んでくれた。このような様子から，姉たちが紗英の面倒を見ていることと，紗英を可愛がってくれていることがわかる。一方，紗英はその状態に夢見心地になり，自分はお姫様なのだと信じて疑いもしない。ここから，紗英がそのような状況をのほほんと楽しんでいることがわかる。波線部直前にも，「お豆さん」の説明が書かれているが，そこからも「面倒を見てあげなきゃいけない」という姉の思いと，その状態をのほほんと楽しむ紗英の様子が読み取れる。

　記述の際には，姉たちが面倒を見て可愛がっていることに，紗英がのほほんと楽しんでいるという状況を書き加える。

重要　四　傍線③までの場面で，紗英は花を活けることに対する朝倉くんの思いを聞き，学んだ。また，傍線③より前に「朝倉くんの花が教えてくれている」とあるように，朝倉くんの花を見ても，紗英は学んだ。学んだ内容は，これも，傍線③よりも前にある「私なんかの思ったところを超えてあるのが花だ」ということ。花がそのようなものであるため，紗英は「なるべくなんにも考えないようにして活けてみよう」と思い，その結果，「めちゃくちゃな花」になったのである。記述の際には，「朝倉くんの影響」＋「紗英の気づき」＋「何も考えずに花を活けようと思ったという紗英の思い」というような流れを中心にする。

五　傍線⑤直前の場面を参考にすることで，解答を考えることができる。傍線⑤直前には，型通りに活けることに，疑問を感じる紗英の様子が書かれている。そのように疑問を感じながら，紗英は疑問を感じる自分自身を不遜で傲慢だと思う。そして，疑問を感じ，活け花に対して不遜な思いを持つ自分が，活け花を続ける意味は何だろうかと分からなくなる。その後，「やらなければならないことじゃないのかもしれない」という思いにつながるのだ。以上の点をおさえて，紗英が「やらなければならない」と思い始めた理由をまとめる。「型通りに活けることへの疑問」＋「自分が活け続ける意味が分からなくなる」という内容を中心にするとよい。

六　傍線⑥の部分の「私らしさ」は，細谷先生が言った「津川さんらしくない感想」に関係する。紗英は，花の指導が細谷先生であることを聞いて，「その花，面白くありません」と発言する。その発言に対して，細谷先生は「津川さんらしくない」と返す。その後の傍線部までの展開をおさえて，選択肢の内容と見比べればよい。紗英は，先生が指導した花に対する否定的な感想を述べた。その発言は，「ひとが思う私らしさ」とは異なる「私」の心から出てきた。同じような内容を述べた選択肢はウである。アは「華道部が活けた花に対する皮肉な言動」の部分がおかしい。華道部が活けた花そのものを否定しているのではない。イは「華道部への勧誘に対するあからさまな拒否」の部分がまちがい。結果的に華道部の入部を拒否しているが，「津川さんらしくない発言」は，先生の指導した花に対して述べられたものである。エは「先生のふるまい」の部分がおかしい。紗英は，先生の指導した花に対して否定的な言葉を述べたのである。

重要　七　傍線⑦より前の部分で，紗英は家族とのやり取りから，活け花の型について大切なことを学ぶ。それは，傍線⑦直前にあるように，型が「いちばんを突き詰めて得られた」ものであり，また，「たくさんの知恵に育まれてきた」ものであるということ。そのようなことに気づいて，紗英は何度も練習して型を身につけたいと思うようになったのである。設問の条件にある，「型」とは，「いちばんを突き詰めて得られた，たくさんの知恵に育まれてきたもの」となる。それを「自分のものに」とは，何度も練習して身につけること。以上の点をまとめる。

やや難　八「さえこ」とは，Aの部分に書かれているように，中学のクラスメイトからの愛称である。この愛称で呼ばれる紗英は，AとBに書かれているように，笑顔で，周りの期待を裏切らないようにふるまい，そして，人の意見に逆らったりしない。そして「さえこ」とは，傍線⑥の部分で読み取れたように，「人が思う私らしさ」に関係していて，本当の自分の姿ではないのである。記述の際には，「笑顔で気軽に付き合える存在」というAとBで読み取れる内容に，「本当の自分とはかけ離れた自分」というまとめた表現を加えると良い。

九　傍線⑧よりも前の部分で，朝倉くんは「本気になったんだ」と紗英の変化を口にする。そして，傍線⑨の部分で，「これからどこかに向かおうとする勢いがある」と，今後の可能性を口にする。さらに，傍線⑨の後では，「どきどきした」と，その可能性に対して魅力を感じていることを示す。以上の点をふまえると，「姿勢の変化を理解」「可能性に魅力」と書かれた，エが正解になるとわかる。

十　1　最初の波線部には「まだまだお豆さんでいられる」とある。その部分は，波線直前に書かれているように，なんでも引き受けてくれる姉たちのもとでのほほんとしていられると，紗英が考えていたことを意味する。そして，傍線⑩では，「まだまだ」と述べた後，朝倉くんをはっとさせたいと，紗英は向上する意欲を示している。紗英は，未熟さを自覚して自分らしさを磨きたいと考えるようになったのである。記述の際には，「甘えられる／守られる立場に安住」という最初の「まだまだ」に関する内容を書き，「未熟さを自覚して伸びようと考えるようになった」と，傍線⑩に表された紗英の考えを記述する。

やや難 2　設問で指定された「私だけの花」とは，この物語全体を通して紗英が目指していたもの。つまり，紗英らしさのあらわれた，「紗英だけにしか活けられない花」のことである。さらに最後の場面もふまえると，「私だけの花」とは，朝倉くんの気持ちをひきつける紗英自身の魅力であるとも考えられる。また，設問に指定された「あたしの花ってどんな花……」以降，傍線⑦前後から読み取れるように，紗英は活け花の基本型をおさえ，その後，型を破りたいと考えた。そして傍線⑧直前にあるように，型を破った後は，「これがあたし」という花を活けたいと考えるようにもなった。傍線⑩の「朝倉くんをはっとさせたい。姉のことなんか……私の花を見つめてくれたらいい」という部分からは，私自身の花を活けて朝倉くんの気持ちをひきつけるとともに，姉以上の魅力を身につけて，朝倉くんに認めてもらいたいという，紗英の気持ちが読み取れる。以上の展開をおさえ，記述答案にまとめる。解答の際には，「基本型をものにして，それを破り，自分らしい花を活けたい」＋「あこがれの朝倉くんをひきつける魅力を身につけたい」＋「朝倉くんに認められたい」という内容を中心にする。

3　かつての紗英は，姉に世話をしてもらい，守られる立場だった。だが最後の場面で，あこがれの朝倉くんが姉の姿に顔を真っ赤にした時点から，紗英は姉よりも魅力的になろうと考える。つまり，ただ守られる存在から，姉よりも魅力的になろうと，ライバル視して対等な関係になろうと考え始めたのである。

★ワンポイントアドバイス★

「……に注目して」「……がどのようなものを表しているかを明らかにして」など，設問に条件が加えられていることがある。記述問題の場合，その条件が採点基準に関係している場合も多い。注意したい。

MEMO

大切なことはメモしておこうネ！

2019年度

★★★★★★★★★★★★★★★★★★★★★★★★★★

入　試　問　題

2019年度

麻布中学校入試問題

【算　数】（60分）　＜満点：60点＞

【注意】　円周率の値《あたい》を用いるときは，3.14として計算しなさい。

1　３つの教室Ａ，Ｂ，Ｃがあり，41人の生徒が，それぞれ教室を選んで入っていきます。３つの教室について，次のことがわかっています。

・教室Ａの室温は，生徒が１人も入っていないとき７度で，生徒が１人入るごとに0.3度上がる。

・教室Ｂの室温は，生徒が１人も入っていないとき８度で，生徒が１人入るごとに0.2度上がる。

・教室Ｃの室温は，生徒が１人も入っていないとき９度で，生徒が１人入るごとに0.1度上がる。

生徒が１人も入らない教室ができてもよいものとして，以下の問いに答えなさい。

(1)　41人全員が教室に入ったところ，２つの教室ＡとＣの室温が同じになりました。このとき考えられる生徒の入り方のうち，Ｂの室温が最も高くなるのは，ＡとＣに何人ずつ生徒が入ったときですか。

答　教室Aに　　　人　教室Cに　　　人

(2)　41人全員が教室に入ったところ，３つの教室Ａ，Ｂ，Ｃの室温が同じになりました。このときの室温を求めなさい。

答　　　　度

2　太朗君は，バスが走る道路沿いの道を通り学校へ通っています。ふだん，太朗君は７時50分に家を出発し，歩いて学校へ向かいます。すると，８時ちょうどに途中《とちゅう》のＡ地点でバスに追い抜《ぬ》かれます。

ある日，太朗君がふだんより３分遅《おそ》く家を出発し，歩いて学校へ向かったところ，７時59分40秒にバスに追い抜かれました。

太朗君の歩く速さとバスの速さはそれぞれ一定であり，バスは毎日同じ時刻にＡ地点を通過するものとします。以下の問いに答えなさい。

⑴　太朗君の歩く速さとバスの速さの比を，最も簡単な整数の比で答えなさい。

答　太朗君の速さ：バスの速さ＝　　：　　

別の日，太朗君がふだんより３分遅く家を出発し，歩く速さの$\frac{5}{2}$倍の速さで走って学校へ向かったところ，A地点より720m学校に近い地点でバスに追い抜かれました。

⑵　ふだん太朗君が歩く速さは秒速何mですか。

答　秒速　　m

3　同じ高さの直方体の形をした白いもちと赤いもちがあります。右図のように赤いもちの上に白いもちを重ねて立方体を作ります。

２点P，Qはそれぞれ２辺AB，CD上の点で，

AP：PB＝４：３，CQ＝QD

です。３点P，Q，Rを通る平面で立方体を切断したとき，切り口の図形の白い部分と赤い部分の面積の比を，最も簡単な整数の比で答えなさい。

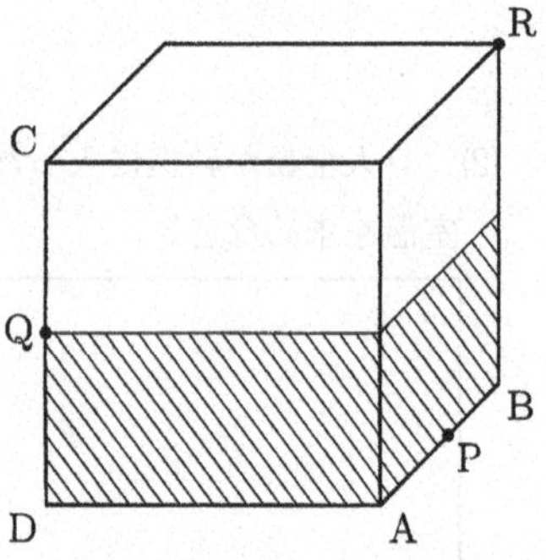

ただし，白いもちはどのように切っても切り口の色は必ず白になり，赤いもちはどのように切っても切り口の色は必ず赤になります。

必要ならば，下の図は自由に用いてかまいません。

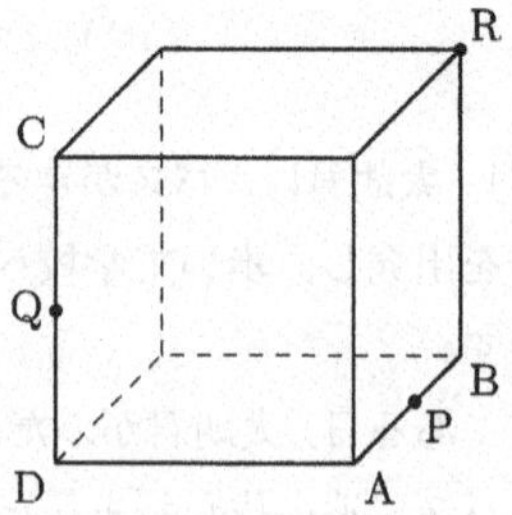

答　白い部分：赤い部分＝　　：　　

4 整数の中から，3の倍数と7の倍数だけをすべて取り出して小さい順に並べると，次のようになります。

3, 6, 7, 9, 12, 14, 15, 18, 21, 24, 27, …

この数の列について，以下の問いに答えなさい。

(1) 1番目から9番目までの数の和を求めなさい。

答

(2) 77番目から85番目までの数の和を求めなさい。

答

(3) 1番目から99番目までの数の和を求めなさい。

答

(4) この数の列の中で連続して並ぶ99個の数を取り出し，その和を計算すると128205になりました。取り出した99個の数の中で最も小さい数は，数の列全体の中で何番目にありますか。

答 番目

5 中心に回転できる矢印が２本取り付けられた円盤《えんばん》があります。まず，この円盤の円周を７等分する位置に目盛りを振《ふ》ります。さらに，図１のように，１から７までの数字が書かれた７枚のコインを各目盛りの位置に１枚ずつ置き，２本の矢印を１と２の数字が書かれたコインの方へ向けます。

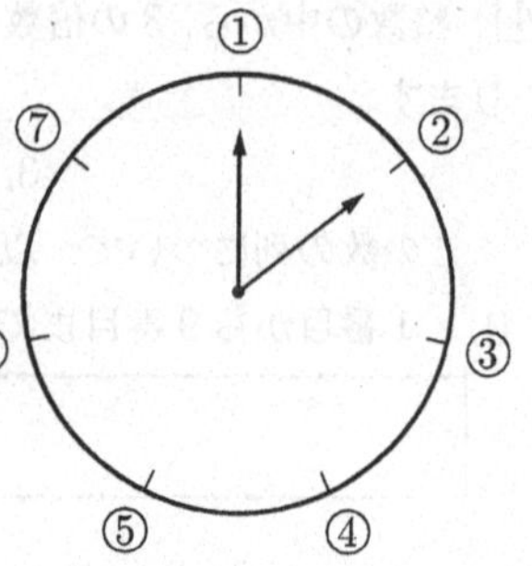

図１

ここで，次の **【操作】** を考えます。

【操作】 矢印が向いている目盛りの位置にある２枚のコインを入れ替《か》え，その後２本の矢印をそれぞれ２目盛り分だけ時計回りに回す。

図１の状態から１回 **【操作】** を行うと図２のようになり，さらに１回 **【操作】** を行うと図３のようになります。

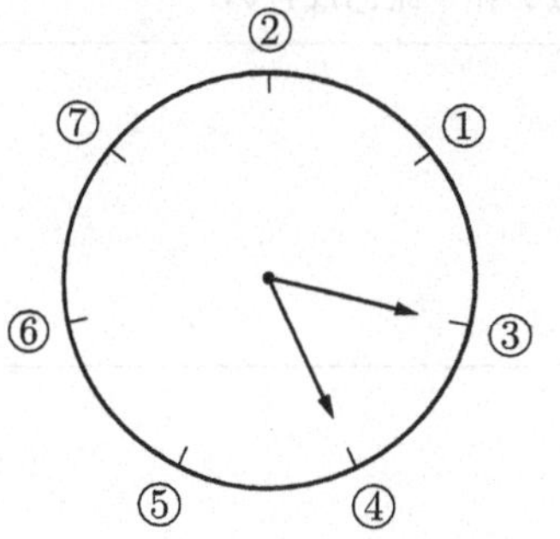

図２

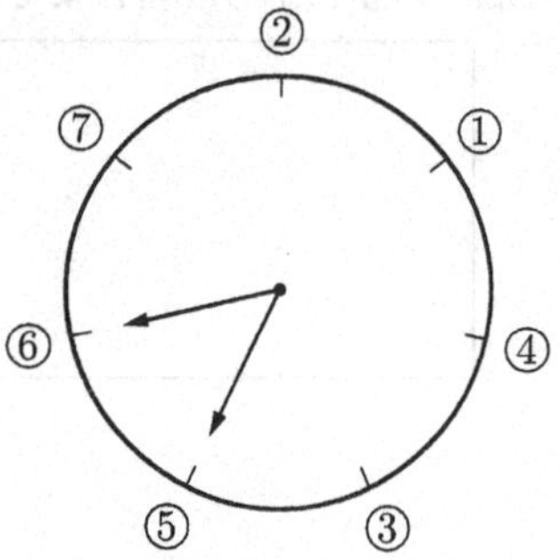

図３

この操作について，以下の問いに答えなさい。

⑴ 図１の状態から７回 **【操作】** を行うと，７枚のコインの位置と２本の矢印の向きはどうなりますか。下の図に１から７までの数字と２本の矢印をかき入れなさい。

答

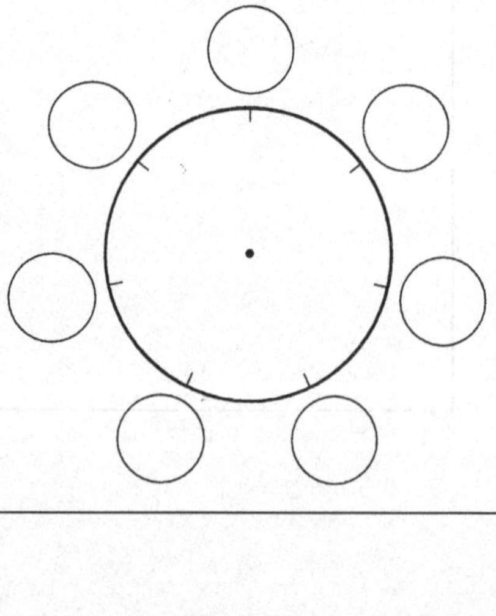

⑵　前のページの図１の状態から何回【**操作**】を行うと，１の数字が書かれたコインの位置と２本の矢印の向きが図１と同じになりますか。最も少ない回数を答えなさい。ただし，【**操作**】は１回以上行うものとします。

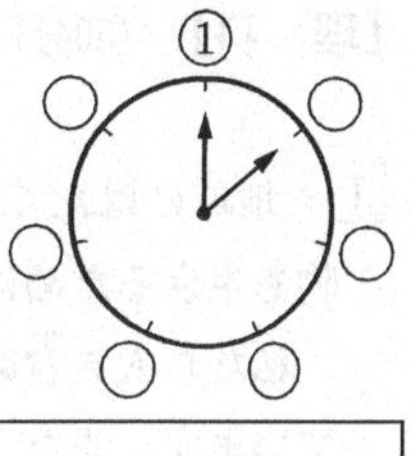

答　　　　　　　　回

⑶　図１の状態から何回【**操作**】を行うと，全てのコインの位置と２本の矢印の向きが図１と同じになりますか。最も少ない回数を答えなさい。ただし，【**操作**】は１回以上行うものとします。

答　　　　　　　　回

次に，円盤の円周を99等分する位置に目盛りを振り直します。さらに，前のページの図４のように，１から99までの数字が書かれた99枚のコインを各目盛りの位置に１枚ずつ，１から順に時計回りに置き，２本の矢印を１と２の数字が書かれたコインの方へ向けます。

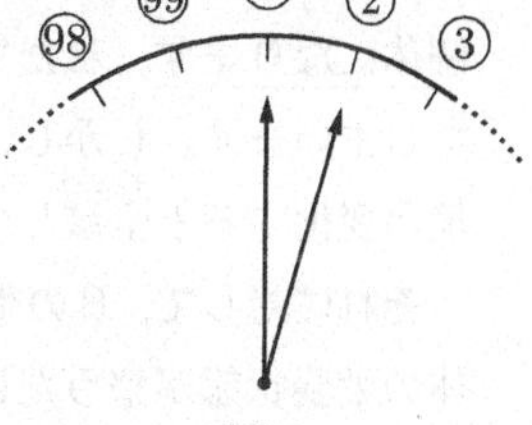

図４

⑷　図４の状態から何回【**操作**】を行うと，全てのコインの位置と２本の矢印の向きが図４と同じになりますか。最も少ない回数を答えなさい。ただし，【**操作**】は１回以上行うものとします。

答　　　　　　　　回

【理　科】（50分）　＜満点：40点＞

1　地球にはたくさんの種類の生物がいます。見た目や生活の仕方などはさまざまですが，どの生物も生きるために栄養をたくわえ，子をつくる点は共通しています。

私たち人を含《ふく》めた動物は自分自身で栄養を作れません。そのため，自分以外の（　あ　）を食べています。また，（あ）どうしで栄養をうばいあい，たくわえた栄養はさまざまな生命活動の結果，分解されて最終的に（　い　）と水などになります。この（い）と水から新たに栄養を作り出す（あ）がいます。それは（　う　）です。この（う）のはたらきは日光を使っているので，私たち人が得ている栄養のほとんどは，日光の恩恵《おんけい》であるといえます。

問1　文中の（あ）～（う）に入る適当な語をそれぞれ漢字で答えなさい。

生物が子をつくる一連の活動を生殖《せいしょく》といいます。この生殖において，子は自身の体をつくるための情報（遺伝情報）を親から必ずもらいます。私たち人を含めた動物の生殖方法は，細かな部分では違《ちが》いがありますが，次の2つに大きく区別できます。

A：自分自身の体の一部から分かれたものが成長して，新たな子となる。

B：①2つの個体の体の一部からそれぞれ分かれたものが合体し，新たな子となる。

※個体とは，1体の生物のことです。

Aの生殖を行う動物たちは，自分自身の栄養状態や環境《かんきょう》条件が整うと，いつでも子をつくることが可能です。そして，親の体の一部からできた子は，親と同じ情報を受け継《つ》ぐので，外見や体の性質がすべて親と同じになります。たとえば，動物ではありませんが，私たちのお腹《なか》の中（腸内）に寄生している大腸菌《だいちょうきん》という生物は，②20分に一度の割合で1個体から新たな1個体を切り離《はな》し，2個体になります。私たちの腸内環境がよいと活発に生殖を行い，あっという間に腸内をうめつくしてしまいます。しかし，短時間に無数に増えたこれらの大腸菌はすべて同じ性質のため，腸内の環境が変化すると全滅《ぜんめつ》してしまう可能性があります。

それに対して，Bの生殖を行う動物たちは，簡単に生殖を行うことができません。なぜなら，1個体の栄養状態が整うだけでは不十分で，自分以外の相手を必要とするからです。相手を探す苦労があっても，Bの生殖を行う動物たちは，他の個体と出会い，お互《たが》いの体の一部を複数出し合えば，一度に2個体以上の子を生み出すこともできます。Bの生殖で生まれた子の元になるものが受精卵《じゅせいらん》で，これは，2つの親から遺伝情報をもらうため，親と子が完全に同じ性質になることはありません。この③受精卵の大きさや一度に産む数は，動物の種類によってさまざまです。このように多様であるのは，体の成長の速さや生活の仕方などが異なるからです。

このようにしてみると，Aの生殖を行う動物たちの方が，Bの生殖を行う動物たちよりも，圧倒《あっとう》的《てき》に子を増やしやすいと思われます。しかし，動物が繁栄《はんえい》していくには，子を増やすことと同様にさまざまな環境の変化に対応して生き残っていくことも必要です。つまり，④Bの生殖を行う動物たちは，Aの生殖を行う動物たちよりも環境の変化への対応が優《すぐ》れているため，繁栄しやすいと考えられます。私たち人からみると非常に効率の悪そうな生活や生殖をしているさまざまな動物たちが，滅《ほろ》ぶことなく繁栄し続けている事実は，私たち人とは異なる自然環境や他の生物との関《かか》わりのなかで，それぞれが最良の選択《せんたく》をしているということなのかもしれません。

問2　下線部①で合体するものは何ですか。２つ答えなさい。

問3　問２で答えたものをそれぞれ出す個体どうしの違いが（　　）別です。（　）に入る適当な語を漢字１文字で答えなさい。

問4　植物の生殖方法も，動物の生殖方法ＡやＢと同じように区別できます。チューリップやひまわりを新たに育てるときに，みなさんが土の中にうめるものは何ですか。それぞれ答えなさい。また，それらは生殖方法ＡとＢのいずれによってできたものかも答えなさい。

問5　食中毒の原因となる病原菌《びょうげんきん》が，下線部②と同様の速さで増えていくとします。この病原菌を一度の食事で10万個体まで食べても，健康な人であれば消化において殺菌《さっきん》できるため食中毒にはなりません。お弁当が作られたときに，この病原菌が１個体のみ付着していたとすると，作られてから何時間後までにお弁当を食べれば，食中毒にならないと考えられますか。条件を満たす最大の整数を答えなさい。

問6　下線部③について，動物の産む卵が大きいと，どのような利点がありますか。また，一度に産む卵が多いと，どのような利点がありますか。それぞれ答えなさい。

問7　問６のそれぞれの利点があるにも関わらず，ほとんどの動物は，小さい卵を数千個以上も産むものか，大きな卵を数個のみ産むもののいずれかです。なぜ大きな卵を数千個以上も産む動物があまりみられないのでしょうか。考えられる理由を答えなさい。

問8　下線部④の理由として最も適当なものを，次のア～エから選び，記号で答えなさい。

ア．Ｂの生殖を行う動物は，つねに大きな卵を産むから。

イ．Ｂの生殖を行う動物は，親と子で持っている遺伝情報が異なるから。

ウ．Ｂの生殖を行う動物は，一度にたくさんの子をつくれるから。

エ．Ｂの生殖を行う動物は，脳が発達しているから。

2　みなさんはコーヒーを飲んだことがありますか。ほろ苦い大人の味ですから，まだ苦手だという人も多いでしょう。とはいえ，コーヒー飲料やコーヒーゼリーまで含《ふく》めれば口にしたことがある人は多いと思います。今日は，コーヒーに関するさまざまなことを科学的に考えてみましょう。

コーヒーを淹《い》れる際に必要なコーヒー豆は，コーヒーノキにできるコーヒーチェリーという実から，皮を取り除き，その中心にある生豆《きまめ》を取り出したものです。生豆は緑色をしており，苦味も酸味もほとんどありません（図１）。

図１

まず，この生豆を焙煎《ばいせん》（ロースト）します。焙煎とは，コーヒー豆をフライパンや金網《かなあみ》の上に乗せて加熱する作業のことです。これにより，コーヒー豆の酸化（空気中の酸素と結びつく反応）がはやまります。焙煎の度合いに応じて，浅煎《あさい》りの茶色，中煎《なかい》りのこげ茶色，深煎《ふかい》りの黒色などのコーヒー豆になります（図２）。

図２

コーヒーの味は苦味や酸味などが複雑にからみあっており，焙煎度合いに応じて大きく変化します。苦味の原因の一つはカフェインという物質です。他の苦味成分の量は，焙煎が進み，コーヒー豆が酸化するにつれて増加していくといわれています。また，酸味の原因はコーヒー豆に含まれる糖類などの有機物が酸化されることによって生じる有機酸であるといわれています。有機酸は長時間の加熱にともなって，徐々《じょじょ》に気体になったり分解したりする性質を持っています。そのため，深煎りのコーヒー豆には有機酸は少量しか含まれていません。

問１　焙煎は回転式穴あきドラム（図３）を使って行うことがあります。このとき，豆はドラム内に入れ，下部のヒーターで加熱します。金網（図４）とコンロを用いる場合に比べて，コーヒー豆の仕上がりにどのような利点があるか答えなさい。

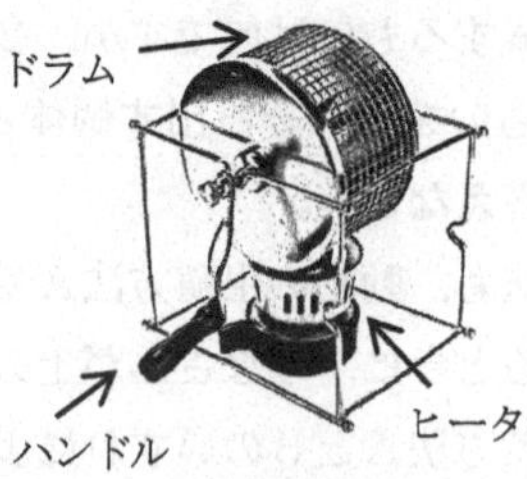

図３

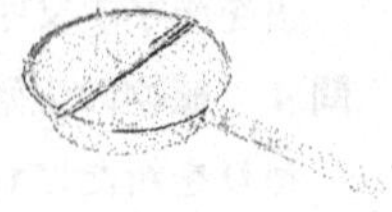
図４

問２　焙煎の度合いに応じて，コーヒーの苦味，酸味はどのように変化すると考えられますか。正しい組み合わせを，次のア～エから１つ選び，記号で答えなさい。

ア．

焙煎度	苦味	酸味
浅煎り	弱い	少し強い
中煎り	少し強い	強い
深煎り	強い	弱い

イ．

焙煎度	苦味	酸味
浅煎り	強い	弱い
中煎り	少し強い	少し強い
深煎り	弱い	強い

ウ．

焙煎度	苦味	酸味
浅煎り	強い	少し強い
中煎り	少し強い	強い
深煎り	弱い	弱い

エ．

焙煎度	苦味	酸味
浅煎り	弱い	弱い
中煎り	少し強い	少し強い
深煎り	強い	強い

次に，コーヒー豆を図５のミルという装置で細かくすりつぶし，粉状にしていきます。この動作を「挽《ひ》く」といいます。お店で売られているコーヒー豆の粉は，この作業が終わった状態なのです。一般《いっぱん》に，コーヒー豆を保存するときは，豆の方が長持ちし，①粉にすると味が変化しやすくなります。そのため，家庭で豆を挽ける場合は，使う分だけそのつど挽く方がよいのです。残りのコーヒー豆は冷蔵庫で保存すると長持ちしますが，おいしいコーヒーを淹れるためには，焙煎してから３週間以内に使い切るのがよいといわれています。

図５

豆を挽くときは，図５のハンドルをなるべく②ゆっくりと回して挽く方がよいといわれています。また，その挽き方には，粗挽《あらび》き，中挽《なかび》き，細挽《ほそび》き，極細挽《ごくほそび》きなどがあり，粗挽きの粉の粒《つぶ》は大きく，細挽きや，極細挽きの粒は非常に小さいです。これらの挽き方は，図５右側のすりつぶす装置どうしの間の距離《きょり》を変えることによって調節できます。

問３　下線部①について，理由を答えなさい。

問４　下線部②について，高速でハンドルを回して挽くと，コーヒーの味に変化があるおそれがあります。ゆっくりハンドルを回して挽いたときと比べて，味にどのような変化があると考えられますか。どちらも中煎りのコーヒー豆を中挽きにしたものとします。

最後に，コーヒーを淹れましょう。ドリッパーにペーパーフィルター（ろ紙）をセットし，そこに粉状のコーヒー豆を入れます。ここに熱湯を注ぐと，ドリッパーの底にある穴を通ったコーヒーが，下にある容器にたまります。コーヒーをおいしく淹れるには，コツがいくつかあります。まず，コーヒーの粉の中心に少しくぼみを作っておき，そこに90℃ 程度の熱湯を「の」の字を描《えが》くように少量注いで20秒ほど待ちます（図６)。この作業を「蒸《む》らし」といいます。蒸らしをすると，コーヒーの粉が水を吸って膨《ふく》らみ，中から気泡《きほう》が出てきます。これは，焙煎したてのコーヒー豆が気泡になる成分を含んでいるためです。その後も「の」の字を描くように，中心のくぼみから外側に向けて少しずつ熱湯を注いでいきます。③注ぎ始めからしばらくは，注いだ熱湯がくぼみからあふれて，直接ペーパーフィルターに触《ふ》れてしまわないように気を付けます。さらに，熱湯を少量ずつゆっくりと注いでいき，くぼみの周辺を少しずつくずしながら淹れれば，おいしいコーヒーの出来上がりです。

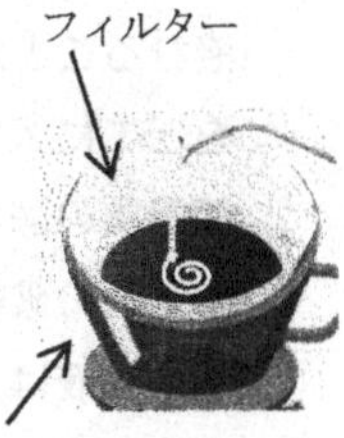

図６

問５　下線部③について，熱湯が直接ペーパーフィルターに触れてしまうと，コーヒーの味にどのような影響《えいきょう》がでますか。理由とともに答えなさい。

コーヒーを淹れる作業のように，物質の成分を，溶《と》けやすい液体に溶かして取り出す作業を「抽《ちゅう》出《しゅつ》」といいます。抽出は多量の液体で一度に行うのではなく，少量の液体を数回に分けて行う方が，抽出される成分が多くなります。そのため，コーヒーを淹れるときは，熱湯を少しずつ注ぐのです。

このことをコーヒーに溶けている味の成分を『粒』として単純に考えてみましょう。ここでは，コーヒーの粉と熱湯が十分な時間で触れたとき，コーヒーの粉１ｇあたりに残っている『粒』の数と，触れていた熱湯１ｇあたりに溶けた『粒』の数の比は９：１になるものとします。たとえば，コーヒーの粉１ｇに，熱湯２ｇが十分な時間で触れていた場合を考えます。最初にコーヒーの粉１ｇに『粒』が11粒含まれていたとする（実際には十分に多数の粒が含まれています）と，抽出後にこのコーヒーの粉１ｇに十分な時間で触れていた熱湯２ｇには『粒』が２粒溶け，９粒がコーヒーの粉１ｇに残っていると考えられます。

問６　コーヒーの粉１ｇに対して９ｇの熱湯を１回だけ用いて抽出したとき，コーヒーの粉に残っている『粒』の数と，熱湯９ｇに溶けている『粒』の数の比を，最も簡単な整数比で表しなさい。抽出の際は，コーヒーの粉と熱湯は十分な時間で触れていたものとします。

問７　コーヒーの粉１ｇに対して，27ｇの熱湯を１回だけ用いて抽出した場合に熱湯に溶けている『粒』の数と，別々の９ｇの熱湯を計３回用いて抽出した場合に得られた熱湯27ｇに溶けている『粒』の数の比を，最も簡単な整数比で表しなさい。それぞれの抽出の際は，コーヒーの粉と熱湯は十分な時間で触れていたものとします。

コーヒーの淹れ方には熱湯を少しずつ注ぐ以外の方法もあります。たとえば，エスプレッソは少量の熱湯に少し高い圧力をかけて１回の抽出で淹れた，非常に濃厚《のうこう》なコーヒーのことです。コーヒーは好みに合わせた楽しみ方がまだまだあるので，みなさんも大人の味覚がわかるようになったら，楽しんでみてください。

問８　エスプレッソを淹れる際の豆の挽き方は，粗挽き，中挽き，細挽き，極細挽きのどれがふさわしいか答えなさい。

問9　エスプレッソは図7のような器具を使って淹れることがあります。「水」，コーヒーの「粉」をどこに入れ，「コーヒー」がどこにできるかを解答欄《らん》の図にそれぞれ書きこみなさい。ただし，図7右の破線部分（-----）は固形物が通らず，水や水溶液《すいようえき》は通過できるものとします。

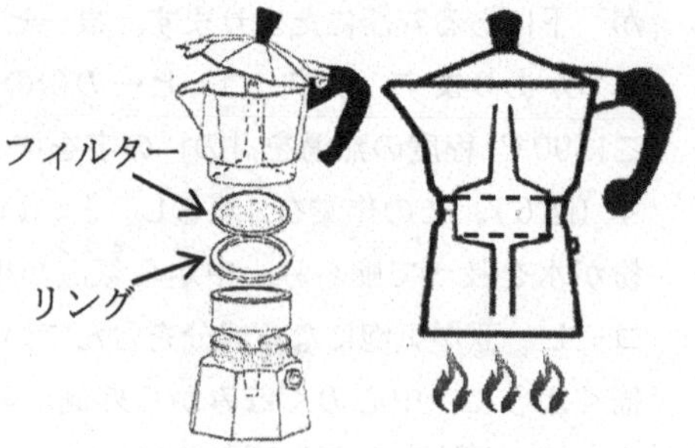

図7

3　みなさんが学校などで使用する温度計の多くは，温度によって体積が変化する液体を利用した液体温度計です。一方，金属の体積変化を利用した温度計もあり，この温度計ではバイメタルという金属が使われています。

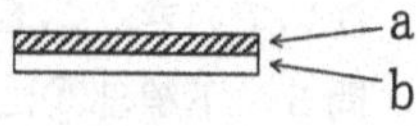

図1

バイメタルとは，図1のように体積が変化しやすい金属aと体積が変化しにくい金属bをくっつけたもののことをいいます。金属aのみ，または金属bのみをあたためると，それ自体が曲がるなどの変形はほとんどせず，長さだけが伸《の》びます。しかし，図1のバイメタルをあたためると，金属どうしは離《はな》れずに，バイメタル全体が曲がります。このようなバイメタルは図2のような回路で，ドライヤーやこたつなどにも使用されています。ただし，図2のバイメタルPと金属Qは，通常は接点で触《ふ》れていますが，離れることもできます。また，バイメタルPと金属Qの上部は電気を通さない物体によって固定されています。

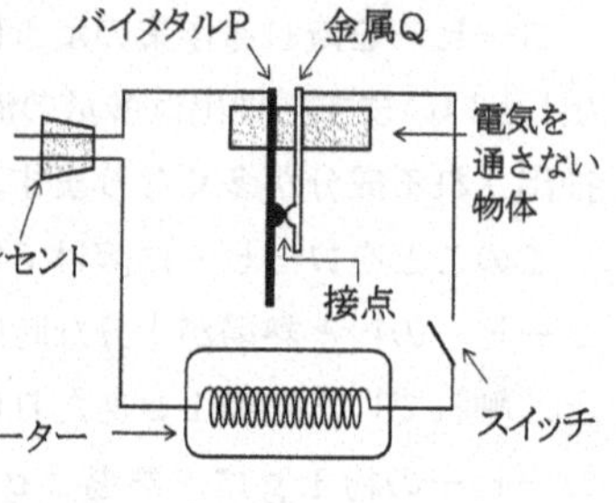

図2

問1　図1のバイメタルの端《はし》を固定してあたためます。このときのバイメタルの曲がり方として正しいものを，右のア，イから選び，記号で答えなさい。

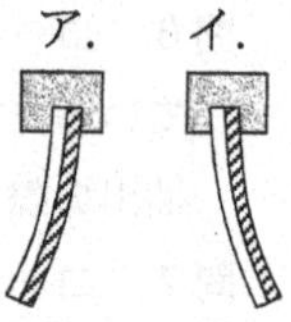

問2　ドライヤーやこたつで，図2の回路を使うとき，バイメタルPはどのような役割を果たすか答えなさい。

続いて，図3のような形のバイメタルを使用する場合を考えます。図3ではバイメタルの一《いっ》端《たん》がAに固定され，もう一方の端は糸に接続し，その糸は回転することのできるBに取り付けられています。このバイメタル部分の温度が変わると，バイメタルは糸を引き，Bが回転します。

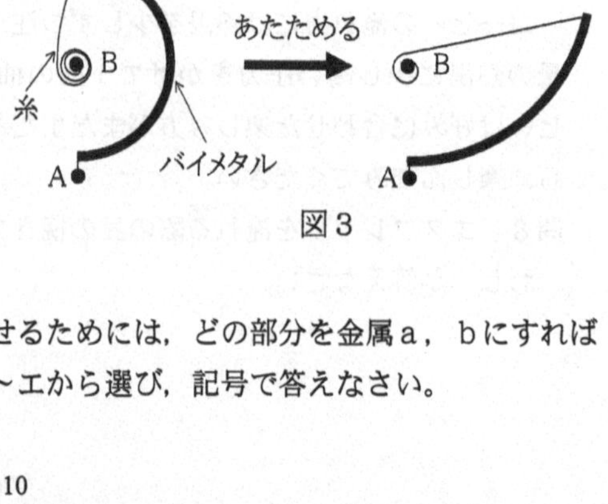

図3

問3　バイメタルをあたためて図3のように変形させるためには，どの部分を金属a，bにすればよいですか。最も適当なものを，次のページのア～エから選び，記号で答えなさい。

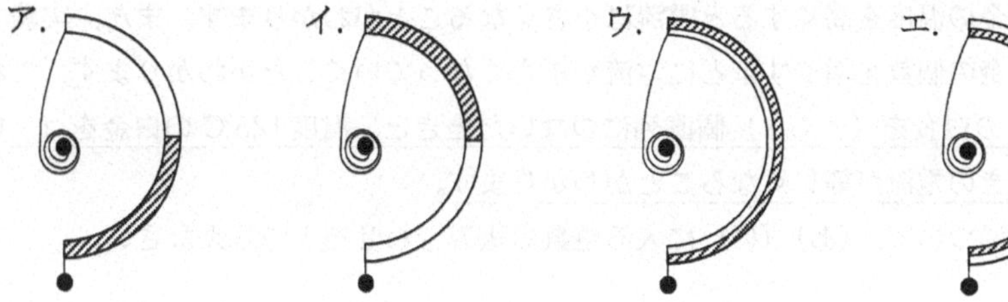

このように，バイメタルによる回転を利用すると，温度計をつくることができます。実際の温度計内では，図４のように，バイメタルの一端をＡでケースに固定し，もう一方の端を指針の回転軸《かいてんじく》Ｂに取り付けます。バイメタルをたくさん巻いているのは，小さな温度変化でも指針の回転する角度を増やして，より精度よく温度を測るためです。ただし，①Ｘの部分の長さは図４の左側のように短くし，右側のように長くしません。また，熱した油の温度を調べるときは，図５のように先端《せんたん》を入れて温度を測ります。

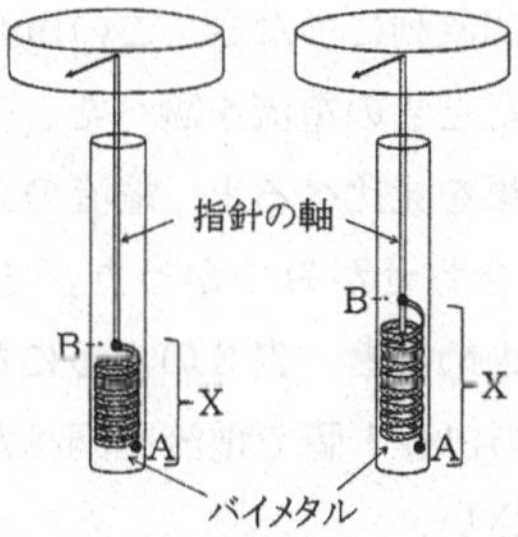

図４

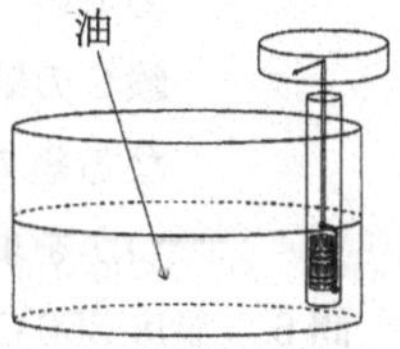

図５

問４　下線部①について，Ｘの部分を長くしすぎた場合，熱した油の温度を測定すると，どのような問題が生じると考えられるか説明しなさい。

次に，物体の体積変化とは違《ちが》った現象を利用した，白金抵抗《はっきんていこう》温度計について考えます。白金抵抗温度計は，金属の一種である白金（プラチナ）に電気を流すことで温度を調べる温度計です。その仕組みを調べるために，次のような実験を行いました。以下の実験で用いる，mAという単位は，ミリアンペアと読み，1000mAは１Ａと等しいです。

実験１　図６のような回路を組み，温度０℃の白金１個をあたためていったときの温度と電流の関係を調べた。その結果の一部は，表１のようになった。

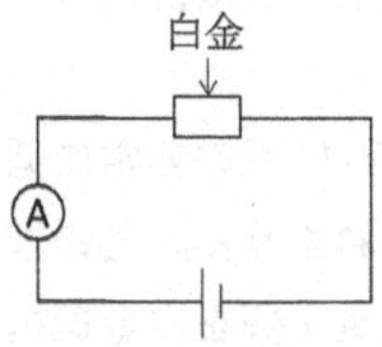

図６

表１

白金の温度〔℃〕	電流〔mA〕
0	120
50	100
125	80
150	75

実験２　同じ形，同じ体積の白金をたくさん用意した。まず，図７のように２個の白金を直列につないだときの電流を調べた。次に，白金の個数を３個，４個と直列に増やしていったときの電流も調べた。このような実験を，すべての白金を０℃にして行った場合と50℃にして行った場合の結果の一部は，表２のようになった。

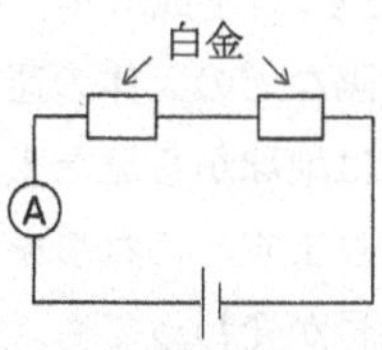

図７

表２

白金の個数	電流〔mA〕	
	0℃	50℃
1	120	100
2	60	50
3	40	33
4	30	25
5	24	20

実験１から白金の温度を高くすると電流は小さくなることがわかります。また，実験２からそれぞれの温度で白金の個数を増やすほどに電流が小さくなっていくことがわかります。これらのことから②温度０℃の白金を（　あ　）個直列につないだときと，温度125℃の白金を（　い　）個直列につないだときの電流が等しくなることがわかります。

問５　下線部②について，（あ）（い）に入る整数の組み合わせを１つ答えなさい。

さらに，白金の温度を高くしたときの電流の減り方を調べるために，次の実験を行いました。

実験３　白金を10個直列につなぎ，この白金10個をあたためていったときの電流を調べた。この結果と，実験２の結果を見比べると，電流の大きさが等しくなる組み合わせがみつかった。そのうちのいくつかをまとめると，表３のようになった。

表３

	0℃の白金の個数
50℃の白金 10 個	12 個
100℃の白金 10 個	14 個
175℃の白金 10 個	17 個
350℃の白金 10 個	24 個

問６　温度350℃の白金１個で電流を調べたときは何mAになるか答えなさい。

実験３より，あたためた白金と同じ電流になるような，０℃の白金の個数は，規則的に変化することがわかります。また，温度を０℃より下げた場合も，同じ規則で０℃の白金の個数は変化しました。

問７　温度０℃のときの電流と比べ，同じ白金の個数で，電流の大きさが半分になるような温度は何℃か答えなさい。

この実験からわかるように，白金の温度を調べれば白金に流れる電流が計算できます。白金抵抗温度計では逆に，白金を流れる電流の大きさを調べることで白金の温度を計算します。このように，「温度とともに何かが規則的に変化する」という物体の性質を利用してさまざまな温度計がつくられています。それぞれの種類の温度計には長所，短所があり，それぞれに適した場面で使用されています。

問８　白金抵抗温度計は－200℃程の非常に低い温度でもよく利用されます。一方で液体温度計はそのような温度では使用されません。その理由を答えなさい。

問９　実験１～３で使った白金１個を白金抵抗温度計として用いた場合を考えます。この白金に流れる電流が300mAだった場合，白金温度計は何℃を示すか答えなさい。

４　平成もあと少しで終わりです。「平成31年」のように，元号と数字を組み合わせて年を表す方法を和暦《われき》と呼びます。一方，太陽などの天体の運動をもとに，日付や季節を定める方法を暦法《れきほう》と呼びます。たとえば，一年の長さは地球から見た太陽の運動で定められ，正月や節分などの季節の節目となる日は太陽の位置で決まります。これらを予測する方法が暦法なのです。和暦と暦法はともに暦《こよみ》と呼ばれますが，和暦の元号が変わっても，暦法は変わりません。

問１　暦法で定めていないものを，次のア～エから１つ選び，記号で答えなさい。

ア．立春　　イ．梅雨《つゆ》　　ウ．春分　　エ．冬至

暦法には，1年の長さや日付を定めるだけでなく，月の満ち欠けや日食など，空の様子を予測する役割もあります。ここで，日食とは，太陽と地球の間を新月が通過することで，図1のように太陽が欠けて見える現象です。特に，太陽が全く見えなくなる日食は皆既《かいき》日食と呼ばれます。

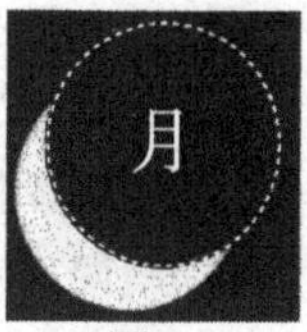

図1

問2　日食と似た現象に，満月が欠けて見える月食があります。月食の説明として最も適当なものを，次のア～エから選び，記号で答えなさい。

ア．太陽と地球の間を月が通過して，太陽のかげが満月をかくす現象。

イ．太陽と地球の間を月が通過して，地球のかげが満月をかくす現象。

ウ．地球と月の間を太陽が通過して，太陽のかげが満月をかくす現象。

エ．太陽と月の間を地球が通過して，地球のかげが満月をかくす現象。

月は地球の周りを回り，地球は太陽の周りを回ります。このように，ある天体の周りを別の天体が回る現象を公転と呼びます。地球と月が公転する面どうしには，図2のように約5°のかたむきがあります。このかたむきは，地球や月の位置によらず一定です。ここで，公転する地球と月の位置を，図3に示すA～Dとe～hの記号でそれぞれ表すことにします。

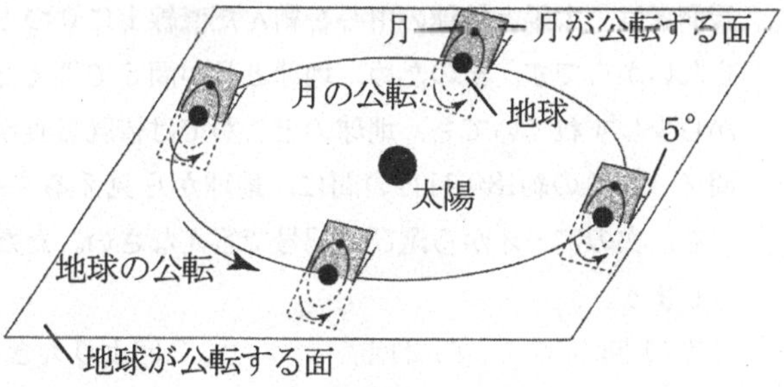

図2

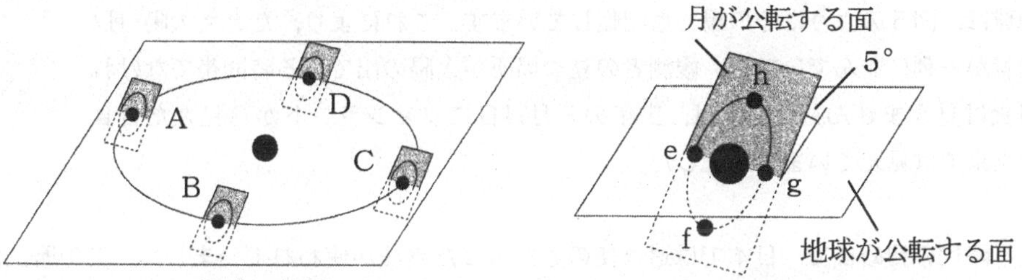

地球の位置　　月の位置

図3

問3　地球と月が公転する面どうしにかたむきがあるとわかるのはなぜですか。その理由として最も適当なものを，次のア～エから選び，記号で答えなさい。

ア．新月のたびに日食が必ず観測されるから。

イ．満月のたびに月食が必ず観測されるから。

ウ．日食をともなわない新月が観測されるから。

エ．半円状に光る月が観測できるから。

問4　次の①，②のとき，地球から月はどのように見えますか。最も近いものを，以下のア～エから選び，記号で答えなさい。

①　地球がAにあり，月がhにあるとき

②　地球がDにあり，月がfにあるとき

ア．満月　　イ．三日月　　ウ．半月　　エ．新月

問５　太陽と地球の中心を結ぶ直線を新月が通過して，皆既日食が生じるとき，地球と月はどこにありますか。地球と月の位置の組み合わせを，Ａ～Ｄとｅ～ｈの記号ですべて答えなさい。ただし，解答欄《らん》をすべて使うとは限りません。

問６　問５で答えた組み合わせのうちの１つで皆既日食が生じてから，再び同じ組み合わせで皆既日食が生じるまでに約18年11日かかります。皆既日食が生じたあとの最初の新月を１回目とすると，約18年11日後の皆既日食は何回目の新月で生じるか答えなさい。ただし，１年を365日，月の満ち欠けの周期を29日12時間（29.5日）とします。

太陽と地球を結ぶ直線を新月が通過すると，皆既日食が生じます。このとき，3つの天体の中心が正確に一列に並ぶとは限りません。図４のように，大きな地球の上に立つ観測者は，太陽と地球の中心を結んだ直線上に立つとは限らないからです。そのため，地球と月が問５で答えた位置から少しずれていても，地球のどこかでは皆既日食が見えます。

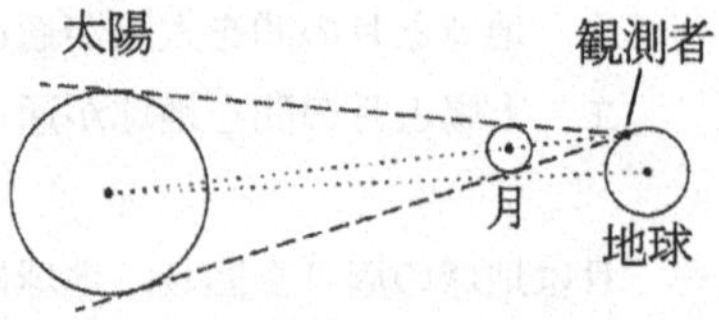

図４

問７　問６の約18年11日の間に，地球から見えるすべての皆既日食の回数として最も適当なものを，次のア～オから選び，記号で答えなさい。ただし，最初の皆既日食は回数に含《ふく》まないものとします。

ア．１回　　イ．２回　　ウ．２回より大きく，問６で答えた数より小さい

エ．問６で答えた数に等しい　　オ．問６で答えた数より大きい

地球は，図５のようにその場でも回転しています。これにより，たとえ太陽・月・観測者が一列に並んでいても，観測者の立つ場所が太陽の出ている時間帯でなければ日食は見えません。たとえば，去年の８月11日にフィンランドから見えた日食は，東京では見えていませんでした。

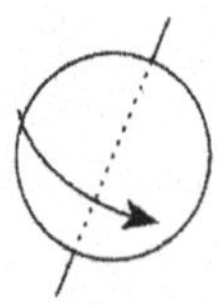

図５

江戸《えど》時代の初めまで，日本では遣唐使《けんとうし》のもたらした暦法が使われていました。この暦法は800年以上前の古い観測にもとづいたものです。そのため，この暦法で予測した太陽などの天体の運動は，実際のものと１日以上もずれていました。そこで江戸幕府は，元《げん》が定めた新しい暦法を使おうとしました。この暦法では，中国での日食を正確に予測できていました。しかし，この予測と日本で日食を観測できた日は一致《いっち》しませんでした。

問８　下線部の理由として最も適当なものを，次のア～エから選び，記号で答えなさい。

ア．中国と日本の経度の差が，無視できないほどに大きいから。

イ．中国ではさらに新しい暦法が，すでに作られていたから。

ウ．地球と月の公転する面どうしにかたむきがあるから。

エ．太陽と月の動く速さが，中国と日本では異なるように見えるから。

幕府は，中国で作られた暦法のかわりに日本独自の暦法を作らせました。これにより，日食をはじめとした日本の空の様子が正確に予測されるようになりました。この成功を機に，幕府は「天文《てんもん》方《がた》」という役職をおき，天体の観測や暦法の計算にあたらせました。

天文方の仕事は，暦法を作るだけではありませんでした。たとえば，江戸時代の中ごろに，天文方に弟子《でし》入りして，日本全国の精密な地図を初めて作った人物に（　あ　）がいます。

（あ）は各地を訪ね，緯度《いど》によって異なる太陽の南中高度を測ることで南北の位置を，経度によって異なる日食・月食の時刻を測ることで東西の位置を決めました。こうして得られた緯度と経度を，自分の足で測った距離《きょり》とあわせて地図を完成させました。

問９　（あ）に入る人物名を漢字で答えなさい。

問10　（あ）の作った地図では，南北に比べて東西の正確さがおとっていました。その理由として最も適当なものを，次のア～エから選び，記号で答えなさい。

ア．日本列島の東西の移動は，南北の移動よりも難しかったから。

イ．ただでさえ少ない経度を測れる回数が，悪天候でさらに減ったから。

ウ．大きさのある太陽の南中高度を，正確に測れなかったから。

エ．当時の暦法が日食や月食の日付を正しく予測できず，観測をのがしたから。

このように，日本の地図作りの発展には天文方が大きな役割を果たしました。また，一部のカレンダーには今でも，大安や仏滅《ぶつめつ》など，曜日の一種である六曜がのっています。この六曜は，天文方が最後に作った暦法によって計算されています。平成が終わろうとする今ですが，地図やカレンダーを通して江戸時代に思いをはせてみるのも良いでしょう。

【社　会】（50分）　＜満点：40点＞

次の文章をよく読んで，20ページから22ページの問いに答えなさい。

身体《からだ》を動かすことは勉強と並んで重要なことだといわれています。自分で身体を動かすことは苦手でも，スポーツ観戦を楽しみにしているひとは多いのではないでしょうか。テレビでは毎日のように野球やサッカー，そして2020年の東京オリンピック・パラリンピックの話題で盛り上がっています。新聞に目をやればスポーツの記事が何ページも埋《う》め尽《つ》くしています。いまや私たちの生活や社会とスポーツは切っても切り離《はな》せない関係にあるようです。このような私たちとスポーツとの関《かか》わりは，どのように始まったのでしょうか。

スポーツはどこから来たのか

スポーツにはさまざまな競技があります。さまざまなスポーツに共通するのはどのようなことでしょうか。ここでは，「娯楽《ごらく》として遊び（プレー）の要素を含《ふく》み，身体を動かして活動し，競《きそ》い合いの要素を含むもの」としましょう。自分でスポーツをするのが楽しいことはもちろん，試合を観戦することもおもしろく，スポーツは私たちの生活を豊かにしてくれるものです。2015（平成《へいせい》27）年に（　あ　）省の下にスポーツ庁が設置されたこともスポーツの影響《えいきょう》の大きさのあらわれといえるでしょう。

スポーツの原型（元になるもの）になった「身体を使う遊びや競技」は，昔から世界各地で行われてきました。現在のオリンピックのモデルになったのは，紀元前の（　い　）で生まれ，1000年以上も続いた「オリンピアの祭典」でした。４年に１度，オリンピアという場所で，裸《はだか》で走る，投げる，格闘《かくとう》する男性だけの競技が行われていました。これは神に捧《ささ》げる宗教行事でもありました。

ヨーロッパの地図（国境は現在のもの）

（　い　）の西にある（　う　）のローマでは，剣闘士《けんとうし》競技や戦車競争を見せ物として開催《かいさい》していました。ひとびとをたくさん集めるために，巨大《きょだい》な競技場が建設されました。大勢の観客に見せるスポーツの始まりといえるかもしれません。

日本では力比べが相撲《すもう》に発展しました。『古事記《こじき》』にはア．鹿島神宮《かしまじんぐう》にまつられているタケミカヅチ神が出雲《いずも》のタケミナカタ神とたたかったことが記されています。奈良《なら》時代には宮中の宗教的な行事として，天皇《てんのう》の前で力に自信のある者たちが相撲を取りました。このように，世界各地で宗教的な儀式《ぎしき》として身体を動かす競い合いが行われ，それを観戦することも娯楽になっていったのです。

やがて，日本では武士が，ヨーロッパでは騎士《きし》がたたかいの技術を高めるために訓練を行うようになります。鎌倉《かまくら》時代の武士たちはイ．馬上から矢を放つ技術を訓練で高めようとしました。ヨーロッパでも，馬上で槍《やり》などを振《ふ》るって競い合いました。これを「トーナメント」といいますが，この言葉は「勝ち抜《ぬ》き戦」としていまでもさまざまなスポーツの大会で用いられています。

カルチョの様子

国王や貴族たちは乗馬，水泳，登山，そしてテニスの原型となる球技も行いはじめました。ヨーロッパではやがて都市に住むひとびとや農民のあいだでも娯楽として，現在のスポーツの原型となる遊びが広がりました。たとえばサッカーの原型とされるフットボールやカルチョは，無数のひとびとが参加してゴールとされた場所までボールを運ぶ競い合いでした。これらは厳格なルールがないためたいへん危険で，たびたび禁止令が出されましたが，おさまる気配はありませんでした。

同じころ日本は江戸《えど》時代でしたが，剣術《けんじゅつ》，柔《じゅう》術《じゅつ》，弓術《きゅうじゅつ》，槍術《そうじゅつ》などが武士にとって身につけておかなくてはならないものとされました。ウ．しかしこれらの武術が実戦で使われることはなくなりました。そうしたなかで剣術の稽古《けいこ》に竹刀《しない》が使われるようになるなど大きな変化がみられました。

世界のあらゆる地域で，昔からスポーツの原型となるものが行われていました。しかし世界全体に広がっていく近代的なスポーツは，ほとんどがヨーロッパで生まれたものでした。ヨーロッパが世界に進出するなかでスポーツも世界中に広がっていったのです。その様子をみてみましょう。

世界に広がるスポーツ

現在世界中で親しまれている近代的なスポーツの多くはヨーロッパ，とくにイギリスで生まれたものです。イギリスで行われていたサッカーやラグビーの原型であるフットボールは村や町同士で行うものでしたが，やがて裕福《ゆうふく》な家庭の子どもたちが通う学校でも好んで行われるようになり，しだいに学校同士でも試合が行われるようになっていきました。さらに工場で働くようになったひとびともクラブをつくるようになり，試合を通じての交流が盛《さか》んになりました。こうして自由参加のクラブを土台とした共通のスポーツの文化がイギリス全土に広がり，現在の競技のかたちができていきました。19世紀の後半から20世紀にかけて陸上競技，水泳，テニスなどでも同じようなことがおこりました。このような動きは，エ．スポーツの原型が近代的なスポーツへと変化するなかでもたらされたのです。

そうした背景のひとつとして，工業が発展していくヨーロッパ社会とスポーツの性格が似ていたことがありました。すなわちスポーツでは工業と同じく，発展や向上がよいものとされ，結果を求めて努力を重ねることが重視されたのです。

近代的なスポーツはヨーロッパから，南北アメリカやアジアなど世界中に広がっていきました。アメリカ合衆国では，ヨーロッパから伝わったスポーツをもとに野球やアメリカンフットボールなどが生まれ，人気を集めました。冬の室内でも行える競技として，新しくバスケットボールやバレーボールなどもつくりだされました。こうしたなかで1896（明治《めいじ》29）年には第１回の近代オリンピックが開催されました。やがてアメリカ合衆国で生まれた競技の一部はオリンピックの競技にも加えられていきました。オリンピックの競技は大会が重ねられるごとに増えていき，スポーツも世界に広がったために参加国も増え，大規模なスポーツの祭典になっていったのです。しかし，最初からすべてのひとにスポーツが開かれていたわけではありません。女性や身体に障がいを持ったひとが本格的にスポーツに関われるようになるのは，20世紀の後半になってからのことです。

近代的なスポーツが日本に伝わったのは明治時代の初めでした。外国人教師や牧師，海外留学からの帰国者によって紹介《しょうかい》され，政府がつくった学校に取り入れられました。

政治と関わるスポーツ

スポーツは国の考えや都合にあわせて，学校や軍隊で行われるようになりました。日本でも明治時代に新たにつくられた学校で，全員で一斉《いっせい》に行う体操が取り入れられ，それまでスポーツに親しんだことのなかったひとびとに課されたのはよい例でしょう。オ．スポーツは政府の政策に役立つものと考えられたのです。

全員で一斉に行った体操

現在ではプロチーム同士の対戦が当たり前となっている野球も，日本に伝わったころは課外活動のひとつとして学校のなかだけで行われるものでした。やがてさまざまな学校でチームがつくられるようになると，学校同士での対抗《たいこう》戦が組まれるようになっていきます。初めは大学同士の対抗戦が人気を集め，行き過ぎた応援《おうえん》がみられるなど過熱気味になっていきました。そのため，明治時代の終わりころには「試合に熱中するあまり勉学がおろそかになる」，「勝つために盗塁《とうるい》や敬遠をするなど，ずるさを身につけさせる」といった批判が新聞に掲載《けいさい》されたこともありました。そのような批判があっても，学生の野球はひとびとに受け入れられていきました。1915（大正《たいしょう》４）年には大手新聞社が中学野球の全国大会を開催し，これが現在まで続く高校野球の「夏の甲子園《こうしえん》」となっていきます。カ．このような国民の熱狂《ねっきょう》を政府も歓迎《かんげい》し，1926（大正15）年には大学野球の優勝校に皇太子（後の昭和《しょうわ》天皇）の名前を冠《かん》した優勝カップを授与《じゅよ》するなど，盛り上がりを後押《あとお》ししました。日本に職業野球（プロ野球）が生まれるのは，1934（昭和９）年になってからのことです。しかし太平洋戦争が始まり戦時体制に移ると，政府は敵国のスポーツである野球への制限を強めていきました。学校でも体育の授業は武道と軍事教練ばかりになり，子どもたちは家に帰っても三角ベース（二塁ベースのない簡略化された野球）を楽しむことすらできなくなってしまいました。

第二次世界大戦が終わると，1945（昭和20）年11月には職業野球の試合が再開されました。日本中が食糧《しょくりょう》不足に苦しみ，戦地から戻《もど》ってこない選手たちも大勢いるなかで行われた，わずか４試合の対抗戦でしたが，球場には何千人もの観客が押し寄せ，ラジオ中継《ちゅうけい》も行われました。ひとびとはスポーツの再開を待ち望んでいたのです。連合国軍総司令部（GHQ）もスポーツを平和で民主的な社会にふさわしいものとして奨励《しょうれい》しました。スポーツは国の都合で制限されたり，一転して奨励されたり，時代に振《ふ》り回されたのです。

多くの選手たちが国を代表して競うオリンピックも，各国の都合にもてあそばれた歴史を持っています。1936（昭和11）年，ドイツのベルリンでオリンピックが開かれました。ベルリン大会は，その後のオリンピックのあり方に大きな影響を与《あた》えました。ドイツを率いていたヒトラーはオリンピックを利用し，スタジアムや選手村，ホテルの建設，道路や鉄道の整備を行いました。初めて行われた聖火リレーが大会を演出し，キ．記録映画も制作されました。

戦後のオリンピックでは，ク．1980(昭和55)年のモスクワ大会（ソ連）と，1984(昭和59)年のロサンゼルス大会（アメリカ）で各国の政治的な都合により参加，不参加が分かれ，日本もモスクワ大会には参加しませんでした。

ベルリン大会記録映画のポスター

商業化するスポーツ

20世紀になって，とくにアメリカではスポーツがお金を稼《かせ》ぐ手段になっていきました。これをスポーツの商業化といいます。ひとびとが新聞，ラジオ，テレビなどを通じてスポーツを観戦して楽しめるようになると，スポーツでお金を稼ぐプロ選手やプロチームだけでなく，スポーツに関わる企業《きぎょう》もあらわれました。

スポーツ自体のあり方も新聞，ラジオ，テレビ，インターネットなどの登場や計測技術の進歩によって変わっていきました。ケ．たとえばサッカーのペナルティーキック戦や柔道《じゅうどう》でのポイント制といった制度の導入がありました。また陸上や水泳など記録を争う競技では，機械の導入により記録の測定が精密になり，人間が感じ取れない差を競うようになりました。球技でも映像による検証やデータをもとにした分析《ぶんせき》が行われるようになり，選手はどうすれば好成績をおさめられるかを考え，ファンはそうしたデータをもとに新たなスポーツの楽しみ方を覚えていきました。このようにスポーツのあり方も変わっていき，多様な楽しみ方が可能となりました。しかしそうした変化の一方で，スポーツの商業化にともなう勝利至上主義の広がりや，選手のプロ化にともなう成績への重圧，記録更新《こうしん》のための競争の激化などから問題も起こっています。

第二次世界大戦後の日本の状況《じょうきょう》をみると，学生のスポーツは学校での部活動を中心に，社会人のスポーツはコ．企業が社内に結成したチームを中心に発展していきました。日本の仕組みは世界的にみてもめずらしいものですが，企業スポーツは会社の宣伝に利用でき，同時に従業員たちの一体感を高めることにも役立ち，サ．選手にとっても利点がありました。

ところが，1990年代初めに景気が悪化してくると，企業スポーツがさまざまな行きづまりをみせはじめました。こうしたなかで，サッカーのＪリーグやバスケットボールのＢリーグなど，企業スポーツの枠組《わくぐ》みを超《こ》えたプロ化の動きがみられるようになりました。同時にそれは，地域とスポーツとのつながりを生むことを目指したものにもなっています。

このようにスポーツはさまざまな形で広がりをみせ，ひとびとは見たり参加したりして楽しめるようになってきました。世界中でスポーツが愛されてきたのは，スポーツそのものが持つ楽しさだけでなく，そこで育《はぐく》まれるフェアプレーや友情の精神を大切にしてきたからでしょう。

ここまで，シ．私たちは，スポーツが時代ごとにさまざまな影響を受け，ときに振り回されたことをみてきました。この意味でスポーツは社会を映し出す鏡であるといえるのです。日本では今秋にはラグビーワールドカップ，そして2020年には東京オリンピック・パラリンピックと，世界的なスポーツイベントが立て続けに開催されますが，ときにスポーツと社会の関係について考えてみることも必要かもしれません。

問１　文章中の空らん（**あ**）にふさわしい語句を答えなさい。

問２　文章中の空らん（**い**）と（**う**）に入る現在の国名を答えなさい。

問３　下線部**ア**．について。鹿島神宮のある鹿嶋《かしま》市の場所を下の地図にある**ア～オ**から選び記号で答えなさい。また，そこにある工業地帯の説明としてもっともふさわしいものを下の説明文**１～５**から選び数字で答えなさい。

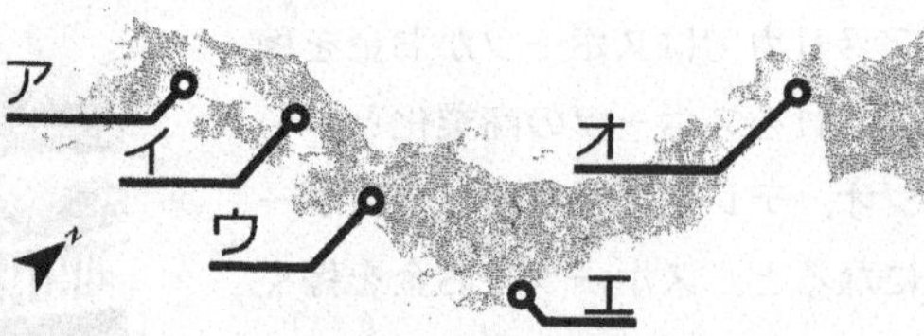

１　砂丘《さきゅう》地帯に大規模な港がつくられ，製鉄所や石油化学コンビナートが立地する。
２　付近で採れる石炭や鉄鉱石を利用した製鉄所が明治時代から立地する。
３　大規模な石油化学コンビナートが立地するが，四大公害病のひとつが発生した。
４　埋《う》め立《た》てや大規模な干拓《かんたく》によってつくられた工業用地に多くの工場が立地する。
５　高度経済成長期につくられた埋立地《うめたてち》に最新鋭《さいしんえい》の製鉄所などが立地する。

問４　下線部**イ**．について。右の絵で描《えが》かれている武士の技術を高める訓練は何とよばれましたか。答えなさい。

問５　下線部**ウ**．について。竹刀が登場することで剣術のあり方はどのように変化したのでしょうか。答えなさい。

問６　下線部**エ**．について。近代的なスポーツにはそれぞれの原型となるものがありました。全体として，近代的なスポーツはスポーツの原型とどのように違《ちが》うのでしょうか。答えなさい。

問７　下線部**オ**．について。学校にスポーツを取り入れることで，政府は当時おしすすめていたどのような政策に役立て，どのような行動ができるひとを育てようとしましたか。答えなさい。

問８　下線部**カ**．について。スポーツの盛り上がりは政府にとっても都合のよいことでした。どのような点で都合がよかったのでしょうか。下の年表を参考にして答えなさい。

1917(大正6)年	ロシア革命
1918(大正7)年	米騒動《こめそうどう》
1920(大正9)年	第一次世界大戦後の不景気
1924(大正13)年	第二次護憲運動
1925(大正14)年	日本とソ連の国交樹立、普通《ふつう》選挙法成立、治安維持《いじ》法成立

問9　下線部**キ**．について。この映画は単なる映像記録にとどまりませんでした。どのような効果を持ったと考えられますか。答えなさい。

問10　下線部**ク**．について。日本がモスクワ大会に参加しなかったのはなぜですか。答えなさい。

問11　下線部**ケ**．について。下の表は，サッカーのペナルティーキック戦と柔道のポイント制のルールをそれぞれ説明したものです。このような制度はテレビやラジオで中継するうえでどのような利点があるでしょうか。表を参考にして答えなさい。

サッカーのペナルティーキック（PK）戦 同点のまま試合時間が終わった場合、両チームそれぞれ５人の選手が交互《こうご》にペナルティーキックを蹴《け》り、得点の多い方を勝者とする方式。
柔道のポイント制 試合時間４分のなかで、技を決めきる「一本」勝ちが出ない場合、「一本」に近い有効な技に与えられる、「技あり」の判定を多く取った方を優勢勝ちとする方式。

問12　下線部**コ**．について。企業が社内につくった野球チームの日本一を決める大会として，1927（昭和２）年から「都市対抗野球大会」が開催されています。下の表は1950年代，1970年代，2000年代の優勝チームをまとめたものです。優勝チームの移り変わりは，戦後日本の産業の移り変わりとどのように関係していると考えられますか。この表にある具体的な業種に注意しながら説明しなさい。

	年	都市	企業名	業種
1950年代	1950年	大阪市	全鐘紡	せんい
	1951年	大阪市	全鐘紡	せんい
	1952年	大阪市	全鐘紡	せんい
	1953年	吉原市	大昭和製紙	製紙
	1954年	八幡市	八幡製鐵	鉄鋼
	1955年	大阪市	全鐘紡	せんい
	1956年	横浜市	日本石油	石油
	1957年	東京都	熊谷組	建設
	1958年	横浜市	日本石油	石油
	1959年	松山市	丸善石油	石油
1970年代	1970年	富士市	大昭和製紙	製紙
	1971年	姫路市	新日本製鐵広畑	鉄鋼
	1972年	浜松市	日本楽器	その他
	1973年	川崎市	日本鋼管	鉄鋼
	1974年	白老町	大昭和製紙北海道	製紙
	1975年	千葉市	電電関東	通信
	1976年	川崎市	日本鋼管	鉄鋼
	1977年	神戸市	神戸製鋼	鉄鋼
	1978年	川崎市	東芝	電気機械
	1979年	広島市	三菱重工広島	機械
2000年代	2000年	川崎市	三菱自動車川崎	自動車
	2001年	浜松市	河合楽器	その他
	2002年	藤沢市	いすゞ自動車	自動車
	2003年	川崎市	三菱ふそう川崎	自動車
	2004年	春日井市	王子製紙	製紙
	2005年	川崎市	三菱ふそう川崎	自動車
	2006年	にかほ市	TDK	電気機械
	2007年	川崎市	東芝	電気機械
	2008年	横浜市	新日本石油ENEOS	石油
	2009年	狭山市	Honda	自動車

問13　下線部サ．について。企業内のチームに所属した選手は，会社での仕事をしながら練習や試合をこなします。プロ選手のように独立せず企業内のチームに属することは，選手にとってどのような利点がありますか。答えなさい。

問14　下線部シ．について。スポーツは社会のなかで時代ごとにさまざまな役割を期待されてきました。今後予想される社会の変化が生み出す問題を，スポーツで解決していくとすれば，どのような役割がスポーツに求められますか。具体例をあげて100字以上140字以内で述べなさい。句読点も１字分とします。

明しなさい。

十三　――線⑪「ヒナコは、身体を～妹をひき寄せた」（357～358行目）とありますが、

（1）　160行目までの場面とこの場面では、この町で暮らすことについて、ヒナコの思いはどのように変化していると考えられますか。答えなさい。

（2）　ヒナコがそのように変化したのはなぜですか。この作品の中にえがかれている、さまざまな「家族」に注目して説明しなさい。

(1) ヒナコの一家が引っ越すことになった原因は何ですか。十字以内で答えなさい。

(2) ヒナコと母は、引っ越し先の町で暮らすことについて、それぞれどのように思っていますか。答えなさい。

三 ――線②「なんで照れるの。～言っていたところだったのに」(96～97行目)とありますが、この時のヒナコの気持ちはどのようなものですか。次の中からふさわしいものを一つ選んで記号で答えなさい。

ア 自分とちがって父親を自慢する多恵さんに反発を覚えながらも、うしろめたさを感じている。

イ 自分とちがって父親を自慢する多恵さんにいらだちを覚えながらも、うらやましく思っている。

ウ 自分とちがって父親を自慢する多恵さんに疑問を感じながらも、それをかくそうとしている。

エ 自分とちがって父親を自慢する多恵さんに不満を感じながらも、深く反省させられている。

四 ――線③「いや、まちがえた」(111行目)とありますが、ヒナコが「行く」と言うべきところを「帰る」と言ってしまったのはなぜですか。説明しなさい。

五 ――線④「見もしないでふたつに折るとポケットにつっこんだ」(148～149行目)とありますが、ヒナコがこのようなことをしたのはなぜですか。説明しなさい。

六 ――線⑤「おじさんは、三人の顔を順番に楽しそうにながめる」(228行目)とありますが、「おじさん」が「三人の顔」を「楽しそうにながめる」のはなぜですか。説明しなさい。

七 ――線⑥「おじさんは～帰ることもできない」(285～286行目)とありますが、この内容を「おじさん」が言っているのは何行目ですか。数字で答えなさい。

八 ――線⑦「寒くていい。痛くていい。自分にはそれがちょうどいいのだ」(293～294行目)とありますが、ヒナコがこのように思ったのはなぜですか。説明しなさい。

九 ――線⑧「あの言葉の意味にヒナコははじめて気がついた」(312～313行目)とありますが、

(1) ここで「はじめて」気がついたきっかけは何ですか。答えなさい。

(2) ヒナコは、「あの言葉」に多恵さんのどのような思いがこめられていることに気がついたのですか。説明しなさい。

十 ――線⑨「中をさぐり、招持券を～バッグに入れ直した」(319～320行目)とありますが、ヒナコがこのようなことをしたのはなぜですか。説明しなさい。

十一 【 】の部分(322～330行目)には、前の街から帰ってくるヒナコに対する、ヒナコの家族のどのような姿がえがかれていますか。説明しなさい。

十二 ――線⑩「とにかく騎馬戦、多恵さんといっしょにがんばれ」(351行目)とありますが、ミオは騎馬戦の応援《おうえん》をすることで、ヒナコに対してどのようなことを伝えようとしているのですか。〰〰線A「郷に入れば郷にしたがえ」(55～56行目)、〰〰線B「馬には乗ってみよ、人には添うてみよ」(346～347行目)というミオの言葉にも注目して説明しなさい。

「うん」

肩を寄せて歩き出すと、

「おねえちゃん、あのね」と、ヒナコはぼそぼそと話しはじめた。「あのね、今朝来てくれた人……体育で同じ班だって言った人」

「ああ、騎馬戦の？」

「騎馬戦の馬に乗る人。おねえちゃんに聞かれたとき、名前、知らないって言ったけど」

ミオはだまって妹の話に耳をかたむけた。

「あれ、うそだった。あの人、多恵さんって言うの」

「そう」

「それに、友だちじゃないって言ったけど」ヒナコはちょっと言葉を切って、「それもうそかもしれない」

それを聞いてミオは笑った。「B※⑩馬には乗ってみよ、人には添《そ》うてみよ、だね」

「なに、それ」

「ああ、ヒナコが馬だったっけ。だったら、乗られてみよ、か」

「意味、わかんないよ」

「⑩とにかく騎馬戦、多恵さんといっしょにがんばれ。ぜったい負けるな。帽子《ぼうし》は死んでも敵に渡すな」

駅前の交差点を横切るとき、ヒナコは駅をふり返って見た。雨の下、暗く沈《しず》んだ町の中で、駅舎だけが灯りをともしていた。白いとんがり屋根は明るく輝《かがや》き、お城みたいにきれいだと思った。また雨足が強くなった。

⑪ヒナコは、身体をちぢめるようにしてミオにくっつき、ミオはせまいと文句を言いながら妹をひき寄せた。

（安東《あんどう》みきえ『天のシーソー』（ポプラ文庫版）より）

〈語注〉

※① 転校を余儀なくされた…転校しなければならなかった

※② 郷に入れば郷にしたがえ…その土地に住もうとする人は、その土地の文化に従うべきである、という意味のことわざ

※③ ヒップホップ…アメリカの若者たちの間で生まれた、新しいダンス音楽

※④ まがいもの…にせもの

※⑤ ハローワーク…仕事の紹介《しょうかい》などをする役所

※⑥ おめだち…お前たち

※⑦ めんこい…かわいい

※⑧ さんぶいで風邪ひかねんでの…寒いから風邪ひかないでね

※⑨ ムーンウォーク…ダンスで用いられる特殊《とくしゅ》な歩き方

※⑩ 馬には乗ってみよ、人には添うてみよ…馬が良いか悪いかは乗ってみなければわからないし、人柄《ひとがら》が良いか悪いかは付き合ってみなければわからないので、何事も経験してみないとわからない、という意味のことわざ

〈設問〉解答はすべて、解答らんにおさまるように書きなさい。句読点なども一字分とします。

一 ═線a「ヒリョウ」（39行目）、b「コナ」（63行目）、c「ホゾン」（92行目）、d「クチョウ」（219行目）のカタカナを、漢字で書きなさい。

二 ――線①「引っ越してきてから」（19行目）とありますが、

ば帰ることもできない、と。

遠く離《はな》れて暮らすうちには、いつかあたしの言葉もふたりに通じなくなるのだろうか。ううん、ちがう。ヒナコは首をふった。そして下を向いてくちびるをかんだ。痛くなるまでかまなければいけなかった。だって一緒に笑っていたのだから、あたしは。

途中の駅でドアが開くたび、見知らぬ人が冷たい風を連れてきた。うすうすと寒かった。⑦寒くていい。痛くていい。自分にはそれがちょうどいいのだとヒナコはくちびるをかみ続けた。

窓の外はすっかり暗くなった。好きだった街が遠ざかり、灯《あか》りがまばらになっていく。

――さんぶいで風邪ひかねんでの

ぽつんぽつんとともる灯りの中に、おじさんの笑顔が浮《う》かんだ。

電車が駅についた。雨はまだやまない。六時を過ぎた窓口にはもうシャッターがおりていて、駅員のいるようすはなかった。無人の改札を乗客たちは通りすぎる。カードを機械にタッチする人、切符《きっぷ》を放るように投げていく人、中に、どちらもしないで素通《すどお》りする人もいる。みな押し黙《だま》って歩いていく。ヒナコは、切符を台の上に置いて改札を通りすぎた。顔を上げたとき、見知らぬふたり連れが目にとまった。母親らしき人が、女の子の手をひいて改札の前に立っている。女の子はとじた長い傘《かさ》をささげるように持ち、背伸びをして乗客の顔を見定めている。きっとお父さんを待っているのだろう。ひとりひとりをにらみつけるように見るまなざしが真剣《しんけん》で、ヒナコは思わずほほえんだ。ふっと、多恵さんの言葉が耳によみがえった。

――あのね、無人駅だったら、お金がなくなっちゃっても、ちゃんとうちに帰って来られるんだよ。ね、いいでしょ。

多恵さんがひみつみたいに教えてくれたこと、⑧あの言葉の意味にヒナコははじめて気がついた。あれはヒナコにではなく、父親に伝えたい言葉だったのだ。たとえ仕事がうまくいかなくても、電車の運賃さえも稼げなかったとしても、この駅ならば帰ってこられるから。この駅が好きだと多恵さんは言っていた。だからよく来るのだと。好きなのは、きっとここがお父さんの帰ってくる駅だからだ。父親を待つ女の子に、多恵さんの小柄な姿が重なった。ヒナコは立ちどまった。ポケットに手をつっこんだ。⑨中をさぐり、招待券をとりだすと日にちをたしかめた。それからそっと折りたたんでバッグに入れ直した。

【駅の階段を降りると、ロータリーにはミオがいた。どこに行っても電車に乗る前には、必ず家に連絡《れんらく》しておくのがヒナコの家の決まりごとだった。傘を持たずに出た妹のために、ミオは迎《むか》えに来ていたのだ。ミオは傘をパンと広げた。水滴《すいてき》が飛んで明かりにきらめく。

「おかえり」

「ただいま」

ヒナコはミオの持つ傘の下に飛び込んだ。紺色《こんいろ》の大きいパパの傘。余分な傘を持つのをきらうミオは、誰かを迎えに行くときには必ずこの傘を一本だけ持って出た。】

「楽しかった?」

「うん」

「ふたりとも元気だった」

そうだ、とサトちゃんが手をたたいた。「ねえおじさん、この子、これから遠くまで帰るから、あったかいココアでも飲ませてやってほしいんですけど」自販機《じはんき》のある方を指さした。

「えっ？　そんなの悪いよ。いらないよ」ヒナコはあわてて顔の前で手をふった。

すると、おじさんは笑顔《えがお》で何か言って立ち上がり、ゆっくりと歩き出した。下がり気味の肩がゆれて木立の陰《かげ》に消えていった。

「おじさん、歩くの遅《おそ》すぎでしょ」と、杏が言い、「実は※⑨ムーンウォークで移動、とか？」と、サトちゃんがふざける。ふたりのやりとりにヒナコも笑った。

しばらくすると、ぽつぽつと雨がふってきた。サトちゃんがバッグを頭の上にかざして木の下に向かい、ヒナコたちも続いた。杏が腕時計《うでどけい》を見た。「ヒナコ、あんま時間なかったよね？」

「そうだ。ヒナコ、もう行かなきゃ、じゃん」

自分のことを気づかってくれる言葉はうれしかったけれど、「でもおじさんは？」とそちらの方が気になった。

「いいんじゃない。そのまま、帰っちゃったかもしれないし」

「遅すぎるもんね。どうせ自販機のそばを通るから、わかるよ」サトちゃんはヒナコの背中を押《お》した。

公園の出口のところに自販機はあったが、おじさんの姿はなかった。自販機のココアの下には売り切れの赤いランプがついていた。

「やっぱりいないよ。ほら、もう行こうよ」

ヒナコは後ろをふり返って見た。反対側の出口、うす暗い木立の向こうに小さくおじさんの姿が見えた。あわてて足をとめ、ふたりに声をかけた。

「ちょっと待って。ほら、おじさん、戻ってきたよ」

コンビニの小さい袋をふたつ下げて、おじさんはベンチに向かって歩いている。自販機が売り切れだったので、コンビニまでわざわざ買いに行ってくれたのだろう。

戻ろうとするヒナコを杏はひきとめる。「いいから、行こうよ」

サトちゃんもヒナコの腕をひっぱった。

「袋、ふたつ持ってるじゃん。片方は肉まんかなんかじゃないの」

杏も肩をすくめた。「たしかに。それはやばいかも」

「おじさんのくれる肉まんとかは、ちょっと、ね」

気味悪そうに顔をしかめるサトちゃんの手を、ヒナコはつかんだ。

「だって、せっかく買ってきてくれたんだよ」

いいから。めんどうだから。と、ふたりはかけだした。置いていかれそうで、ヒナコもあわててふたりのあとを追った。ベンチが木立にかくれて見えなくなる前に、もう一度ふり返ってみた。おじさんは来たときと同じように後ろを向いて座っていた。ベンチの一部みたいにしんとして。街灯の照らす光の中に雨がきらきら光っていた。

電車の中、ドアの横に立ってヒナコは雨粒《あまつぶ》の走るガラス窓をながめていた。やっぱり戻ればよかったかな。おじさんにココアをもらえばよかったかな。とりとめもなく、そんなことを考えていた。

杏もサトちゃんもおじさんの言葉がわからないと言っていたっけ。ふたりには本当に通じなかったのかな。

⑥おじさんは稼がなければ帰れないと言ったのだ。電車賃さえもなけれ

ジュースをおごってもらったこともあると言う。

「近くにある※⑤ハローワークに通ってるっていう話でさ、それからはみんな、ハローおじさんって呼んでるんだよ」サトちゃんがガムをかみながら教えてくれる。

　三人で並ぶには道はせますぎる。いつの間にかヒナコはふたりの後ろをついて歩く。公園の入り口で杏があたりを見回した。

「いるかなあ。だいたいいつもこの時間には、ベンチでたばこ吸ってんだけど」

　少し不安になっていたヒナコは、ふたりの袖《そで》をひっぱった。「だいじょうぶ？　その人、こわくないの？」

「だいじょうぶだよ。むしろヒナコの方がデカイからこわがらせるかも」尻込《しりご》みするヒナコにかまわず、ふたりは公園に入ると、いたいた、とベンチに座っている人の背中に声をかけた。

「おじさん、こんちは」

「わいはー。いぎなりくっからびっくりしたべ」たばこを吸いながらこちらをふり向いた人は、おじさんというよりおじいさんのように見えた。よれよれのワイシャツの上に古ぼけた上着。どちらもぶかぶかで肩からするりと全部が落っこちてしまいそう。えりから伸びてる細い首や薄《うす》くなった頭の感じはコンドルに似ているとヒナコは思った。

「どしてらー。元気でらが」

　ちがう国の言葉みたいだとおかしくなった。杏とサトちゃんはもう笑いだしたいのをがまんして目くばせしている。杏がおじさんの前に身をかがめた。「もう秋なのにおじさん、まだ同じ服だね。寒くないんですかぁ」

　おじさんは、指が焼けそうに短くなったたばこを地面でもみ消し、缶に入れてふたをした。「んだきゃ。さぶくてどぉすべの。※⑥おめだぢもさぶいべ」

　ふたりはくすくすと笑いながら、「寒いですよ。寒くなったから、おじさんもそろそろ青森とかに帰るんじゃないですか？」

　サトちゃんのなまいきなd**クチョウ**にも、おじさんは気を悪くするでもなく笑っている。

「んだなあ。稼《かせ》がねばなあ。家さ帰《け》えるじぇんこがねえと電車も乗れねえ、帰えるに帰えれねえだでなあ」

　杏とサトちゃんは、顔の前で手をふった。

「わかんない。おじさん、何言ってるのかわかんないよ」

「じぇんこ、ってなんですかあ？　イタリア人の名前？」

「ちげえ。じぇんこはじぇんこ。お金のことだがな」

　絶対わかんないって、とふたりはげらげらと笑いころげた。

　⑤おじさんは、三人の顔を順番に楽しそうにながめる。「おらちにも娘《むすめ》っ子がいだんだ。もう今じゃうちさ出て町で働いてるだがなあ」顔をぷるりとなで、「ほんでもおめだぢ見てると、家さ帰《け》えりたくなるだ。まだ※⑦めんこい娘っ子のまんま、家でおらのこと待っててくれる気がしてならねえでなあ」それからおじさんはヒナコを見つめた。「はじめて見るねっちゃだが。これがらどこさいぐの」

　ヒナコがどぎまぎしていると、杏がかわりに答えてくれた。「この子、うちらに会いに来てくれて、今から帰るとこ」

「せば、※⑧さんぶいで風邪《かぜ》ひかねんでの」おじさんの目がやさしく細くなって、折り紙をたたんだようなしわの中に埋《う》もれた。

ね。騎馬戦《きばせん》よろしく」と、一歩後ろにしりぞいた。

「あ、そうだね。よろしく」

秋のスポーツ大会では女子も騎馬戦をおこない、体育班ではヒナコたち三人で彼女を背負うことが決まったばかりだった。へへと笑って多恵さんはふぞろいの歯を見せた。多恵さんは手をふって帰っていった。

ヒナコはドアを閉めて鍵をかけた。手の汗《あせ》で湿《しめ》ったのか、招待券はじっとりと重いような気がした。④見もしないでふたつに折るとポケットにつっこんだ。

部屋に戻るとミオが声をかけてきた。「同じクラスの子？」

「体育班が同じの子」

「友だち？」

「ちがう。騎馬戦の騎手《きしゅ》」

「騎馬戦？……ってことは、ヒナコが乗せるってこと？　スポーツ大会の？　それの打ち合わせ？」

「そんなとこ」

「なんて名前の子？」

「知らない」

とまどうミオを尻目《しりめ》に、パン皿とカップを乱暴に重ねると、ヒナコはキッチンにどしどしと足音をたてて向かった。

ヒナコは駅に向かった。都心から二時間ほどの駅は、新しい住宅が増えた何年か前に畑をつぶして建て替《か》えられたという、まだ新しい駅舎だった。

急勾配《きゅうこうばい》の屋根の中心に時計がはめこまれた、どこにでもありそうな建物だった。この駅を好きだと多恵さんは言っていた。しかし新建材だけで造られた建物はぺかぺかと安っぽく、とんがり屋根も何かの※④まがいものめいて見え、ヒナコにはどこがいいのかまるでわからなかった。

待ち合わせた駅では杏とサトちゃんが先にヒナコを待っていてくれた。混雑した改札で人混みをすり抜《ぬ》けると、ふたりはかけ寄ってきた。

「あいたかったよぉ」と、ヒナコの手をとってぴょんぴょんとはねた。

元気だった？　また背がでかくなった？　そっちの町はどう？　イノシシ出る？　ふたりは同時に喋《しゃべ》り、同時に笑った。

ふたりともちっとも変わっていないと、ヒナコはほっとした。

（中略）

午後のひざしがかげってきた頃《ころ》に、もう帰らなければならないとヒナコはやっと重い腰《こし》を上げた。少し早めにマンションを出て、三人で駅まで歩くことになった。駅に続く道の途中《とちゅう》に大きな公園がある。三人でダンスの練習をしたこともある場所だった。

「そうだ」と杏がサトちゃんの肩をたたいた。「ハローおじさん、ちょうど来てる時間じゃない？」

「そうか。ヒナコは知らなかったよね」

「ハローおじさん？」

「うん。ちょっとした有名人」

最近、公園に来るようになったおじさんだという。子どもが好きらしく、気安く話しかけてくるのだそうだ。最初の頃こそみんな警戒《けいかい》していたけれど、話してみると別にあぶない人でもないようで、ふたりは缶《かん》

「すごくうまかったんだよ、あたしの父さん」照れたように、多恵さんは短い髪《かみ》をかいた。

②なんで照れるの。お父さんが自慢《じまん》なわけ？　ヒナコは下を向いた。自分はたった今、父親の悪口を言っていたところだったのに。だいたい多恵さんはお父さんと暮らしてはいないはずだ。父親は都心に働きに出ていると彼女《かのじょ》自身から聞かされていた。いつ帰って来られるのかわからないとも。どこかでホームレスになっているらしい、そんな噂《うわさ》を耳にしたことさえもある。噂はともかくとしても、家族の元にも帰らずにいて、自慢できる父親と言えるのだろうか。ヒナコは目をふせたままで言った。「あのさ、ごめん。これから出かけるんだ」

「出かけるってもしかして、まるはちショッピングセンター？」

「……どこ？　それ」

「まるはち、知らない？　丸の中に八の字でまるはち。今日、売りつくしセールやるんだよ。すごく安いんだから」

「ちがう。前の街の友だちに会うの。こっちに引っ越してからはじめて帰るの」

「帰る？」

「③いや、まちがえた。行く。行くのは三か月ぶりなの」

多恵さんはさらに電車で行くのかと聞き、そうだと言うと帰りは何時だと聞いてきた。

「どうして？」

そこまで聞くかな。

首をかしげるヒナコにかまわず、多恵さんは声をひそめた。まるでだれも知らないひみつを教えてくれるとでも言うように。「帰りは六時過ぎにしたらいいよ。そしたら駅員さんが改札からいなくなるから、お金、足りなくてもだいじょうぶだから」

転校手続きをしたのは夏休みに入ってからで、新学期からは二か月。友だちを選ぶ余裕《よゆう》はヒナコになかった。近づいてきてくれたクラスメイトが妙《みょう》になれなれしく、おまけに不正行為《こうい》をけしかけるような人だったとしても仕方がない。昼休みにひとりでぽつんと座っているよりはマシだった。

多恵さんはひそひそとささやく。「あのね、無人駅だったら、お金がなくなっちゃっても、ちゃんとうちに帰って来られるんだよ。ね、いいでしょ。ふとっぱらな駅でしょ」

それはやってはいけないことなんだよ。見つかったら逮捕《たいほ》されちゃうかもしれないんだよ。ヒナコは胸のうちでつぶやく。

そんなヒナコの気持ちも知らずに、多恵さんはにこにこする。「ほんと、いい駅だからね。あたし、ひとりでよく行くんだ」

「駅に？」ヒナコは首をかしげた。

「うん」

「……多恵さんって、鉄道マニアかなんか？」

「ちがうけど。なんで？」

「いや。駅によく行くっていうから」

「だって、あの駅、きれいで好きなんだもん」

「あ、そう」

かみあわない話を続けるよりも、これから出かけることを思い出してもらおうと、ヒナコは玄関の時計を見るそぶりをした。

多恵さんはやっと気づいたように、「じゃ、スポーツ大会、がんばろう

らわれて、ヒナコは口をつぐんだ。いきなり引っ越すのだと聞かされたとき、一番抵抗《ていこう》したのはこのヒナコだ。遠くなっても高校は変えずにすんだミオとはちがい、※①転校を余儀《よぎ》なくされたのだ。仕事の都合でやむを得ないとパパに説明されてもなかなか納得《なっとく》はできずにいた。ヒナコは、バターをぬりたくったトーストにシナモンを大量にふり、さらにメープルシロップをやけになったように盛大《せいだい》にかけた。

「太るわよ」と、ママがいすにどしんと座《すわ》った。「確かにね、新しいところに慣れるのって、簡単じゃないわよ。ま、お野菜をくれるのはうれしいけどね」

ミオがママの湯のみにお茶をついだ。「まあ、A※②郷《ごう》に入《い》れば郷にしたがえ、ってことわざもありますし」

「ありがと。ミオ、難しいことは、よく知ってるわね」

「こう見えて、もう高校二年生ですから」

「でもまあ、前はよかったとか、振《ふ》り返ってもはじまらないからね、ここでがんばるしかないってことよね」

ヒナコはだまっていた。うっかり反論して、パパの仕事の事情もわかってやりなさいなどと説教されるのはたまらないし、しゃべった息でシナモンのbコナが飛んでむせるのもかなわなかった。ヒナコはトーストをもくもくとほおばった。

インターホンが鳴り、三人がそろってモニターをながめた。

「ヒナコちゃん、いますか」

モニターの魚眼レンズの真ん中に、鼻ばかりが大きく見える女の子の顔が映った。

「だれ?」と聞くミオとママを無視して、ヒナコはティッシュで口をぬぐいながら、玄関に向かった。ドアを開けてみると、同じクラスの山脇《やまわき》多恵《たえ》さんが外に立っていた。

「多恵さん、どしたの?」

「ちょっと用事があって」

玄関に入り込まれる前にと、いそいでサンダルをつっかけてヒナコの方から外に出た。多恵さんは、冷えはじめてきた十月の空の下で寒そうに肩《かた》をすぼめていた。なぜかいつでもこの人は寒そうだ、とヒナコは小《こ》柄《がら》な同級生を見おろした。

「渡《わた》したいものがあって」多恵さんは一枚のチケットをヒナコにさしだした。「ヒナコちゃん、音楽と踊《おど》りが好きだって言ってたから。今度いっしょに行かないかなと思って」

「え? 音楽と踊り? だれかのコンサート?」ヒナコはうけとったチケットをあわてて見た。こちらに引っ越してきてからずっと、あやしげな店から流れてくる演歌ぐらいしか生の歌声は聞けなかったので胸がはずんだ。

「コンサートっつうのとはちょっとちがうかもしれないけど。……太《たい》鼓《こ》。宮前町《みやまえちょう》に伝わる宮前太鼓。今度、市民ホールでやるからその招待券。竜《りゅう》の舞《まい》もあって迫力《はくりょく》があるよ」

「は?」ヒナコは多恵さんに、チケットを返そうかと思った。この人に音楽や踊りの話なんかするんじゃなかった。※③ヒップホップのダンスが好きで、友だちと一緒《いっしょ》にスクールに通っていた、なんて熱く語ってしまった自分はばかみたいだ。多恵さんは続ける。

「前に父さんがcホゾン会に入ってて宮前太鼓たたいてたんだ」

「お父さん?」

【国　語】（六〇分）〈満点：六〇点〉

次の文章を読み、設問に答えなさい。

朝、あたたかいミルクの匂《にお》いを嗅《か》ぐとなぜかまた眠《ねむ》くなる。ヒナコはマグカップに口をつけたままで続けざまにあくびをした。

ミオがテーブルの正面からそんな妹をながめる。「ヒナコ、どっちかにしたら？　飲むのかあくびをするのか」パンをほおばりながら「口はひとつなんだからさ」

ヒナコは答えず、またひとつあくびをする。ママがカウンター越《ご》しに「ミオ」と声をあげる。「あんたも同じよ、ミオ。食べながら人をからかってると舌をかむわよ」

「ヒナコに言ってんのに」ミオはママの方に身体の向きを変える。「そんなふうにママが割り込《こ》むからね、姉妹げんかも親子げんかになっちゃうんだよ……昔っからだけどさ」

そんな姉と母のやりとりにもヒナコは知らん顔で、ネコみたいに背を弓なりにそらせて大きく伸《の》びをした。五年生の終わりからヒナコの背は急に伸びはじめた。中学一年生になった今は、自分でも伸びをするたびに腕《うで》が遠くまで届くような気がしている。ヒナコはミルクを飲みながらミオを見る。「今日、会うんだ。前の友だちに」

「あ、今日だったんだ。仲良しの……誰《だれ》だっけ？」

「杏《あんず》とサトちゃん」

「①引っ越《こ》してきてからはじめてじゃないの。ヒナコがあのふたりに会うのって」

「そう」ミルクの白い膜《まく》をつけた口を、ヒナコはほころばせる。ミオもつられてほほえむ。

玄関《げんかん》から大きな声がした。

「おはよぉ。いるかなぁ」

あたふたと玄関にとんでいったママは、しばらくすると袋《ふくろ》をぶら下げて戻《もど》ってきた。「野菜をくれた」

ヒナコが袋とママを交互《こうご》に見ながら聞く。「だれ？」

「近所のおばさん」

「名前は？」

「知らない」

「こんな朝早くにふつうに入ってきちゃうの？　知らないおばさんが」

「顔は知ってる。犬の散歩でうちの前を通ってる」ミオも口をはさむ。

「だいたい玄関があいてるのが、おかしくない？」

ママは泥《どろ》だらけのだいこんや菜っぱの入った袋をのぞきこんで答える。「パパに言ってよ」ランニングに出かけたパパが鍵《かぎ》をかけ忘れたのだろうと言う。

「またランニング？」

「そう。前の家とちがって畑の空気がおいしいとか言って――」

「うそだね」ヒナコがさえぎる。「ぜったいうそだね。a**ヒリョウ**をまいたあとの畑ってすごいにおいだよ。空気がおいしいなんて、そんなのパパの負け惜《お》しみに決まってるよ」

「負け惜しみだなんて。勝ったとか負けたとかいう話じゃないでしょ」

「仕事は勝ち負けだって、いつかパパが言ってたよ。それがうまいこといかなかったんでしょ。だったら」

やっぱり負けたのではないか、しかしさすがにそこまで言うのもため

2019年度

解 答 と 解 説

《2019年度の配点は解答欄に掲載してあります。》

＜算数解答＞《学校からの正答の発表はありません。》

[1] (1) A 7人 C 1人 (2) 10.6度 [2] (1) 1：10 (2) 秒速1.2m
[3] 22：19 [4] (1) 105 (2) 1701 (3) 11550 (4) 506
[5] (1) 解説参照 (2) 28回 (3) 84回 (4) 242550回
○推定配点○
[1]～[3] 各4点×5([1](1)完答) 他 各5点×8 計60点

＜算数解説＞

[1] (数の性質，規則性，消去算，旅人算)

基本 (1) 教室A，Cの人数をそれぞれ△，○で表す。7＋0.3×△と9＋0.1×○が等しいとき，0.3×△－0.1×○＝9－7＝2であり，○が1のとき，△は7である。したがって，このとき，この問題の条件においてA，Cの人数の和が最少，Bの人数が最多になり，Bの室温が最高になる。

重要 (2) 教室Bの人数を□で表す。(1)の式に当てはまる(△，○，□)の組は(7，1，33)，(8，4，29)，(9，7，25)，…と続き，A，Cの等しい室温は9＋0.1×1＝9.1(度)から0.1×(4－1)＝0.3(度)ずつ上がり，Bの室温は8＋0.2×33＝14.6(度)から0.2×(33－29)＝0.8(度)ずつ下がる。したがって，3教室の室温が等しくなるのは9.1＋0.3×(14.6－9.1)÷(0.3＋0.8)＝10.6(度)である。

重要 [2] (速さの三公式と比，割合と比，単位の換算)

(1) 7時53分に家を出た太朗君は59分40秒にバスに追い抜かれて53＋10＝63(分)にA地点に達する。一方，59分40秒に太朗君を追い抜いたバスは8時にA地点に達する。したがって，太朗君とバスの速さの比は(60分－59分40秒)：(63分－59分40秒)＝20秒：3分20秒＝20：200＝1：10

(2) (1)より，走る太朗君とバスの速さの比は2.5：10＝1：4である。53分に家を出た太朗君は10÷2.5＝4(分後)の57分にA地点に達し，8時にバスがA地点に達する。右図において，太朗君がA地点から60－57＝3(分)で走った距離は720÷4×3＝540(m)であり，走る秒速は540÷3÷60＝3(m)，歩く秒速は3÷2.5＝1.2(m)である。

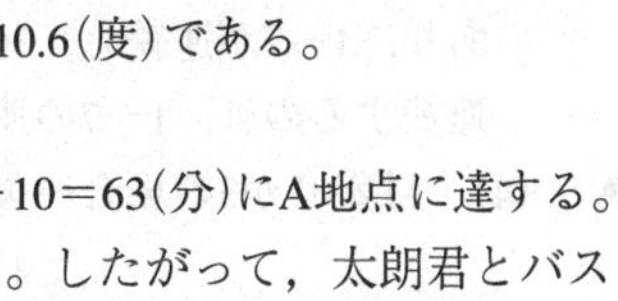

＋α [3] (平面図形，相似，立体図形，割合と比)

右図において，上面と底面を1辺が14の正方形とする。三角形RPBとQSCは相似であり，PBが14÷(4＋3)×3＝6，SCは6÷2＝3である。また，三角形ESRとAPUも相似であり，SR：PUは(14－3)：(14－6)＝11：8である。したがって，平行四辺形SQVRと台形QUPVの面積比は(11×2)：(11＋8)＝22：19である。

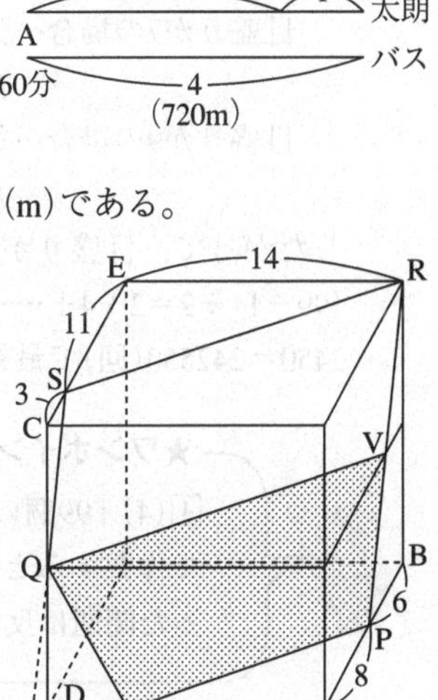

4 （数列，規則性，数の性質）

基本 (1)　3＋6＋9＋12＋15＋18＋21＋7＋14＝21×5＝105

重要 (2)　9番目が21，9×2＝18(番目)が21×2＝42，9×9＝81(番目)が21×9＝189であり，77～85番目の和は180＋183＋186＋189＋192＋195＋198＋182＋196＝378×4＋189＝1701

(3)　1～9番目までの和→(1)より，105　10～18番目までの和→105＋21×9×1　19～27番目までの和→105＋21×9×2　…91～99番目までの和→105＋21×9×10　したがって，1～99番目までの和は105×11＋21×9×(1＋2＋…＋10)＝105×11＋189×55＝11×(105＋945)＝11×1050＝11550

やや難 (4)　(2)より，99番目の数は21×11＝231，(3)より，1～99番目までの和は11550であり，2～100番目までの和は11550＋234－3＝11550＋231，以下，同様に231ずつ増える。したがって，連続する99個の数の和が128205になる最初の数は(128205－11550)÷231＋1＝506(番目)

5 （平面図形，図形や点の移動，規則性，数の性質）

基本 (1)　図Aの位置において，操作7回で矢印はウーエ，オーカ，キーア，イーウ，エーオ，カーキ，アーイに移動し，数字の配置は図Bのようになる。

図A

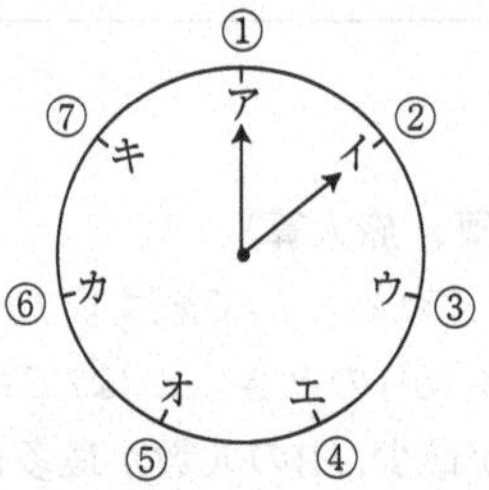

図B

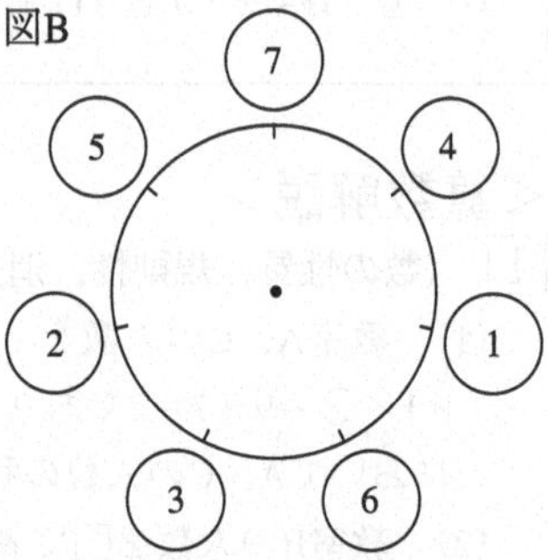

(2)　(1)より，矢印がアーイに移動するのは操作7回，14回，21回，28回，…である。また，1の配置は1～4回でイ，5～8回でウ，9～12回でエ，13～16回でオ，17～20回でカ，21～24回でキ，25～28回でアに戻る。したがって，答えは28回である。

重要 (3)　操作12回で1はエにあり，右回りに1－2－3－4－5－6－7と連続する。同様に，24回で1はキにあり，1～7が連続し，36回で1はウにあり，1～7が連続する。したがって，1がアにあって1～7が連続するのは，1～7の連続が7度目であり，操作は12×7＝84(回)である。

やや難 (4)　目盛りが3の場合…矢印は3回で最初の位置になり，数字の並びは2回ごとに連続するので2×3＝6(回)で最初の状態に戻る。

目盛りが5の場合…矢印は5回で最初の位置になり，数字の並びは6回ごとに連続するので5×6＝30(回)で最初の状態に戻る。

目盛りが7の場合…矢印は7回で最初の位置になり，数字の並びは12回ごとに連続するので7×12＝84(回)で最初の状態に戻る。

目盛りが9の場合…矢印は9回で最初の位置になり，数字の並びは20回ごとに連続するので9×20＝180(回)で最初の状態に戻る。

したがって，目盛りが99場合は矢印が99回で最初の位置になり，数字の並びは2＋4＋…＋2×(99－1)÷2＝2＋4＋…＋2×49＝(2＋2×49)×49÷2＝50×49＝2450(回)ごとに連続するので99×2450＝242550(回)で最初の状態に戻る。

★ワンポイントアドバイス★

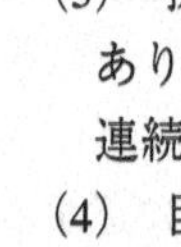

4(4)「99個の数の和」，5(4)「目盛りが99まである円盤」が難しいが，順を追って作業すると規則が見つかる。今年度の問題はどの問題も重要であり，解けなかった問題は反復練習して考え方を身につけてしまおう。

＋α は弊社HP商品詳細ページ(トビラのQRコードからアクセス可)参照。

＜理科解答＞ 《学校からの正答の発表はありません。》

[1] 問1 あ 生物 い 二酸化炭素 う 植物 問2 卵，精子 問3 性

問4 （チューリップ） 球根，A （ひまわり） 種子，B 問5 5時間

問6 （卵が大きい） 栄養分をより多くたくわえられる。

（卵が多い） 成体まで生き残る個体の数が多い。

問7 母親が大量の栄養分を確保するのが難しいから。 問8 イ

[2] 問1 どの豆にも熱や酸素がよく行きわたる点 問2 ア

問3 空気と触れる表面積が大きくなり，酸化しやすくなるから。

問4 苦味が強くなり，酸味が弱くなる。 問5 コーヒーの粉に触れずにフィルターを通った湯が下の容器に混ざるため，コーヒーの味がうすくなる。 問6 1：1 問7 6：7

問8 極細挽き 問9 右図

[3] 問1 ア 問2 電流を切って，温度が上がりすぎるのを防ぐ役割 問3 エ

問4 Xの部分の全体が油に入らず，正確な油の温度が測れないこと。 問5 あ 3 い 2[あ：い＝3：2になる整数の組合せであればよい] 問6 50mA 問7 250℃

問8 温度が低いと，液体が固体になってしまうから。 問9 −150℃

[4] 問1 イ 問2 エ 問3 ウ 問4 ① ウ ② エ 問5 （A，g），（C，e）

問6 223回 問7 ウ 問8 ア 問9 伊能忠敬 問10 イ

○推定配点○

[1] 各1点×12（問4は各完答） [2] 各1点×9 [3] 各1点×9（問5は完答）

[4] 各1点×10（問4・問5は各完答） 計40点

＜理科解説＞

[1] （動物－子のふやし方）

基本 問1 動物は，植物や他の動物を食べて生きている。これらの栄養分は，体内で酸素を使って分解され，エネルギーが取り出されて，二酸化炭素と水になる。このはたらきが呼吸である。一方，植物は日光のエネルギーを使って，二酸化炭素と水からデンプンと酸素をつくっている。このはたらきが光合成である。

問2 生殖の方法Bは，メスがつくる卵と，オスがつくる精子が合体する受精によって，子をつくる方法である。受精によってできた受精卵から新しい個体ができる。

問3 卵巣があって卵をつくるのがメス，精巣があって精子をつくるのがオスで，同じ種の生物の中にオスとメスの性の区別がある。

問4 チューリップは，球根を植えてふやす。チューリップの球根は，茎のまわりに葉が取り巻いて，栄養分を貯えてできたものである。これは受精をしておらず，種子ではない。一方，ひまわりは種子を植えてふやす。種子は受精によってできたものである。

問5 1個体の病原菌は，20分で2個体，40分で4個体，60分で8個体になる。つまり，1時間で8倍に増える。2時間で8×8＝64（個体），3時間で64×8＝512（個体），4時間で512×8＝4096（個体），5時間で4096×8＝32768（個体），6時間で32768×8＝262144（個体）となる。この計算から，整数では5時間までならば食中毒にならないといえる。

基本 問6 卵は精子よりも大きい。それは，受精卵が成長して個体になるのに必要な栄養分をたくわえ

ているからである。1つの卵が大きいほど，栄養分を多くたくわえることができ，より大きな子を産むことができる。一方，多数の卵を産む動物もいるが，これは魚類など外敵に食べられやすい動物である。多数の卵を産んでおけば，食べられる確率が高くても，卵の一部は外敵に食べられず，個体として生まれ，成体まで成長できる。

問7　大きな卵を多数産むには，大量の栄養分が必要である。その栄養分は，母親が大量の食物をとらなければならないが，それだけ大量のえさを見つけ確保することも難しいうえ，えさを食べることのできる量にも限界がある。また，それだけ多くの卵を産むには，母親のからだにも負担が大きい。そのため，卵は大きいか多数かのどちらかに限られる。

重要　問8　Aの生殖方法では，もとの個体と新しい個体の持っている遺伝子は完全に同じである。そのため，環境の変化，例えば水温や気温，えさや水の量，天敵の数，病気の流行などの変化があったとき，種が全滅する可能性がある。しかし，Bの生殖方法の場合，子は両親から半分ずつの遺伝子を受け継ぐので，親と子でも遺伝情報は完全には一致しない。これが何世代も繰り返されると，個体ごとにさまざまな遺伝情報を持つ集団になる。すると，環境の変化が起こったとしても，いくらかの個体が生き残る可能性が高く，絶滅しにくいといえる。他の選択肢は，つねに正しいとは限らない。

2　**(水溶液の性質ーコーヒーの淹れ方)**

問1　ドラムを回転させながら加熱すると，コーヒー豆がよくかき混ぜられるため，平らな金網に比べ，すべての豆に熱がいきわたる。また，豆がすべて酸素と触れあうので，むらなく酸化が進む。

問2　問題文に説明されている。焙煎が進むと苦みの成分は増加するので，深煎りの豆の方が苦みは強い。また，焙煎が進むと，有機物が酸化して有機酸ができるが，その有機酸は，加熱によって気体となったり分解されたりする。よって，深煎りの豆の方が酸味は弱い。

問3　コーヒー豆を粉にしたとき，全体の重さや体積はほとんど変わらなくても，表面積ははるかに大きくなる。空気と触れる表面積が増えるので，酸化が速く進み，味が変化しやすくなる。

問4　ミルのハンドルを速く回すと，粉の粒の大きさが均一にならずムラができてしまう。また，速く回すと摩擦熱が生じて，より酸化が進みやすい。すると，問2で焙煎が進むのと同じ状態になるので，苦みが強まり酸味が弱まる。

問5　フィルターの上に乗ったコーヒーの粉の中を熱湯が通る間に，コーヒーの成分が熱湯に溶け出し，溶けない成分はフィルターでろ過されて，下の容器にコーヒーがたまっていく。熱湯がコーヒーの粉のくぼみよりも高い位置まできてしまうと，熱湯の一部は，コーヒーの粉の中を通らずに，フィルターの中を通って下の容器に入ってしまう。すると，コーヒーがうすまってしまう。

問6　コーヒーの粉1gあたりに残っている『粒』の数と，熱湯1gあたりに溶けた『粒』の数の比が9：1である。本問では，コーヒーの粉1gに対し，熱湯が9gあるので，比は9：(1×9)となり，1：1と求められる。

やや難　問7　熱湯を27gを一度に使う場合と，9gずつ3回に分けて使う場合の比較である。最初に粉に含まれていた『粒』の数を，例えば1000個として考える(他の数でも答えは同じになる)。コーヒーの粉1gに対し，熱湯が27gあるとき，『粒』の数の比は9：(1×27)＝1：3，つまり，粉に250個残り，熱湯に750個入る。一方，コーヒーの粉1gに対し，熱湯が9gあるとき，『粒』の数の比は9：(1×9)＝1：1だから，粉に500個残り，熱湯に500個入る。2回目は，粉に残っている500個の『粒』が，粉と熱湯に1：1の比で分かれるので，粉に250個残り，熱湯に250個入る。3回目も同様に，粉に残った250個の『粒』が1：1に分かれ，粉に125個残り，熱湯に125個入る。結果，熱湯に入った『粒』の合計は，500＋250＋125＝875(個)となる。以上2通りの場合で，熱湯に溶けた『粒』の数の比は，750：875＝6：7と求められる。

問8　エスプレッソは，少量の熱湯に高い圧力をかけて1回の抽出でつくるので，コーヒーの成分が熱湯に溶け出しやすいように，表面積の大きい粉，つまり，最も小さく挽いた粉を使う。これにより，30秒ほどの短時間で，濃いコーヒーが出来上がる。

問9　図7では，破線部を境に，上の部屋，管のある真ん中の部分，下の部屋の3つの部分に分かれている。下の部屋には水や湯を入れる。真ん中の部分には，フィルターがついており，極細挽きのコーヒーの粉を詰める。下から加熱すると，水が沸騰して水蒸気になり体積が増えるので，下の部屋の圧力が増し，押された熱湯は真ん中の部分の管を通って上の部屋に移動する。このときに，熱湯はコーヒーの粉の中を通るので，熱湯にはコーヒーの成分が溶けて，上の部屋には完成したコーヒーがたまる。

3　（熱の性質－温度の測定）

問1　体積が変化しやすい金属aの方が，金属bに比べて長く伸びる。そのため，金属aの方が外側になるように曲がる。

基本　問2　ドライヤーやこたつは，温度が上がりすぎると，やけどをしたり，火災の原因になったりする。図2でバイメタルPの温度が上がると，バイメタルPが曲がって，金属Qとの接点が外れる。すると，回路が切れて電流が流れなくなるので，ヒーターの温度が下がる。

問3　もとが図3の左のように丸まっていて，温めたら図3の右のように伸びるようにするには，伸びやすい金属aを内側にくっつければよい。

問4　Xの部分が長いと，Xの部分全体が油に入らない可能性がある。Xの下の方だけ油に入り，上の方が空気中にあると，下の方のバイメタルだけが伸びて，上の方があまり伸びないので，油の温度が正確に測れないという問題が生じる。

重要　問5　表2を見ると，どちらの温度でも，白金の個数を2倍，3倍にしたとき，電流は2分の1，3分の1になるという反比例の関係になっている。125°Cの場合，表1をみると，白金が1個のときの電流は80mAである。125°Cの場合も，表2と同じ反比例の関係を考えると，白金が2個のとき40mA，3個のとき27mA，4個のとき20mA，5個のとき16mAとなる。よって，0°Cで白金3個のときと，125°Cで白金2個のときが，どちらも電流が40mAで等しくなる。また，0°Cで白金6個のときと，125°Cで白金4個のときも，どちらも電流が20mAで等しくなる。このように，(あ)と(い)が3：2になるような整数の組み合わせを1つ答えればよい。

問6　表3から，350°Cの白金10個と，0°Cの白金24個が，同じ電流になる。よって，350°Cの白金1個と，0°Cの白金2.4個が，同じはたらきをする。表2で，0°Cの白金が2.4個のときの電流を求めると，反比例の関係から，120÷2.4＝50(mA)と求められる。

やや難　問7　電流の大きさが半分になるためには，抵抗が2倍になればよい。言い換えると，白金の個数が2倍のときに電流が等しくなればよい。だから，求める温度を□°Cとすると，表3の関係で，□°Cの白金10個と，0°Cの白金20個が，同じ電流となるように温度□°Cを探せばよい。表3では，温度が50°C上がるごとに，それと等しい電流になる0°Cの白金の個数は2個ずつ増えている。この割合で考えると，250°Cの白金10個のときと，0°Cの白金20個のときに，同じ電流が流れることが分かる。よって，求める温度は250°Cである。

問8　－200°Cという低温では，温度計の中に使われている多くの液体が凝固して固体に変わってしまう。これでは，液体の体積の変化に応じて目盛りをつけることはできない。

やや難　問9　白金1個の場合，表1から0°Cのときの電流は120mAである。一方，測定された300mAの電流は，0°Cのときと比べると，300：120＝5：2になっている。だから，白金の個数を5：2にすれば，0°Cのときと同じ電流になる。よって，求める温度を□°Cとすると，表3の関係で，□°Cの白金10個と，0℃の白金4個が，同じ電流となるように温度□℃を探せばよい。表3では，温度が50℃下がるごとに，それと等しい電流になる0℃の白金の個数は2個ずつ減っている。よって，−150℃の白金10個と，0℃の白金4個のときの電流が等しい。よって，求める温度は−150℃である。

4　(地球と月―日食と暦)

問1　春分，冬至などの日付は，太陽の運動によって決まっている。冬至と春分の真ん中である立春などの日付も，やはり太陽の運動によって決まっている。これらは，何年も前から正確な日付が分かっている。一方，梅雨は気象によって決まるので，梅雨入りや梅雨明けの日付は毎年変わり，事前に予想するのは難しい。

問2　月食は，太陽・地球・月の順に一直線に並んだとき，月が地球の影に入ってしまって，満月が欠けて見える現象である。

重要　問3　もし，地球が公転する面と，月が公転する面が，完全に一致していたら，新月のたびに日食が起こり，満月のたびに月食が起こる。しかし，実際は日食も月食もまれなので，公転する面が傾いて交わっていることが分かる。

問4　①　地球Aから見て太陽と月hが直角の位置にあるので半月である。　②　地球Dから見た太陽と月fの向きが，図3の上から見て同じ向きなので，新月である。ただし，上下にずれているので，日食は起こらない。

問5　新月になるのは，地球から見た太陽と月の向きが，図3の上から見て同じ向きになるときなので，(A，g)，(B，h)，(C，e)，(D，f)の4か所である。このうち，(B，h)と(D，f)は，太陽と月が上下にずれているので，日食は起こらない。(A，g)と(C，e)のときは，太陽と月と地球が同じ面上にあるので，日食がありうる。

問6　18年11日を日数に直すと，365×18＋11＝6581日である。その間に，29.5日おきに新月が起こるのだから，新月の回数は，6581÷29.5＝223.08…となり，223回目の新月といえる

問7　問6で，223回の新月があると求められたが，そのうち日食が起こるのは少なく，多くでは日食は見られない。

問8　図4や図5からもわかるように，日食が起こっていても地球上の昼の場所の全てから見えるのではない。日食は新月の影が地球上に映っている狭い範囲でしか見ることができない。日本と中国では経度がちがうため，同じ時刻でも空に出ている太陽や月の位置は異なる。そのため，中国の暦では日本の日食を正確に知ることはできない。

問9　伊能忠敬(1745～1818)は，江戸時代に，現地での測量と天体観測を組み合わせて，精密な日本地図を作ったことで知られている。

問10　南北方向の緯度は，太陽や恒星など，いつでも観測ができる天体を利用できたが，東西方向の経度は，日食や月食などの少ないチャンスを利用しなければならなかった。それが正確さの差になったと考えられる。

★ワンポイントアドバイス★

仕組みや方法について，長い問題文や図から正しく読み取ることが求められる。
要点に印をつけるなど工夫して，手際よく読んでいこう。

＜社会解答＞《学校からの正答の発表はありません。》

問1　あ　文部科学(省)　　問2　い　ギリシャ　　う　イタリア

問3　(場所)　エ　　(説明)　1　　問4　流鏑馬

問5　(例)　実戦で敵を倒すための技術から，安全に技を競い合うスポーツとしての技術に変化した。

問6　(例)　地域や民族による違いが薄まり，世界中で同じルールのもとで行われるようになった。

問7　(例)　富国強兵策を進めていた政府は，スポーツによって強い身体を持ち，また兵士として集団行動ができるような人を育てようとした。

問8　(例)　物価の上昇，不景気などによって高まった国民の政府に対する不満を，一時的にそらせることができた。

問9　(例)　国としての偉大さや民族の優秀性をアピールし，愛国心を高めることができる。

問10　(例)　ソ連のアフガニスタン侵攻に抗議するため，西側諸国が不参加を決めたから。

問11　(例)　決められた放送時間内で試合を中継することができる。

問12　(例)　1950年代はせんい工業，1970年代は鉄鋼業，2000年代は自動車，電気機械などの機械工業の企業の優勝が多く，それぞれの時代で盛んだった工業を反映している。

問14　(例)　日本は人生百年時代に入ったといわれ，世界でもトップクラスの長寿社会となっている。しかし，健康で活動的に暮らせる健康寿命はこれに比べてかなり短い。健康寿命を伸ばすためには，若いころからスポーツで身体を鍛え，さらに年をとっても適度なスポーツによって健康を維持することが重要である。(138字)

○推定配点○

問1・問2・問3・問4　各1点×6　　問14　7点　　他　各3点×9　　計40点

＜社会解説＞

(総合－「スポーツ」をテーマにした日本の地理，歴史など)

基本　問1　文部科学省は，学校教育，学術・文化，スポーツ，科学技術などの行政事務を担当する中央省庁。2001年，文部省と科学技術庁を統合して発足した。

問2　い　ギリシャはヨーロッパ南東部，バルカン半島南東端に位置する共和国。首都はアテネ。紀元前9～8世紀にアテネ，スパルタなどの都市国家が成立した。　う　イタリアはヨーロッパ南部，地中海に突出した長靴形の半島とシチリア，サルデーニャなどの島々からなる共和国。首都であるローマは，古代ローマ帝国の首都として栄えた。

基本　問3　鹿嶋市は，茨城県南東部，鹿島灘に面する工業都市。1960年代には，砂丘地帯を掘り込んで鹿島港が整備され，港北側には鉄鋼コンビナートが進出し，鹿島臨海工業地域へと発展した。なお，2は北海道の室蘭市の説明で，オが該当する。3は三重県四日市市の説明で，ウが該当する。4は岡山県倉敷市の説明で，イが該当する。5は大分市の説明で，アが該当する。

問4　流鏑馬(やぶさめ)は，騎射の一つで，騎手が馬に乗って駆けながら，鏑矢(かぶらや)で三つの的を射るもの。平安時代後期から鎌倉時代にかけて盛行した。現在では神事として神社などで行われる。

問5　竹刀は剣道の稽古に使う，割竹製の刀。日本刀(真剣)と異なり，殺傷力はなく，人の命を奪うことはまずない。竹刀の登場で，剣道は，実戦で敵の命を奪うための技術から，安全に技を競い合うスポーツとしての技術に変化したと考えられる。

問6　スポーツの原型の例として，紀元前のギリシャで生まれた「オリンピアの祭典」，古代日本で行われた力比べなどがあげられている。これらは，宗教との関係が深く，神に捧げるかたちで行われるものが多かった。また，競技の内容も，地域や民族の違いを強く反映したものであった。一方，現在のスポーツは，このような地域や民族の違いが薄まり，だれもが参加しやすい共通のルールのもとで行われるようになっている。

重要　問7　「富国強兵」は国を富ませ，兵力を増強して，国の勢いを拡大することで，明治政府の最重要政策を示すスローガンである。政府は，学校にスポーツを取り入れることで，国民の身体を鍛えるとともに，兵士として集団行動ができるような人を育成しようとしたと考えられる。

重要　問8　年表中の「米騒動」，「第一次世界大戦後の不景気」などの注目する。物価の上昇，不景気などによって高まった国民の不満を，スポーツの盛り上がりが緩和してくれるのではないかと政府は期待したと考えられる。

やや難　問9　ベルリンオリンピックの記録映画は，リーフェンシュタール制作による『民族の祭典』。不朽の名記録映画とされる一方，ナチスの政治の正統性やドイツ民族の優秀さを宣伝するプロパガンダ映画であるとの評価もある。

やや難　問10　1979年末，アフガニスタンの政情不安に際し，ソ連は親ソ連政権擁護のために，アフガニスタンに侵攻。アメリカ合衆国，日本などの西側諸国は，ソ連の侵攻に抗議して1980年開催のモスクワオリンピックをボイコットした。

問11　サッカーのペナルティー戦，柔道のポイント制とも，競技時間の予測がつき，放送時間内に試合を最後まで放送することがしやすくなる。

問12　表から，1950年はせんい工業，1970年代は鉄鋼業，2000年代は自動車，電気機械などの機械工業の企業の優勝が多いことが読み取れる。それぞれの年代で中心となる産業が，その資金力を背景に優勝争いを繰り広げていたと考えられる。

問13　プロ選手は，選手を引退したら，次の仕事を探さなければならない。一方，企業内チームに属す選手は，選手を引退した後も，企業の社員として引き続き仕事ができ，収入を得ることができる。

問14　別解として，「外国人労働者の受け入れに際し，日本人と外国人がともにスポーツに参加することにより，日本人と外国人が打ち解けることができ，外国人の疎外感も軽減できる」などが考えられる。

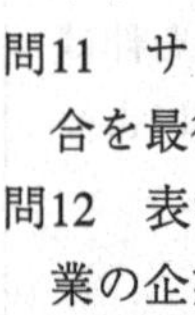

★ワンポイントアドバイス★

いままでの傾向を踏襲した出題形式である。細かい知識よりも，文章や資料を読み取る力，深く考え，それを表現する力などが求められている。

＜国語解答＞《学校からの正答の発表はありません。》

一　a　肥料　b　粉　c　保存　d　口調

二　1（例）父親の仕事の都合　2（例）母は，新しい生活に慣れるのは大変だが，状況を受け入れ，頑張ろうと考えている。ヒナコは転校などに不満を抱いている。

三　ア

四（例）以前住んでいた都会こそ自分の帰るべき場所だという思いがあるから。

五　(例)　太鼓や竜の舞には興味がなく，感性の異なる多恵の好意がうっとうしく感じられたから。

六　(例)　離れて暮らす自分の娘の幼い頃を思い出すことができるから。

七　221

八　(例)　家に帰る電車賃もないのに，雨の中飲み物などを買ってくれたおじさんの好意を踏みにじったことや，友人と一緒におじさんを馬鹿にして笑ったことに対して，罪悪感を抱いていたから。

九　1　(例)　改札前でお父さんを待っているらしい女の子の，真剣なまなざし。

2　(例)　仕事がうまくいかず，お金がなくても，大好きなお父さんにうちに帰ってきてもらいたいという思い。

十　(例)　多恵の父親に対する優しい人柄に心うたれて，多恵の招待を受けようという気持ちになったから。

十一　(例)　ヒナコを家族として温かく見守り，受け入れている様子。

十二　(例)　新しい環境や友人を受け入れて，ここで頑張っていこうということ。

十三　1　(例)　この町での生活を受け入れられなかったが，前向きになり始めた。

2　(例)　帰らない父親を待ち続ける多恵。家族に会いたいと願い続けるおじさん。駅で父親の帰りを待ち続ける女の子。さまざまな家族の様子を見て，その思いに触れることで，住む場所へのこだわりよりも，家族と一緒に暮らせる幸せの方が大切だと気づくことができたから。

○推定配点○

一・三・七　各2点×6　　二1・四・六・九1・十三1　各3点×5　　十三2　5点

他　各4点×7　　計60点

＜国語解説＞

(物語文一主題・心情・場面・細部の読み取り，記述，漢字の書き取り)

一　a　植物の生育を助けるために地面にまく，栄養物質のこと。「肥」には，太るという意味もある。

基本　その意味で，「肥満」という言葉がある。　b　非常に細かい粒の固体を意味する。カタカナで表す

基本　と，「パウダー」である。　c　そのままの状態でとっておくことを意味する。　d　言葉を口に出したときの調子を意味する。ここでは，「言い方」に近い。

二　1　二重傍線a以降で「仕事の都合でやむを得ない」という表現がある。「父親の仕事の都合」で，ヒナコの一家は引っ越すことになったのだ。　2　母に関しては，特に波線A前後の表現から読み取れる。「新しいところに慣れるのって，簡単じゃない」「前はよかったとか，振り返ってもはじまらない」「ここでがんばるしかない」などの部分である。「慣れるのは難しい」が，「状況を受け入れるしかない」「頑張るしかない」と考えているのだ。ヒナコに関しては，二重傍線a前後から読み取れる。「畑の空気はおいしい」を否定するところや，転校を余儀なくされたと書かれた部分である。ヒナコは，転校をしなくてはならなかったことなど，不満に思っているのだ。

三　傍線②前半の「なんで照れるの。お父さんが自慢なわけ？」という表現からは，多恵に対する疑問ではなく，反発が感じられる。また，傍線②後半の「ヒナコは下を向いた」「自分は……父親の悪口を言っていたところ」からは，悪口を言っていた自分自身に対する罪の意識などが感じられる。解答は，「多恵さんに反発……うしろめたさ」とある，アになる。イは，「うらやましく」がおかしい。傍線②後半の表現からだけでは読み取れない。ウは選択肢の「疑問」「かくそう」の部分が，傍線の表現にピタリと合うわけではない。エは「深く反省」がおかしい。「深く」反省しているか

どうかは読み取れない。

四　「行く」「帰る」という言葉からおさえることができる意味を考える。現在の田舎暮らしを，ヒナコは納得できていない。だからこそ，以前住んでいた都会に「行く」ことを，ヒナコは「帰る」と言いまちがえたのだ。田舎暮らしを納得できていないヒナコにとって，いまだに都会こそ，自分が帰るべき場所なのであり，無意識にそう感じているのだ。

重要　五　二重傍線cあたりからわかるように，ヒナコは太鼓や竜の舞に関心がないのである。また，二重傍線cの直後に「……熱く語ってしまった自分はばかみたいだ」とあるように，多恵との感性の違いにも戸惑いを抱いているのである。傍線④の「見もしないでふたつに折るとポケットにつっこんだ」というヒナコの行動には，興味のないことに誘われ，感性の違いに戸惑うヒナコが，チケットの存在自体もうっとうしいと感じている様子が読み取れる。記述の際には「太鼓や竜の舞には興味がない」「感性が異なっている」＋「うっとうしく感じている」という内容を中心すると良い。

六　傍線⑤以降のおじさんの言葉から，おじさんが三人の顔を楽しそうにながめる理由を考えることができる。離れて暮らす娘の幼い頃の様子を思い浮かべることができるのだ。

七　二重傍線d直後に着目する。「じぇんこがねえと電車も乗れねえ，帰えるに帰えれねえ」とある。この部分は，「じぇんこ」を「お金」と判断すると，「お金がないと電車にも乗れない。だから，帰るに帰れない」と読み取れる。二重傍線d直後の221行目が，解答になる。

やや難　八　傍線⑥までの，場面の展開を考える。コンビニで飲み物などを購入してくれたおじさんの好意を，友達と一緒になって，ヒナコは踏みにじった。また，おじさんを笑いものにするような場面にヒナコは立ち合い，時には一緒になっておじさんを笑った。以上のようなことがあり，ヒナコは自分の行為に罪悪感を抱いた。だから，傍線部のように，「寒くていい……自分にはそれがちょうどいい」という思いに結びついたのである。解答の際には，「おじさんの善意を踏みにじったこと」「友人と一緒におじさんを笑いものにしたこと」＋「罪悪感」という内容を中心にする。

九　1　傍線⑧直前に書かれた場面の中に，解答の手がかりは見つかる。女の子の真剣なまなざしにほほえんだそのとき，ヒナコは気がついたのだ。　2　多恵さんの言った，6時過ぎは駅員さんがいなくなるため，お金が足りなくても大丈夫だという意味。傍線②前後から読み取れる多恵さんのお父さんの様子。そして傍線⑥から読み取れる「おじさん」の帰れない理由。以上をおさえて類推する。多恵さんのお父さんも，仕事がうまくいかず，お金がないのである。だから，家族のもとに帰れないのである。だが，駅には駅員さんがいなくて，お金がなくても大丈夫な時間帯がある，そんな時間があるのだから，お父さんには帰って来てもらいたい。「あの言葉」には，多恵さんのお父さんに帰って来てもらいたいという思いがこめられているのだ。

重要　十　傍線⑨直前で気づいた内容が，ヒナコの心情に変化をうながした。ヒナコは，多恵の，自分の父親に対する優しい人柄に心うたれた。傍線⑨に書かれた招待券の扱い方は，そのような人柄を持つ多恵の招待を受けようと，ヒナコが前向きになった様子を表している。

十一　傘を持たずに出た妹のために，姉のミオは傘を持ち，帰宅を待っている。そして，ヒナコは当たり前のように，ミオの傘に飛び込んでいる。ヒナコが家族として温かく見守られ，受け入れられている様子が，【　　】内からは読み取れる。

十二　母，ミオとは異なり，ヒナコは新しい環境を受け入れることができていなかった。波線Aの「郷に入れば郷に従え」，波線Bの「馬には乗ってみよ，人には添うてみよ」という言葉は，新しい環境でうまくやることをうながす言葉である。何かに気づき始めたヒナコの様子を見て，ミオはこの町で頑張っていこう伝えたのである。

十三　1　指定部分以前の様子。最後の場面。それぞれのヒナコの様子から読み取ることができる。
2　この作品の中にえがかれている，さまざまな「家族」とは，多恵の家族，おじさんの家族，駅で父親の帰りを待ち続ける女の子の家族，そしてヒナコ自身の家族である。会いたくても会えない寂しさを抱える家族を見て，ヒナコは家族に温かく迎えてもらえる幸せ，そして，その幸せの大切さに気づいたのである。

★ワンポイントアドバイス★

文章全体の展開を意識したい。登場人物の心情は，文章全体で大きく変化している。その変化，また変化に伴う人物の成長をおさえることが，各設問を解き進めることにも役立つ。

MEMO

大切なことはメモしておこうネ！

平成30年度

入試問題

平成30年度

麻布中学校入試問題

【算　数】（60分）＜満点：60点＞

【注意】　1．問題（解答）用紙の余白は計算などに使ってかまいません。ただし，答えを求めるのに必要な図・式・計算・考えなどは，枠内《わくない》に書きなさい。

2．円周率の値《あたい》を用いるときは，3.14として計算しなさい。

1　太朗君と次朗君がコインを何枚か持っています。最初，太朗君の持っている枚数は次朗君の1.5倍でした。その後，次朗君が太朗君にコインを40枚わたしたところ，太朗君の持っている枚数は次朗君の3.5倍になりました。最初に太朗君が持っていたコインの枚数を答えなさい。

答　　　　枚

2　下の図の斜線《しゃせん》部分を，直線ABの周りに１回転させてできる立体の体積が2088.1cm^3となります。図の□に入る数を答えなさい。

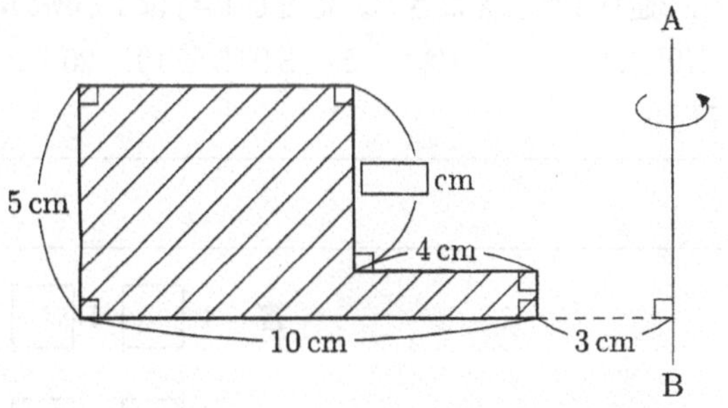

答　　　　cm

3 2つの記号○，×を並べてできる列のうち，次の条件にあてはまるものを考えます。

（条件）○が3つ以上連続して並ぶことはない。

例えば，○○×○○はこの条件にあてはまりますが，○×○○○××は条件にあてはまりません。次の問いに答えなさい。

⑴ ○，×を合わせて14個並べるとき，×の個数が最も少なくなる列を1つ書きなさい。

答

⑵ ○，×を合わせて13個並べるとき，×の個数が最も少なくなる列は全部で何通り考えられますか。

答　　通り

⑶ ○，×を合わせて12個並べるとき，×の個数が最も少なくなる列は全部で何通り考えられますか。

答　　通り

4 以下の⑴，⑵について，□に「＋」，「×」，「＝」の3種類の記号のいずれかを入れて，例のように正しい式を作る方法を，2通りずつ答えなさい。ただし「＝」は1か所のみに入れるものとします。

例（問） 2□3□5□10□20　　（答） 2[+]3[+]5[+]10[=]20，2[×]3[×]5[=]10[+]20

⑴ 1□4□5□6□7□8

答 1□4□5□6□7□8

1□4□5□6□7□8

⑵ 2□3□5□7□11□13□17

答 2□3□5□7□11□13□17

2□3□5□7□11□13□17

5 ある長方形があり，頂点にいるクモが内部にいる虫を捕《と》らえようとしています。ただし，クモは一定の速さで移動し，虫は動かないものとします。

クモは，まず以下の規則で辺上を移動します。

・虫に最も近い辺上の点（図１中の○で表されている点）が一つだけあるとき，その点まで辺上を最短経路で移動する。

・虫に最も近い辺上の点（図２，図３中の○で表されている点）が複数あるとき，それらのなかで最も早く着ける点のいずれかまで辺上を最短経路で移動する。

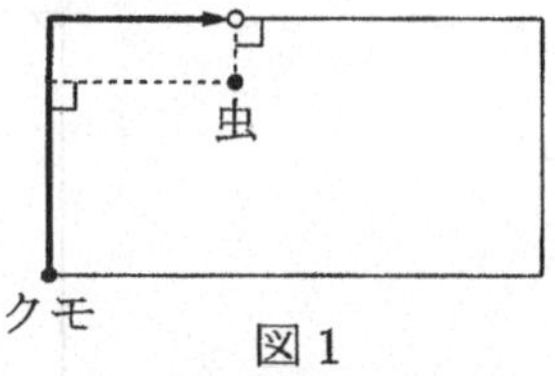

図１
（矢印に沿って移動）

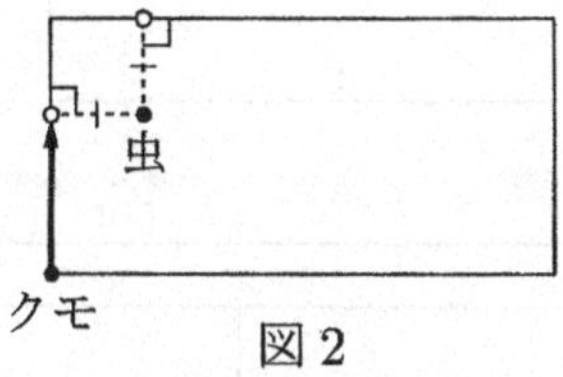

図２
（矢印に沿って移動）

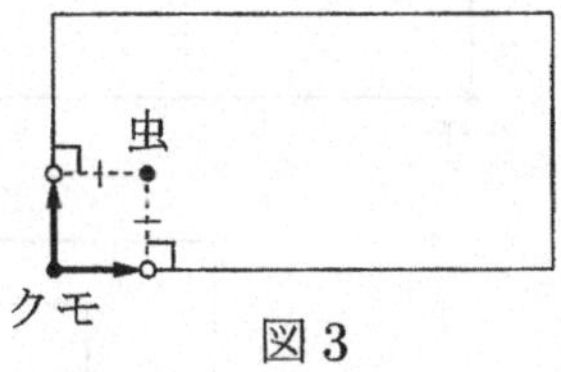

図３
（いずれかの矢印に沿って移動）

こののち，クモは虫に向かってまっすぐ移動します。

例えば，図１，図２，図３の位置に虫がいるとき，クモが移動を始めてから虫を捕らえるまでの動きはそれぞれ下図のようになります。

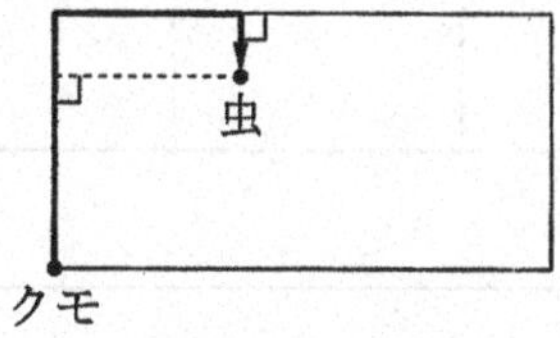

（矢印に沿って移動）

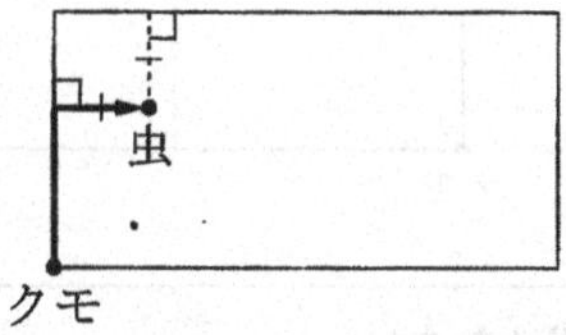

（矢印に沿って移動）

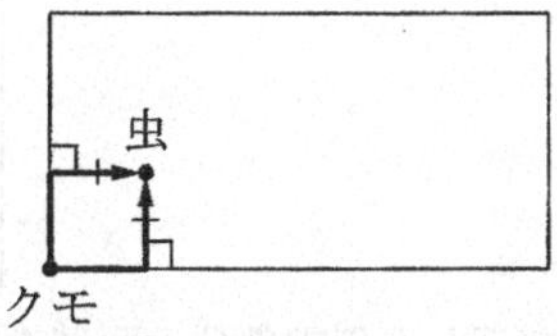

（いずれかの矢印に沿って移動）

クモの移動する速さは秒速10㎝であるとして，以下の問いに答えなさい。

⑴ 図４のように１辺の長さが10㎝の正方形の頂点にクモがいるとします。クモが1.5秒以内で捕らえることができるのは，どのような範囲《はんい》にいる虫ですか。その範囲を斜線《しゃせん》で示しなさい。ただし，図中の点線は５㎝ごとに引いてあります。

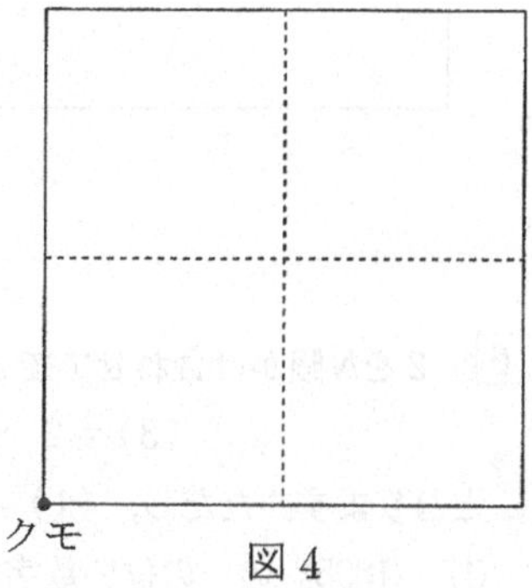

図４

答

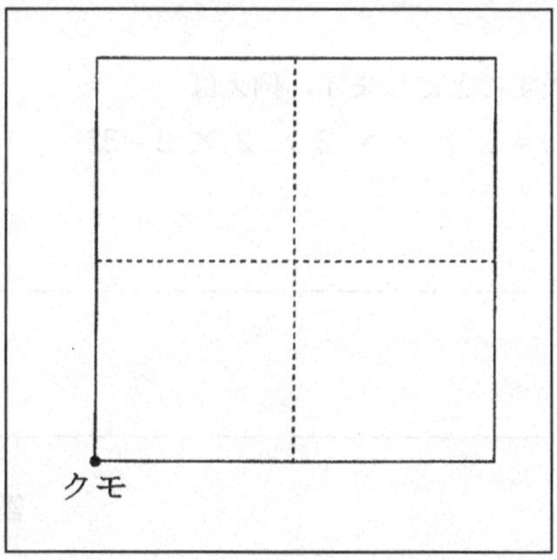

⑵　図５のように，縦の長さが10㎝，横の長さが20㎝の長方形の頂点にクモがいるとします。クモが2.5秒以内で捕らえることができるのは，どのような範囲にいる虫ですか。その範囲を斜線で示しなさい。ただし，図中の点線は５㎝ごとに引いてあります。

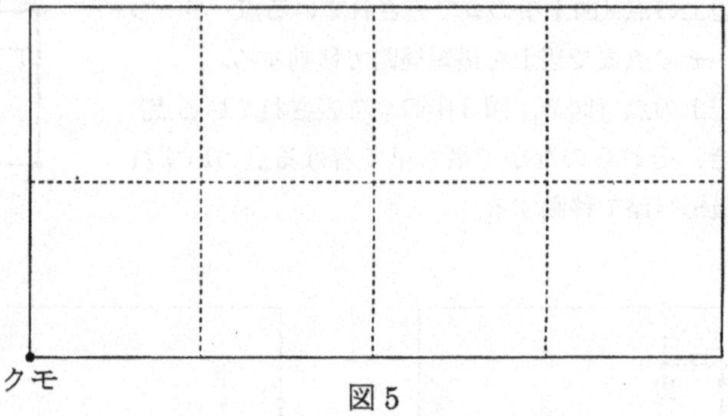

図５

答

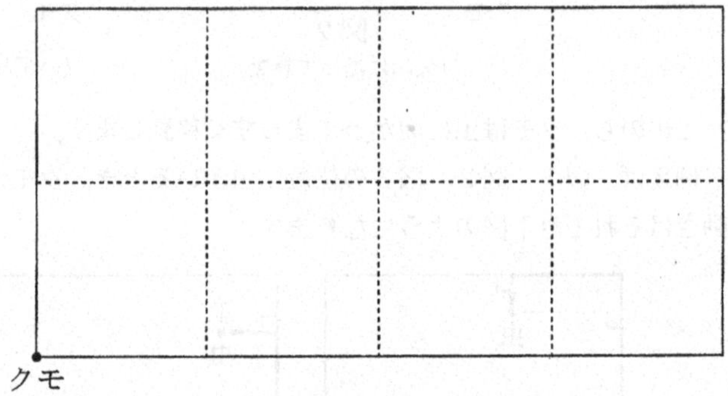

⑶　⑵で示した斜線部分の面積を求めなさい。

答　　　　cm^2

6　２をN個かけ合わせてできる数を〈N〉と表すことにします。例えば

〈３〉＝２×２×２＝8,〈５〉＝２×２×２×２×２＝32

となります。ただし，〈１〉＝２と約束します。

⑴　〈1895〉の一の位の数字は何ですか。

答

⑵　〈12〉＋〈2〉と〈13〉＋〈3〉を計算しなさい。

答　〈12〉＋〈2〉＝

〈13〉＋〈3〉＝

⑶　〈2018〉の下2桁《けた》を答えなさい。

ここで，下2桁とは十の位と一の位の数字の並びのことです。例えば，1729の下2桁は29で，1903の下2桁は03です。

答

⑷　〈53〉の下3桁は992です。〈N〉の下3桁が872となるNを2つ求めなさい。

ここで，下3桁とは百の位から一の位までの数字の並びのことです。

答

【理　科】（50分）　＜満点：40点＞

1　沖縄《おきなわ》本島の北部には，ヤンバルクイナという飛べない鳥がすんでいます。つばさが小さくて飛べないかわりに森の中を活発に歩き回ります。水あびをすることはありますが，水中で食べ物をとることが得意なわけではありません。

ヤンバルクイナ

ヤンバルクイナの胃の中を調べてみると，いろいろなものを食べていることがわかりました。胃の中にはカタツムリ，ヤモリ，トカゲ，カエル，バッタ，アリなどの動物やクワズイモ，ヤマモモ，イヌビワなどの植物の実，そして小石が入っていました。その中でよく食べられているものがカタツムリです。胃の中のカタツムリを調べてみると，大きなカタツムリは殻《から》がなくやわらかい部分だけが胃に入っていて，小さなカタツムリは殻がついたまま胃に入っていました。

ヤンバルクイナの行動を観察していると，カタツムリの殻のあいている部分をくちばしではさんで，石にたたきつけて割っていることがわかりました。そのため，ヤンバルクイナのすんでいる地域には，たくさんのカタツムリの殻が落ちていて，その多くには殻のあいている部分の反対側に穴がありました。また，ヤンバルクイナが小石を積極的に食べているようすも観察することができました。

ヤンバルクイナのフンを調べてみると，消化できなかった植物の実の皮や種と，小石などが入っていましたが，カタツムリの体や殻はほとんど入っていませんでした。

ヤンバルクイナがすむ沖縄本島では，もともと島にいなかったマングースが外国から持ちこまれ，放されました。それは毒ヘビを駆除《くじょ》するためでした。ところがあまり毒ヘビを食べずに，飛べない鳥であるヤンバルクイナを食べてしまいました。沖縄本島北部にしかいないヤンバルクイナは，のらネコなどにも食べられて一時期700羽程度までに減ってしまいました。現在は1500羽程度まで数が増えてきましたが，道路で車にひかれてしまうヤンバルクイナもいるため，現在も数を増やすために様々な保護活動がなされています。

問1　飛べないヤンバルクイナが飛べる鳥と比べて発達しているところはどこですか。もっとも適当なものを，次のア～オから選び，記号で答えなさい。

ア．遠くを見渡《みわた》すことに適した目
イ．アリなどを食べることに適した長い舌
ウ．つばさを動かすことに適した胸の筋肉
エ．歩き回ることに適した足
オ．水の中を泳ぐことに適した足

問2　ヤンバルクイナが食べているものと，フンとして出ているものから考えられることとして正しいものを，次のア～ケから３つ選び，記号で答えなさい。

ア．カタツムリは殻も含《ふく》めて消化され栄養になる。
イ．植物の実はすべて消化されて栄養になる。
ウ．小石は消化されて栄養になる。
エ．小石は消化されないが栄養になる。

オ．小石は栄養にならないが，他の食べ物を消化しやすいようにしている。

カ．小石は栄養になり，他の食べ物を消化しやすいようにもしている。

キ．ヤンバルクイナは栄養になるものしか食べない。

ク．ヤンバルクイナは栄養にならないものも食べる。

ケ．ヤンバルクイナは栄養にならないものしか食べない。

問３　植物にとって実を食べられることにはどのような意味があると考えられますか。次の文章の（a），（b）にそれぞれ適当な10文字以内の語句をいれなさい。

植物はヤンバルクイナに実を食べられて，やわらかいところは消化されてしまう。しかし（　　　a　　　）ので，歩き回るヤンバルクイナのフンに含まれて芽を出す。その結果として，（　　　b　　　）が広がることになる。

問４　現在地球にいる野生の飛べない鳥をヤンバルクイナ以外に２つ書きなさい。ただし，人が飼育していて飛べなくなったニワトリやアヒルは野生ではないと考えます。

問５　野生の飛べない鳥の種類は飛べる鳥の種類に比べると非常に少ないですが，今でもヤンバルクイナのように残っています。これはどのように考えればよいでしょうか。正しいものを，次のア～オから２つ選び，記号で答えなさい。

ア．鳥にとって飛べることは生きる上で重要なことではない。

イ．鳥にとって飛べなくても生きられる環境《かんきょう》もある。

ウ．鳥にとって飛べないことは多くの場合，有利である。

エ．鳥にとって飛べないことは多くの場合，不利である。

オ．鳥にとって飛べないことは有利とも不利とも言えない。

問６　一時減ってしまったヤンバルクイナはどうして増えてきたのですか。沖縄でヤンバルクイナを増やすために取り組まれてきたこととして正しくないと考えられるものを，次のア～オから２つ選び，記号で答えなさい。

ア．ヤンバルクイナを食べてしまう，のらネコを減らす。

イ．ヤンバルクイナを食べてしまう，マングースを減らす。

ウ．ヤンバルクイナの食べ物がかたよらないようにカタツムリを減らす。

エ．豊かな森を人があまり入らないで保つ。

オ．観光客がヤンバルクイナを見やすいように道路をつくる。

2　固形セッケンは同じ体積のとても小さな棒状のもの（以下，A）が集まってできています。少量のセッケンを水にとかし，水の入った水そうにたらすと，Aが図１，２のように水面に集まり，１層のセッケンまくをつくることが知られています。これはAの一方のはしが水になじみやすい性質を持っていて，反対側のはしが水になじまない性質を持っているためです。

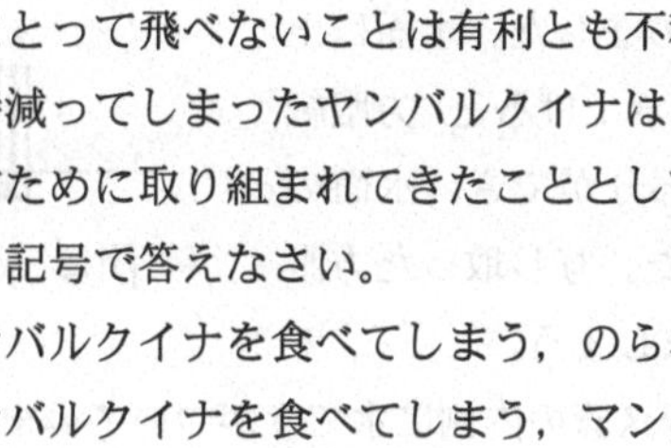

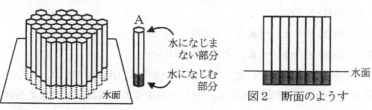

図１　水面にうかぶセッケン

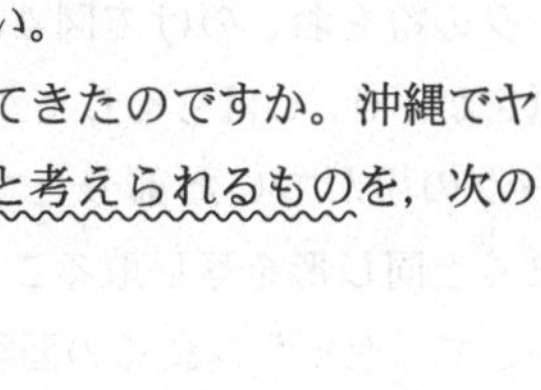

図２　断面のようす

問１　セッケン水でシャボン玉をつくった時の断面のようすを，解答らんの図に，前のページの図２のようにＡを書きこみ，完成させなさい。ただし，大きさは解答らんのＡの図を参考にしなさい。

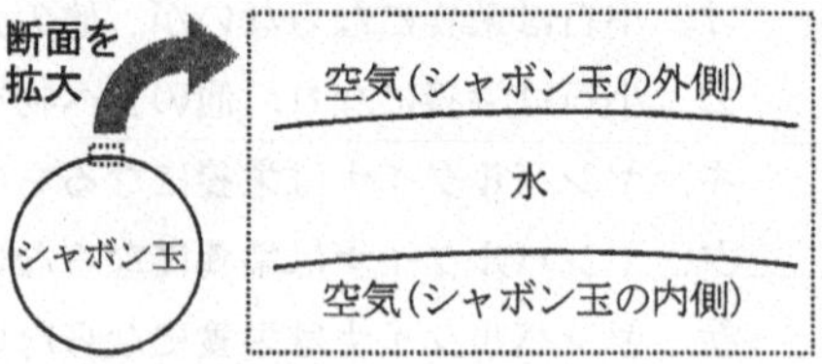

固形セッケン１cm^3を水にとかして水よう液を1000cm^3とし，よく混ぜて均一にしました。このセッケン水を図３のような目盛りの付いた細いガラス管で吸いとって，10てきで何cm^3になるかを測定しました。測定の結果，セッケン水10てきの体積は0.2cm^3でした。

図３

問２　セッケン水１てきにとけているセッケンの量を固形セッケンの体積として求めると，何cm^3であったといえますか。計算して答えなさい。

セッケンが水面にまくをつくる性質を用いて，セッケンまくの体積と面積からＡの長さを調べてみましょう。まず水そうに水を入れ，水面にうすくチョークの粉をうかべました。次に，目盛りの付いた細いガラス管を用いてセッケン水を１てきたらしました。するとセッケン水の中のＡが集まってセッケンまくが図１のように１層になってうかび，チョークの粉をおしのけて図４のように広がりました。水面に上から方眼紙をかぶせ，しばらくしてから方眼紙を引き上げると，方眼紙にはチョークの粉がついた部分とついていない部分ができ，水面のセッケンまくと同じ形を写し取ることができました。写し取った方眼紙をかわかして，セッケンまくの面積を求めてみましょう。

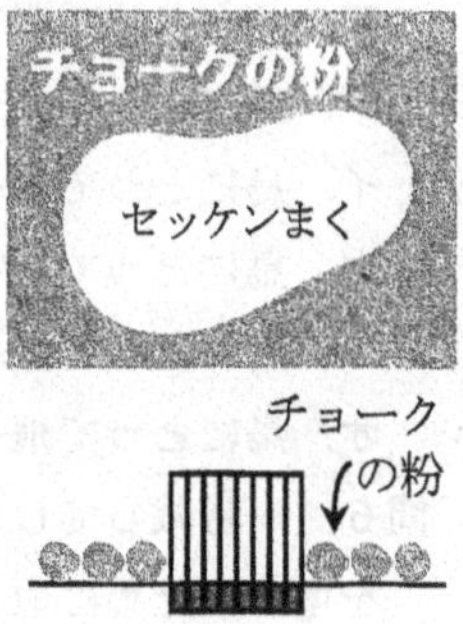

図４ 水面のようす

問３　実験前に実験器具の水洗いをしたため，ガラス管の内側に水てきがついていました。この場合はセッケン水を吸い上げて捨て，ガラス管の内側をセッケン水でぬらすと，誤差の小さい，より正確な測定ができます。それはなぜですか。理由を答えなさい。

問４　１辺１㎝の方眼紙を用いてセッケンまくのかたちを写し取ると，セッケンまくしかついていないマス目（右図の○）と，セッケンまくとチョークの粉がともについているマス目（右図の▲）がありました。マス目を数えて面積を求めるときに，実際の面積に近い値になると考えられる計算方法としてもっとも適当なものを，次のア～ウから選び，理由とともに記号で答えなさい。

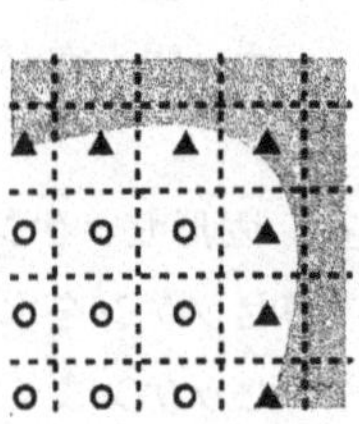

ア．（○のマスの数）×１cm^2

イ．（○のマスの数）×１cm^2＋（▲のマスの数）×１cm^2

ウ．（○のマスの数）×１cm^2＋（▲のマスの数）×0.5cm^2

問５　チョークの粉がついていないセッケンまくの面積は，100cm^2でした。セッケンまくの厚みは何ナノメートル（nm）ですか。ただし，セッケンまくの体積は問２で求めた体積と同じだとします。また，ミリメートル（㎜）よりも小さなものの長さを表すときに用いるマイクロメートル

（μm）とナノメートル（nm）の単位には次のような関係があります。

1㎜＝1000μm　　1μm＝1000nm

問６　Ａはおもに炭のもととなる小さなつぶがおよそ決まった個数，右図のようにすき間なく並んでできています。１つのＡは，この小さなつぶが20個程度結びついてできているとすると，小さなつぶの１個の大きさはおよそどの程度ですか。もっとも近いものを，次のア～オから選び，記号で答えなさい。

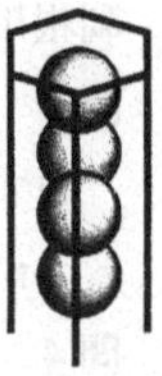

ア．0.00001nm　　イ．0.001nm　　ウ．0.1nm　　エ．10nm　　オ．1000nm

最後に，セッケンまくをつくるために水面にたらすセッケン水の量を少しずつ多くしながら４回実験を行いました。これらの実験の結果は図５のようになりました。

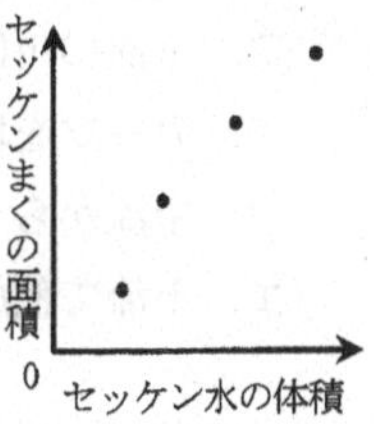

図５

問７　「セッケン水の体積」と「セッケンまくの面積」にはどのような関係があると考えればよいでしょうか。本来あるべき性質を示したグラフとしてもっとも適当なものを，次のア～オから選び，記号で答えなさい。

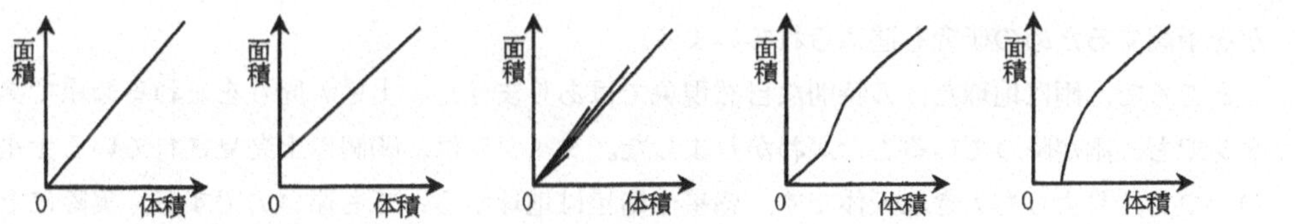

3　みなさんが生活の中で毎日気にしている自然現象は何でしょうか。「天気」，特に「雨が降るかどうか」と答える人が多いのではないかと思います。①水のつぶである雨が降ると，かさが必要だったり，外で遊べなかったりしますから，わたしたちは天気を気にするのでしょう。ところで，天気を変化させる空気の動きは，時速40㎞程度です。また，天気の変化をもたらす雲は，およそ上空10㎞から地表までの間にできます。

問１　下線部①について，雨つぶは大きいものでも直径８㎜程度ですが，直径５㎜程度の雨つぶは秒速10ｍの速さで落下します。雨つぶが上空３㎞の高さから地表までこの速さのままで落下した場合，何分かかりますか。計算して答えなさい。

問２　真上を見上げても雲がないのに雨が降る「天気雨」が起こる理由として，あてはまらないものを，次のア～エから１つ選び，記号で答えなさい。

ア．雨つぶが，強い風によってふきとばされてしまうから。

イ．雨つぶが落ちている間に，雲をつくる水のつぶが蒸発してしまうから。

ウ．雨つぶが風で持ち上がると雲ができるので，雨の降り始めは雲がないから。

エ．雨つぶが地表に着く前に，雨を降らせた雲が頭の上から移動してしまうから。

降った雨は地表を流れ，また蒸発して雨のもとになるというように，水は循環《じゅんかん》しています。②雨の量や降る場所は，時と場合によって様々で，集中ごう雨によって洪水《こうずい》などが起こり，私たちの生活に被害《ひがい》が出てしまうこともあります。川の多い日本では，昔から洪水対策が行われてきました。川の上流にダムを，中流に遊水地をつくり，それ以外に，ていぼうもつくられてきました。一方で，洪水が起こるしくみがあまり理解されていなかったころには，③人が川に手を加えたことで，洪水被害が増えてしまうこともありました。流域（雨の水が集まるはんいのこと）の面積が日本最大の利根川も，その一つです。

問3　下線部②について，雨の量の表し方である降水量は，平らな場所に降った雨が，どこにも流れずにたまったときの深さを示すものです。１時間の降水量が100㎜だった地点では，１時間に１m^2あたり何L《リットル》（何kg）の雨が降ったことになりますか。計算して答えなさい。

問4　下線部③について，人が川に手を加えるときに，洪水を防ぐはたらきがあるものとしてもっとも適当なものを，次のア～エから選び，記号で答えなさい。

ア．下流の川はばを広げる。

イ．カーブを増やして川を長くする。

ウ．中流から下流の川底を埋《う》めて平らにする。

エ．上流で他の川をつなげて流域面積を広げる。

近年，強い雨の降る場所や降り方が変化してきたともいわれています。そのため，昔からの洪水対策が見直されたり，新たな対策が研究されたりしています。また，強い雨がいつ，どこに降るのかを予測するための研究も進められています。

ところで，雨は地球だけの特別な自然現象ではありません。土星の周りをまわる衛星であるタイタンでも，雨が降っていることがわかりました。タイタンは，60個以上発見されている土星の衛星の一つで，月よりも大きな天体です。惑星《わくせい》や衛星は地球からとても遠いのですが，実際にその天体の近くまで行く探査機によって調べられています。タイタンへは，2005年１月に，土星の探査機カッシーニから切り離《はな》されたホイヘンス・プローブという探査機が着陸に成功し，タイタンはこれまでに人工物が着陸したもっとも遠い天体となりました。それまで④タイタンは大気をもつ衛星として知られていたのですが，これらの探査機によって，⑤表面に液体が存在し，雨が降っていることが確認《かくにん》されました。ただし，⑥タイタンの表面はマイナス180℃（氷点下180度）なので，地球のように「水の雨」は降りません。

問5　右の図は，探査機カッシーニが撮影《さつえい》した衛星の写真です。図中の右側がレア，左側がテチスという衛星で，写真はこれらを横から見たものです。レアはテチスよりも大きな衛星です。写真の衛星の形（光って見える部分）が，月の満ち欠けのように，見る向きと太陽光の向きによるものであるとすると，撮影したときの衛星に対するカッシーニの位置と，太陽光の向きは，それぞれどのようになっていたと考えられますか。右の図の中で，もっとも適当なものを，カッシーニの位置はア～エから，太陽光の向きはａ～ｄからそれぞれ選び，記号で答えなさい。ただし，右下の図は，カッシーニ，レア，テチスを，写真の上方から見たもので，正しい大きさや距離《きょり》の関係を示すものではありません。また，太陽光はどちらの衛星にも平行に向かうものとします。

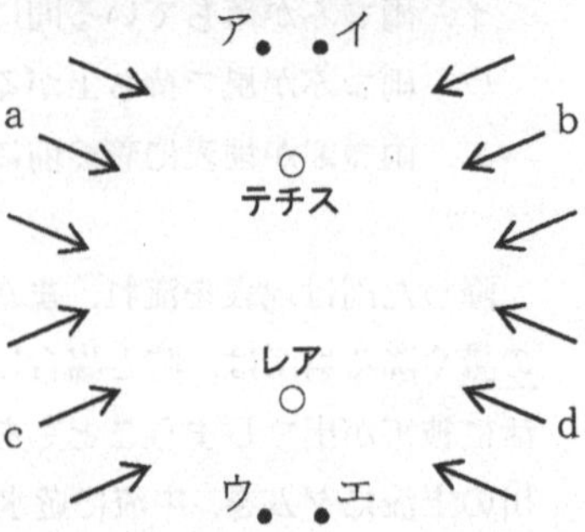

問6　下線部④について，タイタンの大気でもっとも多い成分は，地球の大気でもっとも多い成分と同じです。その成分としてもっとも適当なものを，次のア～オから選び，記号で答えなさい。

ア．二酸化炭素　　イ．酸素　　ウ．水素　　エ．ちっ素　　オ．アルゴン

問7　下線部⑤について，右下の図は探査機カッシーニが撮影したタイタンの川の写真です。タイタンの地形が地球の地形と同じように形成されると考えて，図中の地点A，Bについて述べた次のⅠ～Ⅲの文が正しければ○を，間違《まちが》っていれば×を，それぞれ書きなさい。

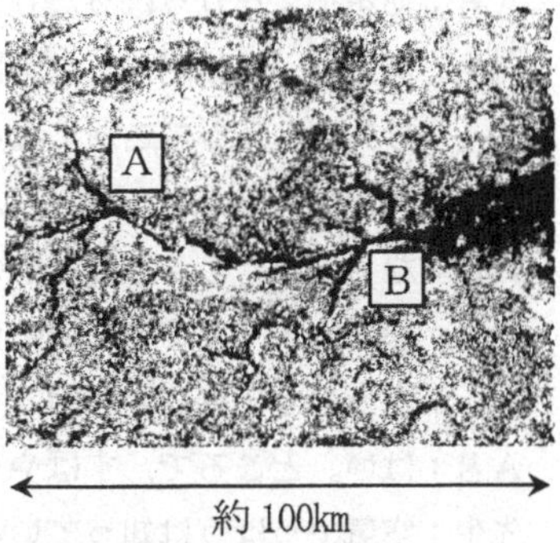

Ⅰ．AからBの向きに川が流れている。

Ⅱ．A付近の方がB付近よりも流れが速い。

Ⅲ．B付近の方がA付近よりも標高が高い。

問8　下線部⑥について，タイタンではメタンという物質が雨となって降り，川をつくっています。メタンは，こおる温度やふっとうする温度が，水とは異なります。メタンの特徴《とくちょう》としてもっとも適当なものを，次のア～エから選び，記号で答えなさい。

ア．水と比べて，こおる温度とふっとうする温度がとても高い。

イ．水と比べて，こおる温度とふっとうする温度がとても低い。

ウ．水と比べて，こおる温度はとても高く，ふっとうする温度はとても低い。

エ．水と比べて，こおる温度はとても低く，ふっとうする温度はとても高い。

探査機カッシーニは，昨年9月に土星に飛びこんで探査活動を終了《しゅうりょう》しました。探査機カッシーニが土星やその衛星を調べる中で，いくつもの新たな発見がありました。その中には，タイタンや，同じく土星の衛星であるエンケラドスに生命体が存在する可能性を示す発見もありました。その後，電池切れが近づいてきたので，コントロールが効かなくなる前に⑦土星に飛びこませることにしました。探査機カッシーニによる大発見は，今後の研究に引きつがれることになります。

問9　下線部⑦について，なぜそのようにしたと考えられますか。あてはまらないものを，次のア～エから1つ選び，記号で答えなさい。

ア．これまでにないほど近いところから，土星を観測するため。

イ．探査機がぶつかってしまうと，タイタンやエンケラドスは壊《こわ》れて無くなってしまうため。

ウ．土星は他の衛星よりも大きいので，探査機がぶつかることで受ける影響《えいきょう》がもっとも小さいため。

エ．生命体がいるかもしれない衛星に探査機がぶつかって，地球の物質でよごしてしまうことがないようにするため。

4　以下の文章は，熱や温度などについてのA君と先生の会話です。

A君：先生，テレビのコマーシャルで，空気の熱を利用してお湯をつくると言っていましたがどういうことかよくわかりませんでした。教えてください。

先生：まず，熱を加えて気体を温めたり，熱をうばって冷やしたりすると，気体の体積が変化することは知っているよね。

A君：はい。温めて熱が加わると，気体の温度が上がって体積は増え，冷やして熱がうばわれると，

気体の温度が下がって体積は減ります。

先生：そうだね。でも，実は気体を温めたり冷やしたりしないで，つまり，熱を加えたりうばったりしなくても，気体の体積を変えると温度が変わるんだ。

A君：熱を加えたりうばったりしないで体積を変えるってどうするんですか。

先生：例えば，気体が入った容器を熱が伝わりにくい発泡《はっぽう》スチロールでおおうと，熱が外ににげたり外から入ってこなくなったりするんだ。これを，熱を加えたりうばったりしない，つまり，熱の出入りがないというんだ。この状態で体積を変えるということなんだ。

A君：なるほど。ところで，熱の出入りをなくす方法は，他にはないんですか。

先生：熱の出入りができないくらいすばやく体積を変化させても，熱の出入りがないといえるよ。どういうときに熱の出入りがないかわかったかな。

A君：はい。ところで，すばやく体積が変化するのはどんなときですか。

先生：空気でっぽうは知っているよね。中の空気を押《お》し縮めた後，玉が飛び出すと，空気が急に元の体積に戻《もど》るよ。このときにも，空気の温度は変わっているんだよ。

A君：なるほど。すばやく体積を変化させて熱の出入りをなくしても，温度が変わるんですね。手に「はぁ～」とゆっくり息をふきかけたときと，口をすぼめて「ふぅ～」と勢いよく息をふき出すときとでは温かさが違《ちが》いますが，これも関係していますか。

先生：正確にはこのこと以外の理由もふくまれているけれど，およそのイメージはあっているよ。両方とも口や肺の中の空気は同じように温まっているけれど，「はぁ～」とふくときには，体積も温度もあまり変わらずに出てくる場合だよね。しかし，「ふぅ～」とふき出すときは，口や肺の中で押し縮めてからふき出すので，口の外に出ると急に体積が増えて温度が下がるということなんだ。このように，熱の出入りがなく体積を増やすと温度が下がり，逆に，熱の出入りがなく体積を減らすと温度が上がるんだ。

問1　次の文章の（a），（b）にそれぞれ適当な語句をいれなさい。

先をふさいだ注射器の中で押し縮められていた空気を，勢いよくデジタル温度計にふきつける実験をしました。すると，空気の体積が急に（　a　）くなるため，温度が（　b　）がりました。

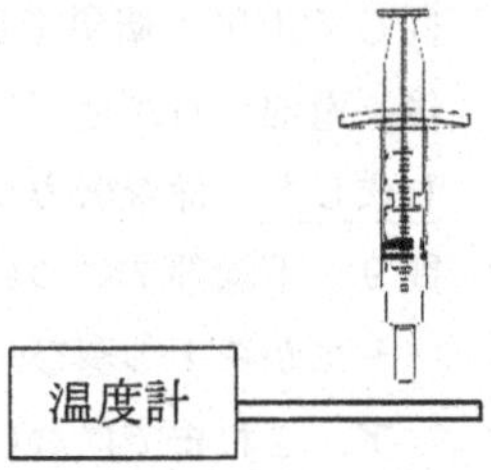

先生：ところで，A君の家にもエアコンがあるよね。ちゃんと見たことがあるかな。

A君：はい。冷風や温風が出てくる室内機と室外機がパイプでつながっています。室外機には，扇風機《せんぷうき》みたいなものが入っています。そういえば，①室外機に直射日光があたったり，②せまい場所に室外機を置いたりすると冷房《れいぼう》が効きにくいと聞いたことがあります。

先生：そうだね。エアコンの仕組みは次のページの図1のようになっていて，パイプの中には，今では代替《だいたい》フロンガス（＊この後はガスとする）が流れているんだ。冷房のときには冷たいガスが室内機を流れ，室内の暖かい空気が室内機のパイプに触《ふ》れて，室内の空気が冷やされて冷風が出てくるんだ。そのためには，図1の中のコンプレッサーという装置で熱の出入りができないくらいすばやくガスを十分に圧縮し，膨張弁《ぼうちょうべん》で熱の出入りができないくらいすばやくガスを十分に膨張させることが特に重要なんだ。この2つは，ガスの流れの向きによらず，ガスを圧縮したり膨張させたりするんだ。また，パイプに風があたるところには，図2のような工夫《くふう》もしているよ。

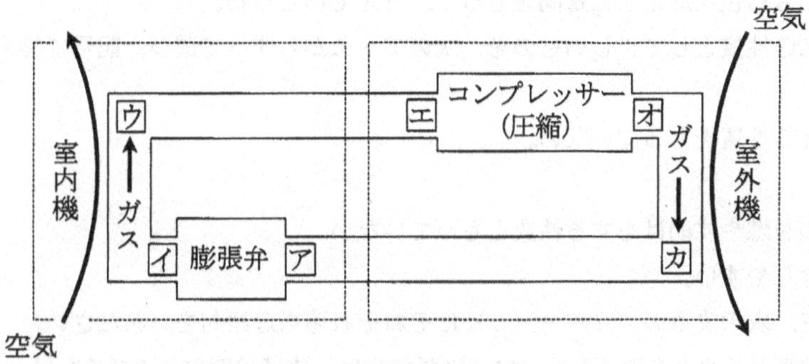

図1

図2

問2　下線部①と下線部②について，冷房が効きにくくなる理由をそれぞれ違いがわかるように説明しなさい。

問3　室外気温が37℃，室内温度が35℃のとき，図1のエアコンで冷房しています。室内機を通るガスの温度について，次のア～ウを，温度が高い順に答えなさい。

ア．膨張弁を通る直前　　イ．膨張弁を通った直後

ウ．室内の空気がパイプにあたった場所のすぐ後

問4　問3と同様に，図1のエアコンで冷房しています。室外機を通るガスの温度について，次のエ～カを，温度が高い順に答えなさい。

エ．コンプレッサーを通る直前　　オ．コンプレッサーを通った直後

カ．室外の空気がパイプにあたった場所のすぐ後

問5　室外気温が37℃，室内温度が35℃のときに冷房しようとしたところ，問3と問4の選択肢《せんたくし》のア～カの温度は，5℃，10℃，50℃，90℃のいずれかでした。それぞれ何℃か答えなさい。ただし，同じ温度を何度答えてもかまいません。

先生：暖房《だんぼう》の場合は，図1と逆方向にガスが流れているんだ。膨張弁を通過すると，ガスの温度は通過前に比べて（　a　）。次に，室外の空気がパイプにあてられると，ガスの温度は（　b　）。その次にコンプレッサーを通過すると，ガスの温度は通過前に比べて（　c　）。そして，室内の空気がパイプにあてられると，ガスの温度は（　d　）。こうして室内機を通った空気が温められて温風が出てくるんだ。

問6　暖房について先生が説明した上の文章の（a）～（d）にそれぞれ「上がる」か「下がる」のどちらかをいれなさい。

A君：よくわかりました。エアコンの暖房と同じ仕組みで水を温めてお湯にするのですね。

先生：そうだね。最初の「空気の熱を利用してお湯をわかす」という質問について基本を少しだけ説明したけれど，本当はもっと複雑なんだ。例えば，③ガスの体積を変化させるためにつかう電気を少しにして電気代を節約し，効率よく熱湯を得るためには，コンプレッサーや膨張弁の性能が大切なんだ。どんなガスを利用するかも大切で，二酸化炭素が利用されることも

あるんだ。

A君：何となくわかった気がしていますが，まだまだ勉強が必要ということですね。

先生：そうだね。これからも色々なことに疑問をもって，考えていこうね。

問7　パイプの中のガスの性質として正しいものを，次のア～エからすべて選び，記号で答えなさい。

ア．水素のように燃える性質をもっていない。

イ．環境《かんきょう》を悪くしない。

ウ．酸素のようにものを燃やす助けをする性質をもっていない。

エ．液体から固体になりやすい。

問8　下線部③について，次の文章の（a）～（c）にそれぞれ適当な語句をいれなさい。

電気代を節約して効率よくお湯を得るためには，膨張弁では，体積の変化ができるだけ（　a　）なるようにします。また，コンプレッサーでガスを圧縮するときには，体積の変化をできるだけ（　b　）すればよいことになります。そして，パイプに空気があたる部分の表面積は，（　c　）なるようにすればよいのです。

【社　会】（50分）　＜満点：40点＞

次の文章をよく読んで，18ページから22ページの問いに答えなさい。

みなさんはどんなときにドキドキしますか。大勢の人前で話すとき，試験が始まるとき，いろいろな場面で心臓の高鳴りを感じることがあると思います。人間にはいろいろな感情があり，感情が高ぶると鼓動《こどう》も速まります。すごくうれしくても，怒《おこ》っていても，不安でも，ドキドキします。ただ，心理学の研究によれば，人間はどちらかというと「いやだ」と思う感情の高ぶりの方が気になるようです。具体的には「怒《いか》り」「不安」「悲しみ」などがあげられます。

たまにドキドキすることは刺激《しげき》になりますが，毎日続くのは疲《つか》れます。とくに怒りにふるえることや，不安で気分が悪くなることはできれば避《さ》けたいものですし，あまり続くと生きていく力がわかなくなってしまいます。ですから，私たちは，日常の生活のあちこちでこういう感情をコントロールするくふうをしてきました。

困ったときの神頼《かみだの》み

感情をコントロールするくふうのひとつにお祈《いの》りがあります。「お祈りしても意味がないよ」と思うかもしれませんが，毎年の初詣《はつもうで》に多くの人びとが神社や寺院を訪《おとず》れることを考えると無意味とはいい切れない何かがあるのでしょう。

ア日本では，先祖の霊《れい》が子孫に影響《えいきょう》を与《あた》えると考えられ，先祖のお墓で一族を守ってもらうように祈りをささげてきました。これは中国や朝鮮《ちょうせん》半島でもみられることです。また，自然の中にさまざまな神が宿っていると考え，木や石などを祀《まつ》ってきました。仏教が伝わると，貴族などの支配者たちは先祖の霊や自然の神々《かみがみ》に祈るだけでなく，イ寺院でも，病気の流行や災害の発生をおそれ，そのようなことが起こらないように祈りました。人間の力ではどうにもならないわざわいは，ウ「神がお怒りになった」とか「祟《たた》りだ」とか「鬼《おに》や妖怪《ようかい》のせいだ」と説明され，人びとはそれらをしずめようと努めてきました。

例として雷《かみなり》があげられます。雷はしばしば神の怒りや祟りのあらわれだと語られてきました。これをしずめて，被害《ひがい》が起きないように神社などが建てられました。それは人びとがくらす村でも行われましたが，貴族なども同じようなことをしました。遣唐使《けんとうし》を中止することを決めた（　あ　）は，政治の争いに敗れて太宰府《だざいふ》に送られて亡《な》くなった後，怨霊《おんりょう》となって自分を失脚《しっきゃく》させた朝廷《ちょうてい》の人びとに雷を落としたといわれています。これを恐《おそ》れた人びとは，怨霊を天神《てんじん》として祀り祈ってきました。やがて怒りや祟りによるエ災害の記憶《きおく》が薄《うす》れると，天神はしだいに（　あ　）の優《すぐ》れた才能が強調され，学問の神になっていきました。

このほかにも，神々だけでなく，わざわいをもたらすものとして伝えられてきた「物の怪《もののけ》」や「妖怪」なども祀られてきました。とくに朝廷や貴族は，オ神話や伝承という形で，当時の言い伝えを記録し，各地のようすを把握《はあく》して，支配しやすくするためにも利用しました。

このように，人びとはわざわいが起きないように祈ってきました。祈ったり祀ったりすることは，ゆたかな実りを願うだけでなく，わざわいへの対応の仕方を過去から未来へ伝える役割もになっていたのです。

集団で感情を共有すること

つぎに，多くの人びとが感情を共有して怒りや不満，悲しみと向き合う方法についてみてみましょう。具体的に想像がつかない人もいると思うので，まずは祭りを例にあげてみます。

祭りは，村や町内会のような共同体の中で，日ごろの不満を解消し，日常を忘れて，喜びを高める効果があるといわれます。神輿《みこし》が町内を練り歩いている場面や，通りで縁日《えんにち》が開かれているような場面を見たことはありませんか。こうしたことは，いつでも行われているわけではありません。時期や場所を限定し，大勢で盛り上がります。限定された方がより気持ちを高ぶらせるのに効果があるといわれます。

さらにもうひとつ，葬式《そうしき》を例にあげてみたいと思います。葬式は「死」と向き合う儀式《ぎしき》です。身の回りの人がいなくなれば，いろいろな感情が生き残った人びとをおそうことでしょう。こうした感情と向き合うために葬式を行ってきました。みなさんの中にもお通夜《つや》や葬式に参列したことがある人はいると思いますが，思い出話をしたり，一緒に泣いたりすることは単なる儀式以上の意味があると考えられます。

日本ではとくにカ仏教のやり方に従った葬式が多数を占《し》めています。かつては寺院で親せきや地域の人びとの手によって行われていましたが，しだいに葬祭業者（葬式を行う専門の業者）が関わるようになりました。葬祭業者が関わるようになっても，仏教や地域のやり方にそったものがほとんどでした。キキリスト教やイスラーム（イスラム教）のようにあとから日本社会に入ってきた宗教を信仰《しんこう》する人が増えると，それぞれの宗教に従った葬式が営まれましたが，それほど多数ではありません。

現在の葬式は大きく変わりつつあります。たとえば「家族葬」のように，なるべく短く簡単に済ませようとする傾向《けいこう》があります。また最近では，葬祭業者に依頼《いらい》して，葬式とは別の日に「お別れの会」を開くということもみられるようになってきました。クこのように葬式にはいろいろな変化が起きていますが，それでも続けられているのは，「死」が人間にとって大きな課題であり，それをみんなで共有することが大切であるからなのでしょう。

また，私たちは，共有した不満や不安を権力者に訴《うった》えるという形でも解決してきました。平安《へいあん》時代，農民たちは集団で，都から派遣された地方役人である（　い　）に対する不満を訴え，（　い　）を交代させることがありました。室町《むろまち》時代から江戸《えど》時代にかけて起こった（　う　）も，一見暴動のようにみえますが，人びとが一定のやり方に従って支配者に不満を伝える手段として機能してきました。現代でも，不満や憤《いきどお》りをもった人びとがケ「訴訟団《そしょうだん》」をつくって裁判を行うこともありますし，政府や大企業《だいきぎょう》に対して集団で抗議《こうぎ》活動を行うことがみられます。みんなで集まってどのように対応したらよいかを相談したり，相手と交渉《こうしょう》するためには，問題点や怒りを共有することが大事であることがわかります。

社会の変化にあわせて

私たちは，ともに生活する社会の中で，いろいろなくふうをしながら感情をコントロールしてきました。しかし，今まであげた祭りや葬式という例をみてもわかるように，コ私たちは社会の変化にあわせてくふうの仕方を変えてきました。

たとえば，長距離《ちょうきょり》を移動できる手段が生まれ，マスメディアや通信手段の発達で離《はな》れた場所の情報がすぐに手に入るような社会に変わると，どんなことが起きるでしょうか。人びとは地域を越《こ》え，さまざまな手段で多様な関係を築くことができるようになりました。とくに都市はさまざまな地域に生まれ育った人びとが生活をともにする場所になりました。都市で出会った人びとは新しい関係を築くこともできますが，とくに親しい関係を築かなくても生活していくことができます。当然，今まではことなる方法で感情を共有することになりました。

見えない相手との関わりの中で

この20年の間で，社会を大きく変えたもののひとつがインターネットです。また，スマートフォンの普及《ふきゅう》にともなって，以前よりも速く，多くの人に自分の感情を伝えることができるようになりました。では，インターネットでできた関係は，それまでの関係と何がちがうのでしょうか。インターネットの問題点についてひとことではいえませんが，相手が見えていないことを問題視する声があります。

例としてSNS（ソーシャル・ネットワーキング・サービス）の「いいね！」という共感を示す評価基準をみてみましょう。ＳＮＳで発信した記事に多くの「いいね！」をもらうと自分が認められた気分になり，「いいね！」がもらえないと自分が否定されている気分になって落ちこんでしまうということがあるそうです。面と向かって意見や感想をもらうことよりも，単純な評価の数を気にする人が多くなったという問題がここにはみられます。

また，かなりひどいことを平気で言えてしまうこともあげられるでしょう。相手の発言や行動の一部分だけを切り取って，自分が直接には関係のないところから批判するといったことも可能になっています。これも一種の怒りや不満の解消方法といえるかもしれませんが，相手を目の前にしてそのようなことが言えるのでしょうか。

実際の人間関係は，「いいね！」とそれ以外で分けられるほど単純ではありませんし，傷つく人を目の前にして自分の不満を解消するために暴言をはくわけにはいきません。インターネットでは，そのことに気づかずに感情を発信し続けることで，人間関係がこじれることがあります。いったんこじれた関係を断《た》ち切ることもできますが，「通信」を切ってもなお残る怒りや不安という感情はなかなか解消されないのが現実です。それればかりか，断ち切った「通信」の外で何を言われているかを気にするなど，よけいに感情と関係を悪化させてしまうこともあります。

感情のゆくえ

もちろん，古くからの方法がすべてを解決してきたわけではありませんし，よい面ばかりでもありません。とくに，みんなで共有するなどということは，面倒《めんどう》で不自由なこともたくさんふくまれています。それでも嫌《きら》いな人もふくめて一緒に過ごすための努力をしてきたのです。

怒りや不安はいつでも私たちに降りかかってきます。これさえあれば絶対大丈夫《だいじょうぶ》という特効薬はありません。だからこそみんなでいろいろなくふうをし，それを大切にしてきました。現代の社会はそういうくふうをほどこしてもなかなか解決方法がみつかりにくい世の中なのかもしれません。

問５の地図

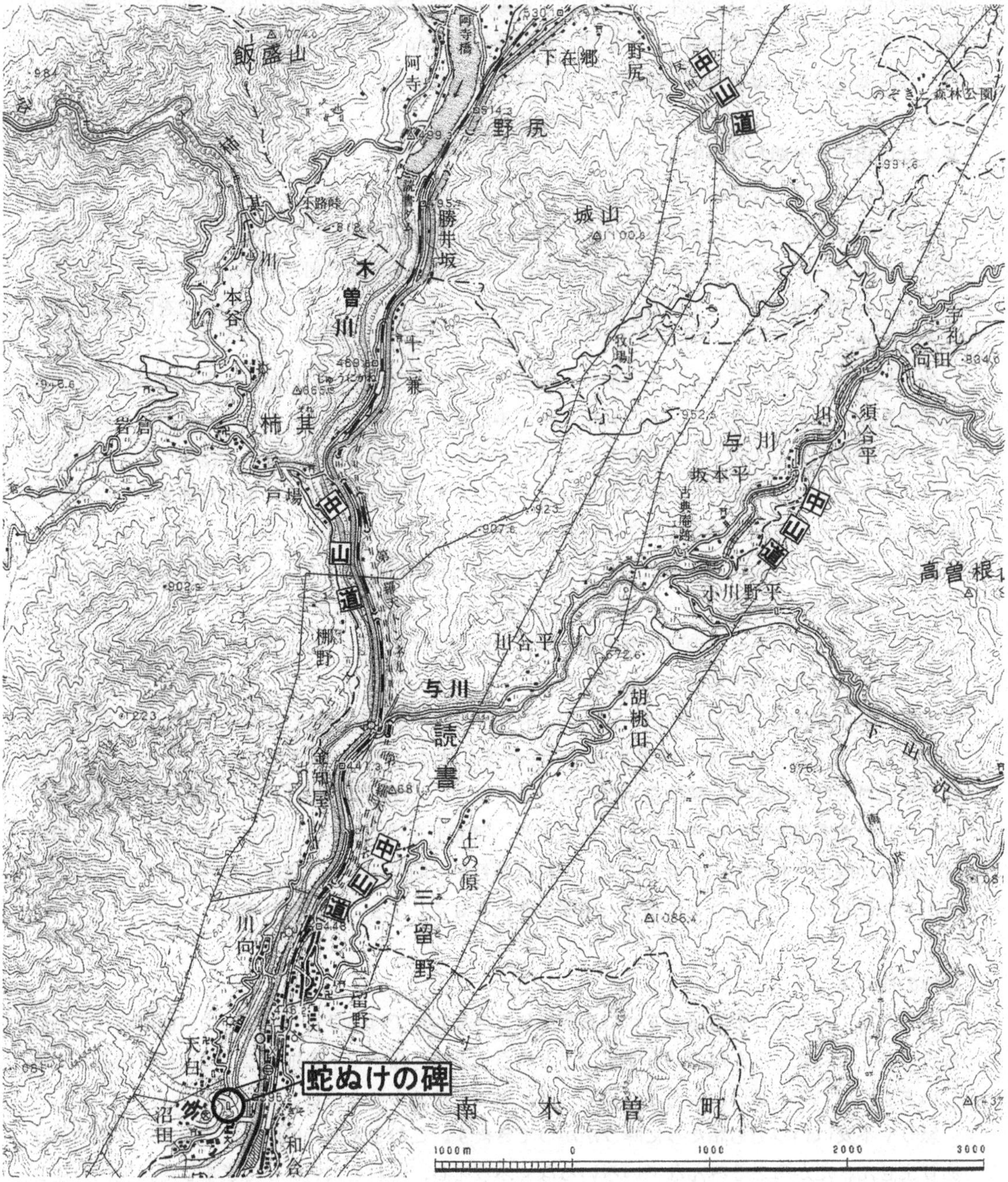

問１　文中の空らん（**あ**）～（**う**）にあてはまる語句を答えなさい。

問２　下線部**ア**について。これら３つの地域では，土を盛って丘《おか》のようにした墓がつくられ，日本のものはとくに古墳《こふん》とよばれています。

⑴　1972年に次のページの図１の壁画《へきが》がみつかった奈良《なら》県明日香《あすか》村にある古墳の名を答えなさい。

図1

⑵　7世紀，遣唐使の情報をもとにして改革が進められました。この改革はどのような目的で行われましたか。資料1を参考にして答えなさい。

> **資料1**　（改革の一部として出された命令）
> 多くの豪族《ごうぞく》が古墳をつくってきたが、これからは勝手につくってはならない。
> また、古墳の大きさや葬式の内容については身分によって差をつけなさい。

問3　下線部**イ**について。奈良《なら》時代，このようなことを目的とした事業が行われました。

⑴　事業のひとつに大仏をつくったことがあげられます。聖武《しょうむ》天皇が大仏づくりのために協力するよう命じた人物の名を答えなさい。

⑵　大仏づくりのほかに朝廷が行った事業を1つ答えなさい。

問4　下線部**ウ**について。町や家をつくるときに，北東方向からわざわいがやってくると信じられていました。この方角を「鬼門《きもん》」とよび，守り神を置いたりしました。平安京《へいあんきょう》の「鬼門」の方角にあり，山全体に広がる寺院の名を答えなさい。

問5　下線部**エ**について。長野《ながの》県南木曽《なぎそ》町は，古くから交通の重要な場所でした。しかしこの地域ではいくつもの場所で「蛇《じゃ》ぬけ」とよばれる災害がたびたび起きたため，資料2のような内容の碑《ひ》を残して災害のことを忘れないようにしてきました。

> **資料2**
> 白い雨が降るとぬける
> 尾先《おさき》　谷口　宮の前（には家をたてるな）
> 雨に風が加わると危い
> 長雨後、谷の水が急に止まったらぬける
> 蛇ぬけの水は黒い
> 蛇ぬけの前にはきな臭《くさ》い匂《にお》いがする
> ※（　）はわかりやすいように出題者がおぎなった部分です。

⑴　「蛇ぬけ」とはどのような自然災害でしょうか。碑文の内容から答えなさい。

⑵　「蛇ぬけ」対策として交通上どのようなくふうが行われてきましたか。18ページにある地図からわかることを答えなさい。

問6　下線部**オ**について。各地の伝承をまとめた書物はほとんどなくなってしまいましたが，次のページの資料3のような伝承が記されている地域の書物はほぼ全体を読むことができます。以下

の資料3と図2を参考にして，伝承が記されている地域がわかるように書物の名前を答えなさい。

資料3

神がつくった国は最初細長い布きれのように狭《せま》かったので、神は4度綱《つな》を引いて土地を引き寄せ、縫《ぬ》い合わせて大きくした。

図2

※図2はこの地域の観光地図をもとに出題者が作成しました。

問7　下線部**カ**について。江戸時代，葬式以外でも，人びとは生活のさまざまな場面で寺院を頼《たよ》るようになりました。幕府は支配の仕組みを整えるため，人びとと寺院のこのような結びつきを利用しました。人びとと寺院の結びつきは幕府が支配する上でどのように役にたちましたか。２つ答えなさい。

問8　下線部**キ**について。

(1)　1850年代から1890年代まで，日本にやってきて貿易を行う西洋人は，横浜《よこはま》，神戸《こうべ》，長崎《ながさき》などの都市の一角に住むことを許され，治外法権なども認められました。西洋人が住むことや商売することを許された場所を，居留地といいますが，西洋人の活動を居留地に限定したことは，日本にとってどのような利点がありましたか。答えなさい。

(2)　イスラームでは火葬《かそう》はせず，土葬《どそう》を行います。現在の日本では土葬は難しく，イスラームを信仰する国（多くの場合は母国）に遺体を運んで地中に埋葬《まいそう》する例がみられます。しかし，イスラームを信じる人の中には，それらの国で埋葬を行うことが難しい人びとや，それを望まない人びともいます。どのような場合が考えられますか。具体的な例をあげて答えなさい。

問9　下線部**ク**について。1990年代後半，葬祭業者の団体は，資料4のような心がまえを表明しました。葬祭業者の団体がこの心がまえを出したのは，人びとが葬式に対してどのようなことを大切だと考えるようになったからですか。２つ答えなさい。

資料4

事前相談を受け付けること

葬儀の価格を明確に表示すること

葬儀に関する情報を提供すること

利用者の決定や意思を尊重すること

利用者の疑問や不安にこたえること

葬儀後もていねいに対応すること

※葬祭業者団体のガイドラインをもとに出題者が作成しました。

問10　下線部**ケ**について。訴訟団をつくって訴えた例として「ハンセン病訴訟」があげられます。ハンセン病は以前「癩病《らいびょう》」とよばれ，患者《かんじゃ》たちは根強い差別をうけてきました。感染《かんせん》力は弱く，発症《はっしょう》しにくいことが今ではわかっています。元患者たちは1998年にそれまでの国の対応について訴えを起こし，2001年に裁判所の判決が出て，国は元患者たちに謝罪しました。元患者たちは国にどのような責任があるとして訴えを起こしたのでしょうか。以下の年表を参考にして説明しなさい。

年表

ハンセン病に関する日本の動き

●江戸時代以前
外見の特徴《とくちょう》などから偏見《へんけん》や差別の対象にされていた。

●1907年
「癩予防法」にもとづき、ハンセン病絶滅《ぜつめつ》政策が行われ、強制的に収容した患者を療養所《りょうようじょ》から一生出られなくした。

●1953年
「癩予防法」を改定した「らい予防法」にもとづき、患者保護の名目で隔離《かくり》政策が行われた。

●1996年
「らい予防法」が廃止《はいし》され、患者隔離政策が終わった。

●2008年
「ハンセン病問題の解決の促進《そくしん》に関する法律」が制定され、元患者の名誉《めいよ》回復や、生活保障などが定められた。

ハンセン病に関する世界の動き

●1943年
ハンセン病の治療《ちりょう》薬が開発された（日本での使用開始は1947年）。

●1963年
ハンセン病に関する国際会議で、隔離政策は時代に合わないとされた。

●1980年代
治療薬を組み合わせて使用する方法が開発された。

問11　下線部**コ**について。長野県の旧望月《もちづき》町（現在の佐久《さく》市の一部）に榊《さかき》祭りという祭りがあります。もともとは農家の若者を中心に，豊作と健康を祈って行われていたものでした。以前は資料5のAのような方式で運営されていましたが，しだいに続けることが難しくなり，1980年代にはBに示すような方式になりました。

資料5

A
・祭りは夜に行い、望月地区に住む18歳《さい》から28歳までの男性がになう。
・にない手の青年男性から代表者が選ばれ、世話人の家で共同生活をし、数か月かけて準備を行う。そのために仕事を休むことがある。
・代表者たちは、地区をまわって運営のための寄付金を集める。

B
・小中高生も参加する昼の祭りと、従来どおりの夜の祭りを実施《じっし》する。祭りには望月地区以外の近隣《きんりん》の地区や市町村からも参加できる。

（参考：望月町にあった小学校４校は、2008 年以降１校に統合されている）

・祭りの運営は望月地区の青年だけでなく、地元の店や工場の代表者からなる商工会などと分担している。

・地区の青年は個人からの寄付を集め、商工会が企業や団体からの寄付（寄付金全体の３分の２くらい）を集める。

Ａの方式が難しくなったことには，日本の地方社会に起きた変化が影響しています。Ａの方式からＢの方式に変えたのはなぜですか。日本の地方社会に起きた変化と結びつけて，その理由を２つ答えなさい。

問12　本文全体を読んだ上で考えてみましょう。以下に２つの事例をあげます。１つは問10にあるハンセン病訴訟後のできごと（事例１），もう１つは最近のヨーロッパでのできごと（事例２）です。これらを読んで，下の⑴⑵の問いに答えなさい。

事例１　2003年，ハンセン病療養所を運営する熊本《くまもと》県が，元患者の旅行のためにホテルを予約しましたが，「他の客に迷惑《めいわく》がかかる」として拒否《きょひ》されました。当初，ホテルは謝罪しませんでしたが，元患者や県の抗議もあり，ホテルは謝罪しようとしました。元患者側はホテルのこうした姿勢を理由に，謝罪文の受け取りを拒否しました。そのことがテレビや新聞で報道されると，元患者たちへの非難や中傷が市民から多数寄せられました。

「調子に乗るな」「私たちは温泉に行く暇《ひま》もなくお金もないのに，国の税金で生活してきたあなたたちが，権利だけ主張しないでください」といった声がありました。このできごとに関するニュースが報道されると，そのたびに非難の声が寄せられました。

事例２　アフリカや中東からの移民が増えているフランスでは，「移民などに仕事をうばわれる」と不安をいだく人びとがたくさんいるといわれています。2017年，病院で男性が女性看護師に暴力をふるうようすが映され，「これが今のフランスだ」という説明が加えられた動画がインターネットに投稿《とうこう》されました。このできごとは，本当はロシアで起きたことでしたが，動画をみたフランス人の中には，その男性をフランスにいる移民だと思いこみ，「移民は国へ帰れ」などの意見を書きこむ人も多くいました。それがさらに話題を呼び，動画の再生回数が増えることになりました。

⑴　私たちの社会では，特定の人びとに対する感情がコントロールできなくなったときに，上の２つの事例のように世間を騒《さわ》がす「事件」に発展することがしばしばあります。なぜコントロールできなくなってしまうのでしょうか。特定の人びとに対する感情を説明した上で，どのようなきっかけで感情をコントロールできなくなるかについて120字以内で答えなさい。ただし，句読点も１字分とします。

⑵　どちらの「事件」も，世間が注目してからより一層多くの人びとが関わり，収まりがつかなくなっていることがわかります。なぜつぎつぎに多くの人びとが関わっていったのですか。そうした人びとの気持ちに注目して，80字以内で答えなさい。ただし，句読点も１字分とします。

が、このことは四人がどのようになったことを表していますか。次の中からふさわしいものを一つ選んで記号で答えなさい。

ア　それぞれが自分で自分の生活を支え、特技を生かして自転車作りをすることで、自立した生活を営めるようになった。

イ　生活を支えるため、苦手な作業にも積極的に参加するようになり、たがいに競争しながらはげましあう関係になった。

ウ　おたがいの生活を支えあい、全員が自転車作りの作業に参加できるようになることで、協力関係がさらに強くなった。

エ　生活のすべてを全員が共同で行い、仕事を平等に分担することで、前よりも効率よく作業を進められるようになった。

九　――線⑨「床に引いた～続いている」(217～219行目)とありますが、「以前のテリトリーの間を行ったり来たりする大きさの違う足跡が、数え切れないほど続いて」、「チョークの線」が「消えていた」ことは、どのようなことを表していますか。説明しなさい。

十　――線⑩「あたしはこの自転車が好きだ」(226行目)とありますが、なぜ「あたし」は「この自転車」が好きなのですか。「あたし」の気持ちをふまえて、説明しなさい。

十一　――線⑪「風に木々の梢が～美しい音楽になった」(268～271行目)とありますが、「あたし」は「美しい音楽になった」この時間を、どのようなものだと感じていますか。さまざまな音が重なって生まれた「美しい音楽」がどのようなことを表しているかをふまえて、説明しなさい。

十二　――線⑫「チビが赤の肩に～漕いでいないから」(275～277行目)とありますが、なぜ「あたし」は「チビ」に「自転車を作ろう」と思ったのですか。250～282行目をよく読み、「自分でペダルを漕い」だ「あたし」がどのようなことを感じたかをふまえて、説明しなさい。

〈語注〉　※①タンクトップ…肩がむきだしになる上半身用の服
※②テリトリー…なわばり
※③瓦礫…こわれたもののかけら
※④鳩時計…柱やかべにかける時計の一種
※⑤ホイール…自転車のタイヤをはめる円形の枠《わく》
※⑥轍…車輪の通った跡

〔設問〕　解答はすべて、解答らんにおさまるように書きなさい。句読点なども一字分とします。

一　＝＝線a「サンサク」(104行目)、b「バン」(211行目)、c「ハンシャ」(232行目)、d「オ」(258行目)のカタカナを、漢字で書きなさい。

二　1～35行目の部分を読んで、次の問いに答えなさい。

(1)　――線①「全員、使う言葉が違う」(5行目)とありますが、他の三人の言葉を聞くと「あたし」の気持ちはどうなりますか。それがわかる十字の表現をぬき出しなさい。

(2)　四人は家の中ではどのように暮らしていますか。簡潔に説明しなさい。

(3)　四人が住む家の外はどのような様子ですか。説明しなさい。

三　――線②「嵐が過ぎ去る」(83行目)とありますが、この場合、「嵐が過ぎ去る」とはどのようなことを表していますか。説明しなさい。

四　――線③「ピンク色の自転車」(88行目)とありますが、四人にとって「ピンク色の自転車」はどのようなものだと「あたし」は考えていましたか。簡潔に説明しなさい。

五　――線④「最初から～ましだった」(97～98行目)とありますが、「無関心の方がまだましだった」と「あたし」が思うのはなぜですか。次の中からふさわしいものを一つ選んで記号で答えなさい。

ア　以前はおたがいに理解はしあえないものの、かかわらずにいられたので気が楽だったが、けんかをきっかけに三人の気配がどうしても気になりはじめ、息がつまるようになったから。

イ　以前はおたがいに嫌いあいながらも、言葉が分からなかったのでけんかにならなかったが、言葉の意味が伝わったことをきっかけに三人をののしりたくなり、気が立つようになったから。

ウ　以前はおたがいのことがよくわからなくても、相手を尊重していたのでおだやかに過ごせたが、けんかをきっかけに三人との好みの違いがはっきりし、目ざわりに思うようになったから。

エ　以前はおたがいに本当は好意を持ちながらも、無関心をよそおっていたので心が乱れなかったが、けんかをきっかけに三人の嫌な部分ばかりが目につきはじめ、気が重くなったから。

六　――線⑤「すぐそばには～差し出してきた」(109～112行目)、――線⑥「手招きされるまま～見せてもらった」(124～125行目)とありますが、これらの「チビ」の行動から、「あたし」に対するどのような思いが読み取れますか。「テリトリー」という言葉を使って、説明しなさい。

七　――線⑦「こうしてあたしたちは自転車作りに取りかかった」(165行目)とありますが、「あたしたち」が自転車作りに取りかかるまでに、「あたし」はどのようなことをしましたか。ていねいに説明しなさい。

八　――線⑧「そのうち～教わったりした」(204～206行目)とあります

うっかり自転車を壊さないように慎重《しんちょう》にまたがって、サドルに腰《こし》を下ろす。自転車の乗り方は写真で見たけれど、ペダルに両足を乗せようとすると、ぐらぐらして転びそうになった。こんなに難しいなんて！　何度も挑戦《ちょうせん》しては右に左に傾《かたむ》き、みんなの視線を感じた。どうしよう。早く乗れよと思っているかも、下手クソと思っているかも。

じわじわと溜《たま》る涙《なみだ》を堪《こら》えながら、もう一度右足をペダルに乗せる。そして地面から左足を離《はな》したその瞬間、急に体が安定した。赤があたしの肩《かた》を、銀がハンドルをしっかり支えてくれている。そして自転車の先にはチビが手を振って、こっちだよと招いている。

あたしはゆっくりと両足を踏《ふ》み、ペダルを漕《こ》いだ。車輪が軋《きし》みながら転がる。赤と銀があたしの体を支えたまま一緒《いっしょ》に進む。わかったのは、おそるおそるより思い切って漕いだ方が転ばないということだ。あたしは次第《しだい》に怖くなくなり、ぐんぐんペダルを漕いだ。気がつくと赤と銀の手が離れ、チビを追い抜き、あたしはひとりで自転車に乗っていた。

ものすごいスピードで風景が動く。足で走るよりも速く、足下の茂みが、石ころが、鬱蒼《うっそう》と茂る木々が、あっという間に通りすぎ、風が頬を撫《な》で、服や髪をあおってはばたばたと音が立った。サドルの座《すわ》り心地は悪く、全身ががたがたと揺さぶられるけど、まるで気にならなかった。

こんなに速く動いているのに、息が切れていない。

あたしの体の奥底《おくそこ》から笑い声があふれ出て、茂みの前を横切ると、緑の小鳥が弾《はず》むように飛んできた。小さな翼《つばさ》であたしの頭の上を一周して、風に乗って遠くまで飛んでいく。つられて空を仰《あお》げば、朝のやわらかな青色に浮《う》かぶ、ピンク色をd オびた細長い雲が、あたしのスピードに合わせてついてきた。

その時、後ろからみんなの叫び声がして、あっという間もなく転んでしまった。やっぱりちゃんとブレーキを作るべきだったのかもしれない。あたしはまともに横倒《よこだお》しになった。慌てて自転車を起こしてみると、自転車はほとんど無傷だった。不格好な自転車は平然として、誰よりもたくましく見えた。

今度は銀が自転車にまたがり、あたしと赤が支えて、銀は出発した。太陽の光で彼女《かのじょ》の体がきらきら光り、自転車とまるでひとつになったみたいだった。最後は赤がチビを背中に負《お》ぶって、自転車を漕いだ。

⑪風に木々の梢《こずえ》が揺れ、幹に絡《から》まったカイブの葉っぱがさらさらとこすれ合う。タイヤが川沿いのぬかるみに※⑥轍《わだち》を作り、泥をはね、きゅうきゅうとペダルが鳴き、チェーンが軋んで、みんなの笑い声が重なると、聞いたことがないほど美しい音楽になった。

あたしたちは緑の家よりもずっとずっと遠くまで行ける。行ったことのない場所へ行けるなんて、想像しただけで胸がどきどきした。

だからこそあたしはやらなければならないことを思いついた。

⑫チビが赤の肩に乗って戻ってきた時、あたしは言った。今度はチビのサイズに合う自転車を作ろう、と。だってチビはまだ自分でペダルを漕いでいないから。言葉はまだ正確には伝わらないけど、ひとつふたつ手振りを加えれば、チビは大きな目をもっと見開いて、ちょっと不安げにあたしと自転車を交互《こうご》に見比べた。

本当に？　一台だけでこんなに大変だったのに、もう一台？

大丈夫、何台でもできるよ。あたしはそう言った。だってあたしたちはもう、本物の自転車を作ったことがあるんだから。

（深緑《ふかみどり》野《の》分《わき》『緑の子どもたち』より）

のには壊れた※④鳩時計《はとどけい》の円盤を使った。それから銀がネジとネジの間隔《かんかく》を棒を使って測り、そのとおりに頑丈で太い紐を等間隔《とうかんかく》に結んで連ね、ネジの歯車にうまく噛《か》み合《あ》うようにして、チェーンにした。歯車の穴に太い銀色の筒を差し込み、赤が土から掘り返したブロックを両側に留めて、ペダルが完成した。

あたし自身は何をしていたかって？　自転車の写真は役に立ったかもしれないけれど、字を読んで説明してくれたのは銀だ。あたしは赤がネジを回すのを手で支えたり、足りない部品を探し回ったり。だけどたいしたものは見つけられなかった。サドル代わりの薄汚《うすよご》れたクッションを見つけたのは銀だし、タイヤの※⑤ホイール代わりのゴミ箱の蓋《ふた》は、チビが数日がかりで転がして持ち帰ったものだ。あたしは物探しの才能がないらしく、拾ってくる部品はたいてい役に立たなかった。

他の三人が集中して作業している間に、あたしは水を汲《く》んで緑の家に運び、いつでもみんなが飲めるようにした。ついでに食料も調達したけど、あたしの好物であるハユの実や卵白虫はみんなの口に合わないとはじめて知り、うんざりするようなマムネの幼生やトゥクの葉、ヒョートンパウロの樹液をこそげ取ってきた。⑧そのうち、食料の調達は順番で全員がやるようになり、あたしが赤に代わってネジを回して留めたり、チビにいいものを見つけるコツを教わったりした。

どうしても構造がわからず、材料も見つからなかったのは、「ブレーキ」というものだった。けど、足で止めれば大丈夫《だいじょうぶ》だろう。

自転車をつくりはじめてからどれくらいの夜が訪《おとず》れただろうか。空気が少しだけ涼しくなり、ハユよりもドートの実が美味《おい》しくなる頃を過ぎ、また乾《かわ》いた熱風が吹いた。ある b バン、あたしはふいに目が覚めた。

遠くでカラスが鳴き、カイブの壁から虫の声が聞こえてくる。横ではチビと赤が眠り、足下《あしもと》には見張り当番の銀がうつらうつらして、長い銀髪《ぎんぱつ》が揺《ゆ》れていた。あたしはそっと上半身を起こした。重なり合う葉っぱの隙間から月明かりが漏《も》れ、家の中とあたしたちをまるごと青く照らす。

あたしたちは緑の家の真ん中で、獣の家族みたいに固まって眠っている。⑨床に引いたチョークの線はいつのまにか、ほとんど消えていた。その代わりに以前のテリトリーの間を行ったり来たりする大きさの違う足跡が、数え切れないほど続いている。そしてその先には完成間近の自転車が、青白く輝いていた。

やがてその日が来た。

自転車はとても醜《みにく》かった。写真のかっこいい自転車とも、あの夜大人たちに奪《うば》われたピンクの自転車とも違って、すごく不格好だった。ハンドルの高さと長さは左右で違うし、サドルは大きすぎ、車輪はつぎはぎだらけだ。部品の色もぐちゃぐちゃで、ペダルを回すとチェーン代わりの紐が悲鳴を上げる。とてもひどい。でも⑩あたしはこの自転車が好きだ。

銀が細い手でハンドルに触《ふ》れ、ぎゅっと握る。そしておもむろに前へ押し出し、自転車はかたかたと音を立てながら、思ったよりもなめらかに進んだ。あたしたちはお互いの顔を見合ってから、銀と自転車の後に続いた。できるだけ瓦礫の少ない道を選んでいるうちに、あたしたちは川に出た。雨水は茶色く汚れ、虫やカエルがたくさん捕《と》れる。

川べりに立ったあたしたちの自転車は朝日に c ハンシャして、何度まばたきしても眩《まばゆ》かった。すると、てっきりはじめに乗るんだろうと思っていた銀が振り返って、細い草を四本抜き、くじを作った。あたしが震える指でつまんだくじの先っぽには、丸い結び目があった。あたりだ。

かった。

赤は腕を組んでむっつりしている。外見だけは一番あたしと似ているのに、話しかけるのは一番難しい。あたしは謝《あやま》らなければならない。でもどうやって？　あたしが知ってるのは頭を下げるやり方だけど、もしかすると赤にとっては意味が違うかもしれない。まごついていると銀に背中を押《お》され、あたしはそのままの勢いで頭を下げた。ごめん、とあたしは言った。ひどいことを言ってごめんなさい。

すると赤は口をぎゅっとつぐんだまま立ち上がって、緑の家から出て行ってしまった。外はまだ雨が降り続いている。あたしはしばらくぼうっと、突《つ》き刺《さ》すように鋭《するど》く重い雨を眺めて、そして考えるよりも先に外へ駆《か》け出していた。

小さな虫ほどもある巨大《きょだい》な雨粒が勢いよく肌に当たって、体中が痛い。まぶたの上に手をかざして目を守りながら、あたしは赤の姿を探した。自転車を作りたかったし、何よりも胸のあたりのもやもやを取り去れるのは、赤だけだとわかっていたから。

幅《はば》の狭《せま》い道を歩き、盛り上がったコンクリートの塊《かたまり》を乗り越《こ》え、服の中までびしょ濡れで体が冷えてきた頃《ころ》、赤を見つけた。赤はよその家の茂みに手を突っ込んで、何かを掘《ほ》り返している。あたしが声をかけると赤はちらっとこっちを見て、また探しものに戻った。あたしは怒鳴《どな》られなかったことにほっとしつつ、近づいてその手元をのぞき込んだ。

すると赤は泥《どろ》だらけになった何かを手のひらに載《の》せて、あたしに見せてくれた。四角いブロックがふたつ。そして間延びした発音で何か言う。意味は正確にわからないけれど、考えていることは雨が土にしみこむようにすんなりと理解できた――自転車のペダル。赤も自転車作りに加わってくれるみたいだ。

⑦こうしてあたしたちは自転車作りに取りかかった。

朝の収集の時間に、あたしたちはめいめい、自転車の部品になりそうなものを探した。銀が雑誌の字を読み、絵に描いて説明してくれた構造を参考にして、瓦礫の下をあさり、汚れた水の底をさらい、親切な人と物々交換《ぶつぶつこうかん》して、集めに集めた。とにかくたくさん必要だったのは太くて頑丈な筒《つつ》だ。銀の肌みたいに輝《かがや》く硬《かた》い筒、少しべたべたする黒い筒、軽いけど思い切り叩いてもひびすら入らない黄色の筒。これらを金属の板でつないでネジで留《と》め、まずは自転車らしい形を作った。

こまごました部品や、部品をつなぐための道具は、チビが日頃《ひごろ》から収集していたがらくたがとても役に立った。これまでは、そんな小さな手じゃ使えないものばかり持ち込むなんてばかじゃないかと思っていたけれど、今はすべてが宝物だ。赤の大きくて力強い手に握《にぎ》られ、息を吹き返した道具たちに、チビは真っ黒い口を大きく開けて、ぼふんぼふんと不思議な笑い声を立てた。

肝心《かんじん》の車輪や動力となるペダル、そしてチェーンを作るのは、かなり大変だった。チビが最初に拾った黒い紐は、一本はゴム製だったけれど、もう一本はただの布紐で、銀に代わりを見つけて来ないとダメだと言われた。しかし代わりはなく、結局ゴムの端切《はぎ》れを地道に集め、銀のペンキと交換《こうかん》で手に入れた接着剤《せっちゃくざい》を使って貼《は》り合わせ、タイヤにした。タイヤの空気は、赤が髪と同じくらいに顔を真っ赤にして息を吹き込み、ぱんぱんにした。

ペダルと後ろの車輪に噛《か》ませる歯車は、薄《うす》い金属の円盤《えんばん》の真ん中に穴を開け、二十四本のネジをぐるりと並べて作った。ネジを均等に並べる

役立たず！　あたしははっきり口にした。赤に言葉は通じない、けれど意味はしっかり伝わったらしく、赤はあたしに摑《つか》みかかってきた。その拍子《ひょうし》にあたしは地面に倒《たお》され、したたかに背中を打った。銀とチビが止めに入ったけれど、今度は何が起きたのか、今度はそのふたりがけんかをはじめる。

④最初から無視し合ってたあたしたちは、自転車を失って、ますます仲が悪くなった。無関心の方がまだましだった。赤が筋肉を鍛える時の息づかいも、銀のペンキのにおいも、チビがうろちょろするのも我慢《がまん》できず、もう緑の家にはいられないと思うようになった。

明日には出て行こう。あてはないけど、日陰《ひかげ》くらいはどこかに見つかるはずだ。そう誓《ちか》った翌朝、ふいに空が暗くなり、大粒《おおつぶ》の雨が降ってきた。

ふくれて横になっていると、aサンサクに出ていたらしいチビがずぶ濡《ぬ》れで戻ってくるのが見えた。チビの歩いた後を、黒っぽい足跡《あしあと》と長い紐《ひも》を引きずった後がくっきりと残っている。毎日毎日がらくた集めをして、何が楽しいんだろう？　あたしはチビに背を向けて、雨粒が葉っぱを叩く音を聞きながら、目をつぶった。

すると、濡れた手で頰《ほお》を叩かれ、あたしは起き上がった。⑤すぐそばにはチビが立っている。おいお前、あたしのテリトリーに無断で入るな！　そう抗議《こうぎ》してもチビはひるまない。大きな黒々とした瞳《ひとみ》でこちらを見つめ、手の中の太いふたつの紐を差し出してきた。

ひとつは、妙《みょう》にぶよぶよとした黒い紐だ。意味がわからなくて首を傾《かし》げると、チビはだらんと垂れた紐の端と端をつけ、輪っかにした。あっ、と思わず声が出た。あたしは慌《あわ》てて写真入れの箱を開けて、大切に仕舞《しま》っていた写真を取り出す。そこにはこの黒い輪っかとよく似たものが写っている。

タイヤだ。自転車のタイヤ。チビはあたしに、自転車を作ろうと言っているに違いない。

震《ふる》える指で写真を差すと、チビは歯のない真っ黒な空っぽの口でにっかと笑った。

あたしは写真を持っているだけで、自転車の仕組みなんかまるで知らない。でもこうして、部品になりそうなものがふたつ目の前にあると、自分でも作れそうな気がしてくる。⑥手招きされるまま、あたしはチビのテリトリーに入り、チビが集めに集めた道具を見せてもらった。のこぎりはあたしも知っているけど、ただの尖《とが》った細い棒や、はさみによく似た道具など、使い方のわからないものばかりだった。あたしとチビは自転車の写真を眺《なが》め、必要な部品を集めることにした。

とりあえず雨が止《や》んでからだね。あたしがそう言うと、チビはふっと視線を逸《そ》らし、あたしの後ろを見た。銀と赤がこっちを見ていて、目が合うとすぐに顔を背《そむ》けてしまった。チビはまた大きな瞳であたしに何か言おうとしている。わかってるよ、あのふたりにも協力してもらおうってんでしょ？

あたしはまず銀に頼《たの》むことにした。箱に入れた大切な写真と雑誌の切れ端を全部と、チビの黒い紐を見せて、身振《みぶ》り手振《てぶ》りで説明する。自転車に乗りたくない？　作ろう、きっと作れるよ。すると銀は、毛の生えてないつるっとした顔の眉間《みけん》のあたりにしわを寄せ、記事の字を指でとんとんと叩いた。そして妙にぽこぽことした発音で何か言った。もしかして銀には読めるの？　銀は青い唇《くちびる》の端だけで笑うと、赤のところへ向

もある。字は読めないけれど、「自転車」の写真つきの雑誌だともっと嬉《うれ》しい。あたしは自転車に憧《あこが》れてるから。

緑の家の外に本物の自転車がある。たった一台だけ、すぐ手の届くところに。色はピンク、夜が来る前のほんのわずかな瞬間《しゅんかん》、空の端を染めるあの美しい色と同じピンクだ。あたしはこの自転車に乗りたいと思っている。たぶん他の三人も同じだ。赤も銀もチビも、そわそわした視線の行方《ゆくえ》をたどればすぐにわかる。

だけどあたしたちの誰《だれ》も、この自転車には乗れない。理由は乗ったことがないからじゃなくて、家にそって生い茂《お》るカイブの太い枝がぎゅうぎゅうとからみつき、自転車を外せないからだ。あたしがこの家にたどり着いた時にはもうこの状態だった。きっとずっと昔に誰かがここに置きっぱなしにして、カイブが壁の一部と間違《まちが》えてからみついたんだろう。大きな葉が日避《よ》けになって、自転車のピンク色は色あせずに、きれいなままだ。

もし頑丈《がんじょう》な道具があれば、自転車を外せるかもしれない。だけどあたしはそんな道具持ってないし、正直、調達しようとはしなかった。本当のところ、あたしだけが自転車を手に入れたところを想像すると、抜け駆《が》けしたみたいな、後ろめたい気持ちになるからだ。

自分でも変だと思う。だってあたしは赤も銀もチビも嫌《きら》いだ。あいつらが誰なのか知らないし、知りたい気にもならないし、近づきたくない。それなのに、自分の心がもやもやするのはとても嫌《いや》だった。なんだか卑怯者《ひきょうもの》になったみたいで。

あいつらの方は何を考えているだろう？　道具さえあればさっさと自転車をひとりじめしたかも。特に赤なんてあんなに筋肉を鍛えているんだから、本気を出せばカイブくらいどうってことないように思える。ただ、今のところ——少なくともあたしが緑の家に住んでから四九五回分の夜明けを見た今のところは——誰も、自転車に手を出さなかった。

いいんだ、自転車が自分だけのものじゃなくても。本物が近くにあるだけでわくわくするし、あたしには自転車の写真もある。拾ってきた切れ端は丁寧《ていねい》にしわをのばして箱にしまった。それで満足だった。

だけどある夜のこと、事件が起きた。

あたしのような子どもにとって、夜や暗い場所は危険だ。大人たちがあちこちをうろつき、物を壊《こわ》したり、盗《と》ったりするからだ。もちろん怖《こわ》くない大人もいるけど、そういう人は朝に会う人たちであって、夜にうろつくやつらじゃない。

その夜、大人たちは緑の家の前まで来て、大騒《おおさわ》ぎをした。こんなことめったにないくらい激しく叫《さけ》び、笑い、壁を叩《たた》いた。タララ、トララ、という銃声《じゅうせい》がすぐそばで聞こえる。あたしはできるだけ体を小さくして両手で耳をふさぎ、大人たちが早くどこかへ行ってしまうように願った。他の三人も同じように黙《だま》ってうずくまり、②嵐《あらし》が過ぎ去るのを待った。

やがて朝が来た。あたしたちは次々に外へ出て、真夜中に大人たちが何をしたのか、確かめた。テリトリーなんかすっかり頭から抜けていた。目に飛び込んできたのは、無残にちぎれたカイブの枝と、むしられて瓦礫の上にちらばった緑の葉っぱだけ。③ピンク色の自転車はどこにも見当たらなかった。

あたしは猛烈《もうれつ》に腹が立って、隣《となり》にいただけの赤に怒《いか》りをぶつけた。どうしてそんなに鍛えているのに大人たちをぶちのめさなかったんだ？

【国　語】〈六〇分〉〈満点：六〇点〉

次の文章を読み、設問に答えなさい。なお、この物語の舞台《ぶたい》は、私たちの住む世界とは大きく異なっていて、登場する植物や食べ物も私たちの世界とは異なります。

植物で覆《おお》われたこの家は、熱い風が吹《ふ》くたび葉っぱがいっせいにこすれ合って、ざわざわ、さらさらという音でいっぱいになる。壁《かべ》も天井《てんじょう》も穴だらけだけど、カイブの葉っぱが雨粒《あまつぶ》や強い日差しをふせいでくれて、住み心地《ごこち》はいい。あたしはここを「緑の家」と呼ぶ――だけど、他の連中はそう呼ばない。①全員、使う言葉が違《ちが》うから。

緑の家にはあたし以外に三人の子どもが住みついている。ひとりはあたしよりも背が高い男子で、真っ赤な髪《かみ》を短く刈《か》り、汚《よご》れた※①タンクトップを着て、腕《うで》を曲げると力こぶがにゅっと盛り上がる。ひとりは女子で、やっぱりあたしより背が高い。肌色《はだいろ》はあたしと違って銀色で、太陽の光がまともにあたるときらきらして眩《まぶ》しかった。最後のひとりは男か女かわからない。こいつだけあたしよりもうんと背が低く、上下がつながった服のせいでまるで赤《あか》ん坊《ぼう》に見える。あたしは心の中でそれぞれを「赤」「銀」「チビ」と呼んでいた。

あたしたちは口をきかない。きいたところで意味がわからないし、知らない言葉が耳に入ると不安で、イライラする。それは他の三人も同じらしい。ひとつの部屋にいながら、全員が互《たが》いに存在を無視して、関《かか》わらないようにしている。コンクリートの床《ゆか》にチョークで線を引いて部屋を四つに分けたところが、めいめいの※②テリトリーだ。やつらを見なくてすむように、できるだけ壁の方を向いて、葉っぱがこすれる心地よい音だけを聞いて過ごす。もしこの家に二階があれば部屋が増えるのに、はじめから二階の床が抜《ぬ》けていて、顔を上げてみるともう、天井代わりの葉っぱの茂《しげ》みだ。失われた二階への階段は途中《とちゅう》で崩《くず》れ、どこへもつながらずに、部屋の真ん中に生えたきのこみたいだった。

自分のテリトリーの中ではそれぞれが好きなように過ごしている。赤は毎日筋肉を鍛《きた》えていて、物といえば食べ物くらいしか置かない。銀は色とりどりのペンキの缶《かん》を並べて、壁にたくさん絵を描《か》いている。チビはさまざまな種類の道具を持ち込《こ》んで、小さな手で磨《みが》いている。でも使っているところは見たことがない。

道具や食べ物は外で調達する。太陽が昇《のぼ》りきらない朝のうちに。やがて昼になり、肉をあぶる火みたいに強い日差しが照りつけると、風通しのいい緑の家に戻《もど》って眠《ねむ》り、日が沈《しず》むのを待つ。夜は一日で一番涼《すず》しいから、できれば外に行きたい。けれど夜は大人たちがうろついているし、獣《けもの》が襲《おそ》ってくるかもしれない。そもそも持ち運べる明かりがないので、道にちらばった※③瓦礫《がれき》につまずいて転んでしまう。傷口からばい菌《きん》が入って死ぬのはいやだ。

居眠《いねむ》りしつつ暗い夜を乗り切って空が白みはじめると、獣の遠吠《とおぼ》えが小さくなる。立ち上がっても自分のつま先が見えるようになったら、活動開始だ。あたしはひとりで外に出て、まず木陰《こかげ》でうんちとおしっこをする。それから井戸《いど》の冷たい地下水で体を洗い、青黒く熟《う》れた酸《す》っぱいハユの実や太った卵白《らんぱく》虫なんかを探して朝ご飯に食べ、瓦礫の隙間《すきま》を覗《のぞ》いて他の人が住んでいる家の前をあさり、めぼしい物を探した。あたしのお気に入りは「写真」と呼ばれるものだ。運がいいと、写真の上下や横のところに小さな字が書かれている「雑誌」の切《き》れ端《はし》を見つけること

平 成 30 年 度

解　答　と　解　説

《平成30年度の配点は解答用紙に掲載してあります。》

＜算数解答＞ 《学校からの正答の発表はありません。》

[1]　135　　[2]　3.375　　[3]　(1)　[○○×○○×○○×○○×○○]　　(2)　5　　(3)　15

[4]　(1)　1[×]4[+]5[+]6[=]7[+]8　　　1[+]4[×]5[=]6[+]7[+]8

　　(2)　2[×]3[×]5[×]7[+]11[=]13[×]17　　　2[×]3[+]5[×]7[=]11[+]13[+]17

[5]　(1)　解説参照　(2)　解説参照　(3)　156.25

[6]　(1)　8　　(2)　4100，8200　　(3)　44　　(4)　57，157［あるいは257，357など］

＜算数解説＞

基本　[1]　(割合と比)

太郎と次郎の枚数の比は最初，3：2であり，この後，7：2になった。3＋2＝5，7＋2＝9より，太郎の枚数は3×9＝27から40枚ふえて7×5＝35になったので，最初，40÷(35－27)×27＝135(枚)だった。

重要　[2]　(鶴カメ算，平面図形，立体図形，図形の移動)

上面の面積…(13×13－7×7)×3.14＝120×3.14(cm^2)

底面の面積…(13×13－3×3)×3.14＝160×3.14(cm^2)

立体の体積…2088.1＝665×3.14(cm^3)

したがって，立体の上方の高さは(160×5－665)÷(160－120)＝135÷40＝3.375(cm)

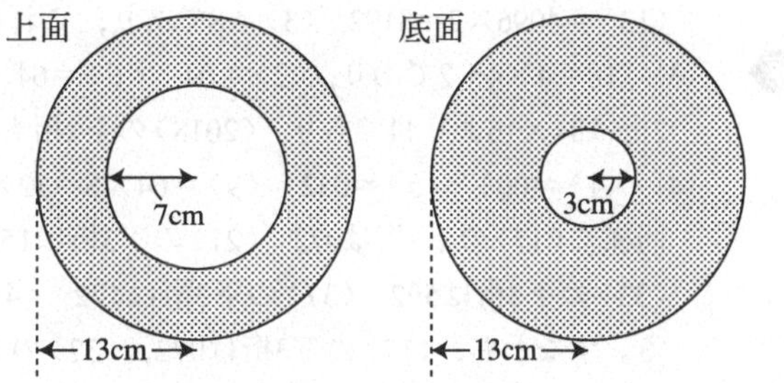

[3]　(場合の数)

基本　(1)　○○×を反復して，○○×○○×○○×○○×○○と書く。

やや難　(2)　以下の5通りがある。

○○×○○×○○×○○[×○]　　○○×○○×○○[×○]×○○　　○○×○○[×○]×○○×○○

○○[×○]×○○×○○×○○　　[○×]○○×○○×○○×○○

(3)　以下の15通りがある。

A　4通り　○○×○○×○○×○○×　　　○○×○○×○○×○×○

　　　　　○○×○○×○×○○×○　　　○○×○×○○×○○×○

B　4通り…Aの左右を逆に書く

C　1通り…○×○○×○○×○○×○

D　3通り…○○××○○×○○×○○　　　○○×○○××○○×○○

　　　　　○○×○○×○○××○○

E　3通り…○○×○×○×○○×○○　　　○○×○○×○×○×○○

　　　　　○○×○×○○×○×○○

基本 **[4]　（四則計算）**

(1)　7＋8＝15にすると，1[×]4[＋]5[＋]6[＝]7[＋]8

6＋7＋8＝21にすると，1[＋]4[×]5[＝]6[＋]7[＋]8

(2)　13×17＝221にすると，2[×]3[×]5[×]7[＋]11[＝]13[×]17

11＋13＋17＝41にすると，2[×]3[＋]5[×]7[＝]11[＋]13[＋]17

[5]　（平面図形，点の移動，速さの三公式と比）

やや難 (1)　クモは10×1.5＝15(cm)まで移動する。図イにおいて，三角形HCLは直角二等辺三角形であり，HC＝HLであるから，クモがBを通って最初から15cm移動する位置をつなぐと線CMになる。また，辺ABと辺BCから等距離にある位置をつなぐと線BOになる。したがって，求める範囲は図アのようになる。

図ア

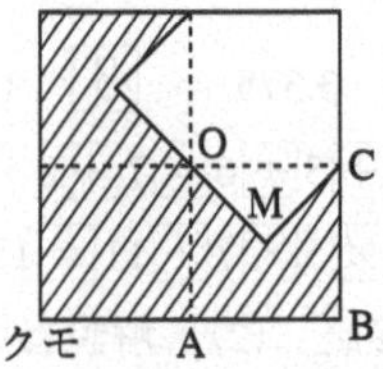

図イ

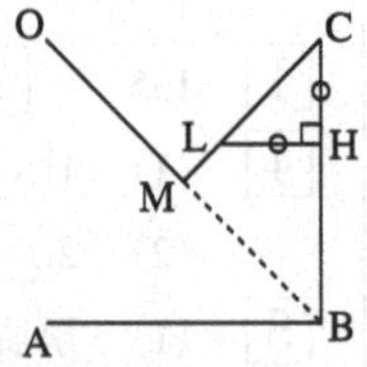

(2)　クモは10×2.5＝25(cm)まで移動する。求める範囲は図ウのようになり，(1)と同様に線EF，FG，JKを利用する。

図ウ

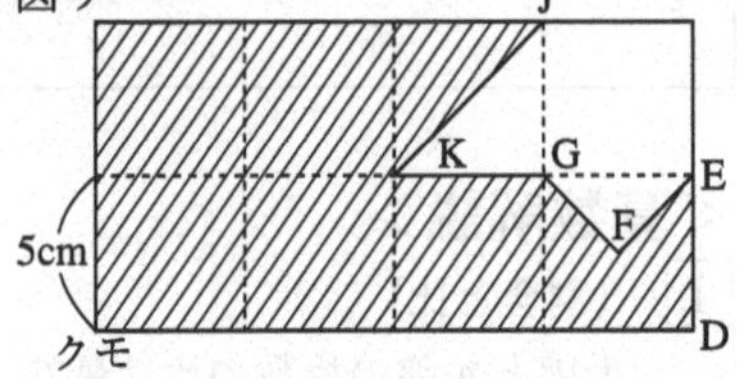

(3)　10×15＋5×2.5÷2＝156.25(cm^2)

[6]　（演算記号，規則性，数の性質）

基本 (1)　一の位には2，4，8，6が反復して現れ，95＝4×23＋3より，2を1895個かけ合わせた積の一の位は2を3個かけ合わせた積の一の位に等しく，8である。

基本 (2)　〈12〉＝〈4〉×〈4〉×〈4〉＝16×16×16＝4096，〈2〉＝4であり，これらの和は4100
〈13〉＝4096×2＝8192，〈3〉＝8であり，これらの和は8200である。　【別解】 4100×2＝8200

重要 (3)　18＝4×4＋2であり，〈2〉＝04　〈6〉＝64　〈10〉の下2桁は24　〈14〉の下2桁は84　〈18〉の下2桁は84×16より44であり，〈2018〉の下2桁も44…100の倍数は4の倍数である。

(4)　〈1〉＝002　〈5〉＝032　〈9〉＝64×8＝32×16＝512　〈13〉の下3桁は512×16より192
同様に〈17〉の下3桁は072　〈21〉の下3桁は152と続き，〈25〉の下3桁は432，〈29〉の下3桁は912，〈33〉の下3桁は592，〈37〉の下3桁は472，〈41〉の下3桁は552，さらに，〈45〉の下3桁は832となる。すなわち，〈17〉の下3桁は072，〈37〉の下3桁は472であるから，〈57〉の下3桁は872であり，以下，同様に〈77〉の下3桁は272，〈97〉の下3桁は672，〈117〉の下3桁は072，〈137〉の下3桁は472，〈157〉の下3桁は872である。

★ワンポイントアドバイス★

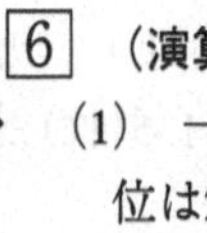

[2] 立体図形の計算では，3.14を使わないようにする。[3] ○×の列は(2)で着実に得点しよう。[5] 移動範囲の問題は(1)がポイントであり，簡単ではない。[6]「規則性」(3)・(4)の問題は，あきらめなければ得点できる。

＜理科解答＞ 《学校からの正答の発表はありません。》

[1]　問1　エ　　問2　ア，オ，ク　　問3　a　種は消化されない　　b　植物が生息する範囲
問4　ペンギン，ダチョウ　　問5　イ，エ　　問6　ウ，オ

2 問1 右図 問2 $0.00002cm^3$ 問3 ガラス管の内側についた液は，測りたい液と同じものだから。 問4 ウ ▲のマスのうちセッケンまくの面積は，平均でほぼ$0.5cm^2$とみなせるから。 問5 2nm 問6 ウ 問7 ア

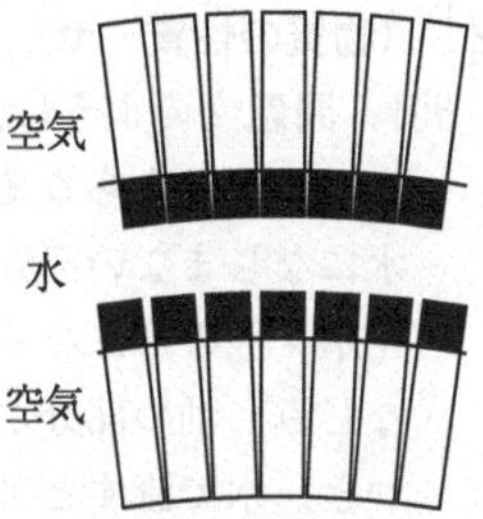

3 問1 5分 問2 ウ 問3 100L 問4 ア
問5 （位置） ア （向き） c 問6 エ 問7 Ⅰ ○ Ⅱ ○ Ⅲ × 問8 イ 問9 イ

4 問1 a 大き b 下 問2 ① 室外機の温度が上がり，ガスに熱が加わって温度が上がってしまうから。 ② 室外機のまわりの温度が上がると，ガスから熱が放出しにくくなるから。 問3 ア→ウ→イ 問4 オ→カ→エ 問5 ア 50℃ イ 5℃ ウ 10℃ エ 10℃ オ 90℃ カ 50℃ 問6 a 下がる b 上がる c 上がる d 下がる 問7 ア，イ，ウ 問8 a 大きく b 小さく c 大きく

＜理科解説＞

1 （動物－ヤンバルクイナ）

問1 問題文から，ヤンバルクイナは空中を飛ばないので，アやウはあまり発達していない。また，水上でもあまり生活をしないので，オも発達しない。文からえさとなるものを読むと，細長い巣などから取るわけではないので，イも必要ない。動くためのエが発達している。

重要 問2 小さいカタツムリは殻ごと食べているが，その殻はフンに含まれていないので，消化されて栄養になっている。植物の実のうち，皮や種は消化も吸収もされていない。小石はすべてフンに含まれて出てきており，消化も吸収もされていないが，わざわざ積極的に食べているのだから，消化管の中で他の食物を小さく砕くのに役になっていると推定できる。

問3 ヤンバルクイナは，植物の実を食べるが，種は消化されておらず，そのままフンに含まれている。食べてからフンを出すまで，ヤンバルクイナは地上を歩き回るので，植物の種は広く運ばれる。そこで芽を出すため，植物からみれば，生息する地域の面積を広げることができる。

問4 鳥類は，ふつう翼が大きく，翼を動かす胸の筋肉が発達して，空中を飛ぶことができる。しかし，ペンギンは泳ぐことに特化し，空中を飛ぶことはできない。ダチョウやエミュー，キーウィなどは，地上を走ることを得意とし，太く強い足を持つが，翼は目立たない。それ以外にも，離島で生活する鳥類のなかには，飛べないように変化した独特の種の鳥類がみられる。

問5 鳥類は，そもそも飛ぶことができるように進化したなかまである。空中を飛ぶことで，他の動物がとらえられないえさを捕ることができる。また，外敵の多い地表から逃げることもたやすい。しかし，一部に飛べない鳥類が存在するということは，地表にえさが多く，外敵が少ない環境であれば，飛ぶ必要がなく生活が可能だということである。しかし，そのような環境の場所は，大陸や大きな島には少なく，主に小さな離島になる。

問6 ヤンバルクイナは，全長35cm程度の鳥類である。沖縄本島のみに生息し，人間の開発や，人間が連れてきた動物によって，個体数が減少した。個体数を増やすには，天敵となるマングースやネコを減らすことが必要である。また，生息する自然の森を破壊しないことも重要である。ウは意味がない。また，オのように道路をつくると，生息域が分断されて，ヤンバルクイナが移動できなくなったり，交通事故にあったりする可能性が増えるので，好ましくない。

2 （物質の性質ーセッケンまくの性質）

問1　問題文のように，セッケンの1つ1つの粒は棒状の構造Aをしていて，水になじむ部分となじまない部分からなる。シャボン玉のまくでは，Aのうち，水になじむ部分がまくの表面に並び，水になじまない部分がまくの内外の空気の方に向いて整列する。そのため，まくは途切れず，シャボン玉の形になる。ちなみに，セッケンは，油とアルカリからできる。アルカリの部分が水になじみ，油の部分が水となじまない。汚れにセッケンをつけると，汚れの部分が油の部分とくっつき，水で流すとアルカリの部分が水と結びついて，汚れを流し去るしくみである。

やや難　問2　セッケン水1000cm^3には固形セッケン1cm^3が溶けている。このことから，セッケン水0.2cm^3に溶けている固形セッケンは，0.2÷1000＝0.0002(cm^3)である。これはセッケン水10滴分だから，1滴分ならば，0.0002÷10＝0.00002(cm^3)である。

問3　ガラス管の内側に水がついていると，吸い上げたセッケン水が水と混ざって，濃さがうすくなってしまう。すると，問2で求めた1滴あたりの固形セッケンの体積も減ってしまう。ガラス管の内側についている液が，測りたいセッケン水と同じものであれば，混ざっても濃さはほとんど変わらないので，測定をより正確な値に近づけることができる。

重要　問4　不定形の面積を測る方法の問題である。問題の図で，○のマスはすべてセッケンまくなので，1マスを1cm^2と数える。一方，▲のマスのうちセッケンまくの部分の面積は，広いマスもあれば狭いマスもありさまざまである。しかし，意図的ではなく偶然にできた図形なのだから，平均するとほぼ0.5cm^2ずつとなる。そこで，▲のマスは1マスを0.5cm^2と数えると，実際の面積とほとんど違わない測定ができる。精度を上げたいなら，もっと細かな方眼を使えばよい。

問5　セッケン水1滴からできたセッケンまくだから，その体積は問2で求めた0.00002cm^3である。このまくの底面積は100cm^2だから，厚さは，0.00002÷100＝0.0000002(cm)である。あとは，単位を変えて，0.0000002cm＝0.000002mm＝0.002μm＝2nm（ナノメートル）となる。

問6　棒状のものAの長さは，問5で求めた2nmであり，そこには小さな粒が20個程度並んでいるので，小さな粒の直径は，およそ2÷20＝0.1(nm)である。

問7　セッケンまくの厚さは，Aの長さ1個ぶんであり，これは体積が多くても少なくても同じである。つまり「セッケンまくの面積×Aの長さ＝セッケン水の体積」だから，面積が□倍になれば体積も倍になるという比例の関係になる。

3 （気象ー惑星や衛星の大気と水）

問1　雨粒は，上空3000mの高さから，秒速10mの等速で落ちてくるので，かかる時間は3000÷10＝300(秒)，つまり，300÷60＝5(分)かかる。なお，等速なのは，下向きにかかる重力に対し，空気抵抗が上向きにはたらくためである。

問2　細かな雲粒が集まって雨粒ができるので，雲がない状態で雨が降るウはありえない。アのように真上にはない雲から降った雨が風で流されてきたり，イのように雨を落とした5分後に雲が消えていたり，エのように雨を落とした雲が5分間で真上から動いてしまったりすることはありうる。時速40kmで動く雲は，5分では3km以上動く。日常では，真上にある雲から雨が降っていても，太陽の方角に雲がなければ，「天気雨」と感じることが多い。

基本　問3　1m^2の面積に，100mmつまり0.1mの雨が降ると，その水の体積は，1×0.1＝0.1(m^3)である。単位を変えると，0.1m^3＝0.1kL＝100Lであり，水の重さにすると0.1t＝100kgである。

問4　洪水を減らす方法の一つとして，アのように川幅を拡げることが考えられる。豪雨で水の体積が増えても，川幅が広いと，高さの上昇分を少なくすることができる。イは，カーブの部分で堤防が決壊しやすくなる。ウは，川底を埋めると，そのぶん水位が上がる。エは，より広い地域から雨水が集まるので水量が増える。よって，イ～エは洪水対策に逆効果である。

重要 問5　写真では，左側のテチスに比べ，右側のレアが小さく写っている。実際はレアの方が大きいのだから，写真を撮影した探査機カッシーニの位置は，テチスに近く，レアから遠い位置，つまりアまたはイの位置である。そのうち，テチスが左手前，レアが右奥に見えるのは，アの位置である。また，テチスもレアも右側から太陽光が当たっており，半分よりやや欠けた形である。もし太陽光がaの向きであれば，アから見ると，テチスもレアも半分より大きく見えるはずで，写真とはあわない。太陽光がcの向きで，アからみると，ちょうど写真の形になる。

問6　地球の大気で最も多い成分は，約78%を占める窒素である。ちなみに，タイタンの大気では，窒素が約98%を占める。

問7　地球の地形では，小さな川が集まって大きな川となり，下流に行くほど川幅が広くなる。このことが，タイタンの地形にもあてはまるとすれば，幅の細いAが上流であり，いくつもの川が合流したBが下流である。よって，Ⅰ，Ⅱは正しく，Ⅲは誤りである。

重要 問8　問題文の通り，タイタンの表面は－180°Cであり，もし水があったとしても固体なので川にはならない。メタンは，地球の環境ではほとんど気体だが，タイタンでは液体の雨や川となっている。これは，メタンの沸点や融点が水よりもたいへん低いために起こる現象である。地球上で，水の沸点は100°C，融点は0°Cであるが，メタンの沸点，融点はいずれも氷点下である。

問9　2017年9月当時に，ニュースで話題になった探査機カッシーニの問題である。土星の一番内側の環と土星本体の間を何度もくぐりぬけたことは，本年の受験生なら記憶していたであろう。誤りはイである。タイタンは月より大きい天体であり，探査機1個が墜落したくらいで壊れてなくなることはない。エンケラドスは月より小さいものの，それでも探査機よりはるかに大きい。カッシーニを土星に落下させた理由はいくつかあるが，その1つには，土星を至近距離から観測する目的もあった。土星は地球よりずっと大きく，現時点では生命が存在する可能性はないので，落下させても影響はないと考えられる。もし，タイタンやエンケラドスに生命が存在していた場合，探査機の物質が飛び散って影響を与える可能性は充分にありうる。

4　（熱の性質－ヒートポンプのしくみ）

問1　問題の会話文のうち，最後の先生の発言部分に似た事例があるので参考になる。空気の体積が急に大きくなると，温度は下がる。熱を加えていないのに気体が膨張したということは，内部のエネルギーを消費したということなので，温度が下がったと考えられる。上昇気流で空気が膨張し，温度が下がって雲ができるのも同じ原理である。

問2　エアコンを冷房で使うとき，室外機では高温のガスの熱を外の空気に放出することで，熱を逃がしている。直射日光が当たるとガスに不要な熱が加わって，ガスの温度が下がらないまま室内機に送られてしまう。また，室外機をせまい場所に置くと，室外機のまわりの温度が上がり，ガスと空気の温度差が小さくなるので，ガスから空気への熱の移動がしにくくなる。

重要 問3　室内機では，入ってきたガス(ア)を膨張させることで温度が下がる(イ)。この冷たいガスの流れるパイプに室内の空気を触れさせて空気の熱を奪い，室内の温度を下げる。空気から熱を受け取ったガスの温度は上がる(ウ)。

問4　室外機では，部屋から出てきたガス(エ)を圧縮して，ガスの温度を外の気温よりも上げる(オ)。この熱いガスの流れるパイプに外の空気を触れさせて，ガスの熱を外の空気へ逃がし，ガスの温度を下げる(カ)。

やや難 問5　最も温度が低いのはイの5°Cであり，最も温度が高いのはオの90°Cである。ウ→エは，部屋の空気の熱を吸収してきているのだから，35°Cよりも高いことはなく，選択肢では10°Cがあてはまる。カ→アは外に熱を捨てたのだから，37°Cよりも低いことはなく，選択肢では50°Cがあてはまる。

問6　暖房では，ガスが逆回りになるため，室内機と室外機の役割が入れ替わる。そこで，図1でガスの動きを逆回りにして，順に考える。膨張したガスは外の空気よりも温度が下がる(a　ア→カ)。そのガスは，室外機で外の空気から熱をもらって温度が上がる(b　オ)。さらに圧縮され温度が上がる(c　エ→ウ)。室内機では部屋の空気に熱を与え，ガスの温度は下がる(d　イ)。

問7　アやウは，火災が起こらないよう，安全性に必要な性質である。また，かつて使われていたフロンガスがオゾン層を破壊したことを教訓に，イのように環境を破壊しない気体を使うことも重要である。エのように固体になりやすいと，パイプが詰まって故障の原因となる。ただし，実際のエアコンでは，液体と気体の間の状態変化に伴う熱の出入りを利用することで，より効率のよい冷暖房が行われている。

問8　問6の暖房と同じ原理で考えればよい。外の空気から熱を多く受け取るには，室外機に入るガスの温度(カ)を充分に下げておくのがよく，大きく膨張させるのがよい。また，圧縮して温度を上げるとき(エ)には，必要最小限にとどめることで，電気代の節約になる。熱の移動を効率よくするためには，図2のように，パイプの表面積を大きくすればよい。

★ワンポイントアドバイス★

問題文を読解して理解すべきことが多い。勝手な想像で答えるのではなく，問題文や図を根拠にして，基礎知識をうまく組み立てて解こう。

＜社会解答＞《学校からの正答の発表はありません。》

問1　あ　菅原道真　　い　国司　　う　一揆

問2　(1)　高松塚(古墳)　　(2)　(例)　天皇中心の国づくりをすすめるため。

問3　(1)　行基　　(2)　(例)　歴史書の編さん　　問4　延暦寺

問5　(1)　土石流　　(2)　(例)　土石流の被害を受けそうな場所はトンネルで通過するようにした。　問6　出雲国風土記

問7　(例)　・キリスト教の禁止を徹底するのに役立った。
　　　　　・どこにどのような人がいるのかを把握するのに役立った。

問8　(1)　(例)　日本人と西洋人とのトラブルを防ぐことができた。
　　(2)　(例)　難民として日本に逃れてきたので，母国に帰るのが困難な場合。

問9　(例)　・何にどれだけお金がかかったのか，正確に知りたい。
　　　　　・故人や家族が理想と考える形の葬儀を行いたい。

問10　(例)　患者を強制的に隔離する政策をとっただけでなく，このような政策が国際会議で時代に合わないとされた後も，30年以上これを継続したから。

問11　(例)　・過疎化が進み，祭りの参加者が減った。
　　　　　・高齢化が進み，祭りの中心となる若者の数が減った。

問12　(1)　(例)　弱い立場に置かれている人々に対し，憐れみの感情や優越感を持っていたが，かれらが自分の権利を主張したり，力を行使したりすると，潜在的に存在していたかれらの対する不安や社会に対する不満が一気に高まり，感情をコントロールできなくなってしまう。(118字)　　(2)　(例)　ニュースやインターネットで情報が拡散すると，多くの人々の間で怒りや不満などの負の感情が増幅され，これに異議を唱えることができにくい雰囲気が生まれて

しまうから。(89字)

<社会解説>

(総合一「感情」をテーマにした日本の地理，歴史など)

基本 問1　あ　菅原道真は，平安時代前期の学者，政治家。学者の家柄に生まれ，詩文に優れ，宇多天皇，醍醐天皇に仕え，重用された。894年，遣唐使の廃止を提言し，これが受け入れられた。右大臣まで昇進したが，左大臣藤原時平の讒言《ざんげん》(告げ口)によって，901年，大宰府の長官として左遷され，この地で亡くなった。かれの怨霊を畏れた貴族らによって，京都の北野天神に祀られ，現在では学問の神様として崇敬を集めている。　い　国司は，律令制の下で，中央政権から派遣され国の支配にあたった地方官。守(かみ)・介(すけ)・掾(じょう)・目(さかん)の四等官からなり，任国の祭祀，行政，軍事などを統轄した。平安時代になると，しだいに国司の任国支配に，中央政権の目が届かなくなり，10世紀には国司による私的な利益追求が激化した。郡司や百姓から訴えられた尾張の国司藤原元命の話は有名である。　う　一揆は，中世の土一揆，近世の百姓一揆などのように，支配者への抵抗・闘争を目的とした農民の武装蜂起のこと。一味同心，心を一つにしてまとまることを一揆といったことが語源である。

重要 問2　(1)　高松塚古墳は，奈良県高市郡明日香村にある円墳。1972年の発掘で，石室内に極彩色の人物，四神，星宿などが描かれた壁画が発見された。壁画は中国唐代の壁画墓に類似し，7世紀末～8世紀初頭ごろの貴人の墓と推定される。1973年，国宝に指定。　(2)　資料1は「大化の薄葬令」の一部。大化の改新の一政策として出された中央豪族の大規模な墳墓を規制する法令で，身分地位に応じて，墓の規模や人員の動員数などを規定した。天皇中心の国づくりを進めた新政権が，天皇を最高位とする身分序列の確立を目指したものと考えられる。

重要 問3　(1)　行基は奈良時代の僧。河内国の人。渡来系の氏族である高志(こし)氏の出身。弟子を率いてため池，用水路，橋などを建設し，布施屋(宿泊施設)を開くなどの社会事業に努めた。717年，僧尼令違反として民間布教を禁止されたが，聖武天皇によって布教を公認され，東大寺大仏造立に協力した功績により，745年大僧正となった。生前から菩薩と仰がれ，死後は行基信仰が生まれた。(2)　奈良時代，712年に『古事記』，720年に『日本書紀』が成立。『古事記』は，天武天皇が稗田《ひえだの》阿礼《あれ》に詠み習わせた「帝紀」，「旧辞」を，のちに太安万侶《おおのやすまろ》が元明天皇の命によって筆録したものである。また，『日本書紀』は，舎人親王を中心に編さんされ，中国の歴史書にならって，漢文の編年体で書かれた。なお，歴史書の編さんのほか，国分寺，国分尼寺の造営などがあげられる。

基本 問4　延暦寺は，滋賀県大津市比叡山にある天台宗の総本山。788年最澄建立の一乗止観院が起源で，805年に唐からの帰国後，ここで天台宗を開いた。以後，仏教教学の中心となり，南都(興福寺)と並び北嶺《ほくれい》と称された。

問5　(1)「白い雨」は目の前が見えなくなるような豪雨のことを言っている。また，「長雨後，谷の水が急に止まったらぬける」というのは，谷川の水が土砂によって形成された自然のダムによって一時的にせき止められ，その後，ダムの崩壊により大量の水が土砂とともに流れ下ることを言っている。さらに，「蛇ぬけの水は黒い」というのは，水に大量の土砂が含まれていること，「蛇ぬけの前にはきな臭い匂いがする」というのは，土砂や石，岩などが擦れ合い，摩擦熱によってきな臭い匂いがすることを言っている。以上のことから，「蛇ぬけ」とは「土石流」のことを言っていると考えられる。　(2)　地図から，川沿いの鉄道や道路のかなりの部分がトンネルとなっていることが読み取れる。トンネルであれば，土石流の被害を受ける心配がほとんどない。

やや難 問6　『出雲国風土記』の意宇《おう》郡の条に，水臣津野命《みずおみつぬのみこと》が新羅《しらぎ》の余っている土地に綱を掛けて引き寄せ，出雲の国(島根県)に縫い合わせたという伝説が採録されている。

重要 問7　江戸時代，寺院は，幕府から所領と地位を認められ，幕藩体制の中に組み込まれた。幕府は，庶民が仏教の檀家であることを寺院が証明する寺請制度を設けて，宗門改めを実施し，仏教への改宗を強制するなど，キリスト教の禁止を徹底した。また，この過程で，どこにどのような人が住んでいるのかを把握することが可能となった。

問8　(1)　開国，貿易の開始に際し，幕府(のちに明治政府)が危惧したのは，西洋人と日本人との間でトラブルが発生することである。実際，1862年，薩摩藩の島津久光一行が江戸からの帰途，その従士がイギリス人4人の行列への非礼を咎《とが》め，3人を殺傷する事件(生麦事件)が発生し，これが原因で薩英戦争が起こった。西洋人の活動を居留地に限定することは，このようなトラブルを防ぐ上で大きな効果があったと考えられる。　(2)　例としてあげたものの他，「母国が内戦状態で危険である」，「遺体を母国に持ち帰るのに多額のお金がかかり，経済的に困難である」などが考えられる。

問9「葬儀の価格を明確に表示すること」，「葬儀に関する情報を提供すること」，「葬儀後もていねいに対応すること」から，人々が正確な情報，特に何にどれだけお金がかかったのか，正確に知りたいと考えていることが分かる。また，「事前相談を受け付けること」，「利用者の決定や意思を尊重すること」，「利用者の疑問や不安にこたえること」から，多くの人が，故人や家族が理想と考える形の葬儀を行いたいと考えていることが分かる。

問10　まず，年表の1907年の項に「強制的に収容した患者を療養所から一生出られなくした」とあることに注目。さらに，1963年に「ハンセン病に関する国際会議で，隔離政策は時代に合わないとされた」とあるのに，30年以上も「患者隔離政策」を続けていたこと(1996年の項に「らい予防法」が廃止され，患者隔離政策が終わった」とある)に注目する。

問11　過疎化によって，祭りの参加者が減ったので，昼の祭りも実施し，子どもも参加できるようにした。また，近隣の地区や他の市町村からの参加も可能とした。また，高齢化によって祭りの中心となる若者の数が減ったので，祭りの運営を，若者と商工会が分担するようになった。

やや難 問12　(1)　弱い立場に置かれている人々に対する憐れみの感情や優越感は，「自分より下の立場にある」=「自分が上の立場にある」という意識から生まれている。この関係がくずれる(優越感を傷つける)ようなことが少しでもあると，潜在的に存在していた不安や不満が一気に噴出し，自分の感情をコントロールすることが困難になってしまう。　(2)　インターネットは匿名性が高く，怒りや不満といった負の感情がそのまま生の状態で社会に表れてしまう。また，自分の考えに近い情報にしか接しなくなってしまい，他者の意見に耳を傾けることも無くなる。結果，異論を唱えることが難しい雰囲気が生まれてしまう。

★ワンポイントアドバイス★

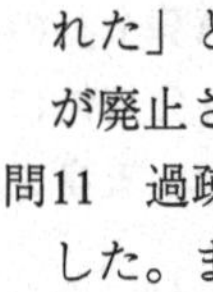

今までの傾向を踏襲した出題形式である。長文論述も当然重要であるが，問1～問4のような知識問題は絶対に落としてはいけない。

＜国語解答＞《学校からの正答の発表はありません。》

一　a　散策　b　晩　c　反射　d　帯

二　(1)　不安で，イライラする　(2)　(例)　お互いに関わらずに，自分のテリトリー内で好きに過ごしている。　(3)　(例)　昼間は外に出られないほど暑くて，夜間は危険な大人や獣たちがうろつき，破壊された跡もあちこちにある。
三 (例) 危険な大人たちが大騒ぎを終え，どこかに行ってしまうこと。
四 (例) 手に入れたいが手を出せない，だが，乗ってみたいとあこがれるもの。
五 ア
六 (例) 自分たちのあこがれていた自転車を作るために，テリトリーを乗り越えて「あたし」と協力し合いたいという思い。
七 (例) 銀に大切な写真，雑誌の切れ端，チビの黒い紐を見せて協力を依頼した。次に，赤に謝罪して，家から出ていった赤を追いかけ，自転車作りに加わってもらえることを確認した。
八 ウ
九 (例) 自転車作りの共同作業を進めていくうちに，四人の間にあった心の隔たりがなくなったこと。
十 (例) 四人の気持ちを一つにしてくれたことがうれしいから。
十一 (例) 四人の心が一つになったからこそ聞ける，自然の美しさと自分たちの生きる喜びを感じさせる音楽であり，幸福で大切な時間だと感じている。
十二 (例) 自分でペダルを漕いで進みながら，「あたし」は緑の家から離れて，まだ知らない場所を目指して進むことができるという希望を感じた。自らペダルを踏むことで，同じような体験を「チビ」にも味わってもらいたいと思い，たとえ作るのがたいへんであっても，作りあげた経験がある四人にとって，それは可能なことだと思ったから。

＜国語解説＞

(物語文一主題・心情・場面・細部の読み取り，記述，漢字の書き取り)

基本 一 a 目的もなくぶらぶらすることを意味する。つまり，散歩のことである。 b 夜のことである。この意味で，「今晩」「昨晩」などの言葉もある。 c ここでは光がものにあたってはね返ることである。「反射」には，人間が刺激に対して無意識に反応すること，という意味もある。その意味で，「条件反射」などの言葉がある。 d ここでは，その性質を持っているという意味である。二重傍線d直後の「細長い雲」がピンク色になっているのである。

二 (1) 傍線①以降に「緑の家」に住む人々との関わりについて説明されている。そのため，傍線①以降を読み進めることで解答になる部分は見つかる。具体的には「あたしたちは口をきかない……」で始まる段落に着目する。段落内に「知らない言葉が耳に入ると不安で，イライラする」とある。その部分に「あたし」の気持ちが表されている。ぬき出すときは，設問の条件にあう，十字をぬき出す。 (2) (1)と同様の部分から，解答の手がかりが見つかるため，「あたしたちは口をきかない……」で始まる段落以降に着目する。まず，「あたしたちは口をきかない」や「全員が互いに存在を無視して，関わらないようにしている」という表現がある。ここから，お互いに関心を持たず，また関わらないようにしていることがわかる。その先に，「自分のテリトリーの中ではそれぞれが好きなように過ごしている」とある。テリトリー内では自由にしているのだ。記述の際には，「お互いに関わらないこと」と「テリトリー内で自由にしていること」を簡潔にまとまる。

(3) 「道具や食べ物は外で調達する……」で始まる段落に，家の外の様子の手がかりがある。昼間には「肉をあぶる火みたいに強い日差しが照りつける」のである。夜には大人たちがうろついていて，また，獣が襲ってくるかもしれないのである。さらに，「道にちらばった瓦礫」とあり，破壊された跡も残っているのである。以上の三点を中心にまとめるとよい。

基本 三 ここでの「嵐」とは，危険な大人たちの大騒ぎのこと。つまり，嵐が過ぎ去るとは，大騒ぎが終わり，危険な大人たちがどこかに行ってしまうことを意味している。

四　「緑の家の外に本物の自転車がある……」で始まる段落以降の「ピンクの自転車」に関する記述に着目する。「あたしはこの自転車に乗りたいと思っている。たぶん他の四人も同じだ」とある。そこから，「四人とも自転車に乗りたがっている」と「あたし」がとらえていることがわかる。また，「あいつらの方は何を考えているんだろう？」で始まる段落には，「誰も，自転車に手を出さなかった」とある。そこから，四人にとって自転車は，手を出してみたいが手を出せないものになっていると「あたし」がとられていることがわかる。つまり四人にとって，自転車は手に入れたいが手を出せない，だが，乗ってみたいとあこがれるものなのである。

重要　五　傍線④の直後から，「ますます仲が悪くなった」の内容がわかる。以前は無関心でいられたのが，様子が不快で仕方がないのである。「以前は……かかわらずにいられて気が楽」「けんかをきっかけに……三人の気配がどうしても気になりはじめ，息がつまる」とある，アが正解になる。イは「言葉の意味が伝わった」がおかしい。ウは「相手を尊重」がおかしい。エは「本当は好意を持ちながらも」がおかしい。

六　場面の展開をおさえる。あこがれの自転車を失った後の行動である。また，傍線⑤以降に「チビはあたしに，自転車を作ろうと言っているに違いない」とあり，それも解答の手がかりになる。傍線⑤で，チビがテリトリーを越えるという行動をとってまで「あたし」に近づいたのは，自転車を作るために，「あたし」と協力し合いたいという思いを持っていたからである。

重要　七　「あたし」がしたことは「あたしはまず銀に頼むことにした……」で始まる段落以降から読み取ることができる。設問には「ていねいに」と書かれている。そのため，銀に頼むときに大切な写真，雑誌の切れ端，チビの黒い紐を見せたことをもれなく書きたい。また，赤に頼むときは，謝罪したり，追いかけたりしたこともきちんと書きたい。銀に頼むときの様子を細かく記して，その後，赤に頼むときの様子を細かく記す形でまとめるとよい。

八　傍線⑧にある「食料の調達は順番でやる」という表現から，お互いに生活を支えあう関係になったことが読み取れる。また，「あたしが赤に代わってネジを」「チビに……コツを教わったり」という表現から，自転車作りの具体的な作業に加われなかった「あたし」も作業に加わるようになったことがわかる。つまり，全員が作業をするようになったのだ。そして，このために四人の関係はより深まる。解答は「お互いの生活を支えあい」「全員が自転車作りの作業に参加」「協力関係がさらに強くなった」とある，ウになる。

九　この場面では，自転車作りの共同作業が続いている。そのため，共同作業の移動などで，四人のテリトリーを示すチョークの線は，どんどん踏まれて消えたのだ。傍線⑨直前にあるように，いまや四人は，緑の家の真ん中で固まって眠るようになった。線が消えたことと，このような四人の姿をあわせて考えると，共同作業は，四人の心の隔たりも消してしまったことがわかる。つまり，線が消えたことは，四人の心の隔たりが消えたことも意味しているのだ。解答の際には，「自転車作りの共同作業が」「四人の心の隔たりを消した」という内容を中心にするとよい。

十　バラバラでお互いに無関心だった四人は，自転車を作り上げるということで気持ちを一つにした。「あたし」はそのことがうれしいから，「この自転車が好き」となるのである。設問には，「気持ちをふまえて」とある。気持ちをふまえて解答していることを，採点者がわかるように，記述していきたい。

やや難　十一　物語の展開をふまえると，この音楽は，四人が心を一つにして自転車を作りあげたからこそ，聞くことができたのである。また，傍線⑪に自然のさまざまな音を感じている状況が書かれていて，さらに，傍線⑪直後に「ずっとずっと遠くまで行ける」「行ったことのない場所へ行ける」などと書かれている。ここから，この音楽は「自然の美しさ」を感じる心や「未来への生きる希望」を感じる心に影響を与えるものであることが類推できる。このとき「あたし」はどきどきしている。つまり，この音楽を聞く時を，肯定的にとらえているのだ。解答の際には「自然の美しさや生きる喜びを感じさせる音楽」という内容に，「幸福で大切な時間」という内容を加えて書くとよい。

やや難 十二　設問に指定されている範囲に目を向けて，解答を作り上げていく。自分でペダルを漕いで進むことで，「あたし」は最終的に「緑の家よりもずっとずっと遠くまで行ける。行ったことのない場所へ行けるなんて……胸がどきどき」という状態になる。つまり，まだ知らない場所を目指して進む希望を得たのである。そして，このような状態になった時点で，チビにもサイズがあう自転車を作ろうと思いつくのだ。そこから，「自転車を作ること」に，チビにも同様の経験をして欲しいという思いが含まれていることが読み取れる。また，傍線⑫より後では，チビが自転車作成に不安を抱いているような様子が書かれているが，「あたし」は，経験がある四人にとってそれは可能だと思っている。それも，チビ用に自転車を作成しようと思った背景として読み取れる。記述の際には，「まだ知らない場所を目指すという希望を感じた」という，「あたし」が感じたことを書く。そして，「同じ気持ちをチビにも味ってもらいたい」「あたしたちには作成が可能」という「あたし」が作ろうと思った理由を加える。

★ワンポイントアドバイス★

設問の条件に注意したい。「説明しなさい」「簡潔に説明しなさい」「ていねいに説明しなさい」「……をふまえて，説明しなさい」など。それぞれには出題者の意図が読み取れる。その意図を意識して解答したい。

MEMO

大切なことはメモしておこうネ！

平成29年度

★★★★★★★★★★★★★★★★★★★★★★★

入　試　問　題

平成29年度

麻布中学校入試問題

【算　数】（60分）　　＜満点：60点＞

【注意】 1．問題（解答）用紙の余白は計算などに使ってかまいません。ただし，答えを求めるのに必要な図・式・計算・考えなどは，枠内《わくない》に書きなさい。

2．円周率の値《あたい》を用いるときは，3.14として計算しなさい。

1　次の計算をし，分数で答えなさい。

$$\left\{1.68\div\left(1\frac{1}{5}-0.36\right)-\left(\frac{1}{3}+\frac{1}{4}\right)\right\}\div\left(5.5-3\frac{5}{6}\right)$$

答 ＿＿＿＿

2　以下の問いに答えなさい。

(1)　1時から2時までの1時間で，時計の長針と短針の作る角の大きさが120°になる時刻を2つ求めなさい。ただし，秒の値《あたい》のみ帯分数を用いて答えること。

答　1時 ＿＿ 分 ＿＿ 秒，1時 ＿＿ 分 ＿＿ 秒

(2)　今，時計が1時ちょうどを示しています。この後，長針と短針の作る角の大きさが120°となるのが8回目の時刻を求めなさい。ただし，秒の値のみ帯分数を用いて答えること。

答 ＿＿ 時 ＿＿ 分 ＿＿ 秒

3　角Aと角Bが直角である台形ABCDがあり，ADの長さは6 cm，BCの長さは10cm，面積は48cm^2です。点Pが辺AB上にあるとして，三角形PADと三角形PBCの面積の和を考えます。次の［ア］から［ウ］に入る数を答えなさい。

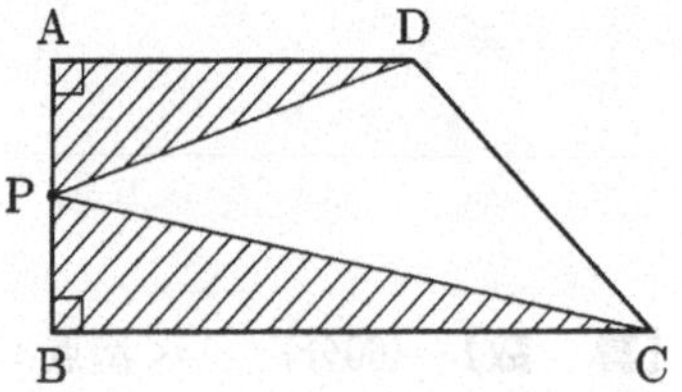

(1)　BPの長さが［ア］cm のとき，２つの三角形の面積の和は21cm^2です。

答 ア

(2)　BPの長さが［イ］cmのとき，下図のように点Dを動かしてADの長さをもとの２倍にのばすと，２つの三角形の面積の和はもとの$\frac{10}{7}$倍になります。

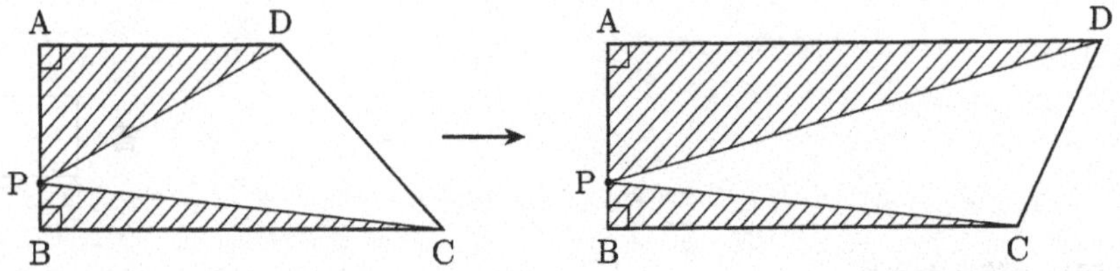

答 イ

(3)　BPの長さが［ウ］cm のとき，点Dを動かしてADの長さをもとの５倍にのばし，点Cを動かしてBCの長さをもとの２倍にのばすと，２つの三角形の面積の和はもとの$\frac{10}{3}$倍になります。

答 ウ

4　ふだん，太一君は自宅から学校まで歩いて通っています。今週，太一君は自宅からある地点までは走り，残りは歩いて学校まで行くことにしました。月曜日は，自宅から99mだけ走ったところ，ふだんより１分早く学校に着きました。火曜日は，自宅から３分間だけ走ったところ，ふだんより８分早く学校に着きました。太一君は毎日同じ時刻に出発し，走る速さと歩く速さはそれぞれ一定とします。このとき，あとの問いに答えなさい。

(1)　太一君の歩く速さは分速何mですか。

答　分速 ＿＿ m

(2)　水曜日は，走った時間と歩いた時間が同じでした。木曜日は，自宅と学校のちょうど中間の地点まで走ったところ，水曜日よりも４分遅《おそ》く学校に着きました。太一君の自宅から学校までの距《きょ》離《り》は何mですか。

答 ＿＿ m

5　２つの空の容器ＡとＢに，1800ｇの水を分けて入れ，以下の操作を行って同じ濃《こ》さの砂糖水を作ります。ただし，砂糖水の濃さとは，砂糖水の重さに対する砂糖の重さの割合のことです。

[操作１]：Ａに４ｇの角砂糖を１個，Ｂに３ｇの角砂糖を１個，それぞれ入れて溶《と》かす。

[操作２]：ＡとＢの砂糖水の濃さを比べて，Ａの方が濃いときはＢに３ｇの角砂糖を１個入れて溶かし，Ｂの方が濃いときはＡに４ｇの角砂糖を１個入れて溶かす。

まず［操作１］を行い，その後はＡとＢの砂糖水の濃さが同じになるまで［操作２］をくり返し行います。砂糖水の濃さが同じになったら操作を終えるものとして，以下の問いに答えなさい。

(1)　Ａに入れる水の重さを1200ｇにすると，ＡとＢの砂糖水の濃さが同じになるまでに，ＡとＢに角砂糖をそれぞれ何個入れることになりますか。［操作１］で入れるものも合わせて答えなさい。

答　Ａに ＿＿ 個，Ｂに ＿＿ 個

(2)　Ａに入れる水の重さを［ア］ｇ，Ｂに入れる水の重さを［イ］ｇにすると，［操作１］の後［操作２］がちょうど10回行われ，ＡとＢの砂糖水の濃さが同じになります。ただし，［操作１］で入れるものも合わせて，Ａには角砂糖が２個以上入り，Ａに入れる角砂糖の個数よりＢに入れる角砂糖の個数の方が多くなります。このとき，［ア］：［イ］をできるだけ簡単な整数の比で表しなさい。

答　［ア］：［イ］＝ ＿＿ ： ＿＿

(3) Aに入れる水の重さを［ウ］g，Bに入れる水の重さを［エ］gにすると，［操作１］の後［操作２］が30回以上行われ，AとBの砂糖水の濃さがどちらも6.25％になります。このとき，［ウ］：［エ］をできるだけ簡単な整数の比で表しなさい。

答　［ウ］：［エ］＝［　　］：［　　］

6　111，1121のように，１，２の２種類の数字だけからなる整数を考えます。このような整数Aに対し，以下の規則で定まる整数を $[A]$ と表します。

（規則１）　Aが１桁《けた》の整数１，２の場合，［１］＝２，［２］＝１　とします。

（規則２）　Aが２桁以上の整数で一番大きな位の数字が１の場合，つまり，Aが１Bと表せるときは，$[A]=B$　とします。例えば，

[112]＝12,

[12112]＝2112

です。

（規則３）　Aが２桁以上の整数で一番大きな位の数字が２の場合，つまり，Aが２Bと表せるときは，$[A]=[B][B]$　とします。ただし，$[B][B]$は $[B]$ を２つ並べてできる整数を表します。例えば，

[22]＝［２］［２］＝11,

[21121]＝[1121][1121]＝121121,

[2211]＝[211][211]＝[11][11][11][11]＝1111

です。

このとき，以下の問いに答えなさい。

(1)　[2112]，[2212] を求めなさい。

答　[2112]＝［　　］，[2212]＝［　　］

(2)　$[A]=22$ となる整数Aは３つあります。このようなAをすべて求めなさい。

答　［　　］［　　］［　　］

(3)　$[A]=A$ となる整数Aは1つだけあります。このようなAを求めなさい。

答

(4)　次の条件をともにみたす整数Aをすべて求めなさい。ただし答の欄《らん》はすべて使うとは限りません。

- Aは6桁以下の整数です。
- $[A]$は292で割り切れる8桁の整数です。

答

【理　科】（50分）　＜満点：40点＞

1　わたしたちの身の回りにあるものは，すべて原子という，とても小さな粒《つぶ》からできており，原子には様々な種類があります。①日本の理化学研究所が合成した新しい種類の原子の名前が，昨年の12月に国際的に認められました。新しい種類の原子の合成や命名はアジアで初めてのことです。この新しい原子の合成方法のしくみについて考えてみます。

問１　下線部①について，その名前を答えなさい。

原子の中心には，２種類の粒がくっついてできたかたまりがあり，このかたまりを「核《かく》」と呼ぶことにします。１種類目の粒（○とあらわす）は磁石のＳ極とＳ極のようにおたがいに反発します。そして原子の種類はこの○の数によって決まります。２種類目の粒（●とあらわす）はおたがいに反発もひきあいもしませんが，核の中では○どうしの反発をおさえ，ひとつのかたまりにすることに役立ちます。しかし，○の性質によって核どうしはおたがいに反発します。

○を２個以上くっつけようとした場合，●がいくつか必要になります。例えば○を３個くっつけようとしたとき，●が４個あると反発がおさえられ，○３個と●４個を右の図１のようにくっつけることができます。この核を右の図２のようにあらわすことにします。

核
図１

図２

原子の中には，時間がたつと核から②○２個と●２個のかたまりが飛び出し，○が２個少ない，別の原子になってしまうものがあります。この現象を「核がこわれる」といい，飛び出した○２個と●２個のかたまりを「粒子《りゅうし》Ｘ」と呼ぶことにします。

問２　下線部②について，右の図のように核Ａが粒子Ｘを１つ放出して核Ｂになったとします。右の図のアとイに入る適当な数を答えなさい。

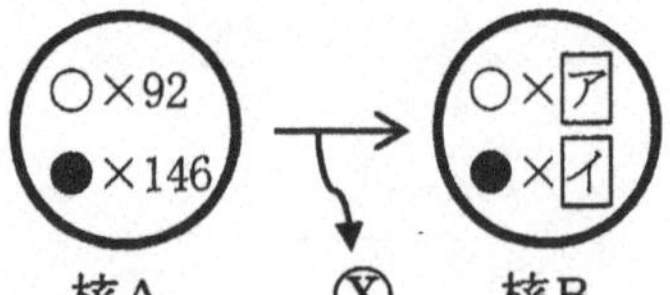

核Ａ　Ⓧ　核Ｂ

こわれやすい性質を持つ核Ｃがたくさんあると，核Ｃは次々にこわれ核Ｄになります。③こわれずに残った核Ｃの数を時間がたつごとに調べると，100秒後には最初の50％になっていました。さらに100秒後，つまり最初から200秒がたったときには，核Ｃはさらに半分の25％になっていました。このように100秒がたつごとに核Ｃの数は半分になっていきました（図３）。

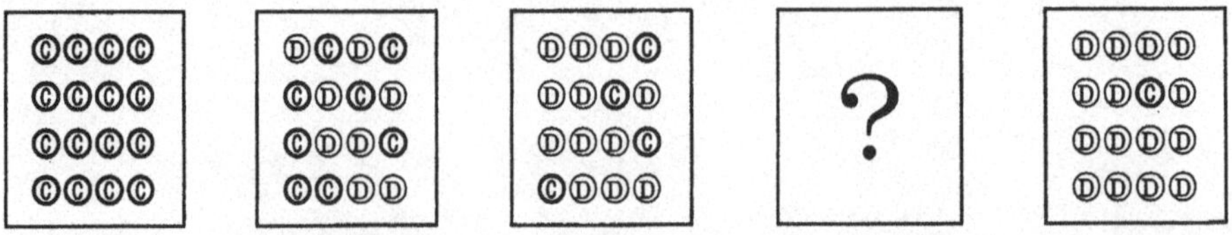

最初　100秒後　200秒後　300秒後　400秒後

図３

問３　下線部③について，300秒後には，核Ｃは最初の何％が残っていますか。割り切れない場合は小数第２位を四捨五入して答えなさい。

問４　下線部③について，次の文の（ａ）に入る数としてもっとも近いものを，下のア～クから選び，記号で答えなさい。

こわれずに残った核Ｃの数を50秒ごとに調べると，50秒後には最初の（　ａ　）％，100秒後には50秒後の（　ａ　）％になっていました。

ア．90　　イ．85　　ウ．80　　エ．75　　オ．70　　カ．65　　キ．60　　ク．55

次に，新しい核を合成する方法を考えてみます。このとき，ある核を別の核にぶつけてひとつの核にするのですが，④一方の核を高速（光速の10分の１程度）で発射しないと他方の核にぶつかりません。また，小さいものどうしなので非常にぶつかりにくい上に，ぶつかったとしても，非常に低い確率でしかひとつのかたまりになりません。

理化学研究所は，右の図４に示した核Ｅを核Ｆにぶつけ，○を113個持つ核を合成しました。しかし，○を113個持つ核は1000分の１～２秒という非常に短い時間でこわれてしまうので直接確認《かくにん》されたわけではありません。⑤●が１つ放出された後に，粒子Ｘがいくつか連続して放出され，○を105個持つ核が１つだけ確認できたことから逆算した結果，○を113個持つ核を合成したことがわかりました。そしてこれが新しい種類の原子として認められたのです。

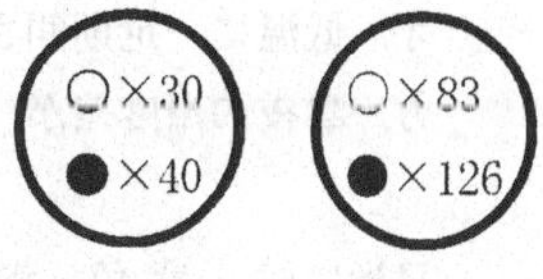

核Ｅ　　核Ｆ

図４

問５　下線部④について，核と核をぶつけるために，高速で発射しなければならないのはなぜですか。その理由を答えなさい。

問６　核Ｆを集めたところに36万個の核Ｅを発射すると，そのうちの１個が核Ｆにぶつかるとし，80兆回ぶつかると，そのうちの１回がひとつのかたまりになるとします。核Ｆを集めたところに，１秒あたり２兆個の核Ｅを1000日間発射し続けると，新しい核はいくつできますか。答えが整数にならない場合は，小数第１位を四捨五入して整数で答えなさい。

問７　下線部⑤について，このとき粒子Ｘがいくつ放出されたか答えなさい。

問８　下線部⑤について，このとき実際に確認できた○を105個持つ核は，●をいくつ持っているか答えなさい。

2　植物には，日なたを好む植物と日かげを好む植物があります。雑草には日なたを好む植物が多く，約70％の雑草は，日あたりの悪いときは種子のまま休眠《きゅうみん》し，光があたるようになるとそれを感じ取り，発芽しはじめます。

問１　日かげに多くみられるものを，次のア～カからすべて選び，記号で答えなさい。

ア．タンポポ　　イ．シメジ　　ウ．スギゴケ　　エ．ヒマワリ　　オ．アブラナ

カ．イネ

問２　一般的《いっぱんてき》な植物について，発芽に必要とされる条件を３つ答えなさい。

問３　何年も雑草がしげっていた場所で，雑草をすべてぬいた後に，以下の作業を行いました。数週間後に，土に残っていた雑草の種子が一番多く発芽していると考えられる作業としてもっとも適当なものを，次のア～オから選び，記号で答えなさい。

ア．土の表面をバーナーで焼いた。

イ．土をていねいにほり起こした。

ウ．葉をよくしげらせている１mほどの観葉植物を植えた。

エ．砂利《じゃり》を３～５cmの厚さになるように土の上にかぶせた。

オ．黒いビニールシートを土の上にかぶせた。

問４　次のうち，光の刺激《しげき》を直接感じる以外の方法で，周囲が日なたとなったことを感じ取って発芽していると考えられるのは，どの特徴《とくちょう》を持った種子ですか。次のア～カから２つ選び，記号で答えなさい。

ア．空気中の二酸化炭素の割合が多いと，発芽しやすくなる。

イ．空気中の酸素の割合が多いと，発芽しやすくなる。

ウ．水分を一定以上吸収すると，発芽しやすくなる。

エ．一定以上の高温にさらされると，発芽しやすくなる。

オ．低温に一定期間さらされると，発芽しやすくなる。

カ．昼夜の温度差が一定以上に大きくなると，発芽しやすくなる。

日光には，紫《むらさき》色，青色，緑色，赤色，などさまざまな色の光がふくまれます。また人間の目には見えませんが，赤外線《せきがいせん》，紫外線《しがいせん》もまた日光の中にふくまれています。雑草Ｘを用い，以下のように植物の発芽と光の種類に関する実験を行いました。ただし，実験ＡとＢであてた光の強さは同じ強さとします。なお，植物は赤色光《せきしょくこう》をあてるとさかんに光合成（光を受けて，吸収した二酸化炭素と水を使って体の中で養分をつくること）を行いますが，遠赤色光《えんせきしょくこう》（赤外線の一種）をあてても光合成をほとんど行いません。

実験Ａ　赤色光を１時間あてた種子をプランターにまき，27℃の暗黒下に１週間置き，発芽率を調べたところ，約50％の種子が発芽していた。

実験Ｂ　遠赤色光を１時間あてた種子をプランターにまき，27℃の暗黒下に１週間置き，発芽率を調べたところ，１つも発芽しなかった。

実験Ｃ　空き地の日なたと他の植物がおいしげる木かげで，赤色光と遠赤色光の強さを調べたところ右の表のようになった。

表　日なたと木かげにおける光の強さ

	赤色光	遠赤色光
日なた	24	16
木かげ	2	10

問５　実験Ａ～Ｃの結果から考えられることとして適当なものを，次のア～カからすべて選び，記号で答えなさい。

ア．赤色光をあてると，雑草Ｘの種子は必ず発芽する。

イ．遠赤色光のみをあてても，雑草Ｘの種子は発芽しない。

ウ．木かげでは，赤色光に比べ遠赤色光の方が強い。

エ．日なたでは，赤色光に比べ遠赤色光の方が強い。

オ．赤色光は光合成によく利用されるので，木かげに届きやすい。

カ．赤色光は光合成によく利用されるので，木かげに届きにくい。

実験Ｄ　実験Ｃと同じ日なたと木かげのそれぞれに，雑草Ｘの種子をまいて１週間後に観察したところ，日なたでは種子が発芽していたのに対し，木かげでは全く発芽していなかった。

実験Ａ～Ｄの結果から，雑草Ｘの種子について仮説（仮定される考え）１，２を考えました。

仮説１　木かげでは，赤色光が遠赤色光より弱いため，雑草Ｘは発芽しない。

仮説2　木かげでは，遠赤色光の有無《うむ》にかかわらず，赤色光が一定量より弱いため，雑草Xは発芽しない。

問6　赤色光と遠赤色光の2種の光を同時にあてた種子について，実験A，Bのような方法で発芽率を調べました。このとき，木かげと同じ強さの赤色光と，さまざまな強さの遠赤色光をあてました。どのような結果が得られれば，仮説1が正しいと言えますか。次の文の（a）～（c）に赤色光，遠赤色光のどちらかを入れなさい。

実験Dで発芽しなかった（　a　）の強さで，（　b　）より（　c　）が弱いときに，雑草Xの種子が発芽することを確かめられれば，仮説1が正しいと言える。

問7　遠赤色光を，①あてない，②木かげと同じにする，③日なたと同じにする，という3つの条件で赤色光を少しずつ減らし，発芽しなくなる赤色光の量を調べました。その赤色光の量を①～③で比べたとき，仮説2が正しいと言える結果としてもっとも適当なものを，次のア～キから選び，記号で答えなさい。

ア．①<②<③　　イ．①<②=③　　ウ．①=②<③　　エ．①=②=③
オ．①>②>③　　カ．①>②=③　　キ．①=②>③

問8　実際に，雑草Xは光の種類を感じることにより，他の植物におおわれていない場所を選んで発芽しています。このような場所で発芽することで，雑草Xは，成長に必要な条件のうち何をより多く得られるようになりますか。2つ答えなさい。

3　ものには，止まっているときにはそのまま止まり続けようとし，動いているときには同じ向き，同じ速さで動き続けようとする性質があります。これを慣性《かんせい》といいます。例えば，机の上に置かれたえんぴつが勝手に動き出すことはありません。また，走り出した自転車は，こぐのをやめてもしばらく同じ速さで動き続けます。これらは，慣性という性質のためです。

問1　自転車のかごにボールと水とうを入れて出かけました。交差点の手前で強くブレーキをかけたところ，かごに入れたボールが転がり，水とうがたおれてしまいました。ブレーキをかけた直後の水とうとボールの様子としてもっとも適当なものを，次のア～エから選び，記号で答えなさい。

ブレーキをかける前の様子

ア．

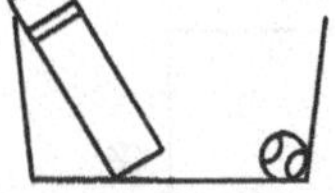

イ．

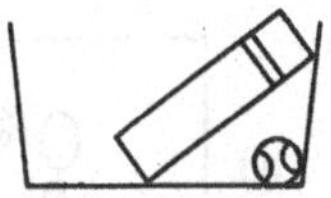

ウ．

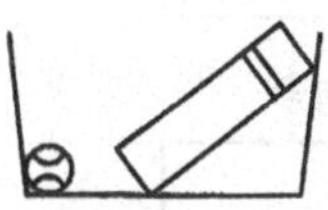

エ．

問2　ボールや水とうには触《ふ》れていないのに，それらがたおれたり，転がったりしたのは慣性のどのような性質のためか答えなさい。

慣性についての実験をしてみました。まず，2つの人形AとBを，荷物を運ぶときにつかう台車の上や地面にたおれないように固定しました。次に，次のページの図1のように台車の上にボールをのせて，台車をすばやく前後に動かしてみました。すると，人形Aとボールとの距離《きょり》は変わりませんでしたが，人形Ｂとボールの距離は，台車を前にすばやく動かすと近づき，後ろにすばやく動かすとはなれました。つまり，はじめ止まっているボールは，止まり続けようとする性質があるので，人形Ａから見たらボールは止まっているように見えますが，人形Ｂから見るとボールは勝手に動いているように見えたのです。同じボールを見る場合でも，見る人の立場によって異なって見えることがわかりました。

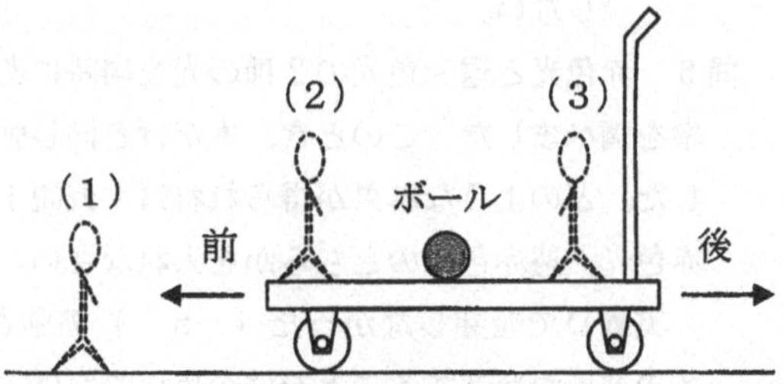

図１

問３　人形Ａ，Ｂはそれぞれ図１の(1)～(3)のどこに置いたと考えられますか。正しい組み合わせとしてもっとも適当なものを，次のア～カから選び，記号で答えなさい。

ア．人形Ａが(1)で人形Ｂが(2)　　イ．人形Ａが(1)で人形Ｂが(3)
ウ．人形Ａが(2)で人形Ｂが(1)　　エ．人形Ａが(2)で人形Ｂが(3)
オ．人形Ａが(3)で人形Ｂが(1)　　カ．人形Ａが(3)で人形Ｂが(2)

問４　台車を動かしても，ボールの位置が動かないという性質は，家やビルなどの建物を建てるときのある技術に利用されています。その技術は何に備えたものか答えなさい。

電車に乗って車内の様子を観察していると，電車が走り出すときや，電車が止まろうとするとき，つり革《かわ》が少しだけかたむいていることに気づきました。また，何もつかまらずに立っている人のことも注意深く観察しました。すると，①電車が走り出すとき，速くなっている間は，転ばないようにバランスをとって，片方の足に体重をかけていることがわかりました。人にも慣性があるので，自然にこのような動きをするのです。

問５　下線部①について，電車が走り出しているときの車内の様子を表している絵としてもっとも適当なものを，次のア～エから選び，記号で答えなさい。ただし，電車は図の矢印の向きに進んでいるとします。

ア．
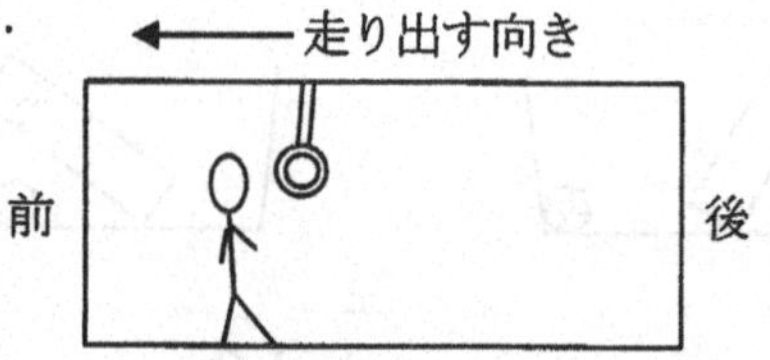

イ．
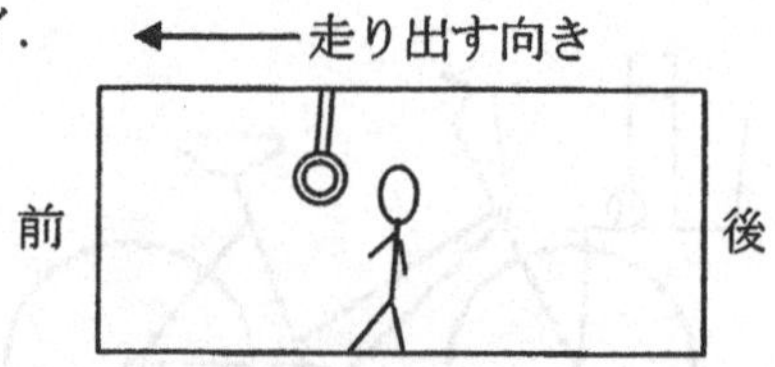

ウ．
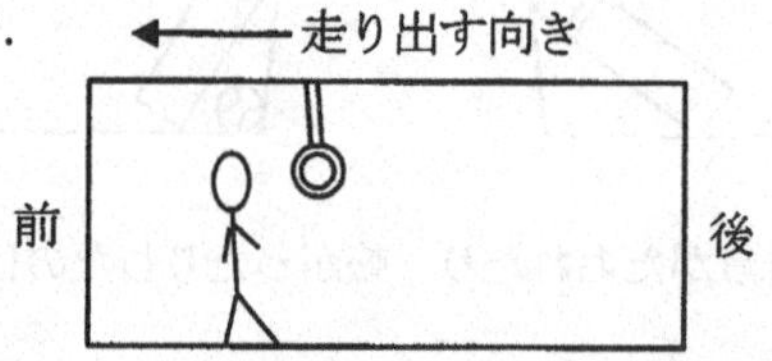

エ．
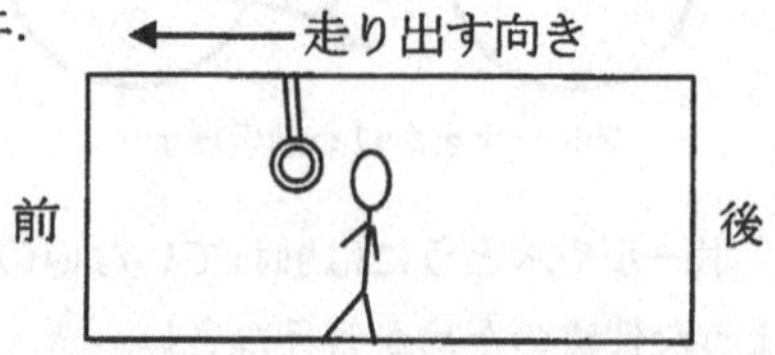

問６　バスの車内を観察していると，車内の様子が問５のときと同じになることがありました。それはバスがどのような状態になったときですか。その説明としてもっとも適当なものを，次のページのア～オから選び，記号で答えなさい。ただし，バスの進む向きは，すべて問５と同じとします。

ア．バス停で出発する時間を待っているバス。

イ．ブレーキをかけて止まろうとしているバス。

ウ．一定の速さで進んでいるバス。

エ．下り坂の途中《とちゅう》で信号待ちをしているバス。

オ．上り坂の途中で信号待ちをしているバス。

さらに，実験を行いました。どんぶりと水そうをたおれないように台車に固定し，どんぶりにはピンポン球を，水そうには水を7分目程度入れました。次に，図2の状態から，矢印の向きに台車を動かします。しばらく一定の速さで台車を動かし続けると，どんぶりの中の球と水そうの水面は，台車が止まっているときと同じで，再び図2のようになりました。次に，②ブレーキをかけ続けると，しばらくして台車は止まりました。

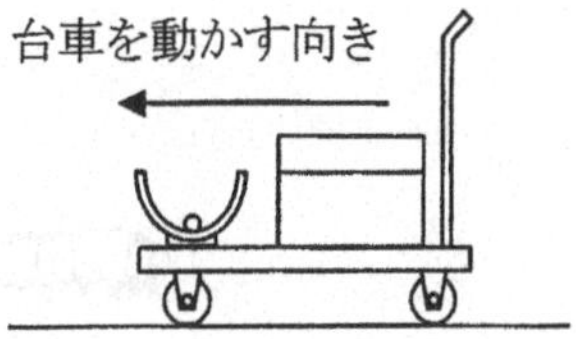

図2

問7　下線部②のように，ブレーキをかけている間のどんぶりの中のピンポン球と，水そうの水面のおおよその様子を，解答らんの図中にかきなさい。

問8　糸の一方にピンポン球をつけ，もう一方を水そうの底に固定しました。さらに，水そうに水を入れると右の図のように水の中で球が止まりました。この水そうを台車に固定し，同じ実験を行ったとき，下線部②のように，ブレーキをかけている間の水そうの様子はどうなりますか。水面と糸，球を，解答らんの図中にかきなさい。

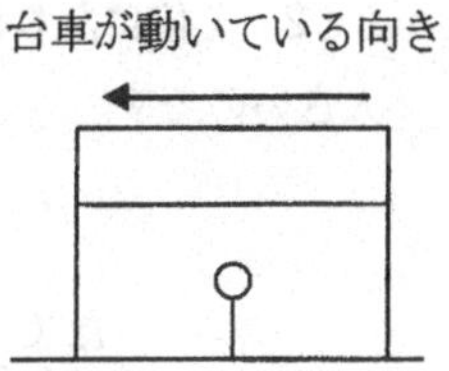

映画館のようにイスに座って映像を見ているだけなのに，急発進をしたり，急ブレーキがかかったりする乗り物に乗っているような気分になれる遊園地のアトラクションがあります。このアトラクションは映像を見ている部屋が実際に動き回るのではなく，映像の内容に合わせてその場で部屋全体を少しだけ動かしています。

問9　このアトラクションで，カーレースをしている車の運転席から見た映像が流れているとします。映像がどのような場面のとき，どのように部屋を動かせば実際に車に乗っているように感じるでしょうか。その組み合わせとして適当なものを，次のア～カからすべて選び，記号で答えなさい。

ア．急発進する場面で部屋を前後にゆらす。

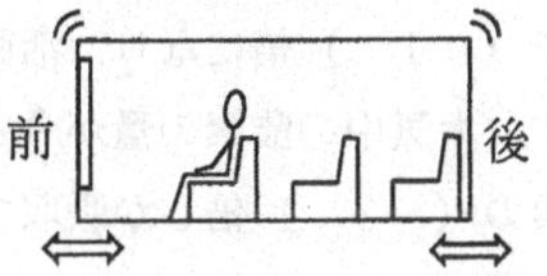

イ．急発進する場面で部屋を前にかたむける。

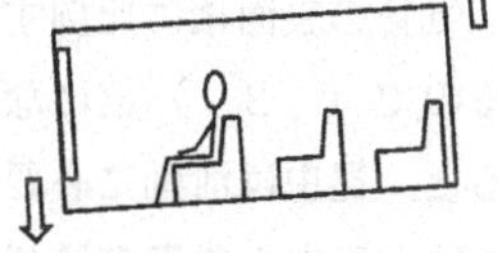

ウ．急発進する場面で部屋を後にかたむける。

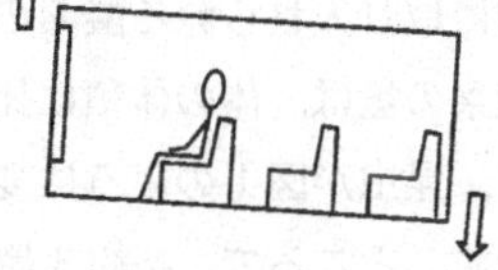

エ．急停止する場面で部屋を前後にゆらす。

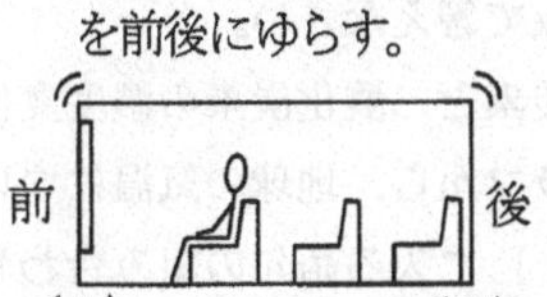

オ．急停止する場面で部屋を前にかたむける。

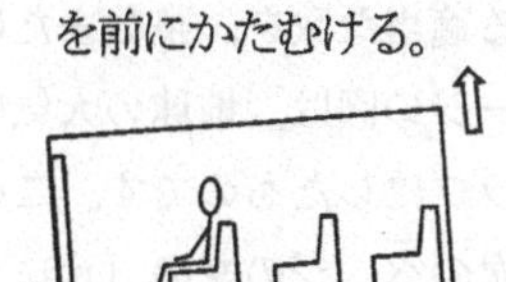

カ．急停止する場面で部屋を後にかたむける。

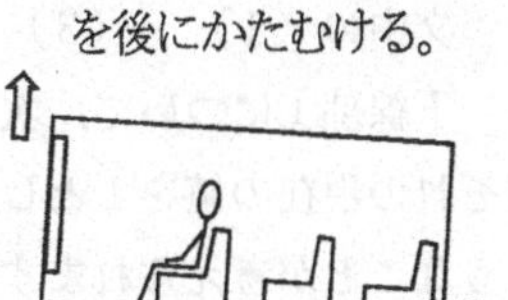

4 今の地球には，私たちヒトをふくめて様々な生物が住んでいます。しかし，生物が地球に初めて誕生したとされる約38億年前には，ヒトよりもずっと小さく単純な生物しかいませんでした。今の地球で見られる生物はどれも，子孫を残すときに少しずつ姿を変える「進化」をくり返して登場したものです。

問１ 次の図のように昆虫《こんちゅう》が姿を変える現象を進化とは呼びません。その理由を答えなさい。

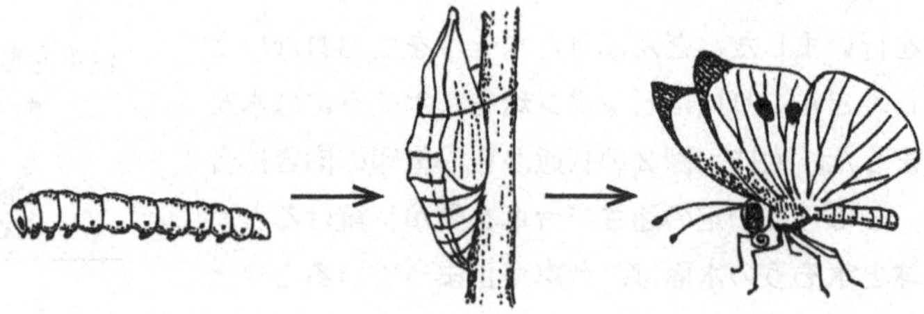

生物は進化とともに大きさを変えました。ここで図１のように，ある生物のたて・横・高さの長さが，形をたもってすべて２倍になったとします。すると，体の表面積は（　１　）倍，体積は（　２　）倍になります。生物が大きくなるときの体積の増える割合は，表面積の増える割合よりも大きいのです。

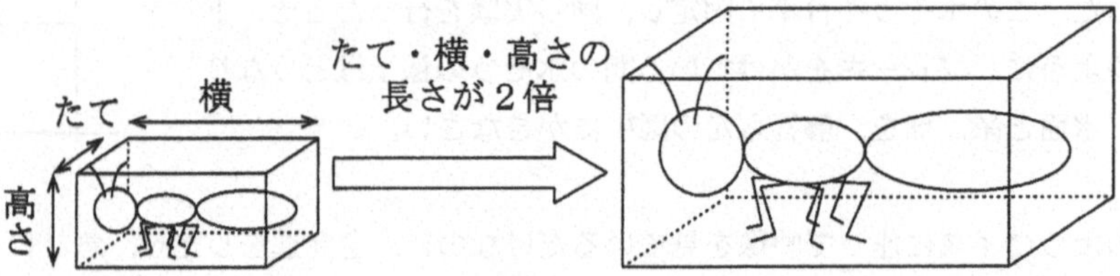

図１

約３億年前の地球には，今では見られない巨大《きょだい》な昆虫が住んでいました。例えば，50～60cmの長さのどう体を持つトンボが化石として見つかっています。昆虫をはじめとする多くの生物は，体を動かすために必要なエネルギーを，酸素を使ってつくります。そのため，大きな昆虫はより多くの酸素を必要としました。

昆虫の体内には「気管」という管があみの目のように広がり，昆虫は，気管に流れた酸素をその表面から直接体内に取り入れます。ここで，図１のように昆虫が大きくなったとします。すると，体内に取り入れられる酸素の量は，気管の表面積に比例するので（　１　）倍になり，活動に必要な酸素の量は，体の体積に比例するので（　２　）倍になります。大気中の酸素の量が今と変わらずに，昆虫が図１のように変化すると，昆虫は活動に必要な酸素の（　３　）倍しか吸収できないのです。ところで，①約３億年前には大気中の酸素の量が今の２倍近くだったといわれています。大量の酸素が巨大な昆虫を栄えさせたのかもしれません。

問２ 文中の（１）～（３）に入る適当な数を，整数または分数で答えなさい。

問３ 下線部①について，次のページの図は，地球の大気中の酸素と二酸化炭素の濃度《のうど》変化を，それぞれの現在の値を１としてグラフにしたものです。このグラフから，地球の気温についてどのようなことが考えられますか。次のページの文の（a）～（c）に入る語句の組み合わせとしてもっとも適当なものを，下のア～クから選び，記号で答えなさい。

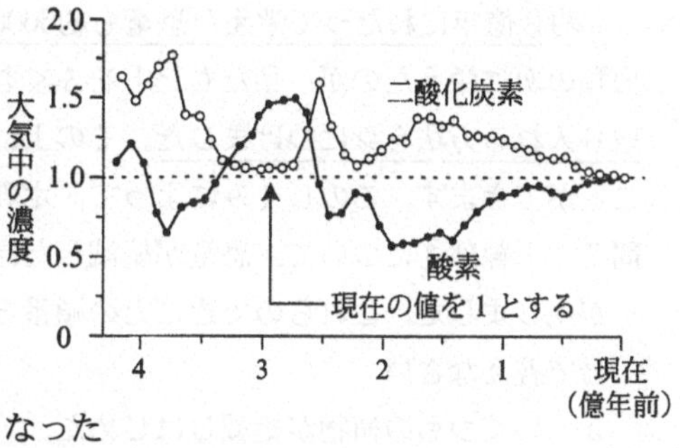

約3億年前には，植物の（　a　）が活発だったために，二酸化炭素の濃度がそれ以前よりも（　b　）ので，地球の気温は（　c　）と考えられる。

ア．（a）光合成　（b）低かった　（c）低くなった
イ．（a）光合成　（b）低かった　（c）高くなった
ウ．（a）光合成　（b）高かった　（c）低くなった
エ．（a）光合成　（b）高かった　（c）高くなった
オ．（a）呼　吸　（b）低かった　（c）低くなった
カ．（a）呼　吸　（b）低かった　（c）高くなった
キ．（a）呼　吸　（b）高かった　（c）低くなった
ク．（a）呼　吸　（b）高かった　（c）高くなった

かつての巨大な昆虫は，少なくなった酸素の中では生きていけなくなりました。その一方で，より大きな別の生物が現れます。それはトカゲやヘビと同じハ虫類である「恐竜《きょうりゅう》」です。②恐竜は，昆虫と同じように酸素を必要としますが，酸素を肺で血液にとけこませて全身に運びます。そのため，恐竜は酸素を効率良く吸収し，体を大きくすることができました。これは大きな利点です。生物の体内にたくわえた熱は体の表面から逃《に》げ，生物は冷えてしまいます。生物が大きくなれば体積に対する表面積の比率が（　4　）なるので，大きくなった生物は（　5　）なるのです。

体が大きいと不利なこともあります。体重が生物の体積に比例し，自分で支えられる体重は足の裏の面積に比例するとします。前ページの図1のように体の大きさが2倍になると，足の裏の，ある同じ面積で支えなければならない体重は（　6　）倍になります。そのため，生物の体の大きさには限界もあったのです。

問4　下線部②について，肺には「肺ほう」と呼ばれる小さな部屋がたくさんあり，ひとつひとつの肺ほうを血管があみの目のようにおおっています。そのため，肺の体積が同じでも，酸素を吸収する効率は良くなります。このしくみと関係のない現象としてもっとも適当なものを，次のア～エから選び，記号で答えなさい。

ア．動物は，胃や小腸にあるたくさんのひだから食べ物を吸収する。
イ．動物は，胃や小腸で消化しやすいように歯で食べ物を細かくする。
ウ．植物は，葉の表や裏にあいたたくさんの小さな穴から酸素を吸収する。
エ．植物は，細かく枝分かれした根から水や栄養を吸収する。

問5　文中の（4）と（5）に入る語句の組み合わせとしてもっとも適当なものを，次のア～エから選び，記号で答えなさい。

ア．（4）小さく　（5）冷えにくく　　イ．（4）小さく　（5）冷えやすく
ウ．（4）大きく　（5）冷えにくく　　エ．（4）大きく　（5）冷えやすく

問6　文中の（6）に入る適当な数を，整数または分数で答えなさい。

③約2億年にわたって栄えた恐竜も約6600万年前に絶滅《ぜつめつ》してしまいます。恐竜をはじめとするハ虫類の次に栄えたのが，私たちヒトをふくむホ乳類です。④ホ乳類は，ハ虫類より効率良く酸素を取り入れる方法を身につけました。その上，ホ乳類は多くのハ虫類と異なり，体温を一定にたもつことができます。このしくみによって，ホ乳類は気温の低い中でも生き残ることができます。

問7　下線部③について，恐竜が絶滅した原因の1つとして，次のa～dにあげた一連のできごとが生じました。これらのできごとの順番としてもっとも適当なものを，下のア～カから選び，記号で答えなさい。

ａ．いくつもの植物が絶滅しはじめた。

ｂ．巨大ないん石が地球にしょうとつした。

ｃ．ちりやほこりによって太陽光がさえぎられた。

ｄ．いくつもの動物が絶滅しはじめた。

ア．ａ→ｂ→ｃ→ｄ　　イ．ａ→ｃ→ｂ→ｄ　　ウ．ｂ→ａ→ｃ→ｄ

エ．ｂ→ｃ→ａ→ｄ　　オ．ｃ→ａ→ｂ→ｄ　　カ．ｃ→ｂ→ａ→ｄ

問8　下線部④について，ヒトは，肺ほうのしくみ以外にも酸素を効率良く吸収して運ぶつくりやしくみを持ちます。そのつくりやしくみとしてもっともふさわしくないものを，次のア～エから選び，記号で答えなさい。

ア．お腹をふくらませたり胸をひらいたりすることで肺をふくらませる。

イ．皮ふにはたくさんの毛穴がある。

ウ．心臓や血管に弁がある。

エ．全身をめぐる血液と肺をめぐる血液は混じりあわない。

ここまでの話を聞くと，ヒトはトンボより優《すぐ》れていると思えてしまいます。しかし，ヒトはトンボとちがって飛ぶことができません。血液を使って酸素を全身に運ぶので，ヒトの体は飛ぶには重すぎるのです。進化と聞くと，生物が優れたものに変化するように思うかもしれませんが，進化で生まれるのは「ちがい」であって「優劣《ゆうれつ》」ではないのです。

【社　会】（50分）　＜満点：40点＞

次の文章をよく読んで，18ページから23ページの問いに答えなさい。

僕《ぼく》の家は東京《とうきょう》の田園調布《でんえんちょうふ》という住宅地の一角にある。おとうさんが生まれる数年前におじいちゃんが建て替《か》えた家だそうだ。50年くらい前にできた家だが，洋風建築で映画とかに出てきそうだ。僕はこの家が気に入っているが，今年になっておとうさんが建て替えをしないか，と言い出した。おかあさんは古くなったところを直すだけでいい，と言っていたけれども，おとうさんはせっかくだからいろいろ考えてみたい，と言っていた。

父「二世帯住宅にしたいと思うんだ」

僕「1階におじいちゃんとおばあちゃんが住むの？」

父「そのつもりだけど，おじいちゃんたちにも意見を聞かなければいけないね。もともと，この家はおじいちゃんが建てた家だからね」

僕「この家って昔から変わっていないの？」

父「基本的には変わっていないよ。建てた当時としては，新しいデザインだったんじゃないかな。もちろん，ア．便利な生活のほうがいいからね、いくつかは変えている部分もあるよ。でも，大きく見た目が変化するほどの建て替えはしていないんだ」

僕「おとうさんは，なんで建て替えたいと思ったの？　この家のデザインが気に入らないから?」

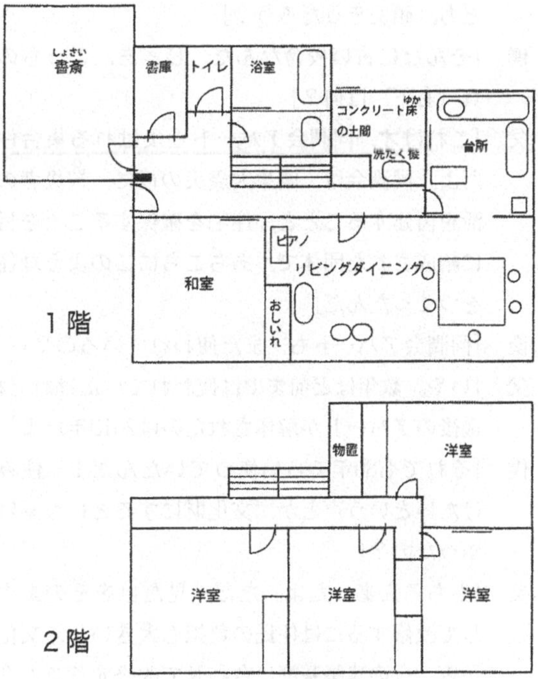

50年くらい前に建てられた僕の家の間取り図

父「そういうわけじゃないよ。家族がもっと暮らしやすくなるためにはどうしたらいいかなって考えたからなんだ。おとうさんもこの洋風のデザインは気に入っているよ」

僕「洋風建築にしようと思ったのはおじいちゃんなの？」

父「おとうさんも直接見たわけではないけれども，建て替える前の家も洋風だったそうだよ」

僕「へえ。でもそのころの日本だと，畳《たたみ》や瓦《かわら》を使った和風の建築物の方が多かったんじゃないの？」

父「確かに，イ．瓦屋根は多かっただろうね」

僕「瓦って日本でうまれたものなんでしょう？」

父「いや，実はちがうんだ。瓦づくりは中国や朝鮮《ちょうせん》半島から伝わった技術で，瓦を使った建築物は，奈良《なら》時代に一度広まったけれども，平安《へいあん》時代はそれほど多くないんだよ」

僕「瓦は日本で発明されたと思っていたよ。そういえば，ウ．平安時代は日本風の建築物が建てられたと学校で習ったよ。でも，じゃあ，その後瓦が広まったのはいつなの？」

父「そうだね，エ．鎌倉《かまくら》時代や室町《むろまち》時代も瓦は少ないね。瓦屋根が一般《いっぱん》的になったのは江戸《えど》時代だよ。建築物は，社会の変化や建築技術の開発など，いろいろなものに影響《えいきょう》されて変わっていくものなんだ」

明治《めいじ》時代になると西洋の建築技術が入ってきて，建て方とか素材とかにも大きな変化があったという。特に，関東大震災《かんとうだいしんさい》の後は，災害に強い鉄筋コンクリートの建築物が増えたらしい。そんなことを話しながらおとうさんが何枚か写真を見せてくれた。

麻布《あざぶ》中学校校舎

同潤会アパート

父　「関東大震災後，東京では学校の校舎も木造から鉄筋コンクリートに変わっていったんだ。これ（右上の写真）は1930年代につくられた校舎だけれども，頑丈《がんじょう》そうだろう？」

僕　「そんなに古い校舎なんだ。じゃあ，こっちの写真（右下）は何？」

父　「これは**オ**．同潤会《どうじゅんかい》アパートとよばれる集合住宅だよ。同潤会は，関東大震災の後に，被災《ひさい》者の生活を再建することと，住宅を確保することを目的に結成された団体で，あちこちにこのような住宅をつくったんだ」

僕　「同潤会アパートも，まだ使われているの？」

父　「いや。数年ほど前までは使われていたけれどね。最後のアパートが解体されたのは2013年だよ」

僕　「それでも80年くらい使っていたんだ！　住み続けたいという声とか，文化財にするという話はなかったの？」

父　「もちろんあったよ。ただ，見た目をそのままにして改修するには住民の負担も大きいし，文化財として整備するのも費用がかかるらしいよ。だから，今の建築基準に合わせて改修することを考えると，解体して新しいマンションにした方が安かったんじゃないかな」

僕　「住んでいた人はいっぱい思い出があっただろうね。自分が住まなくても残したかったんじゃないかな」

父　「そうだね。ただ，建築物に対する人びとの思いはそれぞれだから，みんなが残すことに賛成したわけではないんだ」

僕　「建築物を残すって大変なんだね」

父　「うん。**カ**．役割を終えた建築物を残すことは難しいんだ」

うちの場合は，家族で話し合って決めればいいから，まだ意見はまとまりやすい。でも，アパートやマンションの場合は住民の多くが賛成しなければならないから，建て替えを決めるのも大変なんだそうだ。「マンションの住民同士で話し合うのは大変なのよ」と，以前，多摩《たま》ニュータウンに住んでいる「多摩のおばちゃん」（おじいちゃんの妹）が言っていた。

僕　「そういえば，多摩のおばちゃんはなぜ多摩ニュータウンに住もうと思ったのかな？」

父　「結婚《けっこん》して子どもが生まれた時に，夫婦《ふうふ》で話し合って決めたそうだよ」

僕「どういうところに注目して決めたのかな？」

父「キ．1970年代，多摩ニュータウンは新しくつくられたばかりの住宅地で，まだ土地の値段も安かったんだよ。都心の混雑したところより広くて，当時は子育て世代に人気があったんだって」

僕「おじいちゃんがこの家を建て替えた少し後だね。じゃあ，田園調布っていつぐらいにつくられた住宅地なの？」

父「田園調布は，大正《たいしょう》時代につくられた住宅地だよ」

僕「けっこう歴史があるんだね。住宅地になる前はどんなところだったの？」

父「雑木林や原っぱが広がっていたんだよ」

僕「なぜここに住宅地をつくることになったの？」

父「いろいろな理由があるけれど，都市問題を解決しようとしたことが大きいかな。当時，都心から東側に集中した職場や住宅を，どうやって郊外《こうがい》に分散していくかが課題でね，イギリスの田園都市計画を参考にしたんだ」

僕「でも，田園調布には大きな会社や工場はないよね。昔はあったの？」

父「田園調布は鉄道を敷《し》くことで，ベッドタウンとして整備されたから，職場は都心から移されなかったんだ」

僕「ベッドタウンって何？」

父「都心に通勤する人のための郊外の住宅地だよ。田園調布の場合は，広い空間や豊かな自然，衛生環境《かんきょう》が整っていることが特徴《とくちょう》だったんだ」

僕「田園調布って，今は自然豊か，というイメージじゃないけれど・・・」

父「でも，公園があったりするだろう。比較《ひかく》的緑の多い住宅地だと思うよ。それに大きなマンションとかは少ないだろう？　こういうのも田園調布の特徴なんだ。この街には田園調布会という会があって，街並みを保護する活動をしているんだ」

僕「保護する活動がないと街並みは崩《くず》れてしまうの？」

父「そうだね。広くて緑が多い住宅街を維持《いじ》していくのは難しいんだ。この地図を見てごらん」

そう言っておとうさんは，田園調布会が活動している地域を調査した地図（18ページの地図１）を見せてくれた。

父「田園調布は，おとうさんが小さいころから少しずつ土地の値段が上がっていってね。それにともなって土地に関係した税金がすごく高くなった住宅地なんだ」

僕「土地に関係した税金って大変なの？」

父「固定資産税《こていしさんぜい》とか，相続税《そうぞくぜい》とか，いくつかあるんだよ。こういう税金を払《はら》うのが大変だったこともあって，田園調布に住み続けたくても出て行くしかない人もいたんだ」

僕「地図には『1985年から2005年に細分化された敷地《しきち》』ってあるけれど，なぜこの調査は細分化に注目したの？」

父「この調査は，広い敷地を維持できなくなって，田園調布の特徴が失われていく様子をまとめたものなんだ。土地が広いとお金がかかるから，細かく分けて売り出そうという人が増えたんだよ。そういうこともあって，ク．田園調布会がいろいろなルールを決めて，街並みを保護する活動をするようになったんだ」

僕「うちもそのルールを大事にしなければいけないんだね」

父　「そうだね。どうやったら，家族みんながなるべく長くここに住むことができるかを考えたいと思っている。外見を大きく変えないようにしながら，二世帯住宅にしておいたら，いいんじゃないかな。将来，お前が家族を持った時にも一緒《いっしょ》に住みやすいだろう？」

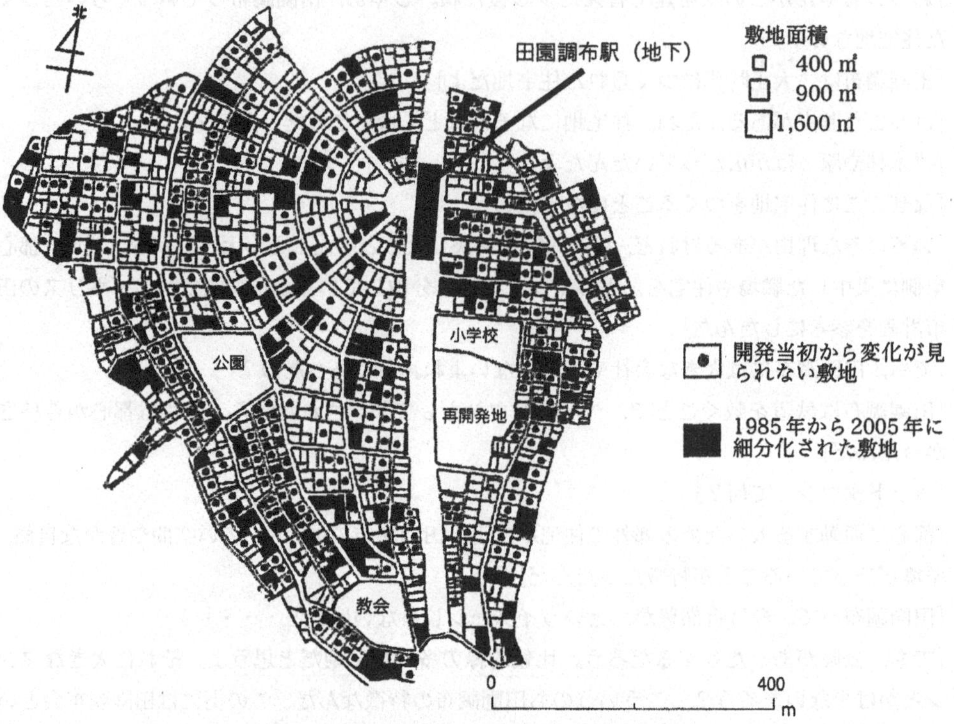

地図１　1985年から2005年にかけての敷地の変化

正直なところ，おとうさんが，僕がおとなになった時のことまで考えているとは思わなかったので，とまどった。僕はここにずっと住みたいと思っているけれども，結婚して新しい家族と一緒に住み始めるなんて，全く想像できない。それに僕たちがおとなになった時は，今よりも，もっと高齢《こうれい》社会とか，人口減少とか，そういう問題が深刻になっているだろう。ケ．そういう時代に向けて，どういうふうに建築物を工夫《くふう》したらいいのだろうか。とても難しい問題だ。このことは，僕の家族や街のことだけではなく，もっと広い視野で考えなければならないと思った。

問１　下線部アについて。グラフ１は東京都の１日当たりの水使用量と人口の移り変わりを表したものです。

(1)　1965年から1970年にかけて，人口に比べて水の使用量が大きく増加しているのはなぜでしょうか。僕の家の間取り図を参考にして答えなさい。

(2)　1995年以降，人口が増加しているにもかかわらず，水の使用量が

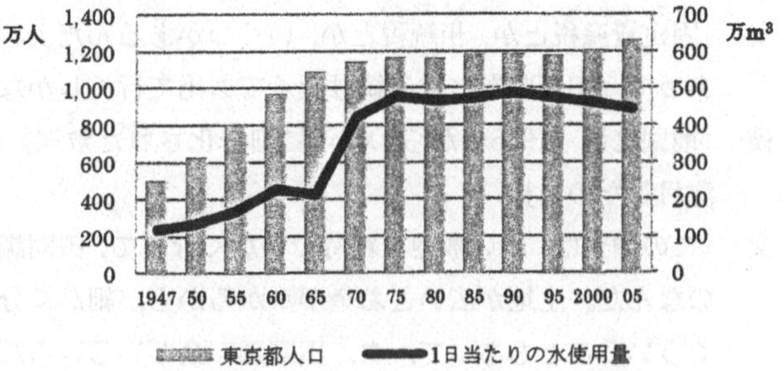

グラフ１　東京都の１日当たりの水使用量と人口の移り変わり

減少しているのはなぜでしょうか。答えなさい。

問２　下線部**イ**について。瓦を使った以下の**あ**～**う**の建築物の名前と建てられた場所（現在の都道府県名）を答えなさい。

あ

い

う

問３　下線部**ウ**について。平安時代に中国の影響をあまり受けず，独自に発展した文化を国風《こくふう》文化といいます。

(1)　この時代の有力な貴族の邸宅《ていたく》の建築様式を何といいますか。答えなさい。

(2)　(1)の様式の邸宅で開かれた宴会《えんかい》で「この世をば　わが世とぞ思う　もちづきの　欠けたることも　なしと思えば」という歌を詠《よ》んだ人物の名前を答えなさい。

(3)　国風文化の例を，(1)の建築様式以外に一つ答えなさい。

問４　下線部**エ**について。江戸の町では武家屋敷《やしき》や寺院以外にも，次第《しだい》に瓦屋根の建築物が増えていきました。なぜ江戸の町で瓦屋根が必要とされたのでしょうか。答えなさい。

問５　下線部**オ**について。

(1)　同潤会のアパート建設事業の目的は多様で，さまざまな特徴をもったアパートがいくつもつくられました。右の表にあげた３ヵ所のアパートの特徴について述べた文章として，最もふさわしいものはあとの**あ**～**お**のうちどれでしょうか。次のページの地図２も参考にしながら，それぞれ記号で答えなさい。

あ　貧しい人びとの住む地域の整備と，仕事を中心とした被災者の生活再建を目的に建てられた。

表　３つの同潤会アパート

所在地	青山《あおやま》	猿江《さるえ》	大塚《おおつか》
土地買収年	1925	1926	1928
完成年	1926	1927	1930
家族向け	137	251	
独身向け			149
店舗《てんぽ》※1		43	5
その他	1		4
合計戸数	138	294	158
付属施設	児童遊園	児童遊園 善隣館《ぜんりんかん》※2	食堂 浴室 日光室 音楽室 応接室

※1　アパートの建物の１階にある店

※2　住民に職業紹介《しょうかい》などをする総合福祉《ふくし》施設

い　アパート建設事業の完成形で，家族向けから独身向けまで，多くの人びとが暮らせる工夫をこらして建てられた。

う　職業婦人とよばれた働く独身女性を対象につくられ，女性の過ごしやすい付属施設《しせつ》があることで注目された。

え　被災地域では土地買収が進まなかったので，市街地から離《はな》れた土地に中流家庭向けの住宅としてつくられた。

お　震災からの復興が進むなか、被災地域への新たな移住者を対象としてつくられ，都心の静かな地域の住宅として注目された。

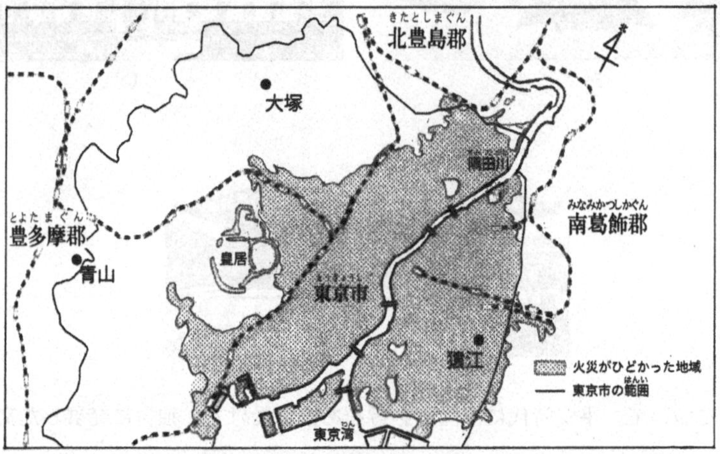

地図２　関東大震災の被害状況《じょうきょう》と3つの同潤会アパートの所在地

⑵　同潤会はアパートに入居する人に向けて，入居規定（資料１）を示しています。80年以上前のものですが，現代のアパートやマンションで暮らす時に参考になる部分もあります。これをよく読み，次のページの図も参考にしてあとの①と②に答えなさい。

資料1　同潤会アパートの入居規定（1930年ごろに発行されたもの）より

アパートご入居についてのご注意

　ご入居になる時には、次のことをお守りください。また、アパートの同じ入り口をご利用になっている各戸にはそれぞれ管理組合を組織していただいておりますので、必ずご加入ください。

○階段、廊下《ろうか》、下水について

（一）各戸の玄関《げんかん》先や、廊下、階段のおどり場には、牛乳ビンや掃除《そうじ》道具などの品物を置かないこと。

（二）管理組合で相談して階段や下水道などの掃除をすること。

（三）共同で利用する場所の電球の取りかえなどは当番を定めていますので、くわしくは隣《となり》の方などにご確認《かくにん》ください。

○その他

　このアパートでは町内会が組織されています。これは同潤会が組織したものではありませんが、会費も少しですので、ご入会をお勧めいたします。

※文章は出題者がわかりやすく書き直しています。

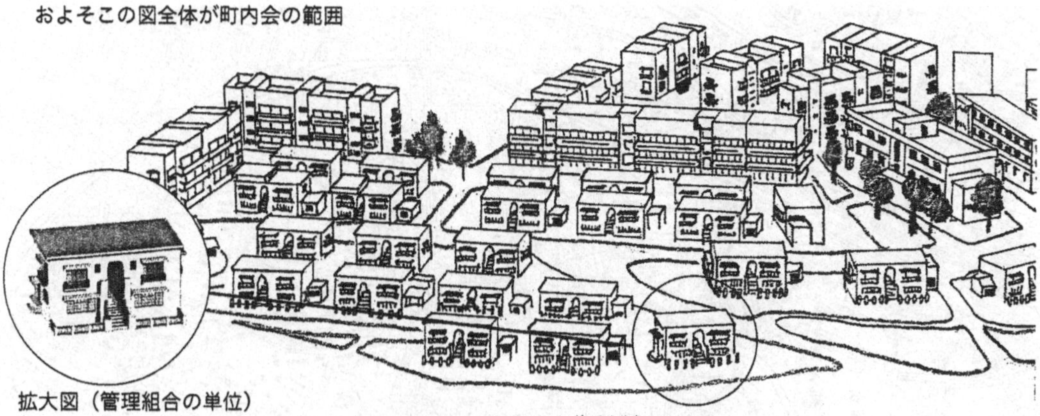

図　同潤会アパート（代官山《だいかんやま》）再現図

①　管理組合の役割は何ですか。

②　同潤会が，管理組合とは別に町内会への加入を勧《すす》めているのはなぜだと考えられますか。

問６　下線部**カ**について。役割を終えた後も，こわされずに残され，新しい役割を担《にな》っている建築物があります。具体例を一つあげ，どのように役割が変化したのかを説明しなさい。

問７　下線部**キ**について。次の地図は，多摩ニュータウンができる前（地図３）と入居が進んだころ（次のページの地図４）のものです。この２枚の地図を比べて以下の問いに答えなさい。

⑴　多摩ニュータウンではどのような地形のところに住宅がつくられましたか。

⑵　22ページのグラフ２は多摩ニュータウンのある東京都多摩市の1980年と2015年の５歳《さい》ごとの人口構成を表したものです。現在多摩ニュータウンに住む人びとは，⑴との関係で，どのような問題をかかえていると考えられますか。

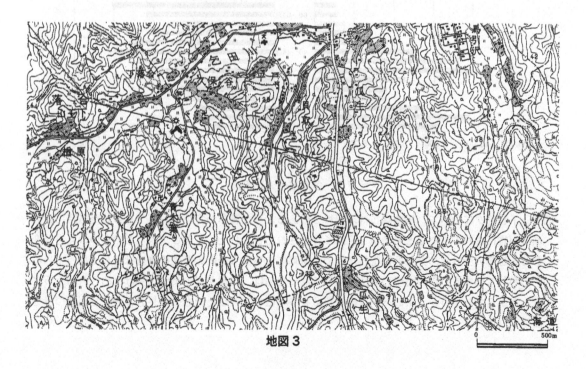

地図３

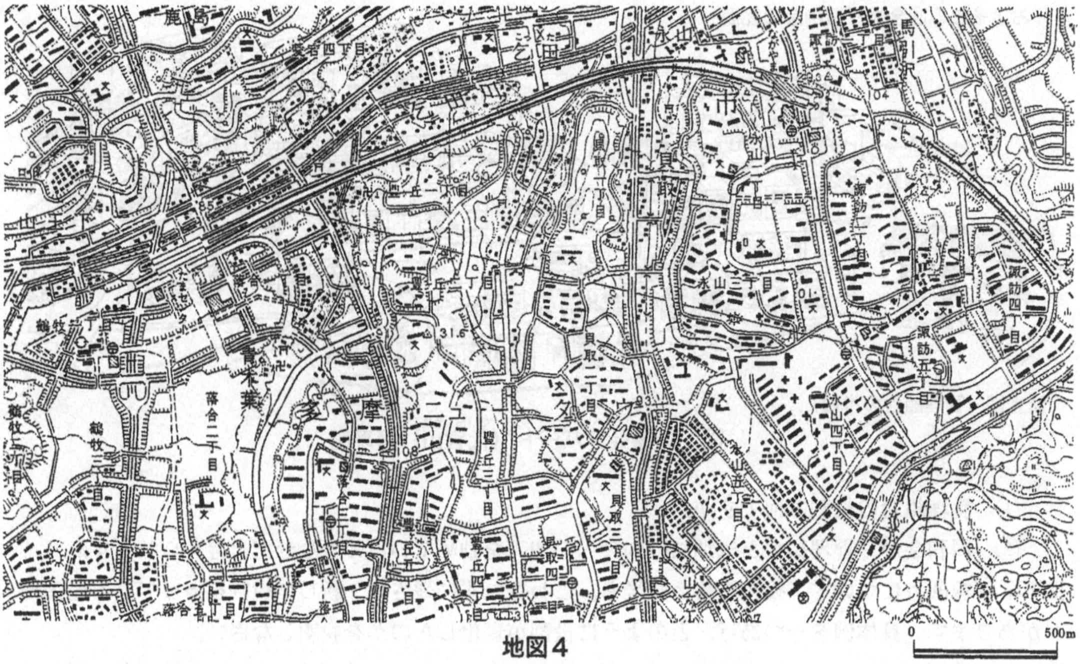

地図４

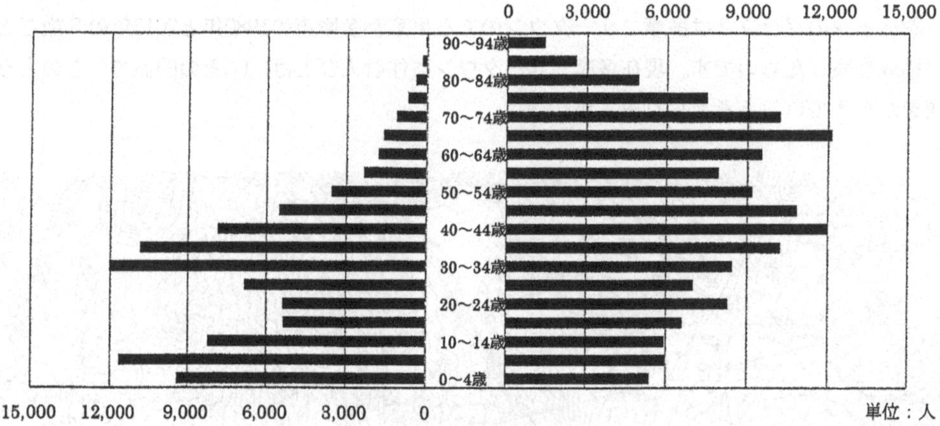

左：1980年　右：2015年

グラフ２　多摩市の人口構成

問８　下線部**ク**について。田園調布は，資料２にあるような憲章が定められ，つくられた当時の街の環境が維持されてきたこともあって，高く評価されてきました。しかし，人びとのものの見方が変わり，憲章の受けとめ方も多様化したため，憲章にあるような街の環境の維持は難しくなっているといわれています。街の環境の維持が難しくなったのは，憲章がどのように受けとめられるようになったからでしょうか。次のページの資料２を参考にし，人びとのものの見方の変化と関連づけて説明しなさい。

資料２　田園調布憲章（1982年制定）の一部

1　この由緒《ゆいしょ》ある田園調布を、わが街として愛し、大切にしましょう。
2　創設者渋沢翁《しぶさわおう》※の掲《かか》げた街作《まちづく》りの精神と理想を知り、自治協同の伝統を受け継《つ》ぎましょう。
3　私たちの家や庭園、垣根《かきね》、塀《へい》などが、この公園的な街を構成していることを考え、新築や改造に際しては、これにふさわしいものとし、常に緑化、美化に努めましょう。
4　この街の公園や並木、道路等公共のものを大切にし、清潔にしましょう。
5　互《たが》いに協力して環境の保全に努め、平和と静けさのある地域社会を維持しましょう。
6　不慮《ふりょ》の災害に備え、常《つね》日ごろから助け合いましょう。
7　隣人《りんじん》や街の人々《ひとびと》との交わりを大切にし、田園都市にふさわしい内容豊かな文化活動を行いましょう。

※創設に関わった渋沢栄一《えいいち》のこと

問９　下線部**ケ**について。わたしたちは社会の変化に応じて建築物を工夫し，さまざまな問題を解決してきました。しかし，広い視野で見直すと，また別の問題が見えてきます。下の例から一つ選び，こうした工夫がどのような社会の問題を解決してきたかということと，見えてきた別の問題を，100字～120字で説明しなさい。ただし，句読点も１字分とします。

例　防犯カメラ付き住宅　　オール電化住宅　　高層マンション　　震災復興住宅
　　郊外の大型ショッピングセンター

りますが、「おれ」はどのような生活に「ほぼかんぺきに慣れた」のですか。202～235行目をよく読んで、説明しなさい。

九　――線⑩「本当なら～慣れちゃった」(280～281行目)、――線⑫「ボク、そういう世界も～自分でもわかってる」(309～311行目)とありますが、これらの部分からは、「フレンドリー」がどのような思いをいだきながら「ナラコウエン」で暮らしていたことがわかりますか。説明しなさい。

十　――線⑧「ここらに住んでいるシカは～大切にされている」(216～218行目)、――線⑨「少なくとも、シカの間では、そんな言い伝えはない」(221～222行目)、――線⑪「神様の動物にも、例外の害獣はいるってことだ」(285～286行目)とありますが、これらの部分からは、「おれ」の「人間」に対するどのような思いが読み取れますか。説明しなさい。

十一　――線⑬「おれは耳をすまして、太鼓の音を聞いた」(319～320行目)とありますが、

(1)「太鼓の音」は何が行われていることを示すものですか。文中から三字で抜き出しなさい。

(2)「太鼓の音」を「おれ」が「耳をすまして」聞いたのはなぜですか。説明しなさい。

十二　――線⑭「おれは立ち上がった。～影も動いた」(229～330行目)とありますが、この時の「おれ」は、自分の「影」を通して何を見ていると考えられますか。次の中からふさわしいものを一つ選んで記号で答えなさい。

ア　野生のシカとしてほこりを持って生きていた、かつての自分の姿。

イ　野生のシカとして生きることにおびえている、実は弱い自分の姿。

ウ　野生のシカとして生きるべきなのか、思いなやんでいる自分の姿。

エ　野生のシカとしてたくましく生きていく、本来あるべき自分の姿。

十三　――線⑮「おれは今日から、害獣に帰るんだ」(336行目)とありますが、「おれ」が「害獣」に帰る決意をしたのはなぜですか。本文全体をふまえて説明しなさい。

「ああ」⑭おれは立ち上がった。芝生におれの黒い影《かげ》がうつる。長い角を振り上げた。影も動いた。

「また、近いうちに。じゃあ」

「じゃあ」

二度と会うことはないだろう。マルだってフレンドリーだって、心の底ではわかってるはずだ。天然記念物と害獣。分かれ道は、あまりにはっきりと方角が違って、行ったり来たりなんてできない。

⑮おれは今日から、害獣に帰るんだ。

（吉野万理子《よしのまりこ》『ロバのサイン会』より）

〈語注〉※①無謀…行動するときに後先を考えないこと

※②新参者…新しく入って来た者

〔設問〕解答はすべて、解答らんにおさまるように書きなさい。句読点なども一字分とします。

一 ＝＝線a「ハブ」（213行目）、b「オウボウ」（265行目）、c「キズ」（283行目）、d「キビ」（296行目）のカタカナを、漢字で書きなさい。

二 ——線①「人間がご飯をくれて、仲良くできるところがある？　信じられない」（42行目）とありますが、「おれ」がこのように思うのは、どのようなことがあったからですか。説明しなさい。

三 ——線②「ありったけの勇気を振りしぼらなければ、この山をはなれて行くことなんてできない」（47～48行目）とありますが、「おれ」がこのように思うのはなぜですか。説明しなさい。

四 ——線③「やつらは、おれたちをまったく気にしていないみたいだった」（66～67行目）とありますが、「やつら」が「おれたちをまったく気にしていない」のはなぜですか。62～147行目をよく読んで、説明しなさい。

五 ——線④「それがおれにはまぶしすぎた」（139行目）とありますが、「おれ」が「フレンドリー」を「まぶしすぎ」ると感じるのはなぜですか。説明しなさい。

六 ——線⑤「『あ……ああ』おれは～ずんずん進んで行く」（155～156行目）とありますが、この部分から「おれ」と「マル」とのどのような違いがわかりますか。説明しなさい。

七 ——線⑥「おれは固まったまま、ため息をひとつついて、目を閉じた」（200行目）とありますが、この時の「おれ」の気持ちはどのようなものですか。次の中からふさわしいものを一つ選んで記号で答えなさい。

ア 自分を取り囲んで体にさわってくる上に、意味のわからないことを言っている小さい人間たちに腹を立てつつも、奈良公園で暮らしていくためにはがまんしようと決意している。

イ 奈良公園に来てからは、新しいことが次々に起こり、気を張って対応していたら体がつかれてしまったので、しばらくじっとして休むことが自分のためには大切だと思っている。

ウ 人間に囲まれて奈良公園で暮らすことにはまだなじめないが、以前も母とはなれて暮らすのに慣れるまで時間がかかったので、今は何も考えず、時がたつのを待とうと思っている。

エ 奈良公園でめぐまれた暮らしをしているとつい忘れてしまいそうになるが、故郷の森で飢えている仲間を思うと胸が痛くなるので、仲間の無事をいのるような気持ちになっている。

八 ——線⑦「おれは慣れた。ほぼかんぺきに慣れた」（202行目）とあ

ら、毎年だからなぁ。慣れちゃった。切られた後は頭が軽くて楽になるし。それに、大事なルールなんだ。ここで生活するための。もし角で人間をｃキズつけちゃったら、収容所行きだからね」

収容所。病気やケガのシカ、人間が作った草を食ってめいわくをかけるシカ、そいつらが入れられる場所なんだと聞いた。そう、⑪神様の動物にも、例外の害獣はいるってことだ。

「どう思うんだ、マルは。切られること」

「そりゃイヤだよ」マルは落ち着きなく、かりかりと前足で地面をかいた。

「でも、仕方ないよね。チクッとするの、怖いんだけど、ねむってる間に切られるなら痛くないんだろうし。だったら、平気だよね」

「痛いからイヤだとか、痛くないから平気だとか、そんな話をしてるんじゃないんだよ！」おれがどなると、マルは答えず、地面をはっていく小さな虫を見つめていた。フレンドリーは芝生をはむはむ食べ始めた。

アニキならどう言うだろう。人間をあなどるなよ。人間の作るルールは想像以上にｄキビしいんだ。それに従えるか？　森の奥で気ままに育ってきたこのオレたちが。そんな声が聞こえる気がする。

おれは立ち上がった。

「行くよ」

「え、どこへ？」

そうたずねるマルの顔を見つめた。二股に分かれた角は、しもぶくれの顔には似合わずいかめしい。同じ形の角が、おれの頭にも乗っている。自分では見えないけれど。

「元いたところへ」

「え、あの森へ？　あんな遠くまで？」

「いや、そこまでは行かないかもしれない。途中のどこか落ち着ける森で、生活するよ」

フレンドリーがため息をついた。

「そうか、君ら、そんな遠くから来たんだね。⑫ボク、そういう世界も見てみたいなぁ。でも無理。ナラコウエンに守られてるって自分でもわかってる」

わぁぁ、と遠くで人間の叫《さけ》び声と手をたたく音が聞こえてきた。フレンドリーがおれとマルを交互《こうご》に見た。

「マルも行くの？」

ググ、と口元から変な音を出して、マルはうつむいた。

「行かないよ」と、おれが代わりに答えてやった。

「マルは、フレンドリーのそばにいるのが合ってるんだ」

「ずっと、いっしょに生きてきたのに……サンカク」声をしぼりだすように、マルが言う。聞いていると泣きそうになって、⑬おれは耳をすまして、太鼓の音を聞いた。どうしてもたえられない、と自らを奮い立たせる。

「すぐそこらの山に住むかもしれない」おれが言うと、マルはうなずいた。

「そうだね！　冬の寒い時期だけもどってくるといいよ。そしたら、意外とすぐにまた会えるね。ね、ね？」

「そうだな。おれの角が抜け落ちた後なら、区別つかなくなる。そのころ、君らの顔を見に来るのもいいな」

「いいね！　シカせんべい、いっしょに食べよう。約束だよ」

だって、飢え死にする心配がないというのは、やっぱり大きいから。がまんできる。ここでの生活をそれなりに楽しめる。そう思っていた。あの日が来るまでは。

林の入口でねむっていたおれのもとに、フレンドリーとマルがかけてきた。めずらしいことだ。二頭はいつだって、にぎやかなところにいるのが好きなはずなのに。

「サンカク、大変だよ〜」マルの目が情けないほど細くなっている。

「何が」おれは、やわらかい草のじゅうたんの感触《かんしょく》をもう少し味わっていたくて、寝そべりながらたずねた。

「まあ、毎年のことなんだがな。一年で一番めんどうくさい時期が来ちゃったってこと。でも、人間との契約だから仕方ないんだよ」フレンドリーがいつになく早口で、はき捨てるように言う。

「なんの話?」ようやくおれは起き上がった。そして、遠くからドドドドという音やら人間のでかい声やらが聞こえてくることに気づいた。ドドドドはきっと太鼓《たいこ》だ。夏にも聞いた覚えがある。

「角切りだよ。何頭か仲間がつかまった」

「なに、角切りって」

「ボクたちの角、のび切ってるだろ? 人間を刺《さ》すと危ないからさ。秋になるといつも、人間は角を切るんだ。それを祭りにしてる」

「祭り?」

「たくさんの人間が見物に来るんだ。あれ、ほんと怖いんだ。去年、運悪くつかまってさ。最初はボクたちを囲いの中で走らせる。そのうち、角に長いなわを巻きつけて、つかまえて、ごりごりと刃物《はもの》で角をそぎ落とすんだ」

「なんてひどいことを」

「祭りで、たくさんの人間に囲まれて角を切られるのは今日と明日とあさってだけさ。にげきるのは難しくない。でも、他のシカたちもみんな、後で麻酔《ますい》をかけられるんだ」

「麻酔って?」

「チクッとしたら、すぐねむくなって、寝ちゃうんだ。で、目が覚めたら角がない」

「毎年そうなんだ」

「そんな、bオウボウな……」

「角をうばわれるなんて、オスとしてこんなにはずかしいことはないじゃないかっ」

おれの勢いに、マルが目をぱしぱし瞬《しばた》かせてとまどっている。フレンドリーはたんたんと答えた。

「そりゃ、サンカク一頭が切られたら、みっともないよ。でも、角を持ってるオスは全員切られるんだ。みんなで切られたら、そっちが普通になるんだよ。やられないのは、メスだけさ。角がもともとないからね」

「フレンドリーはそれでいいのかよ? 角がなくなるなんて……」

おれたちがここへ来たのは、冬の終わりかけだ。野生のシカはみんな、角が抜けて生え替《か》わるときだった。だから、ナラコウエンのシカももちろんそうなんだと思っていた。もっともっと前に、人間に切られてたなんて、想像もしなかった。

「⑩本当ならありえないんだろうね。でも、初めて角が生えたときか

「じゃあねっ」マルは小走りに、フレンドリーのところへ寄って行き、「走っちゃダメだよ。人の多いところではさ」とたしなめられて、「えへへー、ごめん」と笑っている。

なんでおれは、はしゃげないんだろう。こんなにつかれてるんだろう。風の運んでくるにおいが、山のなかとは全然違う。こうばしいような、こげついたような。食欲をそそるような、なくすような。ぼんやりしているうち、いつの間にかおれは小さい人間に囲まれていた。背中に手を置かれる。なでられる。つねられる。「カーイイ」と、こいつらはしきりに言っているけれど、フレンドリーが訳してくれなきゃ意味なんてわからない。

おれは石。おれは河原のでっかい石。そう念じて、ひたすら固まった。きっとじきに慣れるさ。たくさんの人間にも、ルールにも。だって、母さんからはなれた後も、しばらくは不安で仕方なかったのに、あの後すっかり森に慣れたじゃないか。新しい環境《かんきょう》に体がついていくのに、マルより時間がかかるだけなんだ。

⑥おれは固まったまま、ため息をひとつついて、目を閉じた。

予想したとおりだった。⑦おれは慣れた。ほぼかんぺきに慣れた。春が過ぎ、夏になると、どこも草だらけになって、食べるのがいそがしくなった。それでも、一日一時間くらいはマルとフレンドリーに付き合って、シカせんべいをもらっておじぎするボランティアをやっていた。冬の間はそこそこありがたかったせんべいも、この時期になるとみりょくはない。香《かお》りが足りないんだと思う。若草を食べるときは、ふわっと命の香りがただようんだけど、それが、せんべいにはまったくないんだ。

それでも、人間との暗黙《あんもく》の年間契約《けいやく》だから、とフレンドリーは言う。春も夏も秋も、せんべいをちゃんといただくから、冬ももらえるんだ、と。

もっとも、せんべいをまったく食べずに芝生《しばふ》ばかり食べていても、それはそれでいいみたいだ。人間は、草がぼうぼう生えてる状態を好まないらしい。シカが片っぱしから食べることで、整備する手間がaハブけるって喜んでいるのだそうだ。

フレンドリーがあちこち引き合わせてくれるおかげで知り合いも増えて、このナラコウエンについての知識も増えてきた。⑧ここらに住んでいるシカは、あのロバが言った通り、天然記念物と呼ばれていて、野生のシカと種類は変わらないのに、大切にされている。大昔、「神様」っていう、人間のボスみたいなのをシカが運んできたとの言い伝えがあって、他の生き物とは違うえらい動物なんだ、とあがめられるようになったらしい。本当にそうなのかはなぞだ。⑨少なくとも、シカの間では、そんな言い伝えはない。

秋が近づくと、のんびりしたふんいきが変わってきた。オス同士、こぜり合いがちょくちょく起きて、角と角をつき合わせてるやつらも現れた。おれとマルの角は、二股《ふたまた》に分かれ、去年よりは迫力《はくりょく》が出てきた。でも、せんぱいたちに比べるとまだまだで、結局、メスの集団にはまったく近づけなかった。フレンドリーですらダメだったのだから、仕方ない。でっかい角のオッサンたちが、独占《どくせん》していた。あと二年、三年くらいして、おれたち自身がオッサンになるのを待つしかないようだ。

故郷に残っていたら、チャンスはあっただろうか。あったかもしれない。たぶん、ナラコウエンのシカたちよりも、寿命《じゅみょう》が短くて、だから若いやつにもチャンスがあるんだ。でも……そのくらいしんぼうしよう。

久しぶり！」現れたよそのシカに、フレンドリーは明るくあいさつしている。知り合いが大勢いるらしい。朝日を受けて、茶色い目は明るくおどっている。④それがおれにはまぶしすぎた。とりあえず、いったんどっか行って、出直そうか。マルにそう話しかけようかと思ったが、

「ルール、教えてくれる？」マルは、目をきらきらさせながら聞いている。

「うん、ここナラコウエンは有名なとこでね。遠くから遊びに来た人間は、シカと仲良くしたくて、シカせんべいを買うんだ。あちこちで、ほら、売ってるだろ？　でも、積んである束を食べちゃだめ。まして売ってる人をおそったりしたら、論外。せんべいを買った人間だけから、もらうんだよ」

「わかった」

「あと、せんべいを持ったまま、もったいぶってなかなかくれない人間がいても、怒っちゃだめだよ。ちょっと鼻でつつくくらいはいいけどね。もらった後、ありがと、っておじぎをすると喜ばれるよ」

「喜ばせたほうがいいの？」

「もう一包み、せんべいを買おうと思うかもしれないだろ？」

「ようし、やってみる。ね、サンカクもやるよね」

⑤「あ……ああ」おれはあいまいに答えて、立ちつくしていた。マルはフレンドリーにくっついて、ずんずん進んで行く。さわいでいる人間のもとへ、さっそく二頭は行って、食べる前からおじぎしている。

せんべいの味を知りたい。でも、もっと知りたいことがあった。なんでこうも違うんだろう。ここだけは、なぜ。マルがせんべいをくわえたままもどってきた。それをおれの足元に置く。

「一枚、もってきたよ～」

「おう、ありがとう」おれは土の上に置かれたそれを、ふんふんとかいだ。悪いにおいはしない。いいにおいもしない。かじってみると、それはパリ、と音を立てて割れた。

「うまいのか、まずいのかわかんない」

「米ぬかと小麦粉、っていうのを使って人間が作ってるんだって～」

「フレンドリーがそう言ってたのか」

「うん、ほんと何でもよく知ってるよね、かれ。ぼくとサンカクのグループに入ってくれないかな？　ボスになってもらうってどう？」と声をはずませている。おれが返事をしないことに気づいて、マルは話題を変えた。

「でもさ、これがあれば、冬だって食べ物がなくて死ぬ心配はもうないんだね」

「ああ」故郷には、まだ雪は積もっているだろうか。飢《う》え死にした仲間がいないことを願う。

「ねえ、駅のほうまで行ってみない？　フレンドリーが案内してくれるって」

「駅？」

「人間がたくさんいるとこだよ。そこでまずシカせんべいを買う人間が多いから、一番たくさんありつけるって」

「そんなに腹、減ってないから」

「じゃあ、後でまた待ち合わせしようよ。けさ寝てた木の下でいいかな？」

「いいよ」

「仲間が人間にご飯をもらってるんだ」

「え！」目は一気にさえた。マルにくっついて、その現場まで急いだ。

あのぼーっとしたロバが言っていたことは本当だった。人間が、丸っこいものを手に持っている。それをシカが首をのばして受け取り、おじぎをしてから食べているではないか。そんな風景が一カ所だけではない。あちこちでくり広げられているのだ。おれは、ふらふらっと近寄った。マルがささやいてくる。

「やっぱり、あれ、ためしてみたいよねえ。きっと相当おいしいんだろうねえ」

「でも、決まりがあるのかもな」

「決まり？」

「このグループは、この人間から受け取る、みたいな決まりが」

「じゃあ、ぼくたちは？　どうやったら食べられるんだろうね」

「わかんねえ」

「わかんないの？　何が？　質問なら、ボクのわかる範囲《はんい》ならなんでもお答えするよ」

不意に、会話に割りこまれて、おれたちは同時にその声のほうへ鼻を向けた。

「やあ」オスのシカがいた。毛並みがよくて、おれたちよりも体重がある。鼻筋が通っていて、気品があった。だれかを警戒《けいかい》してビクビクしたことなど、一度もなさそうな態度だ。

おれひとりがビクビクしているのもくやしくて、なるべく普通《ふつう》にしゃべろうと心がけた。

「いや、この丸いのはおいしいのかな、と思って。実はあのへんの奥《おく》に住んでて、こっちまで出てこなかったから。今まで食べたことないんだ」

不自然だっただろうか。しかし、相手は警戒する様子もなく、あっさり納得《なっとく》してくれたようだった。

「ああ、林のほうに住んでたの？　静かでいいらしいよねえ。こっちはにぎやか過ぎてイヤだっていう仲間も多いよ。まあ、ボクは全然苦にならないんだけどね。自己紹介《しょうかい》してなかったね。ボクの名はフレンドリー」

フレンドリー？　なじみのない発音だ。

「英語でね、親しみやすい、っていう意味なんだ」

「英語……？」とんでもないところに来てしまったような気がする……。よほど頭のいいやつでなければ、ここにはいられないのかもしれない。

「あ、ごめんごめん。それより、シカせんべいの味について聞きたかったんだよね？」

「シカせんべい？」

「そう。この丸くてうすっぺらいやつ。そう呼ばれてるんだ。人間は食わないの。ボクらだけのために作られてるんだよ。味はね、うーん、そうだなぁ。ぜいたく言わなきゃ、まあ、そこそこのおやつ。腹はふくれるしね。だから、冬は草を探しに歩きまわるより、もらったほうが手っ取り早いだろ？　それでみんな、ここでシカせんべいを買う人を待ってるわけなんだ」

「じゃ、※②新参者が入りこんじゃいけないね」

「ここには細かいしきたりなんてないよ。ただ、シカせんべいをもらうのには、ルールがあるから、それさえ知っておけばだいじょうぶ。やあ、大切にされてる」

①人間がご飯をくれて、仲良くできるところがある？　信じられない。この目でどうしても見てみなくては。

出発するのがおくれたのは、マルがぐずぐずしていたせいだった。毎日出かける直前になって、「また雪が降りそうだよ」などと足を引っ張る。おれも、②ありったけの勇気を振りしぼらなければ、この山をはなれて行くことなんてできない。だから、マルにそう言われると、つい先延ばししてしまったのだった。それに、角が抜《ぬ》けたのも大きかった。去年の春からゆっくりのびてきた、一本の角が、抜けて地面に転がったのだ。

この一年、角を武器に戦ったことなど一度もなかったのだが、心を守る武器ではあったのかもしれない。失ってから、果てしなく心細くなった。いや、この森にいる限りは、みんな同じ条件だ。でも、ナラコウエンはどうだろう？　まったく気候が違って、あるいはそこに住むシカの種類が違って、角は抜け落ちないかもしれないではないか。その地へ入りこんで行くなんて、※①無謀《むぼう》すぎやしないか？

山を上って下って、また上って下って、を何回くり返したかよくわからなくなってきたところで、ついに山が近くに見当たらなくなった。青空の下に、大きな大きな林が広がっている。

そして、やつらは突然《とつぜん》現れた。何頭も。寝そべったり、歩き回ったり、シカたちはみんな勝手気ままだ。おれらと同じように角が抜け落ちていてよかった。だからか、さほど怖《こわ》さは感じない。

あんたら、どっから来た？　だれの許可を得た？　最初は絶対からまれるだろうとかくごしていた。けれどふしぎなことに、③やつらは、おれたちをまったく気にしていないみたいだった。ちら、と視線を投げかけて来ることすらしないんだ。どうなってるんだ……。

ナラコウエンってどこですか？　という質問を、おれは必死にガマンした。もしかしてここもナラコウエンなのかもしれない、という気がしたから。だとすると、おれたちがよそから来たとバレてしまう。さらに林を進んでいくと、ちらほらと草が生えているのが見えてきた。

「食って怒《おこ》られないかな？」そう言いながら振り返ると、マルは早くも、のびかけの葉っぱをぱくっとかんでいるところだった。ようし、おれも。あいつ食い過ぎじゃねーか、とまわりのシカににらまれない程度に、のびた葉の先端《せんたん》をついばむように。

「あと少し、歩こう。シカの数が増えてきたな」

「話しかけられたら、なんて言えばいいの？」

「うーん、田舎者《いなかもの》ってバレたくないな。じゃあ、あのあたりの木の下で休むか。作戦を練ってちょっと休んで、それから動こう」しかしおれたちは、作戦を練る間もなく、うつらうつらし始めてしまった。

「サンカク、サンカクってば」

マルに起こされたとき、不覚にも太陽はとっくにのぼっていた。

「ああ、ごめん」自分で思ったよりもつかれていたようだ。立ち上がって、ふるふるとみぶるいして、目を覚まそうとしていると、

「ねえ、ちょっと見に来てよ。ぼく、さっき散歩してすごいもの見ちゃったんだ」マルが先に立って歩き出す。

「なんだよ、すごいものって」

【国　語】（六〇分）〈満点：六〇点〉

次の文章を読み、設問に答えなさい。

「アニキ」をリーダーとして「マル」とともに暮らしていた野生のシカの「おれ」（サンカク）は、冬の森の食べ物のとぼしさにたえられず、人里に食べ物を探しにいきます。人間に見つかってにげる途中《とちゅう》、「アニキ」は車にひかれて命を落としてしまいますが、「おれ」は「マル」とともに必死ににげ続けます。

おれたちは息を切らしながら、走り続け、四角い大きなものを見つけた。人間が作った建物なんだろう、というのはわかった。

「今夜はここで寝《ね》るか」入り口を見つけた。あまり大きく開かない。頭をぎゅっとおしこむようにして、おれはのぞきこんで、ハッとした。先客がいる。シカの仲間かと思ったら、違《ちが》った。大きさはよく似ているけれど、もっと顔が長くて耳が大きくて、鼻の穴がでかい。足もとっても太かった。

「あんた、だれ？」言葉が通じるかわからないものの、たずねてみた。

「ロバの、ウサウマ」ゆっくりとした返事が聞こえた。

「あ、おれはシカのサンカク。こっちがマル。ちょっと休みたいんだ」

「どうぞ」

「あぁ、もうぼくダメ……」すみっこまで行って、マルがへなへなとしゃがみこんだ。

「つかれてるみたいだね？」

「人間に追われててね。あいつら、最低だ。アニキを殺しやがった」

「このあたりでは、シカは害獣《がいじゅう》なんだね」

「ガイジュウ？」

「人間にとって、めいわくな生き物だってことだよ。だから追いはらわれたり、つかまったりするんだ」

「ふうん……」

「昨日までいたところでは、人間とシカはとってもうまくやっていたのになぁ」

「へ？」おれは、聞き違いかと思って、耳をぴきぴき動かして、ほこりや雪がついてたら振《ふ》り落とそうとした。

「シカは、人間にもらったご飯を食べてるんだ。もらうと、ありがとありがと、って頭を下げるんだよ」

おれは鼻を鳴らした。

「そいつらは、どっかに閉じこめられて、一日中立つかしゃがむか、それしかやることのない、かわいそうなやつらだろ？」

「ううん。自由だよ」

「そんな、まさか」

「ご飯をもらいたくなければ、自分で草を探す。そういうシカもいるみたいだよ」

「本当に食うものに困らないのか」

「みんな君よりは太っていたよ」

「そ、その場所はどこにあるんだ」

「太陽が夕方にしずむ方向」

「ああ」

「何日か、そっちに向かって歩いて行くと、奈良《なら》公園ってところに着くから。そこにいるシカは天然記念物って呼ばれててね、人間にとっても

平成 29 年度

解 答 と 解 説

《平成29年度の配点は解答用紙に掲載してあります。》

＜算数解答＞ 《学校からの正答の発表はありません。》

[1] $\frac{17}{20}$　[2] (1) (1時)27分$16\frac{4}{11}$秒，(1時)49分$5\frac{5}{11}$秒　(2) 5時5分$27\frac{3}{11}$秒

[3] (1) ア 1.5　(2) イ $2\frac{2}{3}$　(3) ウ $2\frac{4}{7}$　[4] (1) 分速72m　(2) 1386m

[5] (1) Aに3個，Bに2個　(2) ア：イ＝20：21　(3) ウ：エ＝3：7

[6] (1) [2112]＝1212　[2212]＝2222　(2) 21，122，212　(3) 2121

(4) 211112，211212，212112，212212，22112

＜算数解説＞

[1] （四則計算）

$\left(1.68\div0.84-\frac{7}{12}\right)\div1\frac{2}{3}=\frac{17}{12}\times\frac{3}{5}=\frac{17}{20}=0.85$

[2] （時計算，速さの三公式と比）

(1) 1時のとき，両針は30度，開いている。

1回目…$(30+120)\div(6-0.5)=\frac{300}{11}=27\frac{3}{11}$(分)すなわち27分$16\frac{4}{11}$秒

2回目…$(30+360-120)\div(6-0.5)=\frac{540}{11}=49\frac{1}{11}$(分)すなわち49分$5\frac{5}{11}$秒

(2) (1)より，8回目の時刻は$(30+360\times4-120)\div(6-0.5)=\frac{2700}{11}=245\frac{5}{11}$(分)すなわち4時間5分$27\frac{3}{11}$秒

[3] （平面図形，相似，割合と比，消去算）

(1) 図1において，ABは48×2÷(6＋10)＝6(cm)であり，三角形DPCの面積が48－21＝27(cm^2)のときEFは10－27×2÷6＝1(cm)である。したがって，相似な三角形DCGとECFにおいて，CFすなわちBPは6÷4＝1.5(cm)である。

図1

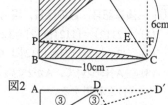

(2) 図2において，三角形APDとPBCの面積の和と三角形APD′とPBCの面積の和の比は1：$\frac{10}{7}$＝7：10であり，三角形APD′すなわち三角形APDの面積が10－7＝3のとき，三角形PBCの面積は7－3＝4である。したがって，AD：BCが6：10＝3：5より，AP：PBは(3÷3)：(4÷5)＝5：4であり，BPは6÷(5＋4)×4＝$\frac{8}{3}$(cm)である。

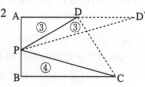

図2

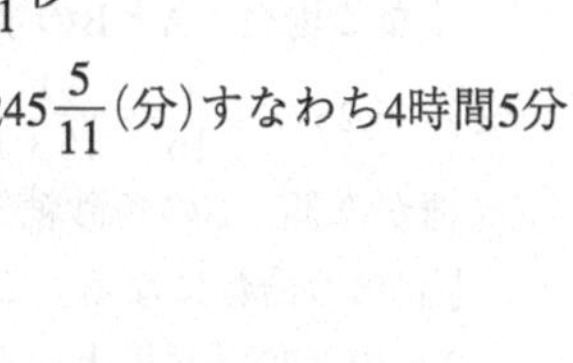

(3) 1：$\frac{10}{3}$＝3：10であり，三角形APDとPBCの面積をそれぞれア，イで表すとア＋イ＝3，ア×5

＋イ×2＝10である。ア×5＋イ×2からア×2＋イ×2を引いた差ア×3は10－3×2＝4，アは4÷3＝$\frac{4}{3}$であり，ア：イは$\frac{4}{3}$：$\left(3-\frac{4}{3}\right)$＝4：5である。したがって，AP：PBは(4÷3)：(5÷5)＝4：3であり，BPは6÷(4＋3)×3＝$\frac{18}{7}$(cm)である。

4 （速さの三公式と比，割合と比）

(1)　99m走ると1分，早くなるので，8分，早くなるとき走った距離は99×8(m)であり，この距離を3＋8＝11(分)で歩く。したがって，歩く分速は99×8÷11＝72(m)である。

(2)　(1)より，歩きと走りと速さの比は3：11である。水曜日に走った距離と歩いた距離の比は11：3であり，自宅から学校までの距離を11＋3＝14とすると，水曜日と木曜日に歩いた距離の差は14÷2－3＝4である。また，走る分速は72÷3×11＝264(m)であり，264×3＝792(m)を歩くときと走るときの時間差が8分であるから，4分の差が792÷(8÷4)＝396(m)に相当する。したがって，自宅から学校までは396÷4×14＝1386(m)である。

5 （濃度，割合と比，数の性質）

(1)　Aの濃さの割合の変化…$\frac{4}{1204}$　$\frac{8}{1208}$　$\frac{12}{1212}$

B(水1800－1200＝600(g))の濃さの割合の変化…$\frac{3}{603}$　$\frac{6}{606}$

したがって，角砂糖をAに12÷4＝3(個)，Bに6÷3＝2(個)入れると$\frac{12}{1212}=\frac{6}{606}$となり濃さが等しい。

(2)　Aの角砂糖が1＋1＝2(個)のとき→Bの角砂糖が1＋10－1＝10(個)
Aの角砂糖が1＋2＝3(個)のとき→Bの角砂糖が1＋10－2＝9(個)
Aの角砂糖が1＋3＝4(個)のとき→Bの角砂糖が1＋10－3＝8(個)
（以上3組：各組の個数が共通の約数を含む。）
Aの角砂糖が1＋4＝5(個)のとき→Bの角砂糖が1＋10－4＝7(個)

したがって，Aの砂糖の重さが4×5＝20(g)でBの砂糖の重さが3×7＝21(g)のときに濃さが等しくなる場合，AとBの水の重さの比もア：イも20：21であればよい。

(3)　6.25％＝$\frac{1}{16}=\frac{1}{15+1}$であり，AとBの砂糖の重さの合計は1800÷15＝120(g)になる。Aの角砂糖が△個，Bの角砂糖が□個のとき，120－4×△＝4×(30－△)が3×□に等しく，△が3の倍数，□が4の倍数になる。この△と□の組み合わせのうち，個数が共通の約数を含まず，△＋□が1×2＋30＝32(個)以上になるのは9＋28＝37(個)の場合である。したがって，(2)と同様に，このときのAとBの水の重さの比は砂糖の重さの比に等しく(4×9)：(3×28)＝3：7である。

6 （演算記号，数の性質，場合の数）

(1)　[2112]＝[112][112]＝1212　　[2212]＝[212][212]＝[12][12][12][12]＝2222

(2)　22＝[12][12]＝[212]よりA＝212　　22＝[122]よりA＝122　　22＝[1][1]＝[21]よりA＝21

(3)　[A]について，Aが2で始まる4ケタの数について調べると，[2121]＝[121][121]＝2121になる。…(1)を利用する。

(4)　292＝4×73であり，[A]である8ケタの整数の下2ケタは12(4の倍数)である。また，Aが1で始まる6ケタ以下の整数のとき，[A]は8ケタにならない。したがって，2□□□12にあてはまる2×2×2＝8(通り)について調べると，以下の5通りが条件を満たす。

[211112]＝[11112][11112]＝11121112　　11121112÷292＝38086
[211212]＝[11212][11212]＝12121212　　12121212÷292＝41511
[212112]＝[12112][12112]＝21122112　　21122112÷292＝72336

[212212]＝[12212][12212]＝22122212　　22122212÷292＝75761
※[222112]＝[22112][22112]＝[2112][2112][2112][2112]…8ケタにならない
[22112]＝[2112][2112]＝[112][112][112][112]＝12121212

★ワンポイントアドバイス★

5「濃さの割合・数の性質」は解法の視点に気付かないと難しく，6(4)「演算記号」もすべて正解することが難しい。したがって，3「平面図形」，4「速さ」でどれだけ得点できるかが重要になる。

＜理科解答＞《学校からの正答の発表はありません。》

1　問1　ニホニウム　　問2　ア　90　　イ　144　　問3　12.5%　　問4　オ
問5　核どうしには反発の力がはたらくため。　　問6　6個　　問7　4個　　問8　157個

2　問1　イ，ウ　　問2　水，空気，適当な温度　　問3　イ　　問4　エ，カ
問5　イ，ウ，カ　　問6　a　赤色光　　b　赤色光　　c　遠赤色光　　問7　エ
問8　日光，肥料

3　問1　エ　　問2　同じ向き，同じ速さで動き続けようとする性質　　問3　イ
問4　地震　　問5　エ　　問6　オ　　問7　下図左　　問8　下図右　　問9　ウ，オ

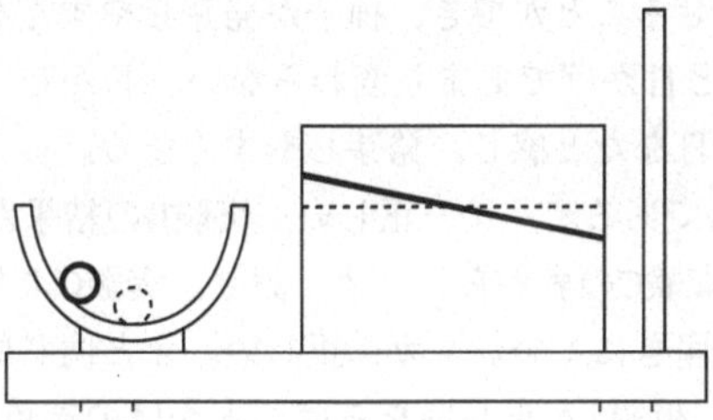

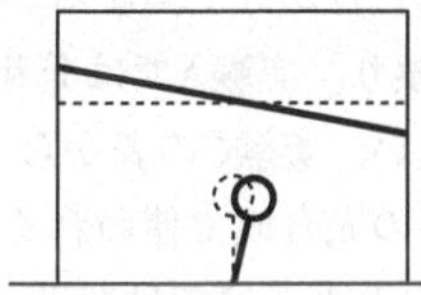

4　問1　子の世代も，親と同じ形や性質を持っているから。　　問2　(1)　4　　(2)　8
(3)　$\frac{1}{2}$　　問3　ア　　問4　ウ　　問5　ア　　問6　2　　問7　エ　　問8　イ

＜理科解説＞

1　(物質の性質－ニホニウムの合成)

問1　2016年11月30日，国際純正・応用化学連合(IUPAC)が，日本の理化学研究所が合成に成功した113番元素の名称を，日本側の提案通り，ニホニウム(Nh)と決定した。ニホニウムは，あとの問いで出てくる○が113個の原子である。

問2　核Aから，粒子Xである○2個と●2個が飛び出すので，核Bの○は92－2＝90(個)となり，●は146－2＝144(個)となる。ちなみに，核Aはウラン238，粒子Xはヘリウム，核Bはトリウムの原子核である。また，○は陽子，●は中性子で，本問の反応はα崩壊とよばれる。

問3　核Cは，100秒で$\frac{1}{2}$になるので，200秒ではその半分の$\frac{1}{4}$，300秒だとさらに半分の$\frac{1}{8}$，つまり12.5%となっている。

やや難　問4　核Cの数は，50秒で□倍，100秒ではさらに□倍で，最初の$\frac{1}{2}$になる。つまり，□×□＝$\frac{1}{2}$となる□を探せばよい。選択肢を考えると，0.7×0.7＝0.49が最も近い。つまり，□≒0.7であり，(a)≒70％である。

問5　問題文にあるように，核にある○と○は反発する。○が30個ある核と83個ある核は，互いに反発する。そのため，速度が遅いと反発力を受けて直進できず，どこかへ散乱させられる。ちなみに，核Eは亜鉛，核Fはビスマスの原子核である。

問6　発射した核Eの数は，2兆×60×60×24×1000個であり，そのうち$\frac{1}{36\text{万}}\times\frac{1}{80\text{兆}}$の確率で新しい核ができるので，新しい核の数は，$\frac{2\text{兆}\times60\times60\times24\times1000}{36\text{万}\times80\text{兆}}$＝6(個)である。

問7　○が113個あった核から，○が2個入った粒子Xがいくつか放出されて，○が105個になったのだから，放出された粒子Xの数は，(113－105)÷2＝4(個)である。

問8　核Eと核Fの●の合計は，40＋126＝166(個)である。そこから，●が1個放出され，さらに●が2個入った粒子Xが4個放出されるから，166－1－2×4＝157(個)である。

2　(植物のはたらき－光発芽種子)

基本　問1　シメジはキノコのなかま，つまり菌類で，光合成を行わない。また，コケ類は光の少ない湿った場所に生息する。他の選択肢の植物は，光が充分に当たるところで育つ。

問2　一般に，種子の発芽条件は，水，空気(酸素)，適当な温度の3つである。

問3　問題文の冒頭にあるように，70％の雑草は光が当たるようになると発芽しやすくなる。土の中には，雑草の種子が多く含まれていると考えられる。土を掘り起こすことで，種子が表面に近づいて光を感じ，また，土の中に空気を含ませることができ，種子が発芽しやすくなる。

問4　酸素，二酸化炭素，水の条件は，日なたと日かげであまり変わらない。しかし，温度の条件は日なたと日かげで異なる。温度が上がると日なたと感じ，発芽しやすくなる。

問5　ア　誤り。実験Aでは発芽したのは約50％である。　イ　正しい。実験Bの結果から。
ウ　正しい。実験Cの表から。　エ　誤り。実験Cの表から。　オ　誤り。実験Cより，赤色光は樹木の葉の光合成で使われるので，木かげに届きにくい。　カ　正しい。オと同じ原因から。

問6　実験Dの木かげでは発芽していない。もし仮説1が正しいならば，木かげの赤色光の強さ2であっても，遠赤色光がさらに弱ければ発芽するはずである。

問7　もし仮説2が正しいならば，遠赤色光の条件とは無関係に，赤色光の強弱だけで発芽するかどうか決まるはずである。つまり，①②③のどれであっても同じ結果が出るはずである。

問8　成長に必要な5条件は，水，空気(酸素)，適当な温度，日光，肥料である。このうち，他の植物におおわれていない場所で特に多く得られるのは，日光，肥料である。

3　(物体の運動－慣性)

問1　ボールや水筒は，自転車とともに前方に動いていた。自転車だけにブレーキがかかっても，ボールや水筒は前方に進もうとしているため，かごの前方寄りに押し付けられる。

基本　問2　問題文の冒頭にあるように，動いている物体は，同じ向き，同じ速さで動き続けようとする性質，つまり慣性がある。

重要　問3　動いたのは台車であり，その上のボールは動いていない。人形Aとボールの距離は変わらなかったのだから，人形Aは地面に固定されていたとわかる。また，台車を前に動かしたとき，台車に固定されていた人形Bも前に動く。このとき，人形Bとボールが近づいたのだから，人形Bは台車の後方の(3)の位置にあったとわかる。

問4　建物などは地面に固定されているので，地震のときには一緒に動く。しかし，免震構造の建物は，地面が動いても，建物に伝わる揺れを軽減できる。

問5　電車が加速するとき，電車の中の人や物は，静止し続けようとするので，電車から見ると後ろ向きに力を受ける。倒れないために，後ろ側にある足に力を入れることになる。

問6　車内の人や物が後ろ向きに力を受けるのは，後ろが低くなるオの場合である。アやウでは，車内の人や物には前後方向の力ははたらかない。イやエでは前向きに力がかかる。

問7　台車にブレーキをかけても，台車の上のピンポン玉や水はそのまま進もうとするので，前向きに力がはたらく。

やや難　問8　問7と同様に，水には前向きに力がはたらく。その水よりも密度の小さいピンポン玉は慣性が小さい。そのため，水が前に動くほどは，ピンポン玉は前に動かない。その結果，ピンポン玉は水槽の中で後ろに動くように見える。

問9　急発進する場面では，部屋の中で人に後ろ向きに力がかかるので，それを体験するには部屋を少し後ろに傾ければよい。逆に，急停止する場面では，部屋の中で人に前向きに力がかかるので，それを体験するには部屋を少し前に傾ければよい。

4　（動物－動物の体の大きさ）

問1　進化とは，子，孫と代が変わっていくにつれて，形や性質が少しずつ変化していくことである。昆虫が姿を変えるのは変態であって進化ではない。そのため，子の世代は成虫からの続きが始まるのではなく，卵→幼虫からはじまる。これは，親と同じ形，性質であり，変化していない。

重要　問2　立体の長さが2倍になると，表面積は2×2＝4(倍)，体積は2×2×2＝8(倍)になる。すると，取り入れる酸素が4倍に対し，活動に必要な酸素が8倍だから，必要な酸素の半分しか吸収できない。

問3　グラフを見ると，約3億年前はその前後よりも酸素濃度が高く，二酸化炭素濃度が低い。これは，当時の植物の光合成がさかんだったことを示している。二酸化炭素の温室効果が小さかったので，気温は前後より低かった。ちなみに，この時期は古生代の末期で，シダ植物が大森林をつくっていたころである。

問4　肺胞のように，生物の各部には表面積を大きくすることで，物質の吸収や放出を効率よくしているつくりが多い。選択肢ではア，エが同様の機能である。また，イも食物の表面積を小さくすることで，酵素と触れる面積を増やして，分解しやすくしている。ウは，大きな穴であっても穴の面積の合計は変わらない。

問5　問2と同じように考えると，体が大きくなると，表面積に比べ体積の増え方が大きいので，同じ体積あたりの表面積は小さくなる。熱が逃げる面積が小さくなるので，冷えにくくなる。

問6　問2と同じように考えると，体の大きさが2倍になると，体積と重さは8倍になるが，足の裏の表面積は4倍だから，足の裏の同じ面積で支える重さは，8÷4＝2(倍)になる。

問7　今から約6600年前，直径10kmほどの巨大隕石が，現在のメキシコ付近に衝突すると，大津波が発生するとともに，巻き上げられた土砂が上空に漂い，太陽放射をさえぎった。地球の表面温度は下がり，植物の光合成も弱まった。こうして植物が減るとともに，それを食物とする動物も減少した。

問8　ア，ウ，エは，酸素を効率よく全身に運ぶ仕組みである。イは無関係である。

★ワンポイントアドバイス★

日常の理科の話題によく触れるとともに，問題文から要点を見出し理解する練習を，多くの分野で実行しておこう。

＜社会解答＞《学校からの正答の発表はありません。》

問1　(1)　(例)　水洗トイレや浴室を備えた住宅が増加したから。　(2)　(例)　節水意識が高まり，水をあまり使わない製品が普及したから。

問2　あ　(名前)　平等院鳳凰堂　(都道府県名)　京都府
　　い　(名前)　開智学校　(都道府県名)　長野県
　　う　(名前)　東大寺正倉院　(都道府県名)　奈良県

問3　(1)　寝殿造　(2)　藤原道長　(3)　(例)　大和絵

問4　(例)　茅葺き，藁葺きの家よりも燃えにくいから。

問5　(1)　(青山)　え　(猿江)　あ　(大塚)　う
　　(2)　①(例)　住民が共同で利用する場所を，棟ごとに適切に管理すること。
　　　　②(例)　災害が発生したときに，地域全体で対応することができるから。

問6　(例)　子どもの減少によって廃校になった小学校を改修し，需要が高まっている老人ホームとして利用する。

問7　(1)　(例)　起伏の多い丘陵地。　(2)　(例)　坂道や階段が多く，足腰の弱った高齢者が買い物などに出かけるのが困難なこと。

問8　(例)　伝統を守ることや地域住民が交流することよりも，個人の生活が優先されるべきである。例えば，自分の家や庭は個人の財産なのだから，これをどのように新築，改造するかは個人の自由のはずだ。

問9　(例1)　(選んだ例)　高層マンション　高層マンションは，狭い土地に戸数の多い集合住宅を建設することで，比較的安価な値段で住宅を供給することを可能とした。しかし，地震などでエレベーターが停止すると，階段を昇り降りしなければならなくなり，特に上層階の人は外出するのが困難になる。(118字)　(例2)　(選んだ例)　郊外の大型ショッピングセンター　大型のショッピングセンターは広い駐車場が必要なので，広くて安価な土地が確保できる郊外に建設が進んだ。多くの店舗が集まり利便性は高いが，自動車での来店が基本なので，高齢化が進む中，自動車の運転ができない高齢者は利用できないという問題がある。(119字)

＜社会解説＞

(総合－「建築」をテーマにした日本の地理，歴史など)

重要　問1　(1)　家の間取り図にトイレ(水洗トイレ)や浴室が示されていることに注目する。東京ではかつて，内風呂を備えた住宅は少なく，銭湯を利用する人が多かった。　(2)　節水意識の高まりから，水の使用量の少ない電気製品(電気洗濯機など)や水洗トイレなどが普及した。

問2　あ　京都府宇治市にある平等院鳳凰堂。藤原頼通が宇治にあった別荘を阿弥陀堂としたもので，1053年に完成。定朝がつくった阿弥陀如来像を安置する。　い　長野県松本市にある開智学校。明治初期の小学校建築の代表的遺構で，伝統的な木造建築を基本としつつ，洋風の意匠も積極的に取り入れられている。1876年完成。　う　奈良県奈良市にある東大寺正倉院。校倉造の高床倉庫で，聖武天皇愛用の御物や大仏開眼供養のときに使用された品物，古文書などが保管されていた。

基本　問3　(1)　寝殿造は，平安時代に完成された貴族の邸宅の建築様式。中央に主人が居住する主屋としての寝殿を南面して建て，その東西の対(たい)とよばれる副屋との間を吹き通しの廊下(渡殿)で結んだ。庭には池や築山があり，釣殿，泉殿とよばれる建物を池に臨んで建てられた。　(2)　藤原道長は平安時代中期の政治家。一条，三条，後一条の三代にわたってその外戚の地位にあり，摂関政治の全盛期を現出した。1016年に摂政，17年に太政大臣に就任。「望月のうた」は，道長の三女威子が後一条天皇のきさきになったとき，その祝宴の席でうたわれたものである。 (3) 大和絵は，平安時代，中国風の様式を国風化した日本的な情緒に富む絵画の総称。多くは季節の推移を主題としたもので，その手法は絵巻物に発揮された。国風文化の例は，このほか，かな文字や，これによって著された源氏物語，枕草子などをあげることができる。

問4 瓦は粘土を一定の形に固めて焼いたもの。瓦葺きの家は，茅葺き，藁葺きの家にくらべて燃えにくく，火災に強いという長所がある。ただし，重いので地震に弱いのが欠点である。

問5 (1) （青山） 地図2から，東京市の範囲外の豊多摩郡に建設されたことが読み取れる。（猿江） 表から，店舗の数が43と多いこと，住民に職業紹介などをする施設が付属していたことに注目する。（大塚） 表から，独身者向けに特化していること，浴室，日光室，音楽室など女性が過ごしやすい施設があることが読み取れる。 (2) ① 資料1から，廊下，階段，下水道など住民が共同で利用する場所の管理を，アパートの棟ごとに行っていたことが読み取れる。 ② 地震などの大規模な災害には，棟ごとのような小規模な単位では対応できない。町内会など，より大きな単位で対応する必要がある。

問6 少子化の影響で，廃校になる小学校が増加している。一方，高齢化の影響で，老人ホームの需要は高まっている。そこで，廃校になった小学校を改築し，老人ホームとして活用する動きがみられる。

重要 問7 (1) 地図3の等高線から，多摩ニュータウンが起伏に富む丘陵地に建設されたことが読み取れる。 (2) グラフ2から，多摩ニュータウンは高齢化が急速に進んでいることが読み取れる。多摩ニュータウンは起伏に富む丘陵地に住宅が建設されたことから，坂道や階段が多い。そのため，買い物などで外出するのが難しい高齢者が増加している。このような人々を「買い物難民」とよぶことがある。

やや難 問8 伝統を守ることや地域住民が交流することよりも，個人の生活を優先すべきだという考え方が強くなっている。そのため，憲章によって個人の生活が制約されることを負担と感じる人が多くなっていると考えられる。

問9 解答例のほか，・防犯カメラ付き住宅について，犯罪抑止に一定の効果があるが，一方で個人のプライバシーが侵害されるおそれがある，・オール電化住宅について，火災の防止などに一定の効果があるが，停電してしまうと生活がほとんど成り立たなくなる，などが考えられる。

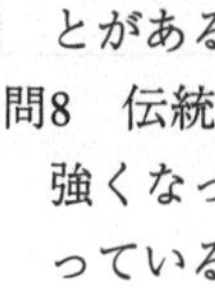

★ワンポイントアドバイス★

いままでの傾向を踏襲した出題形式である。長文論述も当然重要であるが，問2・問3のような知識問題はほとんどが基本問題なので，絶対に落としてはいけない。

＜国語解答＞《学校からの正答の発表はありません。》

一 a 省 b 横暴 c 傷 d 厳

二 （例） 人里に食べ物を探しに行ったときに，アニキが殺され，自分たちも人間に追われたこと。

三 （例） 住み慣れた山を離れて見知らぬ土地へ行くことへの不安があり，しかも，大切な角が抜けて心細くなっていたから。

四 （例） ナラコウエンのルールさえ守っていれば，生活が保障されるため，警戒心がうすくなり，他のシカのことがあまり気にならないから。

五 （例） フレンドリーには知り合いが多く，ナラコウエンでの生活をうまく受け入れているように感じて，戸惑ったから。

六 （例） マルはフレンドリーの話に興味を持ち，人間からせんべいをもらおうとしているが，「おれ」は，森の生活との違いにただ戸惑いを感じている。

七 ウ

八 （例） 食料を問題なく手に入れるために，ナラコウエンのルールに従って，人間のごきげんを取り続ける生活。

九 （例） 人間に守られる生活に慣れ切っていて，本来の野生にあこがれる気持ちはあるが，今のままの生活はやむを得ないという思いをいだいている。

十 （例） 人間が自分たちの勝手な都合で，シカをあがめたり，敵視したりすることに対する不信感を抱いている。

十一 (1) 角切り (2) （例） ナラコウエンに残るのか，それとも山に残るのかという決断は，今までずっと一緒に生きてきたマルとの別れにも関わることなので，最終的な決断をする前に，慎重に自分の意思を確かめようと思ったから。

十二 エ

十三 （例） ナラコウエンでの生活は飢えなどの不安とも無関係であり一見幸せに見えるが，シカとしてのほこりを捨てて，自分勝手な人間にこび続けなくてはならないものであり，「おれ」は，たとえ害獣として迫害を受けることがあっても，ほこりを持って堂々と自由に生きていきたいという考えが強かったから。

＜国語解説＞

（物語文－主題・心情・場面・細部の読み取り，記述，漢字の書き取り）

基本 一 a「省く」とは，取り除くという意味である。はぶくことを熟語で「省略」と表す。 b「「横暴」とは，自分勝手な振る舞いをするという意味である。「横（おう）」には，勝手に振る舞うという意味がある。その意味で，「横柄（おうへい）」などの言葉がある。 c ここでは，身体につけたケガのことである。傷つけることを，「傷害」ともいう。 d ここでは，人間のルールが少しの妥協も許さないという意味。そのような状況は，熟語で「厳格（げんかく）」と表現できる。

二 傍線①までの物語の展開を考えれば，それほど難しい問題ではない。そのようなことがあったから，「おれ」は信じられないのだ。前書きの部分と会話の内容から，書くべきことは判断できる。アニキが殺されたこと，自分たちも人間に追われて逃げのびたこと。以上のことを中心に記述する。

三 特に，傍線②直後から，解答の手がかりを見出すことができる。「いや，この森にいる限りは，みんな同じ条件」とあり，「ナラコウエンはどうだろう？……無謀すぎやしないか？」とも書かれている。以上の内容をおさえると，住み慣れた森から見知らぬナラコウエンに移動することに不安があったことがわかる。また，「それに，角が抜けたのも大きかった」と書かれている。角が抜けたことから心細くなっていたことも読み取れる。以上の内容をまとめて記述するとよい。

四 指定範囲を読み進めた上で，フレンドリーの言葉や，ナラコウエンでのシカの生活をふまえて，記述する内容をおさえるとよい。指定範囲の最後の部分で，フレンドリーは「細かいしきたりなんてない」ということ，「シカせんべいをもらうには，ルールがある」ということを教えてくれた。そして，そのルールさえ守っていれば，ここでの生活は保障されるのである。完全に人間に守られた生活の中にいるため，警戒心が薄くなり，他のシカのことをあまり気にしなくなっているシカの様子も，指定の範囲からうかがえる。「ルールさえ守っていれば生活が保障される」＋「警戒心が薄くなっている」「他のシカのことがあまり気にならない」という内容を中心に記述するとよい。

五　傍線④前後の内容から，解答を考えることができる。この部分でフレンドリーは，他のシカと実にうまく交流をしている。そして，ナラコウエンでの生活も，うまく受け入れていることが読み取れる。そのようなフレンドリーの様子を見て，「おれ」は，まぶしすぎると感じたのだ。ただし，この「まぶしすぎる」は，単純にフレンドリーに対する肯定的な心情だと考えることはできない。まぶし「すぎた」と表現されており，「おれ」は出直そうと考えているからである。そのため，「おれ」の戸惑う気持ちが表されていると考えたい。記述の際には，「フレンドリーには知り合いが多い」「フレンドリーがナラコウエンの生活をうまく受け入れている」という内容に，「戸惑い」などの心情表現を加えて書くとよい。

重要　六　傍線⑤を含む場面に書かれた，「マル」と「おれ」の様子を読み取り，記述するとよい。「マル」に関しては，フレンドリーの話に興味を持ち，状況を受け入れようとしている様子を記述する。「おれ」に関しては，森の生活との違いに戸惑い，動けない様子を記述する。

七　傍線⑥直前に着目する。特に「きっとじきに慣れる」以降の表現をおさえる。ウの選択肢の「以前も母と暮らすのに……」「時がたつのを待とう」の部分は，傍線⑥直前の内容に一致する。ウが正解になる。

八　指定範囲の内容から，ナラコウエンでの生活を読み取りまとめるとよい。「飢え死にから逃れるため／食料を手に入れるため」という内容と，「ナラコウエンのルールに従う／人間のごきげんを取り続ける」という内容を中心に書くとよい。

九　傍線部分を分析することでも，解答の手がかりをおさえることはできる。傍線⑩でフレンドリーは，ここでの生活に慣れているということを語っている。また，傍線⑫では野生の生活への興味を述べ，一方で，人間に守られているため，野生に出ていくことは難しいとも語っている。記述の際には，「ここでの生活に慣れている」「野生の生活に興味がある」「ここでの生活はやむを得ないと思っている／出ていくことは難しい」という三点を中心に記述するとよい。

十　傍線⑧直後では，人間の言い伝えによって，人間がシカをあがめていることがわかる。ただし一方で，傍線⑪の直前にも書かれているように，人間に都合が悪い場合，シカは収容所行きになるのである。以上の点を合わせて考えると，「神様」としてあがめられるのも，「害獣」扱いになるのも，人間の勝手な都合だとわかる。あがめるのも，敵視するのも，人間の勝手であること。そのような状況に対して，不信感を抱いているということを類推したい。そのような内容をまとめて記述する。

十一　(1)　傍線⑬までの展開をおさえることができれば，抜きだす言葉は見つけやすい。「林の入り口でねむっていたおれのもとに……」から始まる部分の中に，「角切りだよ……」という言葉が
やや難　ある。そこから三字で抜きだす。　(2)　傍線⑬の部分で，「おれ」は決断を迫られている。迫られている決断の内容は，傍線⑬までの展開から読み取れる。つまり，角を切られてもナラコウエンに残るのか，それとも，山に帰るのかということである。そして，傍線⑬直前のマルの言葉から，その決断が，今まで一緒に生きてきたマルとの別れにも関わることがわかる。このような決断は，「おれ」にとって，非常に重いものである。だから，慎重に自分の意思を確認するため，耳をすませて，集中したのである。解答の際には，「山に戻るのか，ナラコウエンに残るのか」という決断の内容＋「決断が，一緒に生きてきたマルとの別れに関わる」ということ＋「慎重に自分の意思を確かめようと思った」という「おれ」の心情に関わる部分。以上の点を中心にするとよい。

十二　ナラコウエンでの人間に保護される生活を捨てたのであるから，否定的な選択肢である，イやウがまちがいであることはすぐにわかる。解答は，「たくましく生きていく」「本来あるべき自分

の姿」とある，エになる。「おれ」は，人間の保護を離れて，本来のシカの生活に戻ることを決断したのである。アは「かつて」の部分が異なる。「おれ」は，さまざまな経験を経て，本来のシカの生活に戻る決断をしたのである。かつての「おれ」の姿に戻るということとは，意味が異なる。

重要 十三 「本文全体をふまえて説明しなさい」とある。そのため，「本文全体」を意識して，解答を作成する。ナラコウエンにおける生活に慣れた頃，傍線⑨以降で，「おれ」は生活をそれなりに楽しめるようになった。つまり，飢えなどにも無関係で，見た目には幸せになったのである。ところが，「角切り」の場面で読み取れるように，「おれ」は安全のために，身勝手な人間にこび続けることに疑問を持ち，最終的には，「害獣」扱いになったとしても，シカとしてのほこりを持って生きることを決断したのである。記述の際には，本文全体の流れを意識して，「ナラコウエンでの生活は一見幸せであつた」「安全のために，人間にこび続けることへの疑問を持ち始めた」「害獣として迫害されても，ほこりを持って生きる覚悟になった」という流れを中心にまとめるとよい。

★ワンポイントアドバイス★

解答の手がかりを探す範囲が指定されている記述問題が出題されている。設問の意図を読み取り，その指定範囲をおさえていることがわかるように，注意して記述したい。

データ対応

収録から外れてしまった年度の
問題・解答解説・解答用紙を弊社ホームページで公開しております。
巻頭ページ＜収録内容＞下方のQRコードからアクセス可。

※都合によりホームページでの公開ができない内容については，
　次ページ以降に収録しております。

すか。説明しなさい。

五　――線⑤「『いいよ』～思わなかった」（129～130行目）とありますが、このときの「私」の気持ちはどのようなものですか。その説明としてふさわしいものを次のア～エの中から一つ選んで記号で答えなさい。

ア　うみかが「エンデバー」の意味のとおりに、苦手な逆上がりができるようになるための努力を一生懸命しているので、生意気だった妹が急に成長していることを姉としてうれしく感じている。

イ　うみかがなかなか逆上がりができず、それができる「私」のことをうらやんだり、練習をみてほしいとたよったりするので、教えることはこんなに心が浮き立つことなのかと感じている。

ウ　うみかの思いを受け止めて逆上がりの練習を見守ることで、妹から素直にたよられるうれしさや人の役に立つ喜びを覚え、今まで気付かなかった自分の一面を見つけたように感じている。

エ　うみかとは今まで仲が良くなかったが、たのみに応えて逆上がりの練習を手伝ったり、一緒におふろに入ったりすることで、自分たちはやはり姉妹《しまい》の強いきずなで結ばれているのだと感じている。

六　――線⑥「どうしようか迷ったけど～考え直す」（147行目）とありますが、うみかとの約束よりもミーナからのさそいを選んだのはなぜですか。説明しなさい。

七　――線⑦「鉄棒の付近に～気持ちになった」（150～151行目）とありますが、このときの「私」の気持ちを説明しなさい。

八　――線⑧「『なれるよ』～言い直した」（188～190行目）とありますが、「私」が「言い直した」のはなぜですか。その理由としてふさわしいものを次のア～エの中から一つ選んで記号で答えなさい。

ア　宇宙飛行士になる夢をいだき、そのために努力をしていたが、けがをして弱気になっている妹の姿を見て、そのけがに同情し責任を感じながらも、ただはげますことしかできないと思ったから。

イ　宇宙飛行士になる夢を初めて打ち明けてくれたが、けがをして今までになく弱気になっている妹の姿を見て、やさしくなぐさめの言葉をかけることで、不安を取り除いてあげたいと思ったから。

ウ　宇宙飛行士になる夢を自分だけに話してくれたが、けがをして弱気になっている妹の姿を初めて見て、その夢をかなえることは、妹にとっても自分にとっても大切なことだと思ったから。

エ　宇宙飛行士になる夢のためにあえて強気な態度をとっていたが、けがをして今までになく弱気になっている妹の姿を見て、わざと命令口調で言うことで、妹を奮い立たせたいと思ったから。

九　――線⑨「気持ちがおさえられなくなった」（229行目）とありますが、どのような気持ちをおさえられなくなったのですか。説明しなさい。

十　――線⑩「ああ。わかったよ～呼びかける」（252行目）とありますが、うみかについてどのようなことがわかったのですか。説明しなさい。

十一　――線①「私はそれを～決めていた」（10～11行目）、――線⑪「私は自分に～考え続けた」（261～262行目）、――線⑫「最後の言葉は～そのまま残した」（311～313行目）とありますが、

（1）「私」が、『銀河』に書く文章を「無難で、まじめな内容にしよう」と決めていたのはなぜですか。説明しなさい。

（2）「私」が、「自分に何ができるかを、必死に必死に、考え続けた」結果、『銀河』に宇宙についての文章を書いたのはなぜですか。説明しなさい。

のと合わせて熟読して、私にも『科学』やほかの、本、新聞で知ったというたくさんのことを教えてくれた。

机の前で、私は深呼吸して、方眼紙に『銀河』の見出しと、最初の一行を書き始める。

『現在宇宙に行ってるスペースシャトル「エンデバー」は、「努力」という意味です。』

学校に関係ないことを書くのは、浮く人間の仲間入りかもしれない。だけど、私たちには教室の「ここ」がすべてじゃなくてもいいんじゃないだろうか。教室の机の前にすわってても、それと並行《へいこう》して気持ちがもっと遠い宇宙を向いてることだってある。

ただ文章を書いてるだけなのに、途中、何度も息が切れた。自分がすごくはずかしいことをしようとしてるんじゃないか、あるいは、まじめないい子に見えることをしてるんじゃないか、それをみんなに見せようとしてるんじゃないかと考えたら、不安がおなかの底からのどまでを、わっと満たす。

でも、私は、これをうみかに読んでほしい。あの子に教えてもらったことが、刷られてみんなに配られて、学校に認められるものになったんだってことを、見せたかった。

清書用のペンを持ち直す。用意したdシュウセイエキは、ほとんど使わずに済んだ。一気に書き上げる。文章を書くのが楽しいなんて、初めて感じた。

完成した『銀河』の原稿《げんこう》を、両手でつかむ。見出しを見つめ直す。

『毛利衛さん、宇宙へ』

『無事に※⑥ミッションを終えて帰ってきてくれることをいのっている。』と書いた⑫最後の言葉は、書いた後からほおがかーっとなるくらいで、かっこつけすぎたかもしれないと反省したけど、結局、そのまま残した。

それはたぶん、うみかと、そして私の今の一番の気持ちだったから。

（辻村深月《つじむらみづき》『家族シアター』より）

〈語注〉※①学研の雑誌…『科学』や『学習』などの、小学生向けの月刊学習雑誌

※②毛利さん…宇宙飛行士「毛利衛《もうりまもる》さん」のこと

※③『りぼん』と『なかよし』…月刊少女漫画雑誌の名前

※④ミーナ…「私（はるか）」のクラスメート（美菜《みな》）の呼び名

※⑤ボルト…ここでは、折れた骨を固定するための金具のこと

※⑥ミッション…ここでは、任務のこと

〔設問〕解答はすべて、解答らんにおさまるように書きなさい。句読点なども一字分とします。

一　===線a「カンソク」（21行目）、b「トックン」（89行目）、c「シンケイ」（219行目）、d「シュウセイエキ」（305行目）のカタカナを、漢字で書きなさい。

二　——線②「『いやだよ』と、反射的に声が出た」（49行目）とありますが、「反射的に声が出た」のは、うみかのことをどのように思っていたからですか。14～29行目をよく読んで説明しなさい。

三　——線③「二人してお母さんに～たのみに行く」（73～74行目）とありますが、うみかの「お願い」をいやがっていた「私」が、協力することにしたのはなぜですか。説明しなさい。

四　——線④「私はおどろいていた」（82行目）とありますが、なぜで

私は、あの子のために何ができるだろう。うみかに話を聞いてから、図書館でかたっぱしから宇宙飛行士に関する本を探して読んだ。手術したらダメなのか、目指すにはどんなことが必要なのか――、字がずらっと並んだ大人向けの分厚い本も開いてみた。

けがは私のせいだ。どうしよう、どうしよう、と一生懸命《いっしょうけんめい》内容を読んだけど、私にちゃんとした答えをくれる本は一冊もなかった。両親や先生に聞くことも考えたけど、宇宙飛行士の夢のことはナイショにするって、うみかと約束していた。

病院で聞いたうみかの言葉を思い出す。

――宇宙に行ってるしかない。

痛みにはにげ場がない、と話していた。何をしてても、気がまぎれないって。

――想像するの。自分が宇宙にいるとこ。

そう笑ってた。

⑩ああ。わかったよ、うみか、と心の中で呼びかける。

月がとても近い。私が見てるこの空の向こうにあるものを、うみかだったらもっとたくさん想像できるんだろう。あの子になら、見えるのだろう。うみかはたぶん、宇宙にいるのだ。

いやなことがあった時、いつも大好きな宇宙のことを思い出して、きっとたえている。だから平気なんだ。クラスでひとりぼっちの時も、逆上がりで残された時も。つらくなかったわけがない。だからきっと、自分の居場所を別に作った。せまい教室や目に見える場所だけをすべてにしなかった。だから、あんなに強いのだ。

彼方《かなた》にある星々の明かりを見上げながら、⑪私は自分に何ができるかを、必死に必死に、考え続けた。

学級だよりの清書用方眼紙を前に、「何でも好きに書いていいですか」とたずねると、湯上先生は「へ？」と声を上げた。私が笑わず、じっと見てるのに気づいて、表情を改める。そして、「いいよ」と答えてくれた。

「一学期からみんなそうしてるじゃないか。自分の興味があることを書きなさい」

「わかりました」ミーナと一緒に職員室を後にする。

うみかの入院は結局、夏休みいっぱいかかった。

だけど、エンデバーの打ち上げにはどうにか間に合って、私たちはうちのテレビで中継映像《ちゅうけいえいぞう》を見た。毛利さんはこれから一週間ぐらい宇宙にいることになるそうだ。

だれより興奮しているだろうに、うみかはシャトル打ち上げの間、ほとんどしゃべらず、ただ食い入るようにして画面を見つめていた。録画した映像を何度も何度も再生して、毎日のニュースでエンデバーのことが報道されるたび、熱心に見入る。ギプスをしていない方の左手が、ぎゅっと、こぶしをにぎって、ふるえるのが見えた。

あ、泣くのかな、と思って顔を見ると、うみかの表情が、これまで見たこともないくらいうれしそうにかがやいていた。人間は、別に笑顔《えがお》じゃなくてもこんなふうにうれしさを表現できるんだって初めて知って、私にも、妹の喜びと興奮がそのまま伝染《でんせん》してしまう。なぜか、私が泣きそうになった。

お母さんが許可してくれた『6年の科学』を、うみかは自分の『5年』

「なってよ」もう一度、今度はそう言い直した。

一学期の終業式をむかえて夏休みに入っても、うみかは退院できなかった。私は五年のうみかのクラスからもらったおみまいの色紙と「早くよくなってね」と書かれた紙がぶらさがった千羽鶴《せんばづる》を預かって、病室を訪ねた。

「骨が曲がった方向でくっついちゃってるから、手術しなきゃならないかもしれない」

うみかの口調は、いつもみたいに淡々としていた。私は「え」とつぶやいて、とっさにうみかのうでを見てしまう。それからあわてて目をそらした。

「手術、するんだ?」

「うん。たぶん」

うみかが、クラスメートからもらった色紙のメッセージを目で読んでいる。一度ずつ読んだら、それでおしまいとばかりに、さっさとたなにしまう。蛍光《けいこう》ペンを駆使《くし》して、かわいい絵を入れてうみかにメッセージをつづってる子たちとうみかが本当はそんなに仲良くないことを、私も知っていた。

「もし、骨折で、手術して、うでに※⑤ボルトを入れたりすると、それがたとえ一個でも、もうそれだけで宇宙飛行士にはなれないんだって」

「え」二度目の「え」は、大きな声になった。うみかが目をふせ、何でもないふうに窓の外を見る。だけど、私にはわかる。わざとだ。無理やり平気そうにしてる。うみかはいつも、しっかり私の目を見て話す。

私の小六の夏休みは、ほぼ、うみかのけがの思い出でうまった。うみか自身が感じてるように、あの子のけがは私が思っていたよりずっと重傷だった。両親が私がねた後で、いつまでもリビングで話してる声が聞こえて、私はそっと布団を出て、ドアに耳をくっつけて、声の内容を聞いていた。

——ひじのところから切って、cシンケイを一つ一つくっつけ直す——という声を聞いた日、私は全身の血が一度に下がっていくのをはっきり感じた。聞いてしまったことを後悔《こうかい》しながら布団に入ると、背筋が熱を出した時のようにぞくぞくした。

うみかが、手術する。つながっている自分のうでの付け根を見ながら、皮膚《ひふ》にメスが入ることを想像して、いやだ、とさけびそうになった。ダメだ、ダメだ、ダメだ、うみかのうでを切るなんてダメだ。宇宙飛行士が目指せなくなるなんて、ダメだ、ダメだ!

ねむれずにまた布団を出ると、二段ベッドの上から、うみかの机が見えた。並んだ『科学』のふろくたち。中に、ドーム型プラネタリウムの丸い頭が見えたら、⑨気持ちがおさえられなくなった。

南向きのカーテンの向こうから、月と星の明かりが差しこんで、部屋の中は窓辺だけが明るかった。ベッドを降りて窓を開くと、夜のせみが鳴いていた。晴れた空に浮かぶ星の名前。学校で習ったけど、私は北極星と、北斗七星《ほくとしちせい》くらいしかわからない。

宇宙飛行士になるには、勉強ができることはもちろん、身体《からだ》が丈夫《じょうぶ》なことだって必要だろう。どうしよう。あの子は本気だ。あんなふうにはずかしそうに夢を打ち明けるくらい、大事に思ってる。エンデバーの打ち上げを、楽しみにしてる。

は次から早苗《さなえ》ちゃんとか、だれか別の子をさそうようになってしまうかもしれない。もう、次から私を呼んでくれなくなるかもしれない。

うみかと鉄棒のことが頭をかすめたけど、練習はどうせ明日もあさってもするだろう。今日の放課後に付き合えなくなったことを伝えるため五年の教室によると、うみかはすでに帰ってしまった後だった。

⑥どうしようか迷ったけど、すぐに、まぁいいか、と考え直す。

ミーナの家を後にしたのは六時過ぎだった。『ちびっこ広場』に、もううみかはいないだろうと思ったけど、帰り道だから一応よった。広場を囲んだ灰色のフェンスごしに見える⑦鉄棒の付近に人かげはなくて、私はそれを確認《かくにん》したらほっとしたような、残念なような気持ちになった。

自転車をとめて家の中に入ると、「ただいま」を言う間もなく、おじいちゃんとおばあちゃんから「どこに行ってた」と問いつめられた。圧倒《あっとう》されて、私はうまく答えられないで、ただ二人の顔を見つめ返す。

――うみかがけがをして、右うでを折って、病院にいること。お母さんは、そっちに行ってて、うみかはひょっとしたらこのまま入院するかもしれないこと。

おばあちゃんたちが説明する声を、私はぼんやりと聞いた。うみかは、鉄棒から落ちたのだと言う。

私のせいだ。責められることを覚悟《かくご》した。お母さんたちにも、きっとおこられる。

だけど、うみかは何も言わなかった。ぼんやりと天井《てんじょう》を見てる。お母さんに言われて、私はうみかのすぐそばにすわった。あやまらなきゃ、と思うけど、ここまで来ても、言葉は口から出てこなかった。

両親が二人とも、入院のことで先生と話すため病室を出て行ってしまう。私は下を向いて、沈黙《ちんもく》の時間にただたえていた。

「九月までに、手、よくなるかな」うみかがぽつりと言った声に顔を上げる。うみかのくちびるが、かさかさにかわいて白くなっていた。「痛いなぁ」とつぶやいて、顔をゆがめる。

「エンデバーの打ち上げ、家で、見たい」

「……見ようよ、一緒に」一緒に、を言う声がふるえた。

一緒に練習しよう、の約束を破った私が口にしていい言葉じゃないのかもしれない。だけどうみかがゆっくりと私を見た。その口元が、なぜか笑った。

「私ね、お姉ちゃん」

「うん」

「宇宙飛行士になりたいんだ」

どうして、この時を選んでうみかがそう言ったのかはわからなかった。だけど、大事な秘密を打ち明けるように、うみかが「ナイショだよ」と続ける。

「うん」私はうなずいた。そして、くちびるをかんだ。そうしていないとまたなみだが出てきそうだった。痛いのはうみかなのに、私が泣いちゃダメなのに。

ねたままで言ううみかがおびえていることに、声の途中《とちゅう》で気づいた。人の目なんて気にしない、『科学』をおもしろがるセンスのある、風変わりで強い、私の妹が弱気になっている。

⑧「なれるよ」と私は答えた。鼻のおくがつんと痛んで、なみだがこらえきれなくなる。

「そんなに楽しみなの？」

「楽しみ」

別に意地悪で聞いたわけじゃなかったけど、うみかの返答は短かった。

鉄棒を両手でにぎり、えいっと空に向けてけり上げたうみかの足が、重力に負けたようにばたんと下に落ちる。

「足、持ってあげようか」

「いいよ。私、自分で回れるようになるから」

「私はいなくてもいいってこと？」

うみかの顔が、表情をなくした。おや、と思う間もなく、うみかが首をふる。

「ううん。いてほしい」

今度は私が表情をなくす番だった。そんなふうに素直《すなお》に言われたら、逆らえなかった。

「――見てれば、いいの？」

「うん。お願い」こくりとうなずいて、それから何度も何度も、空に向けて足をける。

「エンデバーってどういう意味か知ってる？」何度目かの失敗の後で、うみかが息を切らして言った。

私は「知らない」と首をふった。

「努力」とうみかが答えた。

空にうっすらと藍色《あいいろ》が降りてきて、うすい色の月が見え始めてしばらくしたころ、うみかがとうとう練習をやめた。妹が鉄棒をはなれたのと入れちがいに、今度は私が逆上がりをする。

足を上げる時、つま先の向こうに白い月が見えた。今日、うみかは何度も何度もこうやって、私と同じように、月をけってたんだなぁと思った。

逆上がりを成功させて、すとっと地面に降りた私に向け、うみかが「いいなぁ」とつぶやいた。

家に帰ると、もう七時を回っていて、私たちは、おじいちゃんとお母さんにしかられた。お父さんがまだ帰ってきてなくて、よかった。

「明日も練習、一緒に来てくれる？」

うみかとひさしぶりにおふろに一緒に入った。鉄棒をつかみすぎたせいで感覚がおかしいのか、うみかが何度も手をグーとパーに動かしている。

⑤「いいよ」と私は答えた。だれかが何かできるようになる瞬間《しゅんかん》に立ち会うのがこんなに楽しいとは思わなかった。

翌日が、※③『りぼん』と『なかよし』の発売日だったことを、私はすっかり忘れていた。※④ミーナが「うち来るでしょ？」と聞く声にはっとした。毎月、発売日の放課後にミーナとコンビニに一冊ずつそれぞれ買いに行って、どちらかの家で一緒に読むのが、いつの間にかルールみたいになっていた。

その二冊読みたさに私たちの仲間に入りたがっている子はほかにもいる。でも、ミーナは「はるかは親友だから」と、私だけをさそってくれる。

「行く！」漫画が読みたいのはもちろんだったけど、すぐに返事をしたのは別の理由からだった。「親友」のミーナのさそいを断ったら、ミーナ

あっと思う。『科学』の方に、『特集・宇宙はついにすぐそこに』の文字が見えた。

　気持ちがざわっとした。

　②「いやだよ」と、反射的に声が出た。

　あんまりなんじゃないか。うみかがどれだけ宇宙のことを好きか知らないけど、だからってそのために私から楽しみをうばう権利なんかない。だいたい、普段《ふだん》あんなに生意気な態度を取ってるくせにこんな時だけ調子いい。

「私だって、『学習』が楽しみなんだもん。いいじゃん、五年の読んでれば。来年になれば、いやでもあんた六年になるでしょ」

「今年じゃなきゃ、ダメだと思う。お願い、お姉ちゃん」

　すぐに折れると思ったのに、食い下がったのがさらに生意気に思えた。私だって、『5年の学習』を読むのを我慢《がまん》して、一度だってうみかにたのんだことなんかなかったのに。にらみつけると、うみかが思いがけず、必死な声で続けた。

「今年の『科学』は、特別なの」

「どうして?」

「※②毛利さんが、九月に、宇宙に行くから」

　私はあっけに取られた。うみかの目は真剣《しんけん》だった。「お願い」とまた、くり返す。

「五年のよりくわしく、そのことがのるかもしれない。今年じゃなきゃ、ダメなの」

「……そんなに好きなの?」

　毛利さんや宇宙への情熱のせいなのか、それとも私とケンカして興奮してるだけなのか、わからないけど、うみかの目が赤くなっていた。こくん、と無言でうなずいて顔をふせる。開きっぱなしの来月号の予告ページに、ぽとっとなみだのつぶが落ちた。

　③二人してお母さんに『6年の科学』『6年の学習』、両方を買ってくれるようにたのみに行く。

　お母さんは「ふうん」とうなずいた後で、うみかに「じゃあ、がんばらなきゃね」と告げた。

「うみか、逆上がりできるようになった?」

　うみかの全身にぴりっと電気が通ったように見えた。痛いところつかれたっていう顔だ。

「うみかだけできなくて居残りになったって、この間泣いてたでしょう? みんなに笑われたって」

　うみかは答えなかった。④私はおどろいていた。

　この子がくやしがるとか、人の目を気にするところなんて想像できない。何かのまちがいなんじゃないかと思っていたら、お母さんが「好ききらいが多いからよ」とうみかに言い、さっさと台所にもどってしまう。

　結局、『6年の科学』の追加がオーケーになったのかどうかはわからないままだった。

　鉄棒のｂトックンは、近所の『ちびっこ広場』で放課後にやることにした。私が一緒《いっしょ》にやろうと言う前から、うみかは毎日ここで練習していたらしい。

　毛利さんが宇宙に行くのは九月。スペースシャトルエンデバーの名前をテレビでも少し前から紹介《しょうかい》してる。

【国　語】〈六〇分〉〈満点：六〇点〉

次の文章を読み、設問に答えなさい。

「今日の『銀河』は、久和《ひさかず》くんが書いたものです。配ります」帰りの会で、湯上《ゆがみ》先生が声を張り上げる。前の方から順に、「やだぁ」とか「わぁ」とかしのび笑いがもれる。書きなぐられた文字と、ゲームのキャラクターのイラスト、『男子10人に聞きました!』という見出しの下に、好きなゲームソフトの名前がずらっと並ぶ。

浮《う》いてしまう子、というのはどこにでもいて、それは『銀河』を書く時にはっきりとわかった。

六年生になって、それまで担任の先生が書いていた学級だより『銀河』を私《わたし》たちが書くようになった。一学期のうちは私の順番は回ってこないけど、九月になったら私も書かなきゃならない。①私はそれを、絶対に無難で、まじめな内容にしようと決めていた。事務的な連絡事項《れんらくじこう》に徹《てっ》して、絶対に悪目立ちする浮くものにだけはしない。

ふと、もしうみかだったら何を書くんだろうか、と考えた。

目立つことがあまりよくない『銀河』だけど、これまで一度だけ、文章がかがやいて見えたことがあった。学級委員の椚《くぬぎ》さんが書いた記事だった。

クラスのことから内容がはなれずに、だけどきちんと文章がおもしろい。家に持ち帰って机の上に置いておいたら、うみかがのぞきこんで読んでいた。「いいでしょ?」と声をかけると、うみかは落ち着きはらった声で「思ってたのとちがってた」と答えた。

「『銀河』って書いてあったから、aカンソクの歴史とか、銀河の構造とか、そういうのが書いてあるのかと思った」

また、いつもの反論だ。自分の妹とも思えない考え方に、私はおこってしまった。

「あんた、宇宙人なんじゃないの」

「そうだよ。私たち地球人は、みんな宇宙人だもん」うみかが平然と答えて、私は絶句する。

その日、布団《ふとん》に入ってからもイライラは収まらなくて、うみかの顔を思い浮かべながら、私は、バカ、宇宙人!と心の中で文句を言い続けた。

私たちはおたがいの買ったものを交換《こうかん》して読み合う。趣味《しゅみ》が合わない時もあるけど、少なくとも、※①学研の雑誌は、おたがいにだまって読む。

うみかの『科学』は、やはり『学習』に比べて漫画《まんが》が少ない分うすくて、文章も説明文みたいに淡々《たんたん》としてる記事が多かった。あるいは、この勉強っぽいページも、うみかにとっては遊びに見えてるのかもしれない。だけど、私にはちがう。

「お姉ちゃん」

話しかけられて「ん?」と『5年の科学』から顔を上げると、うみかが「お願いがあるんだけど」と話しかけてきた。

「来月から、『6年の科学』を買ってくれない?」

「え」

うみかが「お願い」と頭を下げた。この子にこんなふうにされたことは、これまでで一度もなかった。うみかが開いた『6年の学習』の裏表紙の見返しに、来月の『科学』と『学習』両方の予告が出ていた。見て、

わらず、母親との生活を選んだ勇大の姿に、かれが自分の言うことは必ず聞き入れるはずだという思いこみがくつがえされている。

エ　おばさんたちと暮らすことを選ぶと考えていたが、勇大が母親との生活を選んだことで、母親の愛情の深さに気付き、母親と暮らしてもろくなことにならないという思いこみがくつがえされている。

十一　――線⑪「負けるもんかっ、負けるもんかっ」（314行目）とありますが、作品全体の内容を考えたとき、勇大のこの言葉には、どのような意味があると考えられますか。説明しなさい。

十二　〰〰線「『奇跡を信じたければ、つりをするがいい』」（29行目）とあるように、この作品にはつりをすることで生まれる「奇跡」がえがかれています。

（1）〰〰線Ａ「つりが奇跡を起こす」（119行目）、〰〰線Ｂ「奇跡が起きた」（166行目）では、それぞれどのようなことが「奇跡」なのですか。答えなさい。

（2）〰〰線Ｃ「この子との出会いこそが自分の身に起きた奇跡だった」（298～299行目）とありますが、「この子との出会いこそ」が「奇跡」だというのはどういうことですか。説明しなさい。

十三　この作品において、年のはなれた潤平と勇大との間に交流が生まれたのは、二人に共通するものがあったからだと考えられます。それはどのようなものですか。二つの……線「いや、だめだ。立ち去ってはいけない。そばにいてやらなければ」（155～156行目）、「だいじょうぶ。ぼく、お兄ちゃんに料理教えてもらったから、お母さんのめんどう見られるよ」（279～280行目）に注目して説明しなさい。

〔設問〕 解答はすべて、解答らんにおさまるように書きなさい。句読点なども一字分とします。

一 ══線a「ジガジサン」(11行目)、b「オガ」(32行目)、c「ケワ」(214行目)、d「ジュウオウ」(306行目)のカタカナを、漢字で書きなさい。

二 ──線①「勇大がアパートの鉄階段のところに座って、空を見上げていた」(15~16行目)とありますが、このときの勇大の気持ちを説明しなさい。

三 ──線②「手間取る出来事」(105~106行目)とありますが、具体的にはどのようなことですか。説明しなさい。

四 ──線③「うーむ。潤平は頭をかいた」(131行目)とありますが、潤平がなやんでいるのはなぜですか。122~135行目をよく読んで、説明しなさい。

五 ──線④「潤平は腕時計を見て、『うそぉ』とうめいた。あのときにもどっている」(144~145行目)とありますが、「あのとき」とは具体的にはどのときを指していますか。ふさわしいものを次のア~エの中から一つ選んで記号で答えなさい。

ア 午後、買い物に出かける前に、携帯電話が鳴ったとき。(18行目)

イ ライギョをつっている水路沿いを歩いたとき。(37行目)

ウ 車の解体工場にかけこんだとき。(68行目)

エ 携帯電話を取り出し、部長に連絡を入れたとき。(102行目)

六 ──線⑤「本人に事情を~かれが書いた作文でわかりました」(184~185行目)とありますが、横山先生は、作文を読んで勇大についてどのようなことがわかったのですか。説明しなさい。

七 ──線⑥「潤平は心の中で、もしかしておれのおかげ? と少々鼻を高くした」(199~200行目)とありますが、このときの潤平の気持ちを説明しなさい。

八 ──線⑦「勝野君の生活環境を心配しておられる」(222~223行目)とありますが、潤平に出会うまでの勇大の生活について、204~215行目をよく読んで、説明しなさい。

九 ──線⑧「足もとを見ると、勇大は新しいスニーカーをはいていた。そういえば、Tシャツも新品である」(247~248行目)、──線⑨「スーパーで買い物して、ゲームセンターに行って、いっしょにメダルゲームとかした」(251~252行目)とありますが、この二つの部分からは、母親が勇大にどのように接してきたことがわかりますか。「ということ」につながる形で、本文中から十七字でぬき出して答えなさい。

十 ──線⑩「あまりに予想外だった返事に潤平は、周りの景色が突然反転してしまったような感覚にとらわれた」(282~283行目)とありますが、この部分の説明としてふさわしいものを次のア~エの中から一つ選んで記号で答えなさい。

ア おばさんたちと暮らすことより母親との生活を選んだことで、勇大が母親を支えようとしていることを知り、自分たちおとなが子どもの勇大を守る側にいるという思いこみがくつがえされている。

イ おばさんたちと暮らした方がいいという提案に対し、勇大が母親との生活を選んだことで、社会的に信用のある人と生活することが、子どもにとって一番いいという思いこみがくつがえされている。

ウ おばさんたちと暮らすことを願い、友達として助言したにもかか

⑩あまりに予想外だった返事に潤平は、周りの景色が突然《とつぜん》反転してしまったような感覚にとらわれた。

自分や担任の教師は勇大のことを心配して、かれのことばかり考えていたのだが、当人は自分のことなどより母親のことを心配している。

「……そうか。めんどう見られるか」

「うん。お母さんね、夜中によっぱらって帰ってきたときにときどき、一人でこっそり泣いてるんだ。ぼくはねたふりしてるから、なんで泣いてるかは聞けないけど、仕事でいやなことがあるんだ、きっと」

「………」

「ぼくね、お母さんに今まで守ってもらったから、これからはぼくが守るんだ、絶対に」勇大の口調に迷いらしきものは感じられなかった。

父親の暴力の話を思い出した。母親が※⑩身を挺《てい》して勇大を守ろうとする場面が、何となくうかんだ。あの母親は母親なりに、息子《むすこ》に愛情を注いできたのだろう。だから勇大はそれをしっかりと感じ取っている。就職に手間取っているぐらいで焦っていらついているどこぞのだれかさんとは大ちがいだ。こいつの方がよっぽど器《うつわ》がでかい。

いいやつと友達になれた。Cこの子との出会いこそが自分の身に起きた奇跡だったんだなと納得《なっとく》した。

そのとき、突然水面を割って、静止したままのジタバグにライギョが食いついてきた。

「あっ、来たっ」勇大が興奮した声を上げ、潤平が指示するよりも早く、ロッドをあおった。ロッドのしなり具合が※⑪尋常《じんじょう》ではない。潤平はあわてて「勇大、※⑫ドラグ、ドラグをもっとゆるめて」と声をかけた。

※⑬リールがじりじりと逆回転し、※⑭ラインが水面上をdジュウオウに走る。ライギョが一度顔を出し、それから尾《お》びれで水面をたたいた。ジャンプしなかったのは、元気がないからではない。それほどでかいからだ。

潤平が「うわっ、むちゃくちゃでかいぞ」とさけぶ。勇大を見ると、とても返事をする余裕《よゆう》なんかないという感じで、こわばった顔でしなりながら動くロッドにふり回されている。

そのとき、しなるロッドをにぎりしめながら勇大が、しぼり出すように言った。

「⑪負けるもんかっ、負けるもんかっ」

（山本甲士《こうし》『あたり　魚信』より）

〈語注〉

※① ロッド…つりざお

※② 就職浪人…就職がうまくいかなかった人

※③ 護岸…水害を防ぐためにつくられた堤防《ていぼう》

※④ つなぎ服…上着とズボンが一つにつながった作業着

※⑤ 遭遇…出会うこと

※⑥ つたない…下手であること

※⑦ ルアーフィッシング…小魚や虫などに似せてつくったつり針（ルアー）を用いて行うつり

※⑧ キャスト…つりざおをふってつり針を水中に投げこむ動作

※⑨ ジタバグ…ルアーの一種

※⑩ 身を挺して…身を投げ出して

※⑪ 尋常ではない…ふつうではない

※⑫ ドラグ…つり糸が切れるのを防ぐ装置

※⑬ リール…つり糸をくり出したり巻き取ったりする道具

※⑭ ライン…つり糸

理士という、社会的にも信用のある仕事をしておられますし」もしかして、説得してくれということなんだろうかと不安になったが、横山先生はそこまで求めてはいなかったようで、「長々とすみませんでした。ではそろそろ」と腰をうかせた。

勇大はその日、母親とどこかに出かけていたらしく、午後九時ごろに二人で帰宅した気配があった。その後は、テレビのバラエティ番組の音が聞こえてきた。

日曜日も曇り空だったが、天気予報によると降水確率は低いようだった。

朝食の後、ロッドを持って外に出ると、勇大が待っていた。「お兄ちゃん、昨日はごめんなさい」と言って頭を下げたので、「ああ」と少し手あらく頭をなでてやった。

⑧足もとを見ると、勇大は新しいスニーカーをはいていた。そういえば、Tシャツも新品である。

二人で例の場所に向かった。

「昨日、お母さんと出かけてたのか」聞いてみると、勇大は「うん」とうなずいた。「お母さん、昨日仕事休みだったから。⑨スーパーで買い物して、ゲームセンターに行って、いっしょにメダルゲームとかした。その後、お好み焼き食べた。自分の分は自分で焼いたんだ」

「ふーん。そうか」

五十メートルほど進んでから、ガードレールのすきまを通ってコンクリート護岸を下りた。

水ぎわに立って、二人で目をこらした。勇大が先に「あ、あっちにいるみたい」と、排水門の手前を指さした。確かに、ライギョらしき魚影《ぎょえい》が見える。

「よし、じゃあ、そっと近づいて※⑧キャストだ」

「うん」

まずは勇大につらせることにして、潤平はかれの後に続いた。

十メートルほど接近して、勇大が※⑨ジタバグを投げた。間近に着水したが、ライギョはそれにおどろいたようで、波紋を立ててにげてしまった。

「しばらく待ってからルアーを巻いたら、食いに来るかもしれないよね」

潤平がうなずいて返すと、勇大はルアーをそのまま静止させて、水面を見つめた。

「おばさんが君を引き取りたいって言ってくれてるんだって?」

勇大がおどろいた顔を向けた。「何で知ってるの?」

「ちょっと聞こえちゃって……」

勇大は何かを考えているような表情になり、ロッドを下げた。

「勇大。友達として意見を言ってもいいか」勇大はうなずかなかったが、潤平は構わず続けた。「おれは、おばさんのところに行った方がいいと思うな」心の中で、あのお母さんはたよりにならないし、君にとってろくなことにならない、とつけ加えた。

勇大は静かに笑った。

「だいじょうぶ。ぼく、お兄ちゃんに料理教えてもらったから、お母さんのめんどう見られるよ。せんたくとかも、やり方覚えようと思ってるところだし」

横山先生はそう言って、原稿《げんこう》用紙を出してよこした。「かれは作文を書かせても、一枚分でもなかなか書けない子だったんです。そのかれが、ものすごい勢いで一気に三枚も書いたんですよ」

〔ライギョつり〕という題名の作文だった。となりに住んでいるお兄ちゃんにライギョつりを教わったことが書かれてあった。文章は※⑥つたないが、勇大がライギョつりに夢中であることや、初めてつり上げたときの興奮などが伝わってくる内容だった。さらには、ライギョの生態や※⑦ルアーフィッシングの方法とマナー、できるだけライギョにダメージを与えないようにつることが大切だといったことも書かれてあった。

読み終わったのを確認《かくにん》して横山先生が「いい作文だと思ったので、授業で本人に朗読させたんですよ」と続けた。「それ以来、他の男子児童たちの勝野君に対する態度も変わったような気がします」

へえ、そうだったのか。⑥潤平は心の中で、もしかしておれのおかげ？と少々鼻を高くした。

「ところで」と横山先生がせきばらいをした。「おとなりに住んでおられてお気づきの範囲《はんい》でけっこうなんで、勝野君が、家ではどういう生活をしているのかを、お聞かせいただければありがたいのですが」

担任の教師であれば知っておきたいことだろうし、見たところ、横山先生は勇大の味方をしてくれそうな気がしたので、潤平は、母親が夜に仕事に出ていることや、以前はインスタント食品ばかり食べていたようだが、料理の作り方を最近教えたこと、勇大と親しくなったのはごく最近であること、などを話した。

話のついでだと思い、潤平は勇大の父親のことをたずねてみた。横山先生は個人情報だから口外しないでほしいと念おしした上で、勇大の両親は二年前に離婚《りこん》しており、父親については全くといっていいほどわからないと教えてくれた。

「ときどき会ったりはしてないんでしょうかね、勇大は、お父さんに」

「会ってないと思いますよ」横山先生はcケワしい顔で頭をふった。「最大の離婚原因が、奥《おく》さんへの暴力だったと聞いてますし」

勇大が最近まで、どこかおどおどした態度だったことを思い出した。

しばらくの間ができ、横山先生はもう一度せきばらいをした。

「まあ、鵜川さんになら、お話ししていいと思いますのでお教えしますが……先ごろ、母親の方の姉夫妻が、勝野君を引き取りたいと言い出しましてね」

「えっ、本当ですか」

「ええ。そのご夫妻には子供さんが三人いるのですが、⑦勝野君の生活環境《かんきょう》を心配しておられるようで、日常生活のめんどうを見たい、と言っておられるんです」

「そうですか……そんなことが」

「でも、勝野君の母親が断ったそうです。もともとあまり姉妹《しまい》の仲がよくなかったという事情もあるようですが、母親としての意地、ということなんでしょうか。あ、それはあくまでそのご夫妻の言い分なんですが」

「じゃあ、その話はなくなった、と」

「ええ、一応は」横山先生はため息をついた。「私は立場上、そういったことに口出しできないのですが、勝野君にとっては、そのご夫妻のもとで生活する方がいいのではないかと、感じています。ご主人の方は税

ドを持っており、腰のところにウエストバッグらしきものをつけている。

何で？　潤平は目をこすった。確かに勇大だ。近づいて、「あっ」ともらした。

勇大はコンクリート護岸にではなく、それよりも二メートルほど入りこんだぬかるみに立っていた。ひざの上までが、めりこんでいる。

④潤平は腕時計を見て、「うそぉ」とうめいた。あのときにもどっている。

これが奇跡というやつなのか。

頭が混乱した。今のこの状況《じょうきょう》をどう解釈《かいしゃく》すればいいかということもだが、自分は今から何をするべきなのかもよくわからない……。

潤平はとりあえず走って近づき、ガードレールをまたぎながら「勇大」と声をかけた。勇大が、はっという感じの表情を向ける。その顔がたちまちすがりつくような、そして泣き出しそうなものになった。

「出られなくなったのか？」

勇大がくちびるをかみしめてうなずく。

ということは、つなぎ服のあの男性にたのめば何とかなる。勇大と再び目が合った。いや、だめだ。立ち去ってはいけない。そばにいてやらなければ。

その後は同じだった。潤平は、自動車解体工場の男性といっしょに勇大を助け出した。その間に面接時間のことをまたもや忘れてしまい、携帯電話から部長に連絡を入れたものの、ノーの宣告を受けた。

そしてさきほどタクシーを降りて、今は排水門の近くに立っている。

もしやと思って目をこらしたが、勇大の姿はなかった。その場所にあったのは、いくつかの足跡《あしあと》と、タイヤ跡だけだった。腕時計を見たが、時間はもどっていない。奇跡は一度きり、ということか。

潤平は「ばーか」とつぶやいた。「せっかくB奇跡が起きたというのに、むだにしやがって」一人で大きく背のびをし、それからげんこつで頭をたたいた。

帰宅してスーツをしまいこみ、部屋の掃除《そうじ》をしているときに、ドアチャイムが鳴った。

出てみると、見覚えのない男性が「あ、急におうかがいしてすみませんが」と小声で言った。「あの、鵜川さん、ですよね？」

「はい」

「勝野君とライギョつりをされる方」

「はあ……」少し身構えながらうなずくと、男性は横山と名乗り、勝野勇大の担任をしていると自己紹介《しょうかい》した上で、「ちょっとだけ、お話をさせていただきたいんですがね、いいでしょうか」と言った。どうやら内《ない》緒《しょ》の話をしたいらしいと察し、潤平は招き入れた。

横山先生は「勝野君、最近になって急に元気が出てきたというか、目のかがやきがちがってきましてね」と切り出した。「それまではおとなしいというか、おどおどしているというか、自信のなさそうなところがあって、クラスメートからも軽く見られて、ばかにされているような感じだったんですよ。だから心配していたんですが」横山先生は相変わらず小声だった。「⑤本人に事情を聞くタイミングをはかってたところだったんですが、かれが書いた作文でわかりました」

乗った。

潤平がロッドを近くに置いて、手を差しのべると、勇大がしっかりつかんできた。そのままコンクリート護岸に渡らせる。勇大の顔は青ざめて、くちびるがふるえていた。

「ぼく、気ぃつけろよ。一人で土手を下りたら危ないぞ」男性はそう言って笑いかけ、潤平には「タイヤは後で、引っかけるものを使っておれが回収するから」と言い残して行った。潤平がその後ろ姿に向かって「ありがとうございました」と頭を下げると、勇大もそれにならって頭を下げた。

「やれやれだったな」言いながら勇大の背中をなでてから、我に返って、腕時計《うでどけい》を見た。

潤平は「ああ」とうめいた。面接の時間にとても間に合いそうもなかった。携帯電話を取り出し、部長に連絡《れんらく》を入れた。

アクシデントがあって面接におくれそうなので、申し訳ありませんが少し待ってもらえませんか――おずおずとたのんだ。列車事故にでもあったのかと聞かれ、そうではなくて、列車に乗る前にちょっと②手間取る出来事に※⑤遭遇《そうぐう》してしまった、と正直に答えた。

部長の口調が急に冷たいものになった。

「あなたもビジネスの世界で生きていこうとしているのなら、約束の時間を守れないということがどういうことか、わかるはずです。何があったのか、くわしいことは知りません。とにかくあなたは約束を守れないと言っている。そんなことは関係ないんです。ならば面接はできません」

切れた携帯電話を見つめながら潤平は「あーあ」と、やけくそ気味につぶやいていた。

アパートまでタクシーで帰るつもりだったが、気が変わって排水門の手前で降りた。

減水した水路の水面が、風でさざ波を立てている。

「何でだよー、Aつりが奇跡を起こすんじゃなかったのかよー」

声に出して、足もとの小石を拾い、投げた。間のぬけた音がして、波《は》紋《もん》が広がった。

ばかなことをしてしまった。別に自分が助けなくてもよかったのだ。勇大は単に、ぬかるみから出られなくなったというだけのことだ。今にもおぼれそうだったとか、流されそうだったというわけじゃなかった。その気になれば自力でも脱出できたのではないか。

知らん顔で通り過ぎればよかったというのではない。あの自動車解体工場の男性に後をたのめば、それでよかったのだ。急用があるからと断って、後で礼を言えば。あの男性からは、無責任なやつだと思われるかもしれないが、勇大は結局は無事救出され、自分は面接に間に合っていたし、就職できた。

③うーむ。潤平は頭をかいた。

本当にそうすべきだったのか。無事に会社に入り、バリバリ働くようになる。勇大だって、別にうらみはしないはずだ。そうかもしれない。でも、もやもやした後ろめたさが残るということはないか。自分だけ、用があるからとその場からいなくなったりしていいのか。

視界に人かげが入ったので目をやると、五十メートルほど前方の水ぎわに男の子が立っていた。すぐにそれが勇大だとわかった。手にはロッ

ところにウエストバッグらしきものをつけている。

何か変だなと思った。近づいてゆくうちに、何が変なのかがわかった。勇大はコンクリート※③護岸にではなく、それより二メートルほど入りこんだ土の上に立っていた。しかも、勇大のひざ上までが、土の中にめりこんでいる。よく見ると、それは土ではなかった。表面がかわいているせいで土のように見えるが、水分をたっぷりとふくんでいる泥《どろ》らしかった。だから、ひざ上までめりこんでいる。

ガードレールをまたぎながら「勇大」と声をかけると、勇大が、はっという感じの表情を向けた。その顔がたちまちすがりつくような、泣き出しそうなものになった。

「出られなくなったのか?」

勇大がくちびるをかみしめてうなずく。ひざまで泥にうまると、確かに動くことは難しいだろう。無理をすればそのままたおれてしまい、起き上がれなくなるかもしれない。

自分のせいだと潤平は思った。減水したときは、ぬかるみが地面のように見えることがあるから注意しなければならない、そういうことまで教えておくべきだったのだ。

潤平はコンクリート護岸のふちに立ち、そっと、体重をかけないようにして、ぬかるみ部分をふんでみた。一瞬《いっしゅん》だけ、ふつうの土のように感じられるが、ゆっくりとしずみ始める。あわてて足を引っこめた。こんなところに入りこんでしまったら、子供一人の力では脱出《だっしゅつ》できないだろう。

「棒か何かを取ってくる。もうちょっとそこでがまんできるか」

勇大は泣き出したいのを必死でこらえている感じでうなずいた。

「すぐに助けてやるから、二〜三分待ってて」そう言い残して、コンクリート護岸をかけ上った。

車の解体工場にかけこんだが、人かげがない。今日は土曜日だからなのか。

使えそうなものが見あたらず、焦《あせ》り始めたときに、軽トラックが入ってきて、グレーの※④つなぎ服を着た、四十代半ばぐらいの男性が降りてきた。

「何?」と男性が言った。

「そこの水路のぬかるみに、男の子が入って、出られなくなってるんです」

「えっ、ほんとか」男性は水路の方を見回すが、ここからは視界に入らない。潤平は「少し先です」と説明した。

「よし、じゃあ、あれを使おう」男性は、敷地《しきち》のすみに積まれてある古タイヤをあごでしゃくった。

一人二つずつ、大きめのタイヤをかかえて歩いた。使い方は聞かなくてもわかる。

男性が勇大を認めて「すぐに助けてやるからな」と声をかけ、コンクリート護岸を下りる。潤平も後に続いた。

まず男性が、ぬかるみの中にタイヤを一個置き、その上にもう一個を重ねた。男性がその上に乗り移る。タイヤは男性の重みでゆっくりとしずんだが、全部がしずむことはなく、かろうじて上の部分は残った。

男性が「よし、まずはそれ、さおをよこして」と手を差し出し、勇大からロッドを受け取って潤平にリレーした。続いて男性は勇大の手をつかんでひっぱり上げた。勇大はぬかるみから足がぬけて、タイヤの上に

【国　語】（六〇分）〈満点：六〇点〉

次の文章を読み、設問に答えなさい。

就職が決まらない鵜川《うかわ》潤平《じゅんぺい》は、アパートのとなりの部屋に住む小学生の勝野勇《ゆう》大《だい》と、ライギョつりを教えることを通じて親しくなり、料理なども教える関係になっています。

日曜日の午前中も、二人でライギョつりをした。前回よりも長い時間、勇大に※①ロッドを持たせてやったところ、やや小ぶりな二匹をつりあげた。特に二匹目の五十センチ台の方は、潤平はほとんど指示を出さずに「あそこにいるみたいだぞ」と教えてやっただけだったので、勇大が一人でつったものといえた。

その週の水曜日にもいっしょに夕食を食べた。このとき、潤平は見守るだけで、ほとんどを勇大にやらせた。みそしるに入っている豆腐《とうふ》の形がばらばらで、フライパンで焼いたソーセージは少しこげ過ぎてしまったが、ご飯はちゃんとたけており、みそしるの味もまあまあの出来だった。勇大は食べながら何度も「おいしい」と喜んでいたが、多分それはaジガジサンではないのだろう。きっと、自分で作ったということや、だれかといっしょにそれを食べるということが、味を格別なものにしているのだ。

次の日曜日は残念ながら雨が降っていた。潤平がもしやと思ってドアを開けると、①勇大がアパートの鉄階段のところに座って、空を見上げていた。「今日はだめだな。また今度な」と潤平が声をかけると、勇大は少しがっかりしたように「うん」とうなずいて、自宅にもどった。

午後、買い物に出かける前に、携帯《けいたい》電話が鳴った。画面を見ると黒谷《くろたに》からだった。

「鵜川、おれ、おれ。今ちょっといいか」

「ああ、いいよ」

「実は、うちの部長がお前に会ってみたいと言ってるんだ」

「……ほんとか」

「本当に決まってるだろう。決まれば即《そく》採用だから、※②就職浪人《ろうにん》とおさらばできるぞ」

もしかすると黒谷は、「鵜川ってやつがいるんですけど……」などと、売りこんでくれたのかもしれない。いや、きっとそうだ。潤平は電話を切った後も「すまん、ありがとう」と頭を下げた。

そのとき、〔奇跡《きせき》を信じたければ、つりをするがいい〕という言い伝えに、だったら就職させろと、心の中でぼやいたことを思い出した。

「つりの神様、あなたをなめてました。おそれ入りました」潤平は両手を合わせてbオガんだ。

土曜日は曇《くも》り空で、少し暑さを感じる気温になった。潤平はスーツを着こみ、午後一時にアパートを出た。会社に行くには列車と徒歩で四十分近くかかる。

駅に向かって、勇大とライギョをつっている水路沿いを歩いた。何となくのぞきこむと、おとといから昨日の朝にかけて降った雨に合わせて排水門《はいすいもん》を開いたらしく、水位がかなり減っていた。視界に人かげが入ったので目をやると、五十メートルほど前方の水ぎわに男の子が立っていた。すぐにそれが勇大だとわかった。手にはロッドを持っており、腰《こし》の

九　――線⑦「ピンク色のママチャリもぴかぴかと得意げに光っている」（276～277行目）とありますが、四つの……線（236～237行目、230～231行目、269～270行目、272～273行目）に注目して、このときの「ママチャリ」の気持ちを説明しなさい。

十　～～線Ａ「おれのようなかっこいい自転車」（6行目）、～～線Ｂ「きみってかっこいいな」（283行目）には、どちらも「かっこいい」が使われていますが、ＡとＢでは言葉の内容が変化しています。それぞれの内容を説明しなさい。

十一　――線⑧「以来、つよしはあずかりやにおれをむかえにこない」（307～308行目）とありますが、つよしが「おれ」に乗って学校に行くことをやめたのはなぜだと考えられますか。288行目から305行目までの場面でのつよしの「おれ」に対する思いをふまえて、ていねいに説明しなさい。

「おれ」がこのように思うのはなぜですか。1行目から49行目までを読んで答えなさい。

四　――線③「おれは精一杯光りかがやき、すばらしさを見せつけた。どうだ！　って感じさ」(60～61行目)とありますが、このときの「おれ」の気持ちを説明しなさい。

五　――線④「六番のママチャリ」(71行目)について、「おれ」はどのように思っていますか。62行目から82行目までを読んで説明しなさい。

六　――線⑤「朝、おかあさんがくれた自転車で家からここまで来て、ここでおとうさんが買ってくれた自転車に乗りかえて、学校へ行ってるんです」(155～157行目)について、以下の問いに答えなさい。

(1)　「おかあさん」は、つよしが学校に通うために必要な「自転車」をどのようにして手に入れましたか。その理由もふくめて説明しなさい。

(2)　つよしが「おかあさんがくれた自転車」で学校に行かないのはなぜですか。説明しなさい。

(3)　つよしは「おとうさんが買ってくれた自転車に乗りかえて、学校へ行ってる」ことについて、どのように思っていますか。説明しなさい。

七　233行目から256行目までの部分から、「ママチャリ」が「おれ」をどのように思っていたことがわかりますか。次の中からふさわしいものを一つ選んで記号で答えなさい。

ア　自転車屋の高いところに展示されて光りかがやいていた「おれ」を、自分とはまったく別の世界にいるものとしてあこがれていた。

イ　自転車屋の高いところから世界を見下ろしている「おれ」をすばらしい自転車だと思い、自分のそばに来てほしいと思っていた。

ウ　自転車屋の高いところで光りかがやく「おれ」をとても美しいと思い、自分のようにキズだらけでなくてうらやましいと思っていた。

エ　自転車屋の高いところから「おれ」がいつも外ばかりながめているのを見て、自分のことを気にかけてくれないことを悲しく思っていた。

八　――線⑥「『妹のおむかえはわたしの任務なの』荒井さんは『任務』に力をこめて言い、胸をはった」(273～274行目)とありますが、ここには「荒井さん」のどのようなすがたがあらわれていますか。次の中からふさわしいものを一つ選んで記号で答えなさい。

ア　自分が幼いころから「おかあさん」が使っていた自転車を何度も修理しながら大切に使い続け、今は自分がそれに乗っていることをほこりに思い、ものを大切にするすがたがあらわれている。

イ　昔「おかあさん」が自分を自転車に乗せたように、今は自分が妹のおむかえをすることを、家族のために役立っているとほこりに思い、家族のつながりを大切にするすがたがあらわれている。

ウ　高校生なのに、「おかあさん」とおなじように立派に働いて、家計を助けているということをほこりに思い、あたえられた仕事をかんぺきにこなすことを大切にするすがたがあらわれている。

エ　「おかあさん」のお下がりに乗っていて、妹のおむかえをしなければならないことが本当ははずかしいのだが、気にしてないようにみせられる強い自分を大切にするすがたがあらわれている。

だ。

つよしと言ったらもう、あほうのように口を開けてつっ立っている。なにか言え、ばかやろう。話をつなげるんだよ！　おれだってあほうだ。ピンクのママチャリに「Ⓑきみってかっこいいな」って言いたいのに言えない。

荒井さんは白馬にまたがるように、ママチャリにまたがった。

「じゃあね」と言って荒井さんは黒髪をなびかせて行ってしまった。

その帰り、つよしはおれと走った。

妙なんだ。つよしは真剣《しんけん》な顔をして、いつもとちがう道を走った。どんどんどんどん走って走って、走りまくった。地球を一周まわっちまうくらいのいきおいだ。つよしの足の速さにおれは必死についていく。

回れ！　回れ！

前にあるものすべては後ろに消え、ぜんぶぜんぶ過去になり、おれたちは未来を目指す。

まだ行ける！　どこまでも行ける！

やがてつよしの息があらくなり、足が止まった。そこに、見たこともない風景が待っていた。でっかい水たまりだ。

つよしは言った。「海だよ」

ひとりごとじゃない。これ、絶対絶対、おれに言った。おれを仲間と認めて、おれに話しかけてきたんだ。おれはできる限りの努力でもって「そうか、海か」と返事をした。しゃべれないけど、ハンドルを通じて気持ちは伝わったと思う。

おれとつよしは海にしずむ真っ赤な太陽を見た。時間をかけて、しっかりと見た。太陽はすっかりしずんでも、まだあたりは明るくて、明るさが残っているうちに、おれとつよしはあずかりやへもどった。

それがつよしと走った最後になった。⑧以来、つよしはあずかりやにおれをむかえにこない。

つまり、おれは、捨てられた。

がっかりしたかと言えば、まあ、した。しかし最悪な気分とはちがう。つよしはあずき色の自転車を好きになれたのだろう。おれをきらいになったとか、あきたとか、そういうことではないのだろう。もともとおれはつよしの心にいなかったのだから。

だけど一回は会話した。夕陽《ゆうひ》と海が見える場所で。

それを思い出にして今後を過ごそう。

（大山淳子「ミスター・クリスティ」より）

〈語注〉※①　感嘆…感心してほめたたえること

※②　がぜんすべらかに…急になめらかに

〔設問〕　解答はすべて、解答らんにおさまるように書きなさい。　句読点なども一字分とします。

一　＝線a「ソウコ」(19行目)、b「トウロク」(114行目)、c「ス」(114行目)、d「コウガイ」(124行目)のカタカナを、漢字で書きなさい。

二　――線①「店内は自転車屋よりずいぶんせまい」(12行目)とありますが、この店はどのような商売をしていますか。それがわかるひとつづきの二文をぬき出し、最初の五字で答えなさい。

三　――線②「なにがなんだかわからない」(50行目)とありますが、

「気にしなくていいよ」

「わたしあなたを知ってるの。自転車屋の天井からぶら下がっていたでしょう?」

「おれを見たのか?」

ママチャリは、はにかんだように話す。「わたしあそこで何度か修理してもらってるの。天井のあなたがいつもぴかぴか光ってて、月みたいにまぶしかった。あんなところから世界を見下ろせるなんてすごいことだと思ったわ」

そうか。そんなふうに見えていたんだ。

「あなたとこんなところで肩《かた》を並べる日がくるなんて、すごく意外だったわ」

「どうしてもっと早く言ってくれなかったんだ。おれを知ってるって」

「だってあなた、お店にいたころ、外ばかりながめていたじゃない。修理されてる自転車なんか、目に入らなかったでしょう? わたしはあなたを知ってるけど、あなたはわたしを知らないから、ここでいきなり声をかけるなんて、なんだかはずかしくて」

そのあとママチャリは口ごもった。

おれは胸がきゅんとした。恋《こい》かもしれない。

「おれととなりで、あの、あのさ」

「なあに?」

「うれしい?」と聞いてみた。

すると意外なことに、ピンク色のママチャリはためいきをついた。

「どうかしら。このあいだ自転車屋でパンクを直してもらったとき、天井にあなたがいなくて、あそこの空間が妙にさっぱりしちゃってて、退《たい》屈《くつ》な場所になってしまっていたわ」

そんな会話をしている最中にも、女子高生は確実に自転車を起こしていき、あと一台で終了《しゅうりょう》というところで、すっと別の手がのびた。

つよしは何も言わずに最後の一台を起こした。

彼女はにっこり笑ってつよしに「ありがとう」と言った。

つよしは頬を赤くして「B組の荒井《あらい》さんだよね」と言った。

「ええ、なんで知ってるの」

つよしはだまった。

作業を終えた荒井さんはピンクのママチャリを引いて歩いた。つよしはおれを引きながら、彼女の少し後ろを歩いている。

荒井さんはふり返ってつよしに言った。「となりの自転車、かっこいいなあって前から思ってたんだけど、あなたが持ち主なのね」

「A組の笹本」つよしはぼそっと自己紹介《しょうかい》した。

荒井さんは言った。「わたしのこの自転車、おかあさんのお下がりなの。ねえ見て。信じられる? わたしもここに乗ってたんだから」

荒井さんはチャイルドシートを手でぽんぽんとたたいた。

「はずさないの?」とつよしが聞くと、「だってこれから保育園に妹をむかえに行くのよ」と荒井さんは言った。⑥「妹のおむかえはわたしの任務なの」荒井さんは「任務」に力をこめて言い、胸をはった。

おれはどきっとした。荒井さんがきらきらとかがやいて見えたからだ。その横で⑦ピンク色のママチャリもぴかぴかと得意げに光っている。

自転車屋にぶらさがってた時、外を走る自転車はみな光って見えた。あの光り方と同じだ。まぶしい。荒井さんとママチャリ、最高のコンビ

かったようだ。

店主はやさしくこう言った。「おかあさんに本当のことを話せば、喜んでくれると思いますよ。だいじな息子《むすこ》がかっこいい自転車に乗っている。それを喜ばない母親はいないと思います」

するとつよしは大きな声を出した。「もちろんそうです！　きっとおかあさんはクリスティを喜んでくれる」

それから小さな声で言った。「でもぼくは」

しずかな時間が流れた。つよしは自分の気持ちを探しているようだった。やがてつよしはそれを見つけた。「ぼくがいやなんです」

つよしは立ち上がり、「明日また来ます」と言って、あずき色の自転車を引いて出て行った。

店主は口答えをされたのに、さわやかな笑顔をうかべていて、つよしの発言に満足しているようだ。

おれ？　おれはなにがなんだかようわからん。世の中は複雑すぎる。

ただ、これは想像なんだけど、つよしはあずき色の自転車を愛したがっているんじゃないかな。けれどうまく愛せないから、いらついている。そういうことなんじゃないか。たぶん、そう。

そこまで想像すると、おれの心はしーんとした。

だってこれって、つよしとあずき色の問題であって、おれってあんまし関係ないんじゃないかと思えて来たんだ。

ふーっとさびしい気持ちになった。

それから一週間後、いつものように高校の駐輪場でつよしを待っていた。五月の陽気にうとうとしていると、騒音《そうおん》に目が覚めた。

となりの六番のピンク色のママチャリをガタガタやっている女子高生がいて、そいつがひじでうっかりおれをたおし、あれよあれよという間に、おれから右にある自転車は全部たおれちまった。

自転車たちの悲鳴が聞こえる。あーあ。女子高生ってやつは！

しかし自転車たちはそのあとみな文句を言わなかった。だってその女子高生はまじめな顔で一台一台、きちんと起こしてゆくし、なにしろその女子高生がやたらと美しかったからだ。

髪《かみ》はストレートのロングで、肌《はだ》は白く、目は黒目がちで、鼻もすっきり、くちびるはうるうるとしている。そのくちびるをかみしめて一台一台きっちり起こす。自転車全員が息をのみ、彼女《かのじょ》に起こしてもらうのを待った。真っ先に起こしてもらったのはおれだけど、彼女はいいにおいがした。なんだろう、このにおい。立派な人間のにおいにちがいない。

彼女がほかの自転車を起こしているとき、ピンク色のママチャリが初めておれに話しかけた。

「ごめんなさいね」

おれはあわてた。とっさに返事ができない。

「あなたのサドルの支柱にキズがついてしまったわ」

「そうか？」

「ほんの少しだけど、あなた、キズついてしまったわ」

おれはピンク色のママチャリをじっと見た。彼女はそもそもキズだらけだ。おれのキズを気にしてる場合じゃないだろう。その思いが伝わったようで、ママチャリは言った。

「わたしはいいの。とても古いし、いつ捨てられてもおかしくないくらい、使ってもらってるから。でもあなたにキズは似合わない」

た、って言ってました」

「遠藤さんからゆずっていただいた自転車なんですね」

「はい。ぼくのおかあさんはやさしい人です。お金があれば買ってくれるんですけど、朝早くからスーパーで働いて、夜は弁当屋で働いて、でも自転車は買えないんです。ぼくの学費をためているんです。大学へ行かせるんだってはりきっています」

「自転車は高いですからね」

「それで、遠藤さんからゆずってもらった自転車をぼくにくれたんですけど」つよしはそこでだまった。

すると店主が言った。「遠藤さんの自転車はしっかりした作りですが、若い人が乗る自転車とちがいますから、通学に利用するのは少しはずかしいですよね」

つよしははっとした。おれもはっとした。店主は誠実だが、頭がやわらかく、この手の話も通じるのだと思い、おれはなんだかほっとしたし、つよしもほっとしたようだ。

つよしの口は油をさしたように、※②がぜんすべらかになった。「おとうさんに入学祝いに何がほしいって聞かれたとき、ぼく、自転車って言っちゃったんです。せっかくおかあさんが用意してくれたのに」

つよしは正座した太ももの上にげんこつをにぎっていたんだけど、それをことさらに強くにぎり、「⑤朝、おかあさんがくれた自転車で家からここまで来て、ここでおとうさんが買ってくれた自転車に乗りかえて、学校へ行ってるんです」と言い、はき捨てるようにこう付け加えた。「ぼく、おかあさんをだましてる」

「だますだなんて、おかあさんを思ってのことでしょう? それにかっこいい自転車に乗りたいのは、あなたくらいの年齢《ねんれい》では当然でしょう」

つよしは「ふつうの家族だったらそうかもしれません」と言った。

「おとうさんとおかあさんはぼくが幼稚園《ようちえん》に通っているころに別れて、ぼくはそれからずっとおかあさんと暮らしています。おとうさんは今別のひとと暮らしています」

「そうなんですか」

「おとうさんはときたまぼくに会って、ものを買ってくれようとするんだけど、ぼくは今まで断っていました」

「なぜですか」

「おかあさんがぼくを一生けんめい育てているからです」

「それだとどうしておとうさんからものをもらってはいけないんですか」

「おかあさんがぼくに一生けんめいで、おとうさんはぼくに一生けんめいじゃない。なのにお金を持っているから、ぼくを簡単に幸せにできるんです」

そのときのれんがゆれた。つよしをはげますように、いい風が入ってきたのだけど、つよしの表情はかたいままだ。

「おかあさんは頭をいっぱい下げて、何日もかけて古い自転車を手に入れました。おとうさんはカードを出すだけで、クリスティを手に入れました。かかった時間はほんの数分でした。なのにぼくはクリスティが好きなんです」

すると店主は言った。「お金を手に入れるのも簡単なことではないですよ。おとうさんもあなたに一生けんめいなんだと思いますよ」

つよしの頬《ほお》はかあっと赤くなった。そういうふうに考えたことがな

しかし今日も商店街に入った。つよしがおれから降りて手で引き始めると、もくもくといやな気持ちがおれの心を支配した。つよしはまたおれをあずけるのか。そしてあずき色の自転車といっしょに家に帰るのか。

予想は当たった。藍色ののれんをくぐると、つよしはおれを店内に入れ、店主に「またこれをお願いします」と言った。こんどは「明日の朝まで」と言う。

店主はわかりましたと言って、百円を受け取ると、奥からあずき色の自転車を引いてきた。

つよしは去った。おれは店主の誠実な手により奥にしまわれた。

その後、つよしは月曜から金曜日、朝、おれを取りに来て高校へ行き、学校が終わると帰りにあずかりやにあずけた。必ずあずき色を引いてきて、あずき色を持ち帰った。

土曜と日曜は別モノだ。つよしはどちらかの昼間に手ぶらでやってきて、いつもとちがう道を走った。

木が多い公園に行ったときは、葉っぱのにおいを知った。つよしはおれに世の中を見せてくれる。おれは自転車屋の天井《てんじょう》にぶら下がっていたころより、いろんなものを見、知ることができたが、一番見たいものは見せてもらえなかった。それはつよしの家だ。

ある日曜の夕方のこと。つよしはその日おれと山に登り、そうとうくたびれていたようで、あずかりやに入ると、店主にこう言った。「いちいちお金をやりとりするのはめんどうなので、一ヵ月分はらっておいてもいいですか」

「もちろんかまいませんが」と店主は言い、そのあと遠慮《えんりょ》がちにこう言った。

「駅前の駐輪場でbトウロク手続きをすれば、一ヵ月四百円でcスみますよ」

つよしはしばらくだまっていたが、「自転車をここにあずけては迷惑《めいわく》ですか」とたずねた。

店主は笑顔《えがお》で言った。「こちらはかまいません。ただ、笹本さんは学生さんなので、このまま一日百円をいただき続けるのもどうかと思いまして」

つよしは「駅前だとおかあさんが気付くので」と言った。

店主は座布団《ざぶとん》を差し出し、「もしよかったらご相談にのりますよ」と言った。

「お話を聞いてもけしてdコウガイしません。話すだけ話してみるというのはどうですか」

そう言われて、つよしはしばらくもじもじしていたが、やがてくつをぬいで上がった。

「おこづかいが足らなくなってきたから、もうそろそろおしまいにしないといけないって思うんです」

店主はうなずいた。

「高校に通うのに自転車が必要なんです。おかあさんは、一生けんめい自転車を探してくれて、あのあずき色の」と言いかけて、つよしははっとして、言葉を選び、言い直した。

「古い自転車をアパートのおとなりの遠藤《えんどう》さんからゆずってもらったんです。遠藤さんはもう歳《とし》で自転車に乗れないから、捨てようと思って

ここはあずかりやという商売をしており、人はいろんなものをここに持ちこむ。店主はそれを金をとってあずかる。

三日目の朝七時半ぴったりに、つよしはやってきた。

おどろいたことに、つよしはぎいぎい音をさせてやってきた。手にはさびた自転車を引いている。センスのないあずき色で、古い型の自転車だ。

「夕方まであずかってください」と言ってつよしは百円を置き、あずき色の自転車を店主にあずけると、かわりにぴかぴかのおれを引いて店を出た。

②なにがなんだかわからないまま、おれは商店街を引かれて行った。

つよしは三日前とちがう制服を着ていた。少しサイズが大きいみたいだ。商店街をぬけると、つよしはおれにまたがり、大通りを走った。おれは走った。つよしと走った。

三十分ほど走ると、つよしと同じ制服を着た若者がうようよいる場所に着いた。これがうわさの高校ってやつだな。

みんなかしこそうな顔でぴかぴかの自転車に乗っている。しかしおれほどの自転車はほかにない。だって自転車たちはみなおれとすれちがうと「ミスター・クリスティじゃないか!」と※①感嘆《かんたん》のためいきをもらした。自転車界でおれはスターだからな。

③おれは精一杯光りかがやき、すばらしさを見せつけた。どうだ!って感じさ。

つよしはおれを自転車ばかり並んでいる場所に置き、かぎをかけた。七番という場所で、となりの六番には最悪な自転車があった。くたびれたママチャリだ。子どもっぽいピンク色だし、おどろくべきことに、ちいさい子どもをのっけるシートがトップに付いている。ママチャリ中のママチャリではないか。なんで高校にママチャリがあるんだ?

おれは駐輪場《ちゅうりんじょう》でつよしがもどるのを待った。ほかの自転車から「きみはなんてかっこいいんだ」とか「大切にされているんだろうな」と話しかけられ、そりゃあもう、ちやほやされっぱなしだったけど、あずかりやにいるとも言えないから、自宅の駐輪場の豪華《ごうか》さを語ってやった。

④六番のママチャリはひとことも口をきかない。高校の駐輪場にふさわしくない自分をはじているのだろうか。

おれはあずかりやのあずき色の自転車を思い出した。あれはひどい。おばさんが使うようなタイプで、ゆがんだカゴが前に付いていた。おばさんというよりばあさんに似合いそう。

あれにくらべると、六番のママチャリはそこそこ手入れがされているし、なんとなくだけど、持ち主に愛されている感じがした。

ふと思った。おれの持ち主はだれかと。それはきっとつよしにちがいない。つよしはおれを愛しているだろうか。

やがてつよしはやってきた。友人に「笹本、すげえかっこいい自転車だな」なんて声をかけられ、うれしそうに「入学祝いなんだ」と答えていた。

そして再びおれは走った。つよしと走った。風を感じた。走っている間は不安なんてちらっともうかばない。だってさ、すげえ楽しいんだもの。運転手は若くて体が軽いし、運転はたしかだし、若いからスピードも出してくれる。

おれにぴったりの持ち主だ。つよし、最高!

【国語】〈六〇分〉〈満点：六〇点〉

◇次の文章を読み、設問に答えなさい。

高校に合格した笹本《ささもと》つよしは父親といっしょに自転車屋に行き、気に入った「クリスティ」という高価な自転車を入学祝いに買ってもらいました。そのあと、つよしは父親と別れ、「クリスティ」に乗って、近所の商店街に向かいました。

そこで自転車の「クリスティ」は自分のことを「おれ」と呼びながら、次のように語り始めます。

しばらくするとつよしは止まった。おれから降りると引きながら歩いた。つかれたのだろうか。妙《みょう》な道に入った。それは商店街というもので、うわさには聞いていたけど、自転車や車は走ってはいけない場所らしい。何台かの自転車に会ったけど、みんな大きな荷物をのっけていたり、子どもをのっけていたりして、人が両手で引いている。

見たところ、Ａおれのようなかっこいい自転車はなくて、みな、ママチャリと呼ばれるくそまじめ系だ。おれは精一杯《せいいっぱい》光を放ちながら、商店街を引かれて行った。

しばらく行くと、つよしは藍《あい》色ののれんの前で立ち止まり、中をのぞいたりしてもじもじしていたが、やがておれを引きながらのれんをくぐった。買い物でもするのだろうか。

①店内は自転車屋よりずいぶんせまい。そこに清潔そうな男がすわっていた。

「いらっしゃいませ」と男は言った。

つよしは立ったまま言った。「自転車あずかってもらえますか」

おどろいた！

おれはつよしとともにつよしの家に帰るのだと思っていた。だってそうだろう？　自転車ってふつう、家に置いておくものじゃないか。家といっても中じゃないけど、庭とか、ａソウコさ。家にぴったりくっついた場所に置いておかないと不便だろう？　第一、あのとうさんはどう思う？　会社から帰って自転車がなかったら「クリスティをどうした」ってあわてるんじゃないのか？

それともなんだ、おれが世間知らずで、知らなかっただけで、自転車はこういうところにあずけるものなのか？　常識か？

「初めてのご利用の時はお名前をうかがう決まりになっております」と店主は言った。つよしは畳《たたみ》を見ながら言った。

「笹本つよしです」

「笹本つよしさん、あずかり賃は一日百円です。何日おあずかりしますか」

つよしは少し考えて「三日」と言った。それから顔を上げ、「ここ、朝は何時からやってますか」とたずねた。

「七時から開店しています」

「三日後、朝の七時半に取りにきます」

「わかりました。もし三日を過ぎても取りにいらっしゃらない場合は、うちのものになりますが」

「ぼく、絶対来ます」そう言って、つよしは三百円を置いて出て行った。

それからおれは二日間、奥《おく》でただつっ立っていた。自転車屋でぶらさがっているより、見えるものは少ないが、聞こえる音で、この店のことがだいぶわかった。

新しいところでもちゃんと食べていればいいんですけど」（117行目・260行目）は「長崎さん」の同じ言葉です。

（1）117行目では、「私」はこの言葉をどのように理解していたのですか。説明しなさい。

（2）この言葉には「長崎さん」のどのような思いがこめられていたのですか。説明しなさい。

十二　「長崎さん」にとって「亮くん」はどのような子供だったのでしょうか。全体をふまえて、一五〇字以内で説明しなさい。

ア「私」があらかじめ持っていたイメージと重なる内容を語ったものとして、「私」の印象に残った言葉。

イ「私」が想像もしなかったような大変な出来事について語ったものとして、「私」の印象に残った言葉。

ウ「長崎さん」が語った「カミツキガメ」の飼い方の特に注意する点として、「私」の印象に残った言葉。

エ「私」の質問にたいして「長崎さん」が反論するように答えた言葉として、「私」の印象に残った言葉。

四 ――線①「前日も～意識を失いかけたりもした」(55～57行目)、――線③「九十分間～記事に取りかかった」(107～108行目)とありますが、これらの部分から「私」が記事をどのように書いていったことがわかりますか。説明しなさい。

五 ――線④「記事のできには自信があった」(141行目)とありますが、この時「私」が持った「自信」とはどのようなものですか。説明しなさい。

六 ――線⑤「話の意外な流れに混乱した」(184行目)とありますが、「私」はなぜ「混乱した」のですか。説明しなさい。

七 ――線⑥「主婦の話」(212行目)とありますが、これについて、以下の問いに答えなさい。

(1)「主婦の話」から、「私」は「長崎さん」についてどのようなことを知ったのですか。説明しなさい。

(2) また、「私」は「亮くん」についてどのようなことを知ったのですか。説明しなさい。

八 220行目から260行目までは「長崎さん」が話したことですが、ここにはどのような言葉が並べられていると考えられますか。次の中からふさわしいものを一つ選んで記号で答えなさい。

ア 取材したときには「私」が特に「重要なポイント」だと考えてノートに書きつけていた言葉で、「長崎さん」と「亮くん」、「カミツキガメ」の交流がいきいきと語られていた言葉。

イ 取材したときには「私」が「他愛なくもほほえましい事件」の内容を表すものとして期待していた言葉で、「私」はとてもよくおぼえていたが、残念ながら記事にできなかった言葉。

ウ 取材したときには「私」が早く帰ろうとあせっていてよく聞かなかった言葉で、「私」もよくおぼえていなかったが、やはり「カメの話」とは関係がないことが語られていた言葉。

エ 取材したときには「私」が「本筋」からは「脱線」していると感じた言葉で、「私」の印象には残らなかったが、本当は「カメの話」の中でとても大事なことが語られていた言葉。

九 ――線⑦「亮くん、～放っておけなかったって」(239～241行目)とありますが、「亮くん」には「ガメラ」が「すごくさびしそうに見え」、「ガメラ」を「放っておけなかった」のはなぜだと考えられますか。「亮くん」がどのような子供だったのかということをふまえて、説明しなさい。

十 ――線⑧「今から思うと、～いい夢を見させてもらいました」(246～250行目)とありますが、ここには「長崎さん」のどのような思いが表れていますか。「カメが私を竜宮城へ連れて行ってくれた」という表現がどのようなことを表しているかにふれながら、説明しなさい。

十一 ～～～線「今、思うことは……あの子、元気かしらって。本当に、

の子は一体どこで生まれて、どうやってここまでたどりついたんだろうね、なんて言い合いながら。⑦亮くん、川岸でガメラと会ったとき、すごくさびしそうに見えたんですって。ひとりぼっちで、よたよた歩いていて、だから放っておけなかったって。

――亮くん、うちの孫が小さかったころと似てるんです。内気で、泣き虫で、おばあちゃんおばあちゃんってたよってくれて。でも孫は成長して、今は外国でしょう。もう、おばあちゃんなんて目じゃないのよ。亮くんも、今ごろは私のことなんて忘れちゃったかもしれないけど。

――⑧今から思うと、なんだか夢のようだったわ。子供たちの笑い声がいつも家の中にひびいていて、ガメラのおかげで亮くんにも友達ができて、どんどん笑顔《えがお》が増えていって……。私ね、あのカメが私を竜宮城《りゅうぐうじょう》へ連れて行ってくれたと思っているんですよ。ええ、いい夢を見させてもらいました。

――新しい飼い主さんは良さそうな方でしたよ。他にもゾウガメやリクガメを飼っているそうで、本当にカメにはおくわしいようで。安心しておゆずりしました。心配だったのは亮くんで、なにしろ最後までいやだ、ガメラ行っちゃいやだって泣いていたから。ごめんね、亮くんって、私にはあやまるしかできなくて。だってねえ、私がこんなおばあさんでなかったら、そんなことにはならなかったかもしれないのに。

――え、ほっと一安心？　はあ……お茶、おかわりはいかがですか？

本当？　いえいえ、なんのおかまいもできませんで。

――今、思うことは……あの子、元気かしらって。本当に、新しいところでもちゃんと食べていればいいんですけど。

（森絵都《もりえと》「竜宮」より）

〈語注〉※①　快諾…快く引き受けること

※②　カセットテープ…「カセットデッキ」（215行目）に入れて録音・再生する物

※③　話が脱線するきらい…話が別の方向にそれてしまいがちなこと

※④　話をしめの方向へと誘導した…話を終わらせようとしたということ

※⑤　若干のそご…意見や物事が少しくいちがうこと

※⑥　ほだされて…つい同情してしまって

※⑦　乖離…へだたり

※⑧　心筋梗塞…心臓の病気の名前

※⑨　内弁慶…家の中では強がっているが、外では弱気なこと

※⑩　悔恨…あやまちをくやむこと

〔設問〕解答はすべて、解答らんにおさまるように書きなさい。句読点なども一字分とします。

一　═線a「**オ**」（9行目）、b「**ホウカゴ**」（98行目）、c「**ユウソウ**」（124行目）、d「**テイアン**」（197行目）のカタカナを、漢字で書きなさい。

二　――線②「長崎さんを〜イメージはおおかた固まっていたのだ」（63〜64行目）とありますが、「私」が持っていた「イメージ」とはどのようなものでしたか。それがわかる二十五字以内の表現を、これより前の本文からぬき出して答えなさい。

三　73行目から106行目までは「長崎さん」が話したことですが、そのすべてではありません。ここにはどのような言葉が並べられていると考えられますか。次の中からふさわしいものを一つ選んで記号で答えなさい。

「でも……じゃあ、なぜ長崎さんはカメを手放したんでしょう」

返事が一拍《いっぱく》おくれた。周囲を気にするように四方へ視線を走らせたあと、彼女は「子供たちの、お母さん」と声をひそめた。

「カメのこと、お母さんたちのあいだでは結構、問題になってたのよ。カミツキガメって凶暴《きょうぼう》なんでしょう？　子供たちが指を食いちぎられたらどうするんだって、中にはうるさくさわぎたてる人もいて。長崎さんにしても、やっぱり子供たちが心配だったんでしょうね。カメのもらい手を探そうってd**テイアン**に、すんなり同意したそうだから」

そして間もなくもらい手が見つかり、その三ヶ月後に亮くん一家は引っこしていったのだという。

「長崎さん、最後まで亮くんのことを気にかけていたわ。鹿児島では友達ができたのかしらって。※⑨内弁慶《うちべんけい》だからこっちの学校ではうまくいかなくて、でも、あのカメがいたあいだだけは、長崎さんの家で他の子供たちと仲良くやってたのよ。だから、よけいにやるせなかったんでしょうね、長崎さん」

主婦の声を聞きながら、私は絶望的な思いで一年前、自分が書いた原稿を思い起こしていた。

一人のおばあさんとカミツキガメ、そして子供たちが織りなすドタバタ劇。奮闘の末に救世主が現れて、一件落着。

なんてことだろう、と奥歯《おくば》をかみしめた。なんというまちがいを私はおかしてしまったのだろう、と。

⑥主婦の話を聞いた夜、帰宅してすぐに私は取材のテープを探した。トラブルなどが生じた際に備え、取材で回したテープはすべて保管してあった。一年前の長崎さんの声もその中から見つかった。

カセットデッキに収め、どきどきしながら再生のスイッチをおした。おっとりとした長崎さんの声が一年の時をこえてよみがえる。

その話に耳をかたむけるにつれ、私の視界は涙《なみだ》でゆがみはじめた。あまりにもおそすぎる※⑩悔恨《かいこん》の涙だった。

——ええ、それはそれはよく食べるカメでしてねえ。市販《しはん》のえさとあわせて、ときどき生魚なんかもあげていたんですけど、大きな切り身をばくっと一口で。もう、子供たちはおもしろがっちゃって。こぞって家から魚を持ってくるようになって、おかげでガメラが市販のえさを食べなくなってしまって。肥えるんですねえ、カメも舌が。

——亮くんがね、約束してくれたんですよ。ガメラを見習ってぼくももっと食べる、って。もともと食の細い子で、好ききらいも多くて、心配してたんです。それが亮くん、本当にガメラを見習ってよく食べるようになって。とくに、大きらいだった魚を食べはじめたのにはびっくりしました。……いえいえ、魚ぎらいだったのは亮くん。ガメラはもともと魚好きでしたよ。

——一度、ガメラが水そうから脱出《だっしゅつ》したことがあって。それはそれは大あわてで、子供たちみんなと家中を探しまわりました。大騒動《そうどう》ですよ。さんざん探して、結局、居間のテレビ台の裏から見つかったんです。子供たちは大喜びで、亮くんなんて泣いちゃって。よかった、ガメラが生きててよかったって、わんわん泣いてみんなに笑われて……。本当に、ガメラが大好きだったのよねえ。

——よく亮くんといっしょにぼんやりガメラをながめたものです。こ

干の※⑦乖離《かいり》があるのはさけられないことだが、こうしてわざわざお礼の電話もくれた。たとえ彼女が「ちょっとちがう」と感じたところがあったにしても、基本的には満足してくれたものと信じて疑わなかった。

同タウン誌の取材で町内のパン屋をめぐっていた道中、たまたま長崎さん宅の近くを通りかかったのは、それから一年後のことだった。

記憶をたよりに長崎さんの家を探し、門の前に立った。わずか一年、なのにその庭は無秩序《むちつじょ》にはびこる雑草に占拠《せんきょ》され、ひどくすさんだ風情《ふぜい》を呈《てい》していた。よく見ると、ポストの上にあった『長崎』の表札が外れている。

そのまま立ち去る気になれず、私は隣家の呼び鈴《りん》をおした。

「おとなりの長崎さん、どちらかへお引っこしされたのでしょうか?」

玄関《げんかん》のとびらから顔を出した主婦にたずね、返ってきた言葉に愕然《がくぜん》とした。

「長崎さんは半年ほど前に亡くなりました」

「え」

まさか、と耳を疑った。

「そんな、どうして……」

説明を請《こ》うようにつぶやくも、四十代とおぼしき主婦の顔には警戒《けいかい》の色がありありとうかんでいる。私は名刺《めいし》を差しだした。

「申しおくれましたが、この町のタウン誌を編集している中塚《なかつか》と申します。以前、取材で長崎さんをお訪ねしたことがありまして」

主婦の表情が一変した。

「ああ、あのカメの話、あなたが書いたの?」

「はい、一年ほど前でした。あのころは長崎さん、とってもお元気そうだったのに……信じられません」

「とつぜんだったのよ。※⑧心筋梗塞《こうそく》。お一人暮らしだったし、発見されたときにはもう亡くなって三日たっていたそうで。私たちももっと気をつけていればよかったんだけど」

孤独死《こどくし》。頭にうかんだむごい一語に小さなふるえが走った。それでも、職業柄《がら》か表面上の私は冷静に問いつづけていた。

「失礼ですが、もしかしたらカメを拾った男の子のお母さんですか?」

「え? いえいえ、亮くんがいたのは反対のおとなりさん。ずいぶん前に引っこされたけど」

「引っこし?」

「亮くんのお父さんが会社をやめて、鹿児島《かごしま》のいなかに帰ることにしたそうで。亮くん、学校でいじめにあったりもしていたようだから、それもあってのことかもしれないけど」

「そうだったんですか……」

「カメのときもそうだけど、長崎さん、亮くんがいなくなってから落ちこんで、またやせてしまってね」

「待ってください」

⑤話の意外な流れに混乱した。

「カメのとき? 長崎さん、カメがもらわれていったとき、落ちこんでいたんですか?」

「それは、ねえ。だって、子供たちが毎日あれだけ集まって、わあわあやっていたんですもの。一気に静かになって、がっくりきちゃったんじゃないかしら」

いるんです。それに、大変なばか力の暴れんぼうで。一度なんて、水そうのガラスを頭つきで割ったこともあるんですよ。あのときは腰《こし》をぬかしたわ。アクリルガラスの水そうなら割れないってペットショップの方に聞いて、あわてて買いに走りました。

――本当にあのころは毎日、大さわぎで。b**ホウカゴ**になると子供たちがどやどや集まってきて、それはそれはにぎやかだったわ。カメにえさをあげるより、子供たちにおやつをあげるほうが大変だったくらい。あげもちだとか、ふかしいもだとか、こんなおばあさんだからしゃれたものは作れませんでしたけど。

――もらい手が見つかったとき……ええ、おどろきましたねえ。手のかかるカメですし、まさかそんな方が現れるなんて。ガメラは今、新しいお宅でカメラって名前で呼ばれているそうです。ええ、いい名前だと思いますよ。ガメラよりも、カメらしくて。

③九十分間回しつづけた取材テープを、結局、私は一度も再生することなく記事に取りかかった。聞き返さずとも重要なポイントはノートに書きつけていたし、記憶にもリアルに残っていた。八百字のスペースをうめるにはそれでじゅうぶんだった。他愛なくもほほえましい事件に仕立てる手ごたえもあった。

一人のおばあさんとカミツキガメ、そして子供たちが織りなすドタバタ劇。老骨に鞭《むち》打っての奮闘《ふんとう》の末、見事、救世主を探し出して一件落着。最後は長崎さん自身の言葉で少々ほろりとさせるのもいい。取材の終わりに物思い顔でつぶやいたあの一言だ。

――今、思うことは……あの子、元気かしらって。本当に、新しいところでもちゃんと食べていればいいんですけど。

平和な日常を取りもどした今もなお、長崎さんの中に残るガメラへの愛情。結びはこれで決まりだ。

私はかつてないほどスムーズに原稿を書きあげた。「いいねえ、ほのぼのしてて」と会社の先輩《せんぱい》にもほめられた。

刷り上がったタウン誌は謝状と共に長崎さんへc**ユウソウ**した。会社に丁重《ていちょう》なお礼の電話をもらったのは、その数日後だ。

「本当に恐縮しております。つまらないおばあさんの話を、あんな風に取りあげていただいて」

相変わらず謙虚《けんきょ》な長崎さんに、「そんなことないです」と私は返した。

「すてきなお話でした。おかげさまで評判も上々です。心がほっこりしたとか、ガメラが幸せになってよかったとか、たくさんのお声をいただいていますよ」

多少誇張《こちょう》して伝えたとたん、受話器の向こうが沈黙《ちんもく》した。

「長崎さん？」

「ええ、ありがとうございます。でも……」

でも、と確かに長崎さんは言った。かすかにしずんだ声色だった。が、それ以上は語らずに彼女は話をくくった。

「一言お礼を申し上げたかっただけです。おいそがしいのに、ごめんなさいね」

事実、きついしめきりをかかえていた私は「でも」の理由を追求しようとせず、口早に謝意を返しただけで受話器をもどしてしまった。

④記事のできには自信があった。当事者の思いと記事とのあいだに若

るというカミツキガメのことを、彼女《かのじょ》は細部までよくおぼえていた。ときどき※③話が脱線《だっせん》するきらいはあったものの、根気よく待てば再び本筋にもどり、おかげで私は聞き役に徹《てっ》していればよかった。

　取材に要した時間は約一時間半。〈近所のプチ事件〉は八百字の小さなスペースで、一時間も話を聞けばじゅうぶんに記事として成立する。長崎さんの追想はまだ続きそうだったが、終盤《しゅうばん》に入って脱線がさらに増えてきたあたりで、私がさりげなく※④話をしめの方向へと誘導《ゆうどう》した。

　早く会社へもどらなければと気がせいていたのは事実だ。デスクには常時仕事の山があり、その夜も終電に飛び乗るはめになるのは必至だった、正直に白状するならば、①前日もあまりねていなかった私は取材中、長崎さんのたんたんとした声色《こわいろ》にさそわれて何度か意識を失いかけたりもした。

「大変いいお話を聞かせていただきました。きっと読者のみなさんにも喜んでもらえると思います」

　ようやく頭がさえてきたのは長崎家を辞去し、会社へともどる道々だ。今、聞いた話をどのようにまとめるか。さっそく、構成を練りはじめ、会社へ帰りつくまでにそれは完成した。いや――本当を言えば、②長崎さんを訪ねるまでもなく、投稿ハガキを読んだ時点で記事のイメージはおおかた固まっていたのだ。

　近所の住民から寄せられたハガキと、実際に長崎さんから聞いた話とのあいだには、しかし、※⑤若干《じゃっかん》のそごもあった。長崎さんは自らカミツキガメを望んだわけではなく、顔見知りの子供に※⑥ほだされて飼いはじめたのだ。

　隣家《りんか》に住む九さいの少年が近くの川岸で一ぴきのカメを見かけた。放っておけずに拾って帰ったものの、母親は「生き物を世話するよゆうなんてない」と一蹴《いっしゅう》。川へもどしてきなさいと命じられ、家の庭先で泣いていたところに通りかかったのが長崎さんだった。

　――代わりに飼ってほしいってたのまれて、いやとは言えなくて。亮《りょう》くんのことは赤ちゃんのころから知っていて、小さいころはよくうちにテレビをみにきたりもしていたんですよ。ちょっと内気だけど、本当にいい子で、心がやさしくて。

　――もちろん迷いもありましたけど、しょせんはカメでしょう。そう思ったんです。犬やねこならまだしも、カメ一ぴきくらいだったら、こんなおばあさんでも飼えるんじゃないかしら、って。

　――それがね、大まちがい。すごいんですよ。カミツキガメの成長する速さといったら。食いしんぼうだったせいかしら、最初は私のてのひらくらいだったのが、見る見る大きくなって、巨人《きょじん》のグローブみたいになっちゃって。仕方なく何度も水そうを買いかえましたよ、ええ。

　――大きくなると、その水そうが重くてね。水をかえるだけでも難儀《なんぎ》なのに、週に何度かはカメに日光浴をさせたほうがいいって、ペットショップの方に言われて。もう私、頭をかかえちゃって。

　――そうしたら亮くんが、きっと責任を感じたんでしょうね、いっしょに手伝ってくれたんです。最初は亮くん一人で、でも、だんだん他の子供たちも集まってきて……。ええ、近所の子たちがぞろぞろと。庭で日光浴をするガメラを見て、何かおもしろいと思ったんじゃないかしら。そう、ガメラ。亮くんがつけたカメの名前です。

　――カメといっても、ミドリガメなんかとは全然ちがうんですよ。なんせカミツキガメは肉食ですし、見た目も肉食獣《じゅう》というか、怪獣《かいじゅう》じみて

【国語】（六〇分）〈満点：六〇点〉

次の文章を読み、設問に答えなさい。

あれは私が都内の編集プロダクションで編集の仕事にたずさわっていたころのことだった。当時の私は入社三年目、独自の判断でこなせる作業のはばも、任される仕事の種類も増えていた。そのうちのひとつがタウン誌編集だった。

ある日、〈近所のプチ事件〉というコーナーあてに一枚のハガキが届いた。

「わが家の近所でこんなことがありました。一人暮らしのおばあさんがカミツキガメを飼い始めたのですが、そのカメがあれよあれよと成長し、おばあさんの手にaオえなくなってしまったのです。そこで、近所の子供たちがカメの世話を手伝い、新しい飼い主探しを始めました。先日、無事に飼い主が見つかり、一安心。社会情勢のおだやかならざる昨今、久々に心がなごんだ小事でした」

〈近所のプチ事件〉はその名のとおり、町内で起こったささやかな出来事を紹介《しょうかい》するコーナーだった。読者から届いた投稿《とうこう》ハガキをもとに、実際に私が現場へおもむいて取材をし、当事者たちの談話を交えた事件仕立ての記事にする。他愛のない内容であるほど不思議と読者に喜ばれた。

おばあさんとカミツキガメ。

その悪戦苦闘《くとう》を援護《えんご》する近所の子供たち。

イケる——と、その構図をうかべた私は直感した。ユーモアとぬくもりの混在するちょっといい話になるだろう、と。

さっそく、ハガキをくれた投稿者に問い合わせ、カメを飼っていたという老婦人に取材の申し入れをした。

長崎《ながさき》美代子さん。それが、忘れもしないあの人だった。

「ええっ、私がタウン誌に？　カメの話で？　あら、まあ、どうしましょう。そんな、記事にしていただくほどの話じゃないんですけど」

長崎さんは当惑《とうわく》の声を出しながらも取材を※①快諾《かいだく》してくれた。落ちつきのあるやさしげな声だった。この人ならばだいじょうぶだと私は自信を深めた。

そこに油断が生じた。

「六年前に主人を亡《な》くして、それからはずっと一人です。一人むすこは三年前にアメリカへ移住して、孫まで連れて行っちゃって。お客さんをおむかえするのは久しぶりだから、はりきってそうじをしたんですよ」

電話で受けた印象とたがわず、長崎さんはおだやかな品のいい女性だった。「おばあさん」と呼ぶのに抵抗《ていこう》を覚えるほど、見た目はしゃっきりとしていて声にもつやがある。

「いえいえ、もうおばあさんですよ。今年で七十三ですし。私なんかの話をタウン誌にのせていただくなんて、申し訳ないくらい。でも、せっかく来てくださったんですから、どうかゆっくりなさっていってください」

かおりのいいお茶とお茶菓子《ちゃがし》を供され、恐縮《きょうしゅく》しながらも取材を開始した。

「ではまず、カメとの出会いからうかがいたいのですが」

当時使っていた※②カセットテープを回しはじめて間もなく、長崎さんの記憶《きおく》力の良さに気がついた。新しい飼い主のもとへ行って半年にな

ゆっくり話すひまがなかったが、子供のころの母と同じ経験をすることで、母の本当の姿を理解できるようになり、喜んでいる。

十　――線（十一）「休みが終わるまで、いてもいいんだぞ」（289行目）とありますが、「おじさん」がこのように言ったのはなぜですか。次のア～エの中から、ふさわしいものを一つ選んで記号で答えなさい。

ア　都会の生活でひよわに育った少年が山で遊ぶことに夢中になっているのを見て、せめて夏休みのあいだだけでも少年をあずかり、たくましくきたえてやろうと思ったから。

イ　山で遊ぶことの楽しさを少年がわかってくれたことをうれしく感じつつも、やがて少年が帰ってしまうことを残念に思い、もっと自分のところにいてほしいと思ったから。

ウ　母親がいつむかえに来るかはっきりしない少年をかわいそうに思う一方で、少年が山での体験を楽しんでいることに安心し、できるだけ世話をしてやりたいと思ったから。

エ　二人で立派な根を掘りだすことができたことがうれしく、少年も楽しそうにしているので、夏休みが終わるまで時間をかけて作業していい作品に仕上げようと思ったから。

十一　「少年」と「おじさん」の関係は、どのように変化していますか。作品全体を読んで説明しなさい。

十二　――線（十二）「この靴、だれのなんだろう?」（295行目）とありますが、君はどのように考えますか。～～線A「おじさんの靴と……ひと目でわかった」（39～42行目）、～～線B「視線を移したおばさんのまゆが……とたずねた」（56～59行目）に注目して、君の考えを書きなさい。

ありますが、この二つの表現から、「おじさん」に対する「少年」のとらえ方が変化していることが読み取れます。どのような変化ですか。説明しなさい。

六 ――線（六）「『だいじょうぶか』……確認する」（186～188行目）について、以下の問いに答えなさい。

(1) 「寄り道をして」とありますが、「少年」が「寄り道」をしているのはなぜですか。説明しなさい。

(2) このときの「おじさん」の気持ちは、どのようなものですか。説明しなさい。

七 ――線（七）「よし、やってみろ……掘りはじめた」（204～206行目）とありますが、「おじさん」と穴を掘ることは「少年」にとってどのような経験になっていますか。次のア～エの中から、ふさわしいものを一つ選んで記号で答えなさい。

ア 山の不思議な姿にふれるうちに、おじさんといっしょにいる緊張感がしだいに消えていき、失われようとしている家族のきずなが必ず元にもどるという確信を持った。

イ 山の中には信じられないような自然の姿がかくされているのだとわかり、穴を掘るおじさんの力強さに感心しながら、それらを自分の目に強く焼きつけることができた。

ウ 山の中には想像をこえたものがひそんでいるのだとおどろき、おじさんの穴を掘る技術に引きつけられながら、二人で夢中になって作業するうちに、心がひとつになった。

エ 山の中には思ってもみなかったようなものがかくされていることに気づき、山をよく知るおじさんのたのもしさにふれることで、都会よりすばらしい田舎の姿を発見した。

八 ――線（八）「ひとくちほおばると……すなおに感動した」（236～239行目）について、以下の問いに答えなさい。

(1) 「ひとくちほおばると、指先にも、歯にも、かけらがはりつく。おじさんの前歯にも、黒いしみがいっぱいできた」とありますが、この二人の様子からどのようなことが読み取れますか。説明しなさい。

(2) 「ツナなんてぜんぜん必要なかった」とありますが、「少年」がこのように思ったのはなぜですか。説明しなさい。

九 ――線（九）「母さんという言葉に反応してねむけが消え、少年は半身を起こした」（252～253行目）、――線（十）「はじめて聞く話だった。『ぼくとおんなじだ』」（260行目）とありますが、「少年」の「母さん」に対する思いはどのようなものですか。次のア～エの中から、ふさわしいものを一つ選んで記号で答えなさい。

ア 母は言い訳をしない強い人で、少年はさからうことができなかったが、母が子供のころ、宿題ができなくて泣いた話を聞き、それならば今の自分とあまり変わらないと思って、安心している。

イ 母がいそがしくなり、さびしさを感じていたが、母の子供のころの話を聞いて自分の知らなかった姿を知るとともに、自分も同じような経験をしていることに、母子のつながりを感じている。

ウ 母と別れてくらしているのでさびしかったが、山の生活になれ、おじさんともなかよくなってきたところで、母の子供のころの話を聞き、母がこいしくなって、今すぐ会いたいと思っている。

エ 母と二人で都会でくらしているとき、おたがいにいそがしくて

る。なぜだかわからないけれど、ずっと開けていないたんすの引き出しのなかみたいな、かびくさい空気がふっと鼻をつく。ぶちぶち言う音が消えたところで、おじさんはようやく手を休めた。

「(十一)休みが終わるまで、いてもいいんだぞ」

麻袋からロープを出すと、おじさんは穴に片足をつっこんで二また、三またにのびた根の周囲に二重、三重にわたし、両はしをのばしてそれを少年ににぎらせ、飛ぶように地面にあがった。それから少年の横に立って、せーので引っ張るぞ、と腰を落とした。真っ黒な土のうえに、形がまったくおなじでサイズだけが異なる靴が四つならんでいる。

(十二)この靴、だれのなんだろう? 根ではなくその靴を見ながら少年は問いをのみこみ、おじさんのかけ声で一気に引くと、めりめり音を立てながらロープがのび切ってぴんと張り、みにくいかたまりがわずかに持ちあがった瞬間《しゅんかん》いちばん細いところがばきんと折れて、ふたりのおしりをしめった土にやわらかくたたきつけた。

(堀江敏幸《ほりえとしゆき》「トンネルのおじさん」より)

〈語注〉※1 編みあげ靴…足首の上までひもを通してはく、深めの靴
※2 鎮座…どっかりと場所をとっていること
※3 グロテスク…不気味なさま
※4 語彙…ここでは、ある人が使用する語の全部のこと
※5 アカメガシ…植物の名前
※6 間伐材…木の生育を助けるために、一部の木を切り取ったもの

〈設問〉解答はすべて、解答らんにおさまるように書きなさい。

一 ═══線a「アツ」(12行目)、b「キザ」(27行目)、c「ソ」(33行目)、d「キ」(276行目)のカタカナを、漢字で書きなさい。

二 「少年」が「おじさん」の家に来ていることについて、全文をよく読んで以下の問いに答えなさい。

(1) 「少年」はどのような事情があって「おじさん」の家に来たのですか。説明しなさい。

(2) 「少年」は「おじさん」の家に行くことをどう思っていましたか。説明しなさい。

三 ──線(三)「どうやら思わず知らず笑みをうかべていたらしい」(77行目)とありますが、「少年」が「笑みをうかべ」たのはなぜですか。説明しなさい。

四 ──線(一)「おじさんは煙草の煙といっしょに、ふぬっ、と変な音をもらした」(20行目)、──線(四)「それまでめんどうくさげに……おじさんの表情が、心なしかやわらいだ」(77~79行目)とありますが、この二つの表現の説明としてふさわしいものを、次のア~エの中から一つ選んで記号で答えなさい。

ア 最初は靴が重くてよろめいた少年にあきれてしまったが、思ったよりも靴になじんでいる様子を見て、安心している。

イ 最初は田舎風の靴に対して不満をもらす少年が不快だったが、やがて靴を気に入った様子を見て、機嫌を直している。

ウ 最初は靴を持ってバランスをくずした少年を心配したが、意外にうまくはきこなしている様子を見て、感心している。

エ 最初は靴をうまく持てない少年を見て笑ってしまったが、靴をはいて喜ぶ様子に、ますますほほえましく思っている。

五 ──線(二)「少年の言葉が……はっきりしなかった」(34~37行目)、──線(五)「でも、いいにおいだよ、おじさんの煙草」(118行目)と

てふぞろいだけど、こんなにおいしいおにぎりは食べたことがない、ツナなんてぜんぜん必要なかった、と少年はすなおに感動した。おかずもぜんぶ手でつまみ食いし、お茶をたくさん飲んで、しばらくは動けないくらい胃を満たした。おばさんが心配してくれていた靴ずれはできなかったけれど、さすがにつかれたせいか、足裏がむくんだように熱を持っていた。それを言うと、靴をぬいで少し横になってみろ、元気が出てからまたはじめればいいと、おじさんは編みあげ靴から足を引っこぬく手助けをしてくれた。ぬいたとたん、林の冷気のなかで熱が引いていく。リュックをまくらにしてひろげたビニールシートのうえで横になると、木漏《こも》れ日《び》に目がちかちかしてそのまま意識が遠のいていきそうだった。おじさんはポケットから煙草をとりだして火をつけ、ゆっくりとじつにうまそうに吸い、ふき消したマッチの軸《じく》をようじがわりにして歯のそうじをした。

「おまえの母さんと、このあたりに来たことがある」

おじさんがつぶやくように言った。(九)母さんという言葉に反応してねむけが消え、少年は半身を起こした。

「ずっとむかしだ。若いころは農業なんて平べったい言葉はつかわずに野良《のら》仕事と言ってな、友だちのまえじゃその言い方が、どうにもかっこ悪い。だから田んぼや畑に入らないで、町へ働きに出てた。二十五か六のときだ。十六も年がはなれてるから、あいつはちょうどおまえくらいだった。お盆《ぼん》に帰ってきたら、学校の工作の宿題がまだ終わってないといって泣いていた」

(十)はじめて聞く話だった。「ぼくとおんなじだ」

「そうだな。※6間伐材《かんばつざい》を拾いに来たんだ。海に流れ着く木があるだろう、あれをまねていろんな形のえだを探した。最後に、ひとの顔に見えるものばかり選んで、ペンキで色をぬった」

おじさんは指が焼けるくらい短くなるまで吸った煙草をしめった土におしつけてていねいにもみ消し、おもむろに立ちあがって靴底でぐりぐりとふみつけた。それからシャベルで土を小さく掘り起こし、吸いがらをうめた。念には念を入れてのことだろうけれど、家のまわりでのあの大ざっぱな処理のしかたを知っている者には信じられないほどの慎重《しんちょう》さだ。ひとつぐっと背のびをして、今度は大きいほうのシャベルをつかみ、首の後ろに柄《え》の部分をまわすと、両うでをだらんと柄にかけ、そのまま右、左と身体をひねった。おじさんはまた軍手をはめて穴のへりにしゃがみこみ、細くてじょうぶな根を引きぬこうとする。少年はじゅうぶんに冷えた足をあわてて靴につっこみ、ひもをむすぶのもそこそこに、ぼくもやると言って穴にもどった。もっと太いものになると深めにシャベルを差し、支点に大きめの石をあてがってこの原理で持ちあげるのだが、このくらいだとすぐ傷がついてしまう。安全をdキすならやはり手で持ちあげるのがよさそうだった。ぶちぶちと根をひきちぎりながら、おじさんが、母さんはいつむかえに来る？と少年にたずねた。

「十日くらいしたら。電話するって」

「ほかになにか聞いてるか？」

「聞いてないよ」

「そうか」おじさんは、ほんの息つぎのような間を置いた。

「楽しいか」

「うん」

ひげの生えた根がどんどん両手に集まって、まりものような玉にな

「いま休むとかえってつかれる。このまま行くぞ。リュック、重くないか」

「うん」

「重かったら、持ってやる」

ときどき聞こえていたわき水の音は、もうほとんどとどかなかった。道はゆるやかに右にまわり、山肌を勾配《こうばい》なく横切るようにのびていた。二十分ほどだまって歩きつづけたところ、おじさんが、お、と声をあげ、横道に大またでがさがさ分け入って、ひとつの切り株に近づいていった。

「もっと先まで行くつもりだったが、こいつでよさそうだ」

かついでいた袋からスコップを出して、おじさんは根本の土を先でつついた。地表は雨のおかげかやわらかそうだ。一部の土を取り除いて出てきたもっと固い土を、今度はツルハシの先で試掘《しくつ》する。何度かつきさしているうち、大きな石にあたってがちんと音のすることがあったが、あとは土ばかりのようだ。(七)よし、やってみろと軍手をわたされて、少年は砂場で遊ぶスコップが大型になったようなシャベルをにぎり、反対側を掘りはじめた。しかし、見た目からは想像もできないほど深く地中にくいこんでいて、子どもの力ではなかなか歯がたたない。※5アカメガシだ、こぶにいぼいぼがある、そういうのをほしがる物好きがいてな、とつぶやいて、ああそうだった、こいつはもちろんおまえのだ、と言いなおした。こんなにたよりなげな木なのに、根だけは中型犬までなら簡単に包めそうなくらいがっしりと張っている。たとえ最後まで掘り出せなくても、日記に書いておくだけでじゅうぶんさまになるだろう。少年は感嘆《かんたん》しながら手を動かしつづけた。

「潮干狩《しおひが》りみたい」

思わず口に出すと、おじさんは顔をあげて、そうだな、と片ほほだけで言った。

「去年、海の家に行って、潮干狩りした」

「母さんと行ったのか」

「うん。ふたりで行った」

「そうか……海と山で、ぜいたくなやつだな」

根に巻きこまれた石をツルハシでくだいて、かけらをひとつずつ拾いあげていくと、ゴボウみたいなひげのある細い根がだんだんあらわになり、土と根のあいだに空隙《くうげき》ができて手が入るようになってきた。ごつごつした根の中心が見えかくれする。ふたりとも、なにもしゃべらずひたすら掘りつづけた。さすがにトンネルのおじさんだ。これだけ軽快で力強い穴掘りのわざを見せられると、どこかでほんとうにトンネルを掘っていたんじゃないかと思えてくる。木をいためないようじょじょに掘る手の力を弱めていく。ぐらぐらして、あとひと息のめどがたったところで、そろそろ昼にしようとおじさんはいい、穴からはなれた木の下の斜面《しゃめん》にビニールシートをしいて弁当をひろげた。軍手をしていたのに細かい砂が入って、指先まで真っ黒になっている。それをおしぼりできれいにふき取った。

おにぎりはひとつひとつが大きくて、重くて、丸々している。ぴたりと巻きつけられたのりに米つぶの水分がしみてしっとりしているのも、色紙の細工みたいなパリパリしたのりのおにぎりばかり食べている身にはめずらしい。(八)ひとくちほおばると、指先にも、歯にも、かけらがはりつく。おじさんの前歯にも、黒いしみがいっぱいできた。米つぶだっ

適当なこと言っていたけれど、夏の工作だけはまだなにをつくるかすら考えていなくて、それを食事のときふともらしたら、食卓《しょくたく》でもくわえ煙草のおじさんが、じゃあ、木でなにかこしらえてみろ、材料ならいくらでもある、と少年を見た。

「木《こ》っ端《ぱ》や枝《えだ》を使う工作は、もう友だちがやってる」

「じゃあ、根っこを使えばいい」

「根っこって……」

「そこにある」

食堂から見える居間のテレビの横に、いぼいぼのあるたこみたいな木の根が、蛍光《けいこう》灯の光を照り返しながらつややかに※2鎮座《ちんざ》していた。あめ色の木肌《きはだ》がくねくねして、外国の物語で知った※3グロテスクという言葉を連想させる。顔に出たのだろう、おじさんがめずらしく笑顔《えがお》になって、そうこわがることはないと言った。

「おなじものをつくるわけじゃない。それだってもとはたのまれ仕事だ。こういうかざりものの好きな連中がたくさんいるんだ。根を掘《ほ》りだして、いろんなかたちに見立てる。その気になればたこに見えたり、ひとの顔に見えたりする。節も、傷も、みんなちがう。それを生かして、よけいな部分をきる。水で洗って、皮をはいで、木肌を出したらワックスをかけてみがく。それだけだ」

「おもしろい？」

「どうだろうねえ」とおばさんが代わりに応えた。「くぎを打ったりしないから、工作にはならないかもしれないけど、でも、せっかく田舎に来たんだし、田舎のおじさんの言うこと聞いてみたら？」

「田舎のおじさんとはなにごとだ」

「だって、いまどき木の根っこを掘ってみがくなんて、どんなに想像力のある子どもでも考えつかないわよ」

おじさんは不機嫌《ふきげん》そうにビールをあおり、その気があるなら日曜日に連れて行ってやる、小さいのを掘り出せば、あとはひとりでぜんぶできると言った。

＊

地面はあいかわらず砂利《じゃり》と赤いむき出しの土で、見るからにすべりそうだったが、おじさんのあとをわざと追わずに道のわきの下草をふんでみると、むしろそちらのほうが危ないようだった。都会育ちの少年の※4語彙《ごい》にぬかるみという単語はないに等しい。公園のこみちはどこへ行っても舗装《ほそう》されているし、学校の運動場はかろうじて土になっているけれど、水を吸った状態で遊ぶとグランドをいためるとの理由で、雨の日は使用禁止になる。ねちゃねちゃと音のする土にふれる機会は、まずなかった。山道にはしめった草木のかおりが満ちていて、すっぱいようなくさいような、あまり気持ちよくない種類のものもあったのだが、そういう複雑なにおいのする道をはねたりジグザグに進んだりしながらのぼっていくのは、車に乗っているときの数倍も楽しいと少年は思った。おばさんが用意してくれた日本手ぬぐいの切れはしのおかげで、靴のぐあいもいい。ずっとまえからはきなれている靴みたいに足になじんできていた。

(六)「だいじょうぶか」おじさんは少年が寄り道をして足音がややはなれると、すぐにふり返ってたずねる。声をかけなくとも、五分に一度はふり向いて姿を確認《かくにん》する。

「だいじょうぶ」

がりが適当に考えたいんちきだ。おまえの母さんは仕事帰りにできあいのものを買ってくるだけだからわからんだろうが、うちは梅干しだって昆布だって自家製だぞ。文句を言うな」

「聞いただけだよ」

「腹が減ってればなんだってうまいもんだ、それより水筒を忘れるな」

おじさんはかれに弁当の入ったリュックを持たせた。

「弁当といっしょに乗れ」

急いで反対側にまわって乗りこむと、おばさんが外まで見送りに出てきて、いってらっしゃいと小さく手をふった。靴底がアツいせいか足がしっかり地面についてふんばりがきく。柿《かき》の木の道に車をもどし、山に入っていく。家とそのまわりではあんなに吸っていた煙草を、おじさんは口にしなくなっていた。

「山では昼飯のあと一服するだけだ。だいじに吸って、だいじにもみ消す。火事がいちばんこわい」

「でも、雨が降って木はしめってるよ」少年が言うとおじさんは感心したようにちらりと助手席を見た。

「そうだな。天気つづきでからっとしてるときよりは、心配がない。だが心配することと用心することは、似てるようでちがう。心配っては、用心しない者が口にする言い訳だ。煙草はもう一日分吸ってきた。あとはおまけ、ごほうびだ」

「うん」

「なにが、うん、だ?」

「うんって、返事しただけ」

「そうか」

「（五）でも、いいにおいだよ、おじさんの煙草」

それからしばらく、だまったままゆれに身をまかせた。おじさんはわき水が流れている小川の横にあった空き地にトラックをとめた。弁当と水筒の入ったリュックを少年に背負わせて、じぶんは細ながい麻袋《あさぶくろ》をかついで先に歩きだす。袋のなかには、大小のシャベル、ツルハシ、そしてのこぎりなど、山登りとは関係のない道具が一式入っていてかなり重そうだったが、手を貸すわけにもいかなかった。

＊

夏休みに入ってすぐ、どうしてもお父さんと話し合わなければならないことがあるからと、母親は少年を兄夫婦《ふうふ》にあずけた。ここに着いた日は平日だったので、むかえに来てくれたあとおじさんはすぐまた仕事に出て、翌日に母親だけ帰っていったから、一対一で向きあうのは今日がはじめてだった。東京では、親しみをこめて「トンネルのおじさん」なんて呼んでいるけれど、父親が家にもどってこなくなってから一年以上になるし、学校の先生以外に大人の男のひとと話をする機会もなかったから、言葉を出すタイミングがうまくつかめない。働きに出るようになって、母親は少しずつ変わっていった。いそがしいからなんて言い訳をぜったいしないひとだったのに、息子《むすこ》のほうを向くよゆうがなくなっていた。十日くらい、もしかしたらもっとながくトンネルのおじさんのところで世話になるからね。母親がそう言いだしたときも、だからおどろきはしなかったし、落胆《らくたん》もしなかった。それで家の問題が片づくならなんでもしようと思っていた。そして、思っていたからあえて口にはしなかった。日記と計算ドリル、漢字ドリルはわすれずに持ってきた。遊びにあきたら畑の仕事でも手伝えばいい気分転換《てんかん》になるなんて母さんは

がそっけなく言う。どうりで足の先がつまって入らないわけだ。手をつっこんで新聞紙を引っ張り出すと、くしゃくしゃとまるまってはいなくて、ほそながい棒状にずるずると抜けてくる。先のほうはほんのわずかだがしめっていて、甲《こう》の部分にあてる革をぐいと引っ張るようにして足を入れなおすと指の先がちょっとだけあまる。ゆっくりひもをむすんでみると、左右ともアキレス腱《けん》のところにすき間ができてさすがにあつらえたようにはいかなかったけれど、がっしりしてたのもしい感触《かんしょく》だ。

少年がひと差し指を入れてすき間の大きさをたしかめているのに気づいておじさんはようやく煙草を手に移し、台所からちょこちょこと出てきたおばさんの手から弁当を入れたリュックと水筒《すいとう》を受け取りながら、子どもサイズの靴をあごで示した。B視線を移したおばさんのまゆが、一瞬《いっしゅん》ぴくりと動く。両の目が大きく開いて、表情がくずれかけたそのぎりぎりのところで平静をとりもどし、これをはかせていくの？　とたずねた。

「しかたないだろ。ほかにはけるようなものがない。町へ買いに出てたら、帰りがおそくなる。こんなズックじゃ簡単にぬげちまうからな。けがさせるわけにはいかん」

おばさんはだまって、少年を見た。

「きつくない？」

「うん。でも、ちょっとゆるい。うしろが」

「見せてごらん」

おばさんは玄関《げんかん》まで下りて彼《かれ》の横にしゃがみ、指でつま先をおして空間がないかどうかを確かめて、このくらいならだいじょうぶかねと言いながら、今度はかかとのほうに指を差しこんだ。

「あら、ほんと。きつすぎてもいけないけどねえ。ゆるくっても、靴ずれになることがあるし。なにかあてがってやればいいかな。手ぬぐいの古いのを切ってきてあげる。待っててね」

おばさんがもどってきて、短冊《たんざく》みたいな布きれを手わたしてくれた。ひもをゆるめてその布を二枚重ねに入れてみると、サポーターでもしたみたいに足首を軽くしめつける感覚があって、靴と足がぴたりと吸いついた。手で持つと重いのに、実際に立って歩いてみたらふしぎと軽い。

(三)どうやら思わず知らず笑《え》みをうかべていたらしい。(四)それまでめんどうくさげに煙ばかりはきだしていたおじさんの表情が、心なしかやわらいだような気がした。やっぱり母さんに似てる、と少年は思う。笑みをうかべると左のほおだけに力が入って、くちびるのはしがくいっとつりあがる。

「ちゃんとふたりぶん入ってるだろうな」

「食べきれないくらいおにぎりが入ってますよ」

「ツナはある？」少年がおずおずとたずねた。母親が仕事帰りに買ってきてくれる、マヨネーズで和《あ》えたツナのおにぎりが大の好物だったのだ。

「ツナはないよお、ごめんね。うちはいつも梅干しと昆布《こんぶ》、それから鮭《さけ》。おかずにあまい卵焼き。ついでにとりの唐揚《からあ》げも」

「坊主《ぼうず》」おじさんが煙草をくわえたまま言う。小僧《こぞう》とか坊主とか、そんな呼び方はテレビの時代劇でしか知らなかったのではじめはびっくりしたが、坊主がお坊さんのことではなくて自分を指していることくらいはわかる。

「にぎり飯にツナだのマヨネーズだのを入れるなんてな、めんどうくさ

【国　語】（六〇分）〈満点：六〇点〉

次の文章を読み、設問に答えなさい。

「車を使うのは途中《とちゅう》までだ。あとは山歩きになる。無理しなくてもいい」とおじさんは言った。

「してない」

「だったら靴《くつ》だけでもかえろ。そんなビニールみたいにやわなのじゃあ、ぬれた道がこわい」

「でも、これしかないよ」

「田舎《いなか》へ連れてくるってのに、あいつはそんなものしか持たせなかったのか」

おじさんは母さんの名前を言いながらちっと舌打ちして、まあ、ずっと町に住んでりゃ肝心《かんじん》なことを忘れちまうもんだ、とあちこちに傷がついて革《かわ》のはげかけたごつい※1編みあげ靴をはきながらひとりごとみたいに言う。こんなに底のa**アツ**い靴を少年は見たことがなかった。靴底の素材だってゴムにしては固いし、プラスチックにしてはやわらかくて弾力《だんりょく》がありすぎる。さっき下の棚《たな》のすみにあるのを出してくれとたのまれていいかげんに片手で持ちあげたとき、予想外の重みに少年の手首はぐにゃりとひねられそうになった。靴にはじんわりとしめり気があって、足首をすっぽりとくるむ革の筒《つつ》から空気がぬける気配などまるでない。手の先でとつぜん重さを増した靴に、腰《こし》を下ろしていた両足首のバランスがくずれて、少年の身体《からだ》がぐらりとよろめく。それを見て、(一)おじさんは煙草《たばこ》の煙《けむり》といっしょに、ふぬっ、と変な音をもらした。

めったに会わないひとだから、こういう小さな失敗のたびに少年はひどく緊張《きんちょう》してしまう。前回この家に来たのは小学校二年になったばかりのころで、父親が家を出ていった直後のことだった。毎年の年賀状におばさんとふたりでならんでいる写真が刷られているから顔になじみはあるけれど、ふだん会っていないとしゃべり方のくせがうまくつかめなくて応対に苦労する。間近でながめると写真ではわからないところがいやでも目につく。深くて黒いしわが数本、両方の目のわきにb**キザ**まれ、その位置といい角度といい、母さんとうりふたつなことになぜか胸をつかれる。

「二段目のおくに、もっと小さいのがある。そいつをはいていけ」

おじさんはどさりと腰を下ろし、左の靴をすませ、右のほうのひもをむすびながら彼に命じた。下を向いたままなので、くわえた煙草のこい煙が顔面をはうように伝い、もみあげにc**ソ**ってうえにのぼっていく。

(二)少年の言葉がのどもとにひっかかって、あ、とも、い、とも応えられずただいがらっぽい音だけが舌のおくで転がるのは、その慣れない煙のせいなのか、まだ残っている緊張感のせいなのかはっきりしなかった。

言われたとおり、二段目のおくのほうに靴らしきかたまりの入っている白いレジ袋《ぶくろ》が見えたのでそれを取り出してみると、Aおじさんの靴とおなじ型の、サイズだけ極端《きょくたん》にちがう革靴が入っていた。いたみはあるけれど、まだ革の色つやもいい。大切にされているのがひと目でわかった。

「これ？」

「そうだ。ちょうどおまえの足くらいだろう。はいてみろ」

足を入れてみると、やけに小さい。新聞紙がつめてある、とおじさん

MEMO

大切なことはメモしておこうネ！

解答用紙集

○月×日　△曜日　天気（合格日和）

◆ご利用のみなさまへ
＊解答用紙の公表を行っていない学校につきましては、弊社の責任において、解答用紙を制作いたしました。
＊編集上の理由により一部縮小掲載した解答用紙がございます。
＊編集上の理由により一部実物と異なる形式の解答用紙がございます。

人間の最も偉大な力とは、その一番の弱点を克服したところから生まれてくるものである。 ──カール・ヒルティ──

東京学参株式会社

※ 141%に拡大していただくと，解答欄は実物大になります。

1

問1		問2		問3	
問4				問5	
問6	記号		理由		
問7	記号		理由		

2

問1		問2		問3	問4

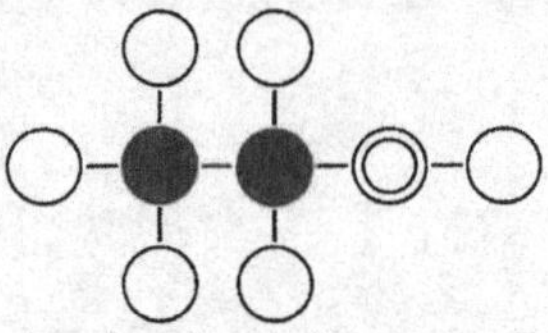

問5	問6	(1)	● g	(3)
			○ g	
		(2)	●:○ :	

3

問1	ア		イ		ウ				問2
問3		問4	あ		い				
問5	う		え		X				
	お		か		き		く		け
問6		問7							
問8									

4

問1		問2	a		b		問3		問4	a	b
問5	(1)		(2)	mm	問6						
問7	a		b		c		問8				

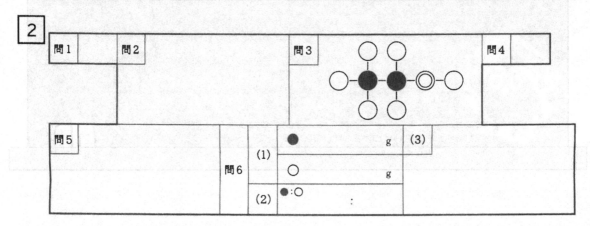

麻布中学校　2024年度

◇社会◇

※ 135%に拡大していただくと，解答欄は実物大になります。

問1　（1）　　（2）

（3）　　（4）

問2

問3　　による解決から　　による解決へと変化した

問4

問5　①　②　③

問6

問7

問8

問９

問10

問11

問12

問13

(100)

(120)

※ 161％に拡大していただくと，解答欄は実物大になります。

一

二

三

四

五

六

七

点

八

九

十

十一

1

2

十二

a

b

c

d

（

（整理番号）

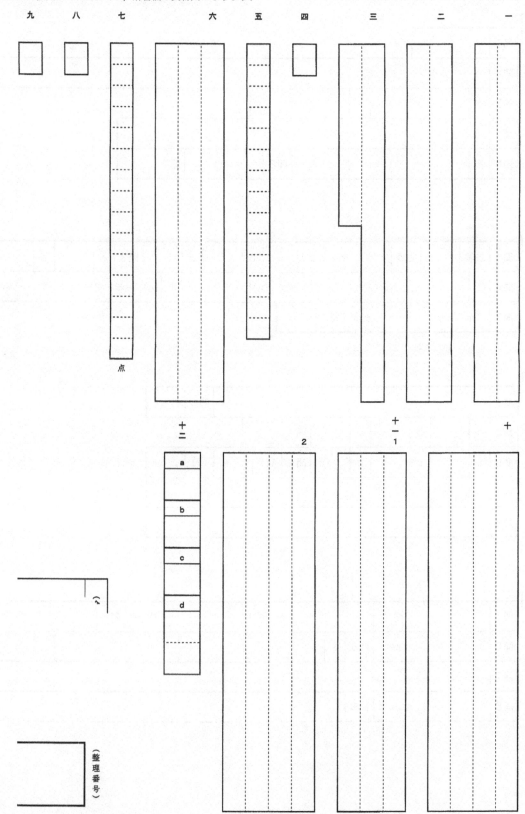

麻布中学校　2023年度

◇理科◇

※ 141%に拡大していただくと，解答欄は実物大になります。

1

問1												
問2												
問3	あ		い									
問4												
問5	あ			い			問6			問7		

2

問1	左眼		右眼		問2	a		b		c		問3	a		b	
問4	(1)	年	(2)	光年	(3)	年	(4)	1年あたり　光年								
問5	1年あたり　光年	問6														

3

問1		問2									
問3	a		b		c		問4				
問5	a		b		c		問6	(1)		(2)	
問7											
問8											

4

問1		問2	g	問3	kcal	問4	g				
問5	kcal	問6	a		b		c				
問7											
問8	kcal/g	理由									

麻布中学校　2023年度　　◇社会◇

※ 137%に拡大していただくと，解答欄は実物大になります。

問１　（１）　　（２）

問２　（１）　川　（２）

問３

問４

問５（１）

（２）

問６

問７

問８

問９

問10（1）

（2）

問11

(100)

(120)

麻布中学校　2023年度

◇国語◇

※ 161％に拡大していただくと，解答欄は実物大になります。

一
a
b
c
d

二

三

四

五

六

七

八

九

十

十一

十二

十三
1
2

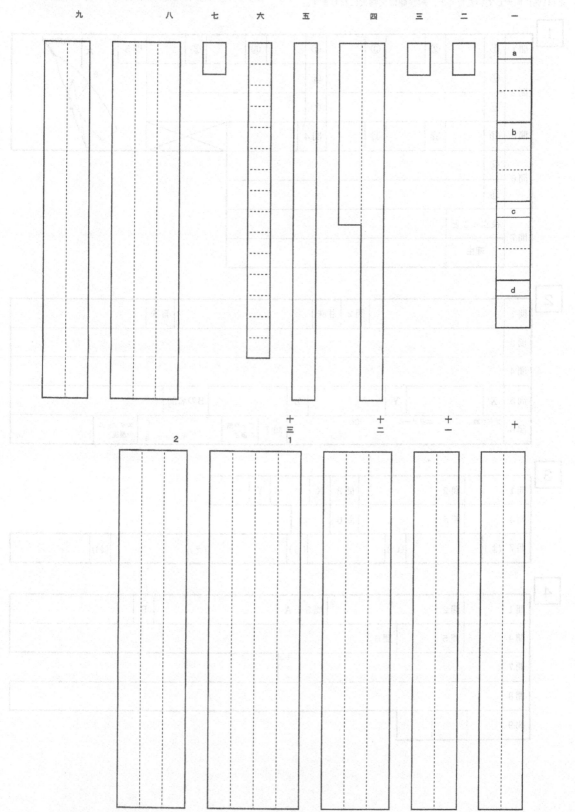

麻布中学校　2022年度

◇理科◇

※141％に拡大していただくと，解答欄は実物大になります。

1

問1	①		②		③		④		⑤		⑥		問5
問2	⑦						⑧						
	⑨						⑩						
問3	⑪		⑫		⑬		問4						
問6	⑭												
	⑮												
問7	役立つこと												
	理由												

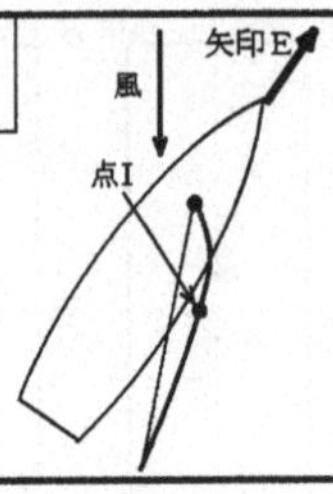

2

問1		問2	甘味		旨味				
問3									
問4									
問5	X		Y		Z		Bの名前		
問6	ブドウ糖　：　エタノール　：　(B)		問7	ブドウ糖の重さ	g	エタノールの濃度	%		

3

問1		問2	°	問3	X		Y		
問4		問5		問6					
問7	(あ)	°	(い)	°	(う)	°	(え)		(お)

4

問1		問2		問3	A		B	
問4		問5		問6				
問7								
問8								
問9								

麻布中学校　2022年度　　◇社会◇

※121％に拡大していただくと，解答欄は実物大になります。

問１　あ　　い　　う

問２　イラン　　ブラジル

問３

問４（1）

（2）

問５

問６（1）

（2）

問７

問８（1）　　　（2）

問９　選んだ番号　３　４　５　※選んだ番号を○でかこむこと。

問題点

問10　①　　　②

問11

問12

問13

(80)

(100)

麻布中学校　2022年度

◇国語◇

※182％に拡大していただくと，解答欄は実物大になります。

一
a
b
c
d

二

三

四

五

六

七

八
1
2

九

十

十一

十二
1
2

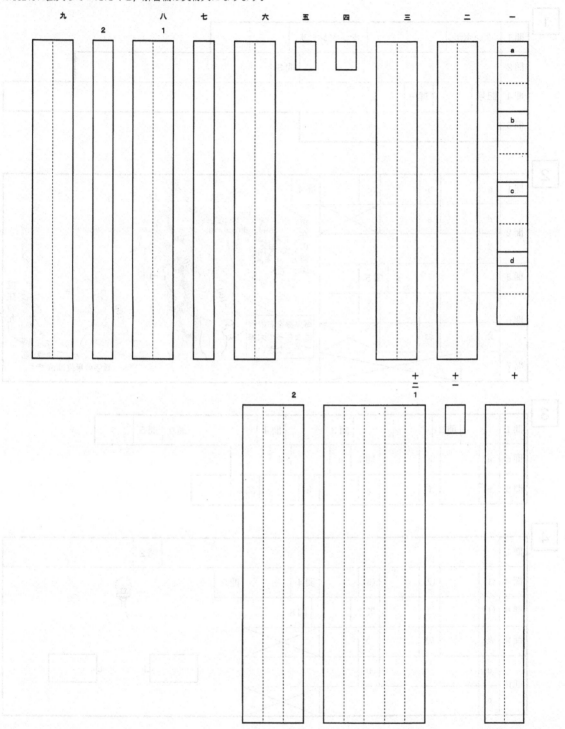

麻布中学校　2021年度　◇理科◇

※141％に拡大していただくと，解答欄は実物大になります。

1

問1	タンポポ			センダングサ		
問2		問3				
問4	記号		理由			
問5						

2

問1	a		b		c	
問2	d		e			
	X					
問3	m	問5				
問6	あ		い		う	
	え		お			
問7						

問4

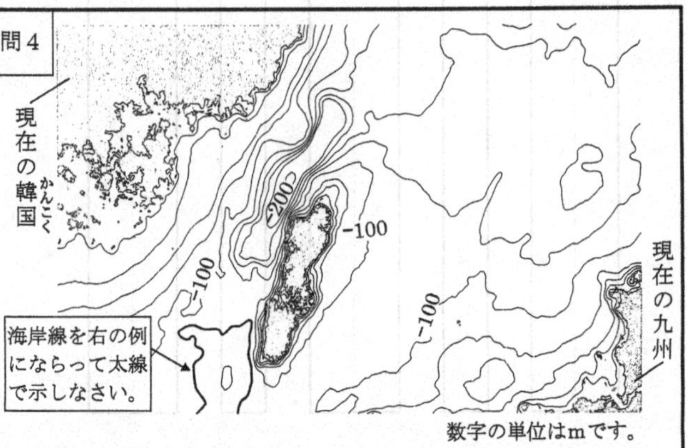

3

問1		問2		問3		問4	通り	問5			
問6	a		b		問7	c		d			
問8	e		f		g		h		問9		

4

問1		問2							
問3	(1)		(2)		(3)		問4		問5
問6	(1)		(2)		問7		問8		
問9	あ		い		う				
問10	a		b						
	c								

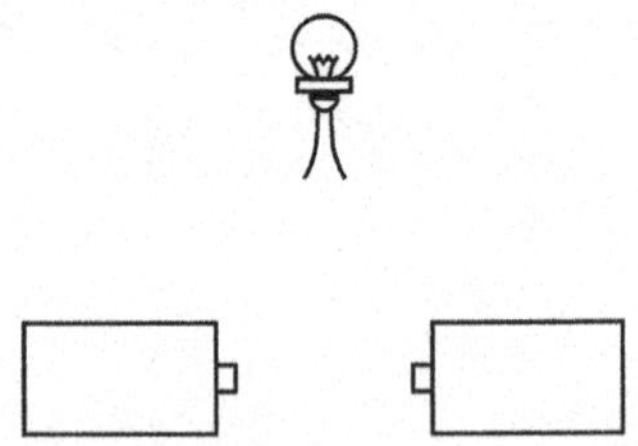

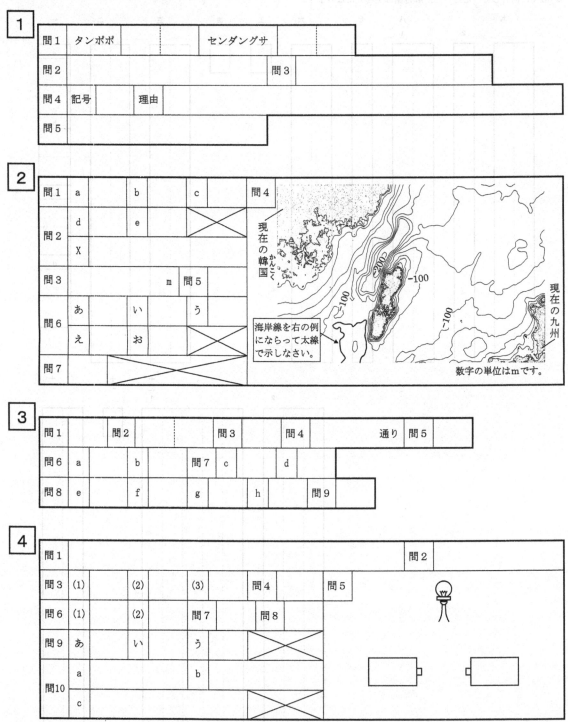

麻布中学校　2021年度

◇社会◇

※121％に拡大していただくと，解答欄は実物大になります。

【１】

問１　　問２　　問３

問４　ご当地グルメは　　を目的として

問５

問６　消費者

農 家

問７

問８

問９　国 内

海 外

【２】

問10　①　　②

問11

問12

問13

問14

問15

問16

(80)

(120)

麻布中学校　　2021年度

◇国語◇

※182％に拡大していただくと，解答欄は実物大になります。

一

a

b

c

d

二

1

2

三

四

五

六

七

八

九

十

十一

1

2

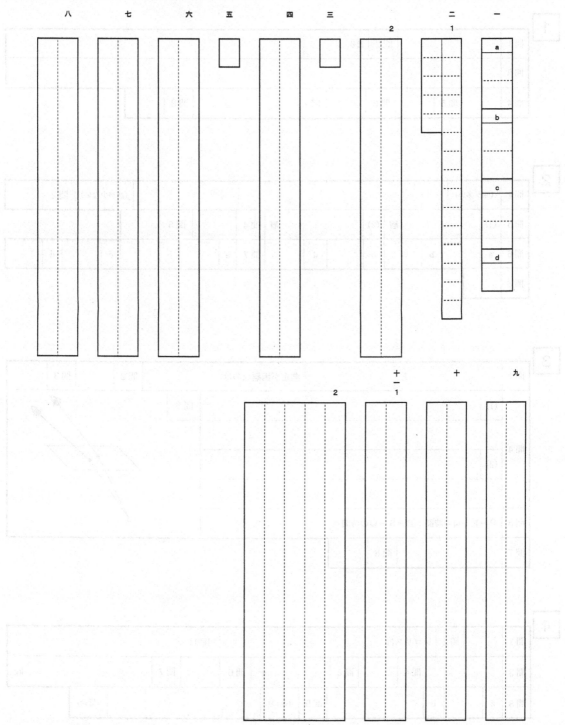

麻布中学校　2020年度　◇理科◇

※141％に拡大していただくと，解答欄は実物大になります。

1

問1		問2	記号
問3			

問4		問5		問6		問7		問8	

2

問1	(油が多い)				(油が少ない)	問2

問3	(1)	層	(2)	層	問4		問5	

問6	a		b		c		d		問7	a		b		c		d	

問8	

3

問1	と	測定が困難なのは	問2		問3	

問4	(1)		問6
	(2)		
問5	P→R→Qの時間：P→S→Qの時間＝　　：		

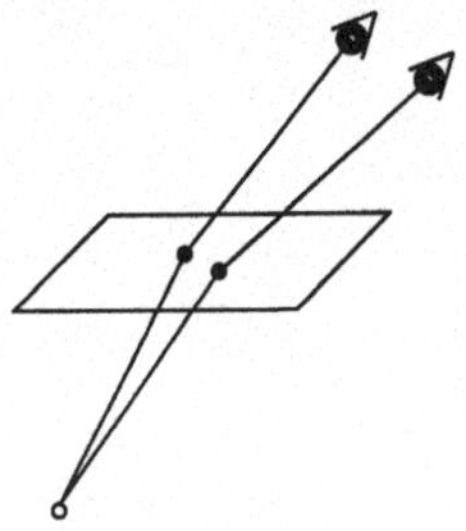

問7		問8	

4

問1		問2	レゴリスは	川砂は

問3		問4		問5	m^2	問6		問7	kg

問8	a		b		c		問9	(高い)	(低い)

麻布中学校　2020年度　◇社会◇

※133％に拡大していただくと，解答欄は実物大になります。

問1　あ　い　う

問2　①　②　③

問3　①　②　③

問4

問5

問6

問7

問8

問 9

問 10

問 11

問 12

問 13　（1）　選んだ例の番号

(80)

(120)

（2）　二つの例に共通する理由

麻布中学校　　2020年度　　◇国語◇

※183％に拡大していただくと，解答欄は実物大になります。

一

a

b

c

二

三

四

五

六

七

八

九

1

2

3

麻布中学校　2019年度　　◇理科◇

※この解答用紙は140％に拡大していただくと，実物大になります。

1

問1	あ		い		う		問2	
問3		問4	チューリップ	うめるもの	生殖方法	ひまわり	うめるもの	生殖方法
問5	時間	問6	卵が大きい		卵が多い			
問7		問8						

2

問1		問2		問9			
問3							
問4							
問5							
問6	コーヒーの粉：熱湯 ：	問7	熱湯（1回）：熱湯（3回） ：	問8			

3

問1		問2					
問3							
問4							
問5	あ		い		問6	mA	問7 ℃
問8							問9 ℃

4

問1		問2		問3		問4	①		②
問5	地球　月 （　，　）	地球　月 （　，　）	地球　月 （　，　）	地球　月 （　，　）	地球　月 （　，　）	問6	回		
問7		問8		問9		問10			

麻布中学校　2019年度

◇社会◇

※この解答用紙は143％に拡大していただくと，実物大になります。

問1　あ　　　省

問2　い　　　う

問3　場所　　　説明

問4

問5

問6

問7

問8

問9

問10

問11

問12

問13

問 14

(100)

(140)

麻布中学校　2019年度　◇国語◇

※この解答用紙は177％に拡大していただくと，実物大になります。

一
a
b
c
d

二
1
2

三

四

五

六

七
行目

八

九
1
2

十

十一

十二

十三
1
2

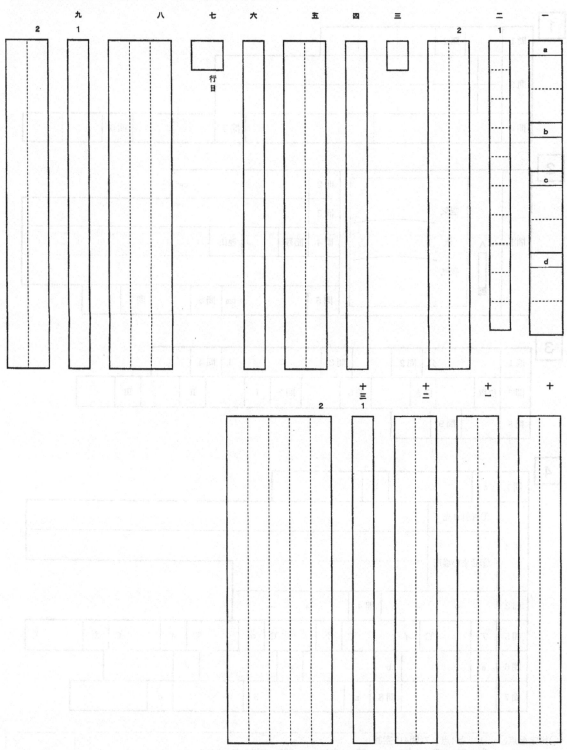

麻布中学校　平成30年度

◇理科◇

※この解答用紙は143％に拡大していただくと，実物大になります。

1

問1		問2			

問3	a	
	b	

問4			問5			問6		

2

問1	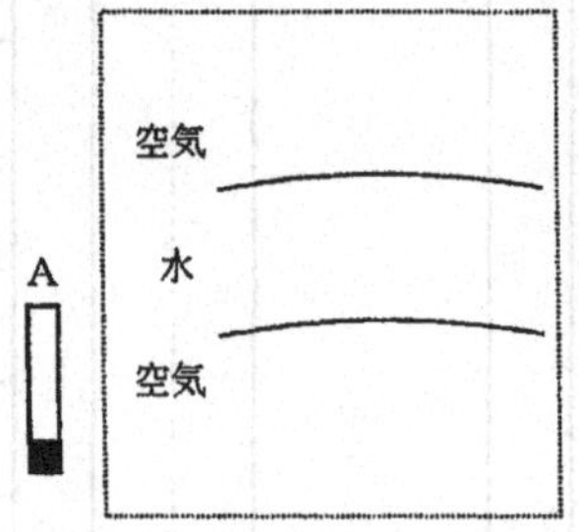

問2	cm³
問3	

問4	記号		理由	

問5	nm	問6		問7	

3

問1	分	問2		問3	L	問4	

問5	位置		向き		問6		問7	I		II		III	

問8		問9	

4

問1	a		b	

問2	①直射日光	
	②せまい場所	

問3	→ →	問4	→ →

問5	ア	℃	イ	℃	ウ	℃	エ	℃	オ	℃	カ	℃

問6	a		b		c		d	

問7		問8	a		b		c	

○推定配点○
1　各1点×7(問4は完答)
2　問1～問4　各2点×4(問4は完答)　　問5～問7　各1点×3
3　各1点×9(問5・問7は完答)
4　問1～問4　各1点×5(問1は完答)
　問5～問8　各2点×4(問5・問6・問8は完答)　　計40点

／40

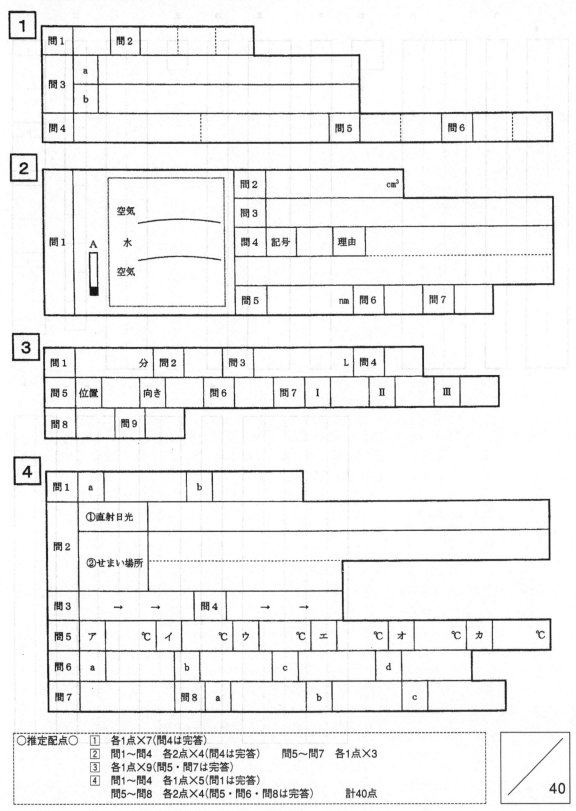

麻布中学校　平成30年度　◇社会◇

※この解答用紙は143％に拡大していただくと，実物大になります。

問1　あ　　い　　う

問2　(1)　　古墳

(2)

問3　(1)　　(2)

問4

問5　(1)

(2)

問6

問7

問8　(1)

(2)

問9

問10

問11

問 12

（1）

(120)

（2）

(80)

○推定配点○　問1・問2(1)・問3・問4・問5(1)・問6　各1点×9
問2(2)・問5(2)・問7～問9・問11　各2点×10　　問10・問12(2)　各3点×2
問12(1)　5点　　計40点

/40

※この解答用紙は183％に拡大していただくと，実物大になります。

一　a　b　c　d

二　1　2　3

三

四

五

六

七

八

九

十

十一

十二

○推定配点○　一　各2点×4　二(3)・六・七・九・十一　各5点×5　十二　6点
他　各3点×7　計60点

60

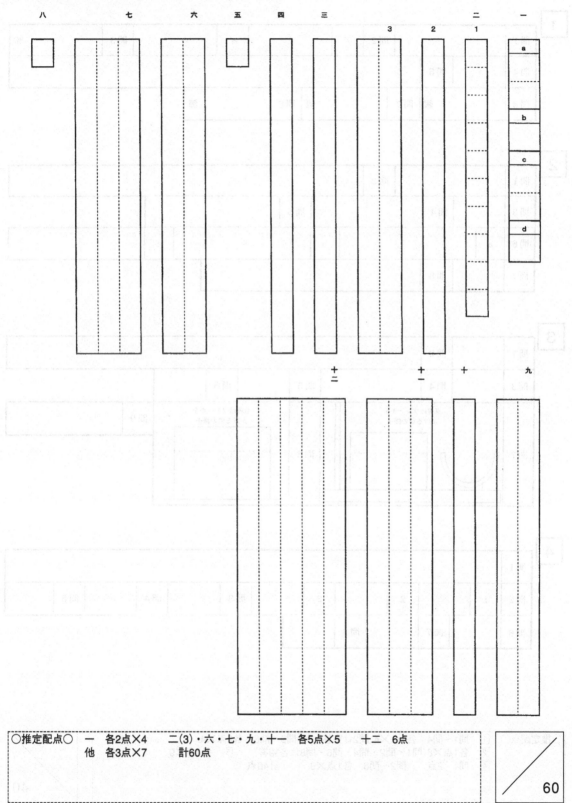

麻布中学校　　平成29年度

◇理科◇

※この解答用紙は141％に拡大していただくと，実物大になります。

1

問1		問2	ア		イ		問3	%
問4		問5						
問6	個	問7	個	問8	個			

2

問1		問2				
問3		問4		問5		
問6	a		b		c	
問7		問8				

3

問1		問2					
問3		問4		問5		問6	

問7

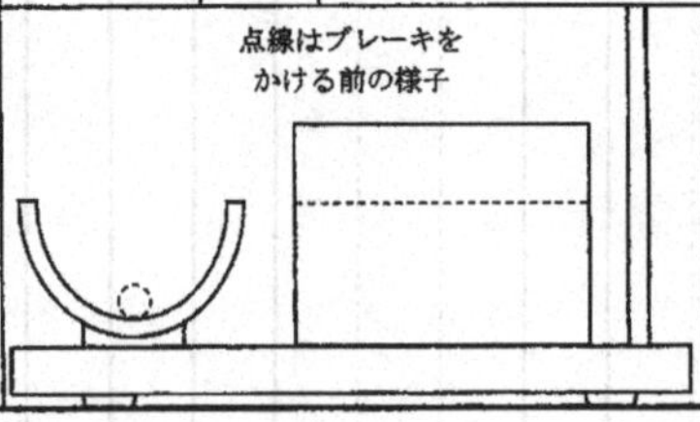

問8

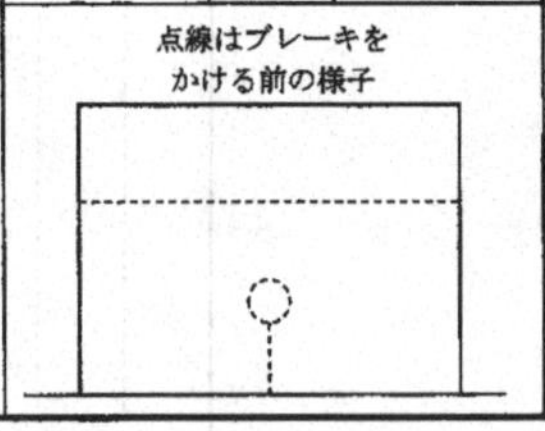

問9

4

問1										
問2	1	2	3		問3		問4		問5	
問6		問7		問8						

○推定配点○　1　問1～問4　各1点×4(問2は完答)　問5～問8　各2点×4
2　各1点×8(問1・問2・問4・問6・問8は各完答)　3　各1点×9
4　問1　2点　問2～問8　各1点×9　計40点

/40

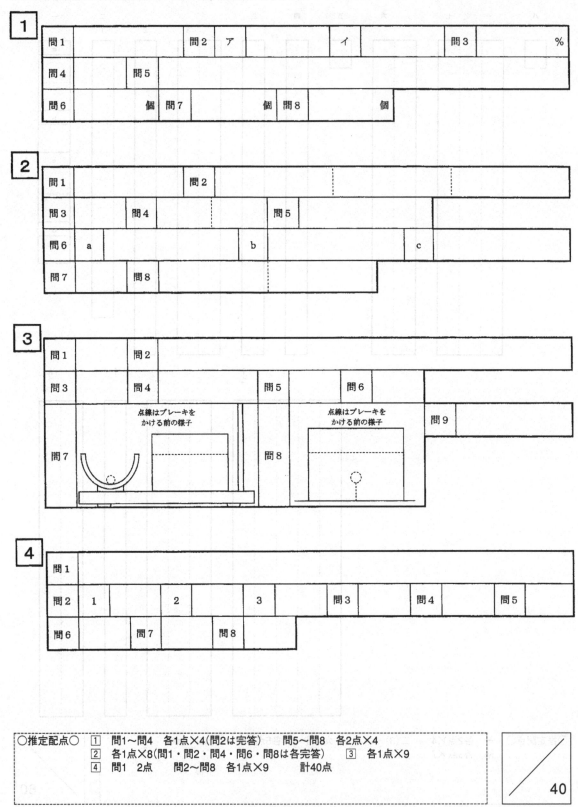

麻布中学校　　平成29年度　　　　　　◇社会◇

※この解答用紙は143％に拡大していただくと，実物大になります。

問１　（1）

（2）

問２

	名前	都道府県名
あ		
い		
う		

問３　（1）　　（2）　　（3）

問４

問５　（1）青山　　猿江　　大塚

（2）

①

②

問 6

問 7　（1）

（2）

問 8

問 9　選んだ例

(100)

(120)

○推定配点○　問1・問5(2)・問6・問7(2)・問8　各3点×7
問2・問4・問5(1)・問7(1)　各2点×6(問2・問5(1)は各完答)
問3　各1点×3　　問9　4点　　計40点

/40

※この解答用紙は183％に拡大していただくと，実物大になります。

一
a
b
c
d

二

三

四

五

六

七

八

九

十

十一
1
2

十二

十三

○推定配点○　一　各2点×4　七・十一(1)・十二　各3点×3　十三　7点　他　各4点×9
計60点

／60

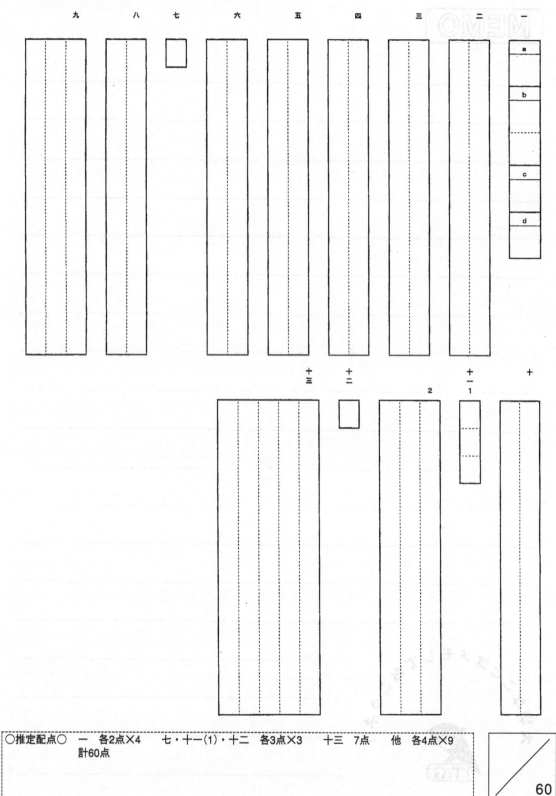

MEMO

大切なことはメモしておこうネ！

MEMO

大切なことはメモしておこうネ！

〈ダウンロードコンテンツについて〉

本問題集のダウンロードコンテンツ、弊社ホームページで配信しております。現在ご利用いただけるのは「2025年度受験用」に対応したもので、**2025年3月末日**までダウンロード可能です。弊社ホームページにアクセスの上、ご利用ください。

※配信期間が終了いたしますと、ご利用いただけませんのでご了承ください。

中学別入試過去問題シリーズ

麻布中学校　2025年度

ISBN978-4-8141-3139-6

[発行所] 東京学参株式会社

〒153-0043　東京都目黒区東山2-6-4

書籍の内容についてのお問い合わせは右のQRコードから　⇒

※書籍の内容についてのお電話でのお問い合わせ、本書の内容を超えたご質問には対応できませんのでご了承ください。

2024年4月5日　初版